JN440536

노동사 연구총서 5

1960-70년대 한국 노동자의 계급문화와 정체성

이종구 외 지음

국립중앙도서관 출판시도서목록(CIP)

1960-70년대 한국 노동자의 계급문화와 정체성 / 이종구 외 지음. -- 파주 : 한울, 2006
p. ; cm. -- (노동사 연구총서 ; 5)(한울아카데미 ; 819)

이 책은 2002년도 학술진흥재단의 지원에 의하여 연구되었음
(KRF-2002-073-BM1012)
ISBN 89-460-3489-0 93330

336.0911-KDC4
331.09519-DDC21 CIP2006000082

서문

이 책에는 성공회대학교 사회문화연구원 노동사연구소가 2002년부터 한국학술진흥재단의 지원을 받아 3개년 계획으로 추진해 온 연구과제인 "한국 산업노동자의 형성과 생활세계 연구－노동사 아카이브 구축과 생활사 연구를 중심으로－"의 3차년도 주제인 노동자의 생활세계에 대한 연구 성과가 실려 있다. 1960~1070년대의 노동자가 경험했던 생활세계에 대한 연구의 구체적 대상 영역은 작업장 바깥의 소비과정에서 이루어진 여가와 문화생활이다. 이를 고찰하는 시각의 초점은 노동자 계급의 정체성 형성에 대한 기여도에 놓여졌다. 즉, 자본의 직접적인 통제에서 일단 벗어나 있는 소비과정을 노동자의 계급적 정체성이 형성되는 독자적 영역으로 볼 것인가, 아니면 소비과정도 자본의 지배하에 놓여 있으며 이는 노동과정에 대한 통제를 강화하는 효과를 발휘하고 있다고 판단할 것인가라는 문제가 제기된다.

실제로 산업혁명 이래 공장 주변의 지역사회에서 이루어지는 소비과정에 대한 주도권은 노무관리와 노동운동의 가장 중요한 쟁점이었다. 소비과정에서 소모되는 시간과 비용은 노동과정에 사용되는 시간과 임금을 규정한다. 노무관리의 입장에서는 소비과정에 대한 통제는 노동력 재생산 비용에 대한 관리만이 아니라 노동력 확보와 작업장 관리의 안정성을 확보하기 위해서도 불가결한 영역이었다. 서양의 컴패니타운(company town)이나 일본의 키교 죠카마치(企業 城下町)와 같이 기업이 지역사회를 주도적으로 관리하고 기반시설을 제공하는 온정주의적(parentalism) 노무관리 방식의 목적은 사실상 노동자의 자주적 단결을 사전 봉쇄하려는 것이었다. 즉, 기업은 노동자의 사생활 영역을 관리해 작업장 내부를 효율적으로 통제하려는 의도를 가지고 있었다.

노동자의 소비과정 자체가 상품 시장이므로 자본의 입장에서는 중요한 관리 대상 영역이기도 하다. 포드주의 대량생산 방식과 대중소비사회가 등장한 이후에 자본은 시장 확대를 위해 노동자에게 구매력을 가진 소비자라는 위상을 부여하였다. 주체적 필요가 아니라 자본이 광고를 통해 창출한 인공적 욕구에 의해 행동이 조작되는 대중적 소비자로 만들어진 노동자는 더 많은 소비를 할 수 있는 자원을 찾게 되고 계급운동의 주체로 기능하기 어렵게 된다. 이것은 물질적 소비만이 아니라 여가를 보내는 방법이나 문화상품의 선택에도 적용된다고 할 수 있다. 역설적으로 대중소비자가 된 풍요한 노동자의 존재는 유효수요의 확대를 의미하므로 자본의 입장에서 보아도 이익 증대에 기여한다. 선진 자본주의 국가에서는 풍요한 노동자의 등장은 소비재 구입과 여가 생활에 필요한 비용을 벌기 위해 일하는 도구주의적 노동지향을 가진 고전적 계급의식의 퇴조로 연결되었다. 작업장을 벗어나면 대중 소비자의 일원으로 변신하는 노동자의 이미지는 계급을 바탕으로 한 구사회운동의 퇴조와 더불어 조직 노동자가 대변하지 못하는 다양한 생활세계의 가치를 내건 신사회운동의 정당성을 뒷받침하는 유력한 근거로 사용되었다.

노동운동의 입장에서도 지역사회는 자본의 감시를 벗어나 단결을 위한 조직을 만들고 독자적인 문화를 발전시켜 나가는 근거지였다. 노동조합운동의 역사가 가장 오랜 영국에서도 술집(pub)은 노동운동의 거점이며 교육장이었다. 지역사회에서 노동자가 독자적인 가치관과 생활문화를 형성하고 있는가의 여부는 계급문화, 계급의식, 계급간 사회적 거리를 확인하는 가장 중요한 지표이기도 했다. 서양과 한국의 노동사를 비교하는 작업을 수행한 연구자들이 공통적으로 지적하는 장인적 전통이 결여된 한국의 노동자 사회라는 문제는 지역사회에 계급적 차별성을 보여주는 노동자 계급의 문화 전통이 축적되어 있지 않다는 뜻으로 환언할 수 있다. 이를 보다 구체적으로 표현하면 영국의 산업혁명기에 중세부터 내려온 길드 생산조직은 해체되었지만 숙련 직인 집단의 문화는 직종별 노조(trade union) 내부에서 전승되었으며, 다른 한편으로는 산업혁명이 시작되기 훨씬 이전에 인클로우저 운동을 거치면서 농촌을 떠난 빈민이 도시에서 세대적으로 재생산되어 지역에 무산계급이 축적되었으므로 근대적 공장보다 노동자 계급 형성이 선행되었다. 즉, 몰락하는 길드에서 배출된 수공업 종사자나 도시 하층민으로 구성된 사회집단으로서의 노동자가 산업혁명기에는 이미 존재했으므로 노동조건이 사회적 기준에 입각해 횡단적으로 결정될 수 있었다. 노동시장이 기업 내부화되지 않은 상태에서 노동조합도 임금만이 아니라 노동력 공급에 대한 규제력을 행사하려 시도했다. 영미형 노사관계에서는 현재까지도 노동시장과 교섭의 기업 내부화가 신자유주의적 노동개혁의 과제로 논의되고 있다. 이는 노동자를 기업의 내부 집단으로 보는가, 외부 집단으로 보는가에 따라 계급 형성 과정에 대한 논의의 방향이 달라질 수 있다는 것을 말한다. 이러한 측면에서 보면 사생활 영역에 속하는 여가와 문화생활의 양상과 영향을 고찰할 경우에도 노동자 집단과 기업의 사회적 거리를 중시할 필요가 있다.

비서양사회의 후발 공업국인 한국과 일본의 경우에는 산업화와 노동력 양성이 동시에 진행되었으므로 기업은 농촌 출신의 미숙련 노동자에게 기능 훈련을 시키고 주거를 비롯한 생활 기반 시설을 제공할 필요가 있었다. 이는 기업 조직 내부에서 노동자 집단이 창출되었으므로 노자의 구분선이 원초적으로 애매하다는 것을 의미하며 일본에서는 기업별 노동조합 체제와 기업복지가 결합된 온정적 노사관계가 성립되었다. 이와 같은 상황에서 노동자 계급 형성은 기업공동체부터 주체성을 가진 노동자가 분리되는 과정을 의미할 수밖에 없으며 실제로 문화생활이나 여가생활을 조직하는 주도권을 행사하는 주체의 성격이 중요하게 된다.

한국에서도 노동자 계급 형성에 대한 논의의 출발점은 기업공동체 논리로부터 노동자 정체성의 논리를 분리하는 작업에 놓여 있게 된다. 또한 서구적 시민혁명이 부재한 상태에서 해방 이후 통일과 국민국가 형성, 근대화와 산업화, 민주화와 시민사회 형성이라는 복합 과제를 동시에 추진해 온 한국에서 노동자가 계급적 독자성을 주장할 수 있는 사회적 공간은 협소했다. 반면에 노동자는 상호 모순되는 사회적 과제 달성을 위해 협력할 것을 요구하는 사회적 압력을 사실상 모든 정치적 주체로부터 받아 왔다. 특히 한국의 산업화 과정에서는 국가가 자본의 후견인으로 기능하였다는 점에 주목할 필요가 있다. 즉, 한국의 노동자는 계급적 정체성을 확립하기 위하여 기업공동체의 논리만이 아니라 분단 상황 속에서 국익 담론과 반공이데올로기까지 동시에 극복해야 하는 과제를 가지고 있었다. 이러한 정치적 한계 상황은 계급의식과 노동운동의 성장을 원천적으로 제약하고 있었으며 특히 공공부문 종사자가 노동자이기 이전에 공무원이라는 정체성을 가지도록 만드는 요인이 되었다. 급속한 근대화 과정을 거치기 시작하였음에도 불구하고 미처 청산되지 못한 전근대사회의 가부장적 질서의 잔재는 여성 노동자의 부담을 가중시켰다. 따라서 여성 노동자의 존재 상황을 파악하기 위해서는 계급과 젠더에 의한 이중 차별에 대한 분석이 요청된다. 반면에 농촌 출신 노동자들에게 어려서부터 몸에 밴 촌락공동체 질서는 급조된 공장 주변의 거주지역에서 기본적 사회관계가 되었으며 노동운동 과정에서 계급적 단결의 기반이 되기도 했다. 이러한 시각은 중화학공업 부문의 남성 노동자의 사회관계를 이해하는 데 중요하며, 나아가 1987년 이후에 임금이 상승하는 가운데 거주공동체가 해체되고 노동운동의 투쟁성이 약화되는 과정을 설명하는 열쇠가 될 수 있다. 1960년대와 1970년대라는 산업화 초기의 노동운동에게는 기업 외부에서 노동자가 계급적 정체성을 형성할 수 있는 자유로운 해방공간을 만들어내는 것이 가장 중요한 과업의 하나였다. 이러한 상황을 전제로 하면 노동자가 누릴 수 있는 여가와 문화의 상태는 당시의 노동문제와 노동운동의 과제를 조명할 수 있는 유의미한 지표가 될 수 있다.

여기에 수록된 13편의 연구 성과는 기본적으로 구술생애사 방법론을 사용하여 기억을 기록으로 옮겨 생성된 자료에 입각하고 있다. 수기, 일기, 언론 기사를 비롯한 문헌 자료도 사용되었다. 또한 국내만이 아니라 독일로 취업한 광부와 간호사의 사례 조사도 시도되었다. 부분적으로는 당시에 실시한 경험적 대량관찰 조사에서 산출된 결과도 사용되었다. 이 책의 주제는 도입, 여성노동자의 생활세계, 중화학공업 남성 노동자의 생활세계, 철도노동자의 여가와 의식구조, 노동자와 지역 공동체 등으로 구성되어 있다.

도입 부분에 해당하는 글은 신광영의 "노동자 계급의 생활문화와 정치의식", 박해광의 "1960-70년대 노동자 계급의 문화와 일상생활", 권진관의 "집단적 배움의 과정으로서의 사회운동 – 1970년대 산업선교를 중심으로 –" 등이다. 여기에서는 노동자의 여가와 문화를 연구하는 의의, 시각,

사회상황, 분석 기법이 제시되고 있다. 신광영은 1970년대 남성 노동자들의 생활세계에서 형성되고, 유지되고, 변화하는 노동자들의 문화와 정치의식을 분석하고 있다. 그는 가족관계와 지역 정체성을 바탕으로 군대문화에 익숙한 남성 노동자들이 가부장적이고 위계적인 기업조직 문화에 순응하면서, 보수성을 강하게 보여주었으며 가족의식과 연고주의를 뛰어넘지 못하는 닫힌 생활세계 속에 머물렀다는 점을 지적하고 있다. 박해광의 고찰에 의하면 대중매체는 매우 중요한 노동자 문화의 한 부분이었으며 노동자가 일상적으로 접한 매체는 라디오였다. 그는 라디오 문화 가운데 노동자들에게 가장 인기가 있었던 일일 드라마는 정해진 시간에 매체 앞으로 노동자들을 불러모음으로써 노동과 휴식, 여가를 규칙적인 리듬으로 재생산하는데 결정적으로 기여했다고 분석하며 노동자에게 규칙을 주입하는 효과를 발휘했다는 점을 지적하고 있다. 재개봉관에서 상영되는 남성성을 강조하는 액션영화, 왜곡된 성적 이미지를 강조한 호스티스 영화 등의 저질 영화가 노동자들에게 제공되었으며, 깨끗한 개봉관과 대비되는 지저분하고 값싼 변두리 재개봉관은 노동자들을 사회 주변으로 고립시키는 공간적 구획이었다. 그러나 산업선교회의 노동자 교육과 소모임 문화는 이러한 저급한 대중문화로부터 거리를 둘 수 있게 만든 힘이었다. 산선 교육을 통해 만들어진 소수 노동자의 공동체적 문화는 대국적으로 볼 때 전체 노동자의 계급 문화 형성에 큰 영향력을 미치지는 못했다. 그러나 연구자는 산선 운동이 보급한 소모임 활동과 수련회, 교양 교육 등은 이후에도 노동자 문화 내부에서 강하게 살아남았으며 80년대의 노동자 문화운동으로 계승되었다는 점을 중시하고 있다. 사실상 군사정권하에서 노동운동이 유지될 수 있었던 해방공간을 제공했던 산업선교의 구체적 내용은 권진관이 심층적으로 분석하고 있다. 그는 산업선교 운동이 남긴 교훈을 사회운동에는 상호 배움을 가능하게 하는 의사소통적 행동양식이 필요하다는 것에서 찾고 있다. 산업선교 운동에서 강조한 학습과정을 통해 노동자들이 가지고 있었던 주입된 정체성이 극복되고, 주체적인 정체성이 형성되었다. 산업선교 운동이 시민사회의 발전에 기여한 측면도 조명할 필요가 있으며 운동 과정에서 의식화된 노동자들은 비판적인 시민의식을 가지게 되었으며 30여년이 지난 지금도 시민운동가로 활동하고 있는 사례가 많다는 점이 가지는 의미의 중요성을 연구자는 환기시키고 있다. 이희영은 사실상 국내 최초로 파독 광부와 간호사에 대한 사회학적 연구를 시도하였으며 구술생애사 방법론의 정석적 절차와 수순을 제시하였다. 그는 1960-70년대 한국노동자들의 독일 이주가 단순히 경제적 동기만으로 이루어진 것이 아니었다는 점을 지적하고 있다. 독일로 이주한 노동자들은 해방정국의 정치적 혼란과 사회적 무질서 속에서 정치적, 계층 계급적 조건, 그리고 가부장적인 성역할 구조에 기인한 경제적 어려움을 체험하였다. 한국인 이주노동자 1세대는 노동력의 이동방향을 지시하는 송출국과 수용국이라는 국가간 경계를 넘나들며 냉전과 분단, 그리고 가부장적 유산에 따른 자신의 생애사적 체험을 성찰하고, 그와 연관된 정치활동을 통해 두 사회 사이의 사회, 정치적 소통을 실현하고 있다. 이러한 고찰은 노동사만이 아니라 해외 한민족사회를 연구하는 시각을 넓혔으며 국내와 해외 사회운동의 상호 작용 과정에 대한 분석이라는 새로운 연구 영역을 제시하고 있다.

1960년대와 1970년대 노동운동의 주역이었던 여성노동자의 생활세계는 계급과 젠더라는 쟁점이 교차하는 영역이다. 김귀옥은 대표적인 산업선교 계통의 민주노조가 있었던 반도상사의 여성 봉제공들의 생활세계를 분석하였다. 연구자는 공장 폐쇄 이후에 노동자들이 살았던 발자취를 조사해 반도상사의 핵심 간부들이나 대의원들이 블랙리스트에 올라가 있어 다른 기업에 취업이 거부되는 핍박을 겪으면서도 노동운동가, 사회운동가로서 살아온 여러 사례를 발견하였으며 1970년대 민주노조운동은 1980

년대 이후 무관하거나 연결이 약하다고 규정하는 기존의 통념에 이의를 제기하고 있다. 이 사례는 노동자들이 스스로 노동조합을 설립하고 자주적이며 민주적 문화를 만들어 왔다는 사실을 보여주고 있다. 그러나 인간관계에서는 전형적인 자매애와 함께 집단에 쉽게 동조하고 전통적인 행동규범을 중시하는 창조적이지만, 비근대적인 여성상도 발견되었다. 많은 노동자들이 1980년 전후하여 결혼 퇴직으로 작업장을 떠나게 되는 원인에는 개인에게 내면화된 가부장제 이데올로기만이 아니라 사회전체의 가부장제도와 문화로부터 자유로울 수 없는 개인의 한계와 여성이나 가족을 위한 사회보장제도가 불비했던 사회적 조건도 작용하고 있었다. 또한 민주노조였음에도 불구하고 회사나 국가에 대한 타협적인 모습도 나타나고 있었다. 반도상사 노동자들은 전반적으로 노동운동에 대한 경제주의적 관점이나 반공이데올로기를 내면화하고 있었으며 노사협의회나 새마을 교육에는 참가하였다. 김순영은 딸이라는 가족 내부의 위치 때문에 여성 노동자가 감수해야 하는 복합적 불이익과 희생을 고찰하고 있다. 이 연구에서 딸들의 구술을 통해 빈곤계층의 어머니는 가사와 육아, 자녀교육을 전담하는 역할을 내면화한 근대적 모성의 소유자가 될 수 없는 생계노동자로 나타나고 있었으며 딸과 어머니는 친밀감을 형성하기 어려웠다. 딸들은 가족을 위해 희생하는 어머니의 역할을 반복하고 있다. 이 연구에 협력한 구술자들은 가족/남자형제를 위한 희생물로 사용되었기 때문에 자신의 학력자본을 형성할 수 없었고 저학력의 저임금 노동자로서 노동시장을 전전하고 자신과 유사한 수준의 남자를 만나 결혼가족을 형성한다. 따라서 가족 내부에서 남자형제와 여자형제의 성장 후 계층이 달라지기도 한다는 실상이 나타나고 있다. 이 연구에서는 압축적 근대화 속에서 성장한 맏딸의 생애사에 대한 심화연구, 특히 맏아들의 생애사와의 비교연구의 필요성도 제시되어 있다. 장미경은 1970년대 여성 노동자들은 다른 여성들과 마찬가지로 섹슈얼리티 측면에서 성적 억압을 받았고, 이에 더

해 하층계급이라는 점에서 계급적 억압을 받았다는 점을 지적하고 있다. 여성 노동자들은 여성으로서 '못생긴 여자', '천한 여성', '성적 문란'과 '도덕적 타락'의 낙인을 감수해야 했다. 이에 대한 그녀들의 대응은 계급적 정체성에 대해서는 부정하지만 성적 정체성은 인정받고자 '여성다운 여성'의 외모와 아름다움을 추구하였던 것이다. 이들은 결혼을 핑계 삼아 여성을 보조노동력화하려는 국가와 자본의 의도에 영합하여 결혼과 동시에 일을 그만두고자 하였다. 그러나 상대적으로 지배적 규범이 느슨하게 적용되는 하층계급에 속해 있었으므로 여성 노동자들에게는 같은 연령대의 중산층 여대생에 비해 상대적으로 많은 '개방과 자유'가 허용되었으며 자유연애와 동거, 연애, 결혼, 육체적 성관계에 대한 상대적 관대함이라는 생활문화의 차별성이 나타나고 있었다.

기계공업의 남성 노동자에 대한 연구는 이들이 1980년대 후반 이후의 노동운동을 주도했다는 것 때문에 현재와 직접 연결되고 있다는 점에서 특히 중요한 의미를 가지고 있다. 정승국은 1970년대에 자동차 공장 노동자가 경험한 생활세계를 고찰했다. 1970년대 자동차공장의 노동자들에게는 여가를 즐길 수 있는 경제적 여유와 시간적 조건, 사회적 조건(시설, 자동차) 등이 부재했다. 그러나 이들이 누리던 약간의 여가생활이 갖는 특징을 살펴보면, 첫째, 대체로 비창조적이고 단조로웠다. TV 보기나 낮잠과 같은 수동적이고 소극적인 여가만 즐긴 것이 아니라, 축구와 족구, 등산 등 다양한 적극적인 활동도 이루어졌다. 둘째, 근무시간 중에도 일과 여가가 완전하게 분리되지 않았으며, 작업시간 밖에서도 노동과 여가가 완전히 분리된 것은 아니었다. 즉, 기업이 공장 밖의 노동자 생활세계에까지 영향을 미쳤다. 셋째 술은 1970년대 자동차공장의 노동자들이 가장 많이 즐겼던 여가활동 중의 하나이지만 서구의 노동사에서 확인할 수 있는, 여러 직종의 노동자들이 주점에서 정치적 토론을 즐기고 노동자계급의 연대성을 만들어내는 공간은 적어도 한국의 1970년대 선술집에서는 존재하지 않았다. 넷째, 텔레비전이 노동자들의 여가활동에 끼친 영향력은 크지 않았다. 연구자는 전반적으로 1970년대의 자동차 공장 노동자가 가지고 있었던 문화는 자본주의적인 사회적 가치와 규범으로부터의 일탈이라고 해석할 수 없으며, 이러한 사실은 노동조합운동이 뒤늦게 개화한 1980년대 후반 이후 대기업노동자들이 독자적인 노동자계급 문화를 형성하지 못한 채 소득과 소비수준이 향상된 가운데 급격하게 대중소비문화에 휩쓸려 들어간 배경을 이룬다고 할 수 있을 것이라는 결론을 내리고 있다. 신원철은 기계공의 생활세계를 분석했다. 그는 1960~70년대 산업화 초기에 국가가 강조하던 '근검절약'의 이데올로기는 노동자들의 내면적 윤리로 전화되지 않았으며, 이들은 노동에 대해 도구적인 의미를 부여하고 있었다. 1970년대에도 기업 차원의 여가 활동이 활발하게 조직되었는데, 이는 노동자들로 하여금 '경쟁주의적 지향'과 부서 및 기업에 대한 충성심을 함께 습득하도록 하는 기제가 될 수 있었으며, 기업이 주도하는 여가 활동은 국가의 각종 이데올로기와 시책이 전달되는 통로의 역할을 하기도 하였다. 1960~70년대에 이미 화이트칼라 계층과 생산직 노동자계층의 여가와 소비생활의 차별화 기제가 작동되고 있음을 볼 수 있었다. 그러나 생산직 노동자들은 대졸 화이트칼라 계층과 구분되는 고유한 여가와 소비양식을 추구하기보다는 이를 모방하려는 경향을 드러내고 있다. 결국, 이 시기에 지배에 대한 저항의 색조를 드러내는 노동자 고유의 여가 문화나 고유한 소비 양식을 통해서 계급 정체성을 확인하려는 시도는 찾아보기 어려웠다. 연구자는 이러한 상황이 1987년 노동자 대투쟁 이후 소득수준을 향상시키는 데 성공한 생산직 노동자들 가운데 다수는 상위 계층의 여가와 소비양식을 추구하는 데 몰두한 것을 설명하는 유력한 요인이 될 수 있다는 견해를 제시하고 있다.

노동자 집단 거주 지역의 생활세계에 대한 분석은 한국의 계급문화를 구체적으로 고찰하는 기반이 될 수 있다. 김준은 울산의 조선노동자 집단 거주 지역의 형성과 해체 과정을 추적하여 촌락공동체적 연대에 입각한 질서가 계급적 단결에 순기능적으로 작용하였으나 노동운동의 성공으로 소득이 올라가고 주거 환경이 개선된 이후에는 연대의식이 희박해져 갔다는 사실을 지적하고 있다. 여기에서는 현재의 노동운동이 직면하고 있는 통합의 위기라는 문제의 근원을 역사적으로 탐색한다는 실천적 문제의식을 반영하고 있다. 87년 노동자 대투쟁이 시작되었던 울산의 조선소에서도 1990년대 중반을 경과하면서 노동자들은 노동조합의 일상적 활동이나 투쟁에 대해 소극적인 태도를 보이기 시작했다. 1997-78년경에 이르면 집회에 불과 몇 백 명만이 참가하는 경우도 드물지 않게 되었으며, 이 연구는 노동자의 개인주의화, 원자화되고 노동조합에 대해 타산적인 태도를 보이게 된 원인을 노동자 거주공동체와 이에 기반을 둔 공동체적 문화의 해체, 상실에서 찾으려는 시도이다. 1970-80년대에 노동자 집단거주지역을 기초로 현대조선(이후 현대중공업)의 노동자와 가족들이 일종의 거주공동체를 형성하였으며, 그 공동체와 공동체적 문화가 1980년대 후반 노동자투쟁에서 노동자들이 사용할 수 있는 자원이 되었다. 그러나 1990년대 중반 이후 노동자 거주공동체가 해체·희석화 되었고, 이는 노동자 내부의 연대의식에도 부정적인 영향을 미쳤다. 1987년 이후 노동조합이 사업장내의 싸움을 치러나가는 데 급급한 나머지 계급적·민중적 연대의 지역적 기반을 조직하는 데 실패하였지만, 회사는 1990년대 중반 이후 지역의 문화적·사회적·지리적 재편을 통하여 노동자거주공동체를 파편화하는 데 성공하였다. 이러한 연구자의 시각은 현재의 대기업 노동운동의 상황을 설명하는 새로운 연구 시각의 출발점이기도 하다. 남춘호는 사실상 사라진 탄광 노동자의 생활세계를 기록으로 보존하는 작업을 수행했다. 그는 1960~70년대 탄광산업의 특징은 덕대라고 부르는 하청업자가 운영하는 중소영세 탄광과 대탄광이 양립하는 이중구조에 있었다는 것을 지적하며 논의를 시작하였다. 중소영세 탄광의 대부분을 차지하는 덕대탄광들은 조건이 열악한 지역을 모광으로부터 청부받아서 시설 투자를 하지 않은 채 인력 위주로 채탄하는 것이 일반적이었다. 덕대제도는 자본이 부담해야 할 위험을 청부업자 휘하 노동자들에게 전가시키고 있었다. 덕대 산하의 노동자들은 반실업자적 고용불안정과 재해의 위험에 방치되어 왔다. 대탄광과 영세덕대탄광 사이에 노동이동의 장벽이 있었다. 대규모 직영 탄광에 비해 덕대탄광은 안전시설이 미비하였으며 수많은 광부들이 진폐의 위험에 무방비로 노출되었다. 노동통제는 감독에 의한 강압적 통제방식을 취하였으며 작업현장(막장)의 분산성으로 인한 감독의 곤란을 도급제라는 전기적 성과급 임금제로 보완하고 있었다. 탄광노동자들의 생활세계를 보면 먼저 절대적 임금수준이 제조업에 비해 낮았다고 볼 수는 없지만 쌀이나 전표 등의 현물급여로 지급되어 현금이 필요하면 이를 할인하고 되팔아야 하였으며, 탄광촌의 물가가 비싸 저축을 하기는 힘들었다. 그리고 험준한 산간지역에 급조된 탄광촌의 주거환경은 열악하였고 씻을 물도 부족하였고 노동자들은 사회적 편견에 시달렸다. 여가나 복지시설이 따로 없던 상황에서 퇴근길의 선술집은 탄광 노동자들의 휴식처이고 복지시설이었으며 여기에서 이들은 동료애를 확인하고 계급적 연대감을 키워갔다. 국가는 증산보국의 미명하에 웬만한 기업주의 탈법은 눈감고 묵인하며, 노동조합마저 어용화되어 있었다. 이러한 상황이 1980년 봄의 정치적 공백기에 동원탄좌에서 어용노조 민주화투쟁을 계기로 폭발적 쟁의가 일어나는 배경이 되었다. 연구자는 1980년의 사북항쟁에서는 동원탄좌를 중심으로 격렬한 투쟁을 통해 단결력을 과시하였던 탄광노동자들이 1988-92년 사이에 실시된 1차 석탄산업 합리화 과정에서는 조직적 저항을 보여주지 못하였다는 점을 중시하고 있다. 탄광노동시장의 분절구조 때문에 비교적 강력한 조직력을 갖춘 대탄광노동자들이 폐광과 실직의 운명을 맞이한 중소영세탄광 노동자들의 문제를 외면하였다. 이는 노동시장의 분절구조가 노동운동이나 노자관계에서 가지는 의미를 함축적으로 보여주는 선례가 되었다고 할 수 있다.

공공부문에 소속된 철도 노동자의 생활세계를 고찰한 연구는 국가가 강조하는 국익과 반공이라는 지배이데올로기의 작용을 보여주고 있다. 김영수는 1960-70년대의 철도 노동자들이 박정희 체제의 지배이데올로기에 능동·수동적으로 동원되었다는 사실을 밝히고 있다. 이들은 '반공 이데올로기, 성장 이데올로기, 국가(민족) 이데올로기'를 능동·수동적으로 수용하였다. 한국전쟁의 경험, 초등학교에서의 교육, 철도청에서 실시했던 각종 교육은 이러한 의식을 형성시키는 배경이 되었다. 철도 노동자들은 노동자로서의 의식보다는 공무원으로서의 의식을 보다 많이 보유하고 있었기 때문이다. 이승협은 철도 노동자의 여가 생활을 고찰하였으며 산업화 시기 철도노동자들에게 여가는 노동시간으로부터의 해방이 아닌 자유시간의 소비라는 부정적인 개념으로 나타난다는 사실을 지적하였다. 이들에게 여가는 작업장 바깥에 형성된 직장질서의 연장에 지나지 않는다. 동료, 선배, 후배, 상사, 부하직원과의 집단적 관계가 그대로 반영되고 재생산되는 공동체문화가 여가생활과 여가문화를 지배하고 있다. 이러한 노동세계의 질서가 생활세계를 지배하는 모습은 생활세계로서의 가정의 위치가 주변화되어 있음을 의미한다. 직장 질서에서 해방된 개인의 자유시간은 사실상 존재하지 않았다고 할 수 있다.

이상에서 살펴본 바와 같이 1960~1970년대의 노동자 생활세계에 대한 질적 방법론에 의한 고찰은 실증적 자료의 발굴과 함께 노동연구의 시각을 가다듬는 계기를 마련했다고 할 수 있다. 연구자들이 3년이라는 짧은 시간과 미흡한 연구 여건에도 불구하고 기존 연구와 차별성을 가지면서도 후속 연구의 발판이 될 수 있는 성과물을 산출할 수 있었던 것은 당시를 살았던 노동자들이 자료 제공과 면접을 위해 적극적으로 협력해 주었기 때문이다. 이 자리를 빌려 협력자들에게 다시 한 번 사의를 표한다. 또한 연구자들을 격려하고 많은 지적 자극을 주었던 학계의 선배, 후배, 동학들에게도 감사의 뜻을 전한다. 이 책에서 발견되는 문제점과 결함에 대해서도 독자 여러분의 아낌없는 지적과 질책이 있기를 바라고 있다. 마지막으로 여기에 나타난 연구 성과는 한국 노동사 연구의 출발점에 불과하므로 국내외 연구자와 노동운동가, 노동자 여러분께 이 분야에 대한 관심과 협력을 부탁드리는 바이다.

차례

제1장

노동자 계급의 생활문화와 정치의식

신광영(중앙대 사회학과)

1. 들어가는 말

노동계급의 문화와 의식에 관한 연구들은 정치 지형의 변화와 맞물려 변화를 보여주었다. 70년대 노동자들의 의식에 관한 논의는 주로 특정한 정치적 국면이나 사건과 관련하여 논의되거나 혹은 노동조합이나 정당과 같은 조직에서 나타나는 노동계급성을 중심으로 이루어졌다(Thompson 1973; Katzlenson and Zollberg 1987; Aminzade 1993). 현대 자본주의 사회에서 교육이 담당하는 이데올로기적인 기능과 관련하여, 학교에 대한 비판적인 연구가 진행되었다(Bowles and Gintis 1975; Passerson and Bourdieu 1977; Bernstein 1980). 노동자들의 의식에 관한 또 다른 연구는 구체적으로 공장 내에서의 노동과정을 통해서 형성되고 유지되는 노동자들의 의식과 행동에 초점을 맞추었다(Burawoy 1985; Fantasia 1988). 이러한 연구들이 밝힌 노동자들의 의식과 행동은 노조, 학교, 공장과 같은 조직에 대한 연구에 기초하고 있다.

노동자들의 문화와 정치의식은 생활세계에서 형성되고, 유지되며 또한 변화한다. 생활세계 내에서 형성된 다양한 사회적 관계에 의해서 크게 영향을 받기 때문이다. 생활세계 속에서 노동자들은 노동자 이외에 다양한 주체적 지위를 갖게 된다. 예를 들어, 노동자는 지역주민, 소비자, 학부모, 아들 혹은 딸과 같은 다양한 생활인으로서의 지위를 지닌다. 또한 다른 계급의 성원들과 마찬가지로 노동자들의 생활은 가족을 매개로 하여 이루어진다. 일상적인 생활 속에서, 자녀의 출산, 양육, 교육과 같은 생애주기에 따른 생활은 변화를 경험할 뿐만 아니라, 소비자나 고객의 자격으로 일상적인 소비생활을 영위하고 있다. 또한 친족이나 지역사회와의 관계 속에서 이루어지는 다양한 일상생활(경조사 등)에 참여하고 있다. 이러한 생활세계는 공장이나 기업조직 내에서 이루어지고 있는 노동과정과는 또 다른 구성원리를 바탕으로 하고 있고, 생활세계는 그람시(Gramsci, 1978: 144)의 지적처럼, 전통적인 관습적 사고와 일상적인 상식에 의해서 영향을 받고 있기 때문에 해독(decoding)이 되어야 할 영역이다.

70년대 노동자들의 문화는 한편으로 전통적인 의식에 침윤되어 있으면서도 다른 한편으로 국가적 동원에 순응 혹은 적응하려는 의식을 동시에 가지고 있었지만, 보다 본질적인 의식은 산업화라는 새로운 변화 속에서 경제적 안정이나 성공을 향한 강한 열망을 토대로 하고 있었다. 이러한 열망은 성취 가능성이 불투명한 환경 속에서 때로는 좌절로 때로는 분노로 표출되기도 하였지만, 가족관계와 지역 정체성을 바탕으로 군대문화에 익숙한 남성 노동자들의 경우, 가부장적이고 위계적인 기업조직 문화에 순응하면서, 보수성을 강하게 보여주었다. 산업화를 통하여 노동자들이 대규모로 창출되었지만, 70년대 대부분의 한국의 남성 노동자들은 가족의식과 연고주의를 뛰어넘지 못하는 닫힌 생활세계 속에 머물렀다.

그러나 70년대 일부 남성 노동자들은 전태일 분신 사건을 계기로 노동계급 현실에 눈을 뜨게 되었고, 이후 한국 노동자들의 극단적인 투쟁의 효시를 이루었다. 이러한 투쟁이 70년대 정치의식으로 크게 발전하지는 못했다. 노동운동과 민주화 운동의 괴리가 아직도 그대로 유지되었기 때문에, 노동운동은 저임금, 임금체불, 폭력과 폭언 등에 대한 저항으로 시작되었고, 그러한 저항으로 남아있었다. 학생운동을 중심으로 하는 민주화 운동에서 전태일 분신 사건을 계기로 점차 노동문제에 대한 인식이 확산되었지만, 80년대 민중민주주의 계열의 학생운동에서처럼 학생운동의 핵심을 이루지는 못했다.

이 글은 70년대 한국 남성 노동자들의 생활세계를 분석하고, 생활세계를 구성하는 미시적, 거시적 환경을 분석한다. 그리고 이러한 환경이 남성 노동자들의 정치의식에 미친 영향을 분석하고자 한다. 이미 이러한 연구들이 많이 이루어졌지만 (대표적으로 구해근, 2002 및 이종구 외, 2004, 2005를 참조), 이 글에서는 70년대 남성 노동자의 생활세계를 다차원적인 내용을 국가의 정책, 노동자들의 문화, 가족제도를 중심으로 분석하고자 한다. 이를 통하여 분절적이고 다층적인 70년대 남성 노동자들의 생활세계와 정치의식을 이해하고자 한다.

2. 생활세계와 의식

생활세계

생활세계는 직접적으로 혹은 간접적으로 개인이나 집단의 생활 경험이 이루어지는 영역으로 사회적, 정치적, 문화적, 경제적 요소를 포함하는 경험의 총체를 구성한다.[1] 생활세계는 다차원적이고 또한 다층적으로 구성되어 있다. 생활세계는 생산과 소비, 여가와 휴식, 양육과 훈육 등

---

1) 여기에서는 하버마스의 생활세계 개념과는 다른 방식으로 생활세계 개념을 사용한다. 하버마스는 주로 경제적인 차원의 기능으로 구성된 체계(system)와 행위주체의 인지적, 행위적 차원으로 의미의 영역으로 구성된 생활세계로 사회를 구분하고, 생활세계를 의미의 영역으로 한정시키고 있다. Harbermas(1983 및 1989).

다양한 요소로 구성이 되어 있고, 생활세계의 범위도 개인, 가족, 지역사회와 전체 사회를 포함하는 다양한 영역으로 분할되고 또한 통합된다. 시간적으로는 생애주기에 따라서 행위자들이 경험하는 생활세계의 내용이 달라지고, 관심사도 달라진다. 생활세계가 복합성과 역동성을 내포하고 있지만, 지금까지 사회학에서 생활세계는 단순히 사회화 과정이나 혹은 경제주체로서의 가족생활로 간주되었다. 생활세계는 주어진 것으로 받아들여졌기 때문에, 분석의 대상이 되질 못했다. 사건과 구조에 대한 분석에 치우쳤기 때문에, 생활세계와 그 속에서 이루어지는 일상성에 대한 관심을 최근에 이르러서야 나타나기 시작했다(르페브르, 1990; 마페졸리, 1994). 일상성은 물화된 형태로 존재하는 것이 아니라, 사건이나 구조적인 변화에 따라서 변화고 있다는 점에서, 생활세계의 일상성은 그 자체가 역동성을 지니고 있고, 구조와 무관한 것이 아니다. 생활세계는 다차원적이고 다면적이라는 점에서 개인들의 삶을 규정하는 강력한 환경적인 요인으로 기능하고 있을 뿐만 아니라, 개인이나 집단의 행동을 통해서 생활세계는 특정한 형태로 유지된다. 생활세계는 지속적으로 구조화 과정을 겪으면서, 변화를 계속하고 있다.

생활세계는 구조화되어 있다. 주체들의 일상적인 활동은 시간과 공간적으로 구획되어 있고, 주기적인 변화를 겪는다. 이것은 일련의 생애과정에서 계속해서 다른 경험을 하게 되는 원인이 된다. 출산, 교육, 취업, 결혼 모두가 생활세계에서 이루어지는 중요한 과정이고, 이 과정은 어느 정도 정형화되어 있다. 개인의 하루가 휴식과 노동으로 구분되어 있는 것처럼, 사회적인 차원에서 생활세계도 횡적으로 또한 종적으로 구조화되어 있고, 그 내용은 경제적 조건, 정치적 상황, 사회적 관계 등에 의해서 영향을 받는다. 생활세계의 구조화는 거시구조와 미시구조에 의해서 영향을 받는다. 거시구조는 식민지 해방, 냉전체제, 산업화, 민주화 등 사회의 큰 틀을 지칭하며, 거시구조의 변화는 생활세계의 틀을 변화시키는 역사적 전환이다. 미시구조의 개인이나 가족의 생활세계를 규정하고 유지시키는 틀이다. 농업사회에서 미시구조는 큰 변화가 없었지만, 산업화와 더불어 미시구조도 큰 변화를 보여주었다. 가족이 농촌에서 도시로 이동하는 이농은 미시구조의 질적 전환을 야기하였다. 이농은 가족의 노동, 소비, 주거생활, 교육, 종교, 가족간의 관계, 명절행사 등 모든 생활영역에 변화를 야기하였다. 한국과 같이 사회변동이 심한 사회에서 거시구조와 미시구조는 장기지속적인 속성을 보여주기 보다는 단기적이고 단속적인 속성을 보여주었다.

한국 노동자들의 생활세계는 국가나 자본에 의해서 침범 당했다. 국가의 산아제한 정책은 가족 단위에서 이루어지는 재생산에 국가가 개입하는 정책이었다. 산아제한 정책은 여성들의 출산에 대한 국가의 통제만을 의미한 것이 아니라, 국가가 사적인 생활세계에 깊숙이 침투했음을 의미한다. 70년대 여성 노동자들과 같이, 공장 기숙사 생활을 하는 경우, 노동자들의 생활세계는 노동과 분리되어 있지 않으며, 지속적으로 기업의 통제를 받았다(구해근, 2002: 제5장). 개인이나 가족에 대한 국가의 통제가 크면 클수록, 생활세계의 자율성과 독립성은 축소되기 때문에, 70년대 생활세계는 크게 위축되었다. 개인들은 향토예비군, 민방위, 새마을운동 조직 등 국가에 의해서 강제된 조직에 가입해야 했다. 이러한 조직들은 군사정권이 국민들에게 강제한 조직들로서, 개인들의 생활세계를 크게 축소시켰다. 또한 군대식 조직과 병영문화의 대중화를 통하여, 집단주의적인 가치를 중시하고, 집단 귀속의식이 강조되었다. 주체로서의 개인의 부재는 이 시기에 만들어진 노동자 의식의 한 부분이다.

노동자 생활세계는 다층적인 구조를 가지고 있다. 노동자들의 정체성과 정치의식 형성에 영향을 미치는 요소는 일차적으로 가족과 친족생활이다. 가족관계와 친족관계는 다른 어떤 요인보다 더 전통적인 문화에 의해서 영향을 받아왔다. 가부장제를 바탕으로 하는 전통적인 가족문화와 친족관계는 노동자를 포함한 모든 사회구성원의 의식과 행동을 지배해온 요소였다. 한국의 가부장제는 남성 가장 이데올로기, 남성중심사회 이데올로기와 나이에 따른 위계서열 의식을 주된 내용으로 하고 있다. 남성 가장 이데올로기는 남편이 가족의 생계를 책임진다는 것을 의미하며, 여성은 가사노동을 하거나 혹은 가족의 생계에 보조적인 역할을 한다는 사고방식이다. 남성중심 사회 이데올로기는 남성이 사회적으로 중요한 일과 역할을 담당해야 하기 때문에, 권력과 명예를 누리는 직종은 남성의 몫이라는 사고방식이다. 정치권력과 의사결정을 담당하는 높은 위치는 남성들의 몫이고, 여성들이 사회적인 활동을 하는 경우에도 여성들은 주변적이고 책임이 없는 직종에 종사하게 된다. 나이에 따른 위계서열은 사회적인 관계가 나이에 따라서 질적으로 달라지는 현상을 지칭한다. 연령에 따라서 언어, 복장, 태도와 행동이 달라지기 때문에, 연령은 일상적으로 사회적 관계를 규정하는 중요한 요소로 작동했다.

노동자들의 생활세계를 구성하는 또 다른 요소는 노동생활이다. 한국의 노동생활은 작업장 내에서 이루어지는 노동과정에 영향을 받는다. 작업교대 방식(2교대 혹은 3교대), 노동의 강도, 작업장 내의 관계가 작업장 밖의 관계로 연계되는 정도, 작업장 내 동료 노동자들과의 공식적인 혹은 비공식적인 관계 등에 따라서 노동자들의 생활세계도 달라진다. 노동시간이 길어지면 길어질수록, 가족이 함께 할 수 있는 시간은 줄어들고, 개인의 생활도 줄어든다. 예를 들어, 1970년대 대부분의 섬유산업 업종과 같이, 주중 3교대로 작업이 이루어지는 경우, 일은 오전 6시-오후 2시, 오후 2시-오후 10시, 오후 10시-오전 6시 3교대 혹은 오전 6시-오후 6시, 오후 6시-오전 6시 2교대로 이루어진다(한국기독교교회협의회, 1984).[2]

---

2) 1973년 대한모방 노동쟁위는 12시간 2교대 작업이 이루어지고 있었지만, 일요일에는 교대 없이 18시간 노동이 강요되는데 대한 반발이었다. 1972년 5월부터 1973년 1월까지 토요일 저녁 6시 출근, 일요일 낮 12시 퇴근, 일요일 낮 12시 출근-월요일 아침 6시 퇴근에 대한 불만에서 시작되었다(한국기독교교회협의회, 1984: 375).

노동자들의 생활세계에 영향을 미치는 요인은 휴일과 노동시간이다. 70년대 일반적인 노동자들의 휴무는 월 1일 혹은 2일 정도였다. 주 1회 휴무는 70년대 노동자들이 요구한 주요 요구 사항의 하나였다.[3] 그러나 노동시간이 점차 길어지면서, 노동자들의 일상생활은 크게 위축되었다. 60년대에는 노동시간이 줄어들었지만, 70년대 들어서 노동시간은 점차 늘어났다. 1970년 광공업 노동자의 주당 노동시간은 53.6시간에서 1976년 59.0 시간으로 크게 증가하였다(한국노총, 1978: 51).

70년대 한국 노동자들에게 휴일이 적었기 때문에, 당연히 한국 노동자들의 노동시간은 세계에서 최장 노동시간을 보여주었다. 노동생활과 일과 후의 생활과의 연관성은 시기적으로 크게 변해왔다. 70년대 노동시간은 장시간의 노동과 여가 생활의 부재로 노동자들의 생활세계는 주로 가족 및 친족 중심의 생활과 친구관계와 같은 관계망에 의해서 영향을 받았다. TV와 같은 가전제품이 크게 보급되지 않았기 때문에, 남성 노동자들의 가족생활은 주로 친척이나 친구와의 식사나 음주와 같은 일차적인 사회적 관계를 바탕으로 한 경우가 대부분이었다(박해광, 2005. 33-34). 그러나 점차 임금 수준이 높아지고, 소비 수준이 높아지면서, TV시청이나 라디오 청취와 같은 여가활동의 비중이 높아졌다(김창남, 2005: 63).

가족관계는 노동자들에게 일차적인 사회적 관계를 구성하는 가장 중요한 요소이다. 70년대 노동자의 가족관계는 유교적인 가치에 의해서 지배되었다. 가족 단위의 비공식적인 모임이나 제사와 명절 모임과 같은 전 사회적인 모임을 통하여 가족관계는 지속적으로 확인되고 또한 재생산된다. 친척들 사이에서 생일, 결혼, 집들이, 문병, 문상 등 친족관계에서 유래하는 다양한 행사와 활동은 가족관계를 강화시키는 기능을 했다. 특

3) 1973년 9월 삼립식품 노동자들의 파업에서 요구 조건은 임금인상뿐만 아니라 주 1회 휴무실시였다. 1974년 현대조선 노동자 파업의 진상을 조사한 노동청은 주당 66시간 그리고 주 1회 유급휴가를 월 2회로 줄인 협의를 발견하였다(한국기독교교회협의회, 1984: 387-390).

히 도시로 이주한 노동자 가족들 사이에서 가족과 친척 관계는 가장 중요한 유대의 뿌리였다. 가족은 최후의 보루이자 최고의 안식처였기 때문에, 남성 노동자들은 가족을 위해서 모든 것을 희생하려는 의식을 지녔다. 자신은 못 배웠어도, 자식 교육을 위해서는 빚이라도 내겠다는 부모의 희생정신이 강하게 남아있었다. 친밀성과 권력관계가 공존하는 가족은 사회적인 것을 잊게 하는 사회제도였고, 정치적인 것을 위험하게 생각하는 보수성의 토대였다.

가족관계는 관계 속에서의 역할을 수행하게 한다. 가족을 매개로 하는 사회적 관계는 남성 노동자들의 역할을 노동자가 아니라 아버지, 아들, 남편, 형 등 다양한 역할을 하도록 요구하고 있다. 공장에서와는 전혀 다른 사회적 관계 속에 놓이게 되면서, 가족 내에서의 전통적인 역할을 수행하게 된다. 그것은 새로운 환경 속에서 갈등을 불러일으키는 요소가 되었다. 가족의 경제를 책임지는 가장으로서의 역할과 가난한 현실, 공장 안에서 억압과 통제를 받는 노동자로서의 역할과 가족 내에서 군림하는 가장의 역할, 사회에서 무시당하는 노동자로서의 지위와 남성 중심사회에서의 남성이라는 사회적 지위 등 다양한 갈등적인 상황이 70년대 나타났다. 이러한 현실은 노동자들로 하여금 총체적이고 통일적인 정치의식의 성장을 방해하는 요소가 되었다.

위계적인 의식

70년대 남성 노동자들은 가부장제 의식의 포로였다. 사회적으로 가부장제는 남성 중심적인 사회제도와 조직 원리를 의미한다. 그러나 남성 노동자들은 남성 중심적인 사회에서 중심적인 위치에 있지 못하였고, 주변적인 존재였다. 공장 굴뚝, 담벼락, 다리 등에 노동자는 산업역군이라는 말이 써 있었지만, "공돌이"라는 비속어로 불렸던, 사회적으로 천시되었던 집단이었다. 노동자에 대한 멸시나 천대는 노동을 하는 사람들을 천시

하는 전통적인 문화와 관계가 있지만, 70년대 노동자들의 사회적 지위는 특히 산업화와 더불어, 배운 것 없고, 돈을 벌기 위해 농촌에서 도시로 온 집도 돈도 없는 가련한 존재였다. 노동자들은 가부장제 사회에서 남성들이 누릴 수 있는 특권적인 지위를 누릴 수는 없었다.

그러나 가족 수준에서 남성 노동자들은 가장으로서 가족의 생계를 책임져야 하는 막중한 책임을 지닌 존재였다. 가부장제 하에서 가장이라는 지위는 가족의 모든 것을 책임져야 하는 힘든 지위였다. 도시에 기반을 갖고 있지 못한 노동자들은 생존을 위하여 고통스럽고, 수치스러운 일을 피할 수 없었다. 여성에 대한 폄하와 남성 우월의식은 남성 노동자들로 하여금 여성 노동자 탄압에 앞장서게 하기도 하였다. 파업을 하는 여성 노동자들을 탄압하고, 기업주의 편에 서서, 여성 노동자들에게 폭언과 폭력을 행사하였던 사람들은 남성 노동자들이었다(김경숙 외, 1986). 가족의 생계유지를 위하여 경영자 편에 서서, 여성 노동자 위에 군림하고, 여성 노동자들의 노동운동을 탄압했던 남성 노동자들은 기업주와 동일한 이해를 갖고 있지는 않았지만, 기업주의 이해관계에서 완전히 벗어날 수도 없었다. 이러한 조건에서 남성 노동자들은 쉽게 자본과 권력의 논리에 흡수되었고, 자본과 권력의 앞잡이처럼 행동하기도 하였다.

70년대 남성 노동자들에 영향을 미친 요소는 경제적인 어려움 이외에도 군대 경험이었다(구해근, 2002: 80-81). 군대는 남성들에게 남성 중심적 사고와 반공주의를 극단적인 형태로 체험하게 하는 집단이었다. 남성에게 군대 체험은 권력과 권위에 대한 무조건적인 순종을 절대적인 가치로 여기고, 각종 반공교육을 통하여 권력에 도전하는 것은 모두 북한을 이롭게 하는 반국가적인 행위로 인식하여, 군사정권에 대한 맹목적인 지지를 촉진시켰다. 규율과 질서를 앞세운 오랜 기간의 군대 경험은 남성 노동자들이 여성보다 더 권위에 순종하고 경영자들의 명령에 잘 복종하게 만들었다.

군대 생활은 단순히 명령에 대한 복종만을 가르치는 것이 아니라 새로운 인성을 만든다. 훈련소 생활, 자대 배치, 보충대, 신고식, 내무반 생활 등을 통하여, 일상적으로 경험해 보지 못한 다양한 사람들의 유형을 경험한다. 구타와 기합을 통하여 인간이 비열하고 단순한 동물에 지나지 않는다는 인간관을 획득하기도 한다. 이러한 모습은 김한길(2000: 22-23)의 기술에서 잘 드러나고 있다: "이제야 진짜 군인이 된 것이다. 험상궂은 표정과 욕설과 발길질 속에, 혹은 점잖은 공갈 속에, 우리는 차츰 옷을 벗어가며 군대를 배웠다.... 군가를 배웠다. 총 쏘는 것을 배우고 수십 가지 기합의 체위를 배웠다. 남보다 편할 수 있는 요령을, 괜한 상소리를 배웠다. 얄팍한 거짓 웃음과 애교를 배웠다. 그리고 분노를 배웠다. 그것을 삭이는 인내를 배웠다. 지쳐 쓰러진 친구가 빰맞는 것을 차렷자세로 지켜보면서, 영하 18도의 새벽 2시 팬티 바람으로 기어 언 땅을 녹이면서 우리는 증오와 굴종을 배웠다." 군대 생활은 정치적으로 권위주적 인성을 기르고, 권위에 대한 공포와 복종을 가르친다.

군대 경험은 노동자들에게 기업 조직 내에서 위계에 대한 복종뿐만 아니라 조직 밖의 권위에 대해서도 복종하는 태도를 기른다. 대개 70년대 젊은 남성들은 군 경험을 통하여 절대 권력으로서의 군사정권에서 두려움과 무조건적인 복종을 배웠다. 심리적으로 작은 권력에 대한 복종을 통하여 큰 권력에 대한 복종을 배우기 때문이다. 군대 위에 군림하는 군사정권하에서 남성들의 경험은 하급자에 대한 지배와 상급자에 대한 복종을 통하여 한국의 기업들은 위계적인 조직문화를 더욱 강화시켰다. 70년대 한국의 기업들은 군대 지휘관 경험이 있는 학훈단 출신들을 선호하였다. 그 당시 기업의 중간 관리자로 군대 경험을 중시하였기 때문에, 학훈단 출신들은 취업을 걱정하지 않았다.

군대생활을 통하여 남성들은 젊은 시절에 좌익에 대한 공포와 증오, 권위에 대한 두려움과 복종, 구타와 폭력의 일상화 등을 밀도 있게 경험하였기 때문에, 제대 후에도 이러한 태도들은 남성들의 일상의식을 지배하고 있다. 자신의 권리를 주장하고 부정한 일에 대해서 비판하기보다는 그러한 환경에 적응하는 것을 요령이라고 불렀다. 군대생활을 오래하면 할수록, 요령이 생기고, 요령은 생존, 즉 군생활을 제대로 마치는 데 대단히 중요한 요소가 되었다.[4]

생활세계와 국가

생활세계는 국가로부터 자유롭지는 않다. 권위주의 체제에서 생활세계는 체계적으로 국가권력과 연결되어 있고, 국가의 통제를 받는다. 지역단위의 감시체제는 중국, 북한, 한국, 베트남과 같은 권위주의 정치 체제에서 공통적으로 발견된다. 국가는 마을을 통과 반으로 구분하고, 반 단위의 모임인 반상회를 조직하였다. 이것은 한편으로 국가가 요구하는 선전이나 구호를 전달하는 창구이기도 하지만, 다른 한편으로 반상회는 외부인을 감시하고, 국가가 내세우는 이념과 다른 이념을 가진 사람들을 고립시키고 무력화시키는 조직이다. 그런 점에서 반상회를 권력에 의해서 만들어진 가장 낮은 단위의 관변 단체라고 볼 있다.

70년대 국가는 북한 남침의 위협에 대비하여, 예비군 제도와 민방위 제도를 본격적으로 활성화하였다. 직장 예비군과 직장 민방위 제도는 모든 조직에 강제되었다. 사적 부문의 모든 직장을 병영으로 만들 수는 없었지만, 적어도 사적 부문의 기업체라고 할지라도 안보와 관련된 국가의 요구와 명령에는 절대적으로 따라야 한다는 인식을 고착시키는 기능을 하였다. 고등학교와 대학교에서 군사훈련을 실시함과 동시에 생활세계에서 예비군 제도와 민방위 제도를 실시하여, 생활세계의 병영화가 부분적으로 진척되었다.

70년대 매월 실시되었던 민방위 훈련도 생활세계를 시공간적으로 구분하

---

4) 이러한 요령은 짬밥수와 비례한다고 말한다. 즉, 군에서 보내 시간과 비례한다는 것이다.

는 기능을 하였다. 민방위 훈련은 한국 사회 전체를 대상으로 해서 비상사태를 체험하게 하고, 반복적으로 북한의 위협을 되살리는 이데올로기적인 기능을 하였다. 모든 도로와 공공시설이 정상적인 기능을 멈추고, 모든 사람들이 대피훈련을 하는 상황이 연출되었다. 노동자들도 주기적으로 전쟁상태를 체험하였다. 이것은 일반 노동자들뿐만 아니라 파업중인 노동자들이나 시위중인 학생들도 이러한 상황에 놓이게 되면서, 민방위 훈련이 있을 경우, 노동자들의 파업과 학생들의 시위는 너무나 어색한 광경이 되었다. 민방위 훈련은 주기적으로 생활세계를 분할함으로써 체험을 통해서 반공이념을 강화시키고, 노동자들의 불만과 저항을 약화시키는 기능을 하였다.

생활세계에 대한 국가의 통제는 통행금지를 통해서 보다 강하게 이루어졌다. 통행금지는 북한의 위협에 대응하는 국가적 차원의 조치였고, 이는 매일 시민들의 행동을 통제하는 기제로서 북한의 위협을 확인시켜주는 기능을 했다. 거주이전의 자유를 제한하는 통행금지 제도는 자유민주주의 사회에서는 보기 힘든 심각한 자유권에 대한 박탈이었다. 그러나 통행금지는 시민들에게 단지 생활의 불편함을 주지만, 불가피한 조치로 받아들여졌다. 노동자들에게는 야간작업을 정당화시키는 기제로 작용했다. 밤 12시부터 새벽 4시까지 거리에서 이동이 불가능하기 때문에, 공장내에 머물러 있어야 했기 때문에, 야간 교대조들에게 통행금지는 철야근무를 당연하게 받아들였다. 통행금지 제도는 노동자들의 삶의 제한하는 동시에, 생활세계에 대한 국가의 통제가 보다 적나라하게 이루어지기 시작했다는 것을 의미했다.

3. 노동자 의식: 분절과 접합

70년대 남성 노동자들의 정치의식은 분절적이고 상황적인 것이 특징이다. 분절적인 정치의식은 정치현실에 대한 총체적인 인식이 부족한 상태에서 단편적인 사건이나 현상에 대한 부분적인 인식이다. 분절적인 정치의식은 정치의식을 획득하는 과정에서 제한적인 경험의 세계를 크게 벗어나지 못하기 때문에 형성되는 의식이다. 자신들의 경험을 해석할 수 있는 틀이 제한적이기 때문이다. 농촌에서 도시로 이주한 남성 노동자들은 주로 경제적인 이유에서 이농을 하였다. 그들에게 중요한 것은 정치적인 요소보다 경제적인 요소가 더 중요하게 받아들여졌다. "조국 근대화"라는 정치적 구호를 내세우고, "우리도 한번 잘살아보세"라고 외친 박정희 정권의 구호는 가난한 노동자들에게 호소력이 있는 구호로 받아들여졌다(구해근, 2002: 35, 신병현, 2005: 94-102). 노동자들에게는 저임금일지라도 일할 거리가 있는 것 자체가 크게 다행스러운 것으로 받아들여졌기 때문에, 저임금 자체에 대한 불만은 크지 않았다. 체불임금 지급이 70년대 노동쟁의의 핵심적인 요구사항이었다.

기업 조직 속에서 남성 노동자들은 여성 노동자들을 통제하고 관리하는 지위를 부여받았다. 가부장제 질서가 공장 내에서도 그대로 유지되었다. 남성 노동자들은 여성 노동자들에 비해서 더 높은 임금을 받았을 뿐만 아니라, 승진을 통하여 여성 노동자들을 관리하는 위치를 차지하였다. 70년대 여성 노동자들이 집중되어 있었던 섬유산업에서도 남성 노동자들이 여성 노동자들을 탄압하였다. 대표적으로 동일방직에서 남성 노동자들은 여성 노동자들의 투쟁을 탄압하는 세력이 되었다(한국기독교교회협의회, 1984: 369-373; 석정남, 1984; 이옥지, 2001; 구해근, 2002: 130-132). 여성 노동자가 다수인 많은 기업체에서 기업과 남성 노동자들과 이에 저항하는 여성 노동자 사이의 대립이 형성되었다.

그러나 1970년대 남성 노동자들의 의식에서도 많은 차이가 있었다. 1970년 전태일은 "근로기준법을 준수하라" "우리는 기계가 아니다"라고 외치면서, 기업과 국가에 노동자 착취에 반항하였다(전태일, 1998: 20-21;

이원보 2005: 231). 이것은 모든 노동자들의 의식 수준은 아니었지만, 70년대 노동운동의 불씨를 지핀 역사적인 저항운동이었다. 전태일의 주장은 한마디로 기업주가 근로기준법을 준수하고, 국가는 기업주가 노동법을 준수하도록 하게 하라는 것이었다. 분신자살이라는 극단적인 저항 방식을 택하였지만, 요구하는 내용은 지극히 평범했다. 이는 70년대가 평범한 것이 지켜지지 않은 야만의 시대였다는 것을 반증한다. 1일 작업시간 평균 13-14시간, 월 평균 28일 근무로 국제근로기준의 2배에 달하는 극도의 장시간 노동이 일상적으로 이루어졌다(한국기독교교회협의회, 1984: 75). 저임금 장시간 노동을 통하여 이윤을 극대화하려는 기업주들에게 근로기준법은 무용지물이었고, 국가는 조국근대화를 내세우며, 이들 기업주들 편에서 섰다.

전태일의 분신 사건은 70년대 한국 노동운동을 촉발시킨 역사적 사건이 되었다. 이 사건은 70년대 노동투쟁의 한 가지 특징이었던 "극단적인 저항투쟁"의 시작이었다(이원보, 2005: 235).[5] 일부 노동자들에게 억압과 착취에 대한 저항이라는 것이 가능하다는 것과 저항방법으로 분신이라는 극단적인 저항의 실체를 보여주었다는 점에서 이후 노동운동의 기폭제가 되었을 뿐만 아니라, 70년대 학생운동에서 노동문제에 대한 새로운 인식을 촉발시켰다. 그런 점에서 전태일의 분신은 노동투쟁과 학생들의 민주화 투쟁을 연결시키는 "핵심적인 연결고리"가 되었다(구해근, 2002: 114). 또한 전태일 분신은 80년대 민중운동에서 저항의 상징으로 부각되었다. 자신을 희생하여 노동계급의 저항을 외쳤던 전태일은 민중운동의 투쟁적

5) 1970년 11월 25일 조선호텔 노동자 이상찬이 노조활동 보장을 요구하며 분신을 시도하였고, 같은 해 11월 27일 의정부 외기노조 노조원 21명이 회사의 노조운동 방해에 항의하여 농성을 하면서 분신자살의 위협을 가하였고, 1971년 1월 12일 광주 아시아 자동차 노동자들은 노조결성 방해에 항의하여 고압선과 청산가리를 들고 위협하였고, 같은 해 2월 2일 서울 한국회관 식당 노동자 김차호는 임금인상과 노동조건 개선을 요구하며 프로판 가스통을 열어 놓고 농성하였다 (이원보, 2005: 235-237).

전통을 만들었다는 점에서 한국 민중운동의 기폭제 역할을 하였다.

그러나 70년대 전반적으로 노동자들의 정치의식은 크게 발전하지는 않았다. 노동문제와 관련된 사안을 통해서 국가에 대한 저항을 보여주었지만, 정치적 차원에서 정권에 도전하지는 않았다. 다수의 학생운동가들이 노동문제와 무관하게 정치적 민주화를 요구하며, 정권에 도전했다면, 다수의 노동자들은 정치문제와 무관하게 임금인상과 노동조건의 개선을 바랬다. 노동자들의 생활조건이 열악하였고, 노동자들에 대한 사회적 인식이 부정적이었기 때문에, 노동자들은 그러한 조건에서 벗어나고자 하였다. 노동을 통해서 그것을 벗어날 수 있을 것이라고 믿었던 그들에게 저임금, 임금체불, 비인격적인 대우 등에 대한 불만 표시와 그러한 행동에 대한 기업의 폭력적인 대응이 일상적으로 나타났다. 그런 점에서 70년대 노동자들의 투쟁은 억압에 대한 투쟁이었다. 그것은 대안적인 체제를 추구한 목적지향적 계급운동은 아니었다.

노동자들에게 정치는 엘리트가 독점하고 있는 권력과 동일한 것으로 인식되었다. 학벌과 귀한 직업에 종사하는 사람들과 군인들에 의해서 독점된 국가권력은 자신들과 거리가 먼 것이었다. 한일회담 반대, 3선 개헌 반대, 유신반대 등으로 이어지는 대학생들의 민주화 투쟁은 자신들의 세계와는 관계가 없는 부러운 학생들의 일로 간주되었다. 노동자와 학생의 분리는 70년대 한국사회의 특징 가운데 하나였다. 대학교육을 통해서 성공에 이를 수는 있어도, 노동을 통해서 성공할 수 있다는 믿는 노동자는 없었다. 단지 노동을 통해서 가난을 벗어날 수는 있을 것이라고 믿었기 때문에, 많은 1세대 노동자들은 저임금과 장시간 노동에도 불구하고 일자리를 찾아서 농촌에서 도시로 이동한 농촌 출신들이었다. 노동자와 학생은 서로 다른 길을 가는 사람들이었고, 이들이 갖고 있는 관심도 서로 다른 세계에 관한 것이었다. 대부분의 노동자들은, 학생들이 관심을 갖고 있었던 민주주의는 노동자들에게 직접 영향을 미치는 것이라고 생각하지 못했다. 그러므로 임금체불, 부당한 대우, 노동조합 탄압에 항의하는 노동자들도 학생들의 민주화 투쟁에 동참하지 않았다. 대다수의 노동자들은 민주주의 문제를 자신들의 노동조건과 직접적으로 관련을 맺고 있다고 인식할 수 있는 적절한 해석 틀이나 언어를 갖고 있지 못했다.

노동자 정체성에 관한 연구들이 대체로 그 당시 젊은 여성 노동자와 노동운동가들을 대상으로 이루어졌기 때문에, 일반적인 남성 노동자의 정체성과 의식에 관한 내용으로 받아들이기는 어렵다(구해근, 2002: 제4장). 기존의 노동자들이 가지고 있었던 정치의식은 점차 유신체제 하에서 강화되기 시작한 지역주의와 관련을 맺기 시작했다. 이것은 연줄을 이용한 연고채용과 같이 과거 생활세계의 연결망이 채용에도 영향을 미쳤을 뿐만 아니라(정승국, 2004: 103; 허상수, 2004: 280-281), 점차 중앙정치에서 일어나는 일들에 대한 해석에도 영향을 미쳤다. 야당에 대한 탄압과 김대중 납치 사건과 같은 정치적 사건들은 점차 자기 검열이 심한 사회분위기에서 믿을 수 있는 친구나 친척들 사이에서나 말할 수 있는 일이었다. 명절 때마다 고향을 찾는 이농 노동자들은 이러한 중앙정치의 사건들을 지역으로 전달하는 전달자들이었고, 이것은 점차 지역 중심으로 정치를 인식하게 만드는 숨겨진 기저가 되었다. 추석과 구정과 같은 명절날 대규모 인구이동이 일상화되면서, 귀성객이라고 불리는 이들 노동자들은 점차 지역주의로 정치를 해석하는 인식을 강화시키는 경험을 하였다. 경제적으로 지역격차가 더욱 커지면서 또한 정치적으로 특정지역 출신이 배제되는 상황이 지속되면서 지역 연고주의와 지역 정체성은 더욱 뚜렷하게 뿌리를 내리기 시작했다. 생활세계 자체가 지역으로 분리되기 시작했고, 정치도 지역을 중심으로 인식되기 시작했다. 이들에게 자신들의 노동 현실은 사회와 정치를 이해하는 중심적인 접합의 원리가 되지 못했다. 바로 일반 노동자들의 낮은 정치의식은 생활세계, 노동과 정치가 분리되어 있는 70년대 한국 사회의 산물이었다.

4. 맺음말

노동자들의 정체성과 의식은 복잡한 사회적, 정치적, 경제적 과정의 최종적인 산물이다. 또한 그것은 고정된 것은 아니며, 사회적, 정치적, 경제적 변화에 따라서 변하고 있다. 즉 관계의 변화에 따라서 정체성과 의식은 변화를 하게 마련이다. 그럼에도 불구하고, 환경적인 변화가 쉽고 빠르게 이루어지는 것이 아니기 때문에, 시대적인 환경에 의해서 노동자들의 정체성과 의식은 영향을 받게 된다. 70년대 남성 노동자들의 생활세계와 정치의식은 이러한 시대적인 환경의 결과물이다.

노동자들의 정치의식은 단순히 노동자들의 직접적인 계급경험에서 형성되는 것은 아니다. 억압과 인격적 무시에 대한 경험은 분노와 좌절을 만들지만, 그것이 바로 현실 정치와 미래 정치에 대한 노동자들의 의식을 만들지는 않았다. 그 경험이 계급경험인지 자체가 경험을 하는 노동자들에게 불분명하기 때문이다. 현실에 대한 해석은 언어를 필요로 하는 것이었고, 이것은 단순히 저항 언어가 아니라 지배력을 갖는 언어, 즉 설득력 있게 받아들여지는 언어와 해석의 틀의 문제가 해결되지 않고는, 경험은 해석되지 않은 조야한 원석으로 남아있게 된다.

70년대 노동자들은 국가가 언론을 통제하고, 끊임없이 반공주의와 경제성장을 외치고, 군사주의적인 문화와 가부장제적인 생활세계 속에서 노동자들이 독자적인 해석의 틀을 갖기는 쉽지 않았다. 70년대 노동자들의 생활세계는 전통적인 문화적 코드와 새로운 성장 이데올로기, 반공주의 등 국가와 자본에 의해서 만들어지는 해석의 틀에 의해서 지배되면서, 노동자들은 자생적이고 자율적인 생활세계를 구성하지 못했다. 군사정권에 의해서 강요되는 다양한 이데올로기적 통제는 노동자들을 더욱 분절적인 정치의식을 갖게 만들었다.

해석의 틀은 역설적으로 작은 투쟁을 통해서 형성되었다. 투쟁을 통해서 의식이 형성되는 과정을 70년대 일부 노동자들이 경험했던 것이다. 체불임금 요구와 같은 단순한 경제적인 요구가 철저하게 탄압을 받으면서, 점차 현실에 대한 새로운 인식의 계기를 갖게 되었다. 현실은 투쟁을 통해서 새롭게 인식되기 시작한 것이다. 계급경험 → 계급의식 → 계급투쟁이라는 단선적이고 기계적인 의식의 발전 과정을 겪은 것이 아니라, 임금투쟁 → 계급현실에 대한 새로운 경험 → 계급의식 혹은 지위위식이라는 새로운 과정의 의식 변화를 보여주었다.

70년대 다수의 남성 노동자들은 상대적으로 현실을 거부하고 변혁하기보다는 현실 속에서 남성으로서의 혜택을 누리고, 여성 노동자들 위에 군림하는 가부장제적 남성에서 벗어나지 못하였다. 그것은 가장이라는 가족적 책임과 빈곤이라는 현실 속에서 생존하기 위한 자연스러운 행동이었다. 남성 가장, 남성 중심 가부장제 사회에서 많은 남성 노동자들이 보여준 경영과의 유착은 매우 자연스러운 행동의 결과였다. 다시 말해서, 그것은 자신들의 모습을 젠더라는 관점에서 인식하지 못하였기 때문에 당연한 일이었다. 모든 계급을 초월해서 공유된 가부장제는 생활세계와 노동세계를 지배하는 문화코드였다. 남성과 여성이 사회적으로 대립하지는 않았지만, 일부 작업현장에서 또한 노동투쟁에서 남성과 여성은 대립적인 위치를 차지하였다.

70년대 남성 노동자들의 보수성은 정치적인 차원에서도 강하게 존재했다. 이것은 학생들을 중심으로 하는 민주화 운동과 일반 남성 노동자 사이에서만 그런 것이 아니라, 민주화 운동과 노동운동 사이에서도 그러한 관계가 존재했다. 즉, 노동투쟁에 참여했던 노동자들이 정치적인 쟁점에 대해서는 관여하지 않았고, 자신들과 관계가 없는 일로 치부했다. 파업에 참가했던 노동자들도 민주화 투쟁은 자신들의 영역 밖의 일로 생각했다. 70년대 학력이 낮은 남성 노동자들이 일하는 공장과 고학력을 추구하는 대학생들이 공부하는 교정은 너무도 멀리 떨어져 있었다.

70년대 남성 노동자들의 정치의식은 계급위치만으로 형성되는 것은 아니다. 개인으로서 혹은 가족의 성원으로서 살아가는 생활세계가 개인들의 정치의식에 영향을 미쳤다. 생활세계는 다면적이고 또한 다층적이다. 냉전체제, 군사독재, 산업화와 같은 거시적인 구조와 조건에 의해서 영향을 받기도 하지만, 가족관계와 조직 내에서의 남성-여성 관계와 같은 상대적으로 미시적인 조건에 의해서 영향을 받기도 한다. 70년대 남성 노동자들의 생활세계는 국가에 의해서 지배되었고, 독자적인 생활세계의 부재는 철저하게 군사정권과 자본의 통제에서 벗어나지 못하는 정치의식을 낳았던 것이다. 70년대 남성 노동자들의 보수성을 이해하기 위해서 생활세계의 내용을 분석하는 것이 필요하다. 이 글에서 시도된 생활세계의 분석은 거친 수준에서 이루어진 분석이라는 점에서, 보다 세밀하고 더 미시적인 분석이 요구된다.

| 참고문헌 |

구해근. 2002. 『한국 노동계급의 형성』(신광영 역). 창작과비평사.

김경숙 외. 1986. 『그러나 이제는 어제의 우리가 아니다』. 돌베개.

김창남. 2005. 「한국 산업노동자 형성기 노동자집단의 문화정체성 연구를 위한 시론」, 『1960-70년대 노동자의 생활세계와 정체성』. 이종구 외, 한울, pp. 45-72.

김한길. 2000. 『김한길의 희망일기』. 해냄.

르페브르, 앙리. 1990. 『현대세계의 일상성』. 세계일보.

마페졸리. 1994. 『일상생활의 사회학-인식론적인 요소들』. 한울.

박해광. 2005. 「한국 산업노동자의 도시 경험: 1970년대를 중심으로」, 『1960-70년대 노동자의 생활세계와 정체성』. 이종구 외, 한울, pp.13-44.

석정남. 1984. 『공장의 불빛』. 일월서각.

신병현. 2005. 「1960,70년대 산업화과정에서 노동자들의 사회적 정체성에 영향을 미친 역사적 담론들: 근대화와 가부장제적 가족주의 담론을 중심으로」, 『1960-70년대 노동자의 생활세계와 정체성』. 이종구 외, 한울, pp. 73-122.

이원보. 2005. 『한국노동운동사 100년의 기록』. 한국노동사회연구소.

이종구 외. 2004. 『1960-1970년대 한국의 산업화와 노동자 정체성』. 한울.

_____. 2005. 『1960-70년대 노동자의 생활세계와 정체성』. 한울.

이옥지. 2001. 『한국여성노동자 운동사 I』. 한울.

전순옥. 2003. 『끝나지 않은 시다의 노래』. 한겨레신문사.

전 YH 노동조합 한국노동자복지협의회 엮음. 1984. 『YH노동조합사』. 형성사.

전태일. 1998. 『내 죽음을 헛되이 말라』. 돌베개.

조희연. 2005. 「'반공규율사회'형 자본주의 발전과정에서의 노동자계급의 '구성'적 출현: 1960, 70년대를 중심으로」, 『1960-70년대 노동자의 생활세계와 의식』. 이종구 외, 한울, pp.123-174.

한국기독교교회협의회, 1984, 『1970년대 노동현장과 증언』. 풀빛.

한국노총, 1978, 사업보고서.

Aminzade, Ron. 1993. *Ballots and Bricades: Class Formation and Republican Politics in France, 1830-1871*. Princeton: Princeton University Press.

Berstein, Basil, 1980. *Class, Code and Control I, II, III*. London: Routledge.

Braveman, Harry. 1974. *Labor and Monopoly Capital*. New York: Montly Review Press.

Burawoy, Michael. 1985. *The Politics of Production*. London: Verso.

_____. 1989. "Marxism without Microfoundations" *Socialist Review* 19(2): 53-86.

Fantasia, Rick. 1988. *The Culture of Solidarity*. Berkeley: California University Press.

Gramsci, Antonio. 1978. *Prison Notebooks*. New York: Progressive Publisher.

Harbermas, Jurgen. 1983. *A Theory of Communicative Action I, II*. Cambridge: The MIT Press.

Katznelso,, Ira and Arisde Zollberg. 1987. *Working Class Formation*. New Jersey: Princeton University Press.

Paserson, Jean and Pierre Bourdieu, 1978. *Education, Society and Culture*. London: Sage.

Przeworski, Adam. 1989. "Class, production and politics: Reply to Burawoy" *Soctialist Review*, 19(2): 87-111.

Thompson, E.P. 1963. *The Making of English Working Class*, New York: Vintage.

제2장

1960-70년대 노동자계급의 문화와 일상생활

박해광(전남대 사회학과)

1. 문제제기

우리 사회의 산업화 과정은 또한 대중문화가 본격적으로 형성되는 과정이기도 했다. 유럽의 경우도 대중문화는 산업화, 도시화와 함께 대중의 교육수준과 문자해독률의 상승, 문화에 대한 요구의 증가 등이 동반되면서 18세기 동안 본격적으로 확립되었다. 이전의 역사에서 유례가 없었던 대중의 부상은 오르테가 이 가셋(Ortega y Gasset)과 같은 보수적 사상가에게는 하나의 반란이자 역사의 퇴보로 비쳐지기도 했다.[1] 근대 대중문화의 형성에는 대중매체의 등장이 결정적인 역할을 수행했다. 잡지와 신문, 영화와 라디오, 텔레비전의 등장은 대중들의 문화에 대한 관심을 산업적으로 재편하면서 대중문화를 형성하는 주된 힘으로 작용해왔다.

우리 사회에서는 이런 대중매체의 등장과 대중문화의 형성은 어떻게 이루어졌는가, 그리고 이러한 대중문화는 산업노동자계급 형성에 어떻게

1) "대중화 현상이야말로 우리 시대의 가공할 현상이며, 야만적인 현대의 특징을 숨김없이 묘사해놓은 것이다"(Ortega y Gasset, 1979: 14).

개입했는가? 이런 관심을 갖고 이 연구는 1960-1970년대 산업화 시기의 노동자계급의 일상을 들여다볼 것이다. 특히 작업장이 아닌 노동력재생산의 시간과 공간에서 노동자들의 일상이 어떻게 이루어졌는지에 주목할 것이다. 자본주의의 출현과 함께 구조화된 공사(公私) 영역의 분리 속에서 사적 영역으로서의 노동력재생산 과정은 노동자들에게 향유를 통한 문화적 공간이 되기도 하고, 또한 자본주의적 질서 속으로 끊임없이 끌려들어가는 포섭/배제의 공간이 되기도 한다. 공사 분리의 과정에서 포섭과 통제의 힘으로 작용하는 힘은 무엇보다 대중문화다. 미디어 및 상품화를 주축으로 하는 자본주의적 문화는 사적 공간을 지배적 계급문화이자 자본주의적 상품문화인 문화산업의 생산물들로 채운다. 하지만 이러한 포섭은 적극적인 향유의 기회를 제공하기도 하지만, 또한 일정 부분 대중문화로부터 노동자들을 배제하기도 한다. 이러한 포섭과 배제의 긴장 속에서 노동자들의 주체적 문화의 가능성이 발생할 수도 있다. 하지만 그것이 무엇이며 어떻게 작용했는지에 대한 연구는 아직 체계화되지 못하고 있다.

이 연구는 산업화 시기 노동자들의 일상생활을 여가와 대중문화를 중심으로 고찰할 것이다. 노동자들의 여가시간과 행태 등 일상생활이 어떻게 구성되었는가라는 기본적인 관심에서 출발하여, 이 일상이 자본주의의 지배적인 포섭 문화 속으로 어떻게 포섭/배제되어 갔는가를 대중문화와의 관계 속에서 검토해볼 것이다. 특히 영화나 일상적 '놀이'가 노동자들의 노동력재생산에서 어떤 기능을 수행했는지를 살펴볼 것이다. 또한, 이러한 자본주의적 일상과 구별되는 노동자들의 '주체적' 일상문화의 여지들이 존재했는지도 아울러 검토해볼 것이다.

윌리엄스(R. Williams)는 자본주의 사회의 지배적 문화가 계급적이고 포섭적인 문화라고 가정하지만, 이 지배와 포섭의 논리는 사회에 전일적으로 작용하는 것이 아니라, 오히려 일정한 포섭과 배제의 작용 속에서 선택적으로 이루어지는 것으로 가정하는 것이 타당하다. 만약 그렇지 않았다면 1960년대 이후 전면화되는 문화산업의 작용이 왜 노동자들을 주요한 수혜층으로 끌어들이지 않았는지를 설명할 수 없다. 따라서 노동자들의 일상생활은 본격화되고 구조화되고 있는 대중문화와 매우 특정하면서도 제한된 방식으로 연결되고 있었다는 가정 하에서 그 포섭이 해명될 필요가 있다.

2. 연구방법

1) 구술사

구술사(oral history)적 연구방법의 의의와 장점에 대해서는 그간 적잖은 논의가 있어왔다. 이 연구가 관심을 가지는 노동자들의 일상에 대한 연구방법으로 구술사 방법은 상당한 유효성을 가진다. 구술사 연구는 노동자들의 역사적 경험의 주체가 스스로 재구성한 자료를 연구의 대상으로 삼기 때문에 일상에 대한 생생한 이해를 이끌어낼 수 있는 장점이 있다. 하지만 또한 구술사 방법은 객관적 사실과 구술 주체의 서사전략 간에 끊임없이 진동하는 결과들을 얻게 되므로, 이를 적절히 재해석하는, 즉 '말해진 것'을 재구성하고 분석하는 과정을 필요로 한다는 제약이 존재한다.

이 연구는 구술된 노동자들의 일상과 경험을 맥락화(contextualize)하는 방법을 통해 구술사 연구의 객관성과 유효성을 적극적으로 확보할 것이다. 맥락화의 방법은 주관적 체험을 객관적 상황과의 관계 속에서, 그리고 말해진 것을 다른 말해진 것과의 관련 속에서 파악하는 방법으로, 구술된 것의 숨겨진 의미들을 적극적으로 드러내줄 것이다.

2) 노동자 수기 분석

1960-1970년대 산업화 시기 동안 다양한 형태의 노동자 수기들이 만들어졌다. 이 수기들은 크게 두 종류로 대별되는데, 그 하나는 송효순, 석정남, 유동우 등 1960-1970년대 노동운동가들이 출판한 노동운동 중심의 개인사들이다. 이것은 서술의 중심이 노동운동에 있고, 노동운동의 시각을 통해 개인사와 사건, 일상들을 해석하고 있다는 특징을 가진다. 또 다른 수기들은 공장새마을운동과 관련한 교육후 수기들이나 각종 사보 및 공보에 실린 노동자들의 수기 형태의 수필들인데, 이것은 주로 심사자나 경영자의 시각에 '채택된' 수기들로, 이른바 '모범 근로자'상을 드러내고 있는 것들이다.

두 종류의 수기 모두 산업화 시기 노동자 삶을 보여주고는 있지만, 재해석될 필요가 있는 목적성을 띤 수기들이라 할 수 있다. 때문에 수기에 대한 분석은 제한적으로만 이루어졌으며, 수기가 보여주는 일상생활의 전형성이 구술사 자료와 큰 방향에서 일치하는 것만을 연구대상으로 삼았다.

3. 여가, 대중오락과 노동자문화

1) 여가의 확립과 소외된 여가

공사 영역이 명확히 분리되는 자본주의 사회에서 여가는 사적 생활을 관리하기 위한 통합 기제다. 여가라는 개념은 특정한 행위 혹은 생활양식을 사회적으로 훈련시키는 형태로 성립되며, 특히 산업화 초기에 이것은 직업적 규범과 도시적 생활양식의 형태로 확립된다. 우리 사회에서는 이것이 서울을 중심으로, 1960년과 1970년대에 본격화되기 시작했다(박해

<표 2-1> 1970년대 도시민의 여가 관련 소비지출 추이

(단위: 원)

	총소비지출	여가관련 소비지출	총 소비지출 중 여가관련 소비지출 비율
1972	38,573	1,056	2.73
1973	41,498	1,091	2.63
1974	50,063	1,395	2.79
1975	65,320	1,813	2.78
1976	81,458	2,047	2.51
1977	95,409	3,897	4.08

자료: 한국통계연감; 양병이(1979: 12)에서 재인용.

광, 2004). <표 2-1>은 1970년대 동안 여가관련 지출이 미약하나마 꾸준히 증가하고 있음을 보여주고 있다. 특히 초기 산업화가 안정적인 구조를 갖추는 1976-1997년의 기간 동안 여가관련 지출의 절대적, 상대적 증가가 눈에 띈다.

그런데 간과하지 말아야 할 것은, 1960-1970년대 산업화 과정은 노동자계급을 사회적으로 총동원하는 시기였으며, 이들의 임무는 무엇보다 생산력과 노동력 상품의 역할에 있었다는 점이다. 특히 값싼 노동력을 이용한 노동집약적 경공업화에서 여성들은 핵심 주체로 동원되었다. 그래서 주지하듯이 이 산업화 기간 동안 노동자들은 극단적인 저임금, 장시간 노동과 초과근무에 시달렸다. 이런 상황에서 여가는 그 절대적 시간에서 확보되기가 쉽지 않았다. 대구지역 조사이긴 하지만 1970년대 여성노동자를 대상으로 한 조사[2]는 이를 잘 보여준다. <표 2-2>에서 보듯 정상근무 형태를 가진 노동자는 전체의 8.3%에 불과했고, 또한 정상근무의 경우도 '아침 출근 저녁 퇴근'의 외형적 정상성을 보일 뿐 평균 7시 출근, 19시 퇴근이 지배적인 것으로 조사되었다. 이런 조건 하에서 공적 노동의 시간을 제외하고, 또 수면 등의 생리적 재생산 시간을 제외한 이른바

2) 이 조사는 대구지역의 14세 이상 24세 이하의 미혼 여성노동자를 모집단으로 한 576명의 표본조사 결과다.

<표 2-2> 근무형태(대구 여성근로자, 1976)

정상근무	3교대	2교대	격일제 근무	기타	합 계
48	104	203	187	34	575
8.3%	18.1%	35.2%	32.5%	5.9%	100.0%

자료: 오명근(1976: 63).

'여가' 시간은 명목적인 것일 수밖에 없었다.

이런 조건 때문에, 산업화 기간 동안 사회적으로 확립되기 시작한 '여가' 개념은 그 자체가 상당히 계급적 성격을 띤 것이었다. 그래서 한편으로는 수석(壽石), 양주 컬렉션, 서예 등의 '고급한' 취미들이 사회적으로 보급되고 언표화되기 시작한 반면, 또 다른 한편에서는 여가시간 자체가 부족한 계급적 분화와 단절이 발전하는 것이다(박해광, 2004: 32-33).

그럼에도 불구하고 여가 개념은 사회적으로 그 중요성을 획득하면서, 여가시간에 대한 각종 조사들이 이루어지기 시작했다. 아래의 <표 2-3>과 <표 2-4>는 1970년대 중반 서울 시민의 여가활동을 조사한 결과다.

그래서 이런 여가형태는 계급적으로 이미 상당한 차이를 보이면서 시작되었다. 주중의 여가활동의 경우, 서울 시민 조사에서는 산책, 가벼운 운동, 교제활동 등이 주로 이루어졌고, 주말과 휴일에는 산책, 고궁이나 고적 관람, 등산 등이 중요한 여가활동이었다. 반면 노동자들은 친구들을

<표 2-3> 서울 시민의 평일 여가활동 유형(1975)

여가활동 유형	응답자 수	비율
산책	438	21.6
가벼운 운동	306	15.1
교제활동	282	13.9
명상	163	8.0
취미생활	151	7.4
구경(운동, 경치)	257	12.7
기타	314	15.5
무응답	119	5.9
합계	2,030	100.0

양병이(1979: 14).

<표 2-4> 서울 시민의 주말 여가활동 유형

여가활동 유형	응답자 수	비율
산책	328	18.8
쇼핑	197	9.7
골프, 승마, 낚시, 보트타기	146	7.2
고궁이나 고적 관람	207	10.2
경치 구경	254	12.5
등산	221	10.9
스포츠 활동	145	7.1
스포츠 관람	162	8.0
기타	206	10.1
무응답	110	5.4
합계	2,030	100.0

자료: 양병이(1979: 14).

만나거나, 낮잠을 자거나, 혹은 빨래를 하는 것이 주된 여가활동이었다(박해광, 2004: 33). 이러한 계급적 차이의 화해는 이벤트로서의 여가에서 이루어진다. 노동자들에게 등산이나 야유회는 여가에서 누릴 수 있는 가장 흥미로운 사건이자 일상에서 벗어날 수 있는 일종의 '축제'였다. 아래의 노동자 수기에서 보듯, 야유회는 간절히 '기다리던' 사건이며, 이를 위해서는 피곤하게 행사 준비를 하면서도 즐거운 경험인 것이다.

"내일이면 우리가 기다리던 야외 놀러 가는 날이다. 오늘 난 코스모스 백화점에 가서 볼펜에다 '야유회 기념'이라고 새겨왔다. 자그만치 오후 두시부터 지금 밤 11시까지 학교 일을 끝마치고 왔다. 성경시간에는 그토록 졸려서 어쩔 줄을 몰랐다. 정말이지 오늘은 피곤하다. 백화점 지하실 슈퍼에서부터 5층까지 몇 번이나 올라갔다 내려오곤 다리가 아프다. 또 수업이 끝나고 봉천슈퍼에서 다과를 사오고 하루 종일 분주했다. 하지만 오늘 일은 남들을 위한 일이었으니까 보람있는 일인 것 같다"(최순희, 「가로등 밑에서 공부할까」, ≪비바람 속에 피어난 꽃≫).

이렇게 여가시간이 노동자들에게 불균형적으로, 그리고 매우 제한적으로만 확립되고 주어졌던 이유는 그 일차적 임무를 노동력의 재생산에 두고 있었기 때문이다. 사건으로 주어지는 오락은 시간구획 속에서 예외적으로만 존재했고, 노동자들의 대부분의 여가, 즉 일에서 벗어난 시간을 채울 수는 없었다. 그것은 기본적으로 여가시간 자체가 절대적으로 부족했기 때문이다.

> 내가 제일 어려운 게 뭐냐 하면 일요일날도 놀지 않고, 일년 내내 일 많은 집은 명절 때 3일 노는 거, 딱 그거밖에 못 노는 거. 어쩌다 크리스마스날 그런 때 저녁 때 일찍만 끝내줘도 좋아서 막 날뛰고(김혜숙 구술: 안재성 면접, 2004).

이런 상황에서 노동자들에게 여가시간에 '논다'는 것은 주거공간에서 벗어나 다른 곳으로 이동한다는 것을 주로 의미했다. 이것은 소극적인 형태의 '시간 때우기'에 지나지 않았다.

> "놀러 가봐야, 기껏 가봐야 산에, 도봉산에 가고, 그러고 뒷산에 철길 있죠, 철길. 마포 그 이렇게 공덕동 위에 옛날에 철길 있었어요. 사진도 있는데, 철길 거닐고 개나리 피러 다니고 사진 찍으러 다니고, 남산 다니고. 거기는 그때는 그게 다였어요"(강명자 구술, 2003).

그리고 이러한 소극적인 공간이동과 걷기도 공간적으로 매우 엄격히 구획되고 단절된 것이었다. 1970년대 서울의 경우 중구, 종로구는 도시공간의 중심이자 중산층, 대학 청년들이 점유한 공간이었고, 이외의 도시 주변들이 노동자들의 유흥의 공간이었다. 이러한 공간구분이 매우 뚜렷하고 억압된 형태의 것임은 이미 연구된 바 있다(박해광, 2004).

그러나 동시에 자본주의적 여가는, 또한 아직은 미약하지만 노동자들을 소비문화의 주체로 불러들이고 있었다. 그것은 대중매체가 제공하는 스펙터클과의 만남을 통해서였다. 산업화 시기는 또한 우리 사회에서 대중매체가 본격적으로 형성되는 시기이기도 했다. 대중매체는 대중문화를 구성하는 가장 강력한 힘으로, 공적 영역과 사적 영역으로 분리되는 산업사회의 삶에서 사적 영역을 채우는 주된 질료이기도 하다. 우리 사회의 산업노동자 형성에서 대중문화가 어떤 힘으로 작용했는지를 영화, 라디오와 TV의 역사와 함께 검토해 볼 것이다.

2) 일상과 대중오락: 대중매체를 중심으로

(1) 영화

우리 사회에서 영화가 대중적 오락으로 확립되는 것은 1960년대부터다. 영화의 역사는 종종 TV의 역사와 함께 얘기되곤 하는데, TV 보급이 아직 본격적으로 이루어지지 않았던 1960-1970년대 동안 영화는 대중의 환상을 충족시키는 대표적인 유흥물이었다. 아래의 <표 2-5>와 <표 2-6>는 이 시기 동안의 전국 및 서울의 극장 증감, 그리고 영화관람객 수와 TV 보급 추이를 보여주고 있다.

전국의 극장수는 1961년 302개에서 1965년에는 529개, 1970년에는 690개로 증가했고, 1971년에는 가장 많은 717개를 기록했다. 하지만 이후에는 극장수가 줄기 시작하여 1975년 597개, 그리고 1980년에는 447개로 축소되었다. 극장수의 증감 추이에서 짐작할 수 있듯이 1960- 1970년대 동안, 영화는 1960년대에 훨씬 번창했으며, 그래서 1960년대는 한국 대중문화에서 영화의 시기라 할 수 있다. 1960년대 동안 한국 영화는 1,400여 편, 그리고 1970년대 동안은 1,500여 편이 만들어졌다. 제작 편수에서는 1960년과 1970년대 간에 뚜렷한 차이가 없다.

1960년대 영화의 시기는 강력한 경쟁상대인 TV의 보급이 아직 이루어지지 않았던 것에 기인한다. 1960년대 동안 가구당 TV 보급률은 채 4%를

<표 2-5> 전국 및 서울의 극장 증감표(1961-1980)

연도	전국		서울		연도	전국		서울	
	극장수	증감	극장수	증감		극장수	증감	극장수	증감
1961	302	-	56	-	1971	717	27	116	5
1962	344	42	60	4	1972	694	-23	118	2
1963	386	42	73	13	1973	663	-32	117	-1
1964	477	91	79	6	1974	626	-36	116	-1
1965	529	52	80	1	1975	597	-29	113	-3
1966	534	5	85	5	1976	580	-17	107	-6
1967	569	35	87	2	1977	558	-22	102	-5
1968	578	9	95	8	1978	488	-70	94	-8
1969	659	81	106	11	1979	472	-16	92	-2
1970	690	31	112	6	1980	447	-25	84	-8

자료: 이길성·이호걸·이우석(2004).

<표 2-6> 1960-1970년대 영화관람객 수와 TV 보급률

	극장입장 인원수(명)	전년대비 증감률(%)	국민1인당 평균 관람횟수(회)	TV보급대수 (대)	가구당 TV 보급률(%)
1965	121,697,527	38.8	3.0	31,701	0.61
1966	156,336,340	28.5	5.4	43,684	0.88
1967	164,077,224	4.9	5.6	73,224	1.35
1968	171,341,354	4.4	5.7	118,262	2.14
1969	173,043,272	1.0	5.6	223,695	3.95
1970	166,349,541	-3.9	5.3	379,564	6.30
1971	146,303,355	-12.1	4.6	616,392	10.10
1972	118,273,789	-18.8	3.7	905,363	14.30
1973	114,625,241	-3.4	3.5	1,282,122	19.90
1974	97,375,813	-15.0	2.9	1,618,617	24.20
1975	75,597,977	-22.4	2.2	2,061,072	30.30
1976	65,700,738	-13.1	1.8	2,809,131	41.10
1977	64,928,935	-1.2	1.8	3,804,535	54.30
1978	73,988,036	13.9	2.0	5,135,496	70.70
1979	65,518,581	-11.4	1.7	5,967,952	79.10

자료: 이길성·이호걸·이우석(2004: 29-30).

넘지 못할 정도였다. 이 때문에 영화는 가장 영향력 있는 오락으로서 대중들을 끌어들였으며, 이는 극장입장 인원수, 국민 1인당 평균 관람횟수에서 보듯 1960년대에 정점에 이르렀다.

1960년대 영화의 주요 관객집단은 연령적으로 중장년층, 성별로는 여성이었다. 이것이 1970년대에는 관객집단의 분화를 보이는데, 이 집단 분화는 당연히 서울의 인구구성 변화의 직접적인 결과였다. 그리고 이와 함께 영화관 이용의 계급화가 뚜렷하게 진행되었다. 교육수준별 개봉관 이용률은 국졸 이하가 23.5%인 반면, 대졸 이상은 79.5%로, 학력이 높을수록 개봉관 이용률이 높아짐을 보여준다. 또한 경제적 수준을 저소득층, 중산층, 상류층으로 나누어보아도, 경제적 수준이 높을수록 개봉관 이용률이 더 높음을 보여준다.

이와 유사하게, 여자 근로청소년을 대상으로 1976년에 이루어진 여가시 외출장소 조사에서는 영화관이 상당히 높은 비율을 보이고 있다. 하지만 이 결과가, 저학력, 저소득층이 영화를 적게 보았다는 것을 의미하지는 않는다. 이 표가 보여주는 것은 바로, 개봉 영화관의 입장료를 지불할 수 있는 경제적 능력의 집단별 차이이자, 또한 개봉관에 접근가능한 혹은

<표 2-7> 교육수준 및 경제적 수준에 따른 개봉관 이용률

교육수준에 따른 개봉관 이용률		경제적 수준에 따른 개봉관 이용률	
국졸 이하	23.5%	저소득층	43.9%
고졸 이하	42.1%	중산층	59.5%
대졸 이하	64.0%	상류층	69.9%
대졸 이상	79.5%		

자료: 이길성·이호걸·이우석(2004: 29-30).

<표 2-8> 여가에 외출해서 가는 곳

외출 장소	빈도	퍼센트
다과점·다방	201	34.9
영화관	126	21.9
백화점	85	14.8
탁구장	32	5.5
기타	53	9.2
무응답	79	13.7
합 계	576	100.0

자료: 오명근(1976: 65).

제한된 집단 문화의 공간적 분포의 차이를 의미한다. 그렇다면 고졸 이하, 저소득층들, 그리고 노동자들은 주로 어디서 영화를 향유했는가? 그것이 지금은 찾아보기 힘들어진 '비개봉관'이었다.

1960-1970년대 영화관은 크게 개봉관과 비개봉관으로 구분되었다. 비개봉관은 다시 등급에 따라 재개봉관(2번관), 3번관, 4번관, 5번관으로 나뉘었는데, 이 구분은 개봉관에서 상영된 영화가 재상영되는 순서를 지칭한다. 개봉관은 주로 제작사나 수입사를 통해 영화를 수급 받았던 반면, 비개봉관은 영화배급사를 통해 수급을 받았다. 개봉관이 서울의 경우 종로구와 중구에 주로 분포했던 반면, 비개봉관은 서울 전 지역에 분포하고 있었다.

비개봉관은 1960년대 이후 꾸준히 증가하여 1972-1974년에 가장 많은 수치를 기록했다. 비개봉관은 주로 도시 외곽지역에 분포했는데, 이는 도시 외곽지역에 농촌으로부터의 인구유입과 하층거주민 지역의 성립과 함께 자연스럽게 관객을 따라 만들어진 것이었다. 서울에서는 주로 영등포, 성북, 성동, 동대문 지역의 비개봉관이 급격한 증가를 보였다(이길성 외, 2004: 79-80). 이러한 비개봉관의 공간적 분포는 서울이라는 공간을 계급적으로 구획하는 역할을 하기도 했다. 비개봉관은 그래서 저급하고 불결하며 심지어는 위험한 공간으로 여겨졌다.

> 성북구 삼양동의 S극장, 장위동의 D극장 등 주변에 10대 불량배들이 들끓고 있어 관객들에게 불안감을 주기조차 한다. 신설동의 N극장 앞은 밤 10시쯤부턴 극장손님을 끌기 위해 인근 창녀촌에서 몰려나온 밤아가씨들이 진을 치고 있기가 일쑤다. 영화관 안에 들어서도 구내매점의 폭리와 강매 때문에 다시 기분을 상할 때가 많다.[3)]

---

3) ≪조선일보≫, 1971년 1월 23일자, 이길성·이호걸·이우석(2004: 85)에서 재인용.

영화 혹은 미디어가 대중에게 미치는 영향은, 그것이 일상 담론 속으로 자연스럽게 녹아들어 현실의 한 부분으로 자리하게 된다는 것에 있다. 영화, 스타, 감독 등의 이름은 자연스럽게 일상의 한 부분이 된다. 그런데 이렇게 노동자들의 일상 속에 자리한 영화나 스타는 일정하게 범주화된 형태를 띤다. 그것은 예전이나 지금이나 마찬가지로, 예컨대 액션, 누아르 등의 '싸나이' 영화가 노동자들이 선호하는 영화다. 한 노동자는 당시의 영화 경험에 대해 다음과 같은 압축적인 회고를 하고 있다.

> "그, 박노식이랑 그때, 그 나온 영환데, 멋있었죠, 그때는. 인제 그런 텔레비, 티브이… 인자, 시골에는 그 티브이도 모자라고 인자 그 영화를 보니까 진짜 스크린으로 보니까 진짜 그 아, 현실로 받아들이는 거죠. …아, 진짜 저건 저 사람을 때려버리면 사람들이 죽어버리고 막 넘어져 버리니까, 그때 당시에 인제 그것을 액면 그대로 받아들이게 된 거야"(강대익 구술).

'액면 그대로 받아들이게' 된다는 표현이 현실과 영화를 혼동한다는 의미는 아니다. 그것은 오히려 노동자들이 영화의 화면에 투여하는 선호와 기대가 매우 비일상적인 흥미와 유흥에 연결되어 있음을 보여주는 것이다. 이것은 노동자들이 영화에서 발견하는 재미의 가장 최상급의 찬사인 것이다. 따라서 영화는 단순한 미디어 소비가 아니라 노동자들의 일상생활, 특히 공적 생활과 가장 먼 곳에 위치하는 이국적인 경험을 구성하게 되는 것이다. 하지만 이런 유흥은 통제된 상태에서 작업장과 연결된 유흥으로 이루어지기도 했다. 그것은 영화가 주는 스펙터클을 공적 영역의 관심과 결부시키려는 노력의 한 형태라 할 수 있다.

> "뭐 밖에 나갈 때… 보편적으로 내가 인제 어디를 다닌다, 영화를 보러 간다 이러콤 또 같이, 그 조장하고 같이 전부다 가는 거예요. 인솔해서, 조장이…"(강대익 구술).

이런 점에서 본다면, 구조적으로 제한되어 있는 여가시간 중에 향유하는 모든 미디어 문화는 노동자들에게 하나의 예외적 즐거움을 제공하면서, 이를 통해 다시 공적 노동으로 복귀하게 만드는 사회적 기제였다고 볼 수 있다.

또 하나, 이 시기의 영화에 대해 짚어보아야 할 것은 어떤 영화들이 만들어졌는가 하는 점이다. 한국 영화사에서 1970년대는 권력에 의한 검열이 가장 심각했던 시기로 평가된다. 긴급조치에 위배되는 모든 영화들은 가차없이 삭제를 당했고, 대본의 사전 심의와 실사 심의가 공존했었다. 이 때문에 영화제작자들은 시대적 감성을 여과없이 담기 어려웠고, 심의를 우회하는 하나의 방편이 <별들의 고향>(1974)과 같은 호스티스물에 투자하는 것이었다. 그리고 그 다른 한편에는 여전히 '국난을 극복한 위인'을 다룬 영화나 독립투사의 활약, 반공영화, 계몽영화들이 우수영화로 지목되고 보상이 주어졌다. 호스티스물, 액션물 영화의 범람은 억압적인 군사정권과 확장되던 소비 자본주의가 공유할 수 있는 거의 유일한 통로였다. 영화는 대중의 환상으로 존재해야 하지만, 있는 그대로의 현실, 특히 정치 사회적인 현실을 반영해서는 안 되며, 그 공분모로 가능한 영역이 자유로운 성, 아름다운 여성의 육체, 가족과 희생, 폭력 등이었다. 그래서 영화비평가들은 1970년대 한국 영화를 저질영화의 범람으로 규정한다(이호걸, 2004: 88).

쉴즈(Shills)는 노동자(하층) 문화가 범죄물, 도색물 등의 문화와 밀접히 연결되어 있음을 지적한다. 이런 연관은 1970년대 노동자 문화에서도 존재했던 것으로 보인다. 이른바 액션영화는 주로 남성노동자들을 사로잡았고, 여성적인 호스티스물에 대비되는 남성적 영화로서 노동자계급 문화의 한 부분이 되었던 것으로 보인다.[4] 이것은 이 시기 액션물이 기본적으로 남성

4) "액션영화의 주요 관객은 10-20대의 남성들이었으며, 재개봉관과 지방 극장에서의 흥행 성과가 상대적으로 좋은 쪽에 속했다"(이효인 외, 2004: 106).

성을 긍정하는 내용, 고된 작업장과 일상과 유사한 감정적인 과잉의 서사 등이 노동자들의 처지와 잘 맞아떨어졌기 때문으로 해석해 볼 수 있다. 이효인 등은 이 시기 액션영화의 서사구조를 다음과 같이 요약한다.

> "첫째, 이 시기 액션영화들의 대부분은 가족으로 대표되는 공동체의 붕괴와 복원이라는 문제를 중심에 놓고 있다. 가족을 붕괴에 이르게 한 악당에 대한 복수의 서사 관습이 그 대표적인 경우이다. 둘째, 액션영화의 서사는 강력한 남성성의 복원 혹은 성취라는 문제를 중심에 두고 있다. 먼저 주인공의 남성성은 서사의 초반부에서 손상된, 혹은 결핍된 것으로 제시된다. 이는 가족의 붕괴, 민족의 상실, 경제적 무능력, 의리의 붕괴 등의 양상으로 재현된다. 그리고 이러한 문제의 해결을 축으로 하는 서사 전개가 이어지면서, 손상·결핍되었던 남성성은 복원·성취된다. 셋째는 명확한 도덕률이다. 잔인하고 오직 부에만 관심을 두는 악당이 등장하는 무협영화와 깡패영화, 북쪽의 간첩들이 등장하는 첩보영화, 일본 제국주의자들이 등장하는 독립운동영화 모두의 경우에 있어서 주인공 남성은 명확한 선(善)의 영역에 위치한다. 넷째, 액션영화는 격렬하고 과잉된 감정의 분출을 중요한 특성으로 포함한다. 그 감정은 여성의 그것과는 다소 다른 것인데, 회한, 수치심, 분노 등이 이에 해당한다"(이효인 외, 2004: 108).

이런 이유에서 노동자들이 기억하는 1970년대 영화에는 액션영화가 많이 등장한다.

> Q: 당시 휴일을 어떻게 보냈습니까?
>
> A: 휴일이란 게 첫째, 셋째가 인제 쉬는 일요일이었는데, 거의 뭐, 영화나 정도 보면 잘하고, 뭐 그때는 인제 계림극장이 있었죠, 청계극장이 있었죠.
>
> Q: 영화를 재미있게 본 기억은 있습니까?
>
> A: 정무문, 그 왜, 이소룡 나오는. 그게 그… 중국영화도 많이 봤고, 무술영화 (김영대 구술, 안재성 면접, 2004).

반면 여성노동자들의 영화 취향은 액션영화보다는 호스티스 영화 쪽에 가까웠다. 호스티스 영화는 당시 이농 여성들의 현실을 성적 코드를 삽입하여 만든, 대표적인 저질영화였다.

> Q: 그때 기억나는 영화는?
>
> A: 그때 뭐 봤더라, 별들의 고향, 그런 거. 뭐 그런 거, 영 그런. 그 얄개시대 같은 거, 영자의 전성시대 같은 거 그런 거 봤어요(김연희 구술, 2003).

요약하자면 1960-1970년대 영화는 노동자들에게 매우 희귀하게만 경험할 수 있는 오락이었다. 그것은 힘든 일상에서 잠시나마 탈출할 수 있는 최고의 환상이었다. 그것은 아래에서 보듯, 일요일에 영화 한번 볼 시간조차도 없는 노동자들의 삶이 더 보편적이었던 것에서 그대로 드러난다.

> "나 같은 경우는 가장 노릇을 하니까, 나를 위해서 쓸 수 있는 게 없었던 것 같애. 보너스를 타도 집에 갖다 줘야 되고, 동생 학비 내야 되고, 집에 살림해야 되고. 내가 4년 동안 공장을 다니면서, 나를 위해서 썼던 거는 보너스 한번 타고 '대부'라는 영화 한번 본 거"(김복실 구술: 김근정 면접, 2003).

> "극장 갈 시간이 어딨어요? 노는 날도 없는데, 그런 거 없었어요. 노동조합 생기고 나서 놀기 때문에 아마 갔을 거예요. 놀기 때문에 극장을 갔을 거예요. 그 전에는 일요일날 안 놀아요, 별로. 왜 이렇게 일이 많은지, 노는 날이 없었어요"(김봉순 구술, 2003).

(2) 라디오와 TV

1960년대까지 TV는 아직 전 국민적으로 보급되지 못했기 때문에 대중들의 오락거리를 제공한 것은 라디오였다. 라디오는 노동자에게 일상적으로 접하는 가장 친근한 매체이기도 했다. 그것은 무엇보다 항상 쉽게

<표 2-9> 각 방송사의 라디오 연속극 방송편수(1966-1968)

연도	1966	1967	1968
제작편수(개)	153	143	160

자료: 최현철·한진만(2004: 131).

접할 수 있는 데다, 경제적으로 비용이 들지 않았기 때문이다.5) 1960년대는 또한 상업적 라디오 방송이 본격적으로 개국되기 시작한 해이기도 했다. 1961년 문화방송 개국, 1963년 동아방송(DBS), 1964년 라디오 서울(RSB, 후에 TBC로 바뀜)의 개국이 이루어졌으며, 청취자를 끌어들이기 위한 라디오 방송국간 경쟁이 치열해지는 시기이기도 했다.

이 시기에 가장 인기를 끌었던 것은 라디오 방송극, 즉 일일 연속방송극이었고, 예술성 높은 순수극이라 할 수 있는 단막극도 아울러 방송되었다. 보통 이 드라마는 15분 내지 20분 단위로 편성이 되었고, 주말 드라마는 30분이었다. MBC의 경우 월요일 <회전무대>, 화요일 <인생극장>, 수요일 <추리극>, 목요일 <예술극장>, 그리고 토·일요일에는 주말 연속극을 편성했다(최현철·한진만, 2004: 130).

라디오 연속극에 대한 인기가 폭발적이어서 방송사들은 앞다투어 드라마 편성을 늘이고 시간도 늘였다. 라디오 드라마는 노동자들도 즐겨 듣는 인기 프로그램이었다. 구술자들은 당시의 오락으로 압도적으로 라디오 방송을 얘기하고 있다.

"옛날에는 그 라디오, 고게 유일한 낙이었어요. 유일한 낙이었지. 저기 이렇게 큰 거, 이만한 거 해놓고서는 그거 약으로 놓고 전기도 안 하고 약으로 넣고 쓰고, 그런 거 인제 밭에다 갖다 놓고 인제 노래 듣고 그냥 노래 부르면서, 따라 부르면서 일하고, 밤에도 인제 그 라디오에서 나오는 연속극… TV가 있어요 뭐가 있어요. 라디오에서 나오는 연속극 그런 거 듣고 일했죠. 그런

5) 라디오 보급률은 1963년 약 90만 대가 보급되어 가구 보급률 18%였으며, 이것은 1971년 보급률 55.2%로 급증했다(최창봉·강현두, 2002: 161).

거 생활하면서 소일을 했죠"(박옥진 구술: 이영미 면접, 2004).

라디오 드라마는 편성시간도 경쟁사들 간에 같은 시간대에 배치함으로써 선택적 청취계층들을 만들어냈고, 이는 결과적으로 라디오 드라마의 수명을 단축시킨 요인이 되기도 했다. 이러한 드라마의 유행을 결정적으로 종식시킨 것은 유신체제와 TV였다. 1972년 유신 선포 후 박정희는 라디오의 오락적 기능을 강하게 규제하는 대신 10월 유신을 홍보하는 '유신 프로그램'을 양산하도록 요구했다. 유신 프로그램은 새 질서 확립과 새마을 운동에 부합하는 내용을 담은 정규 프로그램과 유신체제를 홍보하는 중계방송, 특집좌담, 촌극스파트와 SB스파트 등의 비정규 집중편성의 프로그램, 그리고 기존 프로그램에 유신을 홍보하는 내용을 삽입하는 부분적 구성 변형 프로그램으로 대별되었으며, 이 프로그램들은 유신 초기에 폭발적으로 급증했고 1970년대 말까지 증감을 반복하면서 꾸준히 방송되었다(최현철·한진만, 2004: 176). 또한 본격적인 TV 시대의 개막으로 라디오 드라마는 경쟁력을 상실하게 되었고, 이 때문에 라디오 방송은 드라마에서 음악과 생활정보 프로그램을 강화하는 방향으로 선회했다.

그래서 1970년대 동안 노동자들이 기억하는 라디오 방송은 거의가 음악이다. 라디오 음악은 여가시간뿐만 아니라 작업장에서도 항상 공기처럼 노동자들의 주변을 떠돌았다.

"회사에서 사내 방송을 노래를 틀어주고 있었어요. 이미자 뭐 그런 거. 흥얼거리면서 일했던 기억이 나요"(김복실 구술: 김근정 면접, 2003).

"뭐 돈이 없으니까 뭐, 극장이다 이런 건 전혀 안 가봤고, 그냥 같이 모여서 친구 집에 가가지고 얘기하고 부침개 해 먹고, 정 나누는 정도 …저희는요, 공장에서 라디오를 크게 틀어줘 가지고 질렸어요. 그래서 그때는 저희가 윤형주, 윤형주 노래를 좀 즐겨 들었고, 송창식, 윤형주"(김연자 구술: 김귀옥 면접, 2003).

"뉴스라든가 이런 건 절대로 틀지 않았구, 뽕짝은 예전에 너무, 너무 많이 알았거든요? 고것만 계속 틀어놓는 거예요"(김준희 구술: 김경희 면접, 2004).

라디오는 또한 대중음악이라는 즐거움을 제공해주기도 했다. 1970년대는 상당히 많은 대중음악의 스타들이 출현했는데, 특히 여성노동자들에게 가장 사랑을 받았던 스타는 나훈아와 남진이었다. 여성노동자들은 편이 갈려져 누가 더 좋다는 논쟁이나 심지어 싸움까지도 벌였다.

"그때는 남진이나 나훈아 두 사람이 한창 히트 치던 시절이라, 뭐 이미자 이런 사람들은 조금 더 전 세대고, 그때도 유행은 했지만. 그래서 거의 남진, 나훈아가 그 TV 보면서 10대 가요 그런 거 할 때 패가 갈려 갖고, 기숙사에서 남진 팬, 나훈아 팬 그래가지고 얘가 낫다 쟤가 낫다 서로 그런 시대라, 거의 다 보면 노래가 그런 뽕짝, 트로트라 그러나요? 그 노래가 다 유행이었지, 그때는"(김지선 구술: 강남식 면접, 2003).

"…남진 팬이 있고 나훈아 팬이 있고, 서로가 막 기숙사에서도, 어떤 땐 싸움도 나고 그런다고. 남진 좋아하는 쪽 틀라 그러고 이쪽 좋아하는… 그 사람들 한참 뭐 미쳐서 저거 한 사람들은 회사 빠지고 거기 쇼 하면 거기 가서 종일 있는다고 그러더라구요"(길옥순 구술, 2004).

1960-1970년대 동안 라디오는 가장 대중적이고 일상에 함께한 매체였다. 특히 시간과 경제적 여유가 없었던 노동자들에게 라디오는 거의 유일한 오락이기도 했다. 1970년대에 TV 시대가 본격적으로 시작되어도 노동자들에게 TV는 쉽게 접하기 어려운 매체였으며, 일상적 오락의 주된 수단은 바로 라디오였다.[6)]

6) 주부들을 대상으로 한 것이지만, 1976년에 이루어진 한 조사에 의하면 생활정도별로 가장 많이 접하는 매체는 상층이 TV > 신문 > 라디오의 순인 반면, 중층은 TV

1970년대는 TV 시청이 본격화되는 시기였다. 라디오 드라마의 영향력이 감소하고 TV가 안방을 차지하게 된 것도 1970년대였다. 하지만 1960-1970년대 동안 TV는 노동자들이 쉽게 소유할 수 없는 고가의 사치재였기 때문에 TV를 본다는 것은 노동자들에게 하나의 의례(ritual)와도 같은 것이었다. 그것은 일상 중에 매우 예외적으로만 허락되는 희소성이었다. 노동자들이 TV를 접할 수 있는 기회는 몇 가지 경우로 제한되어 있었다. 하나는 드문 경우지만, 주변의 집에 혹은 셋집의 주인이 TV를 소유하고 있는 경우에 같이 보는 것이었다. TV 있는 집에서 동네 사람들이 모여서 함께 시청하는 것은 일종의 공동체적 의례의 형태를 띠었다. 주변 사람들에게 TV를 공개하는 주인집에 대한 예의의 표시로 약간의 먹을 것을 준비하는 것은 이 당시에 쉽게 접할 수 있는 관행 중의 하나였다.

> "그때 당시, 마루에 테레비 있는 집 있으면, 그러면은 마루에 문 없고 옛날에, 그런 집 있으면 그, 저기 뭐야 테레비 한 대 있으면, 같이 마루에 와서 같이 보구…"(김명순 구술: 김근정 면접, 2003).

이런 경우가 아니라면 TV는 '돈을 지불하고' 관람해야 하는 대상이었다. 돈을 받고 TV를 보여주었던 대표적인 장소가 바로 '만화가게'였다. 대본소용 만화를 관람, 대여해주는 곳이었던 만화가게는 또한 TV를 만날 수 있는 거의 유일한 장소였다. 아래의 수기는 만화가게, 라디오, 친구집, 극장 등으로 구성되는 당시 노동자들의 여가의 한 단면을 소상히 전해주고 있다. 퇴근 후에는 라디오 연속극을 듣거나 만화책을 빌려보고, 일요일에는 재개봉관에서 영화를 보거나 야외에 놀러나가는 것이 노동자들이 경험할 수 있는 거의 유일한 여가였다. 물론 이런 것도 매우 드물게만

> 라디오 > 신문, 그리고 하층은 라디오 > TV > 신문의 순이었다. 이것에서도 알 수 있듯이 라디오는 노동자들에게 가장 가까웠던 대중매체였다(정길수· 김양호, 1976: 10).

존재했었다.

> "공장에서 돌아오면 저녁에는 친구집에 모여서 라디오 연속극에 귀를 기울이고 또 다른 한쪽에서는 초롱불 밑에서 만화책을 보았다. 때로는 아래 동네 만화가게에서 10원을 내고 TV를 보는 것이 가장 큰 즐거움이었다. 일요일이 되면 떼를 지어 소위 말하는 3류 극장 관객이 되기도 했다. 빈촌이라서 그런지 남자 애들도 많았다. 만화가게에서 알게 된 남자 친구들과 야전을 틀어 놓고 춤을 추고 노래를 부르며 밤을 새우는 일도 종종 있게 되었다"(박정화, 「나는 그 친구들을 원망하지 않는다」, ≪비바람 속에 피어난 꽃≫).

희귀한 경우지만 공장에서 TV를 접할 수 있는 기회도 있었다. 공장 식당이나 휴게실이 잘 갖춰져 있는 드문 경우에는 휴게실에서 TV를 볼 수 있었다. 하지만 공장 식당이나 휴게실은 사용이 엄격하게 통제되었으며, 이 때문에 아래 구술자는 그 규율을 어기면서까지 TV에 몰입했던 당시 경험을 말하고 있다.

> "구내 식당에 테레비를 보는데, 항상 10시면 텔레비전을 딱 꺼요. 사감이. …토요일날하고 일요일은, 토요일 밤에는 영화를 하잖아요. 그 당시에, 명화극장. …나 같은 경우는 매주 토요일마다 혼자 명화극장을 봤거나 잠들거나 봤거나, 하튼, 혼자 남아서 봤죠"(박병로 구술: 유제철 면접, 2003).

그렇다면 1960-1970년대 동안 TV는 무엇을 보여주었던가? TV는 우리 사회에서 등장한 순간부터 강한 정치적 성격을 띠었다. 영화가, 특히 1960년대 동안 사회상을 담고 대중의 고통을 영상으로 재현하려는 노력을 미약하게나마 추구했던 반면, TV는 그 성격상 이와는 정반대의 길로, 즉 대중의 쾌락을 위한 도구로 등장했다. 이것은 다시 말하면 TV의 등장 자체가 매우 정치적인 목적을 지니고 있었음을 의미한다. 이것은 1961년

국영 텔레비전의 설립계획에서 그대로 드러난다. 당시의 오재경 공보부장관은 설립목적을 다음과 같이 밝혔다.

"① 여론을 만드는 서울 시민의 병든 마음을 성하게 고치기 위해 ② 새로워지는 나라와 겨레의 모습을 구체적인 것으로 만들어서 이것을 눈으로 보고 그들의 생활로 삼게 하기 위해서 ③ 혁명정부의 크리스마스 선물로 삼고 싶어서"(정순일, 장한성, 2000: 32).

정치적인 목적에 동원된 TV가 우선적으로 투자한 것 중의 하나가 스포츠였다. KBS의 경우 1962년 전국 장사 씨름대회를 시작으로 스포츠 중계를 시작했고, 그해 6월에는 농구 중계를 시작했다. 이것이 시청자에게 좋은 반응을 얻자 매주 목요일에 <TV스포츠>라는 정규 프로그램을 편성했다. MBC와 TBC도 이에 자극받아 프로 권투, 여자 농구, 야구, 배구 등의 실황 중계를 본격화했다. 특히 1960년대 중반부터 큰 인기를 끌었던 것은 프로 레슬링이었다.

"일본이 방송 초기에 프로 레슬링의 인기를 텔레비전 수상기 보급과 태평양 전쟁 패전으로 인한 국민적 충격 완화에 활용했듯이, 군사정권도 텔레비전의 스포츠 중계를 '국위선양'에 이용했고, 그 경향은 70년대의 김일에 대한 MBC의 배려 등으로 두드러지게 나타났다"(정순일·장한성, 2000: 47).

이러한 TV 스포츠 중계는 노동자들에게, 특히 남성노동자들에게는 열광의 형태를 낳았다. 권투와 레슬링 등은 노동자들이 가장 보고 싶어 하는 TV 프로그램이었다. 중계가 있는 날은 '아침부터 들떠' 있을 정도로 TV에 열광했다.

"오늘은 식목일이라 텔레비전이 아침부터 방송됐다. 그래서인지 공장 아저씨들은 아침부터 들떠 있었다. 왜 그런고 하니 4시부터 7시까지 장장 3시간 동안 권투 중계가 있다 한다. 그래서 우리도 네시 만에 일을 끝마쳤다"(오원회, 「눈물이 고인 눈으로 공장에」, ≪비바람 속에 피어난 꽃≫).

또 다른 TV의 인기물은 외화, 그중에서도 범죄 추리, 스파이물이었다. 특히 1960년대 할리우드 영화인 007 시리즈가 전세계에서 인기를 누리면서 이를 모방한 TV 시리즈물이 만들어졌고, 이는 당시 프로그램 제작 능력이 없었던 TV 방송국들에 그대로 수입되어 방영되었는데, 이 역시 상당히 인기가 높았다. 한 예로 1966년 KBS 방송조사 연구실의 시청률 조사에 의하면 당시 1위는 <0011 나폴레온 솔로>(47.5%)였으며, 이 007 아류작은 재방송이 시청률 9위에 오를 정도로 높은 시청률을 기록했다(정순일·장한성, 2000: 49).

1970년대는 TV 드라마의 시대였다. <표 2-6>에서 보듯 TV 가구당 보급률은 1971년 10%를 넘어선 후 1975년 22.7%, 1977년 54.3%로 가파르게 성장했다. 이런 성장에 힘입어 TV는 일상생활을 규칙적으로 통제할 수 있는 일일 드라마를 앞다투어 편성하기 시작했다. 정해진 시간에 TV 앞에 사람들을 불러모으기 위한 일일드라마는 대중을 TV의 노예로 전락시키기 시작했다. 1970년에 방송을 시작한 TBC의 일일드라마 <아씨>는 시청률이 85.1%에 이를 정도로 폭발적인 인기를 누렸다.[7] 이외에도 방송사들의 평균 시청률이 1971년 KBS 30.7%, TBC 35.7%, MBC 24.6%인 것에 반해, 드라마의 시청률은 <아씨> 71.5%, <미스터리 홍분하다> 68.1%, <딸> 63.6%, <가시리> 63.1% 등 평균 시청률을 훨씬 상회하는 높은 수치를 보여주었다(정순일·장한성, 2000: 91). 이 시기 드라마를 선두에 내세운 TV 3사의 경쟁은 오락을 통한 시청률 경쟁의 형태로 전개되었다.

7) 1970년 KBS 기획조사실의 서울 600가구 대상 시청률 조사.

TV의 정치적 성격은 TV에 대한 정치적 검열에서도 그대로 드러난다. 방송사간 경쟁의 심화와 함께 일일드라마의 저속성에 대한 비판이 거세지면서 1971년 6월 문화공보부 장관이 방송계의 자숙을 요청하는 담화문을 발표했고, 박정희는 방송을 직접 통제하는 조치를 취하게 된다. 1971년 1월에는 박대통령이 직접 히피족 출연금지를 지시하는가 하면, 1975년 4월 14일 세 TV방송국이 장발 연예인 출연을 거부키로 결정했으며, 1975년 5월 23일 방송협회는 방송정화 실천요강을 제정하기에 이르렀다(정순일·장한성, 2000: 89). 하지만 이런 통제조치로 실제 금지의 대상이 된 것은 핫팬츠와 미니스커트 등 노출 패션, 장발족 등에 국한되었다. 당시의 청년문화 혹은 저항문화의 가능성을 가졌던 이런 유행에 대해서는 강력히 규제한 반면, 드라마나 스포츠는 오히려 정치적으로 허용, 장려되기까지 했다. 이것은 1970년대 TV가 어떤 목적으로 동원되었는가를 단적으로 보여주는 것이다. 1970년대 TV가 대중에게, 그리고 노동자에게 미쳤던 영향은 ≪70년대 현장≫의 저자인 이태호의 다음과 같은 화보 해설에서 단적으로 드러난다. 저자는 얼기설기 엮은 2층 판잣집 사진에 대한 설명을 다음과 같이 붙여두었다.

> '판자 조각과 루핑으로 얼키설키 엮은 이 허름한 2층집에도 텔레비전 안테나가 우뚝 서 있다. 달동네의 주민들은 하루의 고달픔을 이 '바보상자' 앞에서 풀면서 이내 깊은 잠 속으로 곯아 떨어진다'(이태호, 1982: 124).

4. 산업선교회와 노동자계급의 '공동체적' 문화

대중매체의 성장은 노동자문화 속으로 급속히 들어와 일상을 차지하는 중요한 부분으로 자리 잡았음을 살펴보았다. 앞서 산업화를 이루었던 사회들의 경험이 그러했듯이 대중매체는 대중문화를 형성시키는 강력한 힘이며, 대중의 일상을 차지하는 가장 큰 부분이 된다. 하지만 한편으로 노동자는 그 존재조건의 특성으로 인해 '공동체적' 문화를 유지 혹은 형성을 잠재력을 갖는다. 그 존재조건이란 무엇보다 집단적인 것에 있다. 톰슨은 노동자 공동체가 산업화에 어떻게 저항하면서 자신의 고유한 습속을 유지, 발전시켰던가를 다양한 문화적 측면들을 통해 보여주고 있다(Thompson, 1991). 그는 서민들의 관습은 산업화 속에서도 서민문화의 물질성에 기반하여 서서히 변화하거나 때론 영속해왔다고 주장한다. 그리고 이런 관습의 기반은 바로 서민들의 공동체에 있었다.

이런 맥락에서 보자면 우리 사회의 노동자 계급은 영국의 경험과는 다른 조건들을 갖고 있다. 우리 사회의 산업화는 급속하게 이루어졌고, 전통이 산업화에 의해 급속히 파괴되는 경험을 가졌고, 또 노동자들 역시 지역공동체에 기반한 것이 아니라 농촌으로부터 도시로의 이동이라는 개별 노동력의 형성의 형태로 진행되었다. 그렇기 때문에 강한 의미에서 '노동자 공동체'를 얘기하는 것은 상당히 어려워진다. 하지만 또한 많은 노동자들의 구술 인터뷰에서 발견되는 것은, 그럼에도 불구하고 노동자들 내부에 '공동체적인 것'의 여러 단면들이 존재한다는 사실이다. 단적으로 앞서 노동자들의 여가에서 나타나듯 '친구 집에 같이 모여 라디오를 듣는' 형태의 여가는 개인적이기보다는 집단적이고 공동체적이다. 그러한 공동체적인 것의 '형성'을 보여주는 노동자문화는 '소집단 문화' 속에서 발견된다. 1960-1970년대 노동자 소집단 문화는 산업선교회와 JOC(가톨릭노동청년회) 등의 활동과 직접적으로 연결되어 있었다. 산업선교는 1957년 예수교 장로회가 처음 시작했고, 1960년대에 성공회, 감리교, 기독교 장로회 등에서도 시작했다. 1970년대 산업선교회의 활동 및 성과에 대해서는 적지않은 연구들이 제시되어 있으므로, 이 연구는 산업선교 활동의 가장 핵심인 노동자 교육과 소집단 활동을 중심으로 노동자문화와의 관련성을 살펴볼 것이다.

영등포 산업선교회의 조지송 목사는 노동자 교육을 '노동자들에게 근로기준법을 비롯한 노동관계법을 가르침으로써 노동자들이 스스로 자신들의 문제를 알고 보다 더 나은 노동생활을 할 수 있도록 훈련'하는 것으로 정의한다(조지송, 1978: 63). 그리고 이러한 노동자 교육의 일환으로, 그리고 노동자들을 산선으로 끌어들이기 위한 유인책으로 가정생활, 결혼문제, 여성 교양, 수예, 요리강습, 꽃꽂이, 한문교육, 시사문제, 성서 등을 함께 교육했으며, 이 교육을 위한 조직으로 노동자들의 소모임을 만들었다. 소모임에 대한 노동자들의 몰입은 대중매체에 대한 몰입과는 성격이 달랐다. 노동자들은 이 소모임 교육을 통해 '인간'임을 자각하게 되었다고 고백한다.

> "일 이외에 다른 하는 게 너무 좋았고, 내가 뭐 다른 거 할 수 있다는 게 너무 좋았고, 내가 그동안 살아왔던 거랑 색다른… 거기 가니까 굉장히 좋았던 게 뭐냐면, 인(명진) 목사님이 우리를 아버지한테 받았던 그 대우를 거기 가서 받았어요. 정말 인간적으로 대접해준다라는 거를, 나도 인간이다라는 거를 거기서 대우를 받았어요, 처음으로. 그 전에는 뭐 나도 인간이다라는 거를 포기했다라고 봐야겠죠. 서울에 와 가지고는 전혀, 내 의견이나 생각 이런 거 전혀 없었고, 남들 다 그렇게 사니까. 산업선교 갔더니 인간대우를 해 주고 말 한 마디도 따뜻하게 해줬고, 그 꽃꽂이 할 때도 그렇지만, 인 목사님이 강의 같은 거 하시면서, 나의 환경에 대해서 지금 너의 환경이 뭐고 우리나라 환경이 이렇고 그 속에서의 나, 이런 거라든지, 소모임하면서 깨우쳐 갔죠"(김연자 구술: 김귀옥 면접, 2003).

'인간적인 대우'는 작업장에서의 병영적이고 폭력적인 통제와 대비되어 노동자들에게 강한 호소력을 가졌다. 교양 강의와 노동자들이 함께 어울려 놀 수 있는 기회를 제공하며, 게다가 아버지 같은 친절함은 노동자들에게 서로의 처지를 위로하며 함께 살 수 있는 힘이 되었던 것이다. 사회의 타자로만 존재했던 노동자들에게 자부심을 부여하고 법적 인격을 부여해주는 산업선교의 교육은, 푸코식의 표현을 따르자면 지배적인 지식/권력에 대비되는 대안적 지식이기도 했다. 특히 교육을 통해 '지도자'를 호명하는 방식은 매우 설득력이 있었다.

"…인제 그룹을 만들기 시작해서 소문이, 소문이 나잖아요. 같이 등산도 가고 거기서 유익한 것도 배우고 이러니까, 옆에서 보니까 그 친구들은 좀 자기하고 다르거든요. 밋밋한 지겨운 생활에서 좀 다르거든요. 그리고 사람이 생각이 달라져요. 보는 시각이 달라지잖아요. 뭔가 눈에 띄니까, 그래가지고 좀 달라졌고, 여기서 산업선교회에서 뭐를 했냐면 지도자 훈련을 했어요. 지도자 훈련을 해 가지고 제가 그 훈련을 좀 받았거든요. …정치적인 것과 경제적인 거와 우리 역사, 노동 역사, 이런 것들이 어떻게 얽혀 있으며, 지금 흐름에 어떤 정보에 흐름이 있으며, 내가 현재 그 흐름 속에 어디 서 있는가, 내 위치가 어디 있는가, 이런 거를 깨닫게 되는 거죠"(김연자 구술: 김귀옥 면접, 2003).

또한 소집단 모임은 무엇보다 '재미있는' 체험이기도 했다. 대중적 오락으로부터 소외되어 있던 노동자들에게 소모임은 재미있는 오락을 제공해주었으며, 대중매체로부터도 비판적인 거리를 유지하도록 했다. 기타 치고 노래하고, 등반대회나 수련회 등 집단적으로 할 수 있는 놀이문화는 노동자들을 '공동체적'으로 조직하는 데 크게 기여했다.

"그때는 청소년들이 놀이문화가 없었기 때문에 거기(산업선교회 소모임) 나와서 기타 치면서 노래 부르는 걸 너무 좋아하고 막, 그런 거 하고 그랬지"(오운선·김봉순 구술: 전순옥 면접, 2002).

Q: 소모임은 주로 어떤 프로그램을 하셨어요?

A: 맨날 어디 저 엠티(MT), 그니께 수련회 놀러 다니고 사람들, 이렇게 전태일 일기 같은 것도 보고, 예, 그런 거죠. 청년회 이런 데서 노래도 배우고.

Q: 그거를 왜 해야 된다고 생각하신 거예요?

A: 일단 재미있으니까 했고요. 하다 보니까 제가 상당히 그 의식화 과정에 빨리 적응해서, 심취를 해서 나름대로 인자, 굉장히 조합활동 열심히 했죠. 그렇게 인간답게 살려고, 그 때는 뭐 제 생각에 전태일 영웅시하고 그랬었으니까. (김준용 구술: 장미경 면접, 2003).

"TV 있었어요, 조그맣게. 그게 유일한 낙이니까. 바보가 되는 줄도 모르고. 먹고 자고 싸고 집에 가서 뭐하겠어요. 잠 잘라고, 테레비 틀어놓고"(김복실 구술: 김근정 면접, 2003).

"아카시아(회) 같은 데에서 야유회를 간다거나, 노동조합에서 가끔 가다 등산대회를 했어요. 등반대회라고 해서 그룹그룹 지어가지고 누가 제일 잘 올라가나, 상 주고 이랬던 것. 산이라고 하는 것은 엄두도 못 냈었는데, 그런 프로그램이 있다는 거에 대해서는 굉장히 좋아했고 그때 그런 프로그램을 만들면 사람들이 많이 왔어요. 그리고 오락 프로그램 같은 거. 일반적인 사람들한테 이런 활동을 한다는 것을, 초대회 같은 거를 만들어서 초대를 하면서. 노래도 부르고 같이 대화도 하고 프로그램을 만들면 그때는 사람들이 참 많이 참여를 했어요. …초대하면 너무 좋아하고 잘 왔어요, 사람들이. 오면 이런 기회가 있습니까? 같이 활동하자고 그러고. 유일하게 노는 프로그램이 등산 가는 거, 등산. 우리가 뭐 놀이공간도 없고 다른 것도 없는데 산에게 가서 사람들이 좋아하고, 산에 같이 가고"(김봉순 구술, 2003).

이상에서 드러나듯, 개인으로서의 노동자들의 대중적 여가와 산업선교와 연결된 노동자들의 문화는 뚜렷이 구분된다는 점이다. 구술자들은 특히 산업선교의 노동자 교육을 받은 경우 의도적으로 대중매체에 대한 구술을 회피하며, 표명할 경우에서 김복실의 경우처럼 '비판적'인 거리를 유지하려 한다는 점이다. 이것은 적어도 1960-1970년대 동안 대중매체가 제공하는 오락에서 상대적으로 소외된 노동자들에게 산업선교회의 소모임은 적극적인 의미에서 노동자들의 공동체적 문화를 형성할 단서들을 제공했다는 사실을 함축한다. '재미'와 '의미있는 것'이 적절히 결합된 산업선교의 소모임 문화는 전통적인 의미에서 공동체는 아니지만 새로이 형성된 '공동체적' 문화를 표상한 것으로 볼 수 있다.

5. 결론

1960-1970년대 산업노동자의 형성에서 대중매체는 매우 중요한 노동자 문화의 한 부분이었다. 하지만 형태적으로 노동자들은 영화나 TV에는 예외적으로만 접근할 수 있었던 반면, 일상적으로 접한 매체는 라디오였다. 라디오 문화는 라디오 드라마나 대중음악, 특히 트로트나, 남진, 나훈아 열광 등의 형태로 나타났다. 내용적으로 대중매체가 만들어낸 노동자 문화는 무엇보다 드라마 열광이었다. 라디오나 TV 모두 노동자들이 가장 열심히 듣고 보았던 것은 드라마였다. 특히 일일드라마는 정해진 시간에 매체 앞으로 노동자들을 불러 모음으로써 노동과 휴식, 여가를 규칙적인 리듬으로 재생산하는 데 결정적으로 기여했던 것으로 보인다. 규칙의 주입은 산업사회가 노동자들에게 부여하고자 한 가장 중요한 원칙의 하나였다. 또한 영화의 경우는 액션영화, 호스티스 영화 등 질 낮은 영화들과, 또 질 낮은 재개봉관을 노동자들에게 하나의 문화형태로 부과했다. 깨끗한 개봉관과 대비되는 지저분하고 값싼 변두리 재개봉관은 노동자들을 사회 주변으로 고립시키는 공간적 구획이었고, 그 속에서 향유한 것은 남성성과 왜곡된 성적 이미지를 강조한 저급영화들이었다.

반면 교회단체의 노동자 교육과 소모임 문화는 이러한 저급한 대중문화로부터 거리를 둘 수 있게 만든 힘이었다. 산업선교 교육은 노동자들의 집단성을 자극하고 이 속에 재미를 부여함으로써 의미있는 노동자 공동체적 문화를 형성했던 것으로 보인다.[8] 하지만 이런 소집단 문화는 산업노동자 형성기의 노동자계급 문화에 큰 힘으로 작용했던 것으로 보이지는 않는다. 그것은 산업선교 교육을 받은 노동자와 그렇지 않은 노동자들 간의 괴리가 지나치게 크며,[9] 상대적으로 소모임 참여 노동자가 매우 소수였다는 점에서 그렇다. 하지만 이러한 공동체적 노동자문화의 형식, 즉 소모임 활동과 수련회, 교양 교육 등은 이후에도 노동자문화 내부에서 강하게 살아남은 것으로 보인다. 그것은 1980년대 노동자 문화운동의 형식이 1960-1970년대 소모임 문화와 형식적으로 별로 다르지 않다는 사실에서 유추되는데, 이러한 노동자문화 형식의 지속과 변형은 이후의 또 다른 연구주제가 될 것이다.

| 참고문헌 |

성공회대학교 노동사연구소 구술사 자료들.

김무용. 2002.「한국 노동자계급의 경험과 집단기억, 저항과 순응의 공존」. 역사학연구소. ≪역사연구≫, Vol.10.

김원. 2004.「1970년대 민주노조와 교회 단체: 도시산업선교회와 지오세 담론의 형성과 모순」. ≪산업노동연구≫, 제10권 제1호.

김정화. 2002.「1960년대 여성노동: 식모와 버스안내양을 중심으로」. 역사학연구

8) 조지송에 의하면 1978년 매달 400여 회의 노동자 소모임이 이루어지고 있으며 여기에 참여하는 노동자 수는 4-5,000명에 이른다고 보고하고 있다(조지송, 1978: 63).

9) "나는 '필히 노동조합에서 그렇게 할 필요가 있을까?' 나름대로 약하게 그런 생각은 했었어요. 이상한 애들이다. 난 원래 성격 자체가 남하고 싸움하고 그런 걸 싫어하니까, 그리고 어른인데, 사무실에 있는 분들이 어른으로 보이잖아요. 어른들하고 삿대질하고, 큰소리하고 싸움하고 그러면 그거는 별로 좋아 보이지 않았어요. …그래서 더 노동조합 쪽으로 안 가게 됐던 것 같아요"(문형순 구술: 장미경, 2003).

소. ≪역사연구≫ Vol.10.

박해광. 2004.「한국 산업노동자의 도시 경험」. 이종구 외 지음.『1960-70년대 노동자의 생활세계와 정체성』. 한울.

양병이. 1979.「우리나라 도시민의 여가이용행태」. 대한지방행정공제회. ≪도시문제≫, Vol.14, No.7.

오명걸. 1974.「산업선교와 노사관계」. 대한기독교서회. ≪기독교 사상≫, 9월호.

오명근. 1976.「여자근로청소년의 가족유대 및 여가생활에 관한 연구」. 대구 효성가톨릭대학교 사회과학연구소. ≪여성문제연구≫, Vol.5·6.

이길성, 이호걸, 이우석. 2004.『1970년대 서울의 극장산업 및 극장문화 연구』. 영화진흥위원회.

이장춘. 1980.「우리나라 도시민의 여가이용과 행태」. 대한지방행정공제회. ≪도시문제≫ Vol.15, No.8.

이종구 외. 2004.『1960-70년대 노동자의 생활세계와 정체성』. 한울.

이효인 외. 2004.『한국영화사공부 1960-1979』. 이채.

정길수·김양호. 1976.「도시주부의 여가생활과 매스컴」, 대구효성가톨릭대학교 사회과학연구소. ≪여성문제연구≫, Vol.5·6.

정의권·심차기. 1979.「공단근로자의 여가생활실태 및 가치관에 관한 조사연구」. 한국체육학회. ≪한국체육학회지≫, Vol.18.

조승혁. 1981.『도시산업선교의 인식』. 민중사.

조지송. 1972.「산업선교의 새로운 방향」. 기독교대한성결교회. ≪활천≫, Vol.364.

_____. 1978.「산업선교는 이렇게 일해왔다」. 대학기독교서회. ≪기독교 사상≫, 6월호.

한윤수 엮음. 2005.『비바람 속에 피어난 꽃: 노동자의 일기와 생활고백』. 마음향기.

Bordy, David. 1979. "The Old Labor History and the New: In Search of an American Working Class." *Labor History* 20, Winter.

_____. 1983. "Workers and Work in America: The New Labor History." *Ordinary People and Everyday Life*, Nashville.

Bourdieu, P. 1995.『상징폭력과 문화재생산』. 정일준 역. 새물결.

Certeau, Michel de. 1984. "General Introduction." *The Practice of Everyday Life*, University of California. (김용호 역, 1996)

Cohen, S. & L. M. Shires. 1997.『이야기하기의 이론』. 임병권·이호 역. 한나래.

Donald, J. 1997. "The Citizen and the Man About Town." S. Hall and Paul du Gay ed., *Question of Cultural Identity*, Sage.

Halpern, Rick. 1998. "Oral History and Labor History: A Historiographic Assessment after Twenty-five Years." *The Journal of American History*, September.

Hoggart, R. 1957. *The Uses of Literacy*. Penguin Books.

Iggers, G. G. 2000. 『20세기 사학사』. 임상우·김기봉 역. 푸른역사.

Lüdtke, Alf ed. 2002. 『일상사란 무엇인가』. 이동기 외 역. 청년사.

Ortega y Gasset, J. 1979. 『대중의 반란』. 심일섭 역. 근역서재.

Schlumbohm, J. ed. 2002. 『미시사와 거시사』. 백승종 역. 궁리.

Smith, A .D. 1990. "Towards a global culture?." M. Featherstone ed., *Global Culture*, Sage.

Thompson, E.P. 1991. *Customs in Common*. The Merlin Press.

Thompson, Paul. 1988. *The Voice of the Past: Oral History*. Oxford University Press.

Williams, R. 1993. 『이념과 문학』. 이일환 역. 문학과지성사.

제3장

집단적 배움의 과정으로서의 사회운동

1970년대 산업선교를 중심으로

권진관(성공회대학교, 신학과)

1. 문제제기

1970년대의 산업선교를 어떻게 해석할 수 있는가? 1970년대의 기독교의 산업선교는 한국사회의 중요한 사회운동이었으며 대표적인 민중운동이었다. 한 사회운동의 가치는 그것이 해당 사회의 미래를 위해 얼마나 긍정적인 효과를 남겨 놓았는가로 판단된다. 그것은 사회의 민주적인 발전에 얼마나 공헌했는가에 따라 판단된다. 산업선교와 같은 사회운동의 내재적인 가치는 그 운동에 참여했던 사람들이 어떤 보편적이고 현실적인 이념과 가치관을 품었는가에 따라 결정된다. 그리고 그 이념과 가치관은 사회운동 안에서의 배움의 과정에 의해서 성원들 안에 체현된다. 이런 면에서 사회운동은 하나의 배움의 과정이라고 말할 수 있다. 위르겐 하버마스는 사회운동은 집단적 배움의 과정이 될 수 있음을 지적한 바 있다. 그는 새로운 사회운동은 체제와 생활 세계의 연결부분에서 특히 자본주의적, 국가적 체제가 생활세계를 침범하여 생활세계를 왜곡시킬 때 이것을 극복하기 위해 생활 세계 속에서 일어나며, 이 사회운동 과정 중에 이중적인 배움의 과정이 일어난다고 했다. 하나는 생활세계를 보호하고 건설하기 위한 적극적인 가치와 이상 및 신념들의 보급 및 수용이라고 하는 긍정적인 집단적 배움의 과정(collective learning process)과 다른 하나는 체제의 왜곡이 생활세계 안으로 침범해 들어오는 것에 대한 해체의 반(反)배움의 과정(collective unlearning process)이라고 보았다.1)

이 논문에서는 1960년대-1980년대의 산업선교가 어떻게 진행되었는가에 대해서 간략하게 살펴본 다음에 그 중요한 측면인 집단적 배움의 과정이라는 관점에서 산업선교를 이해해보려고 한다. 이 논문에서는 산업선교에서 있었던 배움의 과정의 성격, 배움의 매체들(소그룹, 노동조합, 투쟁), 그리고 배움과 배움의 해체를 통한 새로운 정체성의 형성의 과정을 논의하고, 마지막으로, 사회운동으로서의 산업선교로부터 배울 수 있는 요소들이 무엇인가를 알아보려고 한다. 연구자는 논문을 전개하는데 첫째로, 산업선교회 활동에 참여했던 노동자들과 인터뷰한 녹취록들을 활용할 것이며, 둘째로, 위르겐 하버마스의 의사소통적인 행동(communicative action)을 산업선교를 이해하기 위한 개념적인 도구로 활용할 것이다. 이제 논의에 들어가기에 앞서 논의의 배경이 될 산업선교운동을 간략히 서술하고자 한다.

1) 모든 사회운동은 일정한 배움의 과정이 포함된다는 것은 상식적인 일이다. 그리하여 집단적인 배움의 과정으로서의 사회운동(Social Movements as Collective Learning Processes)이라는 말은 쉽게 이해되어질 수 있다. Jürgen Habermas, *The Theory of Communicative Action*, Vol. 2: *Life World and System: A Critique of Functional Reason* (Boston, Mass.: Beacon Press, 1987) pp.392-393. 또, Raymond A. Morrow and Carlos Aberto Torres, *Reading Freire and Habermas*(N.Y.: Teachers College Press, 2002) pp.139-140. 사회운동을 배움의 과정(collective learning process)으로 본 좋은 논문으로 Paulo J. Krischke, "Final Comments: Challenges to Cultural Studies in Latin America," in S.E. Alvarez and A. Escobar, eds., *Cultures of Politics/Politics of Cultures: Revisioning Latin American Social Movements*(Boulder, CO: Westview, 1998): pp.415-421 가 있다. 우리나라의 역사를 돌아볼 때, 동학(東學)운동과 같은 주요한 민중운동 안에는 동학(東學)의 가치관과 그 이념들에 대한 보급과 수용의 배움의 과정이 있었다.

2. 산업선교운동의 전개과정

산업선교는 1950년대 말에 산업전도라고 하는 이름으로 미국과 유럽의 교회로부터 들어왔다. 산업전도는 공장의 노동자들에게 기독교 복음을 전하는 순수한 복음주의적 종교운동으로 출발했다. 특히 한국에서 제일 큰 교단인 예수교 장로회는 보수적인 복음주의적 산업전도를 하는 분위기였다. 그러나 진보적인 신앙노선을 가진 외국 산업전도 선교사들의 영향으로 한국의 산업전도가 일찍부터 보다 진보적인 색채를 띠는 경우도 있었다. 진보적인 신앙노선은 유럽 가톨릭의 노동사제 운동의 전통을 이은 것으로 사제들은 노동자들의 노동과 삶에 동참하면서 그들의 어려운 문제들의 해결에 참여하는 것이 그리스도를 따르는 길이라고 생각했다.

미국 감리교회 목사 조지 오글(George Ogle)은 이러한 노동사제 전통을 시카고에서 경험하고 6·25 직후 한국에 들어와 1962년부터 산업전도활동을 시작했다. 이러한 노동사제의 전통에 섰다고 할 수 있는 대표적인 한국인 사제는 조지송, 조승혁, 조화순 목사 등이다. 한국의 노동사제운동은 유럽의 노동사제운동과는 달리 6개월 내지 1년간이라는 비교적 단기간의 공장노동 체험을 한 후 곧바로 노동자들을 조직하는 방식을 택했는데, 처음에는 일부 복음주의적이면서(예, 예수교 장로교회) 일부 진보적인(예, 기독교 감리교회) 종교운동으로 시작했다가 점점 노동운동과 사회운동으로 발전된다. 이들은 1960년대에 노동자들의 삶을 체험한 후 산업전도회(1970년대 이후에는 도시산업선교회)의 센터 중심으로 노동자들을 소그룹으로 조직하기 시작했다.

1968년 이후에 산업전도(Industrial Evangelism)는 도시산업선교(Urban Industrial Mission)로 명칭이 바뀌었다. 이렇게 바뀌는 배경에는 당시 세계교회의 산업노동문제에 대한 인식의 변화가 있었다. 세계교회협의회(World Council of Churches)와 아시아기독교협의회(Christian Conference of

Asia) 등 세계교회기구는 자본주의 사회에서의 도시 노동문제는 사회구조적인 문제로서 단순히 시혜적인 방식이나 인간 내면의 변화를 통해 해결될 수 있는 성질의 것이 아니기 때문에 사회구조적이고 사회운동적으로 접근하지 않으면 안 된다고 판단했다. 이러한 판단 하에 개인적인 "전도" 대신에 사회적 해방을 지향하는 "선교"라는 말을 쓰게 된 것이다. 하느님의 선교의 신학(Theology of Missio Dei) 산업선교의 신학적 배경을 이루고 있다. 이 신학은 하느님이 비인간적인 사회구조 속에 참여하여 인간화를 불러일으키는 선교사업을 우리에 앞서서 하고 있으며, 우리는 그 하느님의 선교사업에 동참해야 한다고 관점을 가지고 있었다.

도시산업선교는 전태일 분신자살 사건(1970년 11월) 이후에 더욱 진보성을 띠게 되었다. 당시 도시산업선교회는 노동자들을 소그룹으로 조직하여 성경공부, 노동법 특히 근로기준법 강의 등을 통해 노동자들의 권리의식을 높였다. 1970년대 초에는 한국의 산업화가 상당히 진전되어 수많은 농촌의 젊은이들이 농촌을 뒤로 하고 인천, 구로, 영등포 등 공업도시지역으로 대거 이주하여 저임금 산업노동자가 되었던 시기였다. 이에 맞추어 도시산업선교회는 주로 인천, 영등포 등 경인지방에 센터를 설립했다. 인천 도시산업선교회의 경우 1960년대에 카플링이라고 하는 클럽을 만들어 각 공장 1명씩 12개의 공장으로부터 12명이 모여 주 1회 6개월간 성경공부와 노동법 문제 등을 공부했다. 그리고 인천지역 전체 모임으로 느헤미야 모임을 하여 노동조합과 노동법에 관한 강의를 들었다. 이러한 것이 밑거름이 되어 소그룹 하나에 10여 명을 구성원으로 하는 소그룹활동이 활성화되어 1970년대 중반 이후에는 인천 도시산업선교회가 100여 개의 소그룹을 조직했고, 영등포 도시산업선교회는 150여 개의 소그룹을 조직할 수 있었다. 다음은 영등포 산업선교회의 "소나무"(원풍모방 노동자들의 모임)라고 하는 소그룹의 일면을 보여주는 인터뷰 내용이다.

문: 소나무는 어떤 거를 하는 그룹이었어요?

답: 특별히 다른 게 없었구요. 산업선교회에 속해있는 그룹 중에 하나였는데 노동조합을 통해서 (만들어진 거지요.: 필자의 첨가) 말하자면 산업선교회 그때 빵빵했어요. 산업선교회 속해 있었는데 만나서 맛있는 거 만들어 먹기도 하고 또 만들고 싶은 거 만들기도 하고 뭐 어디 가자면 그룹이 어디 움직여서 가기도 하고 뭐 이런 거예요. 일종의 그룹이에요.

문: 뭐 그룹을 만들 때 어떤 그룹을 만드는 게 원칙이니까 그냥 마음 맞는.

답: 그냥 또래끼리. 그러고 만나서 그냥 노는 그룹이었지 말하자면 일종의.

문: 그리고 노조라든지 거기서는 우리는 이 그룹의 회원이다 이렇게.

답: 노동조합은 거기는 뭐고 누가 속해 있는지 아는 거고. 그룹 안에 춤 잘 추는 애도 있었고 잘 노는 애도 있었고 그러고서는 친하게 지내고 그런 영역이 있으니까 친해지더라구요. 그렇게 지내기도 하고 그랬죠.

A: 그 인원이 어느 정도 됐습니까?

B: 여덟 명이요.2)

산업선교회의 소그룹조직 운동이 활성화되면서 이 조직들은 자기들이 속해 있는 공장에서 민주적인 노동조합을 조직하거나 기존의 어용노조를 민주적인 것으로 바꾸는 일을 추진했다. 이리하여 1970년대에 삼원섬유, 동일방직, 반도상사, YH 무역, 콘트롤데이타, 원풍모방, 해태제과 등에서 노동조합이 새롭게 결성되거나 개혁되었다. 이 민주적이고 참여적인 노동조합들은 곧바로 정부와 기업의 탄압에 직면하게 되었다. 1978년의 동일방직 노조 와해시키기 위한 똥물사건, 1979년의 YH 무역의 철수와 이에

2) 성공회대 사회문화원 노동사연구소, www.laborhistory.or.kr, 노동사 구술 자료 58번. 양승화 (원풍모방) 녹취록 대담, 류제철. 인명진 목사는 소그룹의 중요성에 대해서 다음과 같이 말하고 있다. "예를 들면 그때 생각했던 이 소그룹운동이란 것은 1970년대에 산업선교를, 그 노동운동을 이끌어왔던 거가 소그룹 운동인데, 이거는 우리가 독창적으로, 독창적으로 만들어냈고, 독창적으로 운영을 해왔던, 그것이 현장의, 여러 현실의 상황과 노동자들의 현장의 상황과 너무 적합하게 맞았던 거고…" 위의 노동사 구술자료 자료 98번.

저항하는 노동자들의 투쟁, 삼원섬유의 폐업, 반도상사 민주노조의 와해 등은 이러한 탄압의 결과였다. 이러한 탄압에 직면하여 노동자들과 산업선교는 힘을 합해 맞섰다. 정부와 기업은 산업선교는 공산주의이며, 도산(도시산업선교의 약자)이 들어오면 기업은 도산(倒産)한다고 몰아붙였고, 산선에 가입한 노동자들을 투옥, 고문, 밀착감시, 블랙리스트 등으로 탄압했다. 산업선교회가 직간접적으로 관여하여 결성한 참여적이며 민주적인 노동조합들은 1982년 원풍모방 노동조합이 탄압에 의해 폐쇄되는 것을 마지막으로 거의 모두 약화되거나 해산되었다. 1983년을 전후로 하여 1970년대 산업선교회를 이끌었던 주요한 지도자들 성직자들이 산업선교회를 떠나고 그 다음 세대의 지도부가 들어서면서 산업선교는 더욱 약화되었다. 1983년으로부터 1987년 7월의 "노동자 대투쟁" 사이의 4년 동안 산업선교는 약화되고, 대신 많은 진보적 노동자들과 학출들이 진보적 노동운동을 이끌어갔다.[3] 이 기간에 산업선교회는 노동운동을 측면에서 지원했다.

위에서 약술한 산업선교회의 활동을 볼 때, 산업선교운동은 1970년대의 전형적인 민중적 사회운동의 모습을 띠고 있었음을 알 수 있다. 1970년대에는 민주주의의 건설을 위한 두 가지의 주요 과제가 있었다. 첫째는 군사 독재국가로부터 민주화해야 할 정치적 과제가 있었고, 둘째는 산업화에 따른 사회적 불균등의 시정, 특히 노동자들의 생존권과 인권의 보장이라고 하는 사회적 과제가 해결을 기다리고 있었다. 그러나 1970년대는 이 두 가지의 과제를 해결하지 못한 채, 다만 민주화운동과 노동운동을 통해 문제를 부각시켰던 시기였으며, 다음 세대로 그 해결의 과제를 넘겨주었던 시기였다고 요약할 수 있다. 그러나 아직까지도 한국의 민주화운동은 정치적 민주화를 이루어냈지만 아직도 외세의 간섭에서 평화적

3) 대학생 출신의 청년들이 노동운동을 목적으로 공장현장에 들어간 경우를 학출이라고 불렀음.

통일을 이루어 민주주의와 평화의 보루가 되는 나라를 건설하지 못했고, 노동운동도 민주노총이 합법화되는 등 상당한 성과를 이루어냈지만, 지구적 시장경제 하에서 노동자와 민중의 생존은 계속 불안정한 상태에 머물러 있다고 하겠다.

기성사회의 민주주의적 성장은 사회운동을 통해서 가장 확실하게 성취될 수 있다. 단일의 사회운동으로 민주화가 이루어지는 것은 아니지만, 다양하고 지속적인 사회운동을 통해서 한 사회의 민주화는 점진적으로 발전한다. 배움의 과정으로서의 제도교육은 사회의 민주화에 기여해야 하며, 그러한 만큼 사회운동으로부터 많은 것을 배워야 하고 수용해야 한다. 이러한 의미에서, 사회운동은 민주화를 위한 큰 교육의 과정(social learning process for democratization)으로 이해될 수 있다. 교육의 과정으로서의 사회운동은 의사소통적인 행동을 필수로 한다. 사회운동을 목표지향적인 전략적 행동(strategic action)으로만 규정한다면 그것은 잘못된 사회운동이라고 할 수 있다. 좋은 사회운동은 의사소통적 행동(communicative action)이어야 한다. 그동안 산업선교를 전략적 행동의 차원에서만 본 경향이 많았다. 그리하여 성직자와 실무자 중심의 운동의 측면으로만 연구하는 경향이 있었다. 그러나 산업선교를 의사소통적 행동의 차원에서 볼 때, 산업선교에 참여했던 노동자들의 주체적인 행동들이 부각되어 질 수 있다. 이제 다음 단락에서는 산업선교를 배움의 과정으로 보면서, 이와 연결하여 하버마스의 중요한 개념인 의사소통적인 행동을 활용하여 산업선교의 성격을 분석해보려고 한다.

3. 배움의 과정으로서의 산업선교

산업선교회 노동자들의 노동운동의 성격이 항상 의사소통적 행동이었던 것은 아니다. 거기에는 분명 전략적 행동의 성격도 있었다. 1970년대 산업선교의 노동운동은 분명한 목적의식을 가진 전략적 행동이었다. 예를 들어, 민주적 노동조합의 건설, 8시간 노동 쟁취, 임금인상, 노동조건 개선, 의식화, 해고자의 복직 등 구체적인 목표를 건 행동을 했던 것은 틀림없다. 그러나 산업선교를 서로 배움의 과정으로 보았을 때, 산업선교는 의사소통의 행동의 장이었고, 의사소통적 행동을 통해서 참가자들은 피동적으로가 아니라, 주체적으로 서로 배우고 가르쳤다. 산업선교 노동자들 사이에 일어났던 행동 패턴에 대해서 살펴보기 위하여 하버마스의 "의사소통적 행동"과 이에 대비되는 "전략적 행동"을 좀더 구체적으로 구별해 보자.

1) 의사소통적 행동과 전략적 행동

의사소통적 행동이란 참여자들이 상황을 어떻게 해석하고 어떤 목표를 갖고 어떻게 그 목표를 성취할 것인가를 상호적이면서 공동적인 방식으로 논의하며 결정하는 과정을 지칭한다.[4] 여기에는 모든 참여자들의 주체적인 참여가 장려된다. 외부인은 이 참여자들의 결정에 도움이 될 정보를 제공해 주는 사람들이지 결정권을 행사할 수는 없다. 외부인에는 외부의 지식인, 종교인뿐만 아니라, 엄밀하게 말하여 산업선교의 실무 목사, 그리고 학출 실무자들도 포함된다. 이들은 산업선교 노동자들이 벌이는 노동운동에의 직접적 참가자는 아닌 것이다. 목사나 학출들은 노동자들의 사회적 신분과는 전연 다른 신분을 가진 사람들이다. 따라서 노동자들과는 다른 정서와 사회적 목표를 가지고 있었다. 이들은 자신들의 정서에 따라,

4) 의사소통적 행동과 전략적 행동에 대한 설명은 다음 논문을 참조했다. Anita Kihlström and Joakim Israel, "Communicative or Strategic Action--An Examination of Fundamental Issues in the Theory of Communicative Action" Int J Soc Welfare 2002: 11: 210-218.

자신들이 세운 목표를 노동자들에게 부과하려는 유혹 아래 있었다. 그리하여 혼돈이 일어날 때가 많았다. 이들은 가끔 전략적인 행동에 치중했으며 노동자들을 피동적인 객체로 취급할 때가 있었다.

전략적 행동은 한쪽이 다른 쪽을 자신의 힘과 위치를 활용하여 일방적으로 영향을 끼치거나 조작하여 목적성취하고자 하는 행동양식을 말한다. 여기에는 일방적인 지시 혹은 조작이 개입될 수 있다. 이러한 성공지향적인 행동은 타자와 함께 이해하기 보다는 타자와의 긴밀한 관계없이 자기 목적을 위하여 타자를 활용한다.[5)]

이 두 가지 유형의 행동들은 모두 목표지향적인 행동을 할 수 있다. 다만 그 목표를 성취하는 과정이 다르다는 데에 차이가 있다. 의사소통적 행동에서는 참여자들이 충분히 대화하여 가장 적절한 이해 속에서 목표를 정하고 그 목표를 성취하기 위해 힘을 합한다. 전략적 행동에서는 한 사람 혹은 소수의 사람들이 목표를 정하고 그 목표를 성취하기 위해 다른 참가자들을 동원한다. 전략적 행동 패턴에는 상호 배움의 과정이 생략된다.

산업선교를 살펴보면 이 두 가지의 유형의 행동이 공존했음을 알 수 있다. 그리고 산업선교 노동자들은 이 유형 중에서 전략적 행동을 누르고 의사소통적인 행동을 강화하려는 노력이 있었음이 엿보인다. 이것을 보여주는 것으로서 인터뷰의 내용을 일부 소개하고자 한다.

목사님들이 항상 노동자보다는 의식이 월등하니까. 항상 위에서 이렇게 끌어가는 식이었고 우리는 노동자들이 주체적으로, 주체적으로 자발적으로 하는 운동이었어. 그래서 그런 갈등이 좀 많이 있었어. 보이지 않게. 나중에 그런

5) Habermas, *Theory of Communicative Action* Vol. 1(Boston: Beacon Press, 1984) p.286. Anita Kihlström and Joakim Israel, "Communicative or Strategic Action: An Examination of Fundamental Issues in the Theory of Communicative Action" Int J Soc Welfare 2002: 11: 211 참조.

> 것도 사실은 평가해야 되는데. 그 인제 우리는 하튼 제일 중요한 거를 항상 노동자들이 스스로 참여하는 것이 굉장히 중요하다. 그래야 실패해도 이걸 내가 선택한 거기 때문에 누구 원망하지도 않고 그 실패 자체도 자기한테 큰 교훈이 되는 거예요. 내가 선택한 거기 때문에 감옥을 가도 더 커질 수가 있어… 그래서 노조 하면서도 노조간부들이 일방적으로 그냥 무조건 끌어가는 거는 위험한 거다. 조합원들이 민주적으로 자기들이 능동적으로 참여할 수 있는 그런 항상 그런 훈련이 필요한 거를 우리가 굉장히 많이 했죠. 그래야 그게 민주노조가 진짜 되는 거지. 요즘 민주노조도 엉터리야. 왜냐하면은 활동가 몇 사람들만 의식이 돼가지고 대체로 끌어가는 거예요. 진짜 조합에서 민주노조로 진짜 만들려면은, 교육비에 거의 다 투자해야 돼요. 계속 교육해서 하고, 조합원들이 스스로 진짜 참여하고 행동하고 하게 할래면요. …그리고 노동운동을 올바른 사람으로 정말 인간화 운동으로 생각하고 해야 되는데, 요즘은 노조 다 관계하는 사람들이요 조합원들이, 조건 개선하고 임금인상하고 나의 이익을 위해서 하는 거예요. 그것만 주는 거야. 그럼 안 되거든? 그니까 정말 이게 노동운동이 하기 전에 인간화 운동이 먼저 되고, 정말 나보다 못한 사람, 또는 우리 전체 사회에서 이렇게 불평등하게 살아가는 사람 없게, 이런 어떤 큰 꿈을 가지고 운동을 해야 되는데, 자기네 이익만 생각하고…[6]

위의 인터뷰 내용에서 노동자들은 자체 안에 의사소통적인 대화와 교육과정을 추구했음을 볼 수 있다. 이에 비해서 산업선교 목사들은 앞으로 이끌고 가는 행동 패턴을 보였다고 한다. 노동자들은 산업선교 목사나 지식인 실무자들에 대해서 이율배반적인 생각을 가지고 있었다. 한편으로는 자신들이 닮아야 할 이상형의 인간으로 보기도 하고 다른 한편으로는 자신들을 이해하지 못하는 사람들이라고 생각하기도 했다. 다음의 두 개의 인터뷰에서 이것을 볼 수 있다.

---

6) 성공회대 사회문화원 노동사연구소, www.laborhistory.or.kr, 2004년, 노동사구술자료 319번, 안재성, "정인숙 구술 녹취록"(청계노조).

목사님이 헌신적으로 도와주시지만 애들이 굶고 지낸 날들이 너무 많아요. 그래서 애들이 안내양을 갔었다고요. 그런데 목사님은 그때 '너희들은 돈벌기 위해서 어떤 일을 선택해서는 안 돼', '너희들은 활동가이기 때문에 현장에 가서 활동을 해야 돼'였어요. 그런데 우리한테는 생존 그 자체가 절박했거든요. 쌀도 없어, 라면 없이 두 달을 살았어, 팬티가 있어?, 신발 떨어져, 돈 떨어져… 걔들이 안내양을 하는데 버스 타는 데까지 보따리 들고서 같이 가는데 목사님을 만났어요. 목사님이 예뻐하는 애들이 다 안내양으로 가는 거야…(목사님은) 밥을 사주면서 '너희들이 어떻게 안내양을 갈 수가 있냐? 현장활동을 해야지' 그러시는 거야. 그러니까 돈 벌러 간다 이거예요. 안내양이 월급이 굉장히 많거든. 그러니까 내가 화가 나는 거야. 목사님이 우리를 위해서 희생하고 목사님의 많은 것들을 버리고 고생하시지만 우리가 정말 어렵고 힘든 걸 저렇게 모르실까, 지금 그걸 야단쳐야겠는가, 지금 너무 절박한데 나중에 말씀하셔도 될 텐데. 그날 한 잠도 못 잤어요. 그래서 다음날 일찍 목사님을 찾아갔어요. 막 따졌죠. 목사님 우리가 생존을 위해 돈을 벌어야 된다는 걸 그렇게 모르겠느냐고… 그때 당신은 외부의 그런 것들을 받았겠죠. 현장활동가 출신들로 현장에 배치해야 한다는 것들이 사명이었겠지. 그런데 난, 목사님은 편하시다. 목사님은 노동이 신성하다고 하셨지만 노동했냐, 사람은 똑같다고 했지만 자본주의에서는 사람은 똑같지 않다. 우리가 라면도 없이 두 달 석 달을 살고 옥상에서 울고 그러는 것을 목사님은 아냐… 해고당하고 해고당해서 갈 때 없어 갔는데… 그런데 목사님한테는 아무도 안 덤벼요. 그런데 난 잘 덤벼요. 따지고. 그래서 목사님한테 맘 잡고 찾아가서 싸운 적 있어요… 실제로 목사님은 부평에 교회도 있었지 아파트도 있었지, 목사님이 차비가 없어서 어디를 못가요? 어디 가면 훌륭하신 분으로 대접받고 그러지만 우린 아니거든. 당장 동생 학교 보내야 되고, 집에 월급 타면 보내줘야 되고. 이런 게 한 달 두 달, 일 년 이 년 가는데. 난 집이 있으니까 괜찮은데 시골에서 올라온 애들은 정말 힘들었거든.[7)]

70년대에 생각해 보면, 그 지식인들하고 우리 같은 사람이 안 맞는 게, 우리는

7) 성공회대 사회문화원 노동사연구소, www.laborhistory.or.kr, 2003년, 노동사구술자료 57번, 강남식, "안순애 녹취록"(동일방직).

> 회사에서 쫓겨나면 막말로 그냥 다 먹고 살어 가족들하고 먹고 살어야 되는데, 당장 굶는 거잖아요. 그래서 파업을 주도한다고, 사실은. 해야 된다고 그러고, 하라고 그러는데, 그러면은 난 성질이 나갖고 "야, 너 그러면 니가 직접 취업해. 회사 들어와 갖고." 이런 식이지. 안 하지 해?[8)]

위의 인터뷰를 읽어보면, 목사나 지식인 실무자들은 일정한 목적의식적이고 전략적인 행동의 패턴을 가지고 있음을 알 수 있다. 노동자들은 지식인들이 자주 목적지향적인 행동, 정치지향적 행동으로 노동자들을 이끌어 갔었다고 평가하고 있다. 노동자 출신의 산선 실무자였던 황영환은 노동자들의 입장에서 현실을 이해하고 있었다. 그는 당시에 노동문제가 일어나면 외부의 지식인, 종교인들이 몰려와서 운동을 자기들의 입장으로 끌고 갔었다고 비판했다. 그의 말을 인용해보자. "그분들 시각에서는 단위노조의 분쟁이라는 것은 아니거든. 사회 전체를 보시는 분인데, 그분들이 와서 얘기하면 기존의 것이 확확 바뀌는 거야."[9)] 노동자들을 정치세력화하려는 의도를 지식인들이 가졌었다고 본 것이다. 여기에서 분명한 것은 노동자들의 행동에는 일정한 그래머(문법)가 있었다는 것이다. 그것은 당시의 정치지향적인 지식인들과 달랐다. 노동자들은 자신들의 비인간적인 대우를 받는 사태를 노동조합을 조직하여 극복하려고 했었던 것이지, 혁명을 하려고 했던 것이 아니었다. 거기까지 의식이 갈 형편이 되지 못했다. 노동자들의 "현장중심"과 지식인들의 "정치세력화"라고 하는 행동을 규정하는 두 개의 문법이 산업선교를 둘러싸고 존재했다. 이들 노동자들은 정치적 민주화가 노동문제를 해결되지 않은 채로 이루어지면 진정한 민주화가 아니라고 생각했다. 정치적 민주화로 실제로 이득을 본 사람

---

8) 성공회대 사회문화원 노동사연구소, www.laborhistory.or.kr, 노동사구술자료 276번, 김귀옥, 권진관, "황영환, 허성례 구술 녹취록"(반도상사).

9) 성공회대 사회문화원 노동사연구소, www.laborhistory.or.kr, 2005년, 노동사구술자료 276번, 김귀옥, 권진관, "황영환 구술 녹취록".

들은 지식인들이었지 노동자들은 아니었다고 보았다.

2) 산업선교 노동자들의 의식의 변화: 배움의 과정

산업선교 노동자들의 행동의 문법은 어디까지나 노동조합을 통한 자신들의 인간성의 회복을 중심으로 이루어졌음을 많은 노동자들과의 인터뷰를 통해서 알 수 있었다. 이러한 문제의식에 이르기까지에는 노동투쟁이나 소그룹에서의 대화와 교육이라는 배움의 과정이 있었다. 이러한 노동자들의 행동의 문법은 노동자들과 함께 했던 지식인들의 그것과 달랐음을 위에서 이미 지적한 바 있다.

노동자들은 우선 자신들의 "노예와 같은" 노동현장에서 도피하는 길을 찾았다. 그리하여 검정고시를 패스하거나 돈을 벌어서 노예적인 노동으로부터 탈피하려고 했다. 그리고 다른 한편으로는 자신이 노동자라는 사실이 부끄러워 대학생 흉내를 내기도 했다. 그러나 자신의 형편을 극복할 수 있는 길이 보이지 않음을 절감하게 된다. 산업선교의 노동자들은 자신이 배운 것이 없고 가진 것이 없다는 것을 절감하고 여기에서 탈출하여 다방이나 유흥업소, 혹은 결혼 등 도피적인 방법으로 해결해 보려고 하지만, 결국은 노동운동 외에는 이 억압된 노예와 같은 노동생활을 해결할 수 없다고 판단하기에 이른다. 그리고 노동운동을 위해 자신을 헌신할 것을 결심한다. 노동자들은 이러한 과정을 산업선교회 활동에 참여하면서 자연스럽게 거친다.

노동자들은 그동안 기성사회에 의해서 주입되었던 여러 가지의 이데올로기나 왜곡된 세계관 등을 청산하여 없애는 과정을 거친다. 당시에는 노동조합을 만드는 것 자체가 공산주의로 이해되었던 시기였다.[10] 특히

10) 성공회대 사회문화원 노동사연구소, www.laborhistory.or.kr, 2003년, 노동사구술자료 27번, 강남식, "김지선 구술 녹취록"(삼원섬유).

가진 것이 없는 노동자들에게는 이러한 낙인은 매우 두렵고 치명적인 것이었다. 노동자들은 노동조합을 만드는 일이나 노동쟁의하는 것만으로도 매우 위험한 지경에 처할 수 있었다. 또 자신들이 벌어야만 식구들이 살 수 있는 노동자들에게는 직장을 쉽게 그만둘 형편도 못 되었다.

따라서 노동자들은 자신들이 노예적 예속 상태에서 해방되고 인간적인 대접을 받을 수 있으려면 노동조합을 조직하여 지금의 열악한 노동조건을 바꿔야 한다고 판단했다. 노동조합은 이들에게 구원을 실현시켜주는 성소였다. 근로기준법이 형식적으로나마 노동자의 인권을 보장하고 있다는 것 그리고 노동조합을 조직할 수 있다는 것은 1970년대의 노동자들에게는 그야말로 희망의 원천이었다. 그리하여 노동자들은 노동관계법 특히 근로기준법에 대해서 배웠고, 이에 의거하여 노동조합을 조직하고, 노동조건을 개선하려 했다. 노동법을 배운다는 것은 투쟁을 하게 된다는 것을 의미했다. 노동조합을 조직하는 과정 속에서 그리고 근로조건을 개선하는 과정 속에서 노동자들은 엄혹한 현실의 진실을 알게 되었다.

1970년대 산업선교 노동자들은 민주적인 노동조합을 만들고 그것을 지켜내는 일 자체가 매우 힘들다는 것을 경험했다. 노동조합은 노동자들에게 많은 성과와 혜택을 가져다주었다. 노동자들은 무엇보다도 인간으로서의 대접을 받게 되었고, 그동안 불가능하게 보였던 일들이 뭉쳐서 싸우면 가능해 진다는 것을 경험했다. 그러나 1970년대 후반에 대부분의 민주적 노동조합이 국가와 기업의 조직적이고 폭력적인 탄압으로 와해된다.

1970년대의 산업선교의 노동운동은 노동자들에게 비판적이고 민주적인 의식을 불어넣어 주어 건강한 시민사회의 일원으로 성장하는 데에 크게 공헌했다. 새롭게 의식화된 노동계층의 탄생은 그 후 민주화된 사회의 밑거름이 되었다. 이들이 민주적인 노동조합을 건설하고 그것을 지키는 과정은 민주시민의 양성을 위한 사회교육의 기능을 가졌었다.[11]

---

11) 당시 동일방직의 노동자였던 정명자는 인터뷰에서 이렇게 말했다. “좋지 않은 사업

노동자들은 산업선교를 통해서 즉자적 계급(class in itself)으로부터 대자적 계급(class for itself)으로 성장할 수 있었다. 노동자들의 내면적인 의식이 변화되는 근저에는 산업선교가 가지고 있는 교육적인 역할이 있었다. 산업선교는 민중을 위한, 민중의, 그리고 특히 민중에 의한 교육의 장이었다. 산업선교가 매개가 되어, 민중들은 서로 연대하며 배웠다. 앞서 나간 노동자들은 뒤에 따르는 노동자들과, 그리고 앞서 나간 노동조합은 후발 노동조합과 함께 의사소통하면서 자신들이 당면한 문제들이 무엇인지 조심스럽게 질문해보고 함께 대답하면서, 동료들과의 친밀한 대화와 유대 속에서, 그리고 무엇보다도 정부와 기업과의 긴장된 관계 속에서 그리고 투쟁 속에서 서로 배우는 과정을 갖게 되었다. 이 속에서 노동자들은 자아에 대한 새로운 이해와 새로운 의식을 가지게 되었다.

3) 민중의 교육의 장(場)인 산업선교

산업선교의 대부분의 과정은 배움의 과정이었다고 이해할 수 있다고 했다. 그렇다면 산업선교에는 어떠한 배움의 과정들이 있었는가? 다음의 산업선교의 활동들은 배움으로도 이해할 수 있다. 먼저, 소그룹에서의 다양한 활동, 즉, 소그룹에서의 삶의 이야기 나눔, 공장에서 노동조합에서 일어났던 이야기, 자신들이 거쳐 온 삶의 이야기의 나눔, 성경이야기의 나눔, 성(性)에 관한 이야기와 교육, 도넛 등 음식 만들어 나누어 먹기, 꽃꽂이 활동 등을 비롯하여, 소그룹과 단위 공장과 단위 노동조합을 넘어

장에 들어가서 노동조합을 열심히 하는 것이 그 당시에 우리나라 민주화운동을 하는 지름길이라는 생각을 했었어요. 그게 제 생활에 기본이 되면서, 거기에 접목해서 신앙적인 부분까지 같이 갔거든요. 살아오면서 저희들은 블랙리스트로 고통당하고 해고당하고 집에 형사들 매일 찾아오고 동생들 취업 안 되고 이랬는데 우린 당당했어요. 굉장히 역사적인 의무감, 이런 것들이 있었습니다. 지금도 가슴이 막 벅차오르거든요."

서 전체모임에서의 놀이와 연대의식을 높이는 다양한 활동, 시사적인 공부, 신문읽기 등 다양한 사회 공부, 코스 교육, 노동문제와 노동법에 관한 특강, 노동조합 건설 및 개혁을 위한 활동 등은 모두 교육적인 순간이었다. 그리고 가장 치열한 교육과정은 노동자들의 요구 쟁취를 위한 투쟁의 과정이었다고 할 수 있을 것이다.

산업선교에 대항한 당시의 교육과정들은 주로 새마을교육, 반공교육 등이 있었다. 국가적으로 이루어진 새마을교육은 1970년대에 크게 육성되어 전국적으로 마을과 공장 단위와 지역 및 전국단위로 새마을운동이 조직되었다. 이밖에 홍지영과 같은 가상적인 인물을 내세워 조직적으로 산업선교를 공격하는 문서들을 만들어 보급했다. 이에 저항하여 산업선교 측에서는 산업선교의 정당성을 알리는 홍보작업을 벌이기도 했다. 산업선교를 반대하는 책이나 자료들이 보급되면서 회사나 공장들은 노동자들을 대상으로 산업선교를 공격하는 교육을 강화한다. 이러한 정신적인 교육은 국가의 물리적인 힘을 동반하면서 산업선교 노동자들을 억압하는 데에 사용되었다. 국가와 기업에 의한 반공교육, 산업선교를 반대하는 교육은 산업선교에 동조하지 않는 노동자들에게 효과적으로 주입되었다고 보인다. 그리하여 남자노동자들을 동원하여 여성노동자들을 탄압하는 데에 활용했다 구사대(소위, 회사를 구원하려 하는 사람들의 조직)라고 하는 반노동조합, 반산업선교 조직들은 남자들로 구성되었다. 이들은 산업선교를 용공단체로 믿고 "도산이 들어오면 도산한다"는 입장에서 산업선교 노동자들을 물리적으로 탄압했다.

어떤 면에서 정부와 기업의 산업선교의 탄압은 성공적으로 수행되어 산업선교는 결국 무력화되었다고 볼 수 있다. 그러나 산업선교가 노동자들에게 남겨놓았던 교육적인 효과, 즉 노동자들의 새로운 의식의 형성과 정체성의 변화를 없앨 수는 없었다. 산업선교는 외형에 있어 패배한 것처럼 보이지만, 배움의 과정으로서의 산업선교는 노동자들 안에 살아남아 다음 단계의 사회운동을 위한 초석이 되었다고 평가할 수 있다.

4) 노동자들의 새로운 자기 정체성의 형성

인간 자아의 정체성은 무엇보다도 사회적인 산물로서 타자와의 관계 속에서 형성된다. 자신을 둘러싼 사회(국가와 기업을 포함한 넓은 의미의 사회)와 집단과 가족이 어떤 성격을 가졌느냐에 그리고 그것들과의 관계성에 따라 그 성원의 정체성이 결정된다. 1970년대의 노동자들의 가족은 가난했고, 덜 교육을 받은 하층계급의 가족이었다. 가족의 정체성은 그 사회의 성격에 의해서 크게 결정된다. 산업선교에 참여한 노동자들은 대체로 농촌가족 출신으로 강한 가족연대의식을 가지고 있었다. 그리고 가족의 연대를 통해서 당시의 가난과 사회적 모순들을 대처해나가고 있었다. 그러나 시간이 지나면서 노동자들(특히 여성노동자들)이 아무리 많은 노력으로 가족에게 돈을 부치고, 특히 남동생들을 교육시켜 봐도 그 사회적 모순을 극복해나가기에는 역부족이라는 것, 그리고 자신의 작은 노력에는 한계가 있으며, 이 사회는 가난하게 태어난 운명을 돌이키기가 어려운 사회라는 장벽을 한층 강하게 경험하게 된다. 여러 도피적인 방법을 생각해 보지만, 산업선교가 지향하는 윤리적 기준이나 개인들의 도덕적 지향성에 맞지 않았다.[12] 자신들이 아무리 희생한다 하더라도 사태를 변화시킬 수 없음을 깨달으면서, 이들은 노동운동을 하면서 가족들간의 작은 연대보다는 노동자들 간의 계급적 연대가 더 중요함을 깨닫는다. 이들은 전통적인 가족간의 유대의 끈이 질곡으로 작용하는 것을 경험하고 이 질곡의 끈을 끊고 보다 자유로운 입장에서 노동운동과 사회운동에 헌신했다.

---

12) 특히 여성 노동자들의 경우, 다방에 가서 일하든가, 남자와 동거한다든가, 도피성 결혼을 하는 경우를 산선 노동자들은 금기시한 것으로 보인다.

다른 주요한 타자로서 국가가 있다. 국가는 이들에게 짧은 기간이지만 공교육을 시켰다. 공교육은 피교육자들의 지위상승을 위한 방편이기도 했지만, 노동자들은 가정 형편으로 공교육의 혜택을 누릴 수 없었다. 많은 경우 국민학교(초등학교)만 졸업하고 집안일 돕다가 돈 벌러 도시로 나와 노동자가 되었다. 이들의 정규학교 재학시절에 반공교육, 유신교육이 주어졌다. 또, 국가는 공장새마을운동이나 언론 홍보를 통해 이들을 "근로자"라고 부르면서 국가의 근대화 사업에 앞장서는 "근대화의 역군"이라는 정체성을 불어넣었다. 이렇게 반공주의를 기초로 한 근대화를 추진하는 과정 안으로 노동자를 편입시켜 이들을 사회에 통합시키는바, 이 속에서 노동자들은 국가가 부과한 정체성을 내면화시켰다.[13] 이것은 산업선교에서 노동자들이 해체하고 벗어나야 할 (unlearning) 요소가 되었다. 국가는 노사분규 배후에 언제나 친북적 불온세력이 있다고 하면서 노동자들을 반민족적, 친북적이라고 위협했다. 실제로 1970년대에는 지식인들보다 노동자들이 국가로부터 더 많은 위협을 느꼈다고 볼 수 있다. 노동자들은 정부로부터 한번 낙인찍히면 치명적이었다. 이러한 상황 속에서 의식화된 노동자들이 생각할 수 있고 내걸 수 있는 이념과 목표의 반경은 매우 제한적이지 않을 수 없었다. 즉, 노동조합의 건설, 기존의 비민주적 어용노조의 개혁, 노동자들에 대한 인간적 대우, 노동조건 개선, 임금인상 등일 수밖에 없었다. 노동자들은 이러한 이념과 목표의 추구를 통하여 민주화에 기여할 수 있다고 생각했다. 이러한 이념의 범위 안에서 노동자들은 자신의 사회적 정체성을 형성했다.

또 다른 타자는 지식인들이었다. 이들은 노동자들에게 이중적인 기능을 했다. 첫째는 긍정적인 기능으로서, 노동자들의 주장과 요구를 옹호해 주고 노동자들의 행동을 도덕적으로나 사회적으로 정당화시켜 주었다.

---

13) 조희연, "한국자본주의의 발전과 노동자 계급의 구성적 출현" http://dsnm.skhu.ac.kr 조희연의 홈페이지, 논문편.

당시의 민중신학자들은 특별히 이에 공헌해 주었다. 어떤 면에서 민중신학은 지식인들을 위한, 지식인에 의한 신학이었다. 지식인들을 설득하여 노동자, 농민 등 민중들을 이해하고 지원하도록 안내하는 신학이었다. 당시의 민중신학 서적은 매우 정교하고 학문적으로 높은 수준이었기 때문에, 독자들은 지식인들일 수밖에 없었다.[14] 노동자들과의 인터뷰 과정에서 이들이 민중신학 서적을 읽었고 그것으로부터 영향을 받았다는 증언이 한번도 나오지 않은 것을 볼 때 민중신학의 독자와 청중이 누구였는가를 알 수 있다. 또 민중사회학자 한완상은 『저 낮은 곳을 향하여』란 책을 써서 산업선교 노동자들을 옹호했다.[15] 종교인(산업선교 목사, 진보적 종교인들 특히 한국기독교교회협의회KNCC, 한국기독학생총연맹KSCF 등)과 지식인들(대학생, 교수, 정치인, 문인, 언론인, 사회운동가 등)은 노동자들이 운동에 적극 지원했고, 사건이 터질 때마다 참여해주었고 여론화해주었다. 이들의 지원은 노동자들의 활동을 사회운동의 성격을 갖게 만들어 사회전반에 지대한 영향을 줄 수 있게 했다. 1970년대 후반에 들어가면 산업선교가 자주 TV와 신문에 보도될 정도로 국민적인 관심사가 되었다. 1978년도의 똥물사건이라고 하는 동일방직사건은 지식인들의 많은 관심과 참여 속에서 일어났으며, YH 노동자들의 신민당사 농성 사건은 부마사태로 이어졌고 10·26 박 대통령 시해사건으로 이어졌다. 이처럼 노동운동이 사회적인 영향을 가질 수 있었던 것은 종교인 지식인들의 참여 없이는 불가능했을 것이다. 그러나 이러한 긍정적인 측면은 부정적인 측면을 함께 가지고 있었다.

다음으로 부정적인 측면으로서, 이들은 노동자들의 실정과 열망을 정확하게 이해하지 못한 채 자신들의 관심사와 입장을 노동자들에게 부과하

---

14) 대표적인 민중신학 저서로서 한국기독교교회협의회 신학위원회 간행, 『민중과 한국신학』(한국신학연구소, 1979)이 있다.

15) 서울: 展望社, 1984.

려고 했다. 특히 노동자들을 성급하게 독재 타도와 정치민주화를 위한 "정치세력"으로 편입시키려고 했다. 또, 노동자들에게 소위 "운동적 마인드(mind)"를 요구하기도 했는데, 이것의 근저에는 독재적인 유신체제의 전복을 위해서는 노동자들이 참여해야 한다는 지식인들의 요청이 있었다. 지식인들은 노동자들을 정치민주화를 위해 동원하려고 했다. 이러한 지식인들의 요구는 노동자들에게 자신을 들여다보게 하는 기회를 제공했다. 노동자들은 1970년대 유신시대에 자신들의 한계가 무엇이고, 무엇을 할 수 있는지, 그리고 자신들이 다른 집단들과 관계를 맺지만 상대적으로 독립적인 계급일 수밖에 없다는 것을 생각했다. 즉, 자신의 정체성, 그리고 자신의 이념들이 무엇인지 생각하게 된 것이다. 지식인들이 노동자들 편에 선다고 말하면서도 실제로는 지식인들의 프로그램에 노동자들을 편입시키려 했다는 비판에서 노동자들의 주체의식을 발견할 수 있었다.[16)]

이러한 노동자 중심주의는 영등포 산업선교회 총무였던 조지송 목사에게서도 나타난다. 그는 오해를 받아가면서도 다른 실무자들의 정치화와 정치운동에의 참여에 대해서 경계했다. 조지송 목사는 노동조합을 "노동자들의 교회"라고 보았고, 산업선교 실무자들의 "목회현장"이며, "노동자 구원의 도구"로 보았다.[17)] 우리는 이러한 조지송 목사의 시종일관된 노선, 즉 노동자와 노동조합 중심의 노선 즉 정치민주화 운동에 참여하지 않고, 결국 그를 감옥에 한 번도 가지 않게 한 노선에 대해서 일정하게 이해할 수 있게 된다. 다른 산업선교 목사들도 노동자들이 지식인의 민주세력화를 위한 전략적 행동으로부터 거리를 두도록 권유했다. 이러한 입장은 감옥에 여러 번 다녀온 영등포 산선의 인명진 목사에게서도 발견된다.[18)]

---

16) 성공회대 사회문화원 노동사연구소, www.laborhistory.or.kr, 2005년, 노동사구술자료 276번, 김귀옥, 권진관, "황영환 구술 녹취록" 참조.

17) 예장 영등포산업선교회, 『영등포산업선교회 40년사』(영등포산선, 1998), 112쪽.

18) 성공회대 사회문화원 노동사연구소, www.laborhistory.or.kr, 2002년, 노동사 구술자료 96번, 김준, 심상완, "인명진 구술 녹취록".

위에서 보듯이 노동자들은 지식인들의 노선 즉 정치투쟁을 통한 직접적인 민주화의 길을 택하지 않았음을 알 수 있다. 노동자들은 산업민주화를 먼저 이루려고 했고 정치적인 민주화는 차후의 일이었다. 이것은 당시의 지식인과 노동자들의 사회운동의 분화로 이해할 수도 있을 것이다. 서로 다른 영역에서의 사회운동들이 한쪽을 종속시키지 않고 서로 존중해 주어야 했다. 이러한 존중을 노동자들은 지식인과 종교인들에게 요구했다고 보여진다. 우리는 노동자들이 당시 운동권 지식인들의 입장에 기본적으로 동조하지마는 그러나 다른 길을 걸을 수밖에 없었던 것에 대해서 주목해야 한다. 지식인들의 정치세력화 혹은 정치화의 성향에 비해서 노동자들은 우선 자신들의 문제의 해결을 최우선시했다. 그리고 그것이 결국은 민주화에의 실질적인 기여가 될 것이라고 이해했다. 그러므로 노동자들은 단기적인 정치세력화에 편입되면 자신들이 추구하는 것이 방해받을 것이라는 것을 두려워했다고 보여진다.

그렇다면 산업선교에 참여했던 노동자들이 추구하는 이상적 사회상은 어떤 것이었는가? 그들은 자신과 가족이 아무리 성실하게 살아도 변함없이 가난하게 살 수밖에 없음에 대해 문제의식을 가졌다. 당시 삼원섬유의 노동자였던 김지선은 "부두노동자이신 우리 아버님하고 어머님은 새벽부터 밤늦게까지 중노동을 하고 계시는데, 우리는 왜 가난할까 하는 것이 어렸을 때부터의 질문"이었다고 한다. 그리고 나중에 노동조합을 만들고 공부하면서, "그 가난이 결국은 구조적으로 오는 가난"이라고 판단했고 노동운동에 뛰어든 것은 부모님의 삶을 답습하지 않기 위해서였다고 회고하고 있다.[19] 노동자들은 더 이상 구조적인 가난이 없는 사회, "노예와 같은" 노동자의 삶이 없는 사회를 갈구했다. 이러한 사회에 가깝게 가기 위해서는 노동조합을 조직하고 광범위한 노동조합들의 연대를 통해 노동

---

19) 성공회대 사회문화원 노동사연구소, www.laborhistory.or.kr, 노동사 구술 자료 27번, 강남식, "김지선 구술 녹취록"(삼원섬유).

자들의 발언권을 높이고 나아가서는 노동자들이 정치에 구체적으로 참여할 수 있기를 소망했다. 간단히 말해서, 노동자들은 노동자와 그들의 가족들인 농민들이 잘살 수 있는 나라를 추구했다고 볼 수 있다.[20] 노동자들의 이념에는 프롤레타리아 혁명이념이나 마르크스적인 이념은 없었다. 한국의 상황에서 노동자들은 혁명노선을 택하지 않았다. 그들은 노동조합의 조직을 통하여 복지국가적인 사회민주화를 추구했다. 이들은 복지국가 안에서 참여적인 시민으로 성장하기를 원했지 사회주의적인 혁명노선을 택한 것이 아니었다. 그러나 한국사회라고 하는 컨텍스트에서 노동자들이 참여적인 시민으로 성장할 수 있을 것인가는 앞으로의 사회운동이 어떻게 전개되느냐에 따라 결정될 것으로 보인다.

어쨌든, 노동자들에게 급선무는 노동조합을 건설하고 보호하고 유지·발전시키는 것이었다. 노동조합을 통해서만이 노동자들을 단결시킬 수 있고, 그것으로 기업과 교섭할 수 있는 힘을 가질 수 있다고 판단했기 때문이다. 이들은 노조를 통해서 자신들이 인간다운 대접을 받을 수 있기 때문에 노조 건설과 그 보호에 총력을 기울였다. 이리하여 노조가 이들의 삶의 중심을 이루게 된다. 산업선교와 노조 사이에는 유기적인 상호관계가 형성되어 있었다. 그러나 산업선교에 참여했던 노동자들 사이에 산선에 더 기울어지느냐 노동조합 즉 노동자들에 더 자신을 일치시키느냐(identify)로 긴장이 있기도 했다. 특히 위기의 국면에서는 이러한 긴장이 수면 위로 떠올랐다. 산업선교의 목적과 노동조합의 목적이 다를 수 있었고 이것은 위기의 상황 속에서 더욱 선명하게 나타날 수 있었다. 또 어느 시점에서 산업선교는 종교적인 영역으로 되돌아가고자 하는 힘이 작용하여 노동조합으로부터 멀어지기도 했다.[21] 원래 산업선교 목사들은 노동조

20) 당시 청계노조의 노동자였던 정인숙 등이 이러한 비전을 표현하고 있다.

21) 이것은 산업선교의 모체인 교단으로부터 오는 압력에 의해서 더 가속화되기도 했다. 영등포 산업선교회는 예수교장로회(예장)에 소속되어 있었다. 예장 총회는 1970년대 후반부터 영등포 산업선교회(산선)가 용공시비에 말려들고, 과격한 노동운

합이 교회요, 노동은 기도이며, 노동자들은 예수와 같은 사람들이라고 볼 정도로 노동자들과 밀착해 있었다.[22] 그러나 이러한 생각은 사람이 바뀌고, 신학적인 노선도 바뀌고, 여기에 더 해서 위기의 국면에 들어가는 등 안 좋은 상황 속에서 산업선교와 노동조합 사이에 균열이 생기고, 이것은 산업선교 노동자들의 정체성 균열을 초래하기도 했다.[23] 그러나 이러한 균열은 노동자 자신의 진정한 정체성을 찾아가는 길에 선 하나의 장애물에 지나지 않았다. 결국 노동자들은 자기의 주체성과 정체성을 가지고 자신의 목소리를 내며 고유의 행동전략을 구사해야 했다. 원풍모방 노조와 영등포 산선은 매우 친밀한 관계 속에서 함께 발전했다. 그러나 양쪽의 지도노선의 차이 때문에 소원한 관계가 되었다. 원풍모방 노조가 산선의 지도노선을 거부하고 독자노선을 택했기 때문이다. 이런 상황 속에서 영등포 산선은 원풍 노조원들이 와서 기식(寄食)하는 것을 싫어했고, 급기야 1983년에 10월에 산선과 결별하여 나온다. 원풍모방 노조는 영등포 산선에서 나간다면 비록 갑작스럽게 보호막을 잃는 것이 되어 대단히 어려워졌겠지만, 그러나 산선 없이 노조 스스로 설 수 있는 기회였다. 실제로 원풍모방노조는 노조가 가지고 있던 기금으로 사무실을 사서 나갔고, 이 사무실은 1984년 3월에 한국노동자복지회를 만드는 기틀이 되었다. 당시 영등포 산선의 실무자였던 신철영은 원풍사태를 노동운동이 이

동을 하는 것에 대해서 반대하여 산선을 폐쇄하려는 움직임을 보였다. 이에 영등포 산선은 큰 압력을 느껴 종교성 회복의 필요성을 절감했던 것으로 판단된다.

22) 조지송 목사는 목사나 실무자들은 오히려 노동자들로부터 배워야 한다고 주장하면서 노동운동에 헌신적인 노동자들이 바로 "예수"라고 했다. 그리하여, 조 목사는 기도할 때에 "예수의 이름으로 기도합니다"로 마치지 않고, "노동자의 이름으로 기도합니다"고 하고 마쳤다고 할 정도였다. 민주화운동 기념사업회에서 녹취한 "조지송 목사 구술녹취록"(2003년) 참조.

23) 산업선교와의 사이에 균열을 보였던 노조는 원풍모방이었다. 이에 대해서는 양승화 녹취록 참조. 또한, 『민주노조10년: 원풍모방 노동조합활동과 투쟁』, 원풍모방 해고노동자 복직투쟁위원회 엮음(풀빛, 1988) 339-343쪽.

와 같은 균열 속에서 자기 발전을 하게 된 계기를 맞은 것으로 볼 수 있다고 했다.[24] 다만 갈라선 것이 너무 급작스럽고 갈등 속에서 이루어졌다는 것은 양쪽에게 불행한 일이 아닐 수 없었다. 그러나 이런 어려움 속에서 노동자들은 자신의 독자적인 정체성을 획득해나갔고, 이러한 전통의 영향으로 1987년 7, 8, 9월의 노동자대투쟁 때보다 분명한 정체성을 가지고 사회의 실질적인 세력으로 등장할 수 있었다고 볼 수 있다.

4. 결론: 사회운동으로서의 산업선교

기업들은 끊임없이 자기 이윤의 극대화를 위해 노동과정을 전산화하여 노동의 유연성과 전문성을 확보하려고 한다. 이런 상황 속에서 소수의 엘리트 전문 노동자들은 온갖 특권과 특혜를 누리지만, 대다수의 노동자들의 생존은 불안정해질 수밖에 없게 된다. 기업은 전 지구적으로 활동영역을 넓히고 있기 때문에 지역의 대다수 노동자들은 쉽게 일자리를 잃을 수 있다. 지구화의 시대 속에서 노동자들은 자신들의 정체성을 상실하기 쉽다. 희생당하는 사람들이 없는 사회를 만드는 것이 사회운동의 목표라고 한다면 오늘날과 같이 척박한 시대에 사회운동은 더더욱 필요하다. 그리고 그러한 사회운동은 현재 가장 희생당하고 있는 사람들이 자신의 정체성을 가지고 스스로 중심에 선 사회운동이어야 한다. 이러한 시대에 우리는 전형적인 사회운동이었던 산업선교로부터 무엇을 배울 수 있는가? 사회학자 조희연은 오늘날 민중(혹은, 집단)에 대한 자본과 국가의 "탈주체화적 해체전략"이 한층 강화되고 있다고 지적하고 있다. 그는 이에 대응하여 필요한 것은 "집단적 정체성", "대자적 정체성", "저항적 주체성"의

24) 성공회대 사회문화원 노동사연구소, www.laborhistory.or.kr, 노동사 구술 자료 2004년, 214번 권진관, "신철영 구술녹취록".

형성이라고 보았다.[25] 이러한 정체성은 사회운동을 통해서 획득될 수 있다.

문제는 어떤 정체성을 형성하느냐는 것인데, 그것은 사회운동 속에서 일어나는 다양한 배움의 과정 속에서 형성될 것이라는 것이 산업선교의 경험에서 배울 수 있다. 사회운동은 상호 배움을 가능하게 하는 의사소통적 행동양식이 필요하며, 동시에 전략적 행동을 제어하는 것이 요구된다는 것도 중요하다. 산업선교는 사회에서 가장 희생당하고 있는 사람들이 연대한 사회운동이었다. 그리고 그 속에는 의사소통적인 행동양식이 지배했고, 이것으로 정체성의 해체상태 혹은 주입된 정체성이 극복되고, 주체적인 정체성이 형성되었다. 이러한 주체적인 정체성의 형성은 배움의 과정이 충분히 주어질 때 가능해지는 것이다. 이익집단적인 전략적 행동만 있는 곳에는 이러한 배움의 과정이 축소된다. 배움의 과정이 최대화될 때, 즉 사회운동의 과정 전체가 배움의 과정으로 작용할 때 그 성원들은 건강한 주체성과 정체성을 가질 수 있는 것이다. 이 논문의 강조점은 산업선교 운동을 배움의 과정으로 보자는 것이다. 그 배움의 과정의 목표는 새로운 정체성의 탄생, 즉 인간의 내면의 변화이다.

산업선교는 사회운동이었으며 각 과정 속에서 노동자들의 배움의 사건이 일어났다. 그동안 산업선교를 다양하게 해석해왔다. 부정적인 견해는 산업선교를 낭만적이고 비과학적인 노동운동의 전형으로 해석했다. 그리하여 산업선교는 극복되고 거쳐야 할 낮은 단계의 노동운동이라고 보았다. 그리고 좀더 적극적인 견해는 산업선교는 진보적 노동운동의 출발이라고 해석했다. 그리고 산업선교는 1980년대 후반부터 올라온 진보적 노동운동을 예비한 운동이라고 이해되었다. 이러한 평가적 해석은 모두 일리가 있다. 그러나 이 논문에서 연구자는 산업선교는 배움의 과정을 중요한 요소로 한 사회운동이었고, 그 성공은 그 속에 참여했던 노동자들

---

25) 조희연의 위의 논문.

의 자기 정체성의 형성에 의해서 확보되었다고 해석했다.

산업선교운동의 공헌을 노동운동의 측면에서만이 아니라 시민사회의 발전의 측면에서도 조명해볼 수 있다. 산업선교운동의 과정 속에서 노동자들의 정체성은 근대화의 역군, 근로자로서의 주입된 정체성으로부터 노동자의식으로, 그리고 비판적인 시민의식을 가진 정체성으로 발전해갔다. 실제로 산업선교에 참가했던 많은 노동자들이 30여 년이 지난 지금 우리 사회 곳곳에서 시민사회의 역군으로서 훌륭하게 활동하고 있다. 이들은 산업선교와 노동운동이 없었다면 의미 있는 삶을 살 수 없었을 것이라고 고백하고 있다.

|참고문헌|

성공회대 사회문화원 노동사연구소, www.laborhistory.or.kr, 노동사 구술 자료 27번, 강남식, "김지선 구술 녹취록"(삼원섬유).

성공회대 사회문화원 노동사연구소, www.laborhistory.or.kr, 노동사 구술 자료 57번, 강남식, "안순애 녹취록"(동일방직).

성공회대 사회문화원 노동사연구소, www.laborhistory.or.kr, 노동사 구술 자료 58번. 양승화(원풍모방).

성공회대 사회문화원 노동사연구소, www.laborhistory.or.kr, 노동사 구술 자료 96번, 김준, 심상완, "인명진 구술 녹취록".

성공회대 사회문화원 노동사연구소, www.laborhistory.or.kr, 노동사 구술 자료 214번 권진관, "신철영 구술녹취록".

성공회대 사회문화원 노동사연구소, www.laborhistory.or.kr, 노동사 구술 자료 276번, 김귀옥, 권진관, "황영환, 허성례 구술 녹취록"(반도상사).

성공회대 사회문화원 노동사연구소, www.laborhistory.or.kr, 노동사 구술 자료 319번, 안재성, "정인숙 구술 녹취록"(청계노조).

민주화운동기념사업회. 2003. "조지송목사구술녹취록."

원풍모방해고노동자복직투쟁위원회 엮음. 1988. 『민주노조10년: 원풍모방 노동조합활동과 투쟁』. 풀빛.
한국기독교교회협의회 신학위원회 간행. 1979. 『민중과 한국신학』. 한국신학연구소
예장 영등포산업선교회. 1998. 『영등포산업선교회 40년사』. 영등포산선.
조희연, "한국자본주의의 발전과 노동자 계급의 구성적 출현" http://dsnm.skhu.ac.kr 조희연의 홈페이지, 논문편.
한완상. 1984. 『저 낮은 곳을 향하여』. 서울: 展望社.

Habermas, Jürgen. 1984. *Theory of Communicative Action* Vol.1. Boston: Beacon Press.
Habermas. 1987. *The Theory of Communicative Action*, Vol. 2: Life World and System: A Critique of Functional Reason. Boston, Mass.: Beacon Press.
Morrow, Raymond A. and Torres, Carlos Aberto Torres. 2002. *Reading Freire and Habermas*. N.Y.: Teachers College Press.
Krischke, Paulo J. 1998. "Final Comments: Challenges to Cultural Studies in Latin America." in S. E. Alvarez and A. Escobar, eds. *Cultures of Politics/Politics of Cultures: Revisioning Latin American Social Movements*. Boulder, CO: Westview.
Kihlström, Anita and Israel, Joakim. 2002. "Communicative or Strategic Action: An Examination of Fundamental Issues in the Theory of Communicative Action" Int J Soc Welfare 11.

제4장

이주노동자의 생애체험과 사회운동

독일로 간 한국인 1세대의 구술생애사를 중심으로*

이희영(성공회대학교 연구교수, 사회학)

> "이민노동자의 경험의 윤곽을 그리고,
> 그것을 그 노동자를 둘러싸고 있는 물리적인,
> 그리고 역사적인 상황과 관련시켜 보는 것은
> 지금 이 순간 세계의 정치적 현실을 보다
> 확실하게 파악하는 일이다"(존 버거·장 모르, 2004: 5).

1. 들어가는 말

지구화시대에 급격히 증가한 "노동력의 이주"가 중요한 사회현상이 되고 있다. 이주의 주체는 다루기 쉬운 "값싼 노동력"일 뿐만 아니라 다양한 삶의 요구와 희망을 실현하고자 하는 개인들이다. 이들에게 해외로의 이주는 전체 생애사적 체험을 바탕으로 특정한 경제적 조건에서 하게 되는 선택이라고 할 수 있다. 따라서 이주노동자들에 대한 이해는 경제적 동기만으로 축소되거나 환원될 수 없다.

한국이 노동력 송출국이었던 1960년대에 박정희 정권의 경제개발논리에 따라 약 1만 8,000여 명의 한국인 간호사와 광부들이 독일로 이주했다. 당시 이들에게 해외 이주는 1960-1970년대 남한사회의 경제적 가난 혹은

1) 본 연구는 한국학술진흥재단의 연구지원을 받아서 이루어졌음(KRF-2002-073-BM1012). 이 논문은 부분 수정되어 『사회와 역사』 68집에 게재되었습니다. 구술면접을 위해 아낌없는 지원과 격려를 해주신 독일의 구술자 선생님들께 깊이 감사드립니다.

문화적, 정치적 압박으로부터의 탈주를 의미했다. 동시에 이것은 생애사의 단절과 굴절, 가족과의 분리, 새로운 생의 전략과 가능성을 향한 출발이었다. 1990년대 중반부터 민주화운동에 대한 조사연구가 이루어지면서 독일에 거주하는 한국 교민들이 1970-1990년대에 지속적으로 한국의 노동운동과 민주화운동을 지원한 사실도 확인되고 있다.

그런데 독일에 이주한 한국노동자들의 정치활동에 대한 지금까지의 학문적 연구는 사실 자체를 확인하는 수준에 머물러 있다. 이주의 경제적 동기와 현지적응에 집중한 기존의 연구에서는 이들의 사회, 정치적 체험이 간과되어왔다. 대부분의 연구는 '먹고 살기 힘들었던 1960-1970년대에 돈 벌러 간 사람들'이라는 전제에서 출발함으로써 당시 해외이주의 다양한 사회, 정치적인 동인과 독일 사회에서 전개된 이들의 정치활동이 갖는 복합적인 생애사적 의미를 고찰하지 못했다. 요컨대 한국인 이주노동자들에 대한 기존의 연구가 갖는 탈정치화의 한계를 극복하기 위하여 이주노동자들의 경제적 이해와 관련된 행위뿐만 아니라 사회, 정치적 체험 전반에 대한 심층적인 연구가 요청된다.

이러한 문제의식에서 이 연구는 어떤 생애사적 체험을 배경으로 이들이 해외 이주를 하게 되었으며, 이주노동자로서의 생애사 속에서 사회운동참여가 갖는 의미가 무엇인가를 고찰하고자 한다. 이를 위하여 1960-1970년대에 독일로 이주한 한국노동자들의 생애체험과 사회운동경험을 재구성했다. 이것은 2005년 현재 한국에 살고 있는 36만여 명의 이주노동자들의 삶에 대한 이해와 소통의 가능성을 살펴보는 시도이기도 하다.

다음에서는 첫째, 1960-1970년대에 독일로 이주한 한국노동자들에 대한 기존의 연구를 비판적으로 검토하고, 연구방법론 및 연구대상을 소개한다. 둘째, 구술사례에 대한 이해를 높이기 위해 현재 독일에 살고 있는 한국인 노동자들의 이주현황을 요약한다. 셋째, 전체 구술자료에 대한 분석결과 대표적인 행위유형을 보여주는 사례를 특성을 중심으로 재구성한다. 넷째, 사례연구 결과가 갖는 함의를 이주 및 사회운동과 관련하여 정리한다.

2. 기존 연구의 검토와 생애사 재구성 방법론

독일로 이주한 한국노동자에 대한 1970-1980년대의 초기 연구는 연구주제에 있어서 이들이 얼마나 독일사회에 동화(Akkultration)하고 있는 지에 주목하며, 방법론으로는 대부분 설문조사에 근거하고 있다(Hwang, 1973; Lee, 1991; Nestler-Tremel & Tremel, 1985; Shim, 1973; Stolle, 1990; Yoo, 1975; Yoo, 1981). 심층면접에 의해 사회통합의 정도를 고찰하는 이후의 연구(Dohm, 1997)도 앞의 연구와 마찬가지로 이주노동자와 수용국 내부인이 가진 문화 사이의 관계를 적응, 동화, 통합 등의 개념으로 파악하는 고전적인 연구관점을 적극적으로 수용하고 있다. 이들 연구에서 한국인 이주노동자들은 주로 한국에서의 어려운 경제형편을 개선하기 위하여 독일이주를 선택한 사람들로만 파악되고 있다.

한국인 이주노동자들의 정치활동에 대한 소수의 연구로는 먼저 한국인 이주노동자들의 일상적 행위전략을 재구성한 연구(최재현, 1992)를 들 수 있다. 이 연구는 마테스와 쉬체(Matthes & Schütze)의 일상적 지식론(Alltagswissen)에 근거하여 한국인 이주노동자들이 독일사회 일상에서 느끼는 차별에 대하여 어떤 논리적인 지식을 가지고 있는지 분석하고 있다. 그러나 이 연구는 한국인 이주노동자들이 어떤 사회정치적인 생애체험을 바탕으로 이러한 일상적 지식을 형성하게 되는지, 그리고 이러한 지식과 현재의 구체적인 사회활동이 갖는 연관은 무엇인지에 대한 분석과 재구성으로는 나아가지 못하고 있다. 한국인 이주노동자의 정치활동과 관련된 다른 연구도 독일 내 한국 교민들의 정치조직(Yoo, 1996)과 사회운동사(조현옥, 2005)를 소개하는 데 머무르고 있다. 따라서 1960-1970년대 해외이주의 복합적인 생애사적 배경 및 이들의 사회, 정치적 생애체험과 이후의 사회운동참여가 갖는 연관에 대한 심층적인 고찰은 앞으로의 연구과제로 남아 있는 형편이다.

이상의 비판적 검토에 근거하여 이 연구는 독일에 이주한 한국노동자들의 전체 생애사적 지평에서 해외이주의 과정과 사회운동 체험을 재구성한다. 이를 통하여 경제적 목적만으로 환원되지 않는 이주의 복합적인 생애사적 배경과 이후의 사회운동 참여가 갖는 특성을 고찰하고자 한다. 이와 같은 연구목적을 수행하기 위하여 이 연구는 생애사재구성이라는 연구방법론을 택했다.

이주에 대한 고전적인 생애사 연구(Thomas & Znaniecki, 1927)[1]는 20세기 초반 미국과 유럽으로 이주한 폴란드 노동자들이 폴란드 사회의 정치, 문화적인 변동에 대한 생애사적 체험을 배경으로 이주를 선택하며, 이를 통해 복합적인 행위지향을 구성해가고 있음을 보여준다. 이 연구결과는 이주가 송출국과 수용국 사이의 단순한 경제적인 효과만이 아니라, 송출국과 수용국의 사회, 정치적 조건의 복합적인 상호작용의 결과임을 보여준다. 이러한 연구관점을 계승하여 1990년대에 본격화된 유럽 이주노동자에 대한 생애사재구성 연구(Apitzsch, 1991; Lutz, 1995; Schütze, 1997, Fischer-Rosenthal, 1999; Breckner, 2001)는 공통적으로 이주노동자들의 송출국에서의 복합적인 생애경험이 이주의 동인과 이주 이후의 사회적 행위를 형성하는 데 역동적인 역할을 하고 있음을 보여준다.

---

1) 그외 이주에 대한 고전적인 연구로는 짐멜의 선구적인 논문(G. Simmel, 1908/1992), 시카고 학파의 연구(R. E. Park, 1928/50)와 슈츠의 연구(A. Schütz, 1944/1972)를 들 수 있다. 짐멜은 위의 연구에서 이방인이 더 이상 어디론가 가야하는 존재가 아니라 근대사회의 중요한 구성요소라는 점을 밝히고 있다. 이에 비해 슈츠는 이방인의 경험세계가 형성되는 과정에 주목한다.

이주노동자의 생애체험에 근거하여 이주현상을 고찰하는 이와 같은 연구들은 송출국과 수용국의 노동시장의 조건, 임금, 인구변동 등 경제적 조건에 근거한 'push & pull' 개념이 간과하고 있는 복합적인 이주의 동인과 이주노동자들 스스로의 체험에 대한 재구성을 가능하게 한다. 뿐만 아니라 이주가 이루어지는 특정한 생애시간에서의 체험뿐만 아니라 이를 둘러싼 전과 후의 맥락에서 경험의 연속성을 파악할 수 있게 한다. 따라서 이 방법론은 한국인 이주노동자들이 어떤 사회, 정치적 조건과 생애사적 체험을 배경으로 독일로의 이주를 선택하며, 이전의 생애체험과 수용국 독일에서의 체험은 어떤 관련을 가지는지, 그리고 어떤 과정을 통하여 사회운동에 참여하게 되는가에 대한 연구의 가능성을 제공한다.

위에서 살펴본 연구성과에 기초하여 이 연구는 1960-1970년대 독일로 이주한 한국노동자들의 구술생애사라고 하는 질적 자료를 주된 연구대상으로 삼는다. 나아가 사회학 방법론으로서의 생애사재구성(이희영, 2005)을 통해 이들의 생활세계에 대한 정태적 서술이 아니라, 전체 생애사적 맥락 속에서 이주와 사회운동 참여의 과정 및 내용을 재구성하고 각 요소들 사이의 역동적인 연관을 살펴보고자 한다.

3. 한국인 노동자의 독일 이주현황

제2차세계대전이 끝나고 나치 과거의 청산과 경제재건이라는 사회적 과제를 가진 서독 사회에 한국의 간호인력이 파견되기 시작한 것은 1959년이다. 간호요원 독일 취업의 첫 번째 시기라고 할 수 있는 1959-1965년 사이에 독일의 수도회와 목사들이 독일 수도원과 그 부속 병원에서 필요한 노동력을 확보하기 위해 한국인 간호사를 모집했다. 이러한 종교인들의 중개에 의해 이 기간에 약 1,000여 명의 간호학원생과 간호요원이

<표 4-1> 1960-1970년대 독일로 취업한 한국인 간호사, 광부 현황

업종구분(이주기간)	간호사 (1965-1976)	광부 (1963-1977)	기타 기능공 (1970년대)	합계
인원	10,032명	7,936명	931명	18,899명

* Park(1996: 24)에서 재구성.

독일로 갔다. 그 다음 단계로 1965년부터 해외개발공사와의 공식적인 계약이 체결되기 전인 1969년까지는 주로 독일에서 활동하던 한국인 의사들[2)]의 개인적인 중개에 의해 약 500여 명의 한국 간호요원이 독일에 오게 되었다(Stolle, 1990: 46). 그 다음 한국의 해외개발공사와 독일병원협회 사이에 정식계약이 체결된 1970년[3)] 이후에서 1976년까지의 세 번째 시기에 약 1만여 명의 간호인력이 공식적으로 한국에서 독일로 취업했다.

다른 한편 서독에 광산노동자가 취업하게 된 것은 한국에서의 경제개발 자금을 조달하기 위해 1964년 독일을 방문한 당시 한국 대통령 박정희와 독일 대통령 뤼뷔케 사이의 합의에 의해서이다. 공식적으로 한국 광부의 탄광기술을 향상시켜 한국의 산업 발전에 기여한다는 명목으로 한국정부와 독일석탄광산협회가 1963년 12월 협정을 맺었고, 이에 따라 광산노동자가 파견된 것이다. 이들은 3년 계약으로 1차 1,000명, 그리고 2차 2,000명이 파견되었다(이광규, 1996: 75-76).

이처럼 한국노동자는 1960년대 중반에서 1970년대 중반까지 약 10년간 집중적으로 서독에 취업함으로써 동질적인 사회집단을 구성했다. 모두가 3년 계약 후 본국 송환이라고 하는 한시적인 조건에서 이주를 하며,

2) 한국인 의사 이수길 박사와 이종수 박사의 주선으로 1965년과 1969년 사이에 독일로 온 간호인력이 독일병원에 개별적으로 취업했다(이광규, 1996: 75-76).

3) 재독한인 광부들의 자료집 『파독광부 30년사』에 의하면 1969년 9월 22일 독일병원협회와 주독 대사관 노무관 사이에 한국 간호요원 독일 내 병원취업에 관한 절차 합의가 있었고, 공식적으로 유자격 한국간호원 및 간호보조원 독일 병원 취업에 관한 협정이 체결된 것은 1970년 6월 26일이다.

이주 당시 간호사와 광부라는 수용국 내에서의 직업이 보장되어 있었다는 점에서 미국, 일본 등지의 한국인 이민사회와 구분되는 첫 번째 특징을 갖는다. 그러나 1976년과 1977년에 한국인 간호인력과 광산인력의 공식적인 취업이 중단됨으로써 독일의 교민사회에 더 이상 대규모의 인력충원이 없게 되었다. 이로써 1960-1970년대 독일로 취업한 한국인 노동자들은 동질적인 세대 재생산이 안 되는 정태적인 집단으로 남게 되었다. 이 정태성이 독일거주 한국인 노동자 집단의 두 번째 특징이다(김창희, 1996 동아일보 미발간 기사).

요컨대 1960-1970년대에 독일로 이주한 한국 노동자 약 1만 8,000여 명 중 일부는 처음 계약기간인 3년이 지난 후 한국으로 돌아가거나 혹은 미국과 캐나다 등으로 이주했다. 이들 이외에 약 7-8,000명 정도의 한국노동자들이 독일사회에 남아 정착함으로써 현재 독일 내 한국인 교민집단의 중요한 부분을 구성하고 있다.

4. 연구과정과 사례 재구성

1) 연구과정

이 연구는 2005년 1월 29에서 2월 27일 사이에 실시된 구술면접을 기초로 했다. 1960-1970년대에 독일로 이주한 한국노동자들의 생활세계를 이해하기 위한 조사연구의 일환이었다. 대규모 광산노동자의 집결지였던 보쿰 지역을 시작으로 진행된 구술면접 과정에서 다양한 형태의 정치활동이 구술자들의 중요한 체험의 내용으로 등장했다.

구술면접에 참여한 사람은 모두 13명이며 현재 거주지역은 베를린, 뮌헨, 보쿰, 프랑크푸르트 등 구 서독지역을 망라하고 있다. 위의 구술자

<표 4-2> 구술자 인적 사항 및 특징

	이름	성별	출생년도	현 주소	파독연도	파독당시 직업	현재직업	사회참여활동
1	김0희	여	1952	베를린	1972	간호사	간호사	여성모임 활동
2	전0수	여	1952	베를린	1975	간호사	간호사	/
3	이동수	남	1950	보쿰	1974	광부	무직	민협, 보쿰지역 교민조직, 전노협, 외노협 등 활동
4	강태준	남	1936	뒤스부룩	1965	광부	엔지니어로 퇴직	민건회,민협, 노연, 범민련 등 활동
5	이0의	남	1940	뒤스부룩	1964	광부	이사로 퇴직	한인학생회 교민 활동
6	최0호	남	1948	보쿰	1976	광부	GM 생산직 노동자로 퇴직	보쿰 지역 교민조직활동
7	김0순	여	1949	뮨헨	1970	간호사	간호사	여성모임활동
8	김0옥	여	1955	뮨헨	1974	간호사	간호사	여성모임활동
9	홍0숙	여	1955	뮨헨	1974	간호사	간호사	여성회/불교조직
10	박0숙	여	1950	프랑크푸르트	1970	간호사	치과의사	여성모임/ 불교조직
11	강0선	여	1944	베를린	1972	간호사	간호사	간호사 강제송환 반대 투쟁
12	박영희	여	1944	베를린	1966	간호사	간호사	민협, 여성모임, 범민련 등
13	윤0섭	남	1948	베를린	1968	광부	간호 보조원	민협, 노동교실

인적사항을 살펴보면, 전체 13명의 구술자 중 남성들의 경우 1940년대생이 3명이고, 1930년대 출생자와 1950년대 출생자가 각 1명이다. 이에 비하여 여성은 8명 중 5명이 1950년대생이고, 나머지 3명이 1940년대생이다. 이러한 연령분포는 1960-1970년대에 주로 20대 초반의 미혼 간호사로 독일에 왔던 여성들에 비해서 남성들의 경우 20대 중반에서 30대 초반까지의 연령자 중 기혼인 경우도 다수 있었던 상황을 보여준다.[4)]

4) 1970-1980년대에 수행된 연구에 의하면 공통적으로 남성노동자들의 평균연령이 당시 여성노동자들에 비해 높고 상대적으로 학력이 낮은 것을 보여준다. 그럼에도 불구하고 남녀 모두 절대 과반수가 고등학교 이상의 학력을 가졌으며 그 이상의 학력을 가진 사람도 다수를 차지하고 있다(Lee, 1991: 34-38).

전체 구술면접 과정에서 두드러진 특징은 여성들의 대부분이 여성모임[5] 활동을 하고 있고, 남성들의 다수는 민건회,[6] 민협,[7] 노연[8] 등과 같은 1970-1980년대 교민들의 정치조직에서 활동한 경험을 가지고 있다는 점이다. 이러한 특징은 1994년 실시된 다른 연구(Yoo, 1996) 결과에서도 공통적인 것으로 드러난다. 이 연구의 면접자료(Anhang: 2-93)를 재구성한 결과 전체 43명의 구술자 중, 절대 다수인 35명이 정치활동의 경험을 보여준다. 정치활동이 주로 이루어진 시간적 조직적 행위공간은 2005년 면접조사에 참여한 구술자 인적사항에서 드러난 특징과 일치한다. 그러나 전체 구술면접 결과에 의하면 이것이 독일에 거주하는 한국인 노동자의

---

5) "재독한국여성모임"의 약칭으로 독일에 거주하는 한국인 간호사와 유학생 등에 의해 1978년 9월 17일 결성되었다. 1977년 한국인 간호사 강제소환조치에 반대하는 투쟁 경험이 중요한 조직적 기반이 되었다. 이후 조직은 독일에 거주하는 한국인 여성들의 결혼, 직업, 육아, 교육 등에 대한 관심을 조직하는 활동뿐만 아니라, 결성 초기부터 1978년 동일방직 해고노동자에 대한 지원투쟁을 시작으로, 한국의 정신대 문제, 외국인 이주노동자 문제 등 한국사회의 민주화투쟁에 대한 연대활동을 적극적으로 수행하여 남한정부에 의해 이적단체의 혐의를 받기도 했다(Yoo, 1996: 208- 236).

6) "민주사회건설협의회"의 약칭이다. 1974년 3.1운동 55돌을 맞아 반독재투쟁을 전개하기 위해 조직되었다. 당시 독일에서 수학 중이던 다수의 유학생들과 신학자 그리고 노동자들이 회원으로 참여하여 1970년대 정치활동을 이끌었으나 1979년 박정희 사망 이후 다수가 한국으로 귀국하는 등 1980년대 중반 이후에는 유명무실하게 되었다. 민건회 등의 활동으로 오랫동안 입국 금지되었던 이영빈· 김순환 부부는 2005년 17년 만에 한국을 방문했다(≪한겨레신문≫, 2005.8.16).

7) 1987년 9월 기존에 있던 유럽의 조직들이 연합하여 결성한 "한국민주화운동협의회"를 말한다. 특히 1989년 8월 전노협 대표 임수경이 북한을 방문하는 데 실질적인 지원을 했는데 이를 계기로 한국정부에 의해 "좌경조직"으로 규정되기도 했다. 그러나 독일 내 교민 조직이 1990년 9월 범민족연합(이하 범민련) 결성을 계기로 급격히 탈퇴함으로써 1992년 7월 자체 해소했다(구술면접 12, 13).

8) 1975년 한인 노동자들이 중심이 되어 조직된 "재독한인노동자연합"을 가리킨다. 독일에 거주하는 한국인 노동자들의 인권상황 및 노동조건 그리고 한국의 민주화운동에 대한 연대투쟁을 목표로 했으며 1990년 해소했다(Yoo, 1996).

절대 다수가 사회운동에 직접 참여하고 있음을 나타내는 것은 아니다. 오히려 당시 한국에서의 이념적 갈등을 반영하듯 교민 사회도 다수의 "친정부적인 교민"과 소수의 "반정부적 교민"으로 분열되어 있었던 것으로 보인다(구술면접 12, 13). 다만 1970-1980년대 한국인 이주노동자들의 정치활동이 상대적으로 이들의 생활세계에 밀접히 결합된 하나의 행위양식으로 넓은 공감대를 형성하고 있었으며, 이러한 정치활동의 경험을 가진 주체들이 한국 교민사회에서 적극적인 역할을 하고 있음을 확인할 수 있다.

2005년 실시된 전체 구술면접 자료는 생애사 재구성 방법론에 근거하여 살았던 생애사, 이야기된 생애사, 그리고 체험된 생애사라고 하는 서로 다른 차원에서 분석, 재구성되었다. 다음에서는 전체 사례분석 결과에 근거하여 서로 다른 행위유형[9]을 보여주는 세 가지 사례를 특징을 중심으로 요약하여 소개한다.[10] 이때 이주와 사회운동 참여의 생애사적 배경, 정치활동의 내용 및 이것이 갖는 현재의 의미가 사례의 유형을 구성하는 주요한 관점이다.

2) 사례 재구성

(1) 강태준(1936년생)[11]: "나의 해외이주는 정치적 망명"

귀향, 전쟁 그리고 "적성가족"

강태준 씨는 자신의 생애사를 1936년 일본 고베에서 출생하여 1949년

---

9) 이 연구에서의 유형은 사례 재구성을 통해 드러나는 생애사적 체험을 통해 구성된다. 다른 사례와 구별되는 행위구조를 통해 하나의 유형을 형성하는 사례는 구체적인 개별 사례이면서, 현실에서 다시 발견될 수 있는 가능성을 가진 유형적 사례로 기능한다.

10) 세 가지 사례는 동일한 방식과 과정을 거쳐 재구성되었다. 그러나 지면의 제약을 고려하여 두 번째, 세 번째 사례는 첫 번째 사례와 비교하여 드러나는 행위구조의 차이점을 중심으로 요약하여 소개한다.

11) 사례재구성 과정에서 등장하는 인명과 지명은 구술자의 신변을 보호하기 위하여 최대한 바꾸었다.

한국으로 귀환한 해외교포라는 배경으로부터 시작한다. 이어 "(한국)말도 제대로 하지 못하면서" 맞이한 한국전쟁의 와중에서 인민위원회 활동을 하던 아버지와 의용군에 자원한 큰형님의 체포와 죽음, 그리고 작은형님의 행방불명을 중요한 생애사적 사건으로 소개한다(I, 1/4-3/4). 여기서 구술자는 "한국말도 제대로 못하는" 자신의 사회적 미성숙과 전쟁, 고문, 죽음이라고 하는 커다란 정치적 사건을 대비시킴으로써 당시 자신이 무기력하게 겪어야했던 생애사적 격변을 표현하고 있다. 재구성된 강태준 씨의 체험된 생애사는, 1950-1960년대의 급격한 사회변동기에 목격한 가족의 고문과 죽음이라는 정치적 박해와 미성년자로서 가족의 생계를 책임지게 되었던 생애사적 격변이 이후 강태준 씨의 행위를 조직하는 핵심적인 체험으로 작동하고 있음을 보여준다.

구술자의 살았던 생애사를 살펴보면 1949년 중학교를 다니던 구술자와 이미 고등학교를 졸업하고 사회활동을 하던 두 형님 그리고 어머니는 2년 전 먼저 한국에 돌아가 있던 아버지의 귀향요청에 따라 일본 생활을 정리하고 한국으로 귀향했다. 1950년 6월 전쟁이 터지자 일본의 한인학교에서 한국 역사를 가르치기도 했던 아버지는 서울에서 인민위원회 활동을 하고 두 형님은 의용군에 입대한다. 그러나 9·28 서울 수복 작전으로 "국방군"이 진격해 들어오자 영등포의 집에 숨어있던 아버지와 큰형님을 비롯한 온 가족이 체포되어 모진 고문을 당한다. 1, 2차 면접에서 구술자는 당시의 상황에 대하여 다음과 같이 말한다.

"구술자: (…) 아무튼 우리 큰 형님, 아버님 다, 다 해서 가족 전부가 참 소위 그 사람, 에 에---남쪽 그 당시 청년---단이라고 있었어요, 대한청년단, 청년 단원들이 우리 아주 그냥, 구일팔 수복 직후에 우린 다- 잡혀 들어갔지요. 어- (5) 창고 같은 데 끌려 들어가서 (…) 우리, 우리가 보는 앞에서 아무튼 그렇게 그 고문을 하는 걸 볼 수가 있었죠(8)(생각하는 듯한 표정으로) 그 고문을 당해서 정말 참, 정말 참 우리가 지금 이렇게 앉아서 얘기하는 그런 정도 (가 아니라) 그건, 그때 어린 나이로서는 정말 참지 못하는 그런 광경이었었죠. 우리가 보는 앞에서, 그냥 칼질을 한다든가, 산 사람을 갖다가. 그 그리고, 거의 그냥 피가 줄줄 흐르는 그런 상황을 갖다가 우리 앞에서 보이고 그러니깐, 그러니깐 아주 그--- 질겁할 노릇이에요, 그런 그 그, 그렇게 해서, 에, 예를 들어서 우리 형님 같은 사람은 그냥 기절하다시피, 혼이 나간 사람같이 이렇게 된 상황에서 무슨--- 뭐, 뭐, 어디다 숨겨놨냐 하니까, 예, 예, 예, 하니깐, 그냥 모른, 자기한테 죄가 자기는 모르니깐, 모르는데 그 강제로 하니깐, 그냥 그 혼이 나가는 상황을 갖다, 그걸, 가족들이 보는 앞에서 그런 짓을 한단 말입니다, 그게 그 대단한 거죠"(II, 29/30-30/4).[12]

위의 서술에서 구술자는 과거의 고문상황을 반복적으로 겪었던 체험으로 묘사하고 있다. 즉, 당시 구술자가 위와 같은 상황을 하나의 단일한 극적인 사건으로 체험한 것이 아니라 여러 가지 비슷한 유형의 경우를 반복적으로 겪었음을 짐작할 수 있다. 나아가 과거로 시작된 구술자의 시점이 큰형님의 고문에 대한 묘사에서는 이 사건이 지금도 '여전히 진행 중'인 듯한 현재로 바뀌고 있다. 우리는 여기서 사춘기인 구술자가 한편으로 집단 폭력으로 인한 죽음과 고문에 대한 공포에 내맡겨져 있었으며, 다른 한편 아버지와 형님이 물리적 살인도구에 의해 죽임을 당하고 있음에도 불구하고 무기력하게 보고만 있어야 하는 상황을 체험했을 것으로 짐작할 수 있다. 또한 위의 단락에서 구술자는 고문행위 그 자체뿐만 아니라 가족이 고문당하는 행위를 옆에게 지켜보지 않을 수 없도록 한 고문주체에 대하여 강한 문제를 제기하고 있다. 즉, 이 단락을 통해 구술자에게는 왜 인민위원회 혹은 의용군 활동을 했는가와 같은 정치적인 물음

12) 이것은 이 글에서 채택한 구술녹취 텍스트의 인용방식이다. 괄호 안의 표기는 순서대로 면접의 횟수, 녹취문의 쪽과 행을 나타낸다. 예를 들어 위의 경우 구술자 강태준 씨의 두 번째 면접의 29쪽 30행에서 30쪽 4행을 인용한 것임을 나타낸다. 녹취문 중 고딕은 큰 목소리, 밑줄은 구술자의 강조, 괄호 안의 숫자는 이야기가 중단되는 시간(초), 그리고 ---은 말의 늘어짐을 뜻한다.

이 아니라, 누가 고문을 했는가와 같은 반인륜적 행위에 대한 항의가 지금도 중요한 문제임을 알 수 있다. 이에 비추어 구술자의 이후 삶의 전개과정에서 정치적 박해로 인한 죽음의 공포와 무력감을 극복하는 것, 그리고 미성년의 나이에 체험한 비인간적 집단폭력의 가해자에 대한 항의가 중요한 생애사적 과제로 될 수 있을 것이다.

전쟁이 끝나고 1953년 고문으로 병든 아버지는 감옥에서 석방되었지만, 큰형님은 1·4후퇴를 전후하여 대전교소도에서 총살당하고 작은형님은 포로교환 당시 북한을 선택했다는 풍문만 들리고 행방불명되었다. 이로써 구술자는 만 17세의 나이에 장남이자 실질적인 가장의 역할을 해야 했다. 또한 구술자의 가족은 "적성가족"으로 분류되어 신분증을 가질 수 없었다. 달리 말해 구술자의 가족은 전후의 무질서한 분위기에서 각종 사회적 폭력으로부터 자신을 방어하고 주장한 합법적인 근거를 가지지 못한 내국인의 신분이었다.

권투부 주장과 진보당 활동

전쟁이 끝난 후 구술자는 복합적인 생애사적 노력을 보인다. 한편으로 구술자는 "미군부대 하우스보이"를 하며 어머니의 생계마련에 보조적인 기여를 한다. 다른 한편 중학교에 복학한 구술자는 일본에서 야구를 하며 단련된 신체적 조건을 바탕으로 권투부 활동을 하여 "월사금"을 면제받는다. 아직 한국어를 포함한 문화적 자본을 제대로 전유하지 못한 구술자가 '비언어적' 자원을 바탕으로 한국의 교육체계에 적응하고 경제적 어려움을 부분적으로 해결하고 있음을 알 수 있다. 육체적 조건을 통한 체제통합과 생계유지가 이후 구술자의 행위지향을 구성하는 중요한 방식이 되었음은 고등학교 이후의 생애사적 사실에서도 확인된다. 즉, 구술자는 고등학교 시절 권투부 주장을 하면서 또래집단 내에서 자신의 확고한 위치를 마련함과 동시에 학비를 면제받는다. 뿐만 아니라 이 시기 구술자의 뛰어난 육체적 기량은 구술자에게 중요한 '정치적 역할'을 한 것으로 보인다. 1950년대 어려웠던 시절에 대한 기억을 하면서 구술자는 다음과 같이 말한다.

"구술자: (…) 권투부--- 부원들 데리고서 같이 이렇게 나오고 그러면, 그래도 큰소리할 수 있었죠.

면담자: 예---.

구술자: 뭐, 어딜 가나 그 그냥 음--- 고개 숙이고, 그럴 필요 하나 없고 말입니다, 왜냐면 나한테는 한 가지 상당히 그 좀 엠---(3) 힘들었던 것이, 나한텐 그- 시민증이 없었잖아요, 처음에---. 예, 그 소위 그런 거 때문에 이--- (3) 그런, 그런 가정이라 하게 되면, 어딜 가나 항상 그--- 걸리는 게 있잖아요, 근데, 주먹은 그런 건 그 당시 얼마든지 그- 능가할 수 있다고요. 그런 걸 물을 필요도 없는 거예요. 그러니까 나한테는 가장 참 돌파하기 좋은 그런 환경이었죠.(4) 무슨 경찰도 그렇고, 무슨 헌병대도 뭐 모든 것은 그 당시에 형편--- 이렇게 보면은 에--- 소위, 권력보다 더 앞선 건 주먹이었었던 거 같애요, 육이오 직, 직후에 말입니다. 그 내 선배 되는 사람들도 그- 내 후배, 내 동기들 사람들도 전부 다 아 그냥 우리가 그 같이 부원들 같이 나오면은 그냥 어디 가서나 그- 환영 대상이지, 우리 보고, 나 보고 뭐, 뭐, 과거 어쩌고 따지고 그런 사람 전혀 없는 거죠(16)"(I, 32/10-22).

합리적인 사회적 규율이 아니라 각종 사회집단의 폭력에 의해 현실이 좌우되던 당시 구술자는 자신이 가진 '물리적 폭력'인 "주먹"을 통해 가능한 정치적 박해로부터 자신을 보호한 것이다. 이로써 구술자에게 상대적으로 우월한 신체적 자원은 현실적응과 생계의 보조수단일 뿐만 아니라 정치적 박해로부터 자신을 지키는 중요한 행위의 기반이 되고 있음을 확인할 수 있다.

이 시기 구술자의 생애사에서 중요한 다른 생애사적 사실은 정치활동의 경험이다. 1955-1956년, 즉 고등학교 2-3학년 무렵 구술자는 학교 선생님들을 보조하며 "청년 진보당" 활동을 했다. 혁신계의 한 분파인 조봉암을 중심으로 하는 진보당이 합법적으로 결성된 것이 1956년 11월 (서중석, 2005: 197)인 것에 비추어 구술자는 진보당의 결성 이전에 비합법 정치활동에 참여한 것으로 보인다. 진보당과 관련된 구술자의 구체적인 정치활동의 내용은 알 수 없으나 사례 재구성을 위해 중요한 사실은 구술자가 가족사의 정치적 경력을 배경으로 체제 비판적 정치활동을 하고 있다는 사실이다. 달리 말해 아버지와 형님들의 사회주의적 정치활동과 그로 인한 정치적 박해에도 불구하고 정치활동에 대하여 거리를 두기보다 오히려 적극적인 정치활동을 조직하고 있다는 사실은 구술자가 가족사의 전통에 연대하는 정치적 지향을 발전시키고 있음을 알 수 있다. 요컨대 구술자는 전후 반공규율화되어 가고 있던 남한사회에서 한편으로 신체적 자원을 바탕으로 현실의 기반을 마련하면서, 다른 한편 아버지와 형님이 가졌던 사회주의적 정치지향을 이어가는 이원적 행위구조를 형성하고 있다.

노동이민

1959년 고학으로 다니던 대학의 기계과를 중퇴하고 구술자는 군입대를 한다. 1962년 제대 후 실직상태에서 신림동 달동네 등에서 야학을 하던 구술자는 1963년부터 시작된 독일 취업 광부모집에 응시하여 1965년 3월 독일 중부 광산지역으로 온다. 당시 구술자에게 가장 큰 문제가 되었던 신원을 "군에서 높은 위치에 있던 친척 분"이 보증함으로써 마침내 남한사회의 '반공규율체제'로부터 벗어날 수 있었던 것이다. 구술자는 면접에서 자신의 독일 취업을 앞에서 살펴본 한국전쟁기의 가족사적 비극과 연관하여 설명한다.

"구술자: (…) 근데 그때만 해도 야--- 서독--- 쪽으로 간다면, 여하튼 먹고 살수 있다는 거, 그리고, 돈을 얼마 (4) 한국으로 보내서 동생들, 이제 공부도 시킬 수 있다는 거, 그 정도의 돈은, 경제적인 혜택은 생각할 수 있었죠. (5) 그러나 그---, 다른 사람같이 그렇게 많은 그 돈---뭐, 이제 서양에 가니까 이제 무슨 서양물, 이런, 이런 데---는 나한테는 그런 큰 작용을 준 것같이 않고, 가장 문제는 인제 에 (5) 해, 해방이라고 하는, 그 그 무슨, 무슨 말이냐 하면, 한국에 있을 동안은 우리 가족이 적성 가족이라고 돼 있단 말입니다, 그러니까 육이, 육이오 직후서부터 시작해서 사오 넌 동안 적성가족이라 해서, 우린 시민증도 없이 지냈거든요. 그러니까 에--- 여하튼 그런 분위기에서 이제 고등학교 졸업하고, 고 다음에 이제 대학 다니다가, 돈이 없어 중퇴하고, 그래서 여기 오게 됐으니까, 에--- 생각 자체가 여하튼 (3) 음--- 그런 그 뭐예요, 그런 그- 분위기에서 해방되고 싶은 거, 그러고 보다 좀 그 동, 동족사에 그런 남북문제에서 보다 좀 다른 분위기를 갖다 바라고 싶은 거, 박정희가 그때, 그 육십년대 그 쿠데타를 한 후에, 얼마나 많은 그 (4) 북에 대한, 그 적대 의식 같은 거 대단히 고조됐었잖아요, 그러니까 나한테는 정말 참 음--- 남한이라는 땅은 아주 지옥같이 보였던 거죠 (10) (…) 그런 그--- 왜, 그렇게 와야 하는가, 이런 문제에서는 대충 (앞에서 말한 것 같은) 그런 상황 때문이죠. 와, 올 수밖에 없었던 거고(8)"(I, 3/25-4/1).

구술자는 당시 자신이 체험한 한국을 "지옥 같(은)" 곳으로 요약한다. 즉, 구술자는 이야기된 생애사에서 사춘기의 나이에 한국에서 겪은 정치적 대립과 그로 인한 전쟁, 그리고 가족의 이산과 희생을 중심으로 자신의 생애사를 소개하며, 1960년대 자신의 노동이민은 이러한 정치적 갈등과 박해를 피하기 위해 자신이 택할 수밖에 없었던 정치적 행위로 설명하고 있다. 앞에서 살펴본 바와 같이 자신의 아버지와 형님이 고문을 당하고 결국 죽어야 했을 뿐만 아니라 그로 인한 경제적 고통은 사춘기 청소년이었던 당시의 구술자에게 이념적인 문제이기도 했지만, 배고픔을 참고 일을 해야 하는 것과 같은 생존의 문제이기도 했을 것이다. 여기에 소위

"빨갱이 가족"이라 불리던 적성가족의 경우 직업활동을 할 수도 없었던 전후의 한국 상황에서 구술자가 선택한 독일행은 탄광노동자로의 사회적 하락을 의미하는 것이기도 했지만 다른 한편 "빨갱이 가족"에 대한 정치적 박해로부터의 탈출을 뜻하는 것이었음을 알 수 있다. 이런 의미에서 독일로 떠나기 전 구술자는 자신의 가족에게 "한국의 상황이 바뀌지 않으면 돌아오지 않을 것"임을 밝힌다. 요컨대 강태준 씨의 사례는 1960-1970년대 광산노동자의 신분으로 독일에 취업하는 것이 당시 한국사회에서의 정치적 박해를 피하기 위한 망명의 길[13]이기도 했던 사실을 보여준다.

광부, 대학생, 노동운동가, 그리고 통일운동

독일로 이주한 강태준 씨는 1968년 3월까지의 3년 계약기간 동안 광산노동을 하여 번 돈으로 한국의 가족을 부양하고, 동시에 어학과정에 입학하여 독일어를 배우는 등 독일에서의 삶을 준비하기 위한 집중적인 생애사적 노력을 보여준다. 1968년 계약기간 만료 후 구술자는 대학 기계공학과에 입학하는 것과 동시에 광산노동을 하는 동안 사귀던 독일인 애인과 결혼한다. 한편으로 대학입학을 통해 독일사회에의 통합을 준비하고 다른 한편 독일인과 결혼함으로써 독일사회 내에서의 합법적인 신분을 획득한 구술자는 독일사회에 장기 정착할 수 있는 기반을 마련한 것이다.

독일 장학금을 받으며 5년간의 학업을 마친 구술자는 1973년 B-기계회사에 대졸 엔지니어로 취업한다. 이로써 독일사회 정착의 경제적 기반을

---

13) 강태준 씨와 같은 유형을 보여주는 사례로 한영태 씨 경우를 들 수 있다. 한국에서 혁신계열 정당이었던 통일사회당의 당원이었던 그는 1970년 독일에 온 후 한국인 광산노동자를 중심으로 1971년 통사당 독일지부를 결성하기도 했다(박찬경·클라우스 펠링, 2003: 49-50, 70). 이후 노연 창립회원, 민건회 활동 등을 한 한영태 씨는 과거의 정치활동 때문에 귀국하지 못하고 있는 해외 교민 중 한 사람이다(한겨레신문, 2005. 8. 17). 비슷한 사례로 박성옥 씨의 경우도 있다. 한국에서 진보당 후신인 사회대중당에 참여했으며 독일에 온 후 1967년 동백림 사건으로 중앙정보부에 납치되어 2년간의 감옥살이를 하기도 했다(박찬경·클라우스 펠링, 2003: 72).

마련한 구술자는 같은 해 자신의 가족과 함께 한국을 방문한다. 그리고 독일로 돌아온 구술자는 독일사회 시민으로서의 노력보다는 오히려 '노동운동'에 전념한다. 당시 발줌(Walsum), 캄프-린트포트(Kamp-Lintfort), 겔젠키르헨(Gelsenkirchen) 등 한국 광부들이 밀집돼 있던 광산지역에서 한국노동자들의 정치, 사회적 권리를 지키기 위해 비합법 노동운동 조직인 노연을 결성하는 데 적극적인 기여를 했으며, 1972년 유신헌법 선포 등을 통해 종신집권의 합법적 장치를 마련한 박정희 독재정권에 대항하여 1974년 조직된 유럽 지역 한인들의 정치조직인 민건회에 참여했다. 구술면접에 의하면 기계설비학 석사학위를 바탕으로 사무직 전문엔지니어의 직위를 가진 구술자는 자신을 "노동자"로 규정했다. 그는 이후 1999년 명예 퇴직할 때까지 28년 동안 "자임한 노동자"로서 노동조합 임금협정 이외의 노동을 통한 승진과 수입을 스스로 포기하고 한국교민들의 노동운동과 통일운동에 전념한다.

구술면접에 의하면(I, 24/22-25/5) 구술자의 이러한 정치활동은 독일로 오기 전 아버지와 형님들의 사회활동으로부터 영향을 받으며 형성한 일정한 사회비판적인 정치의식과 연관된 것임을 알 수 있다. 나아가 구술자는 이러한 가족사적인 배경과 광산노동자로서의 체험, 그리고 1960년대 말 독일 대학의 개혁적인 분위기 등을 통해 사회주의적 정치지향을 형성하게 된 것으로 보인다. 요컨대 강태준 씨는 "정치적 망명"을 하면서 가졌던 자신의 정치적 지향을 독일사회에서 더욱 발전시켰을 뿐만 아니라 구체적인 사회운동 참여를 통해 실천하고자 했던 것으로 보인다.

강태준 씨의 정치활동은 1970년대의 노동운동과 1980년대 이후의 통일운동으로 구성된다. 1981년 해외기독자회[14] 활동을 통해 남북 기독교

14) "조국통일해외기독자회"를 말하며 1980년 9월 20일 결성되었다. 기독교 내 민중신학을 바탕으로 한 해외기독교인들이 1980년 광주학살을 계기로 한국사회의 민주주의뿐만 아니라, 당시 국내에서 금기시되던 민족의 자주적 통일을 목표로 한 조직이었다(Yoo, 1996: 275).

인 해외교류 운동에 참여하고, 나아가 1984년 한민련[15] 사무국장 직을 맡으면서 일본, 미국 그리고 유럽에 살고 있던 교민들의 정치활동의 중심에 서게 된다. 이러한 활동을 바탕으로 구술자는 1989년과 1990년 남과 북 그리고 해외교민이 주도하는 통일운동을 위해 남한을 방문하고, 같은 목적으로 1990년 평양에서 열린 제1차 범민족대회에 참여한다.

면접에서 구술자는 1981년 비엔나에서 열린 해외기독자회 주최 남북회의에서 처음으로 만난 "순진하고 겸손한 북한 사람"과 이후 독일 거주 북한 외교관들에게서 받았던 "강한 인상"을 소개한다. 북한과 북한사람들에 대한 구술자의 이러한 호의는 이후 1990년 평양에서 열린 범민련 대회에 참여했을 때 북한 당국의 주선으로 북한에 살고 있던 작은형님을 만나게 된 체험과 더욱 연관이 있는 것으로 보인다. 1989년 동독이 무너지고 나서 구술자는 독일 주재 북한대사관에 작은 형님의 소재확인 신청을 했다가, 1990년 평양 방문 전 북한대사관을 통해 작은형님이 북한에 생존하고 있다는 통보를 받는다. 1990년 평양 체류 기간에 작은형님 가족을 만났던 장면을 구술자는 다음과 같이 소개한다.

"구술자: 예, 예---. 아주 참--- 그때 그 감격 깊었죠.(8) 그런, 고려호텔에 우리가 있는데, 소위 안내하는 사람이 (5) 형님 찾아져서 곧 오신다고, 그래, 준비하라, 맞이, 맞이할 준비를 하라는 거죠, 그래 (···) 저--- 현관에 나갔는데, 저--- 오는데 보니까, 형님하고 형수님하고 그리고 조카들 셋, 이렇게 나와서 기다리고 있어---, 참- 처음 만나는데, 아휴--- 이 사람이 형님일까---, 이게 정말 참--- 오래 되니까---

면담자: 그렇죠.

---

15) "한국의 민주주의와 통일을 위한 연합(한민통) 유럽본부"로 1977년 10월 15일 결성되었다. 한민통은 1977년 한국에서 결성된 민주수호국민연합 등에 자극을 받은 해외교민들이 효과적인 해외교민운동을 조직하기 위해 일본에서 결성했고, 지부는 유럽과 미국에 있었다(Yoo, 1996: 247-248).

구술자: (4) 근데, (5) "( ) 너--- 생각나니, 일본에서 너 한참 ( )로 고생할 때, 너 업고, 널 업고 다니면서, 내 병원에 왔다갔다했는데, 그 언덕 기억나---"(마치 그때를 재현하듯이 흥분된 목소리로) 하면서 얘기하는데, 그건 뭐--- 그 형이 나를 갖다 이렇게 업고 다니면서 병원에 왔다갔다한, 그 얘기하니까, 아, 이건 틀림없구나--- (웃음) 그래, 가만---히 그 얼굴 보니까 옛날에 그--- 얼굴이 틀림없어요---, 어. 참, 아주 그냥 (3) 좋았지.(7)(I, 14/1-13).

생애사적 사실에 의하면 구술자는 1950년 의용군에 입대하면서 헤어진 작은형님을 40년 뒤인 1990년 평양에서 재회하게 되었다. 그동안 구술자는 남한사회를 떠나 독일의 광부와 전문직 노동자의 신분을 거쳐 결국은 통일운동을 위한 해외동포를 대표하는 신분으로 형님을 만나게 된 것이다. 두 형제가 50대 말의 나이에 유년시절의 기억을 모태로 혈육임을 확인하고 재회하는 데 40년의 시간과 독일이라는 공간적 우회를 거쳐야 했다.

이야기된 생애사에서 구술자는 1980년대 이후의 생애사를 평양 방문 기간의 형님 상봉과 이후 형님이 사망하신 뒤 1994년 다시 북한을 방문하여 형님 산소를 방문하고 조카 가족과 생활하며 살펴본 북한사회에 대한 인상을 중심으로 엮어간다. 이에 비추어 1960년대의 "정치적 망명"과 공간적 우회를 통해 실현한 1990년대의 가족상봉이 구술자에게 의미있는 생애사적 과제였던 것으로 짐작해볼 수 있다.

앞에서 살펴본 바와 같이 강태준 씨의 생애사는 10대 청소년기에 체험한 한국전쟁 시기의 정치적 박해가 중요한 생애사적 사건으로 작용하고 있다. 구술자는 정치적 이념으로 인해 아버지와 형님이 고문당하거나 죽고, 가족이 사회의 "적성" 집단으로 분류되는 것을 체험하면서 독일 광부로의 신분하락을 감수하면서 한국을 "탈출"한다. 이야기된 생애사에서도 구술자는 자신의 생애사를 일본에서의 출생과 이후 한국전쟁기에 체험한 가족원의 고문, 체험, 이산을 중심으로 조직하고 있다. 이후 독일 사회에서 보여주는 구술자의 적극적인 노동운동과 통일운동 노력은 전후 한국의 정치적 상황에서 실현할 수 없었던 가족과 자신의 정치적 이념을 실현하는 것이었다고 볼 수 있다. 남한과 북한이 아닌 독일이라는 제3국에 거주하면서 한국사회의 민주화 노력과 통일운동에 연대하고 있는 구술자의 정치활동은 이러한 관점에서 죽음과 이산을 겪으며 살아야 했던 가족사적 비극을 사회정치적 차원에서 해결하고자 하는 노력으로 볼 수 있다.

(2) 이동수(1950년생): "나의 정치참여는 신분적 운명에 대한 계몽"

1950-1960년대 한국사회에서 경험한 가족사의 정치적 불행을 배경으로 독일로 이주하여 한국에서 펼쳐보지 못했던 정치적 지향을 실현하고 있는 강태준 씨에 비해, 이동수 씨의 생애사는 독일사회에서의 광산노동자로서의 체험을 통해 계급적 자각을 하고 이를 바탕으로 노동운동에 참여하고 있다는 점에서 최대비교의 사례이다.

1950년 4남 4녀 중 넷째로 태어난 이동수 씨는 만 24세가 되던 1974년 독일 탄광의 광부로 취업했다. 한국전쟁이 터지기 두 달 전에 전북 해남군에서 태어난 구술자의 어린 시기는 가난과 "머슴 노동"으로 특징지워진다. 구술자는 자신의 생애사를 할아버지 때부터 대대로 머슴으로 살아온 "지독하게 가난한" 가족사적 내력으로부터 시작한다. 어려운 가정형편 때문에 구술자는 초등학교 졸업을 6개월 남기고 포기했다. 생애사적 사실에 의하면 어렵게 농사를 지으며 가족을 먹여 살리던 구술자의 아버지는 1960년대 초반, 박정희 정권의 농가부채탕감 정책[16]을 전해 듣고 자신이 진 동네 빚을 "관"에 신고했다가 동네 사람의 원성을 듣자 농약을 먹고 자살했다.

---

16) 박정희 정권은 1961년 6월 10일 농어촌고리채정리법을 공포하고 1961년 5월 25일 이전에 농어민이 빌린 연이율 2할이 넘어가는 부채를 신고하도록 했다. 그러나 이에 대한 후속지원 정책이 제대로 실천되지 않아 이 정책은 실패했다(서중석, 2005: 217).

아버지가 돌아가시고 난 뒤 홀로된 어머니가 8남매를 먹여 살리기 위해 갖은 노동을 하지만 구술자의 꿈이 “그냥 밥 세 끼만 먹고 살 수 있는 세상이 되는” 것이었을 정도로 가난을 경험했던 것으로 보인다. “그냥 집, 발 뻗고 잘 수 있는 초가집 있고, 밥 세 끼만 먹으면”되는 그런 세상을 바라며 살던 구술자는 초등학교를 졸업할 무렵인 10대 초반부터 동네의 머슴노동을 하다 군입대를 한다. 그러나 제대를 한 뒤에도 달리 할 일이 없어 다시 머슴을 살던 구술자는 “이왕 머슴 살라면 독일 가서 살아라”는 큰형님의 권유로 독일로 오게 되었다.

어린 나이부터 머슴생활로 단련된 구술자는 루르 지역 탄광의 막장 노동 중에서도 가장 힘든 일을 해서 모은 돈을 한국에 보낸다. 그러던 중 구술자가 비염에 걸려 소위 “병가”를 받게 된 사건이 구술자에게 한국과 독일사회를 비교할 수 있는 중요한 체험이었던 것으로 보인다. 당시 구술자에게 충격적인 사실은 병 때문에 일을 하지 않는 데도 평균임금이 지급된다는 것과 “평균치 임금” 덕분에 일할 때보다 더 많은 돈을 받을 수 있다는 사실이었다.

> “구술자: 그래가꼬 의사가 하여튼 어떤 병고로 해가꼬 안 끊어서 그런지 삼주를 딱 끊어주더라고요. 그래, 삼주 끊어, 끊어가지고 다음달 대체 봉급을 타가지고 일한 때보다 더 나왔더라구요. 평균으로 나오니까. 그래서 딱 생각하니께, 어 독일 이거 희안한 놈의 나라네. 어떻게(2) 병가를 끊었는데 돈이 더 나온다 말인가, 그때부터 인제 독일이라는 세상이 좀 보이는 거예요, 인제. 어떻게 병가를 끊었는데 돈이 더 나온단 말인가. 그러고 인자 그때 내가 계산을 해보니까, 우리 형님이 일 년 머슴 살면---, 그 머슴이란 게 대게 삼백육십오일을 사는 거 아닙니까, 살면, 그때 머슴 등급이 있는데 상머슴은 아니지만, 일을 잘하는 양반이 아니었으니까, 우리 형님도. 근데 쌀 열 가마니 정도를 받았거든요. 그런데 그때 내가 열심히 일을 해서, 받는 봉급으로 쌀을 사면, 거의 일곱 가마를 사더라구요.

면접자: 일 년에요?

구술자: 한 달에, 한 달에. (2) 근까 우리 형은 일 년 동안 일해야 열 가만데, 나는 한 달 일해서 일곱 가마를 산다는 거 아닙니까. 인자 거기에서 골 때리는 거죠. 도대체, 도대체 이 가난이라는 걸 보니까, 복이 없어서 가난하게 사는 게 아니다. 어느 땅에 태어나느냐에 따라서 잘살고 못 살고 하는 것이 결정된다. 나라가 되겠죠. 결정된다. 인제, 거기에 인제 제가 깜짝 놀랜 거죠. 우리 아버지가 우리 어머니가 복이 없어서 우리는 이렇게 산다고 운명적이게 얘기하면서 자살을 했는데, 우리 아버지가 독일에 태어난 농부가 되었다면, 절대 농약 먹고 죽을 일이 없다. 그 이유를 인자 알게 되더라구요(I, 3/24-39).

이 사건을 체험하며 구술자는 노동자로서의 권리를 자각하게 된 것으로 보인다. 노동자도 몸이 아프면 일을 하지 않을 수 있는 권리가 있으며, 병가를 내도 이전에 수행한 평균노동에 준하는 임금을 받을 수 있다는 사실이 구술자에게 "머슴"이 아닌 "노동자"로서의 의식을 형성하게 되는 계기였던 것으로 보인다. 자신의 한 달 임금이 일 년 동안 휴가도 없이 일하는 형님의 일 년치 머슴 삯에 해당한다는 사실이 한국사회의 문제를 구조적으로 이해할 수 있는 계기가 된 것이다. 동시에 이것은 구술자가 8남매와 부인을 두고 자살한 자신의 아버지를 사회구조적인 차원에서 이해할 수 있는 가능성을 부여한다. 요컨대 구술자는 독일에서 체험한 노동자로서의 사회적 지위와 권리를 바탕으로 자신이 한국에서 체험한 "머슴"으로서의 삶을 성찰할 수 있는 계기가 된 것이다. 동시에 이를 통해 구술자 개인의 삶이 아니라 계급으로서의 가족적 운명에 대하여 성찰할 수 있는 생애사적 지평을 확보한 것으로 보인다.

이후 구술자는 루르 지역 한인교회에서 목회를 하던 산업선교회 소속 목사를 "아버지" 삼아 한국에서 출판된 "전태일 평전"을 비롯한 노동운동 관련 서적을 읽고 한국 교민들의 노동운동에 참여한다. 자선활동을 통해 모은 기금으로 1970-1980년대 한국의 대표적인 노동조합인 "원풍, 와이에치, 동일방직, 콘트롤데이타" 등과 같은 노동조합에 지원금을 보내는 연대활동을 조직하기도 했다. 이야기된 생애사에서 구술자는 1983년 전태일기념사업회 유럽 지부 결성, 1984년 11월 부퍼탈에서 열린 한국 교민 전태일 추모제[17]를 성공적으로 조직한 일과 다음해 한국 교민 4-500명이 참가한 갑오농민제 개최, 그리고 1984년 자신이 탄광을 떠나 취직한 오펠사 소속의 독일 좌파 노동운동가[18]들과 리버풀에서 열린 세계 제네럴 모터 작업장 노동자대회에 참가하여 한국 제너럴 모터의 부당노동행위를 규탄한 것을 자신의 정치활동에서 최고의 사건으로 소개한다. 구술자는 1984-1985년의 시기를 독일 내 한국 교민운동의 "엄청난 전성기"라고 평가한다. 이처럼 구술자는 독일에서의 노동체험과 정치적 각성을 바탕으로 이 시기에 적극적으로 정치활동을 했던 것으로 보인다.

그러나 1980년대 중반을 경과하면서 한국과 해외교민들 사이에 통일운동이 시작되면서 구술자는 교민운동 조직으로부터 배제되는 체험을 한 것으로 보인다. 1989년 범민련 행사 등과 관련된 당시의 상황을 구술자는 다음과 같이 소개한다.

"구술자: 슬픈 얘긴데 정말 그 정도--- 사람들이 그쪽에 미쳐버렸어요. 근데 팔십구년돈가, 그 범청, 허면서 그쪽에서 평화축전이 있지 않았습니까, 거기서 하여간 베를린에서 왕창 비행기 타고 가버렸지 않습니까, 그런께 그게 더 강화돼

17) 이 행사는 이동수 씨를 비롯한 한국 노동자들이 중심이 되어 조직되었고 당시 독일에 거주하던 유학생들이 행사를 보조했다. 행사관련 영상자료에 의하면 당시 유학생이던 파리의 홍세화 씨가 전태일 역을, 이혜경 씨가 연출을, 그리고 김세균 씨가 주제 발제를 하는 등 다양한 방식으로 참가했다. 이 행사와 1985년 갑오농민제는 한국 노동자 1세대들에게 스스로 조직하여 발표한 성공적인 대중문화행사로 기억되고 있다(구술면접 3, 4, 12, 13).

18) 구술면접에 의하면 이동수 씨는 한 독일 목사를 통해 오펠사 내에 있던 독일노동운동 조직을 소개받았다. 이 조직은 "68"운동 후 노동현장에 들어와서 활동하던 독일 학생운동 출신자들과 연결되어 있었다(I, 7/6-39).

버렸죠. 통일운동 허면서 북한 안 갔다 온 사람은 진보적인 사람이 아니었으니까 --- 근데 나는 그걸 받아줄 수 없었던 게, 아까 얘기한 대로 노동운동을 처음에 접하고, 접하고 있으면서 늘 국내하고 연대하고 있었고, 내가 만약 걸리면, 그 줄이 나 때매 전부다 걸릴 거 아닙니까, 응, 아까 얘기한 대로, 청계피복, 콘트롤레이타, 동일방직, 뭐, 원풍모방, 그 다음에 단체들, 개인들, 다 걸릴 거 아닙니까, 그리고 내가 인제 꿈꿨던 것은 독일에서 노동운동을 배워서 한국에서 실천하겠다는 거 거든요, 현장을(밑줄 강조 저자). 그리고 북쪽에서 노동운동을 배울 게 없잖아요. 그쪽 사회를 부정하겠다는 게 아니라, 자본주의 사회의 노동 운동을 그쪽에서 배울 수도 없는 거고, 맞지도 않는 거고, 그러고 내가 통일 운동이라는 게 어떤 건지 모르지만, 노동운동하는 사람은 노동운동이 통일 운동이거든요. 구체적, 진보적 힘으로 모아져야 하는 것이지"(I, 11/29-41).

위 단락에서 구술자가 지시하는 당시 상황을 보면 1989년 8월 독일 교민조직 중 민협은 전대협 대표 임수경 씨의 방북을 실질적으로 지원했다. 다음해인 1990년에는 전민련이 제기한 범민족대회 추진을 위한 서울 행사에 참가하고 이어 평양에서 열린 제1차 범민족대회에 조직적으로 참가했다(구술면접 4, 12, 13). 당시 독일에서는 1989년 10월 베를린 장벽이 무너지면서 "철의 장막"이 열리는 역사적 사건이 있었다. 이어 1990년 10월 공식적으로 동서독이 통일되었다. 이념적 차이에 근거하여 분리되었던 정치적 공간의 경계가 해체되는 과정을 직간접적으로 체험할 수밖에 없었던 유럽 해외교민들의 조건이 지금까지 금단의 땅이었던 북한 방문을 실천할 수 있었던 생활세계적 배경이 되었을 것이다. 이처럼 해외교민이라는 상대적으로 자유로운 신분이 직접 북한 방문을 가능하게 하면서 북한에 대하여 서로 다른 평가와 입장을 가진 교민들이 서로 양립할 수 없는 관계로까지 발전한 것으로 보인다. 이런 상황에서 자신의 노동체험과 노동자로서의 정치적 각성을 바탕으로 "독일에서 노동운동을 배워서 한국에서 실천하"는 것을 주된 사회활동의 목표로 생각했던 구술자는

"중심에 서서 운동허다가 (…) 한마음조에도 쫓겨나고, 민중문화운동에서도 쫓겨나"는 체험을 했다. 구술면접에 의하면 이동수 씨뿐만 아니라 당시 범민련 중심의 통일운동에 참여하지 않았던 교민활동가들이 "안기부 프락치"라고까지 몰리면서 교민조직에서 배제당하는 체험을 했던 것으로 보인다(구술면접 13). 한국에서 서로 다른 노선투쟁의 형태로 존재하던 갈등이 독일 교민운동 내에서는 "적과 나"의 대립으로 발전하게 된 것이다.

이후 모든 사회활동을 정리하고 지내던 구술자는 1991년 한국에서 전노협이 건설되자 한국 노동운동에 "투신"하기 위하여 한국으로 돌아온다. 이러한 생애사적 체험에 비추어 구술자 이동수 씨에게 노동운동은 노동자로서 자신의 정치적 요구를 드러내고 실천하는 것이며 나아가 자신과 같은 처지의 한국 노동자들과 연대하여 사회적 변화를 추구하고자 하는 것으로 볼 수 있다. 이것은 대대로 머슴으로 살며 최소한의 노동의 대가도 받지 못하고 살았던 자신의 가족원을 대신한 정치적 요구의 의미를 갖는 것이기도 하다.

이후 구술자의 생애사적 사실은 한국과 독일을 오가며 노동운동을 계속하고자 하는 구술자의 노력을 보여준다. 전노협 활동을 하고자 한국으로 간 다음해인 1992년 겨울 구술자는 독일에 있던 가족들의 간곡한 요청으로 독일에 돌아와 간이매점을 운영한다. 그러나 1994년 다시 한국에 가서 외국인 노동자들을 위한 운동에 참여하여 활동한다. 다시 1996년 독일로 돌아와 생계를 위한 노동을 하다 2002년 민주노동당이 건설되자 또다시 귀국하여 연수원장일을 하기도 한다. 2004년 다시 독일로 돌아온 구술자는 교민운동과 더불어 한국과 독일을 연계하는 노동운동을 조직하고 있다.

앞에서 살펴본 구술자 이동수씨 사례는 독일에서의 탄광노동과 노동운동을 통하여 한국에서 자신과 자신의 가족이 처했던 계급적 신분에 대한 정치적 자각을 하게 되는 유형을 보여준다. 이후 이동수 씨의 정치활동은 한국 노동자들과의 직, 간접적인 연대뿐만 아니라, 한국에 거주하고 있는 외국인 노동자들에 대한 지원투쟁을 조직하는 등 노동운동을 중심으로 이루어지고 있다.

(3) 박영희(1944년생): "한국의 여공 이야기는 나의 이야기"

박영희 씨의 생애사는 1960년대 중반 간호사로 독일사회에 이주하여 한독 가정을 이루는 한편, 1970년대 재독한국여성모임 활동 등을 통하여 한국의 노동운동과 통일운동에 참여하는 사례유형을 보여준다.

박영희 씨는 1944년 대구에서 경찰 간부 집안의 1남 1녀 중 장녀로 태어났다. 그러나 구술자가 6살 되던 해인 1950년, 한국전쟁에 국방군으로 참여했던 아버지가 전사한다. 생애사적 사실에 의하면 아버지의 전사 후 어머니는 생계를 위해 주로 다른 도시를 오가며 장사를 했고 구술자와 구술자의 남동생은 외가와 친가를 오가며 자랐다. 구술면접에 의하면(I, 35/38-36/12) 이 시기 구술자는 갑자기 아버지가 돌아가시고 어머니마저 떨어져 살아야 하는 생활조건 속에서 급격한 관계의 단절을 체험했던 것으로 보인다.

외가에서 고등학교를 졸업한 구술자는 1962년 다른 도시의 간호대학에 입학한다. 1965년 졸업 후 서울시립 병원과 대학부설 병원에서 근무하던 구술자는 1966년 10월 독일 베를린으로 오게 된다. 홀어머니가 담당해온 가족생계를 함께 나누어져야 하는 책임감, 특히 남동생의 학비를 벌기위해 "돈을 많이 벌 수 있는" 독일 이주를 선택한 것으로 보인다. 한국에서 상대적으로 "좋은 직장"이었던 대학부속병원 근무에도 불구하고 이러한 결정을 하게 된 것에는 경제적 동기와 더불어 유럽이라고 하는 새로운 세계에 대한 호기심도 함께 작용한 것으로 보인다. 베를린 결핵병동에서의 근무를 시작으로 독일 생활을 시작한 구술자는 독일인 남자친구를 만나 1974년 결혼하고 다음해에 큰아들을 출산한다.

1976년 구술자는 1974년 결성되었던 베를린 지역의 "여성 모임"에 참여하게 되면서 사회참여 활동을 시작하게 된다. 당시 오일 쇼크를 계기로 경기침체를 겪게 된 독일정부가 외국인 간호 인력의 수용을 중단하고, 1976년부터는 이미 독일사회에서 활동하던 외국인 간호사들의 노동허가와 체류허가를 연장하지 않는 방식으로 강제귀환을 독려하기 시작했다. 한국 간호사들은 이에 항의하며 1977년부터 노동 및 체류허가를 위한 서명운동을 전개했는데 구술자는 이에 적극 동참한다. 이 운동은 독일 전역에서 적극적인 호응을 얻어 1977년 12월 연방정부 안건으로 상정되고 결국 1978년 강제귀환조치를 철회하는 성과를 얻게 된다(Yoo, 1996: 211-212). 이 경험을 통해 구술자는 "정치의식하고 무관하게 어떤 자부심"을 갖게 되었던 것으로 보인다. 달리 말해 한국인 간호사로서의 권리쟁취를 위한 자발적인 투쟁을 체험하면서 스스로가 속한 사회적 집단에 대한 소속감과 더불어 자의식을 확인할 수 있는 계기가 되었다고 할 수 있다. 비록 독일인 남편과 한-독-가정을 이루고 있었지만, 한국인 간호사라고 하는 사회 소수집단의 구성원으로서의 정체성을 강하게 확인한 체험이었던 것으로 보인다. 이를 계기로 구술자는 1978년 정식으로 조직된 재독한국여성모임의 회원으로 적극적인 활동을 한다.

이 시기 구술자는 여성모임 등을 통해 반공교육의 문제점과 박정희 정권의 정통성 등에 대하여 학습하면서 경찰 간부 아버지를 둔 딸로서 심한 이념적인 갈등을 겪었던 것으로 보인다. 다른 한편 1970년 한국 여성노동자들의 투쟁과 그에 대한 정치적 탄압을 간접적으로 학습하면서 "한국 여성노동자들이 서울로 돈 벌러 오는 거 하고, 우리가 한국에서 독일로 돈 벌러 오는 거하고 다를 게 없다라는 인식"을 하게 된다(I, 10/5-7). 구술자는 광주항쟁 이후 독일지역에서 활성화된 교민운동의 일환으로 1985년 "공장의 불빛"이라는 연극을 준비했던 과정[19]을 다음과 같이 기억한다.

"그래서, 연극을 했는데, 하면서, 사실은 여성 노동자를 여기 알리려고 연극을 시작했는데, 그게 사실 우리 이야기였었어요, 왜냐면은 엠 엄, 엄마, 엄마 돈 벌어가꼬 오게---, 하면서 인자, /고향을 떠나는 게 우리가 공항에서--- "엄마나 잘 다녀올게", 그지, 그런 인자 좀(3) 그런 생각이 나서 똑같더라고---, 우리가 그--- 실전이--- 그러니까, 눈물, 눈물 바다를 쏟는 거예요, 연습을 하면서 우리가--- 대사를 외우지를 못해, 눈물이 나서---, 사람들이 그래가꼬 (울먹이면서) (9) /그래서 인자, 서로를 이렇게 쳐다보면, 연습하다가, 인자--- 아, 나는 돈 벌어서 돌아갈 거야---, 그렇게 인자 이야기를 한다고---, 이야기를 하면 인자, 꼭, 꼭 돌아갈 거야, 꼭, 꼭, 하면 인자, 그 사람 얼굴을 우리가 못 쳐다보는 거야, 쳐다보면 우는 거야, 우니까---(3) 쳐다보지를 못해, 그래서 안 쳐다보고 연습을 하는 거야,(울먹이며)(I, 15/8-17).

가족의 생계비를 벌기 위해 서울로 떠나는 한국 여성노동자의 모습 속에서 자신의 처지를 발견하고 우는 구술자에게서 우리는 1960-1970년대 가족 생계비와 남자형제의 학비를 벌기 위해 한국과 해외에서 고된 노동을 했던 어린 한국 여성들의 공통된 생애 체험을 짐작할 수 있다. 구술자는 이 체험을 통해 20대 초반의 나이에 가족과 이별하여 사고무친한 해외 이주노동자가 된 자신의 생애사적 경로를 "외화벌이를 위한 노동력 수출"[20]이라는 사회적인 조건 속에서 볼 수 있게 된 것으로 보인다.

---

19) 1985년 갑오농민제라는 이름으로 열린 대규모 교민행사에서 남, 여 노동자들은 각자 자신들의 생활세계를 표현하는 연극을 공동연출 했다. 이 행사에는 약 사오백 명의 교민이 참가했다고 한다(구술면접 3, 12). 박영희 씨는 이 행사를 "독일에서 제일 큰 (교민)행사"로 기억한다.

20) 재독한국여성모임은 박정희 정권의 간호인력 송출을 1964-1972의 베트남 파병, 그리고 1970년대의 중동 산유국으로의 노동력 송출과 동일한 맥락에서 외화벌이의 일환으로 이해하고 있다. 1960-1970년대 독일로의 노동력 송출을 담보로 박정희

즉 한국전쟁에서 아버지가 돌아가시고 전쟁미망인이 된 어머니와 자신 그리고 동생이 겪었던 경제적 어려움과 정서적 갈등을 사회구조적인 문제와 연관해서 이해하게 된 것이다. 이러한 인식이 이후 구술자가 적극적으로 사회참여를 하게 되는 중요한 기반이 되었을 것으로 보인다. 나아가 1980년 독일 국영방송을 통해 생생히 목격했던 광주에서의 민간인 학살은 구술자가 더 이상 "갈등 없이" 정치활동을 할 수 있는 행위공간을 제공했다.

이후 구술자는 재독한국여성모임 활동과 더불어 1987년에 결성된 민협 조직의 한국 민주화 운동에 대한 연대활동, 그리고 1990년 범민련 유럽지부의 통일운동에 적극적으로 참여했다. 뿐만 아니라 1992년 조직된 한독문화협회와 한인 2세의 풍물패 활동을 주도적으로 조직하고 있다. 박영희 씨의 생애사는 조직적으로 여성모임 등의 여성운동조직과 여타 교민 정치조직, 세대적으로는 독일 교민 1세대와 2세대, 문화적으로는 한국인 이주노동자와 독일 사회운동조직[21]을 적극적으로 매개하는 행위양식을 보여준다.

3) 사례의 비교와 유형적 특성

이 절에서는 앞에서 재구성한 세 가지 사례를 이 연구의 주요 질문과 관련하여 비교하고 공통점과 차이점을 고찰한다.

첫째, 각 사례에서 드러나는 해외 이주의 생애사적 배경을 살펴보면,

정권은 독일 정부로부터 1966-67년 약 5억 달러의 차관을 얻을 수 있었다 (Koreanische Frauengruppe, 1995: 14).

21) 구술자는 재독한국여성모임 활동을 통하여 독일 여성조직인 테라 데스 팜메스(Terre des Femmes)와 공동 활동을 했고, 나아가 코레아 페어반트(Korea Verband), 프라우엔안슈티프퉁(Frauen-Anstiftung), 베륵슈타트 데어 쿨투어(Werkstatt der Kultur), 하우스 데어 쿨투렌 데어 벨트(Haus der Kulturen der Welt) 등 다양한 독일 시민, 사회단체와 교류하고 연대활동을 조직했다(구술면접 12).

강태준 씨의 사례에서는 1950년 한국전쟁의 과정에서 체험한 정치적 박해와 이로 인한 경제적 어려움이 독일사회로의 이주를 결정하는데 중요한 생애사적 배경이 되며, 이런 점에서 이주는 "정치적 망명"으로서의 성격을 갖는다. 이에 비하여 이동수 씨의 사례에서는 1950-1960년대에 직접 체험한 가난과 이러한 경제적 조건을 벗어나기 위한 생애사적 노력이 해외이주를 선택하는 주된 생애사적 배경이 되고 있다. 대대로 머슴으로 살아온 가족사를 배경으로 지독한 가난이라는 신분적 멍에를 벗어나기 위한 노력이 1970년대 해외 노동력 수출이라는 국가정책과 결합하게 된다. 박영희 씨의 경우 가족 내 여성 2세대로서 가족에 대한 경제적 부양뿐만 아니라 남성 2세대의 학업을 지원해야 하는 유형무형의 책임이 20대 초반 해외 이주를 선택하는 데 중요한 생애사적 배경으로 작용하고 있다. 즉 가장이 사망한 가족구조 속에서 가족 부양을 위해 직접 노동을 해야 한다는 조건과 여성에게 부과된 가부장적 성역할이 해외이주의 복합적인 생애사적 배경을 구성한다.

둘째, 각 구술자들의 사회운동 참여과정에 대한 재구성 결과는 독일에서의 정치활동과 한국에서의 생애사적 체험이 긴밀한 연관을 가지고 있음을 보여준다. 강태준 씨의 사례에서는 1950-1960년대 한국에서의 정치적 박해의 체험을 배경으로 독일로 "망명"한 구술자가 광산노동자로서의 체험과 소위 독일 "68세대"의 정치적 영향을 받으며 사회주의적 지향을 형성하고 있음을 알 수 있다. 독일의 "68세대"와 마찬가지로 미성년자로 전쟁, 정치적 대립과 갈등을 체험한 구술자는 1960년대 후반 진행된 독일사회의 정치적 변동과 사회운동을 직접 목격하면서 자신이 떠나온 한국의 정치에 대하여 성찰하고 직접 발언할 수 있는 행위공간을 가질 수 있었던 것으로 판단된다. 이동수 씨와 박영희 씨의 사례에서는 독일사회에서의 노동경험과 정치적 각성이 자신이 떠나온 한국사회에서의 계급, 계층적 문제와 양성차별 구조를 인식하고 자신의 체험을 반추할 수 있는 가능성을 제공한다. 달리 말해 강태준 씨의 사례에서는 한국에서의 정치적 지향과 이후 독일사회에서의 정치적 지향이 일정한 연속성을 가지고 있는 반면, 이동수 씨와 박영희 씨의 경우 독일사회에서 체험한 노동자로서의 생활과 사회참여를 계기로 일정한 "정치적 전환"을 경험하게 된다. 이러한 정치적 전환은 한국에서 각 구술자가 가지고 있던 행위지향(노동의식, 반공주의 등)에 대한 근본적인 문제제기를 의미하며, 이후 새로운 정치적 지향을 형성하는 것으로 나아간다.

셋째, 이 연구에서 재구성된 각 사례에서 공통적으로 확인되는 사회운동의 특징은 각 구술자의 현실적인 생활세계가 독일인 반면 이들의 주된 사회운동이 자신들이 떠나온 한국사회의 정치적 변화를 지향하고 있다는 점이다. 각 구술자들은 공통적으로 독일에서의 이주노동자로서의 체험과 정치적 각성을 바탕으로 한국에서의 자신의 생애사적 체험을 성찰하고 이와 관련된 사회적 변화를 목적으로 하는 정치활동을 조직한다. 이러한 관점에서 강태준 씨의 사회참여는 한국전쟁기의 정치적 박해와 분단, 가족의 이산이라는 체험을 성찰하고 치유하고자 하는 생애사적 의미를 갖는다. 1990년에 이루어진 남과 북의 가족상봉은 이러한 정치활동의 구체적 성과라고 할 수 있다. 다른 한편 이동수 씨의 사회참여는 '아플 자유'도 없이 일하고도 정당한 노동의 대가를 받지 못하는 "머슴"으로 살아야 했던 가족의 세대적 체험과 특히 1960년대 농약을 먹고 자살한 아버지의 신분적 생애에 대한 사회적 해명의 의미를 갖는다. 한국과 독일이라는 공간적 거리를 넘어 각종 노동운동 조직에 참여하고 있는 이동수 씨의 사회참여는 따라서 자신과 같은 노동계급에 대한 일관된 연대를 지향하고 있다. 1950년대 남성가장인 아버지가 전쟁에서 사망하고, 20대 초반의 나이에 가족생계와 남자형제의 학업을 책임져야 했던 박영희 씨의 경우 이러한 한국에서의 가부장적인 사회화과정을 독일에서의 여성운동을 통해 성찰한다.

요컨대 떠나온 사회인 한국에서의 서로 다른 사회, 정치적 체험이 각 구술자에게 중요한 생애사적 과제로 기능함으로써 이후 독일사회에서의 사회운동 참여와 새로운 정치적 지향을 조직하는 중요한 요소가 되고 있다. 뿐만 아니라 한국인 이민 1세대가 독일 시민 사회에 참여하는 방식 또한 한국사회의 변화를 위한 정치적 지향 속에서 구성되고 있다. 즉 한국인 이주노동자 1세대의 사회운동이 갖는 특징은 새로 정착한 독일사회에서의 사회, 정치적 체험을 자신이 떠나온 한국사회에서의 정치적 과제를 성찰하는 데 중요한 생애사적 자원으로 삼는 일종의 "정치적 역류" 현상을 통해 드러난다. 그러나 앞의 사례 재구성이 보여주는 바와 같이 이러한 "정치적 역류"는 정치적 선진국에서 후진국으로의 일방적인 흐름이라기보다는 각 이주노동자들의 복합적인 생애사적 체험과 정치적 성찰을 매개로 형성되고 있다.

5. 마무리

이주노동자들의 생애사가 갖는 특징은 국가간 경계를 넘어선 이주를 통해 공간적, 문화적 단절을 경험한다는 점이다. 그러나 이 논문에서 재구성된 각 사례는 이러한 단절과 동시에 서로 다른 생활세계 사이의 사회, 정치적 소통이 역동적으로 이루어지고 있음을 보여준다.

앞에서 재구성된 사례들은 1960-1970년대 한국노동자들의 독일 이주가 단순히 경제적 동기만으로 이루어진 것이 아님을 보여준다. 해방정국의 정치적 혼란과 사회적 무질서를 배경으로 구술자들은 각자가 처한 정치적, 계층 계급적 조건, 그리고 가부장적인 성역할 구조를 매개로 경제적 어려움을 체험한다. 이러한 사회, 정치적 체험이 1960-1970년대 해외로의 노동이주를 선택하는 생애사적 배경을 구성한다. 이 연구결과는 국가적 경계 내에서나 혹은 국가간 경계를 넘어서는 노동이주의 동력이 경제적 요인만으로 축소되거나 환원될 수 없음을 시사한다.

또한 사례연구의 결과는 한국인 이주노동자들의 사회운동 참여와 이를 통한 정치적 지향이 각 구술자의 한국사회에서의 생애사적 체험과 복합적인 연관을 가지고 있음을 보여준다. 각 구술자들은 한국에서의 정치적 박해, 계급적 차별 혹은 가부장적 질서라고 하는 서로 다른 생애사적 체험을 배경으로 독일이라는 새로운 생활세계에서의 행위를 조직하며, 이것을 바탕으로 역으로 한국에서의 생애사적 체험을 새롭게 해석할 뿐만 아니라, 이와 연관된 한국 사회에서의 사회운동에 동참한다. 이러한 관점에서 이들의 가시적 생활세계가 송출국 한국에서 수용국 독일로 이동하지만, 생애사적 전개과정에서 형성되는 정치활동은 독일에서 한국으로 "역류"하는 특징을 드러내고 있다. 그러나 이러한 정치적 역류현상은 정치적 선진국에서 후진국으로의 일방적인 전파가 아니라 행위자의 생애사적 체험과 성찰을 매개로 구성되는 성격을 갖는다.

이 논문에서 재구성한 사례유형 중 강태준 씨의 생애사는 1960년대 해외 노동이민이 한국전쟁 전후 좌파전통을 가졌던 사회구성원에게 정치적 망명의 기회로 작용했던 경우를 대표한다. 5·16 쿠데타 이후 한국현대사에서 사라져버린 좌파전통이 1960년대 노동이민을 매개로 1970년대 이후 해외교민 운동 속에서 이어지고 있다.

요컨대 한국인 이주노동자 1세대는 노동력의 이동방향을 지시하는 송출국과 수용국이라는 국가간 경계를 넘나들며 냉전과 분단, 그리고 가부장적 유산에 따른 자신의 생애사적 체험을 성찰하고, 그와 연관된 정치활동을 통해 두 사회 사이의 사회, 정치적 소통을 실현하고 있다. 이러한 연구결과는 한국으로 이주하는 외국인 노동자들의 이주동기와 삶을 좀 더 밀접히 이해하는 데 하나의 토대가 될 수 있을 것이다. 즉, 외국인 노동자들의 한국 이주가 단순한 경제적 동기만으로 환원될 수 없는 다양한 생애사적 배경과 연관될 수 있으며, 따라서 전체 생활세계에 대한 이해를 통해서 이들과 평등하게 소통할 수 있는 정치적 조건이 기획되어야 함을 시사한다.

|참고문헌|

박찬경·클라우스 펠링. 2003.『독일로 간 사람들-파독 광부와 간호사에 관한 기록』. Koreans Who Went to Germany, 눈빛 & Edition Solitude.

서중석. 2005.『한국현대사』. 역사문제연구소 기획. 웅진지식하우스.

이광규. 1996.「독일」.『세계의 한민족: 유럽. 세계 한민족 총서 7』. 통일원 간. 72-102쪽.

이희영. 2005.「사회학 방법론으로서의 생애사재구성: 행위이론의 관점에서 본 이론적 의의와 방법론적 원칙」.『한국사회학』, 39집 3호. 120-148쪽.

재독 한인 Glück auf 친목회. 1996.『파독광부 30년사』.

조현옥. 2005.「해외의 한국 민주화 운동. 본국과의 상호관계 및 정체성 찾기」.『경제와 사회』, 66호, 여름. 72-94쪽.

존 버거·장 모르. 2004.『제7의 인간-유럽 이민노동자들의 경험에 대한 기록-』. 차미례 옮김. 눈빛.

최재현. 1992.「일상생활의 이론과 노동자의 의식세계. 서독거주 한국인 노동자에 대한 질적 조사연구의 예」.『열린 사회학의 과제』. 창작과 비평사. 51-76쪽.

Apitzsch, Ursula. 1991. "Lernbiographien zwischen den Kulturen." Ciesecke et.al.(eds.), Ethische Prinzipien der Erwachsenenbildung, Kassel. pp. 156-169.

Breckner, Roswitha. 2001. Leben in polarisierten Welten. Zum Verhältnis von Migration und Biographie im Ost-West-Europäischen Migrationsfeld, Unveröffentlichte Dissertationsarbeit an der Technische Universität in Berlin.

Dohm, Oliver. 1997. Koreaner in Deutschland. Wanderungsgeschichte, Lebensbedingungen und Integrationsprozesse einer ethnischen Minderheit, Unveröffentlichte Diplomarbeit an der Rheinischen Friedrich-Wilhelms-Universität Bonn.

Fischer-Rosenthal, Wolfram. 1999. "Der zugeschnürte Arm und die abgewürgte Lebenswut.

Zur Biographik eines Falles von Arbeitsunfähigkeit, Migration nach Deutschland und psychiatrischer Karriere," Apitzsch, Ursula (ed.), Migration und biografische Traditionsbildung, Opladen: Westdeutshcer Verlag. pp.206-231.

Hwang, Hae-In. 1973. "Anpassungsprobleme koreanischer Arbeitskräfte in Deutschland." Rheinisch-Westfälische Zeitschrift für Volkskunde, Vol. 20. pp.151-167.

Koreanische Frauengruppe. 1995. 25 Jahre Koreanische Krankenschwestern in Deutschland, Eine Dokumentation der Koreanischen Frauengruppe in Deutschland.

Lee, Jang-Seop. 1991. Koreanischer Alltag in Deutschland, Münster: F. Coppenrath Verlag.

Lutz, Helma. 1995. "The Legacy of Migration: Immigrant Mothers and Daughters and the Process of Intergenerational Transmigration." Comenius Vol. 15. pp.304-317.

Nestler-Tremel, Cornelius & Tremel, Ulrike. 1985. Im Schatten des Lebens. Südkoreaner im Steinkohlebergbau von Nordrhein-Westfalen-eine Untersuchung zur Rotationspolitik mit ausländischen Arbeitsnehmern, Heidelberg: FEST.

Park, Ko Hoon. 1996. Erziehung und Leben koreanischer Kinder in Deutschland. Eine empirische Untersuchung. Frankfurt/ M. u.a.: Peter Lang.

Park, Robert Ezra. 1928/1950. "The marginal Man," Race and Culture, Part IV, London: Collier-Macmillan. pp.345-392.

Schütz, Alfred. 1944/1972. "Der Fremde," Gesammelte Aufsätze, Bd.2, Den Haag: Niejhoff. pp.53-69.

_____. 1944/1972. "Der Heimkehrer," Gesammelte Aufsätze, Bd.2, Den Haag: Niejhoff. pp.70-84.

Schütze, Yvonne. 1997. "Warum Deutschland und nicht Israel. Begründung russischer Juden für die Migration nach Deutschland." BIOS, Vol.10, No. 2. pp.186-208.

Shim, Yun-Chong. 1973. Aspekte der sozio-kulturellen Einordnung koreanischer Krankenpflegekräfte in Deutschland, Diss., Heidelberg.

Simmel, Georg. 1908/1992. "Exkurs über den Fremden," Soziologie. Untersuchungen über die Formen der Vergesellschaftung, Gesamtausgabe Band. II, Fraunk/ M.: Suhrkamp. pp.764-771.

Stolle, Christa. 1990. Hier ist ewig Ausland. Lebensbedingungen und Perspektiven koreanischer Frauen in der Bundesrepublik Deutschland, Berlin: VWB.

Thomas, William Isaac & Znaniecki, Florian. 1927. *The polish peasant in Europa and America*. New York: A. Knopf.

Yoo, Do-Jin. 1975. Die Situation koreanischer Krankenpflegekräfte in der BRD und ihre Sozialpädagogischen Probleme, Diss., Kiel.

Yoo, Jung-Sook. 1996. Koreanische Immigranten in Deutschland: Interessenvertretung und Selbstorganisation, Hamburg: Verlag Dr. Kovač.

Yoo, Tai-Soon. 1981. Koreanerinnen in Deutschland. Eine Analyse zum Akkulturationsverhalten am Beispiel der Kleidung(=Beiträge zur Volkerskultur in Nordwestdeutschland), Diss., Münster.

<성공회대학교 노동사 Archives 소장 자료>

김순영. 2005. "김0옥 구술" 녹취문. 『한국 산업노동자의 형성과 생활세계』. 성공회대학교 사회문화연구원 노동사연구소.

신원철. 2005. "전0수 구술" 녹취문. 『한국 산업노동자의 형성과 생활세계』. 성공회대학교 사회문화연구원 노동사연구소.

_____. 2005. "이0의 구술" 녹취문. 『한국 산업노동자의 형성과 생활세계』. 성공회대학교 사회문화연구원 노동사연구소.

_____. 2005. "최0호 구술" 녹취문. 『한국 산업노동자의 형성과 생활세계』. 성공회대학교 사회문화연구원 노동사연구소.

_____. 2005. "김0순 구술" 녹취문. 『한국 산업노동자의 형성과 생활세계』. 성공회대학교 사회문화연구원 노동사연구소.

이희영. 2005. "강태준 구술" 녹취문. 『한국 산업노동자의 형성과 생활세계』. 성공회대학교 사회문화연구원 노동사연구소.

_____. 2005. "이동수 구술" 녹취문. 『한국 산업노동자의 형성과 생활세계』. 성공회대학교 사회문화연구원 노동사연구소.

_____. 2005. "박영희 구술" 녹취문. 『한국 산업노동자의 형성과 생활세계』. 성공회대학교 사회문화연구원 노동사연구소.

_____. 2005. "김0희 구술" 녹취문. 『한국 산업노동자의 형성과 생활세계』. 성공회대학교 사회문화연구원 노동사연구소.

_____. 2005. "홍0숙 구술" 녹취문. 『한국 산업노동자의 형성과 생활세계』. 성공회대학교 사회문화연구원 노동사연구소.

_____. 2005. "박0숙 구술" 녹취문. 『한국 산업노동자의 형성과 생활세계』. 성공회대학교 사회문화연구원 노동사연구소.

_____. 2005. "강0선 구술" 녹취문. 『한국 산업노동자의 형성과 생활세계』. 성공회대학교 사회문화연구원 노동사연구소.

_____. 2005. “윤0섭 구술” 녹취문. 『한국 산업노동자의 형성과 생활세계』. 성공회 대학교 사회문화연구원 노동사연구소.

제5장

1960-70년대 의류제조업 여성노동자들의 문화건설과 문화의 성격과 한계

김귀옥(한성대 교수, 사회학)

1. 머리말

1970년대 한국의 의류제조업은 절정기를 맞았다. 비록 1970년대 초반 산업구조조정을 하여 수출주도형 경공업 육성정책에서 중화학공업 육성정책으로 전환했으나 노동자 규모에서나 산업 규모면에서 가장 비중이 컸다. 경공업 부문 가운데 단연 으뜸을 차지했던 부문이 섬유의류제조업 부문이었다. 특히 의류제조업 부문은 열악한 노동환경에도 불구하고 1977년 수출 대업 '100만 달러'의 신화를 창조하는 데 일등공신이었다. 그 부분의 일익을 담당한 사람들이 바로 여성노동자들이다.

섬유의류제조업 총취업자 가운데 1971년 여성취업자가 53.7%이고, 1977년 여성취업자는 69.5%(노동청, 1978: 40, 41)에 달했고 1980년 다시 50% 이하로 떨어졌다. 또한 1979년 전 제조업부문에서 경공업부문 종업원의 64.4%가 섬유의료업에 종사했다. 따라서 1970년대 노동자는 여성노동자로 대표되었다.

그러나 1980년 신군부정권이 출범하면서 계속된 중화학공업 집중 육성

<표 5-1> 제조업 중분류별 여성취업자 분포 상황

(단위: 명, %)

업종 \ 연도	1963		1971		1980		1986	
섬유,의복 및 가죽제조업 내 여성취업자	87,059	59.1	197,121	53.7	428,449	49.1	447,879	47.5
동일업종 내 총취업자	147,410	100.0	367,206	100.0	872,817	100.0	942,354	100.0

자료: 경제기획원, 『광공업센서스보고서』(1963) 및 노동부, 『직종별 임금실태조사보고서』(1971, 1980, 1986); 박기남(1986) 재인용.

정책과 민주노조운동에 대한 강압적 탄압에 의해, 민주노동운동을 주도해 왔던 여성노동자들의 상당수가 생산현장을 떠나게 되었다. 1970년대 여성노동자들의 사라짐과 함께 그 민주노조운동도 한풀 꺾이게 되었다. 이러한 결과를 놓고 기존의 많은 노동문제 전문가들은 1970년대 여성노동자 중심의 민주노조운동은 여러 가지 면에서 중요성을 갖고 있음에도 불구하고 '경제주의'적 경향을 넘지 못했던 것을 문제점으로 지적했다(정인, 1985; 김금수, 1989).

그런데 이러한 거시적인 평가 이전에 1970년대 여성노동운동의 의미와 가치를 여성노동자들의 경험과 보다 구체적으로 연관지어 평가한 후에 거시적인 측면에서 고찰해야 하지 않을까 싶다. 왜냐하면 지금까지의 1960, 1970년대 노동운동을 다룬 연구서들은 대부분 '운동'에 초점을 맞추어 여성노동자들의 노동 그 자체나 그들의 이루어놓은 문화에는 별로 주목하지 않았기 때문이다. 또한 강압적인 직장폐쇄나 부당해고, 개인적으로 결혼이나 출산 및 양육 등의 이유로 1970년대 노동현장을 떠나는 것을 노동운동의 종말로 인식하고 있기 때문이다.

이제 1960, 1970년대 여성노동운동의 의미와 가치를 여성노동자의 시각에서 발견하고자 한다. 특히 여성노동자들이 노동조합을 건설하고 노동조합을 생활의 의미로 내면화시키는 가운데 만들어진 문화에 주목할 것이다. 1970년대 여성노동자들 스스로 만들고 구사하며, 내면화시켜나갔던 의미와 문화적 유형과 내용은 현재적 관점에서 몰가치하거나 덜 가치롭다고 여기기에는 자주적이며 다양하다. 또한 그것은 노동자적 생활에 기반한 절실함이 묻어나 있으며, 작업장 안의 자매애(sisterhood) 정신에서 시작하여 단위 작업장을 넘어서는 자매애와 노동자의식이 분출되고 있음을 간취할 수 있다. 그럼에도 불구하고 그들의 문화에는 지배이데올로기, 특히 반공이데올로기나 가부장이데올로기 등이 강하게 내면화되어 넘어서지는 못한 것으로 읽힌다. 그것은 1970년대 여성노동자들의 한계이다. 그러나 아무리 뛰어난 개인이라고 할지라도 한 개인이나 한 단위의 노력만으로는 사회적·시대적 한계를 뛰어넘기란 어렵다는 점을 고려해볼 때, 그 한계를 당대의 시각에서 제대로 읽어야 하며, 또한 그후 그들이 그러한 문제를 어떻게 극복해나가는가를 봐야 하지 않을까 싶다.

이 연구는 성공회대학교 노동사연구소의 1960, 1970년대 노동사 연구 가운데 3차년도에 속하며, 1차년도와 2차년도 연구와 연속선상에서 락희그룹의 반도상사 부평공장을 무대로 진행할 것이다.

연구 구성은 다음과 같다. 우선 반도상사에서 노동조합이 만들어지기 전과 노동조합이 만들어진 후를 경계선으로 하여 전후의 문화적 특성을 살펴볼 것이다. 마지막으로 반도상사 부평공장의 여성노동자들이 만든 문화를 '노동자문화'라는 틀에 비추어 비교하여 특성을 정리하고 한계 및 의미를 찾아볼 것이다.

2. 반도상사 부평공장 여성노동자 연구배경

반도상사 부평공장은 박정희 정부의 수출주도정책의 일환으로 육성된 경인지역 4공단 안에 1969년도에 설립되었다. 처음에는 가발제조업을 주력업종으로 시작하여 1971, 1972년경에는 노동자가 1,500여 명에 이르기도 했다. 1973년을 계기로 가발제조업을 의류제조업으로 전환했고 1970년대 후반에는 피혁가공업을 추가하면서, 몇 차례 업종 전환을 시도했다. 같은 시기 국가적으로는 중화학공업 육성정책을 폈고, 현대나 삼성, 대우 LG, SK, 한진 등 6대그룹은 주력 산업을 중화학공업으로 설정했다(≪매일경제≫, 2000.6.1).[1] 그러한 정부나 기업은 중화학공업 우선정책으로 선회하면서 의류제조업과 같은 사양산업에 대한 투자를 줄여나갔다. 1990년대 LG그룹은 '반도패션'을 'LG패션'으로 이름을 바꾸고 경상남도 양산에 엘지패션 공장을 두고, 많은 물량을 해외 현지화하여 생산하고 있다(LG상사50년사 편찬위원회, 2003). 1990년부터는 LG패션에 요구되는 물량의 상당부분을 중국과 북한에 임가공업을 통하여 확보하고 있다(안경호 구술: 김귀옥, 2005). 따라서 만 12년간 반도상사 부평공장(이하 반도상사로 줄임)은 국가와 기업의 산업육성정책의 일환으로 시작하여, 의료제조업에 대한 전면 조정정책에 따라 폐쇄되었다.

10여 년의 짧은 기간 반도상사 노동자들은 어떻게 살았고, 무엇을 획득했으며, 그곳에서 얻은 것은 개인적으로 어떤 의미를 가지며, 사회적으로는 어떤 영향을 주고 있는지는 제대로 알려져 있지 않다. 그간 반도상사의 민주노조운동은 한국기독교교회협의회·한국교회산업선교 25주년기념대회(1984), 신인령(1985), 이원보(2004) 등에 소개되어 있었으나, 운동에 초점이 맞춰져 있어서 노동자들의 문화적 접근은 제대로 이루어지지 못한 편이다. 반면 몇 해 전 출간된 장현자의 『그때 우리들은』(2002)에서는

1) 그 결과 중화학공업의 비중은 1970년 8.4%에서 1979년 44.7%로 상승했다. 이러한 정책에 따라 1965년의 10대기업에 속했던 금성방직, 경성방직, 판본방직, 동일방직 등은 현재 재계 대기업 랭킹에서 크게 뒤처졌거나 망했다. 참고삼아 보면 다음과 같다. <1965년 매출액 10위 기업> 동명목재, 금성방직, 판본방적, 경성방직, 대성목재, 양회수출조합, 동신화학, 제일제당, 대한제분, 충주비료. <2004년 매출액 10위 기업> 삼성전자, 현대자동차, LG전자, 포스코, SK(주), 기아자동차, SK네트웍스, KT, GS칼텍스정유, 에쓰-오일(≪경향신문≫ 2005.4.14).

노동자들의 경험이나 노동조합 활동의 이모저모를 생생하게 전달하고 있다. 이 책은 노동자의 경험과 당시 자료를 바탕으로 하고 있어서 중요성을 갖고 있으나 사건별로 나열되어 있어서 전체상을 조망하거나 의미를 파악하기에는 부족하다. 한편 전순옥의 『끝나지 않은 시다의 노래』(2004)는 반도상사 부평공장의 실태나 노동운동에 대해 비중 있게 다루고 있으나, 반도상사 노동운동사와 떼놓을 수 없는 노동조합 1대 지부장에 대하여 근거가 불확실한 채 '배신자'로 평가하고 있어서 역사적인 쟁점을 남기고 있다.

이글을 위하여 구술에 참여한 반도상사 노동자 주역들의 기본사항은 다음과 같다.

<표 5-2>반도상사 구술자의 기본사항

이 름	성별	출생년도 *	○출생지 ◎성장지	반도입직년 (만나이)	반도상사		현거 주지	현재직업
					직 위	첫 부서		
이혜란	여	1957	○서울 ◎인천	1975(18)	미싱사	의류부	인천	부업미싱사
김진희§	여	1955	○서울 ◎전주	1973(18)	생산직(사무)		인천	사무직
허성례	여	1949	인천	1970(21)	미싱사	가발부	인천	무의탁노인 시설 관리
한순임	여	1952	○충청 ◎서울	1969(17)	검사	가발부	인천	판매직·자영
유점례	여	1958	○충청 ◎경상	1976(18)	미싱사	의류부	경기	식당 노동
이철민§	남	1952	○경기 ◎인천	1976(24)	다이아 그래머	의류부	경기	노조 관리직
유숙형	여	1959	인천	1973(14)	미싱사	가발부	경기	판매직노동
이순신	여	1959	전라	1975(16)	미싱사	의류부	인천	식당 노동
오난섭	여	1952	인천	1969(15)	미싱사	가발부	인천	제약업 노동
이옥남	여	1954	경북	1970(16) ->1973	미싱사	의류부	서울	식당 노동
장현자	여	1951	경북	1969(18)	미싱사	가발부	대전	지역 운동

○, ◎ 구분이 없는 것은 태어나서 자란 곳을 의미함.
* 출생년도의 경우 주민등록상이 아니라 실제 태어난 해를 표기했으나 다소 차이가 있는 경우가 있다.
'§'표시가 붙은 두 명은 본인의 희망에 따라 가명임.

이외에도 반도상사의 인사담당(1975년 당시 계장)이었던 안경호 선프레시 대표이사, 1970년대 인천 소재의 '도시산업선교회' 실무자였던 최영희와 황영환의 구술도 중요한 위치를 점하고 있다.

이제 반도상사 노동자들이 10여 년 동안의 활동의 의식을 '노동자문화'라는 관점에서 짚어보고자 한다. 우선 민주노동조합으로서의 노동조합이 만들어지기 전, 반도상사의 문화적 특성부터 살펴보고자 한다.

3. 노동조합이 만들어지기 전의 문화

노동자문화는 노동자가 전유하는 문화이지만, 그것은 지배계급에 의해 생산되기도 하고 노동자 스스로 생산하기도 한다. 생산의 주체와 상관없이 그 문화는 노동자들의 작업장 질서와 관습, 그들의 생활세계, 노동자의 개별적 정서, 의식, 무의식까지도 지배한다. 한편, 노동자들이 속한 전체 사회의 문화에 초기 사회화되어, 노동자의 의식에는 전체 문화가 녹아들어 있다(신병현, 2004). 노동자는 입직과 노동과정에서 자연스럽게 회사문화를 수용하게 되지만, 노동조합의 존재여부와 활동여부에 따라서 노동자 개인의 의식은 바뀌게 된다(박해광, 2003: 206).

노동조합이 만들어지기 전에 반도상사 부평공장에서는 락희그룹과 반도상사의 설립이념에 따라 운영되었다. 락희그룹의 생산 제일 목표는 '수익성'으로서 수익성 낮은 사업에 대해서는 과감하게 기피해나갔다(LG50년사 편찬위원회, 1997).[2] 이에 따라 1969년 부평공장 설립 당시 반도상사는 수출제일주의적 목표 하에 다른 모든 가치를 희생했다. 다만 같은 업종의 다른 기업이나 공장들의 대단히 열악했던 후생복지의 수준에 비해

2) '반도상사'를 설립한 것은 일본식 종합상사를 모델로 하여 수출주도정책을 취해나간데 있다(LG50년사 편찬위원회, 1997).

서는 다소 그 수준이 높았던 것으로 보인다.

우선 반도상사의 생산제일주의라는 가치 하에 법이 허용하는 한도에서 노동자적 권리를 무시한 채, 노동자들을 여러 가지 방식으로 착취했다. 다만 이러한 생산제일주의의 가치는 반도상사만의 작태는 아니었던 것으로 보인다.

첫째, 반도상사는 노동조합 없는 회사 정책을 취했다. 모든 신경을 생산에 집중하기 위하여 1974년 반도상사 부평공장에서 노동자들에 의한 자주적인 노동조합 요구가 나올 때까지는 어용 노동조합조차 설립하지 않았다.

둘째, 노예적인 노동시간과 작업장을 운영했다. 1969년 설립 이후 1970, 71년에는 12시간씩 맞교대로 4,000여 명[3]의 노동자들이 밤낮으로 일했다(장현자, 2002: 29). 심지어 휴식시간이 사실상 부재했고, 찰리 채플린의 1936년작, <모던 타임즈>의 한 장면처럼, 화장실 가는 것조차 통제를 당했다.

면접자: 근로 중에는 하루 한 번 정도 쉬었나요? 점심식사 시간에?

오난섭: 그때 당시는 그랬던 거 같애요. 두 시간에(두 시간 일하고) 십 분 쉬었는지 안 쉬었는지 그게 기억이 안 나요. 지금은 쉬거든요, 눈의 피로 때문에. 그건 지엔피상으로도 쉬어야 되고. 그래서 쉬어요.[4] 근데 그래가지고 쉬질 못했기 때문에 작업시간에 일하기 싫으면 화장실 가고, 인제 소변, 소대변 보고 싶으면 가고. 그래갖고 한번은 화장실에 갔는데 마침 생리를 해갖고 다시 또 생리대를 가지러 갔었거든요. 근데 그걸 관리자가 봤어요. 그래가지고 그때는

3) 4,000여 명은 장현자의 오타로 판단됨. 2,000여 명이 교대근무를 하니 4,000여 명이 되었던 것으로 보임. 어쨌던 부평공장은 1972년이 노동자가 최대로 많았던 시기였고, 가발제조업이 의류제조업으로 업종전환되던 1973, 1974년경에는 노동자 수가 1,000여 명으로 줄어들고 지속적으로 줄어들었다(한순임 구술: 김귀옥, 2003).

4) 오난섭은 현재 의료제조업 노동자로 일하고 있음.

> 노동조합도 없었을 때예요. 봐 가지고 갔다 나오니까 그…. 반장언니가 부르더라고 "왜 불렀니?" 그러니까 "너 화장실 몇 번 갔다 왔니?" "두 번 갔다 왔지" 이랬더니, '왜 두 번 갔냐?' 그래서. "아유, 언니는, 생리해서 내가 생리대 다시 가지고 간 거야!" 근데 인제 그걸 다시 관리자한테 또 불려갔어요. 그 윗분한테. 그때가 그분 보고 아마 주임님이라고 그랬던 거 같애요. 왜 갔냐 그러더라구요. 그래서 내가, 화장실을 왜 두 번씩이나 갔냐고. "어, 주임님 생리작용입니다. 그리고 그 이상은 더 말씀 못 드리겠다고. 대신에 상세하게 반장언니한테 얘기할게요" 그랬거든요. 그렇게까지 얘길…. 근데 딴 사람 같으면 그냥 어쩌면 말을 안했을지도 몰라요. 부끄러워서. 근데 저는 그런 측면에서는 좀 당돌했거든요. 생리작용이라고. "아고! 언니 그런데 어떻게 안 가냐고? 여자 망신시킬 일 있냐고?" 그랬거든요. 가서 다시 얘길해줬나 봐요. 그런 경우도 있었구요…(오난섭 구술: 김귀옥, 2004. 밑줄은 강조).

작업라인의 반장은 생산성 향상을 위하여 노동자들을 감시하는 것이 주 과제인데, 오난섭의 증언에 따르면 화장실 출입 횟수까지 통제했음을 알 수 있다.

또한 근로시간 중 사적인 휴식이나 딴 짓을 통제하기 위하여 반도상사는 1973년경에는 모니터 체계를 설치, 운영했다. 노동자들이 일하다가 화장을 고치거나 동료들과 수다를 떨 경우 공장장 사무실에 설치된 모니터에 잡혀 곧바로 직장에게 불려나가 야단을 맞거나 시말서를 써야 했다(길옥순 구술: 김귀옥, 2004; 한순임 구술: 김귀옥, 2003).

점심시간 1시간을 제외하고는 휴식이 없는 노동시간이다 보니 야근을 할 경우에는 대부분의 사람들은 과로로 인해 '졸면서' 일하게 되었다. 길옥순의 경우 "수출 그 날짜를 맞춰야 되니까. 이틀씩 삼 일씩 막, 꼭대기 철야하면 막 졸리잖아. 그럼 미싱이 콱 박혀갖고 손가락에 바늘이 꽂혀갖고…"(길옥순 구술: 김귀옥, 2004). 회사 측에서는 노동자들이 생산에 몰입시키기 위해 고성으로 대중가요를 틀어 생각이 멎도록(유숙형 구술: 김귀옥,

2003; 길옥순 구술: 김귀옥, 2004) 했다. 작업장 안은 재봉틀 잡음과 음악의 고성으로 노동자들은 정신이 빼앗길 지경이 되었다. 또한 대부분의 노동자들과 마찬가지로 반도상사 노동자들도 졸음을 쫓기 위해서 일종의 각성제[5]인 '타이밍' 알약을 먹곤 했다. 이러한 작업환경 속에서 반도상사 노동자들의 휴일은 잠시간으로 가득 찼다.

셋째, 노동자들은 대중문화에 그대로 휩쓸렸다. 그들은 일과 회사에 적응이 되고 회사 친구들도 사귀게 되면, 공휴일에는 부족한 수면을 취하는 것 외에 나름대로 여가를 즐겼다. 1970년대 자료는 발견하지 못하여 1984년 성분도(St. Benedict)수녀원이 조사한 "경인지역 18세 이하 노동자 생활에 관한 설문조사 보고서"의 결과를 보면 여성노동자의 여가활동은 다음과 같다.

27.5% 도서관
23.6% 영화관
14.3% 전자오락실
7.1% 심야다방
3.3% 고고장 (정현백, 1985: 136)

이번 반도상사 노동자들의 여가활동을 조사한 결과 노조가 없었던

5) 일반적으로 '각성 아민'을 가리킨다. 화학구조가 에페드린과 흡사하고 아드레날린 등과 마찬가지로 교감신경에 작용하는데, 특히 중추신경계에 대한 흥분작용이 강한 점이 특색이다. 마취제·최면제와는 반대로 수면을 방해하고, 혈압을 올리며, 피로감을 없앤다. 신경증·우울증의 치료제로서 쓰이기는 하지만, 일종의 도취감을 일으켜서 습관성이 되어 만성중독으로서 환각을 일으켜 정신분열증에 가까운 증세가 된다. 제2차세계대전 중 독일 공군이 런던을 공습할 때, 조종사의 졸음을 쫓기 위해 벤제드린을 사용한 데서 유행하기 시작했다. 습관성이 강하여 한국에서는 1970년 '습관성 의약품 관리법'이 제정되어 각성제를 비롯한 여러 가지 습관성 의약품에 대한 제조·판매·사용 등에 관한 규제가 있었고, 그후 1979년 12월에 새로 '향정신성 의약품관리법'이 제정되었다. 타이밍 약은 이런 계통의 약이다.

1974년 이전에는 노동자들은 대부분 자신이 같이 일하는 라인의 노동자 친구들과 함께 고고장을 가거나 대학생과 미팅하는 사람들도 간혹 있었고, 남자친구를 동경했던 사람들 가운데에는 '청소년잡지'나 일반 대중잡지의 펜팔란에 있는 사람들 가운데 골라서 펜팔을 하던 사람도 있었다(오난섭 구술: 김귀옥, 2004). 1970년대 초반 인기 있었던 대중가수인 남진과 나훈아에 대한 자발적 응원단으로 동원되어 그들이 출연하는 극장에 가는 열성도 보였다(길옥순 구술: 김귀옥, 2004). 기숙사에서 생활했던 사람들은 기숙사 휴게실에 비치된 텔레비전에서 남진과 나훈아가 출연하는 채널을 서로 차지하기 위해 경쟁을 벌이기도 했다(한순임 구술: 김귀옥, 2003).

또한 드물게는 퇴근시간 후 시간을 이용하여 입시학원에 다니거나(한순임 구술: 김귀옥, 2003), 학업을 보충하기 위해 성당 등에서 하는 야학(길옥순 구술: 김귀옥, 2004)에 다니거나 피아노 강습을 받는 특별한 경우도 있었다. 또한 오난섭의 경우처럼 독서에 몰두하여 상급학교를 진학할 수 없었던 좌절에 대한 보상심리와 취미생활을 연결하는 경우도 있었다. 김진희처럼 고등학교를 졸업하고 사무직으로 입사한 경우에는 관리직 직원들과 어울려 테니스를 치는 경우도 있다(김진희 구술: 김귀옥, 2003).

특이한 경우로는 허성례에서 발견된다. 그는 소위 '움직이는 매점'으로 불렸는데, 그는 집안의 '가장역'을 맡고 있어서 임금 외의 더 많은 소득을 필요로 하여, 쉬는 시간이면 화장품이나 사탕, 도너츠와 같은 군것질거리를 회사 내에서 팔았다(허성례 구술: 김귀옥, 2003-2005). 작업장 내에서 그러한 사적인 매점 운영이 가능했던 것은 여성노동자들이 여성성을 내면화시키는 과정과 관련지어 볼 수 있다. 유점례에 따르면 "화장하는 사람들은 부지런해야 하잖아요. 아침에도 빨리 세면장에 가서 세면해야 되고 일찍 일어나야 되고, 부지런하지 않은 사람은 화장하고 다니겠어요. 화장하는 사람들은 열심히 하고 다니죠"(유점례 구술: 김귀옥, 2003)라고 하여 마음 속에는 좋은 남자를 만나서 이러한 현실을 탈피하겠다는 동기가 작용했던 것으로 보인다.

넷째, 회사 측에서는 근로기준법의 기본원칙들을 저버렸다. 반도상사에서는 법이 보장하고 있는 생리휴가나 퇴직금이 있다는 사실을 도외시했다. "생리휴가라든가 월차휴가라든가. 이런 거 휴가 같은 건 한번 낼라면은 되게 힘드니까"(길옥순 구술: 김귀옥, 2004; 허성례 구술: 김귀옥, 2003-2005). 더 심각한 문제는 퇴사하는 노동자들에게 전혀 퇴직금을 제대로 지급하지 않은 문제로서 노동조합이 설립된 직후에야 해결할 수 있었다. 또한 1971년 기숙사에 불이 나, 40여 명의 중상자들이 발생했을 때, 공장장은 다음과 같이 말했다.

> 누전으로 인하여 기숙사에 불이 나서 회사가 많은 손해를 입었지만 마음 **착한 사장님**께서는 여러분들을 불쌍하게 생각하여 분실 신고한 내용을 근거하여 보상을 해주는데 세 번에 걸쳐 나누어주겠노라(장현자, 2002: 33. 진한 글씨는 글쓴이 주).

당시 기숙사생들을 포함한 모든 노동자들은 사측의 처분을 '은전'으로 생각하여 감사하게 여겼다. 그들은 그야말로 생산성 향상을 지상 목표로 삼고 있는 자본가에게 일종의 생산품을 생산하는 기계와 같은 순종적이며 온순한 노동자의 전형을 보였다. 또한 반도상사 노동자들도 노조가 생기기 전에는 '즉자적 노동자'로서 일을 해서 돈을 버는 것만이 목표일 뿐, 자신이 노동자라는 자긍심보다는 수치심이 더 강했다. 또한 그들은 객관적 근로 조건이나 작업장 현실에 대해 비판적 인식을 하기는커녕, 자신의 가난이나 어려운 처지에 대해서 운명으로 받아들이거나 개인적 수준에서만 현재의 처지를 벗어나기 위해 노력했던 것으로 보인다. 또한 가부장제 이데올로기가 내면화되어 "여자 팔자는 남자 잘 만나는 데 달렸다"는 생각으로 자신보다 나은 계급의 남성을 만나는 데에 관심이 쏠려 있었다.

뿐만 아니라 대중문화에 휩쓸리며 대중문화의 즉자적 소비자로서 위치지어져 있었다.

이처럼 노동자들이 회사방침이나 지배이데올로기에 무의식적으로 순응했던 것은 여러 가지 원인이 있을 것으로 생각된다. 첫째, 대부분의 노동자들이 대개 국졸 정도[6]였고 10대 중후반이어서 노동자의 권리에는 무지했고, 대부분 근로기준법의 존재 자체를 몰랐다. 또한 농촌출신들이 많아 상대적으로 정치의식이 낮았던 데에도 기인한다. 다음으로 노동자들의 2/3 정도가 비슷한 업종의 다른 회사에서 반도상사로 이직했는데, 대부분의 회사들은 중소기업으로서, 대기업인 반도상사보다는 노동환경이 더욱 열악하여 반도상사의 몇 가지 장점이 돋보였던 점도 반도상사에 입직을 희망하는 유인기제가 되었다. 반도상사에 오기 전에 반도상사의 하청업체였던 어느 가발회사에서 일했던 한순임은 반도상사를 방문해보고 반도상사에 입직하겠다는 꿈을 품을 정도였다(한순임 구술: 김귀옥, 2003). 초창기 입사했던 허성례나 길옥순 등이 입사시험을 치를 당시에도 경쟁이 4:1 정도가 되어 떨어지는 사람도 많았다고 한다. 급기야 노동조합이 생기자, 반도상사는 4공단 주변 회사 노동자들의 선망의 대상이었다고 한다(유점례 구술: 김귀옥, 2003; 이혜란 구술: 김귀옥, 2003; 이순신 구술: 김춘수, 2003).

그렇다면 반도상사의 채찍에 당근이 되었던 문화적 코드는 무엇인가?

첫째, 상대적으로 형편이 나은 기숙사를 포함한 회사시설을 갖추고 있었다. 물론 장현자에 따르면 반도상사의 사정도 열악하기는 마찬가지이다. 한 예로 기숙사를 보면,

이때 기숙사 건물은 1, 2층을 모두 기숙사로 만들어 기숙생들은 800여 명이

6) 구술자들이 반도에 입직할 당시 학력 길이는 평균 8.25년으로 중학 중퇴 정도이다(김귀옥, 2004).

되었고 방 하나에 10-15명 인원이 생활했다. 기숙생들은 많이 늘어나는 데 비하여 세면장과 화장실은 그대로였다. 아침이면 좁은 세면장에 줄서서 기다리기 일쑤였다. 화장실은 불과 몇 곳밖에 없어 언제나 초만원을 이루었으며 특히 아침저녁이면 발을 동동 구르는 사람들이 한두 사람이 아니었다. 기숙사는 다다미방으로 되어 있었으며 방안에는 각자의 조그만 사물함이 하나씩 있는 것이 전부였다(장현자, 2002: 29).

이러한 기숙사일망정 당시 다른 회사에서 이직한 유점례는 그전 기숙사의 처참한 형편을 다음과 같이 증언했다.

하휴, 기숙사가- 그냥 막 넓은 운동장이고 이 벽에는 캐비넷이라 그러나? 1인당 하나씩 이만한 거 해갖고 죽 죽 붙어져 있어요. 엄청 많았어요. 그리고 잠을 자는데, 요, 요 가운데만 이렇게 통로가 비어있고 머리가 다 이쪽으로 오게 해갖고 이렇게 주루룩, 엄청 많이 있었던 거 같아요. 몇십 명이, 한 방이. (중략) 그래갖고 그 인제 아침에 일어나서 세면실이라고 그러나? 거기를 가면 일찍 못 가면 자리 차지를, 수도꼭지 차지를 못하는 거야. 그렇게 하여튼 뭐 바글바글, 바글바글 해. (중략)

하여튼 전쟁터였어요, 거기(이전 직장을 의미함)는. 씻는 데도 전쟁, 밥 먹는 것도 전쟁, 잠자는 것도 전쟁이야. 딱딱딱딱 붙어서 공간이 그렇게 많지 않았던 거 같애요. (중략) 하여튼 지옥같았어. 그러나 반도에 오니 모든 게 좋았지(유점례 구술: 김귀옥, 2003).

길옥순이나 이옥남, 허성례의 증언에서도 비록 반도상사가 식당을 사무관리직과 현장직을 분리하여 운영했던 문제는 있었지만 반도상사 자체의 식사 수준은 어느 회사보다도 좋았다고 한다.

둘째, 또 다른 유인제는 야근이나 철야작업시에 과외수당을 반드시 지급한 것이었다.

> 그렇지만 일당에서 8시간 근무 얼마에, 야근은 150% 철야는 50% 일요일 특근 250% 그건 분명히 지켰어요. 그렇기 때문에 사람들이 어떻게 보면 구름떼같이 이쪽으로 몰려오지. 그런 조건 그 당시에 다른 데는 일당 뭐, 월급 떼어먹는 경우도 비일비재했고… 다른 덴 더 나빴으니까… 여기는 상당히 좋은 편이었어요. 자료[7]에다는 다른데 안 들어간 사람들이 그렇게 쓴 거지… 다른 데 들어간 사람들은 괜찮다고 생각을 했으니까(허성례 구술: 김귀옥, 2003-2005).

또한 1970-1971년에는 하기휴가, 월동 보너스가 각 20%, 추석과 구정 보너스가 각 50%씩 지급되었다고 한다. 그밖에 다른 회사에서는 거의 발견되지 않는 '체육대회'나 '산업위문공연' 등이 회사 측에 의해 베풀어져 노동자들의 불만을 일 년에 한두 차례 푸는 기제로 삼았다. 그 외에도 반도상사는 당시 럭키화학에서 생산되었던 비누나 플라스틱 그릇류가 추석 같은 명절 보너스와 함께 지급(허성례 구술: 김귀옥, 2003-2005)되었던 것도 커다란 유인책으로 작용했던 것으로 보인다.

따라서 이미 언급한 대로 전반적으로 열악한 노동환경에 비하면 반도상사는 정규 일당 자체는 시세에 따르지만 야근, 철야근무, 일요일근무 수당은 비교적 잘 지켜진 편이다. 이러한 조건은 노조가 설립되기 전에 노동자들이 열악한 근로조건과 개인적으로 많은 불만이 있었음에도 불구하고 정부의 수출제일주의 정책과 그런 정책을 앞장서서 실현했던 회사 측의 방침과 함께 대부분의 여성노동자들이 이미 길들여져 있던 여성성에 순응하는 문화를 만드는 조건이 되었다.

7) 자료는 장현자의 『그때 우리들은』(2002)을 가리키는 말임.

4. 노동조합이 만들어진 후 새롭게 건설되는 노동자문화

'한 점의 불씨가 광야를 불사르다'

노동자의 손으로 노동조합을 만들었다고 개별 노동자의 전 인격이나 모든 삶의 방식이 바뀌지는 않을 것이다. 또한 모든 노동자들이 기존 삶의 방식이나 습관, 가치관, 의식·무의식을 일거에 바뀌지는 못할 것이다. 하지만 사주나 관리자의 말에 불평은 할지언정, 순응했던 사람들이 어느 날 그들의 말에 대한 정당성을 잃어버리고, 노동자도 권리가 있음을 깨닫게 되었을 때 그들은 종전의 자신으로 완전히 돌아가기는 힘들 것이다. 마침내 반도상사 부평공장이 그러한 급변을 직면하게 되었다.

순응적이고 무의식적인 문화가 1973년까지의 반도상사를 지배했다면 1974년 2월 말 이후 그곳에는 새로운 문화, 즉 자주적이고 의식적인 문화가 자리잡혀 갔다. 그 분기점에 반도상사 부평공장의 민주노동조합이 서 있다.

반도상사 민주노동운동사에 일획을 그은 계기는 당시 인천의 도시산업선교회(이하 산선)의 실무자였던 최영희와 부평공장에서 검사반장을 맡고 있었던 한순임과의 역사적 만남이었다. 1970년대 초반, 실패한 집안 사정과 자신의 꿈을 이룰 수 없음에 대한 불만과 그럼에도 불구하고 운명에 굴복할 수 없던 한순임의 성격으로 인해 그는 중등 진학의 꿈을 접는 대신 진학학원을 다니며 영어, 일어, 수학 등의 과목을 공부했다. 반도에 입사한 이후에도 독서를 하는 가운데 사회적 모순에 대해 차츰 눈을 떠가고 있었다(한순임 구술: 김귀옥, 2003). 때마침 어렵게 중, 고등학교를 거쳐 대학을 졸업하자마자 인천의 도시산업선교회에 노동운동을 하기 위해 투신한 최영희는 사회과학 서적과 세미나 학습, 인천 산선 인턴 과정에서 체득한 지식으로서 인천 4공단 주변에서 불씨를 키워나갔다. 1972년 12월 8일부터 3개월 과정으로 최영희가 개설한 '부평지역 여성지도자 리더십 교육'에 한순임이 합류하게 되었다(최영희 구술: 김귀옥, 2004).

교육은 프레이리의 '의식화 교육' 방식으로 진행되었다. 우선 최영희가 한국 노동자의 생활상이나 한국 정부 및 기업의 문제점 등을 설명한 다음, 그는 노동자가 노동현장의 사정을 얘기하고 스스로 문제점을 찾아나가도록 유도했다. 그는 그 노동자가 의식이 깨어가면, 직장에서 식사하거나 놀면서도 사회적 의식이 있을 만한 사람을 찾아내도록 훈련시켰다. 이러한 교육 과정을 가장 잘 소화한 사람이 한순임이었다고 한다(최영희 구술: 김귀옥, 2004). 한순임은 두 달이 되자 반도상사의 여성노동자, 스무여 명을 데리고 왔다.

그들은 노동문제를 통한 의식화 교육을 받아 마침내 1974년 2월 26일 거사를 일으켰다. 우여곡절을 겪은 후 1974년 4월 15일, 4공단에서는 삼원섬유에 이어, 두 번째로 민주노동조합이 만들어졌다. 물론 노동조합이 만들어졌다고 하여 저절로 작업장 분위기나 문화가 바뀌는 것이 아니다. 이러한 분위기는 다음과 같은 '의미화'의 과정 속에서 변화가 일어날 수 있었다. 변화를 가져오는 요인들과 현상을 짚어보기로 한다.

1) 페다고지 교육의 실천장

노동조합이 설립된 이후 가장 중요한 특성은 작업장 전체에 페다고지(pedagogy, 의식화 교육)의 확산이 일어났다. 프레이리에 따르면, 의식화(conscientizaçấo) 교육은 사회적, 정치적, 경제적 모순들을 인식하는 법을 배우고, 현실의 억압적 요소들에 맞서 행동하도록 하는 교육을 가리킨다(Freire, 2002(1970)).[8)]

---

8) 인간의 문제를 두고 의식화 과정을 통하여 사람이 변했다고 하여 과거의 모든 성격들이 완전히 사라졌다고 하는 단절론(break-down)을 주장하는 것이라기보다는 파열론(rupture)적 관점을 취한다. 다시 말해 인간의 변화는 과거의 요소나 성격들이 깔려 있으면서도 의식화 과정에서 새롭게 획득된 인식을 부단히 자기 의식화하는 과정이

한순임 지부장과 상무집행위원회는 우선 상집간부들을 철저하게 교육시켰다. 간부들의 교육비용은 대체로 조합비로 치러졌다. 그들이 교육받은 단체는 인천 산선과 1975년 설립된 크리스찬 아카데미, 한국 가톨릭 노동청년회(JOC),[9] 서강대학교 산업문제연구소,[10] 고려대학교 노동문제연구소, 섬유본조, 노총 주최 새마을교육 등이었다. 교육장소는 해당 단체 사무실이거나 교회나 성당, 부근 음식점, 여관, 자취집, 노동자의 자택 등 가능한 모든 곳이었다. 이들이 받은 교육내용은 노동문제에 한정되는 것이 아니라, 환경문제와 함께 통일 및 남북문제[11] 등도 포함되었다.

간부들의 교육이 어느 수준에 올랐을 때, 각 간부별로 평조합원, 즉 일반노동자들을 교육시켜 나갔다. 전체 노동자들을 대상으로 한순임 지부장이 직접 강의했다. 근로기준법은 전문가들로부터 교육받았다. 전문가들로부터 체계적으로 노동문제나 근로기준법 등을 강연 듣기 위해서나 노동조합 활동을 원활하게 하기 위하여 자체적으로 '소그룹'을 도입했다. 반도에는 30여 개의 소그룹이 있었고, 그 가운데 1981년 3월 해산총회 때까지 남아 있었던 것은 유숙형 등이 속했던 '사다리' 모임이었다.

그 전에, 허양 언니가 왜 '사다리 모임'이라는 모임이 금요일엔가 있었어요.

라고 본다.

9) JOC에서는 노동운동 외에도 양성운동, 대표운동, 봉사운동, 대중운동, 전교운동, 국제운동 등이 진행되었다(한국노동청년회, 1986). 지역 성당 단위로 소그룹 활동을 하도록 되어 있어서 같은 회사 노동자보다는 같은 지역에 속한 여러 집단, 개인들과 합류되어 서로의 경험을 공유하고 이해하도록 했다(이혜란 구술: 김귀옥, 2003). JOC는 1970년대 초부터 노동운동에 관심을 가졌으나 1970년대 중반 정부의 탄압이 심해지자, 차츰 인간개발교육 위주로 전환되었다(이동한, 1984).

10) 산업문제연구소는 바실 엠 프라이스(Basil M. Price, 1923-2004) 신부에 의해 1966년 설립되어 약 30여 년 간 노동자 교육과 노동조합 육성에 힘써왔다.

11) 허성례는 남북문제에 대해서는 백기완 선생이 강연했고, 내용이 대단히 인상적이었다고 구술했다(허성례 구술: 김귀옥와의 전화 면담, 2005.7.6).

> 언니는 '그래도 좀 알아야 된다'라고. 인제 앞으로 '산곡 1동 천주교회' 'J.O.C.' 사무실을 빌려가지고, 사무실을 빌려가지고 황영환 선생님한테 '근로기준법'을 계속해서 배웠어요. 막 없어질 무렵에. 근데 그거를 막 다 배우고 나니까 이렇게 깨지면 안 되는 건 거야. 그래가지고 그때도 계속 남아 있었지. 나중에 (XXX) 한테 그 얘기 했다 하면 '그때 당시 근로기준법에 대해서 제대로 모르고 알지 않았었으면 우리는 그때 거기 안 있었다'(유숙형 구술: 김귀옥, 2003).

유숙형 등은 사다리 소그룹에서 근로기준법을 배우면서 부당하게 회사측이 원하는 대로 퇴직금이나 받고 끝나면 안 된다고 생각하여 1980년 한겨울, 부당한 직장폐쇄에 대한 싸움을 전개했다.

당시 노동교육의 단골 강사로는 현장노동자 출신이기도 한, 산선 실무자, 황영환 선생이 단연 으뜸이었다. 황영환은 반도상사뿐만 아니라 동일방직, 삼원섬유, 등 인천의 주요 민주노조에 출강했다. 그는 당시의 경험을 바탕으로 알기 쉬운 노동문제 해설자료집인 『일하며 산다』(정암사, 150원, 1986) 시리즈 30권을 출간했다(황영환 구술: 김귀옥, 2003-2005). 뿐만 아니라 최영희, 신인령, 이원보 등과 같은 노동문제 전문가들의 명강의는 지금도 노동자들의 기억 속에 자리잡혀 있다.

한순임을 필두로 많은 여성노동자들이 노동자관을 갖게 되면서 그들의 삶은 180도로 달라졌다. 또한 1대 봉사부장이었던 허성례는 과거의 '화장품 장사'를 중단하고 노동문제 관련 서적이나 세계문학 서적 등을 도매로 구입하여 동료들이 읽도록 권유하는 사람으로 변신했다. 나아가 그에게는 '줄줄이사탕'이라는 별명이 있었다. 그는 소그룹을 만들기 시작하여 외부교육을 나갈 때마다 소그룹 구성원들도 같이 데리고 나갔기 때문이다. 가장의 입장에서 동생들을 공부시키기에 여념이 없었던 허성례는 인식의 전환이 오면서 '빨갱이', '도산회장'이라는 치욕을 받으면서도 올바른 노동자의 길을 걸어나갔다. 또한 이혜란은 가난하여 진학을 할 수 없었던 좌절감을 딛고 더 높은 소득을 얻고, 수입이 더 나은 직장에서 일하기 위해서 반도상사로 이직했는데, 반도상사에 입직 후 분위기는 마치 '대학'에 온 듯한 착각이 들 정도였다고 한다(이혜란 구술: 김귀옥, 2003). 연애소설이나 붙들고 작업장의 친구들과 거리를 두었던 오난섭 역시 근로기준법을 공부하고 더 넓은 세상을 접하면서 세상을 바라보는 관점뿐만 아니라 자신에 대한 자존심이 회복되었다(오난섭 구술: 김귀옥, 2004). 길옥순 역시 "소그룹으로 해갖고 교육을 많이 시켰기 때문에, 그, 사고가 좀 많이 바뀌었다"(길옥순 구술: 김귀옥, 2004)고 회고했다.

2) 의사소통 영역의 체계화

조직이 원활하게 기능하고 성장하기 위해서는 내부 구성원들이 의사소통을 할 수 있고, 내부세계와 외부세계를 성찰하고 문제제기할 수 있는 영역이 존재해야 한다. 이 영역을 하버마스의 '공공영역(public sphere)'이라고 할 수 있는데, 그러한 영역으로 역할 것을 노동조합이 소식지라고 할 수 있다. 반도노조는 부정기간행물 소식지인 ≪한마음≫을 자체 제작했다. 노동조합 지부장이 편집장인 ≪한마음≫은 1975년 2월 창간호를 시작으로 1980년 1월까지 간행되었다.[12]

처음 몇 호는 부정기간행물로 필사본으로 제작되었다가 4호부터 이철민(가명)[13]이 사실상의 편집위원장을 맡으면서 제법 체계를 갖추게 되었다. 15호까지는 한순임 지부장 역임기(1974.4.15-1977.3.25)에, 16호부터

---

12) 장현자 2대 지부장이 소장했던『한마음』의 일부를 기증받아 성공회대 노동사아카이브에 소장중이다. 소장본은 창간호, 2, 4, 5, 8 ,9 ,13, 16, 17, 19, 20, 23, 24, 25, 26, 27, 28호(1980. 1월 발간)임. 23호부터는 편집은 노동조합 교선부가 담당함.

13) 이철민 역시 1977년 3월 25일 총회에서 2대 지부장후보인 한순임을 지지했고, 선거일 직후 한순임 씨가 회사를 나가는 과정에서 같이 사직했다. 훗날 그는『늙은 노동자의 노래』(1987)라는 소설집을 내었고, 그 소설에서 그는 반도상사 노동자들을 몇 명을 모델로 삼기도 했다(이철민 구술: 김귀옥, 2003).

28호까지는 장현자 2대 지부장 역임기(1977.3.25-1980.4.8)에 발간이 되었고, 1980년 4월 8일, 3대 지부장 조금분 취임부터 1981년 3월 13일 해산총회를 하기까지는 간행되지 않았던 것으로 보인다.

처음 얼마동안 ≪한마음≫은 한순임 지부장의 인사말과 기행, 활동보

<그림 5-1> 반도상사 노조 소식지 ≪한마음≫ 창간호

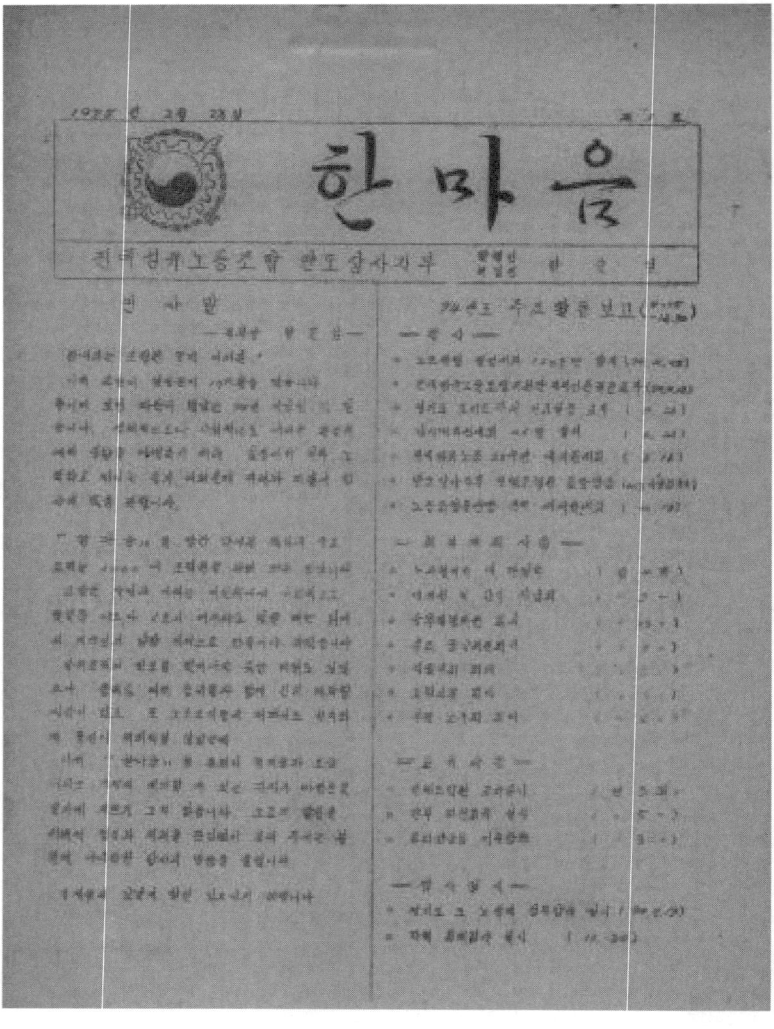

한마음

전국섬유노동조합 반도상사지부

인사말

주요활동보고

고, 노동문제, 외부 노동계 동향, 노동조합법 해설 등 계몽의 성격을 강하게 띠고 있었다. 차츰 자리를 잡으면서 노동자들의 수기와 활동상을 담은 글들이나, 다양한 견해들이 오고가는 장이 됨에 따라 명실상부한 공공역역으로서의 성격을 갖추게 되었다.

한 예로 ≪한마음≫ 8호(1976년 8월 2일자 간) 구성을 보면 다음과 같다.

<자료 5-1> ≪한마음≫ 8호(1976년 8월 2일자 간) 목차

1면 – 1976년 전국섬유노동조합 정기대회 보고
2면 – 새마을 교육을 수료하고
3면 – 우리 노동조합의 연혁, 노동교실, 교육 참석 보고
4면 – 가족계획 시청각 교육, 이런일 저런일, 하얀마음 (미담)
5면 – 부탁드립니다, 마음의 소리(금언), 신협소식 (신협 재무현황표)
6면 – 한마음 문예란: 안영환의 "미친 마음에서" (시), 신선옥의 "직장인과 학생으로서" (일기문)
7면 – 뜻있는 휴가를, 교육소감문 (크리스챤 아카데미 수료생 최경자)
8면 – 교육소감문 (계속), 유순옥의 "오늘과 내일을 살며" (시)
9면 – 최병열의 "다정한 '너'에게로"(시), 박귀자의 "인간적인 생활을"(수필)
10면 – 박귀자의 "인간적인 생활을"(수필)(계속), 유숙경의 "우리 주인 만세" (꽁트)
11면 – 유숙경의 "우리 주인 만세" (꽁트)(계속), 편집후기 (이택주 씀)

이 가운데 ≪한마음≫에 자주 기고를 했으나 한번 채택이 되었다고 하는 유숙형의 콩트, "우리 주인 만세"를 보기로 한다.

<자료 5-2> 우리 주인 만세

G/L 봉제실 망치[14)]

아침부터 두들김을 시작해서 두들김으로 하루를 끝마치는 내 이름은 망치랍니다. 나의 주인은 G/L 봉제실에서 일하는 꼬마 아가씨랍니다.

나의 주인은 나를 무척 아껴주고 있어요.

그런데, 어느 일요일 아침이었어요.

조회를 끝낸 사람들이 모두 자리로 돌아와 일을 하는데 내 주인은 아무리 기다려도 오지를 않았어요. 기다리다 못해 사방을 둘러보니 저쪽 직장님 앞에서 꾸중을 듣고 있는 사람들 틈에 우리 주인도 끼여 있는 것이 아니겠어요?

나의 주인은 어제 특근을 안했거든요.

주어진 휴일에 쉬었는데도, 왜 결근을 했냐는 꾸중을 듣고 있는 중이었습니다. 조금 후에 나의 주인은 화가 머리끝까지 나가지고 고무인형 같이 터덜터덜 걸어와서는 멍하니 서 있다가, 한참만에야 나를 잡더니 신경질적으로 두들기기 시작했어요.

(…)

오히려 내 머리에 입을 맞추며 이렇게 말을 하더군요.

"참는 거야 처음부터 참은 것 끝까지 참는 거야. 그리고 가난을 이기는 거야."

나의 주인의 그 굳센 말을 듣고 만세를 불렀습니다.

(…) 내 이런 믿음을 배신 않고 우리 주인은 분명히 모든 것을 극복하여, 잘 사는 꼬마 아줌마가 될 것입니다. 꼭 그렇게 될 것입니다(유숙형, 1976).

이 글을 쓴 유숙형은 1981년 3월 13일 반도상사 부평공장 노동조합 해산총회까지 남은 37명 가운데 한 명이다. 그는 얼마 되지 않아 인천 북구에 소재한 진영산업에 입사했으나, 반도상사 출신이라는 것이 밝혀지면서 1982년 2월 9일 이력서에 '반도상사'의 경력을 기재하지 않았다는 이유로 해고되었다(황영환, 1986). 그는 "노동자에게 해고는 최고형인 사형이나 마찬가지"라는 인식으로 법정투쟁을 벌였고, 외로운 싸움을 하는 그를 산선 실무자로서 교육을 준 황영환 선생과 동료 허성례가 도와주었다(유숙형 구술: 김귀옥, 2003). 그 싸움을 지지하고 다른 부당해고자들에게 반면교사가 되도록 황영환 선생이 펴낸 연작 책이 "노동문제사례분석" 1, 2인 『사장님, 저는 꼭 다시 와서 일하게 될 겁니다』(1986)와 『노동조합이라니, 맛 좀 봐야겠군』(1987)[15] 등이다.

아무튼 ≪한마음≫이라는 공간은 노동자 자신에 의해 만들어졌다는 점에서 가장 주목할 만하다. 그것은 노동자들에게 숨겨졌던 재기를 발휘하고, 개인화되고 수동적이었던 자신을 극복할 뿐만 아니라, 서로의 생각을 이해하고 공감하며, 노동자로서의 자부심을 형성하는 장이 되었다. 이러한 과정에서 노동자라는 수치심과 소극성이 많이 극복되어 자신이 노동자임을 당당하게 말할 수 있게 되었다고 한다.

이외에도 반도상사는 노동자들의 실태나 문제점, 불만 등을 정확하게 파악하기 위하여 수시로 여론조사를 하여 ≪한마음≫에 공개해 나가는 작업도 해나갔다.

3) 적극적, 주체적 문화의 형성

노동조합이 설립되면서 노동자들의 여가 개념이 바뀌게 되었다. 노동조합이 처음 만들어지고 소그룹이 결성되고 노동교육이 시작되면서 작업장 분위기는 그야말로 '혁명적 열기'로 넘쳐났다.

노동자에게 가장 먼저 바뀐 것이 동료 개념이 달라졌다는 점이다. 노동

14) '망치'는 유숙형 자신이 쓴 별칭임.

15) 이 책에는 허성례가 반도상사를 그만 둔 후 서광산업에 입사한 후 그가 만든 '상록회'라는 소그룹 모임이 문제가 되면서 회사로부터 부당해고 당하여 사측과의 긴 법정싸움을 하는 과정을 담은 글이 실려 있다.

조합이 생기기 전에는 노동자에게 같은 라인이 작업장의 시작이요, 끝이었다. 길옥순의 얘기를 들어보자.

> 소그룹 활동하면서 많이 인제, 언니[16]하고 교육받으면서, 많이 친했지, 그 전에는 부서가 달르니까, 그게 잘 안 되더라구요. 일하는 부서가 같으니까 인제 같이 밥 먹고 같이 어울리고 이렇게 하지, 부서가 달르니까 그게 쉽지 않죠(길옥순 구술: 김귀옥, 2004).

검사반장이어서 각 부서의 작업성과를 검사하고 다녔던 한순임조차도 대부분의 노동자들은 1974년 2월 26일 농성장에서 처음 보았다고 했다. 또한 '걸어다니는 매점'이었던 허성례를 노조가 만들어지기 전에 제대로 기억하는 사람은 거의 없었다. 그런데 노조가 생기고 나자 친구들을 사귀는 범위가 바뀌었다.

> '노조'를 만나게 되면서, 사람들 하고 다 어울리게 되는 거잖아요. 그러면 진짜, 지금 생각하면은, 어떻게 그게 참 가능했을까 싶은 게, 식당에서 밥을 먹어요, 식당에서 밥을 먹으면 매점에 또 가요, 매점에 가면은 누가 맛있는 거를 사면은, 나도 사고 너도 사고 이래가지고, 만찬이에요. 그거를 다 같이 막 먹고 수다 떨고, 그리고 일을 하면은 소화가 다 돼요(유숙형 구술: 김귀옥, 2003).

과거에는 작업장 분위기가 회사 측이 원하는 대로 재봉틀 소리와 대중가요, 반장이나 직장이 호통 치는 소리뿐이었다면, 이제 작업장에는 모임 소식을 적은 쪽지를 건네는 비밀스럽고 즐거운 분위기, 나중에 들어온 미싱사를 교육시키는 선참 시다[17]의 노동조합 교육이 나직이 흘렀다. 특

---

16) 언니란 허성례를 가리킴.

17) 이렇게 될 수밖에 없었던 반도상사의 독특한 사정이 있다. 앞에서 지적한 대로

히 노동조합이 처음 만들어졌던 한순임 지부장 시기에는 혁명적 열기로 가득 찼다.

이러한 변화된 노동자들의 관계를 접착시키는 역할을 했던 것이 토론문화였다. 상집간부들은 말할 것도 없고 평조합원들조차도 "토의를 했죠. 토의를 많이 하고, 독단적으로 하는 거는 거의 없죠"(길옥순 구술: 김귀옥, 2004)라고 인정하면서 토론문화가 노동자들 사이에 뿌리를 내렸다. 토론문화는 이론과 자신감이 부족한 노동자들을 단련시키고 당당하게 만들었다. 그것은 대의원총회나 노사협의회 회의과정에도 반영되었다. 노동자 스스로 대의원총회를 준비하거나 진행하는 것이나 노사협의회 회의를 진행하는 것 자체도 산선이나 노총교육에서 배운 것만으로 부족하고 현실에 적합한 사고와 전략을 구사해야 했다. 1975년 반도상사에 관리직으로 입사한 안경호는 노동자들이 회의하는 문화를 보고 '노동자도 참 저렇게 바뀌는 구나'라고 감탄했다고 한다(안경호 구술: 김귀옥, 2005).

> 그러니까는 노사협의회라고 하는데 회의를 임하는 준비, 안건, 의사 결정해나가는 과정, 내용의 수준, 그 다음에 노동조합이 종업원들에게 이야기하는 꺼꿀로(거꾸로) 이렇게도 하자, 설득을 시키고 그 편만 갖고 와서 하는 것도 있지만은 충분히 하면서 하고, 그 다음에 노동조합 상위단체에 대해서 대항하는 거나 다른 주변에 하는 것을 봤을 때 한편 어떤 면에서는 감정, 적대감정이라 할까? 어떤 면에서는 좀 아, 골치 아픈 존재라고 느끼기도 했지만은 이런 거 저런 거 할 때 보믄 '아, 정말 노동조합이라는 건 필요하구나. 건전한 노조가 바로 이게 그래서 하는 이야기구나' 하는 것을 실감을 할 수 있었다는 얘깁니다.

1973, 1974년경 과거의 가발부서가 모두 해체되고 의류제조부서로 바뀐 것과 관련이 있다. 기존 노동자들의 상당수는 퇴직했고, 남아 있던 가발부서 노동자들은 재봉틀질을 주로 하는 의류제조부서에서 기초부터 배워야 하는 시다가 되어야 했다. 대표적인 경우가 유숙형이다. 유숙형은 A급 미싱사인 이혜란으로부터 재봉기술을 배우는 한편, 노동자 의식화 교육을 시키는 선배역을 톡톡히 했다(유숙형 구술: 김귀옥, 2003; 이혜란 구술: 김귀옥, 2003).

> 그거는 회사측의 입장을 잘 받아주고 이해해주고, 또 흔히 얘기하는 어용노조의 활동을 했다라고 하는 느낌을 받을 수도 있는 오해의 소지도 있지만 그런 게 아니고, 우리도 반성할 게 있고 회사측에서도, 또 이 일을 하는 간부도 아, 이거 한두 번은 막말로 거짓말을 하드래도 이렇게 해서는 안 되는구나 하는 그런 입장에서, 사람이 얼굴이 있고 체면이 있고 낯 뜨거우믄 그게 어떻게 계속 유지될 수 있습니까? 한번 거짓말을 하드래도? 그런 측면에서는 노동조합도 한순임 씨 때에는 참 건전하게 왔고, 또 회사측에서도 많이 반성해서 변화가 되어갔고. 계속 얼렁뚱땅 할 수가 없었다. 그런 면에서는 참 좋았는데(안경호 구술: 김귀옥, 2005).

한순임이나 상집간부들은 탄탄한 토론문화에 적응해가면서 관리직 직원으로부터 반성을 이끌어낼 정도가 되었다.

또한 여가와 교육이 겸해진 야영 모임들이 생겼다. 여름 휴가철에는 상집간부와 대의원이 중심이 된 "여름 조합간부 야영훈련"이 진행되었다. 그 개요를 "노동조합이 안고 있는 내외의 문제점을 중심으로 제 측면에서 다양하게 검토하여 교육을 실시함으로써 그 목표를 달성하려는 데 있다"로 밝히고 프로그램은 '그룹토의'와 '워크숍', '친교의 시간', '5분 발언' 등으로 구성되었고, 수영강습회나 오락, 명상, 캠프파이어, 영화관람 등과 같은 여흥을 즐겼다. 특히 이 과정에서 관람한 찰스 디킨스(Charles Dickens)의 원작을 바탕으로 한 <위대한 유산>과 같은 영화는 오난섭에게 깊은 인상을 남겼다(오난섭 구술: 김귀옥, 2004).

다음의 사진은 여름 야영훈련 중 교육 모습이다.

과거에는 회사 측이 마련해줘서 혜택을 입었던 여가문화가 노동자 자신이 만드는 창조적 성격으로 바뀌었다. 노조가 없을 때에는 야근, 일요일 특근 등 수당을 조금이라도 더 받기 위해 여가도 없이 기계처럼 일을 했다면, 이제 노조가 생기고 나서 인간으로서의 의미를 느끼게 되었다. 그들은 인간으로서 빼앗긴 권리를 찾아 단협 때에는 임금협상에 힘썼다.

<그림 5-2> 반도상사 노조대의원의 여름 야영교육

또한 교육의 기회가 있으면 서슴지 않고 배움터로 나갔으며, 여가를 주체적으로 즐기기 시작했다.

또한 봄에는 야유회가 벌어져 지부장의 개회사를 시작으로 하여 노래하고 오락을 즐기며, 가을에는 사내체육대회를 벌였다. 특히 사내체육대회는 노조가 만들어지기 전에도 있었는데, 노조가 만들어진 직후 사측에서는 체육대회를 노조파와 회사파로 분열시키는 장으로 활용하려고 했다(한국기독교교회협의회·한국교회산업선교 25주년기념대회, 1984: 305).

이런 행사장에서는 노동자들이 수시로 노래를 불렀다. 종래 남진파, 나훈아파 하면서 싸우던 노동자들이 이제는 수많은 기존 가요들을 직접 '노가바'(노래바꿔부르기의 준말)하여 불렀다.[18] 그들이 노가바한 노래들 가운데 하나를 보면,

---

18) 1974년 2월 26일, 첫 분규 당시 한순임이 '무찌르자 오랑캐'곡을 직접 노가바하여 노동자의 열악한 현실을 호소하는 노래를 했는데, 한순임이 이러한 재능은 일찍이 가수지망생이었다는 데서 비롯된다(한순임 구술: 김귀옥, 2003).

<자료 5-3> '늙은 군인의 노래' 노가바

1. 나 태어나 반도상사에 조합원 되어
비정과 투쟁 속에 어언 6년간
우리의 임금인상은 최저의 생계비인데
우리 굳게 뭉쳐서 이기고야 말리라
아! 자주 오를 물가고 걱정에
우리 모두 단결하여 끝까지 투쟁하자

2. 나 태어나 이 공장에 노동자 되어
100억불 수출증대 앞장섰건만
대가를 받았는가 무엇이 좋아졌느냐
허리띠 졸라 메도 보리죽도 어려워
아! 생계비 올려라 굶어죽겠다
(구호식으로) 강철같이 단결하여 싸워 이기리라

(개사는 1980년으로 추정)

보다 적극적인 노동자문화가 노동자들에게 수용되었다. 1977년 12월에는 반도상사에 '연극반', 이듬해에는 '탈춤단'이 만들어졌다. 처음 연극반이나 탈반이 만들어지는 데에는 외부 전문가들의 힘을 필요로 했다.

연극반의 경우

반도가 그때는 조합이 좀 안정되어 있을 때라 얘—반도에 여동생을 가리킴—가 들어왔을 때는. 소모임을 많이 했어요. 동아리 모임. 그래서 그 때는 클럽이라고 했는데. 동아리 소모임을 많이 했었고 얘가. 연극부에 들어갔었어요. 노조에서 하는. 그래서 거기서 신랑을 만났어요. 노조에서 하는 그 연극부에 강사로 온 분 신랑으로 만나서 그분이, 그 우리 제부가 서울대 출신인데 연극반출신인데 지금 (부평)남구청장이에요. (…) 연우초반 출신이었고, 민청학련 초반출신이었고. 김근태 씨하고 같이 그쪽이에요. 그래서 그때 도망 다니는 중에 수배당했을 때 반도를 알게 돼가지고 반도에 연극부 모임에 지도하러 왔었어요. 교육을 하러 온 거죠, 공순이들한테(이혜란 구술: 김귀옥, 2003).

탈춤반의 경우

그래가지고 누군가 (탈반에 가입하도록) 권했는데, 그때 당시 부지부장, 저기 허양 언니 말고 오순경이라고 또 있었어요. 오순경 씨가, 그거를 지도를 하면서, 계속 배운 게. '갈산동 천주교회 성당' 지하에선가 그걸 배웠었어요. 거기서부터 막 배우고…. 그 집이 농사를 지었었는데, 그 집 쌀하고 김치하고 맨날 갖다 밥해먹고. 그때 그 '서울대' 학생들이 세 명이 같이(…) 막 가르켜줬었는데, 그때는 그냥 뭐를 진짜, 애타게 배워서 (…) 장고라도 배우고 뭐라도 배우고 그랬었는데. 그냥 다니는 게 좋은 거야. 그냥. 사람 만나는 게 좋고, 다니는 게 좋고 그러니까, 그냥 따라다녔어요(유숙형 구술: 김귀옥, 2003).

유숙형은 탈춤단에서 배운 재기를 반도상사 내의 문화행사뿐만 1980-1981년 직장폐쇄로 고초를 겪던 노동자들을 위로하는 데 이용했다. 유숙형을 포함한 노동자들은 서로 의기를 북돋우고 격려하기 위하여 1981년 가을, 인천 부평1동 성당에서 '노동자 떡잔치'를 열었다. 이때 탈춤단원들이 직접 대본을 만들어 탈춤공연을 했다.

이렇게 숨어 있던 기량들이 적절한 시기를 잘 만나 창조적 문화를 만들어냈다. 그 기량은 '조합원의 잔치'에서 분출되었다. 그 잔치는 1977년 12월 23일 처음[19] 열려 1979년까지 세 차례에 걸쳐 열렸다. 잔치 행사를 치르는 데에는 성낙인, 송광식, 김금화, 김윤신, 오순경, 이혜란, 유점예, 정경화, 길옥순, 유숙경 등이 앞장섰다.

---

19) 허성례에 따르면 '조합원의 잔치'가 생긴 배경은 1977년 3월 4회 대의원 총회에서 한순임 전지부장이 떨어지자 작업장 분위기가 분열적인 조짐이 있어서 화합하고 단결하자는 취지에서 만들어졌다고 한다(허성례 전화 인터뷰; 김귀옥, 2005.7.6).

1979년 '조합원의 잔치' 초청장과 공연하는 모습을 보면 다음과 같다.

<그림 5-3> 조합원의 잔치' 초청장

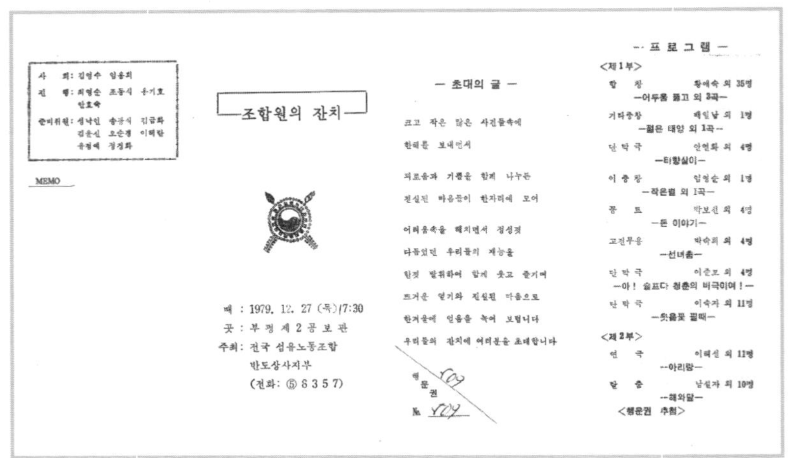

사 회: 김영수 임용희
진 행: 최영순 조동시 윤기호
안호숙
준비위원: 성낙인 송광식 김금화
김윤신 오순경 이해란
유정애 정정화

MEMO

조합원의 잔치

때 : 1979. 12. 27 (목) 7:30
곳 : 부평 제 2 공보관
주최: 전국 섬유노동조합
반도상사지부
(전화: ⑤ 8 3 5 7)

— 초대의 글 —

크고 작은 많은 사건들속에
한해를 보내면서

괴로움과 기쁨을 함께 나누든
진실된 마음들이 한자리에 모여

어려움속을 헤치면서 정성껏
다듬었던 우리들의 재능을
한껏 발휘하여 함께 웃고 즐기며
뜨거운 열기와 진실된 마음으로
한겨울에 얼음을 녹여 보렵니다
우리들의 잔치에 여러분을 초대합니다

행운권
No.

— 프로그램 —

<제 1 부>

합창 황애숙 외 35명
—어두움 뚫고 외 3곡—
기타중창 배일남 외 1명
—젊은 태양 외 1곡—
단막극 안연화 외 4명
—타향살이—
이중창 임영순 외 1명
—작은별 외 1곡—
콩트 박보선 외 4명
—돈 이야기—
고전무용 박숙희 외 4명
—선녀춤—
단막극 이춘모 외 4명
—아! 슬프다 청춘의 비극이여!—
단막극 이숙자 외 11명
—웃음꽃 필때—

<제 2 부>

연극 이혜선 외 11명
—아리랑—
탈춤 남선자 외 10명
—해와달—
<행운권 추첨>

<그림 5-4> 반도상사 노동자공연의 한 장면

1970년대 후반 반도상사 인천공장 문예의밤, 인천시 공관에서 (유점례제공)

공연의 내용은 1980년대 이후 문화공연처럼 역사적 인식이나 사회에 대한 높은 비판의식을 반영하고 있지는 않지만, 자신의 처지를 절감하면서도 좌절하지 않고 희망하는 언어로 빚어진 노동자들의 자주적 의식이 십분 담겨 있다.

5. 반도문화의 특성과 한계

12년의 반도상사 부평공장의 운영과 7년의 짧은 노조활동 속에서 역동적이고 풍부하며 아기자기조차 했던 반도상사의 노동자문화에는 몇 가지 특성과 한계가 보인다.

첫째, 그들이 스스로 노동조합을 설립한 후 7년간 만들어온 노동자문화에는 노동자들의 자주적이며 민주적 문화와 의미가 십분 담겨 있다. 자주의식의 발현은 노동자들의 민주적 기량을 발견하고 훈련시키고 강화하는 데에는 큰 힘이 되지만, 외부 지원을 받는 데에는 상대적으로 경계심이 컸다. "대학생이건 누구건 외부사람들에 대해 낯가림 많이 해요"라는 이혜란이나 유숙형의 지적처럼 노동자 자주의식의 고양과 반비례하는 요소가 있었다. 한순임의 경우에도 노조를 만들 초창기, 인식론적 전환을 하는 문제뿐만 아니라, 파업이나 회의, 노동조합을 운영하는 방법의 기초적인 지식을 산선으로부터 배우지만, 곧 바로 산선과 거리를 두었다. 그는 다소 실용주의적 경향을 취하여, 필요하다면 노총이건 산선이건 모두 협력을 구하겠다는 자세로 나온다.[20] 이러한 자세는 1977년 이후 한순임과 교감이 거의 없었던 허성례를 비롯한 이번에 면담했던 여러 반도상사 노동자

---

20) 이 점은 원풍모방의 박순희 부지부장에게서도 발견되는 공통점이다. 노동자의 자주의식을 무시하는 한 산선이나 JOC, 크리스천 아카데미, 지식인 집단도 제 역할을 못한 것이라고 평가한다(박순희 구술: 김귀옥, 2004-2005).

에게서도 발견되는 공통점이다.

이는 1970년 전태일 씨의 분신 사건 이래로 노학 연대가 서서히 일어났지만, 아직 1970년대 중, 후반 노학 연대의 영향력이 멀었던 탓인지, 지식인의 '존재이전'의 태도에 문제가 있었던 것인지 더 연구할 필요가 있다.

둘째, 자매애의 전형과 함께 창조적이지만, 비근대적인 여성상을 발견할 수 있다. 원풍모방 부지부장이었던 박순희는 허성례가 중심이 된 반도상사 노동자들을 일컬어 '줄줄이 사탕'이라고 부른다. 외부 교육이나 행사에 참여할 때면 다른 민주노조들의 집행부에서는 대표로 한두 사람을 보내지만, 반도상사에서는 여러 사람들이 참여한다고 하여 붙여진 별명이었다. 그러한 가운데 나타나는 특성 가운데 또 하나는 이번에 면담했던 반도상사 노동자들 중 대부분이 술, 담배를 즐기지 않는다는 공통성이 있다. 이 점은 원풍이나 콘트롤데이타 등의 노동자문화와는 차이가 있다. 두터운 자매애에 기초하여 자신의 독특한 문화를 만들어낸 한편, 전통적인 여성상도 남아 있다. 많은 노동자들이 1980년 전후하여 작업장을 떠나게 되는데, 그것은 혼인연령이 꽉 찼던 조건과도 맞물린다. 심지어 임신 후 출산과정에서 근로기준법이 허용하는 60일 산후휴가를 찾아 씀으로써, 새로운 여성노동자상을 세웠던 길옥순조차도 육아문제로부터 자유롭지 않음으로써 결국 직장을 떠나게 된다.

이 점은 이들에게 뿌리 깊은 가부장제 이데올로기가 내면화되어 있던 탓도 있으나, 사회 전체의 가부장제도와 문화로부터 자유로울 수 없는 개인의 한계와 여성이나 가족을 위한 사회보장제도가 불비했던 사회적 조건에서 나오는 피치 못할 한계라고 할 수 있다.

셋째, 회사나 국가에 대한 타협적인 모습도 나타나고 있다. 반도상사 노동자들을 면담하는 가운데, 전반적으로 경제주의적 관점이나 반공이데올로기를 내면화하고 있는 경향을 발견하게 되고, ≪한마음≫에도 간혹 그러한 흔적을 발견하게 된다. 예를 들면 원풍모방 노동자들은 노총에서 실시하는 새마을교육이나 노사협의회에 참여하지 않았다. 박순희에 따르면 '모름지기 민주노조라면 새마을교육이나 노사협의회에는 참여해서 안 된다'고 강조했다(박순희 구술: 김귀옥, 2004-2005). 그러나 한순임 지부장 이래로 회사에 대해 비타협적 노선을 취했던 장현자 지부장도 노사협의회나 새마을교육에는 참가했다. 이 점에 대해서는 여러 사업장들을 비교하여 그 원인과 조건 등을 고찰할 필요가 있다.

6. 맺음말: 우리는 살아 있다

자주성과 민주성, 자매애, 창조성으로 빛나는 반도상사의 노동자문화의 현재적 의미는 무엇일까? 반도상사 노동자들은 1981년 3월, 작업장이 폐쇄되고 회사가 문을 닫고 노동조합이 해산되면서 어떤 상태에 처하게 되었을까? 여러 노동문제 전문가들이 평가하듯 1970년대 반도상사의 민주노조운동과 노동자들의 경험은 1987년 노동자대투쟁에 전혀 자양분이 되어 역사적으로 연결되지 못한 채, 노동운동의 섬에 남아 있는 것일까?

무엇보다도 주목해야 하는 것은 반도상사의 핵심 간부들이나 대의원들이 1980년대 작성된 블랙리스트에 올라가 있다는 사실이다. 한 예를 들면 1980년대 성남지역에서 발견된 '블랙리스트'에는 유점례가 올라 있다. 다시 말하면 공식적으로 그들은 생계줄이 끊어진 것이다.

그럼에도 불구하고 허성례나 유숙형은 반도를 떠난 후에 1980년대에도 계속되는 노동자로서의 신고한 삶을 살면서도 부당한 사측의 대우에 조직적으로 혹은 개인적으로 비타협적인 법적 투쟁을 했고, 다른 노동자들에게는 소모임을 모아, 근로기준법을 해설하며 노동자의 권리와 의무에 대한 각성을 주었다. 또한 유숙형은 지역운동이나 소비자모임 운동도 했다.

또한 결혼하여 성남으로 갔던 장현자나 유점례는 노동자나 빈민층을 위한 탁아소를 열면서 지역운동을 했다. 그 후 대전으로 이사간 장현자는 도서관을 중심으로 한 지역공동체운동과 환경운동을 하면서 시의원이 되기까지 했다. 이혜란 역시 결혼한 후에도 노동운동의 뜻을 꺾지 않았다. 그런데 계속 노동운동을 하여 수배생활을 장기간 했던 남편으로 인해 본격적인 노동운동은 접는 대신, 지역운동을 계속하면서 현재는 인천에 빈민 아동을 위한 공부방을 관리하고 있다.

한순임 파로 분류되어 반도상사 내에서 고통을 겪었던 김진희 역시 인천부평지역 공동체운동의 상근활동가로 일하고 있고, 이철민은 현재도 섬유연맹의 활동가로 맹활약을 하고 있다. 한순임 역시 회사원 간부직으로 활약하고 있다.

과연 이들을 두고 1970년대 민주노조운동은 1980년대 이후 무관하거나 연결이 약한 성격이라고 단정 지을 수 있을까? 오히려 이들은 우리 사회 광범위한 민주화의 지지, 또는 주도 세력이 되어 오늘도 그 의미를 발하고 있다.

또한 그들은 해마다 한 번씩 연말이 되면 '반도인의 밤'을 열어 서로의 안부를 확인하고 고민을 나누며, 상호부조하고 있다.

따라서 반도상사 여성노동자들에게 있어서 노동과정에서 획득한 노동자 정신과 인간성은 1981년 반도상사 부평공장이 해체된 후 사라지는 것은 아니다. 때로는 노동운동과정에서 때로는 민주화운동 과정에서 또 때로는 인간으로서 사는 과정에서 의식이 살아 있는 자각적인 인간으로서 살아가도록 추동하는 힘이자, 동기로서 내면화되어 오늘에도 공명되고 있다.

|참고문헌|

LG50년사 편찬위원회. 1997.『LG50년사』. LG.

LG상사50년사 편찬위원회. 2003.『LG상사 50년사: 1953년 ~ 2003년』. LG상사.

권진관. 2005.「1970년대의 산업선교 활동과 특징: 2세대 산업선교 실무자들을 중심으로」. 한국기독교역사연구소 엮음.『한국기독교와 역사』, 제22호.

경제기획원 조사통계국. 1979.『경제활동인구연보』. 경제기획원.

기독교도시산업선교회. 1974. 12. 20.「여성 근로자의 권익 투쟁기」. 반도상사노조 소장자료.

김귀옥. 2004.「1960, 70년대 의류제조업 노동자 형성과정: 반도상사(부평공장)의 사례를 중심으로」.『경제와 사회』, 제61호(봄호).

김금수. 1989.『한국노동운동의 현황과 과제』. 과학과사상.

김재원. 1996.『한국의 노동문제와 노사관계 정립방안』. 한국경제연구원.

김희영. 1977.「근로여성의 현황」. 한국여성단체협의회 엮음.『여성』, 4월호.

노동청. 1978.『노동통계연감』. 한국노동청.

매일경제사. 2000. 6. 1. "재벌 흥망사..35년전 100대기업 10여사만 명맥". ≪매일경제≫.

박기남. 1986.「여성노동자들의 의식변화 과정에 관한 한 연구: 1970년대부터 1980년대 중반까지」. 연세대학교 대학원 사회학 석사학위논문.

반도상사 노동조합 소장.『반도내부자료』.

박해광. 2003.『계급, 문화, 언어』. 한울.

신병현. 1995.『문화, 조직 그리고 관리』. 한울.

_____. 2004.『노동자문화론』. 현장에서 미래를.

신인령. 1985.「한국의 여성노동 문제」. 박현채 외.『한국 자본주의와 노동문제』. 돌베개.

신인령. 1991[1987].『노동법과 노동운동』. 일월서각.

유숙형. 1976.「우리 주인 만세」.『한마음』, 제8호.

이동한. 1984.「노동교육의 측면에서 바라본 야학소사」.『일터의소리 I』. 지양사.

이원보. 2004.『경제개발기의 노동운동/1961～1987』. 지식마당.

이태호. 1984.『불꽃이여 이 어둠을 밝혀라: 70년대 여성노동자의 투쟁』. 돌베개.

장현자. 2002.『그때 우리들은』. 한울사.

전순옥. 2004.『끝나지 않은 시다의 노래』. 한겨레신문사.

정인 엮음. 1985.『노동조합운동론』. 거름.

정현백. 1985. 「여성노동자의 의식과 노동세계」. 『여성』 1. 창작과비평사.
조승혁·황영환 엮음. 1986. 「누구를 위해 법이 존재합니까: 민주노조운동으로 오갈 데 없어진 봉제공 유숙형씨 사례」. 『사장님 저는 꼭 다시 와서 일하게 될겁니다』. 정암사.
조승혁·황영환. 1986. 『사장님, 저는 꼭 다시 와서 일하게 될겁니다』. 정암사.
_____. 1987. 『노동조합이라니, 맛 좀 봐야겠군』. 정암사.
한국기독교교회협의회·한국교회산업선교25주년기념대회. 1984. 『1970년대 노동현장과 증언』. 풀빛.
한국기독교산업개발원 편. 1986. 『일하며 산다』(시리즈 30). 정암사.
한국노동청년회. 1986. 『한국 가톨릭 노동청년회 25년사』. 한국 가톨릭 노동청년회.

Freire, Paulo. 2002(1970). 『페다고지』. 남경태 옮김. 그린비.
<성공회대학교 노동사 Archives 소장 자료>
김귀옥. 2003. "김진희 구술" 녹취문. 『한국 산업노동자의 형성과 생활세계』. 성공회대학교 사회문화연구소.
_____. 2003. "유숙형 구술" 녹취문. 『한국 산업노동자의 형성과 생활세계』. 성공회대학교 사회문화연구소.
_____. 2003. "유점례 구술" 녹취문. 『한국 산업노동자의 형성과 생활세계』. 성공회대학교 사회문화연구소.
_____. 2003. "이혜란 구술" 녹취문. 『한국 산업노동자의 형성과 생활세계』. 성공회대학교 사회문화연구소.
_____. 2003. "조은영 구술" 녹취문. 『한국 산업노동자의 형성과 생활세계』. 성공회대학교 사회문화연구소.
_____. 2003. "한순임 구술" 녹취문. 『한국 산업노동자의 형성과 생활세계』. 성공회대학교 사회문화연구소.
_____. 2003~2005. "허성례 구술" 녹취문. 『한국 산업노동자의 형성과 생활세계』. 성공회대학교 사회문화연구소.
_____. 2004. "길옥순 구술" 녹취문. 『한국 산업노동자의 형성과 생활세계』. 성공회대학교 사회문화연구소.
_____. 2004. "오난섭 구술" 녹취문. 『한국 산업노동자의 형성과 생활세계』. 성공회대학교 사회문화연구소.
_____. 2004. "이옥남 구술" 녹취문. 『한국 산업노동자의 형성과 생활세계』. 성공회대학교 사회문화연구소.

_____. 2004. "인천산선 실무자 최영희 구술" 녹취문. 『한국 산업노동자의 형성과 생활세계』. 성공회대학교 사회문화연구소.

_____. 2003-2005. "인천산선 실무자 황영환 구술" 녹취문. 『한국 산업노동자의 형성과 생활세계』. 성공회대학교 사회문화연구소.

_____. 2004-2005. "박순희 구술" 녹취문. 『한국 산업노동자의 형성과 생활세계』. 성공회대학교 사회문화연구소.

_____. 2005. "안경호 구술" 녹취문. 『한국 산업노동자의 형성과 생활세계』. 성공회대학교 사회문화연구소.

김춘수. 2003. "이순신 구술" 녹취문. 『한국 산업노동자의 형성과 생활세계』. 성공회대학교 사회문화연구소.

장미경·김귀옥. 2004. "장현자 구술" 녹취문. 『한국 산업노동자의 형성과 생활세계』. 성공회대학교 사회문화연구소.

제6장

산업화기 한국사회 빈곤계층의 모성실천

딸들의 구술을 중심으로

김순영(성공회대 사회문화연구원)

1. 들어가며

누군가의 딸로 태어난 모든 여성들은 미래의 어머니로서의 규정과 훈육 속에서 성장해가게 된다. 어머니가 되는 것은 선택이 아니라 당연히 그렇게 해야 할 의무라고 이야기되고 어머니가 되지 않는 여성은 가혹한 사회적 비난을 감수해야만 한다. 또 모든 여성은 타고난 심성(natural talent)으로서의 모성애를 가진 존재로서, 자녀에 대한 무한한 애정에 기초하여 뼈가 부러지도록 헌신하는 것이 어머니로서의 정상성이라고 배운다.

그리고 이와 같은 모성이데올로기는 현실의 어머니들의 모성실천을 재단하고 평가하는 기준으로 작용한다. 어머니는 언제나 자녀의 욕망과 요구에 대응할 준비태세를 갖추고 자녀의 주변을 지키고 있어야 하며, 자녀의 성공과 행복을 위해서라면 무슨 '짓'이라도 할 수 있는 자세로 무장하고 있어야 한다. 그리고 이와 거리가 있는 어머니의 모습은 사회로부터 비난받기 이전에 남편과 자녀로부터 비난[1]받게 되고 어머니의 가족

1) 필자는 고교 시절에 장래의 희망으로 현모양처가 되겠다고 말하던 시기가 있었다. 그런데 그 시기 필자가 어머니가 되겠다고 생각한 적은 한 번도 없었다. 필자가

내 지위와 권한을 약화시키는 요인이 되기도 한다.

그러나 사실 조금만 주변의 이야기에 귀기울여보면, 40대 이상의 한국 여성들이 경험한 현실의 어머니 중 많은 사람들은, 2000년대의 한국을 지배하는 모성이데올로기와는 매우 다른 어머니 노릇을 했었음을 알 수 있다. 또 그 어머니들이 속한 경제적 계층과 학력, 거주지역, 가족관계를 포함한 가족상황 등에 따라 우리 어머니들의 어머니 노릇에 상당한 정도로 차이가 있다. 뿐만 아니라 같은 어머니가 아들과 딸에 대해 매우 다른 어머니 노릇을 하는 일도 그리 드물지 않다.

한국의 젠더 연구에서 모성연구가 본격화된 지 10여 년이 지났다. 하지만 기존연구들에서 식민지 지배와 전쟁으로 폐허가 된 현대 한국사회에서, 특히 "목구멍에 풀칠하기에 여념이 없어 한가하게 애나 끼고 앉아 있을 여유는 없었"을 빈곤계층 여성들의 어머니 노릇에 관한 연구관심을 찾기는 어렵다. 이 연구는 이와 같은 기존연구의 공백을 보충하기 위해, 전후 혼란기와 산업화 초기의 빈곤계층 여성의 어머니 노릇(모성실천)을 분석하고자 한다. 특히 이 논문은 아들의 어머니와 딸의 어머니가 매우 다른 모습으로 존재했을 수 있다는 문제의식을 가지고 딸들의 구술에 나타난 어머니 노릇을 분석하겠다.

논문의 구성은 다음과 같다. 먼저 2절에서 선행연구(한국사회 모성에 관한 역사적 연구)를 검토하고 3절에서는 이 논문이 분석대상으로 삼는 구술자료에 대해 소개한다. 4절에서는 딸들의 구술에 나타난 어머니의 모성실천을 몇 가지의 전형적인 모습으로 나누어 분석한다. 마지막 5절에

꿈꾸던 미래의 생활상은 한밤중에 무거운 책가방을 들고 도서관에서 나오면서 별이 총총한 하늘을 쳐다보며 뿌듯한 웃음을 짓는 모습이었고, 휴일에는 혼자서 망중한을 즐기는 것이었다. 필자는 자신의 어머니의 모성실천이 현모양처의 그것이 아니라는 점 때문에, 현모양처가 되겠다는 말로 어머니를 비난하고 싶었던 것이었다. 필자가 자신의 어머니에 대해 다시 생각하게 된 것은 대학에 와서 페미니즘을 공부하기 시작하면서부터였다.

서는 논의를 정리하고 이 연구의 시사점과 후속과제에 대해 언급하겠다. 또 이 논문에서 사용하는 모성실천이란 초기 양육기의 양육에 국한되는 것이 아니라 "미성년기의 자녀에 대한 어머니로서의 행위"라는 다소 넓은 개념임을 밝혀둔다.

2. 선행연구

1990년대 중반 이후 본격화된 한국의 모성연구는 크게 모성이데올로기(윤택림, 1996; 이연정 1994, 1995; 김지혜, 1995; 조성숙, 1986), 모성 역할과 여성의 자아정체성의 관계에 관한 연구(신경아, 1997; 노영주, 1998; 김지혜, 1995; 변혜정, 1992), 한국사회 모성역할 역사적 변화와 특징(이재경, 2003, 2004; 조성숙, 2002; 윤택림, 2001, 1996; 심영희, 1996)에 관한 연구로 나뉘어질 수 있다.

그중 이 논문의 주제와 직접적으로 연결되는, 한국사회 모성 역할의 역사적 변화와 특징에 관한 연구는 다른 연구주제에 비해 비교적 최근에 와서 활발해지고 있다. 이 연구주제에서 핵심적인 연구관심은 한국사회에서 근대적 모성실천[2]이 일반화되는 것은 언제부터이며, 서구사회의 그것과 비교해볼 때 한국사회의 근대적 모성실천의 특징은 무엇인가에 있다. 특히 윤택림(2001)은 조선시대에서 현재, 이재경(2003)은 해방 이후 현재

2) 근대적 모성이란 일반적으로 자녀의 표준적인 발육을 관리하고 미래의 노동자로서 필요한 지적, 심리적 준비를 갖추도록 책임지고 도와주는 어머니로 정의된다. 즉 어머니의 역할을 양육노동자, 교육기회제공 및 관리자로 규정하는 것인데 이와 같은 근대적 모성은 역사적 존재로서의 '주부'와 함께 탄생하는 것이다. 부르주아 계급에서 최초로 탄생한 주부란 생산노동을 하지 않고 재생산노동을 전담하는 여성을 의미하며, 이와 같은 주부의 탄생은 사적 친밀성을 중핵으로 하는 근대가족의 탄생을 의미하는 것이기도 하다.

까지라는 짧지 않은 역사적 시간을 분석대상으로 하고 있다[3].

윤택림(2001, 1996)에 따르면 조선시대 이후 한국여성의 모성을 특징지우는 키워드는 남계존속도구, 현모양처, 모중심가족, 살림꾼과 치맛바람, 프로 주부와 만능 어머니, 신현모양처로 이어진다. 윤택림의 연구가 특히 집중하고 있는 것은 근대적 모성실천이 일반화되었다고 보는 1960년대 이후의 한국사회 모성이다[4]. 산업화로 인해 도시지역을 중심으로 근대적 핵가족이 양산되면서 산업자본주의적 가부장제가 성립되었고 그 속에서 여성들은 절약과 저축, 투자를 통해 내 집 마련을 하는 살림꾼이 되었다. 또 어머니 노릇은 핵심은 자녀교육[5]으로 인식되어 치맛바람이라는 사회적 비난을 야기하기도 했다. 자녀교육이라는 어머니 역할은 1980년대 이후 더욱 정교화되었고, 자녀의 일류대학 입학은 어머니의 성공을 가늠하는 잣대가 되었다. 1990년대 이후에는 심지어 아이의 교육을 위해서는 어머니 개인의 자아실현은 물론 모든 가족, 친족 일도 유보할 수 있는 당당한 사유가 되고 있는 정도다.

이재경(2003)은 미디어에 반영된 모성담론을 분석하여, 1945년부터 현

---

3) 조성숙(2002)의 연구도 한국사회 모성의 특성에 관한 연구에 포함될 수 있지만 조성숙의 연구는 조선시대 이후의 시기는 모두 한 시기로 묶어 시기적 특성과 변화를 보기는 어렵다.

4) 근대적 모성실천이 확산되는 것은 1970년대 이후라고 할 수 있지만, 한반도에 근대적 모성실천에 관한 담론이 본격적으로 유포되는 것은 식민지시기부터라고 할 수 있다. "가정 합리화 담론"의 연장선상에서 합리적 가계운영자 및 가족의 보건위생과 자녀의 신체적 건강을 돌보는 존재로서의 주부의 역할이 강조되기 시작했다(김혜경 1997).

5) 학교교육이 교육의 한 부분일 뿐임에도 불구하고 교육이 학교교육 그리고 입시교육을 칭하는 말로 통용되는 것은 정말이지 한국적 현상이다. 필자는 일본의 기혼여성을 대상으로 하는 질문지 조사에서 "자녀교육은 어머니의 책임이다"라는 문항에 대한 동의수준을 측정한 적이 있었다. 하지만 그 조사결과를 분석하는 과정에서 필자가 말하는 교육은 입시교육이며 응답자들이 받아들인 교육은 인성교육이었음을 알게 되었다.

재에 이르기까지 한국사회 모성이데올로기는 현모, 극성 어머니, 프로 엄마의 3단계로 변화해왔음을 지적한다. 인구의 대다수가 식량부족, 열악한 주거환경, 영양결핍, 높은 유아사망률 등 심각한 빈곤상황에 처해 있었던 해방 이후 1960년대 초까지의 한국사회에서 지식인들은 가사노동의 합리화, 가정 내 보건위생을 강조하며, 신체적 위생이나 유아 영양에 초점을 둔 육아의 과학화 담론을 유포했다. 본격적 산업화가 시작되는 1960년대 이후 확산되는 근대적 핵가족 속에서 어머니의 주된 역할은 자녀교육을 계획하고 관리하는 것으로 규정되면서 조기유아교육에 대한 관심이 확산되었다. 도시 중산층을 중심으로 치맛바람을 일으키는 극성 어머니들이 등장했으며, 그녀들의 자녀교육 목적은 이전 시기와 달리 국가번영이 아니라 가족의 번영, 즉 계층상승이었다.[6] 소비자본주의가 정착하는 1980년대, 특히 1990년대 이후 좋은 어머니는 단지 자녀교육에 대한 열성을 가진 어머니가 아니라 전문가의 지도하에 과학과 자본주의와 모성을 결합한 '프로 엄마'로 다시 한 번 변화한다. 특히 중산층 어머니들은 자신의 양육 경험을 더욱 정교화함으로써 전문성을 획득하려 하고, 자신이 고도로 숙련된 일을 하고 있으므로 사회적 인정을 받을 가치가 있는 것임을 주장한다.

이상에서 살펴본 바와 같이 선행연구가 지적하는 한국의 근대적 모성실천의 특징은 자녀의 학력 및 입시교육관리자의 역할이 과도히 강조되는 것에 있다. 그리고 그 역사는 산업화의 역사와 맥을 같이하는 것이다. 이러한 연구결과는 무엇보다 한국의 가족생활과 여성의 삶의 구조화의 특징을 해명하고 있다는 점에서 한국사회의 특징에 관한 이해를 심화시키는 데 기여하고 있다. 나아가 그것은 한국의 경제성장이 양질의·노동력을 싼 임금으로 사용함으로써 압축적 산업화에 성공할 수 있었던 것은 국가

6) 배은경(2004)은 자신들의 빈곤을 되물림하지 않기 위해 자녀교육을 통한 계층상승을 꿈꾸었던 어머니들이 자녀에게 좀더 많은 교육기회를 주기 위해 자녀수를 통제, 즉 출산조절을 열망했음을 지적한다.

와 시장 뿐 아니라 시장을 둘러싼 가족의 전략에 의한 것이었음을 입증한 것이기도 하다.

그런데 선행연구들이 밝힌 모성실천은 역사적 연구조차 주로 도회지의 중산층을 대상으로 하는 것이다[7]. 하지만 1970년대조차 사실 지배적 모성담론에 입각하여 모성실천을 할 수 있는 도회지의 중산층 핵가족은 한국사회에서는 소수집단에 불과했다. 전후의 혼란기와 산업화 초기에 인구의 대다수를 차지했던 것은 노동자, 농민계층이었고 이들 중 다수는 절대빈곤상태에 빠져 있었기 때문에 아이를 건강하게 키우기 위해 노력하는 것조차 쉽지 않았을 것으로 짐작할 수 있다.

뿐만 아니라 한국사회 모성에 관한 역사적 연구는 대체로 미디어 및 문헌분석이 중심이며 경험연구는 대체로 연구가 발표되는 당대의 여성의 경험에 국한되어 있다[8]. 일반적으로 지배적 이데올로기가 지배계층의 이데올로기인 경향이 있다. 1970년대에조차 미디어와 활자매체는 빈곤계층의 일상과는 상당히 거리가 먼 것이었으므로 그 계층은 매체에 나타나

---

7) 이런 경향은 한국사회의 모성에 관한 역사적 연구뿐만 아니라 모성연구 전반의 경향이기도 하다. 대다수의 연구들은 수도권, 특히 서울지역의 중산층을 연구대상으로 한다. 이런 점에서 노동자계급 여성의 어머니 역할을 분석한 이재경(2004)의 연구는 매우 소중하다. 이재경은 부천과 인천 지역에 거주하는 40세 미만의 유배우 여성 13명을 면접조사하여 소비자본주의 사회의 맥락에서 더욱 정교해지는 모성 이데올로기가 노동자계급의 어머니들을 죄책감과 불안감으로 몰아넣고 그 결과 여성들간의 분리와 갈등이 심화됨을 지적했다. 물론 신경아(1997), 노영주(1998)의 연구도 다양한 계층의 연구대상을 설정하고 있지만 취업여부가 중심적인 차이로 다루어질 뿐 계층적 차이가 그리 깊이 있게 다루어졌다고 보기는 어렵다. 그외 노동자 계급의 모성에 관한 연구도 주로 모자 가족에 치우쳐 있다(공선영, 2000; 김경애, 1999; 박영란, 1998)

8) 물론 윤택림의 연구(2001)는 1920년대생에서 1960년대생에 이르는 다양한 연령층과의 심층면접을 주된 자료로 사용하고 있다. 하지만 윤택임의 연구는 여성주체의 모성실천경험을 분석하고 있으므로 1950년대와 1960년대에 어머니였던 경험을 가진 사람은 27명의 면접대상 중 6명에 지나지 않는다.

는 지배적 모성담론의 영향권에 들어있지 않았을 가능성이 크다.

따라서 전후 혼란기 및 산업화 초기의 노동자, 농민계층 특히 생존 그 자체가 여의치 않았던 빈곤계층 여성들의 모성실천에 대한 분석은 한국사회에서 근대적 모성실천이 확산되어가는 경로를 밝히는 데 기여함으로써 기존연구를 보완할 수 있다.

이와 더불어 이 연구는 여성의 모성실천을 모성실천의 대상자인 자녀의 위치에서 바라볼 필요를 제안하고자 한다.[9] 세부주제를 막론하고 모성에 관한 기존연구들이 모성실천의 주체로서의 어머니 자신에 주목해왔고 모성실천을 둘러싼 환경으로 가족상황과 지배적 모성담론에 주목해왔다. 이에서 결여된 부분이 바로 모성실천의 대상인 자녀의 위치에서 바라보는 모성실천이다. 뿐만 아니라 2000년대에까지도 맹위를 떨치는 한국사회의 남아선호현상을 생각한다면 자녀의 위치는 성별에 따라 나뉠 필요가 있다. 같은 계층의 어머니 심지어 동일한 어머니일지라도 아들의 입장에서 바라보는 어머니의 모성실천과 딸의 입장에서 바라보는 어머니의 모성실천은 상당히 다른 것일 수 있기 때문이다[10].

---

9) 물론 이런 시도가 전혀 없는 것은 아니다. 조성숙(2002)은 한국사회 어머니의 경험세계를 정리하면서 여러 자료 중 하나로 자녀들(주로 아들)의 어머니에 대한 회상자료를 사용한다. 하지만 조성숙은 자녀의 위치에 천착하여 어머니의 모성실천을 분석한다기보다 한국사회의 어머니의 경험세계를 보여줄 수 있는 다양한 자료 중의 하나로 자녀들의 서술(주로 문헌자료)를 부분적으로 사용하는 정도다.

10) 필자는 여성학 강의의 도입부에 가족 속에서 자신이 딸 또는 아들로서 차별받거나 우대받아본 적이 있는가를 질문하곤 한다. 남학생들은 자신이 우대받아본 적이 없다는 답변을 주로 하며 여학생들은 어머니가 자신이 딸리라고 오빠/남동생의 밥상을 차리게 했다든가 식후 정리/설거지를 하게 했다는 등의 답변을 하는 경우가 많다.

3. 연구방법과 구술자 소개

1) 연구방법과 구술자 소개

이 논문은 1970년대에 노동자였던 중년 여성들의 구술면접자료를 분석한 것으로, 구술면접자료는 성공회대학의 노동사연구소가 한국학술진흥재단의 지원으로 2002년 9월부터 2005년 7월에 걸쳐 수집한 것이다. 이 논문에서 사용한 면접자료들은 구술사 자료와 생애사 자료 양자의 성격을 모두 가지고 있지만[11] 이 논문은 본격적인 생애사 분석방법을 채택하기보다 구술사 분석방법을 채택한다. 한국사회의 모성실천의 역사에 관한 경험적 연구가 충분히 축적되지 않은 현재의 상황에서는 특정 개인의 생애사에 각인된 사회구조와 시대적 특징을 분석해내기보다 동일한 조건을 가진 구술자들의 구술에 공통적으로 나타난 특징을 추출하는 것이 적합하다고 판단하기 때문이다.

이 논문은 일부 예외가 있지만 가능한 한 1950년대 출생자의 구술을 분석대상으로 하고자 했다. 1950년대에 출생한 빈곤계층의 딸들의 구술을 대상으로 삼은 이유는 근대적 모성담론의 영향력이 매우 취약한 시대와 계층에서 태어나 성장한 사람들의 경험을 분석하기 위해서이다. 구술자의 인적 사항 및 가족관련 사항은 <부표 1>에 제시되어 있다. 면접은 면접자가 적극적으로 질문을 던지기보다 구술자에게 지금까지의 삶에 대해 들려달라는 개방식 질문을 하고 구술자가 구성한 구조에 따른 생애

---

11) 일반적으로 구술면접자료는 면접방식에 따라 구술사 자료와 생애사 자료로 나뉜다. 구술사 연구방법이 개인의 기억을 통해 특정한 시기의 역사적 시공간의 복원에 더 초점을 두는 것에 비해 구술생애사 연구방법은 한 인간이 살아온 삶의 일대기를 구술자의 주관적 해석의 틀에 따라 구성해내는 것을 말한다. 구술생애사 면접자료는 역사적 사실의 복원 그 자체보다 특정한 조건 하에서의 개인들의 대응이나 해석, 그리고 그것들의 변화를 탐구하기에 적합하다.

사 서술이 끝나면 주요한 생애사적 사건에 대해 보충질문을 하는 방식으로 진행되었다.

구술자 중 필자가 직접 면접한 사람은 박남순, 손춘자, 박선희 씨이며 나머지는 이 연구의 공동연구자들이 면접한 자료다. 이 중 김말순, 이순자, 이미숙 씨는 면접자가 수년간 교사로 활동했던 야학에 다니는 학생들을 면접한 사람들이다. 박선희, 김말순, 이순자, 이미숙, 최인순, 김남선 씨를 제외하고는 모두 1970년대의 민주노조운동을 한 사람들이며, 박선희 씨는 독일 녹색당의 여성위원회 활동을 한 경력이 있다. 또 구술자들은 남편과 만 27세에 사별한 박남순을 제외하고는 모두 유배우 여성이고, 면접회수는 박남순, 손춘자 씨가 3회, 김말순, 이순자 씨가 2회이고 나머지는 모두 1회다.

2) 주요 구술자의 간이 생애사

이 논문은 모두 15명과의 면접자료를 분석대상으로 하지만 그 중 전형성을 보여주는 6인의 생애사를 아동기와 청소년기를 중심으로 간단히 정리하여 소개하고자 한다.

먼저 박남순 씨는 1959년 전북 고창에서 매우 억압적이고 지독한 구두쇠인 아버지와 아버지에게 눌려 노예처럼 일만 하며 사는 어머니 사이에서 1남 6매 중 첫째 아이로 태어났다. 박남순 씨의 아버지는 방앗간도 하고 땅도 많이 가진 부농이었으나 자식들에게 들어가는 돈이 아까워서 어쩔 줄 모르는 사람이다. 노트를 한 권 사려고 해도 마지막 장을 쓰고 있는 중임을 보여주지 않으면 돈을 주지 않았으며 어쩔 수 없이 돈을 줄 때도 온갖 욕설을 퍼부으면서 돈을 준다. 이런 아버지 아래서 어머니는 자녀들에게 일체 바람막이가 되어주지 못했다. 박남순 씨는 아버지가 너무 싫고 끔찍해서 중학교만 졸업하면 서울로 도망가고 싶었으나 취직하고 싶었던 원풍모방이 18세가 아니면 취직할 수 없음을 삼촌을 통해 확인한 데다가, 중3 때 어머니가 임신을 하는 바람에 어머니가 불쌍해서 그 아이를 키워주고 집을 나가겠다고 결심했다. 어머니가 노산으로 낳은 남동생을 박남순 씨는 신생아 때부터 도맡아 키웠는데 특히 어머니의 젖이 부족했기 때문에 그녀는 남동생의 '기른 엄마'다.

남동생도 어느 정도 크고 자신도 18세가 된 어느 날 박남순 씨는 어머니에게만 말해서 서울 갈 편도 차비만 받아 아버지 몰래 집을 나와 사촌과 함께 서울로 올라온다. "우리 집 머슴이라고 시집도 보낼 수 없"는 박남순 씨가 집을 나갔음을 알게 된 아버지는 입에 거품을 물고 죽이겠다고 쫓아왔지만 자신의 이복동생의 설득으로 발길을 돌린다. 서울로 올라와 삼촌을 통해 원풍모방에 취직한 박남순 씨는 노동운동을 하게 되지만, 자신을 좋아하던 초등학교 동창생에게 "끌려 내려가" 급작스럽게 결혼을 하게 된다. 그러나 그 남편은 둘째 아이가 돌도 되기 전에 교통사고로 급사하고 그녀는 지금 혼자서 미장원을 하면서 매우 어렵게 두 아이를 키우고 있다. 부농의 외아들로 태어나 대학까지 졸업한 그녀의 남동생은 서른이 넘은 현재도 아버지의 돈으로 무위도식하면서 살고 있다.

박남순 씨는 부모들이 필요할 때는 자기를 이용하면서 빈곤한 자신을 도와주지 않을 뿐 아니라 동생들이 자신을 무시하는 것을 방치한다는 것에 대한 분노와 원망으로 가득 차 있다. 그녀가 기억하는 삶의 가장 빛나는 시기는 노동운동을 하던 시절이며, 구술 과정에서도 언제나 운동하던 사람으로 자신의 정체성을 규정했다.

손춘자 씨는 1955년 빈농의 3남 4녀 중 2녀로 전북 정읍에서 태어났다. 그녀의 아버지는 다소간 농업과 영세자영업에 종사했으나 젊어서부터 노름에 빠져 헤어나지 못했다. 어머니는 이런 남편과 7남매를 부양하기 위해 뼈가 빠지게 일하며 평생을 살았으며, 구술자가 아동기에는 남의 집 식모살이를 간 적도 있었다. 그녀는 초등학교를 졸업하고 서울로 올라와 보세공장에 다니기 시작하는 것으로 공장노동자 생활을 시작했으며 원풍모방 노조의 마지막 집행부의 한 사람으로 교도소에 수감된 경험이 있다. 그녀는 공장노동을 해 남동생들의 학비를 댔으며 그 결과 그녀의 형제 중 여자형제는 국졸 또는 중졸인 반면 남자형제들은 모두 대졸이다.

손춘자 씨는 교도소에서 출감한 이후 어머니에게 서운함을 느낀 것을 계기로 결혼하겠다고 결심하게 되고 서른둘의 나이에 결혼한다. 착하고 온순하다는 인상과 더불어 이전 결혼생활에 대해 연민을 느끼면서 결혼을 결정한 현재의 남편과의 사이에 아들을 둘 두고 있는데, 출생가족이 그러했듯 그녀의 경제적 삶은 여전히 곤궁하기만 하다. 출생가족에 대한 손춘자 씨의 경험은 대체로 다른 빈농의 딸들과 유사하지만 그녀는 그 기억에 대해 격한 원망의 감정을 품고 있지는 않다. 하지만 그녀는 출생가족에 대해 강한 애착을 가지고 있지도 않으며, 어느 쪽이냐 하면 상당히 무심한 편이다. 손춘자 씨에게도 노동운동을 했던 것이 삶의 가장 빛나는 순간이며 현재에도 이전 동료들과의 관계가 그녀의 인간관계의 가장 중심에 있다.

박선희 씨는 1970년대에 독일로 수출된 간호사다. 1954년 부산에서 '사업에 실패'하여 경제적으로 무능한 아버지와 먹고살기 위해 안 해본 것이 없는 어머니 사이에서 둘째딸로 태어났다. 그녀는 성장과정에서 어머니를 도와 생계노동을 나누면서도 언제나 성적이 우수했으며, 결국 간호전문학교를 졸업하고 간호사가 되었다. 그래도 고등학교까지 졸업할 수 있었던 것은 반대하는 아버지를 물리치고 빚을 내서 입학금을 마련해 준 어머니 덕분이다. 그녀는 간호사가 된 뒤, 나이 차이가 많이 나 일찍 결혼한 언니를 대신해 부모를 부양하고 남동생을 공부시키기 위해 독일로 갔다.

박선희 씨는 무능한 아버지에게 진저리가 나, "남자는 도둑질을 하더라도 가족을 부양해야 한다"는 생각을 가지게 되었으며, 가족부양의지로 충만한 독일인 남성을 만나 결혼해 딸 하나를 두고 있다. 그녀는 결혼 후에도 출생가족에게 보낼 돈을 마련하기 위해 취업을 지속했으나 임신으로 퇴직한다. 그 후 그녀의 남편은 처남의 학비는 물론이고 처남이 대학졸업 후 만 32세의 나이로 결혼할 때까지 한국의 처가에 생활비를 보냈다.

박선희 씨는 재독한인운동에 참가하고 있으며 그 활동의 일환으로 독일 녹색당의 여성위원회 활동도 한 바 있으며, 딸을 키우는 과정에서 교육운동도 한 바 있다. 그녀는 대체로 안정적인 중산층 가정의 삶의 방식에 안착해있으며 가족을 매우 소중하게 생각한다. 어머니에 대해서는 강한 연민을 가지고 있으며, 아버지에 대해서는 나이를 먹으면서 원망의 감정을 풀고 시대가 그래서 어쩔 수 없었다는 논리로 용서하려고 하는 편이다. 박선희 씨는 성장기에 가난으로 너무 많이 굶어서 아직도 위장장애를 심하게 겪고 있다.

김말순 씨는 1954년 전남 고성리에서 빈농인 아버지와 어머니 사이에서 2남 2녀 중 첫째 아이로 태어났다. 지독한 가난 속에서 악만 남은 어머니 밑에서 초등학교 1학년부터 밥을 하고 가사노동을 하면서 성장한 그녀는 초등학교를 졸업하자마자 중학교에 진학한 친구들을 부러워하며 광주에 있는 병원집에 어린 식모로 들어갔다. 수술실에서 나온 피빨래를 하며 지내다가 고모가 용인에 있는 스웨터 공장으로 데리고 가면서 공장노동을 시작한 그녀는 계속 섬유계통에서 일을 하다가 결혼을 한다.

병원집 식모임금부터 시작해서 결혼 전 그녀의 임금은 모두 출생가족이 가져가는 것이었으며 그 연락을 담당하는 것은 어머니의 역할이다. 월급을 받은 다음날은 집에 돈을 부치기 위해 점심시간을 이용해 밥도 굶으면서 멀리 떨어진 은행까지 뛰어가서 월급을 부치지만 그 돈은 오빠의 학비이며 제주도로 수학여행 비용으로 사용되는 것이다. 맏딸로 길러진 관성 탓인지 결혼 이후 현재까지도 그녀는 자신의 부모를 위해 뭔가 해주고자 하지만 부모는 그저 아들만이 소중하다. “맏딸은 살림밑천이라더니 나는 그 집 살림밑천이었나 봐"라고 말할 만큼 그녀는 부모, 특히 어머니에 대한 강한 애증을 가지고 있다. 못 배운 것이 한인 김말순는 5년째 야학에 다니면서 공부를 하고 있다.

적극적이고 활발한 성격의 이순자 씨는 1956년 경상도 하동에서 1남 3녀의 첫째 아이로 태어났다. 노름으로 가산을 탕진한 그녀의 아버지는 그녀가 초등학교를 입학한 직후 사망했으며 이때부터 그녀는 동냥까지 하는 극단적인 빈곤에 시달리며 성장하기 시작했다. 학교는 입학만 했을 뿐 다니지 못했고 한국 나이로 12살 무렵부터 서울로 와서 섬유업 및 의류업 계통의 영세사업장을 전전하며 가족을 부양했다. 특히 그녀의 어머니는 초기에는 몸이 아파서 그리고 점차로 술을 마시면서 가족부양을 어린 맏딸에게 통째로 떠넘기고 만다. 그녀는 아동기의 취업에서 고용주들부터 임금을 체불당하고 심지어 받지 못하는 일이 비일비재했다. 어린 아이들이 어른에게 달려들지 못한다는 점을 악용하는 사람들이 많았던 것이다. 일찍부터 동생들을 부양해야 했던 이순자는 공장에서 고깃국이 나오면 동생들이 생각나 먹지 못하고 야근 시에 나오던 빵을 집으로 가져와 동생들을 먹이는 생활을 해왔다. 하지만 그녀의 어머니는 알뜰히 살림을 하지 못해 그녀와 빈번히 다투었으며, 결국은 그녀가 결혼한 후 과음으로 인한 간경화로 사망하게 된다.

그녀의 삶에서 절대빈곤과 더불어 그녀를 가장 고통스럽게 한 것은 문맹이라는 사실이다. 학교를 다녀본 적이 없는 그녀는 당연히 글을 배울 기회가 없었으나 그녀는 이를 철저히 숨겼고 심지어 자녀들에게도 중졸이라고 숨기고 있다. 그녀는 매우 일을 잘하는 노동자였으나 하다못해 숫자 하나라도 적어야 하는 일은 겁이 나서 할 수가 없었고 이 때문에 그녀는 좋은 일자리는 자신이 먼저 포기해야만 했다. 결혼 후 한번은 남편 친구의 보증을 서기 위해 집에서 남편의 지도하에 필요한 글씨 그리기(?) 연습을 많이 해서 은행에 갔으나 너무 떨려서 누가 보기에도 이상할 정도로 온 몸을 부들부들 떨며 제대로 서류를 작성할 수 없었던 일조차 있었다. 문맹을 극복하기 위해 그녀는 야학을 다니기 시작했으며 야학에서 학생회장 일도 했다.

아버지에 대한 기억이 거의 없는 이순자 씨에게 어머니에 대한 기억은 고통이다. 1차 면접에서 어머니에 대한 원망이 없음을 강조하던 그녀는 2차 면접 시에는 빠른 어조로 어머니에 대한 원망을 쏟아냈다. 어린 딸이 그렇게 고생을 해서 가져다주는 돈을 다른 사람에게 퍼주고 술을 마시고, 동생들 먹을 것조차 제대로 남기지 않았던 어머니, 그래서 자신과 동생들의 고생을 더 연장시켰던 어머니에 대한 원망은 간경화로 돌아가실 때의 연민에도 불구하고 사그라지지 않는 감정이다. 그녀의 형제들은 사례 중 유일하게 전원 국졸이다.

정덕자 씨는 1957년에 전북 익산에서 태어나 곧 논산으로 이사했다. 그녀에게는 배다른 형제가 넷이 있고 또 아버지와는 떨어져서 어머니와 남동생 둘이 함께 생활했다(아마도 그녀의 어머니와는 정식결혼이 아닌 것으로 추측되지만 본인은 분명하게 말하지 않는다). 어머니는 농업노동으로 생계를 이어가고 있었고 실질적인 맏이인 그녀는 어머니의 가사노동을 분담하다가 초등학교를 졸업하고 서울에 있는 목욕탕 집에 심부름하는 아이로 가게 된다. 정덕자는 남동생의 학비를 보내라는 어머니의 요청으로 월급을 전액 어머니에게 송금하는데 그녀를 귀여워하던 그 집의 노부부는 그녀에게 절반만 보내고 절반은 자신을 위해 적금을 부으라고 충고한다. 그러나 적금을 붓기 시작하자 동생들의 학비가 부족해져 그녀는 공장노동을 시작한다. 그렇게 들어간 공장에서 노동운동에 눈을 뜨게 되고 해고된 후에도 노동운동을 지속한다.

부모에 대한 그녀의 감정은 주로 아버지에 대한 원망으로 표출된다. 따뜻한 말 한 마디를 해주지 않았던 아버지에 대한 원망은 목욕탕 집에서 받은 월급을 통째로 동생 학비를 보내고 그녀가 아버지에게 "이게 뭐냐,

이게 뭐냐. 왜 자식을 낳아서 이렇게 만들어 놓냐"라는 원망의 편지를 보내는 것에서도 잘 나타난다. 어린 시절 그녀의 어머니는 방학 때가 되면 자식들을 아버지에게 보냈지만 아버지는 혹시나 그녀의 어머니가 아이들을 자신에게 떠넘길까 봐 두려워하며 오자마자 "내일 점심 먹고 가라"라는 말부터 시작했다. 아버지에 대한 그 응어리는 오십이 다되어 가는 지금에도 잘 다스리기가 어렵고 어머니에 대해서는 연민을 느끼게 된다.

4. 딸들의 구술에 나타난 어머니의 모습

4절에서는 딸들의 구술에 나타난 자신의 아동 및 청소년기의 어머니의 모습을 몇 개의 전형적인 특징을 중심으로 정리한다. 먼저 밝혀둘 점은 이 글에서 소개되는 어머니의 모습이 실재했던 어머니의 모습의 총체가 아니며 어쩌면 구술자들의 어머니의 모습 그 자체와 거리가 있을 수도 있다는 것이다. 하지만 이것은 모성실천의 대상인 딸들에게 중년이 되도록 가장 강하게 각인되어 있는 어머니의 모습이며 바로 그런 점에서 모성실천의 실재다.

1) 생계 노동자: 죽도록 일하는 어머니, 화난 어머니

구술자들에게 어머니에 대해 이야기해달라고 하면 가장 먼저 나오는 이야기 중의 하나는 아래의 인용문에 제시한 바와 같이 자식들을 먹여 살리기 위해 죽도록 일하는 어머니의 모습이다. 윤택림(2001)과 조성숙(2002)의 연구에서도 언급하고 있듯이 어머니들은 새벽부터 한밤중까지 농업노동(품팔이)에 행상에 공사장 막노동에 이르기까지 온갖 고된 노동을 이어붙이며 가족을 부양한다.

(엄마 생각하면 제일 먼저 떠오르는 게 뭐예요?) 네. 고생을 엄청 했어. 우리엄마도. 엄청 하고 살았어요. 그렇게 아버지가, 아버지가 인자 그 결혼 막 해갖고 가버려 가지고, 그리고 혼자 그렇게 남의 일당기고 그러면서 막일을 엄청 했어요(손춘자).

저희 어머니께서 거의 안 해본 직업이 없어, 없으실 거라고. 뭐, 장사도 별장사를 다해 보기고, 반찬장사부터 시작해가지고, 하여튼, 뭐, 노동 공사판에서도 일을 하시고, 그렇게 하시면서 이제, 어머니가 정신적인, 아마, 기둥에 선 거 같애요. 저희 집에서… 아침에 일찍 일어나시가, 저녁에 늦게까지 중노동을 하시고서(박선희).

따라다니면서 그냥 일하고 엄마는 아버지 따라다니면서 일하고, 어찌 보면 노예처럼 앞장세워서 일을 해야 되고(박남순).

그런데 흥미로운 것은 딸들의 서술에서 어머니의 모습이 생계부양자로 묘사되는 것에 비해 아버지의 모습이 그렇게 묘사되는 경우는 오히려 드물다는 점이다. <부표>에 제시한 바와 같이 어머니가 전업주부로 살았던 가족은 15명의 사례 중 이혜자 씨 하나뿐이고(물론 그녀의 어머니도 가내노동을 했다) 또 아버지가 일찍 돌아가신 사례도 이순자 하나뿐이다. 그런데도 딸들의 구술에서 아버지가 가족을 부양할 능력이 있었던 것으로 적극적으로 서술되는 경우는 박남순 씨밖에 없다. 게다가 그 아버지들에게 노동을 할 수 없는 특별한 이유가 제시되는 경우도 없으며, 노동할 의지가 없거나 노름으로 그마나 있는 가족의 재산을 탕진하는 존재다. 특히 손춘자 씨의 아버지는 평생 노름에 빠져 어머니가 죽도록 일해 모아놓은 재산을 번번이 까먹다 못해, 심지어 노름빚을 갚기 위해 결혼한 자녀들에게 유부녀와 간통을 해서 남편에게 고소당할 처지에 있으니 합의금을 마련해달라는 거짓말까지 한다. 또 아버지들이 빈둥거리는 이유는 '사업 실패'라는 고상한 이유로 치장되는 경우가 많다.

> 아버지는- 약해서 못한 게 아니라 일을 안 해본 데다가 게을러 가지고, 아니 그 어려운 상황 속에서 죽창이나 들고, 뭣이냐 연못에서 고기를 잡아온다고 하다가, 우리 엄마가 아침에 나가실 때 그래요. "은석이 아버지. 논에다 물 좀 대쇼? 그럼 대답은 잘해. 알았다고 해놓고선 저녁 일 끝나고, 엄마 일 끝나고, 오면은 물대기는 뭘 물대(이혜자).

> 아버지가 돌아가시면서 다 까먹고 돌아가신 거 같애. 돈을요. 우리 아버지가 노름도 많이 하셨다고. 노름도 하고 그래가지고 있는 거 다 까먹고(이순자).

이렇게 빈둥거리며 자신의 노동에 기생하고 있거나 더 심하면 노름으로 기껏 모은 돈까지 뜯어가는 남편과 함께 살면서 새벽부터 한밤중까지 중노동을 하는 어머니들이 교양 있고 자애로운 모습을 자녀들에게 보이는 것은 가능하지 않다. 어머니는 악다구니를 하며 아버지에게 욕을 하고 대들고 또 자녀들에게도 마찬가지의 태도의 자기 삶의 고단함을 표출한다. 이런 상황에 게다가 심지어 자신의 중노동에 기생하는 아버지가 자녀들에게 자상하고 인자한 아버지인 양하며 어머니를 악녀로 만들어 가면 어머니들의 분노는 폭발하게 된다. 그런 어머니의 모습이 딸에게는 딸과 경쟁하는 사람(엄마가 나를 굉장히 이상하게 경쟁적으로 봤어요. 어려서부터, 이혜자)으로까지 비친다.

> 사업 다 얹고, 엄마한테 고통을 주고, 이제 어떤 구멍가게 일을 보게 하고, 세탁소 빨래를 보게 할 때쯤이면 엄마는 인제 완전히 이제 악녀로 변해 있지, 인제. 허허허허 악다구니. 막 화딱지 나고, 신경질 나니까, 아버지한테 맨날

치받고, 웬수같은 남편이란 식으로. 그러니까 이제 오빠나 언니들한테도 좋은 소리가 안 나가더라고, 그래서 '우리 어머니는 괜찮은 집에서 시집오셨다 그러고, 괜찮은 아버지하고 같이 사시는데, 왜 저렇게 욕을 잘하실까?' 이런 생각도 했었고(이순애).

그러니깐, 우리 엄마가 열 받을 거 아니에요. 우리들한테 욕을 하면, "허허, 이 사람아 입히지도 못하고 맥이지도 못하는디, 어째 불쌍한 내 새끼한테 욕을 해쌍가." 아버지는 그런 자식들한테는 자상하다고 하지(전은주).

초등학교 때였던 것 같은데 엄마가 나를 한 대 때렸는데. 아버지가 요강 뚜껑을 집어 던져 가지고 엄마한테 집어던졌어요… 엄마가 뛰어 나가 가지고 부엌에 가서 식칼을 들고 죽겠다고 그래서, 내가 잘못했다고 싹싹 빌면서 엄마한테 무릎 꿇고 막 빌었어요. 아버지는 방에 계시고 그런데 "너랑 아버지랑 둘이 살아라. 너희들 둘이 살아라. 이씨 집안끼리. 나는 죽을 테니까"(이혜자).

이상에서 살펴본 바와 같이 전후 혼란기와 산업화 초기의 한국 빈곤계층 어머니의 모성실천은 근대적 모성의 그것과는 상당히 다르다. 어머니는 무엇보다 생계노동자이며, 딸의 노동을 직접 감독하거나 딸의 임금을 수취하여 가족 전체 또는 아들을 위해 사용하는 존재다. 특히 아버지가 생계부양자로서의 역할을 제대로 하지 못하는 가족에서 어머니의 모습은 자상하고 인자한 어머니와는 거리가 멀다. 고된 노동에 지친 어머니는 언제나 화가 나 있고 가족을 부양할 의사 없이 빈둥거리는 아버지의 모습은 어머니를 폭발시킨다. 이 때문에 자녀들은 때로는 아버지에게 쏟아야 할 비난과 원망의 화살을 어머니에게 쏟기도 한다.

2) 아동노동 감독관

남편에게 의지할 수도 없이 낳아놓은 자식들을 책임져야 하는 어머니들은 자신의 노동만으로 자식들을 부양할 수 없기 때문에 어린 자녀들에게까지도 가사노동과 생계노동을 할당하고 이를 관리하는 역할을 한다. 사례 여성들 중 아동기에 가사노동을 하지 않았던 사례는 찾아보기 힘들다. 특히 맏딸들에게 그 부담은 집중되고 경우에 따라 어머니는 매우 '가혹한 아동노동 감독관'으로 군림하기조차 한다. 가혹한 아동노동은 어린 자녀들에게 불만으로 누적되고, 이것은 부모 몰래 서울로, 도회지로 도망갈 꿈을 꾸게 되는 직접적인 이유가 되기도 한다.

우리 엄마가 인제 밥 먹으면서 아침에, 학교 갔다 와서 오다 밭에 가서 풀 뽑아라, 그럼 그 밭에 가서 풀 뽑고, 맨날 그랬던 것 같애요… 학교 갔다 오면 밭에 가서 풀 뽑고 우물에서 물 떠다 놓고 청소하고 이런 거 했어요(정덕자).

내가 우리 엄마가 뭐 시켜서 안하자나 이걸로 들어 가지고 막 때렸어 우리 엄마가. 베 짜면서 베에 앉아 가지고 "뭐해라" 우리 오빠 교복 운동화 옛날에는 이런 솔이 별로 없자나. 칫솔로 빨아야 됐어. 그걸로 맨날 빨으래 그러면 얼마나 짜증나 그게. 안 한다 그러면 우리 엄마가 베틀에서 그걸 해가지고 막 때렸어 우리 엄마가… 초등학교 1학년 때부터 밥해먹고 학교 다녔다니까(김말순).

맏딸이라 인제, 그 시골에서 거의 부모대역을 했죠. 같이. 아주 학교 가기 전에 뭐 한두 시간, 일찍 새벽에, 그러니까 벌써 이 날 훤하게 늦기 전에, 그 어둑어둑할 때 벌써, 일어나야 돼요. 이슬이 그냥 내려가지고, 옷이 다 젖을 정도로… 담배벌레 같은 거 뭐 이런 거 잡으러. 밭 매고, 풀, 풀 뽑는 거(김남선).

그 당시 엄마가 이제 음식 장사를 하고 계셨기 때문에… 어릴 때 일찍 일어나

가지고서 인제, 엄마, 언니, 저, 셋이 이제, 여자 셋이서… 부두까지 가 가지고 조개를 받아 와요. 그게 얼마나 무거운지 몰라… 아스팔트가 아침인데도 이게- 녹아 가지고, 찍 찍 하며는 그 헌 고무신이 붙어가지고서는, …학교 갔다 오면 조개 까가지고서 팔고(박선희).

물론 아래에 인용된 박남순의 구술에서 알 수 있듯이 아동노동 감독관이었던 것은 어머니만은 아니다. 박남순은 아직도 아버지에 대한 원망을 강하게 가지고 있는 사람인데, 아버지에 대한 이야기만 나오면 자신도 모르게 언성이 높아지는 정도다. 15명의 사례 중 박남순의 아버지만이 확실한 생계부양자로 서술된다는 점을 생각하면 아동노동 감독관의 역할은 어머니의 역할이라기보다 어쩌면 가족의 생계부양자의 역할의 하나였을지도 모르겠다.

우리 아버지는 나 시집 안 보낸다고 동네 사람들한테 말했어요. 걔 없으면 안 된다고. 걔가 우리집 머슴이라고. (처음에 취직해서 서울 갈 때 아버지가 뭐라고 그러셨어요?) 뭐라고 그러긴 괭이자루 갖고 찢어 죽인다고 쫓아오죠. 내가 없으면 안 되게 생겼는데 나간다고 그러니까 얼굴 막 눈이 뒤집어져가지고 막… 우리 아버지 성격이 보통이 아니거든요. 그러니까 딱 보는데 멀리서 오는데 잡아 죽일 거 같애. 나를. 나는 그거 잊어버리지도 않아요. 입에 허옇게 거품을 물고…(박남순).

이상에서 살펴본 바와 같이 빈곤계층의 어머니들은 생계노동에 집중해야 하는 자신의 상황 때문에 어린 딸들에게 주로 가사노동을 할당하고 관리 감독하는 역할을 했으며, 그 감독의 수단에는 구타도 포함되어 있었다. 1950-1960년대에 한국의 가족 내에서 부모의 삶의 고단함을 아동에게 전가하는 구타가 매우 보편적이었던 것으로 알려져 있지만 이는 구술자들의 구술에서도 확인된다.

3) 세리: 딸들의 임금 징수자

전체 가족의 생계유지를 위해 딸들에게 노동 분담을 요구하는 어머니의 모습은 딸들은 중산층의 가사노동자로 보내거나 가족의 이름으로, 그리고 남자형제의 학비 명목으로 가족을 떠나 일하는 딸들의 임금을 요구하는 모습으로도 나타난다. 앞서 소개한 바와 같이 김말순와 정덕자는 초등학교를 졸업하고 곧바로 어머니에 의해 대도시 상류층 가정에 가사노동자로 보내진다. 특히 김말순의 경우 병원을 운영하는 집에 보내져 이미 있던 같은 연령대의 두 사람의 아동 노동자와 함께 수술실에서 나온 피범벅의 붕대빨래 등 13살, 14살의 어린이로서는 차마 하기 어려운 일들을 한다. 그런데 그녀의 어머니는 그녀를 병원집에 보내면서 어린 딸의 1년치 임금을 선불로 받아간다. 어린 딸들은 돈이 생기면 어머니에게 보내는 것을 당연한 의무라고 생각하고 있었고 아들들은 그 돈으로 학교를 다니고 수학여행을 갔다.

> 우리 이렇게 일할 때 공장에 같이 살 때 보면 집에 보내는 거야. 월급 타면 점심시간에 막… 그 우체국 뛰어가… 그런데 꽤 멀었어. 하여튼 간에. 막 뛰어가야지 돈 부치고 바로 와서 일하고, 밥도 못 먹었어… 오빠가 학교를 가니까 고등학교를. 그게 인제 그것이 당연한 것인 줄 알았어. 그렇게 해가지고 그 돈 보내고… 우리 오빠가 제주도를 거기를 간데, 수학여행을 간데… 돈이 없다고 나보고 돈을 보내라는 거야(김말순).

> 우리 엄마가 나한테, 우리 동생 수업료가 나왔는데 돈을 좀 부쳐라. 이런 편지가 왔어요… 인제 한 달에 5천 원씩 인제 월급을 탔는데, 거기서 인제 그 돈을 인제 시골에다 부치고(14살의 식모시절) (정덕자).

국졸 학력의 어린 딸들이 식모로, 영세공장의 노동자로 일하면서 허리띠를 졸라매고 송금을 했다면 상대적으로 고학력의 전문직을 가진 딸은 가족부양과 남동생의 학비마련을 위해 이국만리로 해외취업을 간다. 그리고 가족부양의식이 강한 남자를 골라 결혼하여 자신을 대신하여 출생가족을 부양하게 만든다. 굶기를 밥 먹듯 하며 딸을 키운 부모들은 외국인 사위/매형이 보내는 생활비를 받으며 성인이 된 아들은 33, 34살이 될 때까지 빈둥거리게 두는 것이다(그녀의 동생은 1957년생이다).

> 제가 사실은 여기 취업의 목적도… 이제 그 남동생을 대학 보내게, 목적이었으니까… 저희 동생이 대학을 그거 할 때까지, 대학 학비 보내고, 생활비 보내고, 달달이 송금했어요… 돈이 필요하다면 또 따로 보내고… 동생 공부 끝나고, 그리고 또 실직돼가지고 있으니까, 또, 한국에다 (웃음) 계속 보내고, 그래가지고 인제, 제가 생활비를 안 보낸 게, 팔십구년 동생이 결혼했을 때, 팔십구년까지 계속 정기적으로 보냈어요… 제가 사실은 직장을 다니다가, 애를 놓고서 집에 있었지마는, 그거는, 그 생활비는 계속 송금을 했죠. 남편 돈으로, /남편 돈으로 (웃으면서) (박선희).

어머니와 더불어 가족, 특히 남자형제를 부양해야 하는 딸들이 임금을 순순히 다 내놓지 않고, 자신의 욕망을 위해 소비하고자 하면 경우에 따라 그 대가는 가혹했다. 손춘자의 경우 어머니를 대신하여 고모가 함께 살면서 임금징수자 역할을 했는데, 손춘자의 임금으로 고모와 남동생 2까지의 생활비 및 남동생 학비를 충당하는 생활을 했다. 그런 상황에서 생계벌이자인 손춘자가 자신도 학교에 가고 싶어서, 배우고 싶어서, 재건학교 등록금을 납부하고 임금을 가져다주자, 그녀는 갈 형편도 아닌데 학교에 가겠다는 터무니없는 꿈을 꾼 죄로 심하게 혼났다. 이순자의 경우 한국 나이로 12살 무렵부터 공장에 다니기 시작했고 점차로 어머니는 일을 하지 않게 되어 10대 중반부터는 혼자서 어머니와 세 동생을 부양하고 살았다. 게다가 그 어머니는 문맹의 어린 딸이 하루 10여 시간의 장시간 노동으로 벌어오는 돈을 술값으로 다른 사람에게 퍼주는 것으로 쓰고 있었음에도 불구하고 딸의 임금을 자신이 전액 징수할 권리가 있다고 생각하고 있었던 것으로 보인다.

물론 모든 딸들이 임금을 징수 당했던 것은 아니다. 이순애 씨의 경우도 취업하자 집에 돈을 가져올 것을 요구받았지만, 학교에 보내주지 않는 부모가 원망스러워 임금징수에 저항한다(하도 삐딱하니깐 아예 참견 안하고, 가출만 안하고, 집만 안 나가고, 그냥 집에만 왔다갔다 하면 좋겠다고). 어머니의 임금징수는 특히 딸이 어린 나이부터 취업한 경우일수록 가혹했는데, 생계가 곤란할수록 어린 딸들에게 생계부양의 책임을 분담시키는 경향을 있었음을 알 수 있다.

(월급 받으면: 필자) 다 엄마 갔다 줬지. 한번 딱 한 게 그랬잖아. 저기 영화를 하도 보고 싶어가지고… 월급봉투에서 50원을 꺼내가지고 뒈지게 맞았어(이순자).

그러니까 우린 월급 타면 다 고모 갖다줬어요… 다 봉투째 다 갖다 고모 비치다가 주다가 나중에는… 나도 학교에 다니고 싶었어… 재건학교도 등록금이 있었어요. 재건학교도. 거기를 등록을 해버리고 내가 고모를 갖다줬어. 그리고 내가 등록을 해버렸다고 그랬더니 혼났지 고모한테… 인자 돈이 고모 살아야지. 내 동생 학교 가야지. 그러는데 내 거한테만 의지하고 있는데… 나한테만 의지하고 있는데 그게 인제 줄어드니까. 그래서 혼난 거죠. 갈 형편이 아닌데 갔다고 혼난 거지(손춘자).

1970년대의 한국에서 집을 떠나 임금노동을 하는 빈곤계층의 딸들이 자신의 임금을 가족을 위해 송금하는 일이 보편적이었던 것은 잘 알려져 있는 사실이다. 하지만 이는 한국에서만 일어났던 일은 아닌 것 같다. 산업화 초기의 영국과 프랑스를 비교한 틸리와 스캇의 연구(1978)에서도 대도시에 나간 취업한 농촌의 딸들은 농촌에 남아 있는 가족에게 임금의 일부를 송금하지만 아들들은 소식을 끊는 경우가 많았음이 지적되고 있다. 영국과 프랑스의 딸들이 임금을 송금하는 루트도 어머니였으며, 어머니에 대한 연민, 어머니와의 유대가 그녀들이 자신의 저임금을 절약하여 시골집에 송금하게 만드는 요인이었다. 이는 산업화기 일본 빈농의 딸들도 마찬가지였다[12]. 특히 메이지기의 산업화 초기에는 빈농들은 자신의 딸을 여공모집업자에게 딸의 미래의 임금을 일시에 받고 파는 경우도 드물지 않았다.

이런 점을 볼 때 유럽 및 일본과 다른 한국의 특징은 딸들의 임금이 아들들의 학비로 사용되는 점에 있다. 잘 알려진 바와 같이 전통적으로 한국의 가족에서 여성의 기본 임무는 아들을 낳아 남계가족을 계승하는 것이었으며 아들을 낳아 훌륭하게 키우는 것만이 결혼가족 내에서 여성의 지위를 안정시키는 길이였다,[13] 이에 더하여 급속한 산업화의 과정에서 학력이 계층상승의 주요 자원이 되면서 한국의 어머니들은 한정된 가족의 자원을 일차적으로 아들에게 투자할 뿐 아니라 아들에게 투자할 자원이 없을 경우 딸들을 착취해서라도 아들에게 교육자원을 제공하고자 했던 것이다.

한국에서 특히 아들을 위해 딸들이 착취될 수 있었던 것은 개인의 이해보다 가족의 이해가 우선되는 사고방식을 보여주는 것이지만 결국 딸들은 결혼을 통해 자신의 출생가족과 분리되기 때문에, 이 착취는, 언젠가는 돌려받을 수 있는, 자신이 속한 공동체를 위한 희생이 아니라 전적인

12) 산업화 초기부터 대규모의 기숙사를 가진 대공장에서 빈농의 어린 딸들을 고용하여 생활 전반을 통제하면서 저임금 장시간 노동을 시키는 방식은 서구에서는 찾아볼 수 없는 일본적 방식이다. 한국에서 그 방식이 그대로 사용되는 것은 일본의 식민지였던 시기에 본격적인 임금노동이 발생했기 때문이라고 볼 수 있다.

13) 「남자의 탄생」의 저자인 전인권은 1950년대 후반에 출생한 사람인데 자신의 어머니가 아들을 셋 낳고서야 시집에 대해 당당해질 수 있었다고 서술하고 있다(2003).

착취로 끝나고 만다. 하지만 동거하지 않는 경우에도 어머니는 아들과 같은 가족 범주에 남는 것이므로 결국 어머니는 자신의 가족을 위해 딸을 착취한 것과 마찬가지다. 대부분의 구술자의 출생가족에서 아들들은 딸들보다 학력이 높고, 그 결과 계층적 격차 때문에 형제 관계가 멀어지기도 한다. 또 5절에서 보듯이 딸들은 자신의 희생에 대한 인정투쟁을 지속하면서 부모에 대해 강한 애증으로 고통 받기도 한다. 다소 심하게 표현한다면 전후 혼란기와 산업화 초기의 한국 빈곤계층에서는 어머니에게조차 딸들은 자신의 분신인 애정의 대상이라기보다 자신과 자신의 아들의 삶을 개선할 도구였던 측면이 강하게 있었다고 할 수 있다.

이와 같은 빈곤계층 어머니들의 모성 실천의 결과 딸들은 자신의 삶을 개선할 수 있는 최소한의 자원도 축적하지 못하게 되고 저학력의 저임금 노동자로 노동시장을 전전할 수밖에 없게 된다. 또 그런 자신과 같은 계층의 남성을 만나 결혼가족을 형성하게 된다. 마찬가지로 딸들의 노동으로 학력자본을 축적한 남자형제들은 계층상승의 기회를 얻게 되고 결국 한 가족 출신의 자녀들이 성인기에는 성별에 따라 다른 계층에 소속되게 되기도 한다.

4) 딸과의 양육노동 분담

어머니가 딸들에게 분담시키는 것은 생계노동과 가사노동만이 아니다. “옛날에 다 업어서 동생 키우고 동생 다들 이렇게 했어요. 그렇게 키웠어”(손춘자)라는 말에 나타나 있듯이 어머니들은 생계노동에 집중하기 위해 딸들에게 양육노동까지도 분담시킨다. 양육노동 분담경험은 특히 맏딸(또는 맏딸 대리)들에게서 전형적으로 나타난다. 손춘자 씨의 여동생은 위로 둘 있는 언니가 한 사람은 시집가고 한 사람은 남동생들 학비를 벌기 위해 서울로 갔기 때문에 동생들을 양육하기 위해 초등학교도 제대로 다니지 못했다. 이는 김말순 씨의 경우도 마찬가지여서 농번기에는 아예 학교에 갈 엄두도 낼 수 없다. 10대 초반부터 어머니까지를 포함한 가족의 생계부양자로 살아온 이순자씨의 경우도 맛있는 것을 보면 동생들을 위해 자신은 먹지 않고 집으로 가져오거나 집에 가져올 수 없는 경우 동생들 생각 때문에 제대로 먹을 수 없었다고 말한다. 생계노동에 바빠 양육노동을 하지는 않았지만 동생들에 대한 이순자 씨의 심성은 어머니의 심성 그 자체다.

심지어 아래의 인용문에서 알 수 있듯이 박남순 씨는 중학교 졸업 이후 16살 차이가 나는 막내 남동생을 아예 자신이 전적으로 키웠다. 박남순 씨의 경우 그 위의 동생들부터도 업고 돌보는 정도가 아니라, 어머니와 출산준비를 함께했고 방안에서 혼자 어머니가 분만을 완료하면 들어가서 어머니를 도와 아기를 씻기고 했다. 이런 경험 때문에 박남순 씨는 둘째 아이는 혼자서 집에서 분만했으며 아무런 어려움이 없었다고 한다.

> 동생은 내가 키웠지. 막내. 그 동생은. 우리 엄마가 젖이 안 나오니까 너무 나이 먹어서 애를 낳으니까. 그래가지고 갓난애 때만 조금 먹이다가 우유 한 병 '남양분유' 그 통 사가지고 쌀가루하고 점점 커가면서 그거 섞어가지고… 그때 아기 키우는 거 법 다 터득해버렸고, 갓난이 앉는 방법 기저귀 차는 방법 야무지게 그때 배워버려서 우리 애들은 우리 시어머니 거의 손도 안 댔어요. 제가 다 했지… 그러니까 제가 2월에 졸업을 하니까 배가 남산만 해갖고 있는데 어디를 못 나가겠더라니까요. 엄마를 보니까 불쌍해서. 일이 제일 많을 땐데. 아버지를 생각해서 내 개인을 생각하면 한시라도 빨리 나가고 싶고, 엄마를 보면 아이고 저거 낳아놓으면 나가야지. 그런 생각. 낳고만 나가야지 했는데 낳아놓고 보니까 아기가 있으니까 엄마가 또 일을 못 하잖아요. 그러니까 키워놓고 나가야지(박남순).

> 우리 엄마는… 애 낳아서 조금 커가면 학교도 못 가게 했어. 젖 멕이러

다니느라고. 애 젖 멕이러 가야지 엄마 일 가면. 내 밑에 동생 애기 보라고 학교 가면은 학교도 못 가게 했다니까. 오늘은 일 가야 되니까, 우리 엄마 모심으러 가야 되니까. 애기 젖 멕이러 가야지. 애기가 굶자나. 그때는 젖먹이라서 밥 먹일 수도 없고. 학교 가지 말고 애기 보고 있다가 젖 멕이러 오라고. 난 그런 것도 해봤어(김말순).

그 애(바로 밑의 여동생)도 내가 서울로 오고 난 다음에 동생들 키우느라고 고생 많이 했다고 그러더라고. 나하고 언니가 서울로 왔으니까. 밑에 동생들은 많은데… 초등학교도 제대로 졸업 못 했다고 하더라고(손춘자).

그런데 박남순 씨의 구술에서 주목할 또 다른 점은 임신한 어머니에 대한 그녀의 서술이다. 10대 중반의 그녀에게 어머니는 범접할 수 없는 권위를 가진 '어른'이 아니다. 어머니는 배가 남산만 해갖고 있는, 외면하고 가버릴 수 없는, 도와줘야 할 불쌍한 여자다. 그래서 박남순 씨는 당장 가출하지 않고 끔찍한 아버지 밑에서 3년을 더 지내기로 결심한다. 이런 구술은 의존적 아동기가 짧았던 시절의 부모-자녀 관계는 의존적 아동기가 매우 긴 현재와는 다른 것이었음을 시사한다. 즉, 최소한의 의존기를 지나면 자녀들은 어머니에게 통제당하고 노동과 임금을 수탈당하면서도 심리적으로는 어머니와 상당히 대등한 관계를 상정하고 있었던 것으로 보인다. 박남순 씨뿐만 아니라 아동기부터 가족의 생계부양을 했던 이순자 씨가 청상과부인 자신의 어머니에 대해 표현하는 것도 마찬가지다. 그녀는 어머니를 살림을 잘 못 해서 자기 속을 썩인 사람으로 서술한다.

어머니에 대해 표현하는 이런 대등성의 하나의 근원은 부모에 대한 의존에서 벗어나는 것이겠지만, 또 다른 근원은 전통적 가족관계 속에서 어머니/아내의 권위가 낮다는 점에 있다고 보인다. 즉, 대등성의 근원이 부모에 대한 의존에서의 탈피라면 아버지에 대해서도 같은 대등성이 표현되어야 할 것이다. 하지만 구술자들은 아버지에 대해서 원망을 하기는

하지만 (현재가 아니라 아동기에) 자신과 대등하게 인지하는 구술을 구체적으로 하지는 않았다.14)

5) 아들의 어머니

아들을 통해 자신의 가족지위를 강화하고자 하는 어머니, 딸의 임금을 수탈하여 아들의 학비를 지불하는 어머니들이 아들에게 강한 정서적 애착을 보이는 것은 당연한 일일 것이다. 구술자들은 모두 자신의 어머니가 너무 아들을 좋아한다고 이야기한다. 아래의 인용문에 나타나 있듯이 아들과 딸은 같은 인간이 아니고 같은 자식이 아니다. 오빠가 고등학교에 진학해야 하기 때문에 여동생이 중학교에 진학하는 것은 두 마디 할 것도 없는 일이다. 이런 아들 편애는 어린 딸들의 가슴 구석구석에 설움의 켜를 쌓지만 그 설움이 운동의 힘으로 전환되기도 한다.

> 제가 어릴 때, 가만히 생각해 보면, 철없을 때 누워가지고, 왜 나는 딸로 태어나가지고, 이렇게 설움을 받을까, 이렇게 어, 그래도 큰 딸이 좀 낫지 않습니까, (웃음) 큰 딸은 인제 뭐, 살림 밑천이니, 어쩌니, 그러고, 했는데, 제가 또 중간에 껴가지고, 인제, 돼가지고, 제가 좀 서룹게, 설움을 많이 좀 느꼈어요… 그래서 인제 제가 나중에 /여성 문제에 대해서도 관심을 많이 가지고, (웃으면서) 일을 한 바탕이 되지 않았나 이런 생각이 들어요(박선희).

> 우리 엄마가 너무 그렇게 아들만 밝히고… 그게 막 그러니까 나는 싫더라고… 우리 엄마 말이, 옛날에 맨날 그랬어. "오빠가 잘되야 너도 잘되는 거"라고… 우리 엄마는 유난히 아들에 대한 게 강해. 아들, 아들, 아들. 그래가지고 지금도 목소리만 들으면 우리 오빠 광주에 내가 무슨 일 있는지 알아… 졸업하고

---

14) "서방복 없는 년은 자식복도 없다"는 말이 의미하는 것이 바로 그것으로 남편에게 대접받는 아내가 자녀들에게도 대접받는다는 것이다.

서 남들은 중학교 간다고 그러는데 나는 인제 중학교도 우리 엄마가 못 간다고 그러더라고 나는 못 간다고. 뭐 두 마디 할 것도 없이 니가 중학교를 어떻게 가냐고. 내가 중학교를 갈 때 우리 오빠가 중학교 3학년이었나? 우리 오빠가. 오빠가 가니까 내가 못 가지(김말순).

심지어 최인순 씨의 어머니에게는 아들의 학비와 생계비를 통째로 대 준 딸이 며느리보다도 뒷전이다. 물론 남계/부계중심적 사고에 철저히 입각한다면 며느리가 딸보다 더 소중한 것은 당연하다. 딸은 출가 전에 가족을 위해 어떤 희생을 하더라도 장기적으로는 출가외인이 되어 가족을 떠날 존재에 지나지 않지만 며느리가 이 가계를 이어나갈 남아를 생산한 존재가 아닌가.[15] 게다가 당시의 최인순 씨는 노동운동한답시고 아들의 대학 학비를 대지 않고 교도소까지 갔다 온 딸이었다. "그간 집에다 해준 게 얼만데"라고 설움에 북받쳐 이틀간을 울던 최인순 씨는 이 가족이 내가 정착할 곳이 아님을 깨닫고 결혼을 결심한다.

(결혼하겠다고 생각한 이유가 뭐예요?) 우리 어머니가 막 나한테 서운하게 한 일이 많았었어요. (어떤 거?) 나도 다리가 막 아프더라고. 교도소에서 나와 보니까. 교도소에서는 이러고(양반다리: 필자) 앉아 있거든요. 하루 종일 이러고 앉아 있어야 돼… 그리고 나서 나오니까 다리가 아프더라고. 근데 남동생 색시가 다리 아프다고 하니까, 우리어머니가 뭐 우리 동네 거기에 약이 잘 듣는 약이 있다고 하더라고. 다리 아픈데 좋은 약이 있다고 하더라고. 그 말 나온 김에 나도 다리가 아픈데 했더니 뭔 처녀가 다리가 아프냐고 면박을 주더라고. 그래서 그랬는데 얼마나 약 오른지, 내가 집에다가 해준 게 얼만데, 그야말로 구치소 갔다 와서 영치금까지 집에다 갖다가 다 줬는데. 그래서 그냥 눈물이 어떻게 나는지 몰라 하여튼. 그동안에 복받쳤던 설움이 막 줄줄줄줄 나는 거예요.

---

15) 필자가 아는 한 노인은 명절에 가족이 모이면 맛있는 것은 아들과 며느리에게만 먹게 하고 딸은 손을 대지 못하게 한다.

그렇게 울어보긴, 하여튼 이틀간을 그렇게(최인순).

하지만 어머니의 아들 타령이 성장기로 끝나는 것은 아니다. 어머니들은 노년이 된 지금조차 아들에 대한 집착에서 벗어나지 못한다. 아들에게 무슨 일이 있으면 당장 목소리가 변하고(김말순), 같은 것을 사줘도 딸이 사준 것보다 "오빠가 사준 기 맛있다고"(김수연) 하는 정도다. 남동생이 누나에게 대드는 것은 "걔가 성질나니까 그러지"라며 너도 자식 키우지 않냐고 참으라 하고, 부모 재산을 멋대로 처분하는 오빠에게 어떻게 그럴 수가 있냐고 딸이 대드는 것은 "그년이 지가 뭔데 오빠한테 소리를 지르고 난리를 치냐고"(김말순) 딸을 비난하고 나선다. 그런 예상치 못한 반응에 직면하면 딸들은 배신에 몸을 떨며 부모와 거리를 두겠다고 생각한다. 하지만 부모 논을 팔지 않게 하기 위해 오빠에게 돈을 보내는 김말순 씨나 동생들 앞에 큰 언니의 위신을 세워주지 않는다고 패악을 쓰면서도 가을마다 고추를 팔아주는 박남순 씨처럼 번번이 또다시 부모를 위한 헌신을 반복하고 그것은 켜켜이 쌓인 애증으로 남는다.

내가 그 이야기를 딱 듣는 순간 무슨 생각을 했냐하면, '딸은 아무 소용이 없구나' 응, 그런 생각이 들면서 그 뭔가 모를 벽이 딱 생기더라니까… 그 엄마라는 존재가 이것이 아니구나 싶더라구요. 아 내가 잘 살아서 부모님 도와주고 그래야지, 내가 못 살아선 내가 관여할 일이 아니구나. 그때부터는 신경 딱 끊었어요. 그때부터 딱 전화도 안 해요. 우리 엄마한테 전화 안 해 난(김말순).

인제 가을에 고추 나오면 내가 팔아줘야 되거든. 그러니까 그 생각하니까 내가 아쉬운 모양이지. 내가 매년 우리 친정 고추 몇백만 원어치씩 팔아줘요. 그래도 농협에 넘기는 거보다 내가 직접 팔아주면 훨씬 많이 남잖아. 내가 교회 사람들하고 미용실에 오는 사람들한테도 팔고, 나는 엄마 어버지 생각해서 그렇게 해주는데…(박남순).

위에서 제시한 최인순 씨의 경험은 어머니의 아들 편애와 아들을 위한 딸 착취가 여성을 출생가족으로부터 분리시키고 남성과의 결혼 속으로 밀어 넣는 역할을 한다는 점을 시사한다. 하지만 그런 경험은 최인순 씨만의 것은 아니다. 어머니조차 자녀를 부양할 의지가 없어 십대 초반부터 소녀가장이 되어야 했던 이순자씨는 열아홉 살경에 남편을 만나 연애를 시작한다. 자상한 어머니에 대한 경험이 거의 없었던 이순자 씨는 처음 만나 연애할 때부터 남편이 얼마나 자신에게 친절하고 자상했는가를 힘주어 말한다. 아버지가 자신을 "우리집 머슴"이라고 부르며 부려먹었던 박남순 씨는, 노동운동을 계속하고 싶었으며 결혼할 생각은 없었던 자신을 "강제로 끌고 가서 결혼"한 남편이, 대등한 수준에서 이야기하는 관계였으며, 자신을 존중해주는 태도가 있었음을 강조한다. 무능한 아버지 때문에 밥 먹듯이 굶으며 성장한 박선희 씨도 자신의 남편이 가족부양에 대한 책임의식이 매우 강한 사람임을 반복해서 이야기하고, 자신이 그 남편과의 결혼생활 속에서 안정된 삶을 향유하고 있는 것에 대해 감사해 한다.

5. 정리와 토론

딸들의 구술을 통해 살펴본 전후 회복기 및 초기 산업화기의 빈곤계층 어머니의 모성실천을 분석한 이 논문이 시사하는 바는 다음과 같다.

첫째, 가사와 육아, 자녀교육을 전담하고 그것을 자신의 일차적 책임으로 하는 존재로 규정하는 근대적 모성이라는 역사적 현상이 아직 이 계층의 딸들에게는 도래하지 않았다는 것이다. 자녀에 대한 어머니의 무조건적 애정 및 자녀와 어머니의 정서적 친밀감도 아직 현실이 아니다. 임신, 출산을 한다는 점에서 아버지와 다를 뿐 어머니는 생계노동자로서 주로 구술되고 오히려 아버지는 생계부양자가 아니다. 딸에게 있어 어머니는 노동감독관이며 자신의 임금을 수탈하여 남자형제의 학비를 지불함으로써 딸을 자신과 자신의 아들의 삶을 개선하기 위한 도구로 사용하는 존재이다. 또 딸들의 구술에서 가사와 양육을 실천하는 어머니의 모습에 대한 묘사가 거의 나오지 않는 점에 주목할 필요가 있다. 뿐만 아니라 가사와 양육은 가능한 한 딸에게 이양한다. 그것은 어머니가 가사와 양육을 하지 않았다는 의미가 아니라 어머니에게는 생계노동이 더 일차적인 것이었음을 의미한다고 보인다.

이런 모성실천 속에서 딸과 어머니는 친밀감을 형성하기 어렵다. 딸들은 "우리 엄마는 별로 그렇게 좋았던 기억이 없어. 나한테. 애틋하게 잘해준 기억이 별로 없어"(김말순)라고 말하고 "너무 어려 엄마를 떠나 와서워 얼마나 붙어있었어야지… 우린 재밌게 했던 직장생활이 더 머리에 많"고 엄마에 대한 기억은 별로 없다(손춘자)고 말한다. 이런 구술을 하는 태도는 이전에 공장노동이나 월급 받아 집에 보내는 이야기를 할 때에 비해 기운이 없고 서글프지만 무심한 태도다.

나아가 딸들은 어머니에 대해 연민과 원망이 뒤섞인 복잡한 감정을 가지게 되기도 한다. 특히 가족을 위해 많이 헌신한 딸들 그리고 맏딸들에게서 이런 경향이 강하게 나타나는데, 이는 자신의 희생에 대해 부모와 형제로부터 인정받고자 하는 욕망과 연결되어 있다고 보인다. 어린 시절에 그녀들은 "당연히 그렇게 해야 하는 것인 줄 알았"기 때문에 그렇게 했지만 나이를 먹고 가족관계에 대한 사회적 규범이 변화한 현재에 와서는 자신의 희생이 당연한 것이 아니라고 생각하게 되었기 때문에, 가족들이 인정과 대접이라는 형태로 보상해야 한다고 생각한다.

하지만 그녀의 희생을 향유한 가족들에게 그 희생은 과거의 것으로서 잊혀져버렸거나, 또는 그 시절에는 당연히 그렇게 하는 것이었던 정도 이상으로는 기억되지 않는다. 그렇지만 그녀들에게 익숙한 가족 역할은 작은 엄마(little mother)로서 가족을 위해 희생하는 것이다. 또 그녀들은 자신이 그 역할을 현재의 것으로서 지속함으로써 과거의 희생까지도 인정받을 수 있으리라는 기대를 가지고 있고 그 역할을 반복하고자 한다. 그러나 그 기대는 현실로 전환되지 않으며 그녀들은 '중단할 수 없는 인정투쟁'의 찌꺼기라고 할 수 있는 애증을 축적하며 자신의 감정세계를 황폐화시킨다.

둘째, 이 연구는 특정한 사회적, 역사적 시공간 속에서 모성규범과 모성실천은 다중적일 수 있음을, 무엇보다 자녀의 성별에 따라 비동시성의 동시성이라는 다중적 모성실천이 선택될 수 있음을 시사한다. 즉 전후 혼란기와 산업화 초기의 빈곤계층의 어머니들이 아들에 대해서는 "교육하는 어머니"라는 근대적 모성실천을 적극적으로 하는 반면 딸에 대해서는 "아동노동 감독 및 수탈"이라는 전근대적 모성실천을 지속한다. 특히 딸에 대한 전근대적 모성실천은 아들에 대한 근대적 모성실천을 위해 적극적으로, 전략적으로 선택된다. 이런 점을 볼 때 지배적 모성규범과 모성실천에 관한 연구는 시대 및 계층과 더불어 자녀의 성별에 따라 비교분석될 필요가 있다.

셋째, 이 연구는 출생가족에 의한 경제적 착취가 여성들을 빈곤하게 만든다는 사실을 잘 보여준다. 구술자들은 가족/남자형제를 위한 희생물로 사용되었기 때문에 자신의 학력자본을 형성할 수 없었고 저학력의 저임금 노동자로서 노동시장을 전전할 수밖에 없었다. 그리고 자신과 유사한 수준의 남자를 만나 결혼가족을 형성한다. 심지어 한가족 내에서 남자형제와 여자형제의 성장 후 계층이 달라지기도 한다.

넷째, 이 연구는 출생가족에 의한 심리적 착취와 희생에 대한 인정거부가 여성들을 남성과의 결혼가족 속으로 밀어 넣는 역할을 하고 있음을 시사한다. 자신을 착취했을 뿐 아니라 과거에도 현재에도 그 희생을 인정해주지 않는 부모와 형제들은 구술자들이 출생가족에 대한 정서적 친밀성을 유지할 수 없게 할 뿐 아니라 "아, 딸은 소용 없구나"라고 배신감에 떨게 한다. 그리고 딸들이 남성과 결혼가족을 형성해 그 관계에 안착하고 위로받고자 욕망하게 만든다. 그 때문에 자신의 인생에 별로 도움이 되지 않았거나 전혀 도움이 되지 않는 남자에 대해서조차 자신의 부모가 자신에 대해 했던 바의 착취는 하지 않거나, 자신의 존재 자체를 인정해준다는 점을 강조한다. 다소 비약이 될지도 모르겠지만 이런 사실은 인내하지 말아야 할 결혼을 인내하는 여성들의 심리상태의 이면에 출생가족, 특히 부모와의 관계 속에서 형성된 자긍심이 낮은 문제가 있을 수도 있음을 암시한다.

이런 점에서 이 연구는 압축적 근대화 속에서 성장한 맏딸의 생애사에 대한 심화연구, 특히 맏아들의 생애사와의 비교연구의 필요성을 제시한다. 구술자들의 경험을 보면 맏딸은 그야말로 '작은 어머니'이며 '어머니 대행'이다. 급속한 경제성장 속에서 맏딸의 희생을 딛고 아들은 물론이고 차녀 이하의 딸도 좀 더 나은 교육기회, 삶의 기회를 가지는 경향이 있다. 물론 빈곤계층의 맏아들이 '아버지 대행'으로서 동생들을 돌보아야 하는 경우는 많이 있었다. 그러나 맏아들은 성장과정에서 가족의 자원을 우선적으로 소비할 권리를 가지며 또 성장 후에는 동생들을 돌보는 대신 아버지와 동등한 또는 아버지를 능가하는 권한을 부여받는다. 이런 점에서 아동기부터 가족/아들의 삶의 조건 개선을 위해 착취의 대상이 되면서도 성장 후 어머니 대행으로서의 권한을 행사하지도 못하고 심지어 그 희생에 대해 인정도 받지 못하는 맏딸의 경험과는 매우 다르다. 따라서 압축적 근대화 속에서의 맏딸과 맏아들의 생애사 비교연구는 세대와 성별에 따라 가족관계에 대한 태도가 상이하게 형성되게 되는 구조 및 부부관계 이외에도 가족 내에서 성별에 따른 차등적인 권력형성구조 등을 밝히는 데 기여할 뿐 아니라 한국사회 중년여성의 정신세계와 문화를 이해하는 데도 기여할 것이다.

| 참고문헌 |

가와모토 아야. 1998. 「한국과 일본의 현모양처 사상: 개화기로부터 1940년대 전반」. 『모성의 담론과 현실』.

공선영. 2000. 「모자가족의 경험과 적응에 관한 연구: 변화정도, 대처전략 적응 및 복지욕구" 이화여대 사회학과 박사논문.

김경애. 1999. 「흔들리는 모성, 지속되는 모성역할: 저소득층 모자가정의 여성가장」. 한국여성학회. 『한국여성학』,15집 2호.

김지혜. 1995. 「모성 이데올로기의 수용과 거부에 관한 연구」. 이화여대 여성학과 석사논문.

노영주. 1998. 「초기 모성경험에 관한 문화기술지적 사례 연구」. 서울대 소비자아동학과 박사논문.

박숙자·손승영·조명덕·조은(편역). 「가족과 성의 사회학」.

박영란. 1998. 「저소득 모자가정의 자립방안 연구」. 한국여성개발원.

변혜정. 1992. 「임신에서 초기양육까지의 어머니일 수행 경험으로 인한 '어머니'로의 적응관정에 관한 사례연구」. 이화여대 여성학과 석사논문.

신경아. 1997. 「한국여성의 모성갈등과 재구성에 관한 연구」. 서강대 사회학과 박사논문.

심영희. 1996. 「시간문화와 여성: 대입수험생 어머니의 삶에 나타난 전통, 현대, 탈현대」. 한국여성학회. 『한국여성학』, 12권 2호.

심영희·정진성·윤정로(공편). 1998. 「모성의 담론과 현실」. 나남.

윤택림. 1996. 「생활문화 속의 일상성의 의미: 도시 중산층 전업주부의 일상생활과 모성 이데올로기」. 한국여성학회. 『한국여성학』, 12권 2호.

윤택림. 2001. 『한국의 모성』. 미래인력연구소.

이연정. 1994. 「모성론에 대한 비판적 고찰: 서구 페미니스트 논의를 중심으로」. 서울대 사회학과 석사논문

_____. 1995. 「여성의 시각에서 본 '모성론'」. 한국여성연구회. 『여성과 사회』, 제5호.

이재경. 2003. 『가족의 이름으로』. 또 하나의 문화.

_____. 2004. 「노동자계급 여성의 어머니 노릇(mothering)의 구성과 갈등: 경인지역을 중심으로」. 서강대 사회과학연구소. 『사회과학연구』, 제12집 1호.

전인권. 2003. 『남자의 탄생』. 푸른숲.

조성숙. 1986. 「모성 이데올로기에 관한 연구: 활자매체 자료를 중심으로」. 이화여대 여성학과 석사논문.

조성숙. 2002. 『어머니라는 이데올로기』. 한울.

Thorne, B. & Yaolm, M.(eds). 1991. 『페미니즘의 시각에서 본 가족』 한울.

Tilly, L. & Scott, J. 1978. *Women, Work and Family*. New York: Reinhart and Wilson

<부표 1> 구술자의 인적 사항 및 가족관련 사항

구술자명	박남순	손춘자	박선희	김말순	이순자
출생연도	1959	1955	1954	1960	1956. 5.
아동기 거주지역	전북 고창	전북 정읍 고부면	부산시	전남 고성리	경상도 하동
혼인상태	사별, 1982년 결혼	유배우 1986년 결혼	유배우 1976년 결혼	유배우, 1983년 결혼	유배우, 21,2세경 사실혼 시작
자녀	2녀(전문대 졸업, 재학중)	2남(고1, 중1)	1녀(만23세, 대학중퇴,취업중)	1남1녀	1남1녀
학력	중졸	국졸	고졸	국졸	무학,야학재학중
현직	미용실 1인 경영(부천)	남편과 화원(용인)	시간제 간호사(독일 뮌헨)	적집자 헌혈모집인(서울)	전업주부
부의 주된 직업	농업(부농), 방앗간	농업, 영세자영업	무직	농업(소농)	
모의 주 직업	농업(가족종사)	농업(농업노동)	영세자영업, 행상	농업(가족종사)	전업주부
형제관련사항	1남6녀 중 장녀 (아들이 막내); 아들 대졸, 2-4녀 고졸, 5-6녀 대졸	3남4녀 중 2녀(남자 형제는 모두 동생), 아들 전원 대졸, 1,2녀 국졸, 3,4녀 중졸	1남2녀 중 차녀(남동생), 아들 대졸, 딸 고졸	2남2녀 중 장녀(오빠 1인), 구술자 제외 모두 고졸	3녀1남의 장녀, 형제 모두 국졸
최초취업연령(만)	17세	13세	19세	12세	11세
미성년기 취업력	원풍모방(서울)	미원보세(서울), 원풍모방(서울)	간호사(부산)	병원집 가사노동(광주), 쉐타공장(용인)	섬유, 의류업의 영세기업체를 무수히 전전. 임금 체불 및 갈취
성년 이후 취업력	식당 서빙(서울), 전자부품 하청업체(서울), 미용실 보조, 고용 미용사(서울)	원풍모방(서울) 잡화점(서울) 무급가족종사(목재상, 장미농장, 꽃집)	간호사(독일), 임신 퇴직 후 시간제 간호사로 재취업	섬유계통 가내공업(서울) 나전칠기공장(무급가족종사)	섬유, 의류업 관련 업체 몇 개 이동, 아동기보다 고용조건안정, 임금갈취문제 해소
아버지관련	매우 가부장적이고 가혹한 아버지에 대한 증오	아버지는 노름에 빠져 경제적 사고만 일으키고 생활에 도움이 안 되었음	무능한 아버지		국민학교 입학 직후 사망. 막내 돌 무렵. 사망전 노름으로 가산 탕진.
기타	둘째를 출산 후 직후, 20대에 남편과 사별.	노조활동으로 수감경험	독일 녹색당 여성재단 공동대표 역임	현재 야학에 5년째 통학	어머니 29세에 혼자됨. 음주가 과하여 간경화로 사망.

구술자명은 모두 가명임을 밝혀둔다.

<부표 2> 구술자의 인적 사항 및 가족관련 사항

구술자명	이미숙	최인순	김남선	정덕자	김은혜
출생연도	1952년	1958년	1949년	1957	1949. 7.
출생 및 아동기 거주지역	전남 장흥		충남 청양	전북 익산, 논산	충남 예산
혼인상태	유배우, 1975년 결혼	유배우, 1982년 결혼	유배우, 1973. 11. 결혼	유배우	유배우, 1998년 결혼
자녀	1남1녀	2남	2남	1남(중1)	무자녀
학력	고졸	국졸	국졸	국졸	중졸
현직	전업주부	전업주부	전업주부	공장노동	
부의 주된 직업			농업	농업	농업, 성당일
모의 주된 직업			농업	농업(농업노동)	농업
형제관련 사항	3남4녀 중 둘째딸, 위로 언니	2남3녀 중 맏딸	3남4녀 중 맏딸	7남매중 4번째, 이복형제 4인, 동복남동생 2인	1남 5녀 중 4녀, 아들이 막내
최초취업 (만연령)	18세	17세	23세	13세	
미성년기 취업력	아동복 제조업체 미싱사(5년 근속)	섬유, 의류 관련 영세업체 미싱보조	농업노동, 가사노동	목욕탕집 심부름, 대일화학	
성년 이후 취업력	출산 퇴직 후 양장점 근무, 미싱	의류업(삼성물산, 양복점)	방림방적 시다, 1년 근무	삼성전자 하청공장, 봉제공장, 그후 노조만들기 위해 여러 공장 전전(6개월에 한번씩)	
아버지에 대한 기억				부모 별거, 방학 때 만나는 아버지는 언제나 회피하는 태도. 다음날로 가라고.	생활력이 없는 아버지, 어머니가 주로 농사일
기타					청계피복 여성부장 출신

<부표 3> 구술자의 인적 사항 및 가족관련 사항

구술자명	김수연	이순애	이혜숙	전은주	김분조
출생연도	1959. 3.	1952.	1957	1962. 10	1955. 1.
출생 및 아동기 거주지역	의령 출생, 국민학교까지는 부산, 합천	충남 청양	서울 창신동	전남 나주	서울 용두동
혼인상태	유배우, 1980년 결혼	유배우, 1980년 이전 결혼	유배우, 1983년 결혼	유배우	유배우, 1982년 결혼
자녀		2남	84년 12월 출산	2녀	1남1녀
학력	고졸	국졸	중졸	국졸	고졸
현직		탁아소 경영	공부방 운영		단체근무
부의 주된 직업		경찰, 운수업, 세탁소	전차 운전, 쌀가게, 경비	무직	
모의 주된 직업		전업주부, 세탁소	전업주부, 가내노동	농업	
형제관련사항	1남2녀 중 막내	4남4녀 중 5번째, 딸 중 세번째, 장남 고졸, 여동생 대학원졸, 그외 중졸	5녀 중 장녀, 원래 6녀 1남이었으나 막내 아들과 셋째 딸이 사망. 아들은 출생 직후 사망	2남3녀 중 셋째, 언니, 오빠.	
최초취업 (만연령)		15세	15	17세	
미성년기 취업력		육영사(단추제작, 염색하는 영세업체), 가발학원, 만18세 반도상사 입사	1972년 3월 봉제공장(신사복) 시다 1년, 신도(신사복 제조회사) 1년 반, 1974년 반도 입사	섬유, 의류업(진안섬유)	
성년 이후 취업력		반도상사		섬유, 의류업 (근심산업, 대우 어패럴)	
아버지에 대한 기억			능력없는 무골호인	게으르고 일을 할 줄 모르는 아버지, 자식들에게는 자상.	
기타	야간고등학교에 진학하기 위해 한일 합섬에 입사. 1회 졸업생	매우 반항적인 사춘기를 보냄, 서울 노량진에서 세탁소하면서 한 방에서 식구 전원 거주. 자주 싸우는 부모.			

제7장

1970년대 여성노동자의 섹슈얼리티와 계급정치

장미경(전남대 사회학)

1. 서론

1970년대는 자본주의적 산업화 시기로 노동자계급이 본격적으로 형성된 시기이다. 전근대적 농촌사회는 근대적 도시사회로의 대규모적인 변화를 이루었고, 농촌에서 도시로 이주한 젊은 여성들은 이 과정에서 전자, 봉제, 가발, 신발 등의 초기 산업 노동력으로 기능했다. 이들은 국가 경제발전에 공헌한 중요한 노동력이었으며 개별 가정의 생계를 책임지는 중요한 생계 담당자였지만, 자본에 의해 착취받는 저임 노동자들이었다. 어린 나이에 부모와 고향을 떠나 도시의 낯선 노동에 적응해야 했고, 같은 나이 또래의 대학생이나 사무직종 종사자들과 비교되면서 상대적 박탈감과 열등감에 시달렸던 노동자들이었다. 이들은 또한 보통의 젊은 여성들처럼 몸의 생리학적 변화나 외모, 이성, 연애, 결혼, 육체적 성에 대한 관심과 호기심을 가지고 있는 10대 또는 20대의 젊은 여성들이었다.

이 연구는 젊은 여성들이 깊은 관심을 가지고 있는 섹슈얼리티의 측면에 초점을 맞추어 1970년대 여성 노동자들을 둘러싸고 계급정치가 어떻게 전개되었는지를 살펴보는 데 목적이 있다.

섹슈얼리티는 몸에 대한 관심이 확대된 근대 이후에 발명된 개념으로서, 푸코에 따르면 1850년대에 등장한 개념으로(아리에스와 뒤비, 2002: 728; 김경일, 2004: 121), 이에 대한 논의나 관심은 20세기에 본격화되기 시작했다. 여기서 '섹슈얼리티'란 성적인 욕망들, 성적인 정체성 및 성적 실천을 의미하는 것으로 성적인 감정과 성적으로 맺게 되는 관계들을 모두 포괄하는 개념이다. 사회구성론적 관점에서 보면, 성은 다양한 사회문화적 맥락들 내에서 모든 사회관계들과의 작용을 통해 구성되는 것이라 할 수 있는데, 이는 다음 네 가지 영역들을 포함할 수 있다. 첫째, 일부일처제, 일부다처제, 일처다부제, 독신제도와 같은 성적 행위 또는 사회적 관행들, 둘째, 이성애자, 동성애자, 양성애자로 자신을 규정하게 하는 성적 경향성 또는 성정체성, 셋째, 성적 욕망, 넷째, 성적 관계 또는 성의 정치성(조주현, 2000: 133)이다. 이런 개념정의에 의거해보면, 섹슈얼리티라는 개념은 섹스와 관련되거나 섹스로부터 파생된 제도적, 문화적 측면들을 모두 포괄한다고 할 수 있다.

'여성노동자의 섹슈얼리티'라는 주제는 우리 사회에서 별로 조명되지 않은 주제이다. 그동안 이루어진 노동자 연구는 노동시장이나 노동과정, 노동운동에 초점이 맞추어져 있었으며, 그것도 거시적이고 구조적인 시각에서 다루어졌으며, 연구방법도 공식문헌에 드러난 수치나 자료들을 통해 이루어져왔다. 더구나 연구의 주요 대상은 '표준 노동자'로 대표되는 남성들에 한한 것이었다. 1960-1970년대 노동자 연구 중 일부가 여성에 초점을 맞추기는 했으나 그것들도 기존의 연구주제나 연구영역을 벗어나지는 못했다.

이에 이 연구는 그동안 거의 다루어지지 않았던 외모, 연애, 결혼, 육체적 성 등 '섹슈얼리티'의 측면에 초점을 맞추어 계급정치의 측면을 조명하고자 한다. 여기서 '계급정치'란 자본주의 체제가 여성노동자에게 지배체제로서 가하는 측면뿐만 아니라 여성노동자들이 지배체제에 대한 대응의 측면을 포함한다. 계급정치란 객관적 구조 속에서 움직이는 행위자들의 움직임과 각축 속에서 형성되는 것이기 때문이다. 따라서 이 연구에서는 국가와 자본이 여성 노동자들에게 가하는 지배정치의 측면과 더불어 이에 대한 여성노동자들의 대응들이 어떻게 나타나고 있는지를 살펴볼 것이다.

2. 이론적 배경과 연구방법

1) 이론적 배경: 섹슈얼리티와 계급정치

이 연구에서 다루고 있는 주제는 아름다움과 외모, 육체적 성, 결혼이라는 세 가지 주제이다. 따라서 이러한 주제들을 계급과 연결시킨 논의들을 살펴보기로 하자.

첫째, 아름다움이나 외모를 계급과 연결시킨 논의를 찾기는 쉽지 않다. 따라서 '외모 가꾸기와 계급'의 관계를 논의하고 있는 소비이론가들의 이론에서 논의를 끌어내보기로 하자. 소비이론가들에 의하면, 외모 가꾸기는 계급별로 차이가 있음을 알 수 있다.

소비행위는 정체성을 형성하거나 접합시키는 과정으로서(Baudrillard, 1992; 김왕배, 2000; Veblen, 1983), 중상류 계급은 과시적인 여가와 과시소비를 통해 자신의 정체성을 표현하는 데 반해, 노동자 계급은 상대적으로 외모 가꾸기에 들일 시간적, 경제적 여유가 없기 때문에, 아름다움과 외모 가꾸기에 별로 투자를 하지 않는다. 계급마다 문화자본(학력자본을 포함)의 차이가 있는데(Bourdieu, 1995), 중상류계급은 비싸고 호화로운 옷, 주택, 장식물들 등 낭비적 지출을 통해 상류계급임을 '과시'하며 "예절, 교양, 품위있는 어법, 행실 및 형식적이고 의례적인 관례 등을 발달시키고 예절과 교양을 쌓기 위해서 많은 시간과 훈련을 소비한다(Veblen, 1983:66-70). 소비는 사회적 의미의 의사소통이며 구별짓기를 위한 투쟁의 장소이며, 특정한 모양이나 색을 지닌 소비재는 계급지위를 나타내는 상징적 기능을 하는데(김왕배, 2000). 실제로 우리 사회에서도 계급에 따라 다른 소비행위가 나타나고 있다(장미혜, 2000). 이들에 의하면, 계급에 따라 외모 가꾸기에 차이를 보이고 있음을 알 수 있다.

둘째, 육체적 성의 측면을 보면, 여성들은 모두 가부장제 억압의 희생양들이다. 성의 엄격한 통제에 기반했던 전근대사회와는 달리 근대에는 출산과 성적 쾌락이 분리되고, 계획적 임신과 출산, 낙태 등으로 재생산을 통제할 수 있게 되면서 조형적 섹슈얼리티가 가능해졌다. 친족관계, 그리고 세대 등에 오래 전부터 통합되어 있던 관계로부터 끊어져나온 섹슈얼리티의 탄생은 성해방을 가능케 했던 전제조건이었다(Giddens, 1995: 65-67). 또한 과거에 영혼 구원이나 건강 증진을 위해 금욕과 절제의 대상이었던 몸은 쾌락과 자기표현의 수단으로 변모되었으며, 서구화된 몸과 자본주의적 성을 정착시키는 자연스런 단계에서 성의 상품화는 필연적으로 상품의 대량생산과 맞물려 등장한다(김진송, 1999: 290-292).

근대에 들어와서 여성의 성욕이 인식되긴 했지만 곧바로 억압되었으며 히스테리아의 병리학적 근원으로 취급되었다. 여성들은 가부장제의 억압 속에서 순결이데올로기에 종속되었다.[1)] 특히 중상류계급 여성의 경우, 현모양처와 순결이데올로기의 일차적 희생자들이 되어갔다(Turner, 2002:

---

1) 자본주의 초기 유럽의 시민계급 문화는 청교도적인 도덕윤리와 여성의 성을 통제하는 이중규범에 기반, 혼전관계나 혼외관계를 배척했다. 남성들도 원칙적으로 결혼할 때까지 순결해야 했지만, 사실상 혼전에 성관계 경험을 가지는 것이 용납되었고, 따라서 양갓집의 청년은 어린 하녀, 가정교사 그리고 매춘여성 등 다양한 방식으로 성경험을 쌓았다. 반면 여성들은 어머니, 누이, 아내와 같은 정신적인 존재와 애인이나 창부와 같은 타락하고 감성적인 유혹녀로 양분되었고, 여성에 대한 성적 통제는 매우 억압적이었다. 여성은 비성적(asexual)이고 타락하지 않은 피조물이어야 했으며, 순결해야 했다.

225). 이는 우리 사회에서도 마찬가지였다. 개화기 시대에 성 개방의 분위기가 있었지만, 중상류계급 여성에게는 특히 순결과 정조관념, 모성이 강조되었고, 성 문란의 책임이 지워졌다(숙명여자대학교 아시아 여성연구소, 2004).

반면 노동자계급의 경우는 현모양처와 순결이데올로기의 강제에서 다소 자유로운 측면이 있다. 지배문화의 감시와 감독에서 제외되는 측면이 있기 때문이다. 그러나 그런 자유가 주는 대가는 가혹했다. 노동자계급들은 '성 문란'의 오명과 쉽게 연결되었고, 사회를 타락하게 만드는 주범이라는 비난을 들어야 했다. 실제 노동계급의 딸들은 쉽게 유혹자, 성적 문란자로 인식되면서 성매매 종사자와 연결되었다.

셋째, 결혼의 측면을 보면, 중상류계급의 경우 노동자계급보다 전근대적 결혼형태가 더 일반적이었음을 알 수 있는데, 즉 근대 이전에 결혼은 혈통의 계승과 생계단위 구성이라는 경제적 의미가 컸다. 근대 이전에는 노동력을 창출해내기 위해서 조혼제도가 존재했고, 딸은 식솔을 덜거나 결혼을 통해 돈을 받고 팔아넘기는 대상으로 간주되었다(숙명여대 아시아 여성연구소, 2004). 결혼은 신분이나 지역사회, 가문과 밀접한 관계를 가지고 있고, 당사자의 의견보다 혼주의 의견이 중요했으며, 가족과 분리된 결혼이 행해지지 않았던 것이다. 그러나 노동자계급에서는 더 근대적 결혼형태를 발견할 수 있는데, 즉 결혼이 성애에 기초하며, 가족과 분리된 개인들의 결합으로서의 의미를 갖게 되는 것이다.

실제 서구 중상층 여성에게 결혼이 경제적 안정과 사회적 신분을 보장하는 반영구적인 보험으로서의 의미를 지녔다면, 노동계급 여성에게 결혼은 보다 현실적인 것으로서, 생계비를 벌 수 있는 남편을 얻는 것을 의미했다(정미경, 2002: 37-38). 우리나라에서도 중상류계급에서 결혼이 개인들간의 자유나 선택이라기보다는 가문간의 맺어짐이라는 의미가 크다. 공정자(1990)의 연구에서는 우리나라 100대 재벌가의 결혼에서 재산의 상속과 배분, 자본가간 동맹과 세력확장의 수단으로서의 의미가 큼을 밝히고 있다. 재벌 총수의 사돈관계를 보면, 기업가 집안과의 결혼이 40%, 장관, 국회의원, 법조인 집안과의 결혼이 70% 이상(아들 33.3%, 딸 25.1%)으로 계급 내혼 양상을 보인다. 그리고 중간계급의 경우에는 세대간에 자본의 상속은 불가능하지만 사회이동에 대한 강한 열망이 나타나고 있다. 반면, 노동자계급에서 결혼은 결혼의식을 치르지 않고 사는 동거부부가 많은데, 특히 물려받을 재산이 없고 일찍부터 이농하여 혼자 경제적으로 자립해온 젊은 사람들은 객지에서의 외로움을 달래고 생활비를 줄이기 위하여 결혼절차를 생략한 채 동거생활로 들어가는 경우를 흔히 발견할 수 있다. 타 계급과 마찬가지로 주로 비슷한 배경의 사람들끼리 결합하는 동류혼이 지배적이며, 연애와 결혼, 출산이라는 일반적 결혼과정을 거치기보다는 출산 후 결혼하는 사례가 많다. 결혼의식에서는 약혼식이나 함들이 등의 의식을 생략하지만, 결혼식만은 대부분 행하는 경우가 많으며, 사회적으로 떳떳한 정식부부로 인정받기 위해 동거생활을 하다가도 반드시 치르는 경우가 일반적이다(이재경, 2003: 94-101).

2) 연구방법

이 연구는 문헌연구와 구술사 연구방법을 함께 사용하고 있다. 문헌연구를 통해 1970년대 여성노동자의 일상에 대한 전반적인 상황을 파악한 후 여성 노동자에 대한 구술을 실시했다. 구술사 연구방법은 상황을 왜곡하지 않고 직접적인 목소리를 통해서 과거를 생생하게 복원하는 데 가장 좋은 도구이다. 문헌자료나 각종 통계자료에 나타나지 않는 사실들을 파악하는 데 도움이 되며, 특히 주체들의 주관적, 심리적인 측면을 알 수 있게 해준다.

이 연구의 주요 구술대상은 1970년대 서울 및 수도권 지역에서 공장노

<표 7-1> 구술자 명단

김O실(해태제과)	이O례(해태제과)	송O순(대일화학)
신O자(롯데제과)	박O희(선경)	조O영(넝쿨상사)
한O희(콘트롤데이타)	허O례(반도패션)	최O순(삼양통상)
문O순(동일방직)	순O순(해태제과)	

동을 했던 여성들로서 현재는 40-50대 여성들이다. 구술 인터뷰는 2002년 8월부터 2004년 4월까지 실시되었는데, 아래 구술은 대부분 본 연구자가 실시한 것이고, 조O영과 허O례의 경우만 성공회대 사회문화연구원 연구원이 실시한 자료를 활용했다. 구술은 1회 또는 2회에 걸쳐 최저 3시간, 최대 10여 시간 동안 실시했다.

구술에 참여한 여성 노동자들 대부분은 1970년대 노동운동에 참여한 당시 일을 자랑스럽게 생각하고 있었으며, 당시의 일이 기록으로 남겨진다는 사실을 의미 있게 생각했는데, 과거 노동운동의 경험을 가지고 있는 사람들일수록 과거에 노동자로 일했던 것에 대한 자부심이 높았다. 젊은 시절의 노동경험이 이후의 삶에 큰 힘이 되어주었다는 것이다. 이들은 대부분 어떤 형태로든 사회에 기여하는 삶을 살아야 한다고 생각하고 있었다. 그리고 이들 중 상당수가 현재에도 여성운동이나 노동운동, 지역운동 등에 종사하고 있었으며, 이외에도 여성관련 기관이나 보육기관, 보습학원, 자영업, 서울 근교의 영세 소규모 공장 등 어떠한 형태로든 사회노동을 하고 있었으며, 극히 일부만 전업주부로 살고 있었다.

반면 구술 의뢰를 했을 때, 인터뷰를 거절한 사람도 있었는데, 이들은 거의 현재 운동과 무관한 생활을 하고 있었으며, 과거 노동경험이 인터뷰를 통해 밝혀지는 것을 매우 꺼려했다.

3. 아름다움, 외모와 계급정치

1) '남자 같은 여자', '못생긴 여자'로 등급화

1970년대에 '아름다운 여성'과 '이상적 여성상'은 중상류계급의 여성상에 입각하여 이미지화되어 있었다. '백옥 같은 피부', '희고 섬세한 손', '노동하지 않는 몸'에 기초하고 있는 이러한 이미지는 영국 빅토리아조의 계급적 코드로부터 기원한다. 이러한 이미지는 하루 종일 노동에 시달리는 여성노동자의 거칠고 더러운 손과 대조되는 것으로(정미경, 2002: 29-34), 여성노동자는 '여성'의 범주에서 배제되게 된다. 중상류계급에서 노동은 열등의 표시이며 회피의 대상이었던 것이다(Veblen, 1983: 63). 이는 1970년대 우리 사회에서도 그대로 반영되는데, 아름다운 여성은 '일하지 않는' '가정에서 여성다움을 가꾸는' 여성으로 이미지화된 반면, 일하는 사람은 '아름답지 못한' '여성이 아닌 중성, 혹은 남성'으로서 이미지화되었다. 더욱이 젊은 여성 노동자들에게 동경과 선망의 대상이었던 '중상류계급의 여대생'들은 '일하지 않는 여성'이었기 때문에, '일하는 여성노동자'들은 '아름답지 않은', '여성의 축에도 끼지 못하는' 부류로 인식되었다.

여성노동자에 대한 '무성적' 혹은 '생산적 육체'로서의 이미지화는 국가-고용주-지식인의 공모에 의해 만들어졌다(김원, 2005: 692-693). 여성노동자들이 동일한 작업복을 입고 일을 시작하는 순간, 그녀들은 각기 개성과 독자적인 아름다움을 가진 아가씨라기보다는 단지 생산량 증진에만 관심이 있는 산업역군이나 노동자에 불과했으며, 남자가 존재하지 않는 곳에서 '남자의 역할'까지도 해야 하는 존재였고, 남자도 못 할 정도의 육체적 노동강도가 센 일들을 하는 존재였다. 단지 노동시간이 '길다'는 차원이 아니라 강한 팔뚝, 굳은살로 울퉁불퉁해진 손바닥, 그리고 먼지로 거칠어져 버린 손등을 가진 사람이라는 존재의 문제였던 것이다. 웅웅거리는 기계소리에 맞서 커져버린 목소리에 눈코 뜰 새 없이 기계 사이를 분주하게 다녀야만 했던 여성노동자에게, '여성다움을 유지한다'는 것은 일을 그만두겠다는 결심이 없고서는 사실 불가능한 일이었다(전혜진, 2003: 30-40).

당시 아름다운 여성이란 또한 '전통적인 것'과 연결되어 있었다. '거칠고 도전적인 적극적인 여성'이 아닌, 전통적인 여성상에 근거한 순진하고 순응적인 여성, 즉 "행동을 조신하게 하고, 여자 목소리는 담을 넘어서는 안 되고…" 등등의 담론에 의해 고무된 여성상이 그것이다. 국가와 고용주는 근로여성 교실과 직장교실에서 실시하는 꽃꽂이, 수예, 공예 등의 취미교육과 가족계획, 생활법률, 노사관계 및 중고등 단기과정, 모성, 순결, 결혼, 육아, 예절, 가족계획 등의 교양교육을 통해 여성으로서 올바른 생활태도와 경로효친 정신을 기르고 합리적인 가정관리를 하고자 했다. 이러한 교육들은 당시 전통 윤리를 중시했던 여성노동자들의 의식에 부응한 것이었다(장하진 외, 2001: 183-184).

이처럼 관리자들의 입에 밴 상소리와 언어적 모욕이 일상화된 공장이라는 공간 속에서 힘든 노동을 해야 하는 여성노동자들이 전통적 여성다움을 갖추고 가꾸기란 쉽지 않았다. 관리자뿐 아니라 동료 남성노동자들도 여성노동자들의 노동에 대해서는 '여자 같지 않은 여자'라는 비웃음을 보냈다. 남성노동자들이 때로 여성 동료의 거칠고 매력 없음을 동정하기도 했지만, 이는 여성노동자를 지켜주지 못하는 '아버지'나 '오빠'의 심정에서 보이는 온정주의적인 동정심에서 비롯된 것이다. 그러나 이런 동정심은 여성노동자의 일이 '여자가 하기에 적절치 못한 일'이라는 판단에 근거한 것이었다. 실제로 여성들은 남성동료들과의 관계에서 여성성(feminity)에 대한 자신감을 잃고 있었으며, 자신을 표현할 때 '선머슴애' 같은 존재였다고 말했다(전혜진, 2003: 30-40).

"글쎄… 그 아이들이 여자처럼 보이진 않았어… 걔 중에 얼굴 반반한 애들도 좀 있긴 했지만..아휴, 걔들이 얼마나 거친 애들이었는데… 막 돼먹었다고 해야 하나…. 좀 그런 애들이었어… 일하는 거 보면 남자가 따로 없어… 또 목소리는 얼마나 큰지… 난 고향이 충청도라 목소리 큰 건 딱 질색인데… 부산 근처에 있는 공장에서 일하는데 무슨 돼지 멱을 따는지… 아휴!"(전혜진, 2003: 35).

이에 많은 여성노동자들은 자신의 신데렐라 콤플렉스를 실현시켜줄 이상적인 남성과의 연애를 꿈꾸었고, 이성에게 매력적인 여성으로 보이고자 했다. 여성노동자들은 노동자로서의 삶을 위장할 수 있는 사치스럽고 우아한 옷차림과 외모를 가꾸고자 했던 것이다(장미경, 2005: 300; 전혜진, 2003: 63-72). 반면 상대적 박탈감과 실망감, 불만에 젖어 있던 여성 노동자들이 노동운동에 참여하게 되면서 색색으로 바르고 다니던 매니큐어를 버리고 손톱을 자르고, 시장 구두를 맞추어 신고 청바지에 티셔츠를 입는 등 이전과는 다른 방식으로 외모를 꾸미는 것도 발견되는데(장미경, 2005: 297), 이는 여성노동자들에게 외모, 아름다움은 단지 외모 자체가 아니라 노동생활, 나아가 정체성 또는 삶의 태도와 연관된 것임을 말해주는 증거이다. 결국 외모와 몸이 중요하게 부각되는 근대사회에서 섹슈얼한 존재로 인식된다는 것은 개인이 자신의 정체성을 존중받는다는 것을 의미하며(심진경, 2001: 5), 성적 매력이 있다는 것은 아름다운 외모와 몸이 권력으로 작용하는 사회에서, 권력을 가지고 있음을 의미하는데, 이런 점에서 보면, 중성, 남성, 무성적 존재로 인식된 여성노동자들은 무력한 존재였다고 할 수 있다.

2) 교양 없는 천한 여공

여성 노동자들이 '못생겼다'는 편견은 외모의 기준에 학력수준이나 교양미가 첨가되면서 고정관념으로 고착화되어갔다. "출근시 수위실에 인권, 자존심은 맡겨놓으세요", '여공=교양 없음=여성답지 못함'이라는 지식인 담론에서도 이러한 면을 발견할 수 있는데(김원, 2005: 694-697), 여성노동자들은 못 배우고 천박하기 때문에 아름답지 않다는 것이다. 일반적으로 '아름다움'에 대한 사회의 평가는 외적인 면에 한하는 것이 일반적인데(당시 많은 미인대회에서 아름다움의 기준은 신체 치수, 얼굴 표정 등 외적인 것에 한했었다), 유독 미의 기준을 1970년대 여성노동자들에 적용할 때는 외적인 기준뿐만 아니라 학력, 교양 등을 더 우선시했다. 이는 1970년대 우리 사회의 지배문화가 여성노동자들에 대한 경멸과 질시를 당연시 했다는 것을 반영한다. 여대생은 '이미 세상에 태어나면서부터 다른 여성들과는 다른' 특권적인 위치로서 '신의 부름을 받은' 여성의 '미'를 대표하는 표상이었지만, 여공들은 가난해서 배우지 못했고, 그래서 무식하며, 그 결과 아름답지 못하다는 것이다(전혜진, 2003: 42). 상류계급의 소비생활 중 두드러지는 것 중의 하나는 그들이 타 계급 성원들에게 접근 불가능한 '엄청난 고가의 상품을 소비한다'는 것이다. 또한 고가의 회화, 도자기, 유물 등의 소유는 소유 그 자체 외에 오랜 훈련과 교육을 통해 숙달되는 감상법을 소유하고 있음을 말한다. 이러한 류의 소비는 단순한 물품소비와 달리 이들 감상의 전제가 되는 지식(교양)을 전제로 하기 때문이다. 즉, 소비를 위한 개인적 자질(회화를 감상하거나 문학을 음미하거나 음악을 감상하는, 도자기의 가치를 판별하는)이 요구되는데, 이러한 문화자본(상징자본)[2]의 소비를 위한 자질을 갖추기 위해서는 많은 시간과 돈의 투자가 요구된다(Bourdieu, 1995). 예절, 세련된 취미, 생활습관 등도 상류계급의

---

2) 부르디외에 의하면, 문화자본은 특정한 문화적 양식을 감상할 수 있는 지식이나 교양 등 내면화된 취향을 포함하는데, 이를 획득하기 위해서는 일정한 시간과 투자가 요구된다. 문화자본은 또한 객체화된 문화상품의 소유(법률적 상속)와 학교졸업장과 같은 '학력자본'의 형태를 띤다. '학력자본'은 학교제도에 의해 주어지는 학력 및 그것에 부수되는 다양한 개인적 능력이나 사회적 가치의 총체로서 현대 자본주의 사회의 계급구성에 막대한 영향을 미치는 요소이다.

품위를 나타내는 유용한 증거이다. 시간과 정력을 노동에 쏟는 사람들은 교양을 쌓기 위한 시간과 훈련이 부족하고 결국 품위를 갖출 수가 없기 때문이다"(Veblen, 1983: 69-70).

여성노동자들의 학력 콤플렉스나 '천한 신분'에 대한 콤플렉스에 대한 기록은 많은 자료에서 보고되는데(전광현, 1981; 정현백, 1985; 서문현주, 1993; 장미경, 2005), 이에 여성노동자들은 '배움에 대한 욕구'를 충족하기 위해 산업체 학교나 특별학급, 야학 등을 다녔고, 각종 교양교육을 열심히 청강했다. 이들 중 일부는 결혼 후까지도 과거 노동자로서의 경험을 부정하고자 했다. 그녀들은 바람직한 아내와 엄마가 되기에는 무엇인가 모자란 것들이 있다는 생각과 언젠가는 자신의 본질이 탄로 나서 모든 것이 망쳐질지도 모른다는 불안감을 가지고, 공장시절의 동료들과 연락을 끊고 기억을 지우며 자신만의 성을 쌓아갔다. 그들에게 공장의 기억은 삭제되어진 것이다(전혜진, 2003: 81). 이처럼 여성노동자들은 자신들을 노동자가 아니라 학생이나 사회인, 사무원으로 정체화하거나 노동자로서의 경험을 지우고자 했는데, 이는 자신의 노동자 정체성을 부정함으로써 자신의 존재를 인정받고자 한 것이라 할 수 있다.

3) 외모에 따라 위계화된 노동

여성노동자들의 외모에 따라 위계화된 노동구조가 형성되기도 했다. 예쁜 여성들은 고용, 직종배치, 임금, 승진 등에서 혜택을 받았고, 못생긴 여성들은 불이익을 받곤 했다. 예쁜 여성들은 사무직으로 올라가기도 했고, 편한 일, 쉬운 일을 하도록 배려되기도 했다.

"우리 공장에도 괜찮은 곳이 있긴 했는데… 실험실 안에서 대학생 실습생들이랑 같이 품질 검사하는 실험실… 거기는 고등학교도 나오고 한 애들이었을 거예요… 경리 보는 사람도 괜찮았구요. 우리 공장에도 한둘 정도 있었는데… 예쁘고 깨끗하고… 부럽죠… 하지만 그건 뭐 내가 하고 싶다고 할 수 있는 건 아니니까…"(전혜진, 2003: 38-40).

"재미있는 것은 한 여공의 얘기인데 그는 얼굴이 곱게 생겼기 때문에 간부들에게 남달리 귀여움을 받으며 그리하여 일도 고된 일은 하지 않게 되고 자기보다 근무연한이 긴 여공이 많은 데도 먼저 조장이 되었다는 것이다. '아름다움은 여자의 유일한 재보이다'라는 말이 여기에서도 적용되고 있는 것이다"(≪여원≫, 1957.12).

이처럼 외모에 따른 위계화된 노동구조는 여성노동자들이 지배문화가 요구하는 '전통적 여성다움에 기초한 외모'를 가꾸는 데 더 많은 노력을 기울이도록 함으로써 여성노동자들을 외모의 지배정치로 편입시켜갔다.

4. 육체적 성과 계급정치

1) 성 문란의 낙인, 성 접근 통제

1970년대에 여성의 성에 대한 접근은 통제되었다. 전통적 가부장제와 순결이데올로기는 여성의 성에 대한 접근을 철저히 통제했으며, 여성노동자들은 특히 '성적으로 문란하며' 사회를 타락으로 병들게 하는 원천으로 여겨졌다. "공단 안에는 처녀가 없다"는 소문이 났으며(김원, 2005: 738), '평화시장'에서 미싱하는 여성들이 밤에는 사창가에서 몸을 판다는 말이 퍼졌다. 심지어 '평화시장'에 다닌다고 하면은 몸 파는 사람으로 생각되기도 했다(정O숙 구술). 여성노동자들은 잠재적인 성매매 여성으로 간주되었는데, <영자의 전성시대>류의 1970년대 영화는 당시 여성노동자에 대한 사회적 인식을 잘 반영해주고 있다. 즉, 여성노동자들은 성적으로 문란한 여성들이며, 쉽게 성적으로 타락한 성매매 종사자가 된다는 것이다. 이러한 인식은 여성노동자들에 대한 인격적, 도덕적 경멸을 용이하게 함과 동시에 여성노동자 스스로의 자존감을 떨어뜨림으로써, 노동통제를 더욱 수월하게 했다.

"남자들이 하는 소리를 들은 적이 있는데, "5시 시마이종 치면 종방처녀 쏟아진다"고 하면서 굉장히 천하게 여기는 것을 보았습니다. 69년 5월쯤 방을 얻으려고 돌아다녔는데, 공장 처녀들에게는 방을 빌려주지 않겠다고 해요. 참 분했어요"(노동공론, 1972: 210-216).

이런 사회 속에서 결혼이 전제되지 않은 이성애는 위험하게 여겨졌으며, 특히 보호받지 못하는 노동자들의 분방한 이성애는 침묵되어야 했다(이정희, 2003: 167-168). 같은 공장에서 연애하는 남녀 노동자들은 부정적으로 여겨지거나 작업태도가 좋지 않다고 생각되었으며, 해고되기도 했다(노동공론, 1972: 210-216). 연애는 '창피한 일'이거나 '도덕적으로 타락한 사람'의 행태로 인식되었고, 나이든 부모들은 특히 자녀들의 연애에 상당히 부정적 태도를 보였다.

"우리 아버지가 오죽 난리였겠어요. 이놈의 가시나 공부할 줄 알았더니. 부뚜막에 먼저 올라간다고, 머슴애 새끼나 만나고 다니고, 니가 처신을 잘했으면, 재가 쫓아다니겠냐고. 어휴, 그래갖고, 정말 망신살 뻗쳐서 직장도 못 다니겠고. 하하하 정말 그랬어요. 정말 너무너무 창피해갖고, 정말 엄마 나 도저히 창피해서 농협에도 못 다니겠고, 니 아들 단속 잘해라. 당신 딸 단속을 잘해야지. 술좌석에서 그러셨나 봐요. 그래갖고는 도저히 안 되겠다, 싶어갖고 내가 인제 올라오기로 했지. 그래갖고 올라와서"(문O순 구술).

"…펜팔로 사귀어서 이젠 남편이나 다름없단다… 남자도 나쁘지만 여자는 더욱 나쁘다고 생각한다. 아니 어리석었다. 불쌍한 계집애 같으니라구… 저 아이의 앞날은 어떻게 펼쳐질까?(석정남, 1976).

육체적 성에의 접근은 더더욱 금기시되었다. 성은 접근 불가의 영역이었고 알거나 경험해서는 안 되는 것이었다. 이에 여성노동자들은 남녀간의 성관계나 여성의 성욕에 대해서는 물론이고, 심지어 생리 등 신체적 발달에 관한 기초지식에 대해서도 알지 못하는 경우가 많았다. 성은 '금지된 영역'이었다.

"내가 열아홉 살 땐가, 우리 나 자취할 때 맞은편 집, 맞은편 집 총각이 계속. 내가 마당에 수돗물이 마당 가운데 있어서 내가 마당에 나가면 그 남자가 따라 나오고, 또 내가 들어가면 들어가고, 내가 또 있으면 또 나오고 막 이렇게 하더라구요. 그리고 남자도 괜찮고 그러다가 어느 날 편지가 왔드라구. 나한테. '날 너무 좋아한다. 옆에서 보니까 좋다' 근데 나는 그때 남자를 만나면 시집가야 되는지 알았어(송O순 구술).

"걔가 한 번은 여기다 파스를 붙이고 와가지고 그래서 왜 붙이는 줄도 몰라 나는 인자. 그런데 이게 사랑의 마크야. 사랑의 마크가 뭔데. 그러니까 그러고도 뭔데 하면서도 볼라고도 안하고 이유가 뭔지도 모르고 쪼끔 지난 다음에 어 남자가 가까이 하다가 보면 키스를 하면 여기 멍이 드는구나. 그래서 흉하니까 붙였구나 그렇게만 알지 파고들지도 않고 그런 면에서는 호기심이 없으니까(최O순 구술).

"남자하고 옆에만 앉아도 애기가 생기는 줄 알았어. 그때만 해도 열아홉 살 먹도록 그랬으니까는. 그러니까는… 항상 거부감이 있었으니까 연애가 안 되고 또 남자가 한 번 만나다가 두 번 만나자고 그러면은 신설동에 처녀 총각이 많았었으니까는. 그러면은 인제 한 번 만나고 두 번 만나면 '저거 도둑놈 아닌가'

요 생각만 하고 있으니깐. 그때만 해도 내가 수기를 많이 봤거든. 수기. 그러니까 맨날 안 좋은 거만 읽었으니까는 맨 그런 마음만 드는 거야, 또…"(최O순 구술).

당시 거의 모든 여성들은 순결을 반드시 '수호'해야 하는 것으로 생각했고, 자신들의 성적 욕망을 죄로 여겼다. 순결을 지키는 것은 '자기관리를 잘 하는 것'이고 '성공적인 인생'을 보장하는 실질적인 물적 근거였던 반면, 순결하지 못할 때는 갖가지 비난이나 실연, 사회적 지탄 등을 감수해야 했다. 성경험의 여부는 결혼 앞둔 여성의 인성을 평가하고 그녀의 인생 전체를 좌우하는 중요한 척도였던 것이다.

"근데 개네들은 좀 자기관리를 너무 못 했기 때문에 그렇게 된 거 아니에요. 뭐라 그럴까. 약간 생각이 판단능력이 떨어지는 애들이 좀 그런 일들이 가끔 있더라고. 바보같이 남자가 예쁘다 하면은 맛있는 거 사준다고 하면은, 거기에 넘어가는 애들도 한 명인가 본 거 같애요. 그래 가지고 어떤 애 말 들으니까, 두 번인가 세 번인가 얘기를 하면서 애를 뗐다고 하더라고요. 그랬어요. 그때(이O례 구술).

"명애를 처음 보고 난 벌써 순진하지 않은 애라고 생각했더니 역시 그랬다. 이제 겨우 20살밖에 안 된 어린 나이에 정말 너무너무 가엾고 한심한 일이다. 펜팔로 사귀어서 이젠 남편이나 다름없단다. 뻔뻔스럽게도 명애는 그러한 이야기를 조금도 부끄럽지 않은 듯 이야기를 한다. 남자도 나쁘지만 여자는 더욱 나쁘다고 생각한다. 아니 어리석었다. 불쌍한 계집애 같으니라구… 저 아이의 앞날은 어떻게 펼쳐질까?(석정남, 1976).

순결은 성경험의 여부로 판단되는 경우가 많았으므로, 첫 성경험이 있는 여성은 오히려 순결이데올로기의 강제에서 자유로워졌다.

"또 한번 몸을 버린 애들은 습관적으로 남자하고 관계를 맺더라고. 아주 친한 친구였거든요. 근데 걔는 애인이 몇 명 있는지도 모르는 거야. 나한테 소개한 사람만 해도 5명이 넘은 거 있지. 그래서 연애쟁이라고 소문은 났는데 애는 참 좋아요. 근데 그렇게 남자관계가 복잡하더라고. 복잡해가지고…"(신O자 구술).

순결이데올로기는 '신성한 모성'이나(김원, 2005: 742-746), 결혼제도(정조관념)와 결합되어 여성을 강제했다. '순결하지 않은 여성노동자'는 도덕적 타락, 또는 사회의 오염원이었지만, 또한 모성을 훼손시키는 것이기도 했다. 즉, '좋은 결혼'을 위해서는 '신성한 육체'가 필요하며, 결혼 전 여성노동자의 육체는 순결해야 한다는, 그럴 때만이 '신성한 모성'이 될 수 있다고 역설되었다. 반면 혼전동거, 성교 등은 금기시되어야 할 것으로 여겨졌다. 1960년대 후반부터 1970년대의 신문을 보면, 사회문제가 된 '미혼모'와 '모성'에 관한 기사들이 자주 눈에 띄는데, 예를 들어 "처녀가 애 낳고 도망", "여대생 미혼모, 3개월 아기 버려", "미혼모 늘어난다. 집단 여성 근로자에 교양강좌 시급" 등의 기사가 많이 등장하는 것을 알 수 있다(김원, 2005: 742-746). ≪조선일보≫의 "늘어나는 10대 미혼모-여공 많아 연차로 보호시설 설치"(1974.1.13)라는 기사에서는 10대 미혼모 증가를 공업단지 형성과 관련하여 설명하고 있고, 10대 공원들에게 새 환경에서 집단생활을 하는 데 적응할 수 있는 정서, 도덕교육과 함께 건전한 성교육을 시켜 탈선을 막아주는 것이 중요하다고 말하고 있다(김원, 2005: 719). 여성노동자들은 '아버지 가부장제의 보호'에서도 배제된 존재들로서 정신적, 신체적인 결핍과 더불어 도덕까지도 결핍된 대상이라는 것이다(전혜진, 2003: 48-49).

이에 국가와 기업은 근로여성교실, 직장교실, 근로상담 등을 통해 근로의욕과 봉사정신 함양 외에도 순결 교육, 가족계획 지도계몽, 사업장 내 자체 상담원의 교육을 통한 여성근로자들의 생활선도 등을 실시했는데(장하진 외, 2001: 183-184), 이는 국가와 기업이 어린 나이에 집을 떠나온 여성노동자들을 '보호'해야 할 책임자로 자임했음을 말해준다.

> "청소년 근로자의 대부분은 농촌출신으로 기숙사 또는 자취생활을 하고 있어 가정 중심의 보호를 받지 못하고 있다. 특히 이들은 감수성이 예민한 연령층으로서 가치관이 올바르게 정립되기 전에 사치, 허영, 불건전한 향락풍조와 유해환경에 감염될 소지가 크다…"(노동부, 『노동백서』, 1982).

여성 노동자를 도덕이 결핍된 대상으로 보는 것은 '여성 노동자에 대한 몸수색'에서 극대화된다. 당시 공장 물품을 도둑질한다는 명목으로 여성노동자들에 대한 '가방 수색'과 '몸수색'이 출퇴근 때를 비롯하여 수시로 이루어졌는데, 몸수색은 공장에서보다 버스 안내양의 경우 훨씬 심했고, '도둑, 범죄자 적발'이라는 사용자의 담론은 '노동자나 개인의 인권' 보장이라는 시각이 거의 존재하지 않던 당시 상황에서 우선시되었다.

2) 성폭력을 통한 노동통제

순결이데올로기가 지배적인 문화에서 강제적인 성폭력은 여성들을 완전히 무력화시킨다. 기업주와 남성관리자, 남성노동자 동료들은 때로 순결이데올로기를 통해 여성을 쉽게 통제하려는 이득을 얻기도 했다. 이를테면, 여성노동자를 의도적으로 성폭력을 하거나 강간을 함으로써 순응적으로 만들거나 맘대로 부렸다.[3] 사용주나 남성관리자들은 여성노동자의

3) 반면 콘트롤데이타 같은 선진적 여성 사업장에서 성희롱을 보기는 쉽지 않다. 여성노동자들의 학력수준이 높고, 노동조합의 힘이 세며, 남성이 소수였기 때문에, 여성들이 일방적으로 피해자가 되는 것과 같은 성폭력이 행해지기 어렵기 때문이다. 콘트롤데이타 사업장의 사례는 여성들의 힘이 센 경우에 성 통제가 드물다는 것을

히프를 만지거나 생리휴가를 내는 여성들에게, "야 너 뭐 오늘 그날이냐?"는 등 성적 농담을 일상적으로 행했다. 특히 버스 안내양의 경우 몸수색이라는 명목으로 성폭력을 많이 당했는데, 회사는 여감독을 보내 여차장들의 신체검사를 수시로 행했으며, 혹시 의심되는 경우에는 마구 때리기도 하고 옷을 몽땅 벗기기도 했다.

"…막 몸도 뒤지고, 걸렸다하면 싸대기도 맞고, 막 되게 험해요. 매번 뒤지지는 않는데, 어느 날 갑자기. 버스가 다 회사 차가 아니야. 다 차주가 있어요. 몇 명씩. 세 대 해갖고 차주. 두 대 해갖고 차주가 나와 있을 때가 있어요. 차주가. 왜냐면 수입이 얼마 안됐을 때는, 안내양하고 운전수가 짜고 빼먹는 데나 어쩐 데나… 어느 날 재수 없으면 차주가 나와 있을 때가 있어. 그럼 차주가 뒤지는 거예요. 그거를 어디로 뎄고 가갔고 다 뒤진다더구먼 뭐, 막. 하하하 성기 쪽도 뒤지고 다 뒤진다며. 그러니까 막 되게 좀 그랬더라고(문O순 구술).

남성노동자들은 폭력을 '남성다움'으로 사고하는 성차별 이데올로기를 가지고 있었고, 남성관리자들은 여성에 대한 성폭력을 남성다움과 자신의 공장 내 위계를 드러내는 근거로 생각했다(김원, 2003: 166-170). 버스 안내양들은 운전수로부터 삥땅을 하도록 강요당했는데, 정직하게 살고 싶더라도 운전수의 압력은 안내양들이 삥땅을 하지 않을 수 없게 했다.

"운전수들은 다 알아요. 얼마 정도 손님 태우니까, 얼마 정도 입금하겠다. 지 얼마 주고, 다 계산이 나오지. 안 나오겠어요. 다 계산하고 앉아 있는데, 그럼 이러는 거야. "저. 가시내 타면 재수 없어." 막 이래갖고 만약에 안내양도 삥땅안내양 많이 주는 안내양이 타면은, 손님을 많이 태워주고 운전도 잘해주고,

---

보여준다. 이는 성통제가 단지 성별의 문제가 아니라 권력(힘)의 문제를 포함하고 있음을 확인하게 해준다(한O희 구술).

> 또 삥땅을 잘 안 주는 애들이 타면은 "저. 가시내 많이 태워봐야 지만 처먹고 안준다고 막 차 끌고가는 거예요"(문O순 구술).

이처럼 버스 안내양들은 운전수와 사용자 사이에서 이중착취를 당했는데, 심한 경우 시골에 감금되어 학대당하면서 밥을 해주고 성적 노리개 역할을 하기도 했다. 각 버스마다 부랑아 출신 조수들이 여차장들을 유혹하는가 하면, 어느 버스의 차주들은 여차장과 조수, 그리고 운전수를 그냥 한방에서 재우기도 하고 또는 버스 안에서 같이 자게 하기도 하였다(≪여원≫, 62년 11월, "여차장": 187-188). 관리자뿐 아니라 같은 노동자인 남성 운전수, 조수로부터 이중삼중의 성착취를 당했던 것이다.

> "남자를 아무나 만나 살다가 채이면, 와서 막 울고, 안내양 하면서 번 돈 떨어지면 걷어차이고, 애네 걷어차고. 돈 보고 같이 살자고 꼬드겨 갖고 또 고만두고 나와 갖고, 또 돈 떨어지면 또 채이는 거지. 산부인과를 들락날락하고…"(문O순 구술).

이처럼 여성노동자들은 여성이면서 노동자이기 때문에 성통제와 노동통제를 동시에 당하는 특징을 지닌다. 1970년대에 가장 많이 공개적으로 행해졌던 성통제는 그러나 '성폭력'이라는 시각과 담론이 존재하지 않는 상황에서 이는 성폭력이라기보다는 인권 훼손의 차원에서 인식되었다. 이는 여성노동자들의 저항 또한 매우 소극적이었고, 성폭력에 대한 담론이 발달하지 못했기 때문에 성폭력이라는 용어가 미개발되었기 때문이 아닌가 한다. 성폭행을 당했을 때 대부분의 여성노동자들은 그 사실을 부정하거나 개인적으로 퇴사해버려 소문은 많아도 구체적으로 사건화되지 못했으며, 순결이데올로기가 팽배한 사회 속에서 '성폭력'을 당했다는 사실만으로도 여성들은 인생을 포기해야 할 만큼의 큰 대가를 치러야 했기 때문에 성폭력의 공론화는 매우 어려운 일이었다.[4)]

3) 육체적 성에 대한 상대적 개방성

20세기 초기, 근대사회의 형성기에 자유연애는 '진보의 상징이자 봉건에 대한 저항'으로서, 진보, 문명의 의미를 지녔다. 개화기 시절에 자유연애는 여성에게 봉건적 억압에 대한 저항이었으며, 무엇보다 근대적 자아 확립을 위한 것이었다. 따라서 자유연애에는 기존의 전통적이고 남성중심적인 남녀관계를 보다 평등한 관계로 변화시키고자 하는 사고가 밑바탕되어 있다. 심지어 신여성들간에는 연애 없는 결혼이 죄악으로 여겨졌으며, 결혼과 연애는 별개로 여겨졌다(김경일, 2004: 121). 그러나 산업화시기에 자유연애는 '저항'이 아닌 자연스런 삶의 한 형태가 된다. 부모를 떠나 타지에서 외롭고 힘든 생활을 해야 했던 여성노동자들에게 연애는 정서적 외로움을 달래주는 것이자 삶의 즐거움이었다. 실제로 여성노동자들의 이성교제 실태를 보면, 약 절반 정도가 자유연애의 경험이 있거나 연애를 하고 있음을 알 수 있다. 1974년 노동청 부녀소년담당관실의 여성노동자 이성교제 실태조사에 따르면, '현재 이성교제를 하고 있다'가 29.1%, '지금은 하고 있지 않지만 과거에 한 경험이 있다'가 16.6%를, '지금 이성교제를 하고 있지도 않으며 해본 경험도 없다'가 52.3%로 절반 정도를 차지했다.

아직 많은 여성노동자들이 연애와 육체적 성에의 접근에 소극적이었지만, 다른 한편으로 연애를 하거나 성(性)에 눈뜬 여성노동자들은 육체적 성에 대해 관대하고 적극적으로 되어갔다. 현모양처 규범이나, 전통적인 여성성 추구경향도 가정과 사회의 기대에서 벗어나 있는 하층계급들에게

---

4) 반대로 여성 노동자들이 육체적 성을 투쟁의 방식으로 활용했던 사례도 있다. 500-800명의 동일방직 여성노동자들은 1976년 남성 관리자들과 전투경찰의 노조분쇄 진입에 맞서 옷을 벗고 알몸상태로 저항하기 시작했다. "벗고 있는 여자 몸엔 경찰 아니라 그 누구도 남자들은 손을 못 댄대"라고 다급하게 속삭인 소리를 듣고 돌발적인 행동을 했던 것이다(구해근, 2002: 126).

는 중상류계급의 여성들에게만큼 강제되지 않았다. 여성노동자들은 사회가 지향하는 '이상적인 여성상'에서 이미 벗어나 있는 여성들이었기 때문에, 주변의 기대나 감시, 압력이 상대적으로 적었으며, 더욱이 부모와 함께 살지 않는다는 점은 여성노동자들의 육체적 성에 대한 접근을 자유롭게 했다.

"이 처녀성이라고 하는 거는 거추장스러운 거예요. 이게 빨리빨리 없애버렸으면 좋겠는 거 같은 이런 마음에 굉장히 내가 갈등을 많이 가졌어요… 남자친구가 나를 이제 유혹하기 위해서 내가 내일 모레 군대간다라고 거짓말을 쳤던 적이 한번 있는데… 뿌리치고 도망을 왔거든요. 밤에… 그런데 도망 오면서 생각해도 이게 그 여성이 처녀성을 갖고 있다는 게 얼마나 이 내가 이걸 가지고 버둥거려서 지켜야 되냐라고 하는 이 갈등에 굉장히 시달렸던 거 같애요. 그러면서도 이거를 끝끝내 포기할 수 없는 그런 지경으로 갔던 과정이 상당히 기억에 남아요"(한O희 구술).

5. 결혼과 계급정치

1) 여성을 보조노동력화하는 결혼

1970년대 우리나라 여성노동자들에게 결혼은 지긋지긋한 일을 끝내고 가난을 벗어나게 해줄 탈출구이자 계급이동을 가능하게 해주는 보험으로 인식되었다.

"직업이요. 결혼하는 게 꿈이잖아요.(웃음) 왜냐하면 결혼하면 이 생활 종친다. 정말 이게 너무너무 지겨운 거예요. 그리고 얘기했지만 봉제 쪽에서 일하는 사람들이 초등학교를 졸업하거나 중학교를 졸업하면 다 오는 거예요. 어린 나이에 공장을 시작했죠. 결혼할 때쯤 되면 직장생활 횟수가 몇 년이에요. 그러니까 너무너무 지겨운 거예요. 그러니까 결혼에 목매는 거죠. 결혼하면 때려친다. 그리고 결혼하고서는 아무도 직장을 계속 다닌다고 한 사람이 없었어요"(박O희 구술).

1973년 여성노동자의 의식조사를 보면,5) 취업동기에서 "결혼준비를 위해서"라는 답변은 17.2%로서 높지 않았지만("사회적 경험을 얻는 등 기타 이유"가 34.5%. "가족의 생계를 위해서"가 26.3%였다), 결혼할 때까지 일을 하겠다는 응답은 57%로 매우 높았다. "여성도 꼭 직업이 있어야 한다"는 생각은 11.8%, "여성은 집에 있어야 한다"는 생각은 6.7%를 차지했다(박희진, 1974: 128). 1980년대 김승경의 조사에서도 거의 90%에 달하는 미혼 여성노동자들은 결혼 후 "절대로 공장으로 돌아가지 않는다"고 응답했으며, 대다수가 결혼 후에 직장을 떠나겠다고 답변했다(김원, 2005: 726). 따라서 여성노동자들의 상상에서 결혼은 언제나 '장밋빛 미래'로 나타났으며, '결혼'은 팍팍한 현실을 견디게 해주는 마약이자 현실의 고통과 아픔을 끝내게 해주는 것이었다.

여성노동자에게 결혼은 일의 종착역이자 계급이동의 좋은 기회였을지 모른다. 정현백은 여성노동자의 수기 분석에 근거해서 결혼에 대한 여성노동자들의 고정관념이 극복되기 어렵다는 점을 발견한다. "전체적으로 그녀들의 의식에 있어서 변화의 속도가 느린 것은 여성의식이다. 특히 극복되기 어려운 것은 결혼에 대한 고정관념이다. 수기 어느 구석에서도 여성에게 결혼만큼이나 중요한 것은 자신의 사회적 노동에의 참여와 그를 통한 사회적 기여라고 주장하는 구절을 발견하기 어렵다"는 것이다(정현백, 1985: 156; 구해근, 2001: 149-150). 따라서 여성노동자들은 상향결혼을 위한 결혼시장에서 자신의 매매가치를 한 단계 더 높이기 위하여 노력했

5) 1973년 10월 30일-11월 7일에 인력개발연구소가 대기업 3개, 중소기업 1개사의 근로자 270명을 대상으로 조사.

는데, 이러한 '여성다움'에 대한 대응방식은 국가와 남성들이 적응기제로서 마련한 새로운 가족 구성의 길이었고, 이는 근대화 프로젝트와 근대가족의 형성에 있어 성별분업이 역설적인 방식으로 완성되는 길을 의미한다(전혜진, 200: 65-75).

결혼이 이처럼 공장 일의 종착이나 단절을 가져온다는 사실은 국가나 기업이 여성노동자들을 마음 놓고 저임노동력이자 보조노동력으로 활용할 수 있는 좋은 구실이 된다. 즉, 여성노동자들에게 일은 한시적인 것이고, 노동자라는 정체성도 '현모양처'라는 더 나은 직업을 위한 '중간과정'이나 '허상'에 불과한 것이기 때문에, 임금을 적게 주어도 되고 승진을 시키지 않아도 된다는 것이다. 또한 보조 노동력이기 때문에 직종배치나 해고를 아무 때나 고용주 편의대로 해도 된다. 노동자의 입장에서 보면, 노동자 정체성이 확고하지 않기 때문에 고용주가 노동시간을 늘리고 노동강도를 강화하고, 해고 등 불이익을 주어도 권리주장을 하지 않거나 덜하게 된다. 이처럼 보조/주변 노동자라는 정체화는 국가와 사용주가 노동통제를 쉽게 할 수 있도록 하며, 노동자의 측면에서는 노동자로서의 권리주장에 취약하게 만든다. 권리주장을 하지 못하기 때문에 노동자는 '순응적이고 무력한' 노동자가 되고 마는 것이다.

그러나 실제로 많은 여성들이 결혼 후에 공장 일을 그만두지는 못했다. 그들은 여전히 실질적인 가장역할을 계속하거나 가부장인 남성노동자의 부족한 수입을 보충하기 위해 공장에 나가야 했기 때문이다. 심지어 결혼하자마자 곧장 공장에 다시 들어가는 경우도 있었다.

"그러나 그래서 나도 결혼이라는 동기가 이게 지겨워가지고 남자하고 살면은 그냥 안 할 줄 알았는데. 하루도 안 쉬고 바로 가서 결혼 직장생활 그대로 했으니까"(최O순 구술).

"결혼만 하면 이런 고통은 끝난다고 생각했는데, 그렇지도 않은 것같다", "이제까지 고생만 하고 살았는데 시집가면 잘살고 싶었다", "결혼을 내 인생의 종착역으로 생각했었다" 등은 여성노동자들의 결혼에 대한 욕구와 여공생활의 탈출구로 결혼을 사고한 전형적 예라고 할 수 있다. 여성노동을 '생계 보조적 노동력'으로 간주하는 담론에 여성노동자들이 '동조'한 결과라고 해석할 수도 있다. 여성들뿐만 아니라 남성들도 이러한 여성들의 재취업에 대해 자신의 '자존심'에 상처를 낸다고 생각했고, 여성들이 일을 하고 돈을 벎으로써 자신(남편)을 무시한다고 생각하기도 했다. 이외에도 혼수를 위한 저축은 필수적이었는데, 이는 가족의 신분상승을 위하거나 자신의 신분상승을 위한 것이었다(김원, 2005: 729-733). 결국 결혼은 가난한 이들의 일을 그만두고자 하는 욕구를 충족시켜 주거나 노동자로서의 이들의 삶을 변화시키지는 못했다. 결혼은 이들의 기대나 환상에서만 '장밋빛 미래'였던 것이다.

모든 여성노동자들이 다 결혼에 대한 환상을 가진 것은 아니다. 일찍부터 결혼을 거부하면서 독신을 선택한 이들도 있다. 이는 1970년대 민주노조운동가들에서 찾아볼 수 있는데, 이들의 문화에서 '연애'와 '결혼'은 축하할 일이라기보다는 질타의 대상이었으며, 이들의 일과 운동을 단절시키는 훼방꾼으로 인식되기도 했다. '결혼'은 '일'을 포기하는 것이고 사치였으며, 동료를 배반하는 것이었다. 운동권 내의 규율은 때로 너무 강해 이들의 자유로운 생각과 행동을 규제했다. 실제로 여성에게 결혼은 일의 포기를 의미하는 경우가 많았기 때문이다.

"정부에 대한 증오라든지 노동자탄압 정책에 대해서 이거를 노동자들이 해방되기 위해서는 결혼이 얼마나 사친가 다양한 가족의 질고를 짊어져야 하는 결혼이라는 건 안하겠다. 결혼 안하겠다. 그때부터는 결혼을 안한다는 걸로 독신주의자가 됐죠. 한동안 그래서 결혼 안했고, 그 남자는 이제 그 남자대로 떨어져나갔고, 그래서 우리 동료들간에는 그렇게 무책임하게 그러느냐 그랬고 그 사람도 나를 기다렸는데 이러니까 막 쫓아다니면서 한참 힘들게 했었죠. 그런데 아무튼 그때는 콘트롤의 상황이 끝나고 나서는 세상에 아무것도 관심사가 아닌 거예요. 오로지 노동운동을 통해서 노동자들의 그 사회적인 지위를 높여야 되고 뭐 이런 막연한 생각만 했었어요"(한O희 구술).

"그랬는데 뭐냐면 일을 할 만하면 어느 날 와서 시집간다 그러지… 하 요것들이 훈련시켜 놓고 돈 들여서 훈련시켜 놓으면 시집간다 그러지. 아 그래서 너무 너무 이게 속상한 거야. 그냥 아 그래서 어떻게 할까 그래서 이게 결혼해도 그래서 한명숙 선생님하고 여성프로그램 하면서 여성들이 결혼해도 계속 직장도 가져야 되고 이런 얘기 하고 이러다가 '아 그렇담 내가 그걸 모범을 좀 보여야 되겠구나!"(조O영 구술).

이처럼 운동권 문화 속에서 여성에게 '독신'이 강제되는 경향이 있었는데, 재미교포와 결혼하기 위해 공장을 그만둔 한 여성은 당시 노동운동을 했던 동료들의 외면이 견디기 힘들었다고 고백한다.

"그래가지고 '해태'를 내가 나와 가지고 시집간다고 나왔는데, 막 외면하는 거야. 같이 일했던 사람들이. 너만 잘살라고 간다. 간 것도 아닌데, 미국에 시집간다고 했는데 집안에서 못 가게 해가지고. 그때 일하는 남자를 만나서, 시집을 가서도 난 공장을 다녔어요"(김O실 구술).

반면 '자신의 자발적 의지에 의해 독신을 선택한' 경우도 있다. 주로 나이든 여성들의 경우 젊은 여성들에 비해서 결혼에 대한 환상이 없거나 적었으며 결혼이 가져다주는 불안감에 결혼을 꺼린 경우가 이에 해당하는데, 이들은 결혼이 '장밋빛 미래'를 보장해주지 않는다는 점을 일찍 깨달았다.

"결혼하면 당연히 그만둔다는 생각은 노동회피다. 일하기 싫어 결혼한다면 여성 근로자의 지위는 계속 발전이 없다. 밖의 일, 안의 일 겸하는 것이 힘들긴 하지만, 그러므로 진짜 여성해방운동은 우리가 해야 한다… 남녀 구분 없는 가정교육을 시켜야 한다. 나는 데리고 있는 남동생에게 가사일 훈련을 시키고 있다"(Y.H 무역 여공 구술: 김원, 2005: 729).

"…정리가 안 되어 있으니까 준비 안 된 결혼, 결혼에 대한 막연한 불안감이 굉장히 저를 짓눌렀기 때문에 또 결혼해서 우리 부모 사는 꼴을 보니까 너무 지지고 볶고 그냥 자식들 먹이는 것도 허덕허덕대고 힘들게 사니까 그렇게 살고 싶지 않았던 거야. 엄마처럼 고생고생 하면서 살고 싶지 않고"(한O희 구술).

그렇지만 1970년대에 여성이 결혼하지 않겠다는 선택을 하는 것은 매우 어려운 선택이었다. 결혼은 남성에게도 많은 영향을 주지만, 특히 여성에게 전인생을 좌우하는 중대한 사건이었기 때문이다. 결혼 여부는 여성의 능력/무능력, 정상/비정상을 판단하는 기준이 되었으며, 결혼하지 않은 여성은 이상한 사람, 사회 적응력이 떨어지는 사람, 심지어 질타의 대상이나 사회 해악적 존재, 정신병자, 장애인, 빨갱이로도 여겨졌다.

"그러다가 스물네 살 먹으니까는 엄마가 인자 '에구 저거는 병신같이 연애도 못 했다'고 그러는 거예요"(최O순 구술).

"날보고 빨갱이랑 똑같다는 거야. 잘 생각해보래. 여러분. OOO가 지금 서른 두 살인데 올드미스구 저게 제 정신이냐? 아니지 않냐 이거야"(허O례 구술).

결혼적령기까지 결혼제도에 포섭되어 있지 않은 여성을 사회에서 배제했던 시스템은 '노동자'는 물론 '여성', '인간'으로서의 모든 권리를 박탈한 것이다.

2) 계급이동의 기회(?)

여성노동자들은 결혼을 또한 계급이동을 가능하게 해주는 복권과 같은 것으로 생각했다. 결혼은 하층계급으로서 '절망적인 나날'과 씨름하고 있는 여성노동자들에게 상향적 신분이동을 가능하게 해주는 복권과도 같은 것으로 여겨졌다. 델피에 따르면, 결혼은 여성을 그녀의 남편과 같은 생산관계에 위치시킨다. 한 개인의 직업을 통한 계급 소속의 결정요인이 동등하게 평가되어 계급에 대한 직접적 관계와 간접적 관계도 동등하게 여겨지게 되는데(Delpy, 1977), 남성의 경우 노동시장에서 계급이동을 경험하고 있다면, 여성은 결혼시장을 통해 계급이동을 경험하는 보편적 관행이 적용된다(정미경, 2002: 60-65). 실제로 당시에 여성노동자들에게 배우자 선택의 가장 큰 기준은 성격과 경제적 안정이었으며, 결혼은 개인으로서 여성노동자의 선택이라기보다 가족과 연루된 기대심리의 반영이었다(김원, 2005: 727). 그리고 이들은 남자 대학생과의 성공적인 만남을 꿈꾸었다.

실제로 결혼은 그들 중 일부의 신분을 상승시키는 효과를 가져왔다. 당시 '여대생'이 이상적인 예비신부로 표상되었지만, 결혼시장에서는 남자대학생이 많은 반면, 여자대학생은 상대적으로 소수였기 때문에, 여성노동자들이 배우자가 될 수 있는 가능성이 있었다. 노동청 관악지방사무소가 구로공단의 여성노동자를 대상으로 조사한 바에 의하면, 이들의 주요 화제 가운데 성문제 및 이성문제가 차지하는 비중은 10.3%였으며, 이성교제 경험이 있는 노동자가 54.2%로 이성교제 대상은 학생(27.3%), 회사동료(13.9%), 타 회사 동료(16.4%), 군인(10.9%), 기타(31.5%) 순으로 학생이 30%가 좀 안 되는 비율을 차지하고 있었다(김준, 2001: 92). 상향

결혼을 위한 게임의 장 속으로 들어올 수 있었던 이들은 좋은 혼처의 빈자리를 감지할 만한 '욕심'이 있는 이들이었고, 이들은 뛰어난 외모와 무식함이 탄로날까 항상 말조심을 할 만한 '머리'를 갖춘 이들이었다. 남자대학생의 애정대상으로 존재하기 위해서 이들은 '여성다움'과 '아름다운 외모'에 매달렸다(전혜진, 2003: 73-76).

다른 한편 여성노동자들의 또 다른 결혼대상은 같은 직종에 종사하는 남성노동자들이었다. 여성노동자들은 동일한 계급에 속하는 남성과는 비교적 자유롭게 이성애적 감정을 키워나갔지만, 남자대학생에 대해서는 신분의 갭을 느끼는 노동자의식을 가졌다(이정희, 2003: 166-167). 이런 경우 서로간의 조건의 차이로 인해 연애감정으로 발전하지 못하거나 일시적 동거에 그치는 경우가 많았다.

"괜찮았는데 내가 보는 눈에서는 괜찮았는데 내가 얼른 접은 것이 그래 너는 많이 배웠고 나는 공장에 다니는데 마음이 얼른 식더라고"(최O순 구술).

1970년대에 여전히 중매결혼의 비율이 컸다는 점[6] 또한 여성노동자들이 결혼을 통한 계급이동을 어렵게 한 요인이었다. 이는 여성노동자들의 사업장이 성별로 분리되어 있어 남녀가 자연스럽게 접촉할 수 있는 기회가 많지 않았고, 집을 떠난 여성노동자들을 '성적으로 문란'하게 여기는 사회의 편견들이 여성노동자들의 자유연애를 제약하는 요소로 작용했기

---

6) 한국보건사회연구원(1992)의 연구결과를 통해 보면, 한국 사회에서 배우자 선택유형이 산업화 이후 변화했지만, 여전히 전통적인 중매혼이 많은 비율을 차지하고 있음을 알 수 있다. 1964년 이전에 결혼결정에서 전적으로 부모결정이 43%, '선 부모 결정, 후 본인 동의'가 39.4%였는데, 1970년대 이후에는 '선 본인 결정, 후 부모 동의'가 늘어나고 있다. 1960년대 전반까지만 해도 부모나 친척, 직장상사나 학교선배의 소개를 통해 만난 경우가 86.0%였지만 1960-1991년도에는 58.3%로 줄어든 반면, 교우관계, 직장의 동료관계, 기타 사회적 모임에서 만난 경우는 14%에서 47%로 늘어났다(강정림, 2001).

때문이다. 따라서 결혼에 대해 별로 생각하지 않고 있다가 나이가 25세가 되면 '시집 못 간 무능한 노처녀'가 되지 않기 위해 부모의 성화 속에서 황급히 중매를 통한 결혼을 해야 했다.

"…사랑해서 좋아하고 그래서 결혼한 게 아니고, 한 번 딱 선보고 두 번 만나고, 세 번째 그냥 결혼했어요. 어쨌든 선보고 그날부터 결혼식 날까지 한 달 걸렸으니까. 딱 한 달… '난 앞으로 몇 년 동안 내가 무엇을 어떻게 할 것인가' 이런 계획이 다 서 있었거든요. 우리가 형제간이 많으니까. 막내딸이 그때 어렸어요. 내가 걔를 고등학교까지 보내고 난 다음에 시집을 한 30대 후반이나 결혼을 해야겠다.' 이런 생각을 가지고 살았었는데, 아버지가 갑자기 결혼을 하라고 그렇게 얘기를 하시니까, 그럼 '알겠습니다' 어쩔 수 없이 결혼을 했지(순O순 구술).

이렇게 결혼 적령기에 얼떨결에 치러진 여성노동자들의 결혼은 여성노동자의 계급이동에 별로 큰 영향을 미치지 못한다.

3) 노동자계급의 상대적 개방성: 연애, 동거의 확산

일반적으로 노동자계급의 경우에는 중상류계급보다 친족관계가 복잡하지 않고 보존할 재산이나 유지해야 할 가문의 중요성이 상대적으로 덜하고, 결혼비용 등에서도 자율적으로 알아서 마련하는 측면이 많기 때문에 부모나 집안, 친족집단의 개입이나 간섭, 기대로부터 자유롭기 때문에 배우자 선택이나 결혼의 결정에서 당사자의 의견이 반영될 여지가 훨씬 더 많다. 근대적 결혼에서는 개인의 선택과 성애가 집안이나 가족, 경제적 요인보다 더 중시되는데(뒤비 & 페로, 1999: 62-65; Giddens, 1995: 83-85), 이런 요인들은 노동자계급이 중상류계급보다 근대적 결혼형태를 보일 가능성을 높여준다.

또한 순결이데올로기와 현모양처 이데올로기의 일차적 타깃은 노동계급이 아니라 중상류계급의 여성이었다. 물론 앞에서 본 것처럼, 여성노동자들도 순결이데올로기와 현모양처 이데올로기의 영향을 받기는 했지만, 이들에 대한 사회의 관심은 이차적인 것이었다. '이상적인 여성상'의 모델에서 다소 벗어난 여성노동자들에게 사회는 덜 기대했으며, 그런 만큼 여성을 옭아매는 전통적 이데올로기의 영향력 또한 덜한 것이었다. 대신 여성노동자들은 성적으로 문란하며 결함 있는 현모양처라는 낙인을 받고 있었다. 그러나 사회의 낮은 기대와 지배이데올로기의 낮은 영향력은 연애와 결혼, 성경험의 측면에서 더 많은 자유로움을 허용한다. 바로 이러한 요인이 노동계급 여성들이 중상류계급보다 상대적으로 연애결혼을 더 선택하고, 성적으로 개방적일 수 있는 가능성을 높인다.

게다가 1970년대의 여성노동자들은 부모와 고향으로부터 떠나 낯선 도시에서 혼자 근대적 공장노동에 종사했는데, 이런 상황은 그들을 부모나 고향, 친족들로부터 공간적, 경제적으로 분리시켰다. 타지에서 정서적 외로움을 달래고 경제적으로도 생활비를 절약할 수 있는 '동거'는 자연스러운 삶의 형태로 받아들여졌다(이정희, 2003: 167-168). 이들은 '동거'를 의도했다기보다 결혼식 올릴 돈이 없어 그냥 살다보니까 '동거'라는 형태로 살게 되었으며, 이들 사이에서 결혼식을 올리는 것 자체가 사치이기도 했다고 말한다. 동거가 자랑할 일은 아니었지만, 그렇다고 해서 대단하게 숨기지도 않았으며, 동거 생활하는 동료들이 집들이하면, 친한 사람들끼리는 축하해주기도 하는 등 동거는 자연스러운 삶의 선택이었다는 것이다. 이처럼 '동거'의 가장 중요한 목적이 생활비를 줄이기 위한 것이었다는 점은 '결혼의 실험형태'나 '일시적 편의를 위한 제도'로 보는 오늘의 관념과는 매우 다르다. 여대생이나 중상계급 여성들이 부모와 친지들의 보호와 감시(?) 속에서 '동거'를 생각하기 어려운 조건이었던 것에 비하면, 여성노동자들에게 '동거'는 상대적으로 쉬운 선택지였던 것이다.

6. 결론

1970년대 여성노동자들은 다른 여성들과 마찬가지로 섹슈얼리티 측면에서 성적 억압을 받았고, 이에 더해 하층계급이라는 점에서 계급적 억압을 받았다. 여성노동자들은 여성으로서 '못생긴 여자', '천한 여성', '성적 문란'과 '도덕적 타락'의 낙인 등을 당했는데, 이는 성적 억압과 계급적 억압이 중첩된 표현이다. 이러한 이중의 억압 속에서 당시 여성노동자들은 계급적 정체성은 부정하면서 신분을 위장하려고 했지만, 성적 정체성은 인정받고자 하는 모습을 취했다. 즉, '무성적'으로 취급되는 것에 대해 불만을 느끼면서 '전통적 여성성'에 기반한 '여성다운 여성'의 외모와 아름다움을 추구했던 것이다. 이는 부끄럽게 느낀 계급적 정체성은 지속적인 것이라기보다는 '결혼'과 동시에 사라질 수 있는 것이었던 반면, 성적 정체성은 변화할 수 없는 평생 동안 지속되는 것이었기 때문에, 사회에서 고무되는 이상적인 여성이 되는 것이 그들 나름의 삶의 전략이었던 것이다. 당시 여성노동자들은 노동자로서의 생활이 힘든 것이라는 현실을 직접 경험했을 뿐 아니라, 노동자계급에 대한 사회의 부정적 이미지와 여성노동자에 대한 타락의 이미지를 그대로 수용하고 있었기 때문에 자신의 신분과 계급을 벗어나고자 한 것이다.

이들 여성노동자들은 또한 노동자로서 노동과정에서도 국가와 자본의 성적 통제를 통한 노동통제의 희생물이 되었다. 외모에 따라 위계화된 노동체제, 성폭력을 통한 노동통제, 결혼이라는 명목 아래 여성을 보조노동력화하는 시스템 등에 의해 통제 당했던 것이다. 이에 대해 여성노동자들은 저항적 대응을 하기보다는 지배체제에 순응하면서 노동통제에 길들여져 갔다. 외모 가꾸기를 통해 관리자의 눈에 들고자 했고, 성폭력에 항거하지 못하고 무방비상태로 있었으며, 여성의 결혼을 핑계 삼아 보조노동력화하려는 국가와 자본의 의도에 영합하여 결혼과 동시에 일을 그만

두고자 했다. 결국 여성노동자들은 성적 억압에는 전통적 여성상과 아름다움을 추구하는 방식으로, 계급적 억압에는 보조노동력으로 존재하는 방식으로 대응했는데, 이러한 대응은 모두 여성노동자들이 가부장과 계급의 의도대로 행위했다는 사실을 잘 말해준다. 결과적으로 1970년대 여성노동자들은 성과 계급이라는 이중적 억압을 가하는 가부장적 자본주의의 지배문화를 수용, 내면화했으며, 정체성의 측면에서 '전통적 여성상'을 수용하면서, '노동자 정체성'을 거부하는 것으로 나타났다.

그러나 가부장적 자본주의라는 지배체제가 의도한 것은 아니지만, 상대적으로 지배규범이 느슨하게 적용되는 하층계급에 속해 있다는 점은 1970년대 여성노동자들에게 '개방과 자유'를 허용해주는 측면이 있었다. 1970년대 여성노동자들은 하층계급에 속해 있다는 점 때문에 사회적 경멸을 받았지만, 바로 그렇기 때문에 가족과 친족, 이웃과 지역사회의 관심에서 주변화되었으며, 주변 연결망이 두텁지 않기 때문에 이들의 기대에서 자유로운 측면이 있었다. 여성노동자들 사이의 자유연애와 동거, 연애결혼의 수적 증가와, 육체적 성에 대한 상대적 관대함 등은 이를 보여주는 좋은 사례들이다.

|참고문헌|

강정림. 2001.「한국 사회변동과 혼례문화의 변화: 1940년대-1990년대를 중심으로」. 이화여자대학교 가정관리학과 석사학위 논문.

구해근. 2002.『한국 노동계급의 형성』. 창작과 비평사.

김경일. 1998.「한국 근대 사회의 형성에서 전통과 근대」.『사회와 역사』, 통권 제54집.

_____. 2004.『여성의 근대, 근대의 여성』. 푸른역사.

김봉률. 1984.「한국 노동여성의 실태와 분석」.『노동-일터의 소리』, 10월호.

김영옥. 2001.「70년대 근대화의 전개와 여성의 몸」.『여성학논집』, Vol.18 No.1.

김왕배. 2000.「사회계급과 소비문화이론: 방법론적 의의에 대한 검토」.『사회발전연구』, no 6.

김원. 2003.「여공담론의 남성주의 비판: 전전 일본에 비추어본 한국사례를 중심으로」. 서강대학교 정치외교학과 박사학위 논문.

김원. 2005.『그녀들의 반(反)역사, 여공 1970』. 이매진.

김은실. 2001.『여성의 몸, 몸의 문화 정치학』. 또하나의 문화.

김준. 2001.「1970년대 여성 노동자의 일상생활과 의식: 이른바 모범근로자를 중심으로」.『역사연구』, 10.

김진송. 1999.『현대성의 형성: 서울에 딴스홀을 許하라』. 현실문화연구

노동공론. 72.2. 제2권 제2호.「지금은 시집도 잘 가요」.

노동부. 1982.『노동백서』.

미셸, 앙드레. 1990.『결혼과 가족의 사회학』. 변화순· 김현주 역. 한울.

뒤비, 조르주 & 미셸 페로. 1998.『여성의 역사』4권(하). 권기돈·정나원 역. 새물결.

박희진. 1974.「여성 근로자의 근로의식」.『노동공론』, 3월.

배은경. 2004.「가족계획사업과 여성의 몸」. 한국사회사학회 정기학술대회 발표문(미간행).

변화순 외. 2001.『한국 가족의 변화와 여성의 역할 및 지위에 관한 연구』. 한국여성개발원.

서문현주. 1993.「청소년 노동자 노동통제기제로서의 산업체학교 제도 연구」. 한양대학교 사회학과 석사논문.

석정남. 1976. 「어느 여공의 일기: 인간답게 살고 싶다.」. 월간 ≪대화≫, 12월호.

성균관대학교 동아시아 유교문화권 교육연구단편. 2004.『동아시아와 근대』. 여성의 발견. 청어람 미디어.

숙명여자대학교 아시아여성연구소. 2004.『한국여성문화사』. 숙명여자대학교.

심진경. 2001.「섹슈얼리티와 한국 근대문학 연구」. 강남대학교.『인문과학논집』, 제10집.

아리에스, 필립 외. 2002.『사생활의 역사 4 -프랑스 혁명부터 제1차 세계대전까지』. 미셸페로 엮음. 전수연 역. 새물결.

여원. 1957. 12월 / 1962.11월.「여차장」

엘킨드, 데이비드 1999 .『변화하는 가족』. 이동원· 김모란· 윤옥경 역. 이화여자대학교 출판부.

이수자. 2000.「한국사회의 근대성에 관한 여성주의 문화론적 성찰」.『여성연구논총』, Vol.1.

이영자. 2002.「소비문화와 여성의 성정체성」. 한국 여성연구원.『동아시아의 근대성과 성 정치학』. 푸른사상.

이재경. 2003.『가족의 이름으로』. 또하나의 문화.

이정희. 2003.「훈육되는 몸, 저항하는 몸」.『페미니즘 연구』, 제3호. 동녘.

장미경. 2005.「근대화와 1960,70년대의 여성 노동자」. 이종구외 지음.『1960-70년대 노동자의 생활세계와 정체성』. 한울.

장미혜. 2000.「한국 사회의 계급과 소비양식」.『사회발전연구』, vol 6.

장하진외. 2001.『근로여성정책의 변화에 관한 연구』. 한국여성개발원·노동부.

전경옥·변신원·박진석·김은정. 2004.『한국 여성문화사』. 숙명여자대학교 아시아여성연구소.

전광현. 1981.「근로청소년의 복지에 관한 연구-산업체 부설 중고등학교 재학생을 중심으로」. 중앙대학교 사회복지학과 사회사업학 전공 석사학위 논문.

전혜진. 2003.「미혼 공장 여성 노동자의 경험을 통해 본 근대적 여성성 형성에 관한 연구」. 연세대학교 사회학과 석사논문.

정미경. 2002.「19세기 영국의 노동계급 여성의 역사적 현실과 문학적 재현」. 연세대학교 영어영문학과 석사논문.

정현백. 1985.「여성 노동자의 의식과 노동세계: 노동자 수기 분석을 중심으로」.『여성 1』. 창작과 비평사.

조외숙. 2002.「한국 영화에 나타난 하층계급 여성상 연구: 1970년대 영화를 중심으로」. 동국대학교 연극영화학과 석사학위 논문.

조은. 1983.「산업화와 신가부장제: 여성의 적응과 갈등」.『현대사회』, 3.

조주현. 2000.「섹슈얼리티를 통해 본 한국의 근대성과 여성 주체의 성격」.『여성 정체성의 정치학』. 또하나의 문화.

한국여성연구원. 2002.『동아시아의 근대성과 성의 정치학』. 푸른사상.

Baudrillard, J. 1992.『소비의 사회』. 문예출판사.

Bourdieu, P. 1979.『구별짓기: 문화와 취향의 사회학』. 최종철 역(1995). 새물결.

Delpy, C. 1977. "Women in Stratification Studies." Close to Home, Hutchinson.

Featherstone, M. and Hepworth. M. 1991. "The mask of ageing and the postmodern life course." in M.Featherstone, M. Hepworth and B. S. Turner(eds.) *The Body: Social Process and Cultural Theory*. London.

Giddens, A. 1995.『현대사회의 성, 사랑, 에로티시즘』. 배은경외 역. 새물결.

Jagger, A. and Bordo, S. 1992. *Gender/Body/Knowledge*. Routledge University Press.

Turner, B. 1991. 『몸과 사회』. 임인숙 역(2002). 몸과 마음.
Veblen, T. 1983. *The Theory of Leisure Class*. 『유한계급론』. 정수용 역. 동녘.
Wolf, N. 1991. *Beauty Myth: How Images of Beauty are against Women*. New York: Anchor Books.

제8장

1970년대 자동차기업 노동자의 여가생활에 관한 연구

정승국(중앙승가대, 사회복지학)

1. 머리말

1987년 이후 대공장이 노동연구의 문을 개방한 이후 노동자의 공장생활에 관한 연구는 그 윤곽과 세부내용을 그려낼 정도에는 부족함이 없을 정도로 진행되었다고 할 수 있을 것이다. 그러나 노동자가 공장 문을 벗어난 이후 어떤 생활을 하는지, 어떤 여가활동을 즐기는지, 어떤 소비활동을 하는지 등에 관한 연구는 빈곤한 수준에 머물러 있다고 해야 할 것이다. 노동과 노동 후의 생활이 서로 상호작용하면서 유기적인 관계를 형성하고 있다는 사실을 상기한다면 이러한 연구의 괴리는 노동의 전체상을 그려내는 데 장애물을 만들어내고 있다. 연구의 이러한 빈곤은 노동 후 생활에 관한 광범한 연구를 축적하고 있는 서구 노동사의 경우와 대조를 이루고 있다.

노동자들이 작업장에서 일하는 시간을 제외한 나머지 여가시간을 어떻게 보내었는가 하는 점은 그들의 생활세계와 경험의 세계를 이해하는 데에 필수불가결한 문제이다. 그럼에도 불구하고 우리의 노동사 연구에서 지금까지 노동자의 여가생활에 대한 관심이 부족했던 것에는 몇 가지 요인이 작용한 것처럼 보인다. 첫째는 일과 여가가 노동자의 삶에서 갖는 밀접한 상호관계가 노동연구에서 충분히 인식되지 않았다. 둘째는 노동자의 여가생활에 관한 연구가 진지한 학문적 분석대상이 될 수 있을 것인가에 관한 회의적인 시각이 작용했다. 셋째는 1970년대 노동자를 연구한 연구성과들은 대체로 그 당시의 노동자들이 저임금과 장시간 노동에 시달리고 있었기 때문에 여가생활을 즐길 수 없었다는 것을 전제로 하고 있다.

그러나 초기 자본주의 시대 서구의 노동자 생활을 연구한 노동사가에 따르면 그들은 소득이 낮았음에도 생필품 구입만을 우선적으로 생각하지 않았으며, 그날그날의 생존에 필요한 수입 이상의 것은 놀이에 쓸 수 있었다고 한다(이영석, 1997: 50). 그렇다면 1970년대 우리나라 자동차공장 노동자들의 경우에도 비록 저임금과 장시간 노동의 상황에 놓여 있었지만, 다른 노동자들에 비해 상대적으로 양호한 임금과 근로조건을 누렸다면 그들의 노동 후 생활세계를 탐색할 필요성은 있다고 해야 하지 않겠는가?

이 글은 이러한 문제의식 하에서 1970년대 자동차대공장 노동자를 대상으로 하여 당시의 노동자들이 어떤 근로조건 하에서 어떤 여가생활을 누렸는지를 분석하고자 한다.

이 글의 순서는 다음과 같다. 2절에서는 노동과 여가의 관계에 관한 이론적 논의를 정리하고, 3절에서는 노동과 여가의 관계를 탐구한 기존 연구를 검토한다. 4절에서는 연구대상과 연구방법을 정리하고, 5절에서는 1970년대 자동차대공장 노동자들의 여가생활을 근로시간, 소득과 여가, 여가생활의 특성으로 나누어 정리한다. 6절에서는 이 글의 결론을 내리기로 한다.

2. 노동과 여가의 관계에 관한 이론적 논의

여가에 관한 이론은 대단히 다양한 모습을 띠고 있다(Rojek, 2000: 2002). 그러나 여기에서는 1970년대 A자동차 생산직 노동자의 여가활동을 이해하는 데 필요한 이론적 자원에 대해서만 정리하기로 한다.

1) 마르크스

마르크스의 저작 속에는 여가관련 이슈, 근로시간과 비근로시간, 인간의 생활양식에 관한 단편적인 진술들이 존재하고 있다. 이들 진술들을 통해서 마르크스는 특히 노동과 여가 사이의 관계에 대한 깊은 관심을 보여주고 있다.

마르크스의 초기 저작에서 노동은 인간 삶의 중심적인 요소이며, 인간 삶의 다른 모든 측면들과 요소들에 지배적인 영향력과 효과를 미친다. 그는 근로시간 동안의 활동이 자기충족적이지 않으며 개인의 인격 발달을 성취하는 데 도움이 되지 않는다면, 여가활동 동안의 활동 또한 동일하게 비충족적이며 개인의 인격발달에 도움이 되지 않는다고 보았다. 인간의 노동이 기계적이며 단조롭다면 그의 존재는 기계적이며 단조로울 것이며, 그의 노동이 창조성과 의미로부터 소외되어 있다면 그의 삶은 동일한 성격을 띠게 될 것이다. 마르크스에 따르면 여가시간과 가족시간은 노동 경험으로부터 분리될 수 있는 구획물이 될 수 없었다(Eckers, 1991).

그런 의미에서 마르크스는 적극적 여가활동과 부정적 여가활동을 구분한다. 적극적 여가활동은 생산활동에 소비하는 에너지를 회복시키고, 개인의 문화적 신체적 발전에 기여하는 여가활동이다. 이에 비해 부정적 여가활동은 개인의 창조적 발전을 성취하지 못하도록 하는 활동이며, 자신을 향상시킬 수 있는 욕망을 파괴함으로써 자의식을 성취하지 못하도록 하고 세계의 현실을 바로 보지 못하도록 한다. 마르크스는 음주행위를 포함하여 당대의 노동자들이 즐기던 여가활동을 부정적인 것으로 묘사했다(Eckers, 1991).

마르크스에 따르면 노동자들이 즐기던 오락은 지적인 것보다는 조잡한 것이며, 언제나 지나친 음주와 만취와 연결되었다. 이들 활동은 파괴적이며 건강에 유해하고, 지적인 측면에서 비생산적이었다. 결국 여가활동은 노동자계급에 대해 자신의 삶의 현실로부터 환상적 도피처를 제공하는 것이었으며, 진정한 삶의 상황을 보지 못하게 함으로써 기존 체제에 도전할 수 없었던 것이다.

2) 노동사가들의 연구

마르크스가 19세기 노동자들의 여가활동을 대체로 부정적인 것으로 묘사했다면, 1970년대 이후에 등장한 노동사가들은 19세기 노동자들의 여가생활에 대해 적극적인 의의를 부여하고 있다. 특히 이들은 마르크스가 그토록 파괴적이고 비생산적인 것으로 규정했던 음주행위를 절망적인 현실에 대한 노동자들의 심리적 반응으로 보지 않고 다양한 기능과 의미를 가지고 있었다고 해석한다(안병직, 1997; Roberts, 1981; Guttsman, 1990: 125). 비록 음주행위가 가계 지출의 증가와 알코올 중독 문제를 산출하고 가족의 평화로운 생활을 파괴하며, 작업 중 안전사고를 일으키는 요인으로 작용했다고 하더라도(변기찬, 1998: 546), 그런 부정적인 의미만 갖는 것은 아니었다. 음주는 때로는 노동으로 인한 갈등을 해소하거나 노동에 필요한 에너지를 얻기 위한 목적에서 이루어지는 도구적 의미를 가지고 있었으며, 때로는 작업장의 동료나 주변 이웃들과의 사회적 교류와 유대를 목적으로 하는 사회적 기능을 갖고 있었다. 바(bar)나 비어홀에서 마시는 음주는 노동자들의 주된 여가활동이었다. 말하자면 노동자들의 음주행위는 개인의 심리적인 동기에서 비롯된 행위가 아니라, 노동자 집단 특유의 가치와 행동규범을 반영한 사회적 행위였다고 그들은 해석한다. 이런 의미에서 그들은 노동자들의 음주는 당사자 개인의 육체적·정신적 타락과 가정의 불화를 초래하는 요인이었다기보다, 집단적 유대와 연대를 통해 일상의 문제들을 해결해 나가는 노동자 특유의 생활방식의 표현으로 봐야 한다고 주장하고 있다(이영석, 1997: 285-286).

3) 노동과 여가의 이론가들

현대의 여가이론가들 가운데 노동이 여가에 미치는 영향에 관한 논의는 주로 파커(Parker)에 의해 제시되고 있다. 파커는 현대사회에서 노동이 여가에 미치는 영향은 직업범주별로 다르게 나타난다고 주장했다. 파커는 전문직들의 경우에는 삶의 주된 관심이 일이고, 여가에 노동의 흔적이 남은 정도가 긍정적 의미에서 많고, 적극적이고 정신지향적인 여가를 하는 경향이 있다고 보았다. 이에 비해 생산직들은 여가에 많은 관심을 갖고 있고, 여가에 노동의 흔적을 많이 남기고 있으며, 육체를 많이 쓰는 노동의 내용과 유사한 내용의 소극적인 여가활동을 많이 하는 경향을 띤다고 해석한다(이진형, 1995).

또 다른 연구에서 파커는 미숙련 육체노동자들은 자신의 노동에 몰입하지 못하며, 여가활동에서도 가정중심적이고 개인적인 행태를 보여주고 있으며, 노동과 여가를 각각 지겨운 것과 즐거운 것으로 양극화시켜 이해하고 있다고 지적한다. 이에 비해 숙련노동자들은 자신의 노동에 몰입하며, 지적이고 사회적인 여가활동을 추구하고, 노동과 여가를 동일하게 의미있는 것으로 간주한다는 것이다(Parker, 1971: 84-85).

파커 이후의 연구자들도 대부분 노동과 여가의 내용이 유사하다는 분석결과를 제출하고 있다. 비숍과 이케다(Bishop and Ikeda)는 육체노동자들은 육체지향적인 여가활동을 많이 하며, 정신노동자들은 정신지향적인 여가활동을 많이 하는 경향이 있다고 보았다(이진형, 1995).

리스만(Reissman, 1954) 역시 사회계급과 여가활동 사이의 관련을 탐구하고 있다. 리스만은 계급을 직업, 소득과 교육으로 규정하고, 상위 계급과 하위 계급을 구분한 후 이들과 여가활동 사이의 관계를 분석하고 있다. 그의 분석에 따르면 독서와 조직적 활동, 리더십 등에서 상위 계급이 하위 계급보다 더 높은 성향을 보여주고 있다. 즉, 상위 계급에 속한 개인들은 더 많은 책과 잡지를 읽고 교회에 더 많이 참석하며, 더 많은 조직에 속하고, 조직 내에서도 더 많은 직책을 갖고 있다는 것이다. 그 대신 라디오와 TV 시청에서는 하위 계급이 상위 계급보다 더 많은 시간을 사용하고 있는 것으로 나타났다.

클라크(Clarke, 1956)도 사회적 지위와 여가 스타일 사이의 관계를 분석하고 있다. 클라크는 직업 위세를 다섯 개의 범주로 구분하고 이들 범주들과 여가활동 사이에 어떤 관련이 있는지를 분석하고 있는데, 그의 연구에 따르면 직업 위세와 여가활동 사이에는 상당한 차이가 존재하는 것으로 나타났다. 최상위층은 컨서트와 연극, 미술관 등에 가는 빈도가 가장 많고, 최하위층은 TV 시청, 낚시, 포커, 드라이빙, 자동차극장, 동물원 구경, 야구경기 관람 등을 많이 하는 것으로 나타나고 있다.

프리드만(Friedman, 1992)도 노동과 여가 사이의 긴밀한 상호작용을 주장하고 있다. 그의 설명에 따르면, 가정에서의 노동자와 작업장에서의 노동자는 다른 인물이 아니며 동일 인물이다. 노동자는 자신의 개인적인 근심과 좌절, 두려움을 작업장에 투사하며, 작업장에서의 근심과 좌절, 두려움을 가정에 투사한다. 그의 판단으로는 기계화로 인한 노동의 파편화는 노동자 삶을 탈조직화하여 공격적 경향을 불러일으키고 알코올이나 도박, 과시적 소비, 권투, 레슬링, 스피드 레이싱, 범죄영화와 호러무비 등과 같은 자극적인 여가활동에 몰입하게 하는 경향이 있다는 것이다.

과학적 관리는 구상과 실행의 분리를 증가시키고, 수직적이고 권위주의적인 행정구조를 확립함으로써 많은 반숙련노동자들과 미숙련노동자들이 기업 내에서 승진하는 것을 불가능하게 만들고 있다. 이러한 이동의 차단은 많은 사람들의 여가활동에도 분명한 영향력을 미치고 있다. 노동자들은 근로시간 동안에 자신의 개성을 발휘하지 못함으로써 불만족을 갖게 되고 계속적인 의기소침의 상태 속에 놓여 있게 된다. 그로 인하여 노동자들은 도박과 체스 게임에 대한 열정, 축구장에서 미쳐 날뛰는 것과 같은 방식으로 여가를 사용하게 된다는 것이다.

3. 기존 연구 검토

노동과 여가의 관계를 다룬 사회학적 연구는 몇몇 연구자들에 의해 이루어져 왔는데(김문겸, 1993; 심윤종, 1995; 박승희, 1996), 1970년대 중후반 자동차공장 노동자의 여가활동을 분석하는 우리의 연구와 관련하여 의미있는 분석결과를 제출하고 있는 연구자는 정현희(1979)와 박철현(1991), 이진형(1995)이다.

정현희(1979)는 1970년대 후반을 분석대상으로 하고 있기 때문에 우선 분석시점의 측면에서 우리의 연구와 관련성을 맺고 있다. 그녀의 연구는 한국의 대기업 기능직 종사자들은 장시간 일을 하고 있으며 이에 따라 자유시간이 짧기 때문에 그들의 여가활동의 양상은 생활화된 비활동형의 여가활동을 취하고 있다는 연구결과를 제출하고 있다. 탁구와 테니스, 축구와 배구, 등산 등의 스포츠 활동을 묶은 활동형의 여가활동 비율이 신문, 잡지, TV 보기, 술좌석 등의 비활동형의 여가활동의 비율보다 훨씬 더 많은 비중을 차지하고 있는 것이다. 정현희의 연구결과에 따르면, 남성 기능직 종사자들이 즐기고 있는 여가활동의 유형을 빈도순으로 보면, 탁

<그림 8-1> 1970년대 기능직 노동자의 여가활동 현황

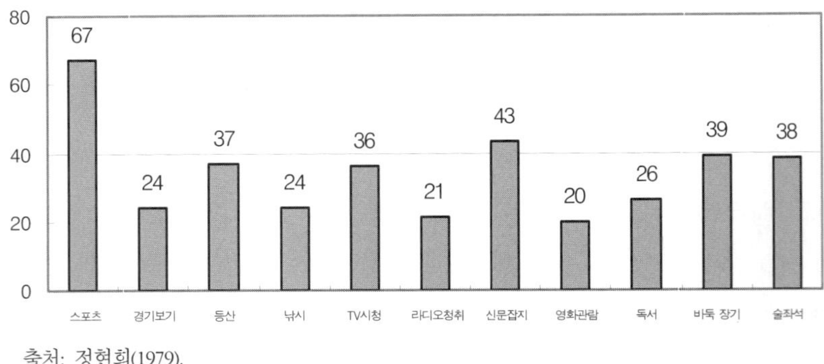

출처: 정현희(1979).

구, 테니스, 축구, 배구 등을 포함한 스포츠 활동, 신문잡지 보기, 바둑 장기, 술좌석, 등산, TV 시청의 순서로 되어 있다.

박철현(1991)은 대기업의 사무직과 생산직 노동자들의 여가행태에 대한 분석을 시도하고 있다. 그의 분석에 따르면, 1990년대 초반 한국사회에서 사무직과 생산직 사이에 '여가의 계층화'는 크게 나타나지 않고 있으며, 비교적 유사한 여가활동 패턴을 보이고 있다는 사실을 보여주고 있다.

이진형(1995)은 1990년대 중반의 제조업 직장인들을 대상으로 하여 노동과 여가의 관계를 분석하고 있다. 이진형의 연구결과를 보면, 첫째는 분석시점인 1990년대 중반 무렵 여가의 중요성에 대한 인식이 1980년대보다는 증가한 것으로 나타나고 있으며, 삶의 관심이 직종에 따라 차이가 난다는 것이다. 상대적으로 직무만족도가 높은 관리경영직 종사자들의 경우 여가보다는 일을 삶의 목적으로 판단하는 경향이 강한 반면, 상대적으로 직무만족도가 낮은 비숙련 생산직 종사자들의 경우 일보다는 여가를 삶의 목적으로 생각하는 경향이 강했다는 것이다.

둘째, 평일의 경우에는 생산직 종사자들이 사무관리직 종사자들에 비해 여가시간이 많은 반면, 토요일이나 일요일의 경우에는 사무관리직 종사자들이 여가시간이 많은 것으로 나타났다.

셋째, 직종에 따라 여가활동양식에 차이가 나는 것으로 나타났다. 사무관리직 종사자들은 생산직 종사자들에 비해 독서 및 교육훈련, 문화예술관람, 여행 등 활동적이고 고급문화와 관련된 여가활동에 더 자주 참여하는 경향이 있는 반면, 생산직 종사자들의 경우 TV 시청, 휴식, 놀이와 오락 등 가정에서 이루어지는 수동적인 여가활동에 많이 참여하는 경향이 있었다.

심윤종(1996) 역시 1990년대 중반의 노동자들은 여행, 운동, 영화 및 연극관람, 전시회 가기 등과 같은 적극적인 여가를 즐기기보다는 텔레비전 시청, 낮잠 등과 같은 수동적인 여가를 더 많이 하는 경향이 있다는 연구결과를 제출하고 있다.

위에서 노동과 여가의 관계에 대한 기존 연구들을 검토해보았지만, 대체로 이들 연구들은 생산직 노동자들은 수동적인 여가활동에 참여하는 경향이 있다는 것을 제시하고 있다. 그러나 이들 연구들은 사무직과 생산직의 여가활동을 비교 분석하는 변수지향적인 분석방법을 취하고 있으므로 개별 사례의 구체성과 특수성을 이해하는 데에는 크게 도움이 되지 못한다. 더욱이 정현희(1979)를 제외한다면, 시기의 측면에서 1990년대를 분석대상으로 삼고 있기 때문에 1970년대를 연구대상으로 설정하고 있는 우리의 연구에 직접적인 도움이 되지는 못하고 있다.

4. 연구대상과 연구방법

이 논문의 주된 연구방법은 문헌조사와 면접조사, 표준화된 질문지조사를 통해 이루어졌다. 문헌조사는 A자동차 기업과 노동자를 다룬 논문들을 살펴보는 것을 중심으로 하여 수행되었다. 1980년대 A자동차 노동자 상태와 노동운동을 다룬 논문들 속에는 1970년대 A자동차 노동자들의 상태를 보여주는 통계치와 자료들이 약간 포함되어 있었으며, 이들은 연구를 수행하는 과정에서 직접적인 도움이 되었다. 그 당시 A자동차에서 발간된 사보인 ≪새한자동차≫도 당시 기업의 여러 상황들과 회사방침 등을 파악하는 데 도움을 주었다. 특히 비록 사무직사원에 국한되긴 했지만 이들의 여가활동을 질문지조사를 통해 분석한 자료는 연구를 진행하는 데 도움을 주었다.

그리고 1970년대 A자동차 생산직 노동자들의 여가활동을 파악하기 위해 심층면접과 전화를 이용한 질문지법이 실시되었다. 면접대상자를 선택하는 방법은 이전의 피면접자 가운데 비교적 명료하게 자신의 상황을 표현할 수 있었던 사람들을 다시 선택하는 방법을 취했다.

면접은 2005년 4월부터 7월 사이에 실시되었으며, 면접장소는 면접대상자의 집과 공장, 공원 등이었다. 한 사례당 대개 2시간 정도의 시간이 걸렸다. 본 연구의 면접대상자는 최문희, 박중혁, 강윤호, 이온일 4명이다. 김수봉, 최병훈, 윤창국, 노창원, 임종국에 대해서는 전화를 이용한 질문지법을 통해서 조사했다. 질문의 대상은 기초적인 인구사회학적 문항, TV를 비롯한 내구성 소비재와 주택의 구입 시기, 가족의 소득활동 등이었다.

<표 8-1> 피면접자

이름	출생년도	입사년도	주 근무부서
최문희	1945	1977	차체부
박중혁	1946	1973	차체부
강윤호	1947	1969	차체부
이온일	1946	1977	조립부

<표 8-2> 질문지 대상자

이름	출생년도	입사년도	주 근무부서
김수봉	1946	1968	차체부
최병훈	1951	1977	차체부
윤창국	1951	1979	자재관리
노창원	1954	1976	조립부
임종욱	1942	1969	검사과

이들 자료수집방법을 통해 획득한 정보는 1970년대 A자동차 노동자들의 일반적인 상황을 객관적으로 보여주기에는 무리가 있지만, 대강의 추이를 보여주는 데에는 문제가 없을 것이다.

5. 자동차기업 노동자의 여가

1) 근로시간, 소득과 여가

여가시간을 분석하기 위해 필수적인 것은 여가생활을 보내기 위해 어느 정도의 자유로운 시간을 확보할 수 있었는가, 즉 근로시간을 얼마나 사용했는가의 문제이다. 여가활동이 가능하기 위해서는 생계를 위한 근로시간, 출퇴근시간, 생존을 위해 필수적인 가사나 식사 시간 등을 제외한 자유로운 시간이 필요하기 때문이다. 자본주의 사회 노동자의 생활패턴은 근로시간에 의해 결정된다. 노동 이외의 식사, 수면, 휴식, 여가 등 자유시간과 그 활용은 근로시간의 증감, 노동 강도, 일의 성격 등에 의해 종속되어 버린다. 근로시간은 자유시간과 여가생활의 조직에 있어서 결정적인 의미를 가지고 있다. 근로시간의 정도가 여가생활의 질과 양에 중요한 영향력을 행사하는 것이다. 근로시간과 관련하여 우선 지적할 수 있는 것은 1970년대 A자동차기업 노동자들의 근로일수가 상당한 불안정성을 띠고 있었다는 사실이다. 그 결정적인 계기를 형성한 것이 제1차 석유위기와 제2차 석유위기였다. <그림 8-2>는 1972년부터 1986년까지 A자동차의 가동률을 그래프로 그린 것인데, 특히 제1차 석유위기가 있었던 1974년부터 1977년 초까지 가동률은 50% 안팎을 기록했으며, 많은 노동자들은 기본급의 60%를 수령하면서 3년 동안 집에서 놀기도 했다. 한 피면접자는 이 당시 기본급 3만 원의 60%인 1만 8,000원 정도를 매월

<그림 8-2> 가동률

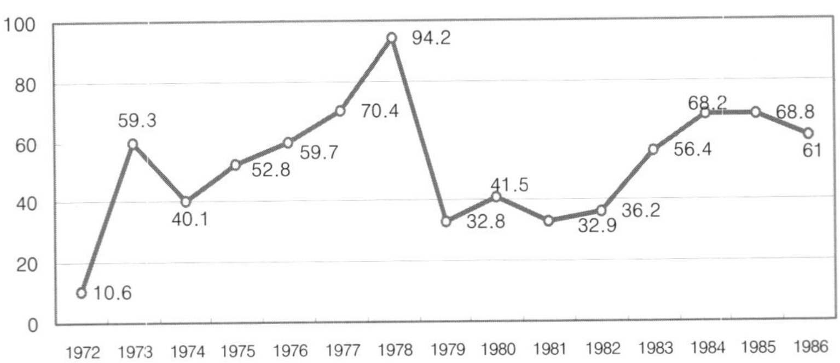

수령했으며, 부족한 생활비를 벌기 위해 건설현장에서 용접하거나 동대문의 영세업체(마찌꼬바)에서 용접 일을 하기도 했다. 일이 없었을 때에도 여가생활은 못 했으며 이 당시의 생활을 '빈둥빈둥 노는 생활'이었다고 표현한다. 이 무렵 A자동차의 노동자들은 생계유지를 위한 수입의 제한 때문에 아무리 자유시간이 많아도 여가를 즐길 조건을 갖추지 못했다.

아래의 <표 8-3>은 가동률이 정상을 유지한 1970년대 후반 A자동차의 근로시간을 정리한 것이다. 주간조의 경우에는 아침 8시부터 작업을

<표 8-3> 대우자동차 근로시간표

주간조		야간조	
08:00~10:00	작업	20:30~22:30	작업
10:00~10:10	휴식	22:30~22:40	휴식
10:10~12:00	작업	22:40~24:30	작업
12:00~13:00	중식	24:30~1:30	식사
13:00~15:00	작업	1:30~3:30	작업
15:00~15:10	휴식	3:30~3:40	휴식
15:10~17:00	작업	3:40~5:30	작업
17:00~17:30	석식	5:30~6:00	조식
17:30~19:30	작업	6:00~08:00	작업
19:30~19:40	휴식		
19:40~20:30	작업		

시작하여 3시간의 잔업을 포함하여 오후 8시 30분까지 작업을 계속했고, 야간조의 경우에는 오후 8시 30분부터 시작하여 2시간의 잔업을 거쳐 오전 8시까지 작업을 했다.

이러한 교대제는 여가활동에까지 깊은 영향력을 행사하는데, 특히 야근조일 때에는 여가의 여지가 부재했다고 할 수 있다. 한 피면접자는 야근조의 하루 일과를 다음과 같이 보고하고 있다.

> 아침에 9시 넘어 집에 도착하면, 9시 30분부터 간단히 조식한 후 15시 30분까지 취침한다. 낮에 취침시 집사람은 아이들을 데리고 바깥에서 서성인다. 방에는 커튼을 쳤다. 충분한 취침을 취하지 못한 채로 조금 멍멍한 느낌으로 야간작업에 들어간다. 작업에 열중하면 그런대로 견딜 만하다. 여가의 여지는 없었다.

> 교대제와 함께 장시간근로도 여가생활을 어렵게 하는 결정적인 요인이었다. 정상가동률을 유지했던 1977년도에 노동자들은 일요일을 제외하면 거의 여가생활을 누리지 못했다. 1977년도에는 3시간 연장근로가 많았으며 퇴근 후 집에 도착하면 거의 10-11시가 넘는 시간이었다. 노동자들은 토요일에는 거의 대부분 연장근로를 하지 않았지만 정상근무를 마친 후 귀가 시각은 8-9시 정도였다. 많은 노동자들은 연장근로를 하지 않는 토요일이면 족구를 즐기거나 술집에 가거나, 짤짤이와 같은 도박을 즐겼다.

근로시간과 함께 재산과 소득 역시 노동자들의 여가생활의 양과 질을 결정하는 요인이다.

다음의 <표 8-4>는 우리가 면접한 노동자들의 1970년대 소득활동과 소비수준 등을 보여주는데, 재산과 소득과 관련하여, 노동자들 사이에 약간의 분화와 다양성이 존재한다는 사실을 지시해주고 있다. 대체로 A자동차의 노동자 가족들은 1970년대에 4인 가족, 남성 주생계원 모델, 임대주택의 특징을 공유하고 있었다. 그러나 1960년대 입사한 일부의 노동자

<표 8-4> 소득 및 소비수준

	박중혁	이온일	최문희	강윤호	김수봉
출생연도	1946	1946	1945	1947	1946
입사연도	1973	1977	1977	1969	1968
결혼시점	1970	1974	1983	1976	1968
70년대 가족 수	4	4	1	4	4
주거지	전세	월세	전세	전세	자가
주거비(월세, 전세)	100만원	월 6천	50만원미만	50만원	
TV 소유 시점	1981	1979	1974	1972	1969
전화기 소유 시점	80년대초	1987	70년대말	1977	1972
세탁기 소유 시점	상동	1986	80년대초	80년대초	1976
냉장고 소유 시점	상동	1985	상동	1979	1976
자가용 구입 시점	1995	1992	1990	1994	1987
신문 구독 시점	80년대	80년대후반	70년대	70년대	70년대
자가 소유 시점	1992	1989년	1982	1979	1972
현재소유주택	32평	단독주택	38평		34평
부인의 직업 여부	없음	없음	해당무	없음	없음
부업 여부	도라지까기	없음	해당무	과외공부	부품제작
자녀의 소득활동 여부	없음	없음	해당무	없음	없음
기타 소득 여부	없음	없음	해당무	없음	없음
70년대 취업가구원수	1	1	1	1	1
농촌과의 연결 여부	없음	있음	없음	없음	없음
저축 여부	85년이후	88년 이후	약간	재형저축	있음
부모 지원	없음	없음	없음	없음	없음

	최병훈	윤창국	노창원	임종욱
출생연도	1951	1951	1954	1942
입사연도	1977	1979	1976	1969
결혼시점	1978	1976	1978	1965
70년대 가족 수	3	4	2	5
주거지	전세	전세	형집	전세
주거비(월세, 전세)	20만원	250만		
TV 소유 시점	기억안남	1976	1978	1973
전화기 소유 시점	77년 이후	1979	1978	1977
세탁기 소유 시점	78년 이후	1992	1978	1992
냉장고 소유 시점	78년 이후	1982	1978	1983
자가용 구입 시점	1990	1993	1983	1991
신문 구독 시점	70년대	90년대	70년대	80년대
자가 소유 시점	1978	1981	1989	1976
현재소유주택	단독주택	단독주택	32평	저층빌딩
부인의 직업 여부	없음	없음	없음	없음
부업 여부	없음	없음	없음	참기름짜기
자녀의 소득활동 여부	없음	없음	없음	없음
기타 소득 여부	없음	없음	없음	없음
70년대 취업가구원수	1	1	1	1
농촌과의 연결 여부	있음	있음	있음	있음
저축 여부			있음	있음
부모지원	지원	지원	지원	

들은 이미 1970년대 자기 집을 소유하는 경우도 확인되었다. 김수봉, 강윤호와 임종국은 각각 1968년, 1969년, 1968년에 입사한 노동자들인데, 이들은 1972년, 1979년과 1976년에 각각 자가를 구입하게 된다. 특히 임종국은 1972년 신진코리아에서 받은 퇴직금으로 화랑농장을 구입한 것이 그 뒤의 개발 붐에 따른 땅값 폭등으로 큰 자산증식을 이룰 수 있었던 경우이다.[1] 최병훈도 1978년에 비록 연립주택이긴 하지만 자가를 소유한 것으로 나타났는데, 집을 구입할 때 부모의 도움을 절대적으로 받은 바 있다.

최병훈처럼 부모의 경제적 지원을 받거나, 쌀 등 주식을 의존할 수 있었던 노동자들의 경우 다른 동료노동자들보다 더 빨리 자산증식을 해나가는 모습도 확인되었다. 윤창국과 노창원이 그 범주에 속하는 노동자들인데, 이들은 다른 노동자들보다 자가를 빨리 소유하거나 저축액을 늘려나간 경우에 속한다.

한편 기혼여성들의 경우에는 1970년대에는 쉽게 일자리를 구할 수 있는 상황이 아니었던 것으로 확인되고 있다. 우리가 조사한 A자동차 노동자들의 경우에도 1970년대에 부인이 일자리를 갖고 있는 경우는 거의 없었으며, 본인이나 부인이 부업을 하거나 시장에서 마늘과 도라지를 까거나, 참기름을 짜서 판매하든가, 과외교사를 통해 약간의 소득을 올리는 부업활동을 하는 정도에 지나지 않았다. 1970년대의 이러한 상황은 1980년대 후반기의 노동자 경제활동 실태를 분석한 연구들과는 큰 차이를 보여주고 있다. 예컨대 팽경인(1988)은 1980년대 노동자의 재생산활동을 분석한 연구에서, 노동자의 가구당 평균 취업 인원수는 1.84명인데, 이러한 수치는 기혼여성의 많은 취업에서 기인한다고 설명하고 있다.

요컨대 1970년대 A자동차 노동자들의 경우 일률적으로 저임금노동자라고 부를 수 없을 정도로, 재산과 소득액에 있어서 약간의 다양성과

1) 임종욱은 신진코리아로부터 퇴직금을 수령한 기능직 사원들의 수는 430여 명이었으며, 이 가운데 상당한 수의 노동자들이 집이나 토지를 구입했다고 진술했다.

분화된 모습을 보여준다고 할 수 있을 것이다. 그러나 이러한 다양성이 여가생활의 다양성으로 나타나는 것은 아니라는 사실에 주목해야 할 것이다. 예컨대 일찍부터 부동산 구입과 개발로 인해 부를 축적할 수 있었던 임종욱의 경우에도 휴일 특근을 하지 않는 일요일에는 교회에 가거나 시골의 고향집에 가는 정도였다고 말하고 있다. 이미 1970년대 초에 주택을 구입한 김수봉의 경우도 여가시간에 부품을 납품하는 부업활동을 하느라 여가생활을 즐길 시간적 여유를 갖지 못했다. 여가생활은 이들의 소득극대화 전략에 종속되어 별 다른 지위를 갖지 못했던 것이다.

A자동차 노동자들의 생활이 조금씩 개선된 것은 가동률이 높아지고 잔업을 하기 시작한 1980년대 초반 이후부터의 일이다. <그림 8-3>이 보여주듯이 이 시기에 노동자들의 실질임금이 상승하기 시작했으며 때때로 회사에서 제공하는 성과급도 노동자들의 생활을 향상시키는 데 기여했다.

그러나 A자동차 전체 노동자의 생활을 획기적으로 향상시킨 계기는 역시 1985년부터 시작된 노동조합운동으로부터 비롯되었으며, 특히

<그림 8-3> A자동차 임금지수

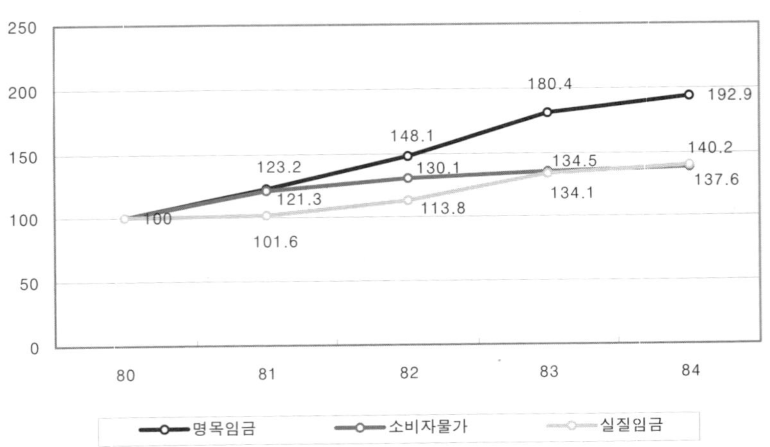

출처: 한국기독교산업개발원편저(1985).

1987년 이후 지속적이고 안정적인 임금인상은 노동자들의 생활을 비약적으로 개선시킨 결과를 가져왔다(<그림 8-4> 참조). 우리가 면접한 노동자들의 경우에도 1980년대 후반기 이후에는 거의 예외 없이 자가를 소유하고 1990년대에 이르러서는 자동차를 보유하게 되는 것이다. A자동차 여가생활의 근본적인 변화를 가져온 것은 1994년-1995년 무렵 자동차대공장의 노동자들에게 도래한 마이카 시대 이후부터였다. 이 점에 대해 피면접자 중의 한 명은 다음과 같이 진술하고 있다.

> "94-5년 마이 카 이후 자가용을 가진 후 멀리가게 되었다. 지방에 간 후 못 올라온 경우도 있고. 격주 휴무 후 시간이 많아졌다. 특근을 많이 했다. 차를 가진 후 여가시간이 달라졌다. 변화가 많이 일어났다. 사람들이 많이 달라졌다. 대화의 내용이 다양해졌다. 자가용 이후 지방에 놀러 간 뒤, 대화의 내용이 달라졌다. 다음 주 어디가 좋더라, 음식 맛이 좋더라, 호화스러운 쪽으로 변화가 일어났다. 90년대 갑자기 변했다."

그렇다면 구체적으로 노동자들이 어떤 여가생활을 누렸는지를 다음 절에서 분석해보기로 하자.

<그림 8-4> 대우자동차 연도별 임금인상

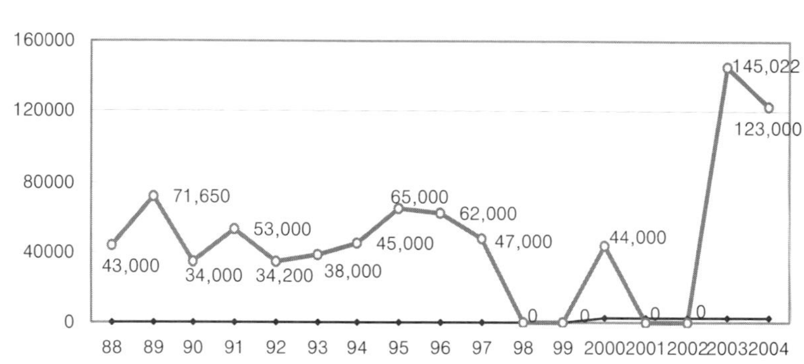

출처: 민주노동자회, 「민주노동자」 제22호(05. 7. 18).

2) 여가활동의 특성

A자동차 노동자들의 여가생활 특성을 분석하면서 우리가 선택한 항목은 기업과 여가, 술, 노동자 공동체와 여가, 대중매체, 스포츠이다. 기업과 여가는 한국 노동자들의 여가활동 특성을 잘 보여준다고 판단하여 분석의 항목으로 들어간 경우이고, 다른 항목들은 노동자들의 여가생활을 분석할 때 흔히 분석의 대상이 되는 것들이다.

(1) 회사, 노동과 여가

현대사회 여가생활의 발전과정을 분석하고 있는 많은 연구들은 자본주의의 발전에 따라 여가양식의 변화가 초래된다고 믿고 있다(이재현, 1994). 이들 연구에 따르면 여가양식은 더 이상 노동경험에 의해 매개되지 않으며, 여가시간에 이루어지는 활동은 자신의 노동경험과 무관하게 된다. 노동과정에서 이루어지고 있는 노동자의 개별화 및 파편화와 함께 여가양식에 있어서도 소비주의와 결합된 가족 중심의 사사화(私事化)된 여가양식이 직업공동체의 해체와 함께 보편화된다는 것이다(이재현, 1994).

또한 하루 24시간 동안 생활 필수행동으로서의 수면, 노동, 그리고 여가가 시간적으로 뚜렷이 구분되며, 시간규율에 의한 분절화에 따라 수면, 노동 및 여가가 이루어지는 시간적 경계가 뚜렷이 확정된다고 말하고 있다. 노동과 여가가 서로 결합되어 있던 전통사회와 달리 노동과 여가가 시간적 규율에 의해 구별되면서, 즉 시간규율이 상징적 상호작용의 영역까지 식민화하면서 여가활동이 가능한 시간은 노동 이후의 시간, 근무를 마치고 난 이후의 시간으로 제한된다는 것이다.

그러나 일본의 노동자들을 민속지적 방법에 의해 조사한 한 연구(Roberson, 1998)에 의하면 일본 노동자들의 여가활동의 특성은 다음과 같이 나타나고 있다. 일본의 기업에서 작업이 끝난 뒤 시간을 함께 보내는 것은 초과시간을 근무하는 또 다른 형태이며 함께 노는 사람은 함께 임금을 받는 사람들이라는 것이다. 로버슨(Roberson)은 다음과 같이 말하고 있다.

> "일본에서 노동과 여가 간의 경계는 가끔 흐려진다. 일이 끝난 후 먹고 마시는 것은 흔히 기업의 비용으로 계산되며 저녁의 자유시간을 회사동료와 함께 보낸다. …(특히 화이트칼라의 경우) 노동과 여가 간의 관계는 복잡하며 노동, 여가, 그리고 민중문화의 영역들, 또한 생산활동과 일상활동의 영역들은 언제나 중첩되며 그들 사이의 관계는 고정되어 있지 않다."

노동과 여가의 관계에 관한 위의 두 가지 진술 가운데 과연 어떤 것이 우리의 1970년대 자동차기업의 노동에 대해 적용될 수 있을 것인가? 결론적으로 말하자면 A자동차 생산직 노동자의 경우에도 여가와 기업의 융합 현상이 나타나고 있었다고 할 수 있을 것이다. A자동차에서 회사가 노동자들의 여가활동에 지원한 유형은 다양했다. 첫째 생산성 목표 달성 시에 회식비가 내려왔으며, 둘째 어린이날에도 대우자동차 노동자들의 가족들은 부평공장 내 운동장에서 게임과 달리기 등의 놀이를 하고 회사에서 제공하는 점심과 공책 등의 선물을 받았다. 이 대회에 수백 명의 가족들이 참석하는 것이 오랫동안의 관례로 되어 있었다. 봄·가을 회사에서 정기적으로 개최한 체육대회도 노동자들의 여가활동에 대해 회사에서 지원한 대표적인 사례로서 들 수 있을 것이다. 전체 회사가 휴무에 들어간 가운데 아침부터 저녁까지 열린 체육대회의 종목은 축구, 족구, 배구, 달리기, 야구, 씨름 등이었으며, 노동자들은 도중에 막걸리를 마셔가며 응원을 하거나 경기를 즐기기도 했다. 점심은 회사에서 제공했다. 정기적으로 개최된 체육대회 이외 1년에 한두 차례 실시된 족구대회도 있었다.

1년에 봄, 가을 두 차례씩 회사 차원에서 공식적으로 실시된 야유회 또한 기업과 여가가 긴밀하게 결합된 사례일 것이다. 부서에서 특정 일요일을 자율적으로 잡아서 회사에 통보를 하면 회사에서는 1인당 얼마씩 지원하거나 타월과 같은 선물도 제공하고 회사 버스를 제공해주기도 했다. 야유회 장소에서 노동자들은 주로 술과 노래, 족구를 즐겼으며 보물찾기를 하기도 했다. 야유회 장소는 인천에서 멀리 떨어져 있지 않은 강화나 소래 포구 같은 곳이었다.

직장 차원에서 행해진 회식도 기업과 여가의 융합을 보여주는 대표적인 사례이다. 개인을 집단의 일원으로서 통합하는 사회적, 공적인 사건으로서의 회식은 음주토템 행위에의 동참을 통해서 집단 내부의 가치관과 행동 패턴을 확인하고 유지하는 의미를 가지고 있었다. 회식에는 몇 가지 유형이 있으나 대표적인 것은 신입사원이 들어왔거나 한 달에 1-2번 정도 반비를 모아서 하는 두 가지 경우를 들 수 있다. 신입사원이 들어왔을 때 으레 행해지는 회식의 경우 신입사원이 들어오면 노동자들은 신입사원을 '돼지'로 표현하고 회식기회가 생긴 것을 '돼지 잡는다'라고 표현했다. 신입사원은 1만 5,000원-3만 원 정도의 회식비를 부담해야 했다. 차체공장에서는 40명 정도로 구성되는 직 단위별로 회식이 벌어졌으며, 여기에 공장과 부장이 참석하는 것이 관례였다. 회식자리는 주로 순대집 아니면 정육점과 같이하는 돼지고기 굽는 집이었으며, 술은 대개 막걸리 아니면 소주였다.[2)]

아, 여기가 제일 좋은 게 입사하면은 돼지 잡는다고 그랬어요. 입사자들 그 부서, 부서마다 입사자들이 이제 한턱내는 거. 그러니까 회식을 하는데 입사자가 얼마얼마 이렇게 내는 거. 3만 원이면 3만 원, 5만 원이면 5만 원. 얼마 전까지도

2) 서구의 경우에도 유사한 흔적을 발견할 수 있다. 19세기 독일의 산업노동과 음주와의 관계를 연구한 로버츠(Roberts, 1981)는 이 시기의 독일 노동자들도 양성공으로서 작업을 처음 시작할 때 1리터의 스냅스를 작업장의 동료들에게 제공했다는 연구결과를 제출하고 있다(Roberts, 1981: 27).

있었어요. 지금은 몇십만 원 하는지 몰라도… 회식하는데 지금도 반뚝 있어요. 반, 부서마다 그걸로 회식하는 데 찬조하는 거죠. 입사자들이. 거기 다 그 부서가 입사자가 많으면 순 입사자들로만 그 돈만 가져도 하고. 그때는 뭐 실컷 제일 좋은 거 먹어야 삼겹살이니까. 삼겹살 하고 뭐 어떤 거 있더라? 로스구이라고 있죠. 그거 먹었죠 뭐. 제일 좋은 거 먹는다고… 아니. 그니까 저기 그 부서에서 이름 부르기를 입사자 '사람 돼지, 돼지 잡아야 된다.' 그게 회식이에요. 입사자들 돈 내서 회식하는 거, 그게 이제 일명 '돼지 잡는다'고 그러죠 (전관희 구술: 정승국, 2003).

회식자리의 화제는 주로 공장에서 공동으로 체험한 계급경험이었으며, 손뼉을 치거나 젓가락을 같이 두들김으로써 노래를 부르는 동료의 장단을 맞추어주는 것이 관례로 되어 있었다.

⑵ 술과 여가

어느 나라와 어느 시대든 노동과 술은 긴밀하게 결합되어 있었다. 서구의 노동사가들은 18세기와 19세기 초반의 수공업 노동의 특징으로서 음주와 노동의 결합을 지적하고 있으며(Rosenzweig, 1983: 36), 이후에 전개된 공장제 노동의 경우에도 둘 사이의 불가피한 의존관계를 말하고 있다. 안병직(1997: 282)은 19세기 노동자들이 여가시간을 보내는 가장 흔한 방법 가운데 하나로서 음주를 들고 있으며, 주점은 노동자들의 여가활동 그리고 그것을 통한 노동자문화의 형성에서 핵심적인 위치를 차지하고 있었다고 지적한다. 변기찬(1998: 545)도 노동자계급에게 주점이 갖는 의미는 음주의 장소일 뿐 아니라 노동으로 인한 스트레스 해소의 장소, 각종 정보 교환 및 사교의 장소, 파업시 노동조합 지도부의 회의장소였다는 기존 연구성과를 기록하고 있다. 그렇다면 A자동차의 노동자들에게 음주행위는 어떤 의미를 갖고 있었을까?

A자동차에서도 1970년대 작업장에서 야간작업시 음주의 관습이 약간

남아 있긴 했지만, 이미 음주행위는 여가의 영역으로 후퇴한 뒤였다.[3] 적지 않은 노동자들은 주간 11시간, 야간 10시간의 고된 노동 이후에 술을 마시는 것을 관습으로 하고 있었다. 이 무렵 노동자들은 주로 막걸리를 마셨으며, 이들 노동자들에게 술은 힘든 노동에 따른 피로와 긴장을 해소해주는 유일한 약이었으며, 선술집은 안락한 보금자리로서 가정이라는 1차적 공동체의 기능을 대체하는 따뜻한 공동체의 역할을 대신하고 때로는 계급적 경험을 재생산하는 장소가 되었던 것이다(박재환, 1999). 이처럼 음주는 노동으로 인한 갈등을 해소하거나, 노동에 필요한 에너지를 얻기 위한 목적에서 이루어지는 도구적 의미를 가지고 있었으며, 다른 한편으로는 노동자들이 작업장 동료와의 사회적 교류나 유대를 목적으로 하는 사회적 기능을 가지고 있었다(안병직, 1997; 284). 특히 막걸리는 수분 제공과 노동의 피로를 풀어주며 나아가 허기를 면하게 해주는 고칼로리 대용음식으로서의 의미를 가지고 있었다(윤명희, 1999; 83).

그리고 또한 주점은 가정이나 도시 내 주거지역의 주변환경에서 적절한 휴식공간과 여가시설을 찾을 수 없었던 1970년대 노동자들이 여가를 보낼 수 있던 주된 장소였다고 할 수 있다. 대체로 노동자 가족이 살았던 주거공간은 가족의 수에 비해 지나치게 협소했기 때문에 주점에 자주 갈 수밖에 없었던 노동자들도 다수 존재했을 것이다. 면접대상자인 한 노동자가 그 당시 하숙을 함께하고 있었던 "열 명 중에서 한 사람만 기분이 좋아도 다아 술 먹어야 돼, 한 사람만 기분이 나빠도 다아 술 먹어야 돼"(강윤호 구술: 정승국, 2005)라고 말하고 있을 정도로 주점은 갈 곳 없는

3) 1970년대 A자동차의 작업장에서는 컨베이어와 같은 포디즘적인 기술적 장치들이 불완전하게 도입되어 있었고, 과학적 관리기법들이 적용되지 않은 결과 일부의 노동자들은 작업과정 중에도 씨름, 힘겨루기, 신문과 잡지 독서, 잡담, 수면 등의 여가활동을 즐기고 있었다(정승국, 2004). 야간에 소주병 갖고 들어와 작업 끝내놓고 술 먹고 자는 소수 노동자들의 존재도 확인되었으며, 작업이 끝난 뒤 탈의실 같은 곳에서 짤짤이와 같은 도박을 즐긴 노동자들도 다수 존재하고 있었다. 1970년대만 하더라도 자동차대공장에서 사적인 영역이 작업장에서 완전히 배제된 것은 아니었다.

노동자들이 희로애락을 함께할 수 있었던 유일한 장소였다고 할 수 있을 것이다.

그러나 한국의 주점은 영국이나 독일, 미국에서 볼 수 있었던 기능의 확장을 이루지는 못했다. 서구에서 주점은 사회적 교류와 접촉의 장소이고, 노동자 가정의 연장이나 확대라고 할 수 있는 측면을 가지고 있었으며, 오락과 유흥의 장소였다고 할 수 있다. 여러 직종과 기업 출신의 노동자들이 경험과 정보를 교환하고 정치적 토론을 즐기며, 공동체적인 감정을 만들어냄으로써 노동자계급 연대성을 창출하는 핵심적인 장소였던 것이다(Guttsman, 1990: 126).[4] 주점은 노동자들의 각종 조직과 단체활동의 중심에 서 있었으며, 노동자들이 정치적 집회와 행사, 그리고 파업 등을 논의하기 위해 이용하던 장소였다. 19세기 후반에 사민당과 노조가 집회와 회합, 그리고 종종 업무를 위해 활용하던 장소이기도 했다(안병직, 1997: 290). 그러나 서구의 노동사에서 확인할 수 있는, 여러 직종의 노동자들이 주점에서 정치적 토론을 즐기고 노동자계급의 연대성을 만들어내는 공간은 적어도 한국의 1970년대 선술집에서는 존재하지 않았던 듯하다. 또한 노조운동이 엄격한 정치적 규제 하에 놓여 있었던 상황에서 노동자들이 노조활동가들을 만날 수 있는 장소도 아직 아니었다.

또한 영국과 독일 등에서는 과도한 음주행위가 공장의 정상적인 가동에 장해물이 되었으므로 술집을 통제하고자 한 공동의 역사적 기록을 보여주고 있다. 그러나 우리의 노동사에서 공장주들이나 정치권력 측에서 1970년대 술집을 규제한 흔적은 보이지 않는다. 1970년대의 A자동차에서 비록 극소수의 노동자가 야간작업 후에 작업장에서 술 먹고 자는 경우가 있었지만, 상습음주 현상이 공장의 규율을 훼방하고 생산성에 장해물이 된 기록은 확인되지 않았다. 19세기 서구 노동자들의 음주벽이 적어도

4) 칼 카우츠키(Karl Kautsky)는 '선술집이 없었다면 독일 노동자계급은 사회적 생활도 정치적 생활도 누리지 못했을 것이다'라고 말하고 있다(Guttsman, 1990: 126).

경제적 궁핍과 억압적인 노동규율, 열악한 주거환경 등 산업화와 도시화의 과정에서 나타난 비참하고 절망적인 현실에 대한 노동자들의 심리적 반응의 일단이었다고 한다면(안병직, 1997: 282), 1970년대 A자동차의 노동자들은 상대적으로 양호한 임금과 근로조건을 누리고 있었으며, 억압적인 정치체제와 군대 경험을 통해 이미 권위주의 사회 하에서의 규율성을 내면화하고 있었던 것이다.

그렇다면 A자동차 노동자들의 생활세계에서 중요한 위치를 차지하고 있었던 술집이 1970년대 이후 어떻게 변화를 경험해갔는지 살펴보기로 하자. 1982년의 통행금지의 해제는 일상적인 생활시간구조를 새롭게 재편시키고 심야술집을 크게 증가시켰다. 1970년대 중반까지 막걸리가 가장 대중적인 술이었다면, 1976년 이후 막걸리는 매년 10% 이상씩 감소 추세를 보였다. 이 자리에 소주, 맥주, 양주, 청주 등이 들어서고, 입맛은 점점 고급화의 추세를 보이게 되며, 술집의 종류 또한 다양해져갔다(김문겸, 1999: 258; 고영삼, 1999: 56). 1980년대 이후 전개된 이러한 술집문화의 변화에 노동자들은 어떻게 반응해갔는가? 1980년대 초반이 되면 A자동차 노동자들의 실질임금이 상승하고 성과급이 나올 때도 있고, 이에 따른 노동자들의 소비능력이 조금 향상했다. 이때 일부 노동자들은 막 생기기 시작한 호프집으로 이동해갔다. 1980년대 초반에 들어와 알코올 소비실태에 생긴 이러한 변화양상은 노동자들에게서 도구적 성격의 음주가 줄어드는 추세가 나타났다는 것을 시사하고 있다. 그러나 노동자들의 생활수준이 대폭 개선된 것은 자주적인 노동조합이 들어서고 임금교섭을 통해 대폭적인 임금인상이 이루어진 1987년 이후부터의 일이었다. 1987년의 여름 투쟁 이후 몇 년 동안 대폭적인 임금인상(<그림 8-4> 참조)을 통해 생활수준이 크게 향상된 노동자들 가운데 일부는 룸살롱으로 진출하기도 했다.

막걸리가 사라지고, 그 자리에 맥주가 자리하게 됨에 따라 1980년대 이후 도구적 기능의 음주는 감소하게 되었다. 주류에 대해 더 이상 열량공급원으로서의 의미를 부여하지 않게 된 인식의 변화와 실질임금의 상승에 따라 고급주종인 맥주를 선호하는 소비취향의 변화를 반영한 것이었다. 술은 더 이상 영양분과 열량의 섭취를 보충하기 위한 대용식품으로서가 아니라 개인의 기호에 따라 선택하는 기호품으로 인식되게 된 것이다.

그러나 노동자들이 작업장 동료와의 사회적 교류와 유대를 목적으로 하는 사회적 기능을 갖는 음주행위는 줄어들지 않았다. 개인을 집단의 일원으로서 통합하는 사회적, 공적인 사건으로서의 회식은 여전히 지속되었으며, 노동자들은 음주에의 동참이라는 행위를 통해서 집단 내부적으로 기대되던 가치관과 행동 패턴을 수용하고 그것에 맞추어가고자 했던 것이다.

(3) 노동자 공동체와 여가

1970년대 초중반 A자동차들의 주거상황은 노동자적인 생활환경을 구성하는 핵심요소였다. 노동자들의 이웃관계, 여가활동에까지 많은 영향을 미치게 되는데, 이 가운데 특징적인 집단적 주거환경은 A자동차 부근인 청천동과 산곡동, 갈산동 등에 광범하게 존재했던 임대용 공동주택이었다.[5] 특히 A자동차 정문 앞에는 노동자들이 닭장으로 부른, 방 한 칸, 부엌 한 칸으로 구성된 집들이 광범하게 존재했다. 산업화의 확산에 따라 도시로 모여든 노동자들의 주거를 제공하기 위해 한 건물에 여러 가구가 집단적으로 거주하는 임대용 공동주택들이 등장했던 것이다. 이들은 대도시로 이주하여 주거할 공간을 찾던 외지 노동자들과 가계수입을 확보하려는 도시 가정 상호 간의 경제적 필요성에 의해서 성립된 것이다.

닭장집에는 별개의 화장실과 욕실이 존재하지 않았으며, 거주하는 노동자들은 공동화장실과 공동수도를 사용했다. 공동수도는 한 곳뿐이었으

5) 임종욱은 수백 명의 노동자들이 공동임대주책에 거주했다고 진술한다. 이 공동주택이 사라지기 시작한 것은 노동자들의 소득이 향상되고 주택 건설 붐이 일기 시작한 1980년대 중반 이후부터의 일이었다고 한다.

므로 세수를 할 때는 물을 떠서 복도에서 하는 것이 관행으로 되어 있었다. 공동화장실은 두 곳이었는데, 아이들의 대소변을 처리하기 위해서 방안에 신문지를 펴고 그 위에서 일을 보게 하는 것이 일반화되었다. 또한 공동화장실은 수세식이 아니었으므로 악취가 심했다. 여러 채의 건물이 연이어 밀집함으로써 가족단위의 사생활이 제대로 보장받을 수 없었다. 채광이나 통풍이 제대로 이루어질 수 없었고, 연탄가스 사고도 드물지 않게 발생했으며, 또한 습기가 많아 습진 등 피부병과 감기가 아이들의 건강을 자주 위협했다. 젊은 독신 노동자들도 있었지만, 네 명의 가족으로 구성된 가구도 많았다. 이들 노동자 가족들은 협소한 주거공간으로 인해 고통 받았으며 사적인 공간을 확보할 수 없었다. 1970년대 이와 같은 열악하고 비위생적인 노동자 가족의 주거환경을 개선하고 공공주택을 보급하기 위한 정부의 정책은 거의 없었다. 노동조합이 주도한 조합주택이 만들어지기 시작한 것은 1979년 이후부터의 일이었으며, 노동자집단의 이동을 줄여줌으로써 순종적인 노동력으로 만들기 위한 회사 차원의 아파트가 건설되기 시작한 것은 1990년대 초반 이후의 일이었다.

집세 역시 노동자 가계에 상당한 부담을 주었는데, 한 피면접자는 1970년대 후반 본인의 임금이 6-7만 원이었고, 이때 월세가 5-6,000원이었다고 기억하고 있다. 어떻게 부담이 되었는지, 어떤 주거환경에서 살았는지 다음과 같이 진술하고 있다.

> (5-6,000원이) 아유 부담스럽죠. 이제 병원에 갈 돈도 없고 그러면 집에 와서 어머니한테 돈 좀 달라고 갖다 쓰고. 쌀 갖다 먹고 그랬으니까. 그러니까 그때 당시에 좀 그런 생활을 하니까, 애들한테두 피부병도 뭐 감기가 떠나지도 않고. 애들도 아프고 저도 저는 뭐 그때 병이 있어가지고. 위가 안 좋아서 맨날 그 약을 좀 먹고. 위궤양 걸려가지고 혼났어요. 아 병원비는 집에서 조달했어요. 그땐 뭐 의료보험 안 되니까. 몸이 그렇게 좀 그 저희 집사람은-몸이 이렇게 그 찬 증세가 있어가지고. 그 바짝 말라가지고 집사람 몸무게가 44키로(kg)까지

나갔으니깐(이온일 구술: 정승국, 2005).

이들 노동자 공동체에서도 술은 노동 후의 생활에서 필수적인 요소였다. 협소한 주거공간으로부터 일시적으로나마 벗어날 수 있는 유력한 수단은 바로 술이었던 것이다. 임대용 공동주택으로 퇴근하는 동료와 만나면 그들은 근처의 술집으로 달려갔으며 외상으로 술 마시기를 즐겨했다. 또한 임대용 공동주택은 특별한 문화생활을 즐길 수 있는 여유를 갖지 못했던 노동자들이 여가활동을 공유하는 소박한 공동체의 성격을 갖고 있었다.

> 저녁이면 만나니까 만나면 여기는 가난하니까, 어디서 노느냐면 주인집 마루에서 놀아요. 그래가지고, 인제 고스톱 쳐가지고 인제, 뭐 수박내기 쳐서 수박 먹고, 그렇죠. 다 이렇게, 남자들 모여서 놀면 여자들 다 모이게 되고, 그래서 인제, 지금이야 수박 하나 놓으면 그냥 쭉쭉 혼자서 먹지만 그때는 여럿이서 먹을래니까 양푼에다가 수저로 빡빡 긁어서 화채 만들어 먹구(웃음) 설탕 넣어 가지구, 한 그릇씩 먹는 거 그렇게 지냈어요(이온일 구술: 정승국 면접, 2003).

노동자들은 이 협소한 노동자공동체로부터 벗어나기 위해 휴일에는 가끔 가족들이나 친척들과 함께 주변의 야산으로 산책을 가거나 인천 주변의 소래포구 같은 곳으로 야유회를 가기도 했다. 말하자면 이들의 여가생활은 지극히 단조롭고 가족중심적인 성격을 갖고 있었던 것이다. 여가활동의 이러한 성격은 서구의 노동자들이 19세기의 궁핍한 시대에도 다양한 여가활동들을 즐겼던 것과 대조를 이루고 있다.[6)]

노동사가들에 따르면, 산업화 초기 노동자들의 놀이는 구래의 민중문화에 뿌리를 두고 있었으며, 그것을 변화시키려는 자본 측의 공세에 끈질

6) 19세기 서구의 노동자들은 주말농장, 애완용 동물 키우기, 집수리, 신발 수선 등 다양한 여가활동들을 즐겼다. 이에 대해서는 구츠만(Guttsman, 1990)을 참고할 것.

기게 저항했다고 한다. 레슬링, 몽둥이치기, 족구, 고리던지기, 종치기, 개싸움, 닭싸움, 황소지분대기, 오소리놀리기 등 다양한 놀이가 노동자들의 생활, 특히 축제와 철야제와 성 월요일 또는 매일 매일의 작업장에서 널리 이루어졌다고 한다(이영석, 1997; 조용욱, 2004). 그러나 자본주의 초기에 노동자들이 즐겼던 여러 유형의 놀이문화는 도시화와 공업화의 전개에 따라 공간의 부족과 장시간 근로에 따른 여유의 결핍에 따라 점점 사라지기 시작한다(Walvin, 1978: 1-4).

1960년대 이후 본격적으로 전개되기 시작한 우리의 산업화 과정에서도 노동자들의 놀이가 우리의 전통문화에 그 뿌리를 두고 있었다는 경험적 증거는 없는 듯하다. 오랜 기간 동안 점진적인 과정을 거쳐 공업화를 진행시켜 온 서구와 달리 급격하게 공업화와 근대화를 추진시켜 온 우리의 경우 이미 농촌사회에서조차 1970년대에 연날리기, 윷놀이, 널뛰기, 지신밟기, 농악놀이, 팽이치기 등의 민속놀이가 사라지고 있었다. 더욱이 정부는 국가정책을 통해 근대화 사회에 적합한 근면한 노동인간을 창출하기 위해 구정을 억압하는 등 시민들의 생활세계에까지 개입해 들어가던 시기였다(김문겸, 1993: 139-150).

이러한 상황에서 제1세대 노동자들이 자신들이 주거하고 있는 협소한 노동자 공동체에 농촌사회의 줄다리기와 널뛰기, 그네뛰기, 쥐불놀이, 두레놀이와 같은 전통 민속놀이를 가지고 들어올 수는 없었을 것이다. 다만 청천동의 노동자 공동체에서 윷놀이가 노동자들이 즐기던 놀이문화로 잔존해 있었다는 사실은 지적해둘 필요가 있다.

(4) 대중매체와 여가

현대사회에서 텔레비전은 여가영역을 식민화하며 가정 내 일상생활의 행위 관행을 재배열하여 생활의 리듬을 지배한다. 가정 내 시간의식 또한 텔레비전 지향적으로 바뀌게 된다(이재현, 1994). 텔레비전은 다른 어떤 여가활동보다도 비용이 덜 들고 더 즐겁기 때문이다. 텔레비전은 가장 보편적이고 대중적인 여가활동 수단이며 거의 누구나 수용 가능하고, 별다른 육체적, 정신적 노력 없이 집에서 휴식을 취하면서 편하게 수용할 수 있고, 필요한 기기를 한번 구입한 후에는 거의 비용이 들지 않기 때문에 텔레비전 시청은 가장 대중적인 여가활동이 되었다(이효성, 1997).

그렇다면 1970년대에 한국사회에 본격적으로 도입되기 시작한 텔레비전이 A자동차 노동자들에게는 어떠한 영향력을 미치고 있었을까? 조사결과에 따르면1970년대 A자동차 노동자 전체가 텔레비전의 영향력 하에 놓이게 된 것은 아닌 것 같다. 텔레비전을 구입한 시기는 노동자별로 상당한 차이가 있었다. 특별히 일찍 텔레비전을 구입한 노동자들도 있었지만, 일군의 노동자들은 1972년 지엠 코리아가 신진자동차를 인수할 때 퇴직금 정산을 한 바 있는데, 이때 텔레비전을 구입한 바 있다. 그러나 1980년대 들어와 비교적 늦게 텔레비전을 구입한 노동자들도 있었다. 일찍부터 텔레비전을 구입한 노동자들도 장시간 노동으로 인하여 텔레비전에 노출된 시간은 적은 편이었다. 그럼에도 불구하고 노동자들의 생활세계는 텔레비전으로부터 상당한 영향을 받기도 했는데, 전국적인 화제를 불러 모은 스포츠 경기나 <수사반장> 같은 드라마 등은 공장에서도 화제의 대상이 되기도 했다. 세계 챔피언 권투경기가 있는 날 저녁에는 직장과 다투면서 잔업에 참가하는 인원이 30%로 줄어들기도 했다. 텔레비전을 소유하고 있지 않은 노동자들은 김일, 김기수 경기 등 특별히 보고 싶은 프로그램이 있을 때 다방이나 이웃집에 가서 시청하기도 했다.

그리고 우리가 면접한 바에 따르면 노동자들 가운데 1970년대에 신문을 구독한 경험은 많지 않았다. 노동조합은 존재했지만 기관지를 발행하지 않았으며, 노동자들은 자신의 정치의식을 향상시킬 수 있는 수단을 갖지 못했다.

영화관람 역시 1970년대 노동자들이 폭넓게 즐길 수 있는 여가활동이 되지 못했다. 영화관에서 영화를 감상하기 위해서는 일단 집밖으로 나가야 된다는 점, 입장료를 지불해야 한다는 점, 대체로 외식을 동반한다는 점에서 텔레비전을 보는 것보다 훨씬 더 적극성과 많은 비용을 요구하기 때문이다(이효성, 1997).

(5) 스포츠와 여가

1970년대 말 대기업 노동자들을 조사한 정연희(1979)의 연구에서도 여러 가지 유형의 여가활동 가운데 스포츠가 가장 많은 유형을 차지하고 있다. 탁구, 테니스, 축구, 배구 등을 포함한 스포츠 활동이 생산직 노동자들이 즐기는 여가활동으로서 가장 많은 빈도를 차지하고 있는 것이다.[7] 그러나 1970년대 A자동차에서 노동자들이 가장 즐겼던 스포츠는 축구였던 것처럼 보인다. 우리가 면접한 한 노동자의 말에 따르면, 1980년대 들어와서 노동자수가 많아진 이후 다양한 서클이 활동하게 되지만, 1970년대 A자동차 노동자들이 즐겼던 스포츠는 거의 축구에 국한되었다. 이 시기에는 등산반 활동도 거의 없었다는 것이다. 이것은 우리나라 노동의 역사에서도 노동자와 축구 사이의 특별한 역사적 친연성(親緣性)이 존재했음을 확인해주는 것이다. 축구경기에서 확인되는 남성성(masculinity), 공격성, 신체의 강조 등이 역사적으로 축구를 노동자계급에게 친숙한 스포츠로 인식되게 했던 것이다(Critcher, 1979: 161).

회사 차원에서도 축구에 대한 지원이 있었으며, 6개 부서(승용, 엔진, 자재, 검사, 대형트럭, 관리 등)끼리 1년에 두 번씩(봄, 가을) 부서 대항전을 갖기도 했다. 우수팀인 A, 기타팀인 B조가 각각 출전한 적도 있었다.

7) 2005년 9월 기준의 A자동차 동호회 회원현황 자료에 따르면 42개의 동호회(보훈회와 직공장회 제외)가 활동을 하고 있으며, 이 가운데 체육동호회(산악회 포함)에 1,478명(40.21%), 취미동호회에 517명(14.06%), 종교동호회에 254명(6.91%), 봉사동호회에 1,427명(38.82%)이 가입해 있다. 동호회는 1970년대에도 있었지만, 급증한 것은 1990년대 들어와서의 일이었다.

부서대항전을 앞두고 부서 대표선수들에게는 작업 면제 등의 혜택이 부여되었다.

그러나 노동자들이 즐기던 축구는 1980년대 들어와서 주요한 변화를 경험하게 된다. 1980년대 초 전경환이 새마을운동본부의장이 되면서 A자동차에서도 직장새마을운동의 바람이 밀어닥쳤다. 직장새마을운동의 일환으로 직장새마을스포츠가 강요되면서 정예선수로 구성된 팀을 만들도록 요구받았다. 이에 따라 회사는 축구, 배구, 육상, 탁구 선수들을 스카우트하여 정규팀을 구성하게 되는데, 이 회사 팀은 지방 공장 및 A그룹 계열사들과 시합을 벌이기도 하고 다른 직장이나 공장의 팀들과 시합을 갖기도 했다. 이로써 노동자들이 자율적으로 즐기던 부서 차원의 대항전은 사라지게 되었다. 이후부터는 전체 공장 차원에서 전문적인 축구선수들의 경기만이 존재하고 부서 차원에서는 동호 모임만 존재하게 된 것이다. 이념 스포츠라고 불리는 국가 주도의 스포츠가 노동자들의 생활세계에 변동을 가져온 것이다.

이러한 사실은 축구가 이미 19세기 말부터 노동자계급의 성장 및 동원의 과정과 일치하면서 노동자계급 문화의 필수적인 구성요소를 이루었던 서구 노동사와 완전한 대조를 이루는 것이며, 급격한 자본주의화 과정에서 자주적인 노동조합 건설에 지체현상을 보였던 한국 노동자계급의 비극성을 보여주는 것이다.

6. 결론

즈바이크(Zweig)는 "취미는 노동보다 인간의 전 인격을 진실하게 표현한다. 왜냐하면 그는 필요에 의해 일하지만 선택을 통해 취미를 따르기 때문이다"라고 했지만,[8] 1970년대 자동차공장의 노동자들에게는 선택의 여지는 거의 없었다. 여가를 즐길 수 있는 경제적 여유와 시간적 조건, 사회적 조건(시설, 자동차) 등이 부재했던 것이다. 그럼에도 불구하고 몇 가지 점에서 자동차공장의 노동자들이 누리던 약간의 여가생활이 갖는 특징을 지적할 수 있다.

첫째는 노동과 여가생활의 관계를 분석한 마르크스와 기타 몇몇 이론가들의 주장처럼 1970년대 자동차공장 노동자들의 여가활동은 그들의 노동이 기계적이고 단조로운 것만큼, 대체로 비창조적이고 단조로운 것이었다. 장시간 근로와 빈곤한 생활조건의 상황에서 낮잠이나 TV 보기와 같은 소극적이고 수동적인 여가활동을 즐겼거나, 짤짤이와 같은 충동적인 도박에 탐닉하기도 했으며 음주에 몰입하기도 했다. 일부의 노동자들은 A자동차 주변에 있는 유곽에 출입하기도 했다. 그러나 그들의 여가활동을 전적으로 부정적인 것으로 묘사하는 것은 잘못일 것이다. 노동사 연구자들이 밝혀낸 것처럼 A자동차 노동자들의 경우에도 노동으로 인한 갈등을 해소하거나, 노동에 필요한 에너지를 얻기 위한 목적에서 이루어지는 도구적 의미의 음주행위를 즐겼으며, 작업장 동료와의 사회적 교류나 유대를 목적으로 선술집에 출현하기도 했다. 또한 TV 보기나 낮잠과 같은 수동적이고 소극적인 여가만 즐긴 것이 아니라, 축구와 족구, 등산 등 다양한 스포츠 활동을 즐기기도 했다.

둘째 노동과 여가가 완전히 분리되지 않았다. 포디즘적인 기술적 장치들이 불완전하게 도입되어 있는 결과 일부의 노동자들은 작업과정 중에도 씨름, 힘겨루기, 신문과 잡지 독서 등의 여가활동을 즐기고 있었다. 작업 중 음주행위를 보여주는 극소수 노동자들의 존재도 확인되었으며, 작업이 끝난 뒤 탈의실 같은 곳에서 짤짤이와 같은 도박을 즐긴 노동자들도 다수 존재하고 있었다. 1970년대만 하더라도 자동차대공장에서 사적인 영역이 작업장에서 완전히 배제된 것은 아니었다.

---

8) 프리드만(Friedman, 1992: 107)에서 재인용.

작업시간 밖에서도 노동과 여가가 완전히 분리된 것은 아니었다. 일부의 여가활동에 대한 회사의 지원이 있었으며, 회식은 직업공동체에 속해 있는 노동자들이 공동의 공장경험을 나누고 동료의식을 확인하는 중요한 수단이었다. 이러한 사실은 기업이 공장 밖의 노동자 생활세계에까지 영향을 미친 것을 말해주고 있다.

셋째 술은 1970년대 자동차공장의 노동자들이 가장 많이 즐겼던 여가활동 중의 하나라고 할 수 있다. 그러나 1970년대 노동자 가족이 즐겼던 음주행위가 서구 노동사에서 확인되는 것처럼 노동자가족의 가족경제를 파괴하고 정상적인 공장가동에 지장을 주는 정도는 아니었다. 그러나 서구의 노동사에서 확인할 수 있는, 여러 직종의 노동자들이 주점에서 정치적 토론을 즐기고 노동자계급의 연대성을 만들어내는 공간은 적어도 한국의 1970년대 선술집에서는 존재하지 않았으며, 주점 기능의 확장도 이루지 못했다.

넷째, 텔레비전이 노동자들의 여가활동에 끼친 영향력은 크지 않았다. 1970년대까지 TV를 소유하지 못했던 노동자들도 존재했으며, TV를 보유한 노동자들조차 장시간근로로 인하여 TV를 시청할 시간적인 여유를 갖지 못했다. 그러나 스포츠 경기와 인기 드라마 등 몇몇 프로그램들은 1970년대에도 노동자들 사이에 큰 화제를 불러일으키면서 노동자들의 생활세계에 큰 영향을 끼치기도 했다.

요컨대 1970년대 A자동차의 여가활동을 통해 살펴본 노동자문화는 당대 자본주의적 사회질서의 정당성에 의문을 던지는 정도의 것은 아니었으며, 자본주의적인 사회적 가치와 규범으로부터의 일탈이라고 해석할 수 있는 측면들을 거의 갖지 못했다. 이러한 사실은 노동조합운동이 뒤늦게 개화한 1980년대 후반 이후 대기업노동자들이 독자적인 노동자계급문화를 형성하지 못한 채 소득과 소비수준이 향상된 가운데 급격하게 대중소비문화에 휩쓸려 들어간 배경을 이룬다고 할 수 있을 것이다.

| 참고문헌 |

고영삼. 1999. 「넘치는 술, 주본주의 사회」. 박재환 외.

김문겸. 1993. 『여가의 사회학』. 한울.

김문겸. 1999. 「쉰세대의 술집, 신세대의 술집」, 박재환 외.

박재환 외. 1999. 『술의 사회학』. 한울.

변기찬. 1998. 「19세기말과 20세기 초 파리지역 노동자의 일상생활」. 『중앙사론』 10·11.

심윤종. 1995. 「여가의 개념과 유형 및 여가이론」. 『사회과학』, 제34권 제2호.

심윤종. 1996. 「한국직장인의 여가 생활」. 『사회과학』, 제35권 제2호. 성균관대 출판부.

안병직 외. 1997. 『유럽의 산업화와 노동계급』. 까치.

안병직. 1997. 「19세기 독일의 산업화와 노동계급의 형성」. 안병직 외저.

윤명희. 1999. 「알코올 연줄의 한국사회」. 박재환 외.

이영석. 1997. 「영국 산업사회의 성립과 노동계급, 1780-1914」. 안병직 외저.

이재현. 1994. 「노동과 텔레비전, 그리고 생활패턴의 동시화」. 『언론정보연구』, 제31집. 서울대학교 언론정보연구소.

이진영, 1995. 「노동과 여가의 관계에 대한 연구」. 성균관대학교 대학원 사회학과 석사학위논문.

이효성. 1997. 「여가와 대중매체」. 『사회과학』, 제36권 제2호(통권 제45호). 1997 별책특집.

정승국. 2004. 「70년대 자동차기업의 작업장 저항에 대한 연구」. 『산업노동연구』. 제10권 2호.

정현희. 1997. 「산업사회와 여가활동. 대기업의 사무직과 기술직 종사자를 중심으로」. 이자대학교 대학원 사회학과 석사학위논문.

조용욱. 2004. 「근대영국에서의 민중 여가문화」. 『한국학논집』. 국민대학교 한국학 연구소.

팽경인. 1998. 「노동자가족의 노동력재생산방식에 대한 사례연구」. 이화여자대학교 대학원 사회학과 석사학위논문.

Clarke, A. 1956. "The Use of Leisure and its Relation to Levels of Occupational Prestige." *American Sociological Review* 21.

Critcher Chas. 1979. "Football since the war." John Clarke et. al. *Working-Class*

Culture: Studies in history and theory. Hutchinson.

Friedman Geores. 1992. *The Anatomy of Work: Labor, Leisure and the Implications of Automation*. Transaction Publishers.

Glen Eker. 1991. *Leisure and Lifestyle in Selected Writing of Karl Marx: A Social and Theoretical History*. The Edwin Mellen Press.

Guttsman W. L. 1990. *Workers' Culture in Weimar Germany*. Berg.

Parker Stanley. 1971. *The Future of Work and Leisure*. Praeger.

Reissman, L. 1954. "Class, Leisure and Social Participation." *American Sociological Review* 19.

Roberson James E. 1998. *Japanese Working Class Lives: An Ethnographic Study of Factory Workers*. Routledge,

Roberts, J. S. 1991. "Drink and Industrial Work Discipline in 19th Century Germany." in *Journal of Social History* 15.

Rojek Chris. 2000. *Capitalism and Leisure Theory*. 『자본주의와 여가이론』. 김문겸 역. 일신사.

Rojek Chris. 2002. *Decentring Leisure: Rethinking Leisure Theory*. 『포스트 모더니즘과 여가』. 최석호·이진형 역. 일신사.

Rosenzweig Roy. 1983. *Eight hours for what we will: Workers and leisure in an industrial city, 1970-1920*. Cambridge University Press.

Walvin James. 1978. *Leisure and Society: 1830-1950*. Longman.

제9장

1960-70년대 기계산업 노동자의 여가 및 소비 생활

신원철(부산대학교 사회학과)

1. 머리글

1) 문제의 제기

산업화 초기 노동계급 형성의 특질을 밝히기 위한 시도로 1960-1970년대 한국 노동자들의 생활사에 대한 연구가 최근 시작되었지만(이종구 외, 2004), 이 시기 노동자들의 소비 및 여가 생활에 관한 연구는 찾아보기 힘들다. 20세기 말 사회주의 체제의 몰락은 한편으로는 소비자본주의의 위력을 보여준 것이었고, 개인의 사회적 문화적 정체성을 구성하는 데 소비생활 영역이 더 큰 의미를 갖는다는 논의도 제기되었다(Bocock, 1993). 한국에서 대중소비재산업이 팽창하고 소비생활의 영역이 확대된 것은 1980년대 이후라고 할 수 있지만, 1960-1970년대에도 작업장 영역에서 더 나아가서 소비 및 여가 영역으로 시야를 확대함으로써 이 시기 노동계급 형성의 특징을 더 잘 이해할 수 있을 것이다.

그런데 한국의 노동계급의 형성은 서구와 비교할 때 장인 전통의 결여라는 조건 하에서 진행되었고(구해근, 2002), 이로 인해서 한국의 노동계급은 숙련형성과정과 생산과정에 대한 집단적 자율적 통제를 경험해볼 수 없었다. 이는 한국의 노동계급이 긍정적인 계급 정체성을 확립하고, 개인주의적 경쟁성향을 억제할 수 있는 '연대의 윤리'를 확립하는 데 동원할 수 있는 역사적 자원을 결여하고 있었음을 뜻한다(신원철, 2004). 특히, 해방공간에서 전평 노동운동이 궤멸한 이후 고용관계와 노동자생활 전반에 걸쳐서 노동조합운동의 규제력은 너무나 미약하게 되었다. 반대로 1960년대 이후 국가는 경제성장의 추진자로 등장하여 고용관계 전반에 걸쳐 광범위하게 개입했으며, 노동자들에게 경제성장을 위하여 헌신적으로 일하는 '산업 전사'가 되도록 설득했고, 그것은 작업장 생활영역에서는 노사협조 이데올로기와 공장새마을운동으로 표현되었다. 국가는 여기서 더 나아가 경제성장에 필요한 자본을 조달하기 위한 방안으로 노동자를 비롯한 전 국민에게 근검절약과 저축을 강요했다. 즉, 작업장 생활뿐 아니라, 소비와 여가 생활의 영역에 대해서도 국가의 규범적 지침이 제시되고 있었다.

한편 노사협조주의나 공장새마을운동의 효과가 기업/작업장 수준의 노동통제를 매개로 하여 관철된 것과 유사하게, 기업/작업장 수준에서는 개별 자본의 논리가 노동자들의 소비 및 여가생활에 영향을 미치게 된다. 즉, 기업은 1960-1970년대에 생산관리와 인사관리의 합리화를 추구했고, 생산의 효율성을 높이기 위하여 부서간/개인간 경쟁을 도입하고 있는데 노동조합운동은 이에 대해서 체계적인 저항을 전개할 수 없었고(신원철, 2003), 이 시기에 기업이 조직한 여가활동에서는 작업장에서의 경쟁논리를 재생산하는 경향이 발견되고 있다.

해방 이후 한국전쟁에 이르는 시기에 좌익계 노동운동이 해체되고, 국가가 주도하는 산업화과정에서 새로이 형성된 한국의 노동계급은 숙련형성과정이나 노동과정뿐 아니라 소비 및 여가 영역에서도 노동계급의 고유한 연대지향적/저항적 가치와 정체성을 만들어낼 수 있는 전통과 관행을 갖고 있지 못했던 것으로 보인다. 또 1960-1970년대는 급속한 경제성장과 함께 생산직 노동자계층만이 아니라 화이트칼라 계층이 또한 양적으로 성장한 시기이다. 특히 한국의 산업화는 미국, 일본, 독일 등 선진국으로부터 대규모의 설비와 기술을 수입하는 방식으로 진행되었고, 이로 인해서 생산직 노동자 계층은 화이트칼라 계층과 동시에 형성되고, 성장하게 되었다. 이는 이 시기에 화이트칼라 및 생산직 노동자 계층 간에 차별적인 소비 및 여가 생활양식이 형성되고, 생산직 노동자계층은 화이트칼라층의 소비양식을 모방하고자 하는 욕구를 형성하게 되었을 가능성을 시사한다.

결국, 이 글에서는 이 시기에 근검절약과 금욕주의적 윤리, 그리고 노동을 강조하는 국가의 지배 이데올로기, 그리고 기업에 의해서 조직되는 '강제된 여가'의 내용을 살펴보고, 이에 대하여 노동자들은 어떠한 소비 및 여가 생활양식을 형성해갔는가를 기계산업 노동자의 사례를 중심으로 살펴보려 한다. 이를 통해서 산업화 초기 한국 산업노동자계급의 형성과정의 특질을 해명하고자 한다.

2) 이론적 논의 및 선행 연구

노동자의 소비 및 여가 생활에 대한 계급(층)론적 접근은 크게 두 가지 유형으로 구분해볼 수 있다. 먼저, 마르크스주의적 접근에서는 자본에 의해 장시간 노동이 강요됨으로써 생산 및 노동과정에 의해서 노동자들의 소비 및 비노동 생활이 제약 당한다는 점, 그리고 노동자들의 소비생활과 재생산과정이 계급투쟁이라는 측면에서 어떠한 정치적·이데올로기적 효과를 낳게 되는가에 관심이 집중된다. 엥겔스는 1840년대 영국 노동자계급의 주거조건 및 식생활 등을 다룬 고전적 연구에서 영국 사회가 노동자들의 건강한 삶을 보장하지 않고 일종의 '사회적 살인'을 저지르고 있으며, 이는 궁극적으로 프롤레타리아트 혁명에 의해서 해결될 수 있을 것이라고 전망했다(Engels, 1845).

톰슨은 1830년대에 고유한 계급정체성을 확보한 영국 노동계급이 형성되었다고 보고 있는데, 그에 의하면 이 시기에 자체 규율과 공동체적 목적을 강조하는 노동조합과 공제조합의 전통과 연관된 집단주의적 가치관이 노동자계급 내에 우세했으며, 이 같은 공제조합들은 질병 보험의 기능과 함께 클럽의 야간연회, 연례적인 '야유회' 혹은 축제의 기능까지도 맡았던 것으로 기술되고 있다(Thompson, 1963(2000): 552-586).

스테드만 조운즈는 1870년과 1900년 사이에 영국 노동계급 내에 비투쟁적이며, 방어적 보수주의의 기조를 띤 새로운 형태의 문화가 형성되었다고 보았다. 그에 의하면 19세기 후반부에 급진적 장인문화가 쇠퇴하고, 정치적 관심은 선술집(the pub)과 뮤직홀, 경마 등에 의해 잠식되었다. 급진적 장인문화에서 여성들은 배제되어 있었는데 19세기 후반부에는 노동중심적인 문화 대신에 가정지향적 문화가 등장했으며, 가정생활은 탈정치화된 영역이 되었고, 노동자들의 클럽 내에서도 정치는 오락에 의해서 대체되었다(Stedman Jones, 1983: 181-238).[1)]

한편, 생산관계와는 별도로 소비생활 자체에 대한 분석에 비중을 두는 이론적 전통이 또한 존재한다. 워드는 소비의 가치를 교환가치(exchange-values), 사용가치(use-values), 그리고 정체성 가치(identity-values)라는 세 가지 유형으로 구분했는데, 베버의 지위(status)에 관한 분석이나, 베블렌의 과시적 소비, 그리고 부르디외의 구별짓기 등의 분석에서 포착하고자 한 것이 바로 이러한 소비의 정체성 가치와 관련된 것이라고 할 수 있다

1) 스테드만 존즈는 계급을 존재론적 실재가 아니라 담론적 실재로 바라보는 입장으로 변화했지만, 여기에서 인용된 글들은 초기의 입장을 반영한 글들이다. 이론적 시각의 변화에 대해서는 존스(Stedman Jones, 1983), pp. 1-24 및 이영석(1997), 「'언어로의 전환'과 노동사의 위기」, 영국사학회, 『영국 연구』 Vol. 1 참조.

(Warde, 1992). 이러한 접근에서는 소비는 사회적 지위와 정체성을 드러내는 중요한 요소로서, 소비는 계층(급)적으로 분화된 취향의 코드에 따라 작동되며, 소비방식의 동질성은 계층(급)의 정체성과 유대를 생성·유지, 강화시키는 것으로 간주된다(함인희·이동원·박선웅, 2001).

이 논문에서는 소비 및 여가생활이 노동자계급의 정체성과 연대의 형성에 어떠한 연관을 맺고 있는가에 주목하고자 한다. 소비 및 여가 생활이 생산과정이나 노동과정에서 유래하는 기능적 필요에 의해서 일방적으로 규정되는 것은 아니지만, 다양한 권력관계라는 맥락에서 노동자들의 소비 및 여가 생활에 관한 의미가 구성되는 과정을 살펴볼 필요가 있다. 로젝(C. Rojek)은 현대의 여가관계가 역사적으로 특정한 권력체계의 맥락 하에서 생산/재생산된다고 보고, 여가관계를 자본주의 사회의 권력구조와 연결시켜서 연구해야 한다고 강조했는데, 그에 의하면 자본주의는 이해관계의 분화, 개별 경쟁, 성취 이데올로기에 기반을 두고 있는데, 여가형태는 이러한 원리들을 재생산하는 동시에 손상시키기도 한다(Rojek, 1985: 20-21). 즉, 개발독재 시기의 산업노동자의 소비 및 여가 생활과 계급정체성 사이의 연관을 탐구하려면, 이에 대한 국가의 이데올로기와 기업의 논리가 무엇이며, 노동자들은 이에 대해서 어떠한 대응과 선택을 해나가는가를 함께 살펴볼 필요가 있을 것이다.

1970년대 한국의 노동자들의 소비와 여가 생활에 대한 몇몇 연구들은 노동자 가계의 소비지출항목의 변화를 알려주거나(채범석·신영무, 1972; 김순옥·신효식, 1980), 노동자들의 여가생활에 대한 개괄적인 정보를 제공해주고(윤희상, 1973), 생활시간의 전반적 구성을 알 수 있게 해준다(정의권·심차기, 1979). 하지만, 소비와 여가 생활에 대해서 노동자들이 어떠한 의미를 부여하고 있었는지, 이것이 노동자계급 정체성의 형성과 관련해서 어떠한 의미를 지니는가 하는 점은 공백으로 남아 있다.

1987년 노동자대투쟁 이후에는 계급론적 관점에서 노동자들의 소비생활에 대한 분석을 시도한 연구들이 등장했다. 남기곤(1991)은 한국의 노동자계급의 소비구조를 검토하고, 식료품비의 변동비중이 높고, 주거환경이 열악하며 문화적 소비가 극도로 억제되어 있는 점을 들어 1990년대에 들어서도 노동자계급이 '궁핍'으로부터 벗어나지 못하고 있다고 보았다. 한편, 백욱인(1994)은 『도시가계연보』를 자료로 1971년-1991년 기간의 소비지출구조의 변화를 살펴보았다. 그 결과 개인적 소비의 비율 증가는 개인 소유의 이데올로기를 더욱 강화시키며 생활의식에서 '중산층의식'을 형성하는 계기가 될 것이라고 보았다. 이에 대해서 정건화(1994)는 오히려 새로운 소비양식이 보편화하는 가운데 앞으로 계급/계층간 소비의 차별화가 어떤 양상으로 진행될 것인지를 살펴볼 필요가 있다고 지적한 바 있다. 이러한 연구들은 노동자들의 소비생활이 지니는 정치적 이데올로기적 효과에 대해서 관심을 갖고 있지만, 소비생활 자체의 상징적 문화적 측면에 대한 분석 없이 결론을 이끌어내는 경향이 있다.

소비와 여가 생활 자체의 상징적 측면에 주목한 최초의 연구는 김문겸(1993)에 의해 이루어졌다. 그에 의하면 한국사회에서는 1970년대가 "여가욕구의 개화기"에 해당하며, 1980년대 들어 소비수준이 증대함에 따라 여가양식에 있어서 계층분화현상이 좀 더 뚜렷하게 반영되기 시작한다. 그는 한국의 1960년대 여가문화에서는 바캉스, 테니스, 커피, 팝송, 텔레비전 등의 요소가 사회적인 지위상징(status symbol)의 효과를 지니고 있었으며, 1980년대에는 자가용, 스키, 골프, 콘도미니엄, 해외여행 등의 요소가 지위상징의 효과를 지닌다고 보았다. 황익주(1997)는 1990년대 중반에 실시된 기혼 남성 생산직 노동자들에 대한 사례연구에서 성남의 공장노동자들의 행위양태가 골드소르프(Goldthorpe)와 록우드(Lockwood)가 말하는 '풍요로운 노동자'와 유사하게 매우 개인주의화되어 있음을 보였다.

김문겸과 황익주의 연구에서는 서구, 특히 영국의 노동계급의 여가와 소비생활과의 부분적인 비교를 통해서 한국의 노동자들의 여가와 소비생활의 특징을 드러내주고 있다. 특히 황익주는 1990년대 중반 이후 한국의 남성 생산직 노동자들의 '개인주의화' 경향을 지적하면서도 동시에 공동체적 전통이 없었음을 상기시키고 있는데, 이는 특히 '장인 전통'의 결여라는 상황과 관련되어 해석될 수 있을 것으로 보인다. 즉, 장인 전통이 결여되어 있는 상황에서는 노동에 대한 도구적 태도와 개인주의적이고 경쟁지향적인 논리가 소비와 여가 생활 영역에서도 관철될 가능성이 더 높아질 것이다.

3) 연구의 대상과 방법

이 글은 한국의 기계산업 노동자, 그 가운데서도 대한조선공사와 한국기계공업주식회사의 노동자의 소비와 여가 생활을 대상으로 삼고 있다. 두 회사는 모두 식민지 시기인 1937년에 각각 설립된 후 1960년대 말에 민영화되기 전까지는 국가에 의해서 운영된 기업으로서 한국의 기계공업을 대표하는 최대의 기업이었다.

대한조선공사(지금의 한진중공업)는 그 전신인 조선중공업주식회사(朝鮮重工業株式會社)가 1937년에 설립된 기업으로서 울산 현대조선소가 등장하기 이전까지는 한국 최대의 조선소로서 국내 기계공업의 '요람'이라고까지 부를 수 있을 정도의 지위를 차지하고 있었다. 대한조선공사에서 수많은 기술자와 숙련공들이 배출되어 현대, 대우, 삼성 등 대규모 조선소를 가동하는 데 중심적인 역할을 담당했다. 한국기계공업주식회사는 1937년 일본인 요코야마(横山公雄)에 의해 인천시 동구 만석동에 조선기계제작소로 설립되어 주로 광산, 토목 기계를 제조했다. 1939년 이후에는 군수공장으로 전환되어 소형잠수함 4척이 제작되기도 했다. 해방 이후에는 정부에 귀속되어 상공부, 국방부(해군) 등에서 관리하다가 1962년 「한국기계공업주식회사법」이 공포되면서 국영기업체로 출범했다. 1968년

국영기업체 민영화시책의 일환으로 신진재벌이 한국기계를 인수했고, 다시 1976년 대우그룹에 인수되면서 명칭이 대우중공업으로 변경되었다. 이후 IMF 구제금융 사태를 거치면서 대우종합기계로 명칭이 다시 바뀌어 지금에 이르고 있다.

이 논문에서는 노동자들의 소비와 여가 생활에 관한 자료로는 '사보'와 구술자료를 이용했다. 대한조선공사의 사보인 ≪조공(造公)≫에서 '가정탐방', '으뜸일꾼 소개', '취미코너', '생활 수기' 등의 난을 통해서 당시 노동자들의 여가와 소비생활에 관한 정보를 찾아볼 수 있다. 특히, 당시 기업 차원에서 조직된 여가 및 취미 활동에 관한 정보가 체계적으로 제공되어 있다. 또, 소비와 여가 활동에 대해서 노동자들이 부여한 의미를 파악하기 위해서 구술면접자료가 이용되었다.[2] 소비 및 여가 생활에 대한 국가의 이데올로기와 정책에 대해서는 박정희의 저서인 『국가와 혁명과 나』, 그리고 이 시기의 <대한뉴스>와 ≪조선일보≫ 등을 이용했다.

2. 국가의 '노동지고(至高)'·'근검절약' 이데올로기

1960, 1970년대 한국의 국가는 근검절약과 노동윤리를 강조했는데 이는 '민족중흥'과 '경제성장'이라는 애국주의적인 명분에 의해서 뒷받침되고 있었다. 이는 서구 자본주의 발흥기의 프로테스탄티즘의 직업사상이나 금욕적 생활방식이 종교 윤리에 의해서 뒷받침되었던 것과는 구분된다. 박정희는 『국가와 혁명과 나』에서 절약하고 저축하는 '게르만 민족의 기질'을 다음과 같이 찬양하고 있다.

"그들은 먹을 것을 참았고, 입을 것을 아꼈으며, 쓸 것을 모아 살았다. 내핍하

2) 구술면접자료에 대한 소개는 신원철(2004) 참조.

고, 절약하고 저축하는 개인생활에 철저한 것이었다"(박정희, 1963(1997): 217).

그는 "검소 강건한 생활기풍"을 이룩할 것과 "소비생활을 저축생활로 전환"할 것을 강조하고, " '경제 지상', '건설 우선', '노동 지고(至高)' 이러한 국민의 행동강령이 제고되어야 할 것"이라고 주장했다(박정희, 1963(1997): 271). '노동 지고(至高)'라는 표현이 그저 지나가는 말이 아님은 아래와 같은 그의 자작시에서도 드러나고 있다(박정희, 1963(1997): 275).

땀을 흘려라!
돌아가는 기계 소리를
노래로 듣고
…
이등 객차에서
불란서 시집을 읽는
소녀야.
나는, 고운
네
손이 밉더라.

박정희는 "지상경제, 냉각정치의 신 모토 하에, 개인의 가정에서부터 전 사회 각 부문에 이르기까지 일대 경제재건 의식을 제고하여, 검소하고, 내핍하고, 절약 저축하는 신생활을 확립"할 것을 주장하고, 또 "방관·안일·타태·불로(不勞)·사치를 철저히 배격하며, 노동을 신성시하게 하며", "국민경제 재건에 새로운 활력소"로 삼을 것을 주장했다. 그가 제시한 국민 행동강령 6개 사항 가운데 하나로 '노동하자'가 포함되어 있었다(박정희, 1963(1997): 288-289).

이러한 '노동지고'의 금욕적 이데올로기가 표출된 사건이 5·16군사쿠데타 직후에 이른바 '땐스광'을 구속한 사건이었다.

"고귀한 혁명정신을 망각하고 대낮에 땐스에 미쳐 놀아난 48명의 남녀가 검거되어 준엄한 법의 심판을 받았습니다. 5월 24일 경기도청회의실에서 열린 군법회의에서는 우리 사회의 미풍양속을 해치고 혁명정신을 모독한 땐스광들에게 일벌백계의 본보기로서 각각 3개월 내지 1년의 징역을 언도했습니다"(<KBS 영상실록 1961년>, 2005년 5월 15일자 방송분에서).[3)]

그런데 군사쿠데타 이전에도 댄스교습소는 여론의 비난의 대상이 되고 있었다. '땐스' 교사와 바람난 유부녀를 동네 부인 10여명이 나서서 쫓아내려고 하기도 하고(≪조선일보≫, 1960.9.18. "여인 삼십대 욕정의 종말"이라는 제목의 기사), 또, 경북대학 신생활 계몽반원 여학생 30여 명은 대구시내 비밀 '땐스 홀' 20여 개소를 찾아가서 춤추던 수백 명을 집으로 돌려보내는 일까지 벌이기도 했다(≪조선일보≫, 1960.11.23). 그리고 전국 각지에서 무허가 '땐스 홀'에 대한 단속이 진행되고 있었다(≪조선일보≫ 1961.3.17, 1961.4.4, 1961.4.22, 1961.4.25, 1961.4.29, 1961.5.3).[4)]

이러한 '노동지고' '근검절약'의 이데올로기는 이후 전개된 강제저축운동과 가정의례준칙의 제정 등과도 관련이 되었다.[5)] 5·16쿠데타 이후인

---

3) 당시의 땐스광의 처벌에 대해서 이를 긍정적으로 평가하는 여론이 우세했던 것으로 보인다. 한국 군사혁명사 편찬위원회는 이를 다음과 같이 기술하고 있다. "혁명과업에 총진군해야할 중대 시기임을 망각하고 '땐스'에 발광한 사람들의 처벌에 대하여 국민들은 '썩 잘한다'가 73.5%, '대체로 잘한다'가 17.1%로서 국민의 90.6%가 찬성하고 나머지 6.4%의 응답자만이 좀 지나치게 처벌했다는 의견을 표시했다"(한국군사혁명사편찬위원회, 1963: 292).

4) 영국에서는 청교도 혁명 이후 일요일에 가정 내에서 '춤추는 것', '성가 이외의 노래를 부르고 악기를 연주하는 것'을 금지하는 법이 제정되기도 했다(박재환·김문겸, 1997: 22-26).

5) 이러한 조치들은 모두 일제 식민지 시기에서 그 기원을 찾아볼 수 있는 것들이기도 했다. 1938년 4월 조선총독부에 '저축장려위원회'가 설치되었고, 1941년 10월 30일

1962년 1월 31일 국가재건최고회의 상임위원회는 경제개발계획에 필요한 내자를 조달하기 위하여 국민저축조합법을 통과시켰는데, 거주지별, 직장별로, 그리고 학교에서도 저축조합을 조직하도록 하고, 재무장관이 조합에 가입을 명령할 수 있도록 했다(≪조선일보≫, 1962.2.1). 중화학공업 육성정책이 추진되기 시작한 1973년에는 모든 초중고교생이 국민저축에 가입하도록 의무화하고, 지역별 저축목표액을 설정하도록 했다. 특히 용돈을 절약해서 저축한다는 개념에서 더 나아가 학교별로 실정에 맞는 동물사육(양돈, 양계, 양봉 등), 재배(약초, 화초, 해바라기, 피마자 등), 수집(폐품, 우표, 특산물 등), 채집(잔디씨, 아카시아씨, 물고기 등), 제작(조화, 편물, 목공 등) 및 퇴비만들기, 사료용 풀베기, 모내기 등 "생산활동을 통한 저축원 개발"이 강조되기도 했다(≪조선일보≫, 1973.10.16).

이 시기에 저축과 근검절약을 강조하는 대한뉴스 등 홍보영상물이 대단히 많이 만들어졌다. 1962년에 제작된 '저축을 합시다'란 제목의 홍보영화는 저축운동이 광범위한 노동자층을 대상으로 하고 있음을 보여준다. 양복을 입은 직장인이 '박봉에 먹고 살기도 급급한데 저축할 돈이 어디에 있나?'라는 반론을 펴자, 홍보를 맡은 배우는 술 마시고 당구 치고, 다방에서 차를 마시는 데도 돈이 들어간다며 이를 절약할 수 있음을 강조한다. 또 배우는 하루하루 벌어서 사는 일용노동자도 저축을 할 수 있다며 매일 10원씩 저금한다는 구두닦이 소년의 예를 보여준다(http://film.ktv.go.kr, 이하 대한뉴스의 출처도 동일함). 매일 170원을 벌어서 50원씩 저금하고 학비를 충당하면서 매달 1,000원씩 고향에 송금하는 구두닦이 소년(<대한뉴스> 제507호, 1965.2.20)의 이야기, 그리고 구두닦이 생활 10년 동안 매일 죽으로 끼니를 이으면서 100만 원을 저축하고 고향에 농토를 마련한 이야기 등이 소개되고 있으며, 다른 한편으로는 주로 다방, 당구장, 대포

에는 '조선국민저축조합령'이 공포되었다. 저축운동은 애국적 의무로서 개인에게 강요되었고, 이를 위해서 행정조직과 금융기관이 총동원되었다(문영주, 2003).

집, 캬바레 등이 낭비의 상징으로 제시되고 있다(<대한뉴스> 제685호, 1968.7.26; 제699호, 1968.12.2). 주부 등 여성과 어린이들에게도 저축에 참여할 것이 강조되었다. 대통령의 부인은 대전지역의 부녀회관 기공식에 참석해서 '조국근대화를 위해 전여성은 검소와 저축으로 경제안정에 이바지해야 할 것'이라고 연설했다(<대한뉴스> 제601호, 1966.12.17).

이 같은 '근검절약'의 이데올로기는 박정희 정권말기까지도 지속되었다. 1970년대 중반 오일 쇼크를 계기로 '에너지 소비절약운동'이 제기되었고,[6] 1979년에는 다시 '범국민적 소비절약운동'이 제기되었다. 이에 의하면 '사치와 낭비는 우리가 가장 배격해야 할 부도덕한 행위요 국력배양과는 완전히 역행하는 행위라고 규정'되었다. 또 박정희는 '우리 국민들의 가장 좋은 점을 지적하라면 그것은 근면성'이지만, '반대로 단점을 지적하라면 나는 저축심이 부족하다는 것을 지적하고 싶'다고 밝히고 있다. 즉, '근검절약은 부국의 원천이요 사치와 낭비는 국민의 정신을 좀먹고 국력을 쇠퇴시키는 병균'으로 간주되었다.[7]

이러한 '근검절약'의 논리는 공장새마을운동을 통해서 기업차원에서도 다시 전파되고 있다. 대한조선공사에서 직장과 계장급들로 구성된 새마을 연수원 4기생들은 1976년 10월 26일에 동기회 창립총회를 열었는데, 이들은 7개 파트로 나뉘어 각 작업장별로 여러 가지 정신계몽운동을 펼치고 있다. 그 가운데는 '술 안 마시고 퇴근 후 가정에 바로 돌아가기' 운동도 포함되어 있었고, 이로 인해서 회사 인근 대포집으로부터 푸념을 들을 정도라는 것이다(≪조공≫ 1976년 12월호). 그런데 이러한 '정신계몽운동'은 국가의 '근검절약' 이데올로기가 노동자들의 일상적 욕구와 어느 정도나 동떨어져 있었는가를 보여주는 것이었다고 생각된다. 기계공장 노동자들의 퇴근 후 술자리는 1960-1970년대 여가생활의 핵심적인 부분을 이루

6) "에너지 소비절약에 대한 내무부장관 서한"(1975.10).

7) "소비절약추진범국민대회 대통령각하 치사"(1979.3.27).

고 있었던 것으로 보이기 때문이다.

국가의 '노동지고'라는 논리에도 불구하고 노동자들은 노동에 대한 긍정적 자부심을 가질 수 없었다. 1960-1970년대 기계산업 노동자들은 학력경쟁을 거치면서 공장노동자, 공장노동 자체에 대해서 부정적인 이미지를 갖게 되고, 나아가서 구직경쟁이나 숙련획득 경쟁과정에서도 '연대의 문화'와 '연대의 윤리'를 형성하지 못한 채, 공장노동으로부터 탈출하려는 성향을 갖게 되었다(신원철, 2004). 반면에 노동자들이 처한 현실 자체가 '근검절약'을 강요하고 있었다.

이들은 어린 시절 미군 부대에서 나오는 나무와 고철 유리 등 쓰레기를 주워서 생활비를 마련했다(오○○). 또 꿀꿀이죽을 배급받아서 먹고(오○○, 이○○), 청과물 시장에서 과일껍데기를 주워서 먹기도 하는 등 성장기에 먹을 것에 관한 아픈 기억을 지니고 있었다(진○○). 또 초등학교에 다닐 때는 월사금을 제때 내지 못하여 선생님으로부터 야단을 맞은 기억도 많이 공유하고 있다. 이들이 성인이 되어 공장노동을 하면서 결혼하고 셋방을 마련하고 아이를 낳아서 기르고 교육을 시키기 위해서 드는 비용을 마련하는 것 자체가 쉽지 않은 현실이었다. 즉, 국가의 '근검절약' 이데올로기는 노동자들의 내면적 윤리가 될 수 있을 만한 내실을 결여한 것이었지만, 현실은 노동자들에게 '근검절약'을 강요했고, 노동자들에게 있어서 현실의 '근검절약'은 한편으로는 욕망의 억제이면서도 다른 한편에서는 욕망의 증폭장치가 될 수 있었다. 즉, 노동자들에게 있어서 '근검절약'은 여가시간과 가처분소득이 확보되면 언제든지 그로부터 벗어나고자 하는 현실적 제약이었지, 그 자체가 바람직한 것으로 간주되는 윤리적 지향점은 아니었다.[8)]

8) 김경동은 1967년과 1978년에 각각 관리자와 노동자를 대상으로 '근로성향'과 '소비성향' 등에 관한 설문조사를 실시한 바 있는데, 이에 의하면 여가활동을 선호하는 비율이 뚜렷이 높아졌다고 보고되고 있다(김경동, 1992).

3. 기업과 여가활동

이 시기에 기업경영자는 노동자들의 여가생활을 조직하는 데 상당한 관심을 기울인 것으로 보인다. 1960-1970년대에는 장시간 노동으로 노동자들이 여가시간 자체가 많지 않았다. 노동자들의 전 산업 월평균 근로일수는 1970년대에 24.7일에서 25.5일, 월평균 근로시간수는 215.6시간에서 224.2시간의 분포를 보이고 있다. 기계산업 노동자들의 경우에도 각각 24.3일에서 25.6일, 그리고 211.9시간에서 224.9시간의 분포를 보였다(『노동통계연감』, 1980). 노동시간이 길어질수록 비노동시간은 노동력을 재생산하기 위한 시간으로서의 도구적 의미가 더 강해질 것이며, 기업이 조직하는 여가활동의 의미는 더 커질 것이다.

대한조선공사에는 낚시, 바둑, 등산, 테니스 등 취미서클이 사내에 조직되어 활동하고 있었다. 주로 관리직과 사무직, 설계직 등이 중심이 되었지만, 일부 생산직 노동자들도 여기에 참여하고 있었던 것으로 보인다. 대한조선공사 사내에서 활동하는 취미서클의 실태를 정리해보면 아래와 같다.[9)]

먼저, 기우회(棋友會)는 1967년 4월 1일 50명의 회원으로 정식 발족했으며, 1974년 이후에는 1980년까지 해마다 봄, 가을 두 차례씩 80-110여 명이 참가하는 바둑대회를 열고 있다. 낚시회(釣公會)는 1967년 5월 25일 창립되어 봄, 가을 2회씩 낚시대회를 개최하고 있는데, 매 대회마다 참가자가 140명에서 200명에 이르고 있으며, 사내 최대 규모의 동호회였다. 등산회(조공산악회)는 1972년 2월 27일 만들어졌는데, 1975년 6월 현재 회원은 58명이었다. 주로 부산 인근의 산을 등반하는데, 회사에서 버스편을 제공해주기도 했다. 1978년 11월부터는 월례 등반을 실시하고 있는

9) 이하 대한조선공사의 사내서클 등 여가활동에 대해서는 사보 ≪조공≫ 참조. 번거로움을 피하기 위해서 발행연월의 표시는 생략함.

데, 월례 등반의 경우 참가 규모가 2,30명 수준인 경우도 있으며, 1980년 3월 설악산 2박 3일 등반의 경우 156명이나 참가하고 있다.

1970년대 중반 이후에는 테니스 대회도 정기적으로 열리고 있다. 1974년에도 친선테니스회가 열렸고, 1975년 11월 2일에는 제1회 조선공사 사내테니스 대회가 열렸다. 당시 참여인원은 20여 명 수준이었다. 이들은 주말마다 테니스 모임을 갖고 있다. 1979년에는 조선소장배 쟁탈- 부(실) 대항 친선테니스 대회를 6월과 11월에 열었는데 50여 명의 회원이 참여하고 있다.

취미서클 형태로 조직되어 있지는 않았지만, 배구대회, 축구대회 등이 사내에서 열리고, 또 부서별로 다양한 야유회가 조직되었다. 배구대회는 1년에 2회에 걸쳐서 각 부 대항 형식으로 진행되었다. 1980년의 추계 각 부실 대항 배구대회에서는 24개 팀이 참가하여 토너먼트 전으로 개최되었는데, 각 부서 응원진 1,000여 명이 지켜보는 가운데 진행될 정도로 노동자들의 관심과 참여가 높았다. 축구대회는 사장기 쟁탈 축구대회가 열리기도 하고, 또 부서 대항, 혹은 과차원의 각 직별 대항 축구대회가 열리기도 했다. 부서별로 다양한 형식의 야유회가 봄, 가을에 열리고 또 '건전가요' 경연대회를 여는 부서도 있었다. 1974년 10월에는 "각 부서는 예년에 비하여 서로 앞을 다투어 황금 같은 휴일을 놓칠세라 가족과 함께 등반, 낚시 등 다양하게 야유회를 다녀온" 것으로 사보는 기록하고 있다. 또, 1977년 4월에도 "상춘계절을 맞아 각 부서에서는 부서원 단합대회 겸 야유회를 가져 분망한 회사생활에서 누적된 스트레스가 해소된 듯" 하다고 기록하고 있다. 선각 공장처럼 연례행사로 각 직별 대항 건전가요 경연대회를 벌이는 경우도 있었다.

이상에서 본 사내 취미서클 활동과 여가활동의 특징은 그것이 참여자 간의 경쟁을 조직하고, 이에 기초하여 포상을 실시하는 방식으로 진행된다는 점에 있다. 축구, 배구 등의 스포츠는 그 자체가 경합(競合)을 본질로 삼고 있다고 할 수 있지만, 등산이나, 낚시, 바둑조차도 개인간 경합뿐 아니라 부서 단위의 집단적 경합의 형식을 취하여 진행되고 있다.

도락(道樂)이라고 불렀던 낚시와 바둑에도 경쟁과 포상이 도입되었다. 낚시대회의 명칭 자체에 '사장기 쟁탈'이라는 단어가 들어가 있고, 부서별로 잡은 물고기의 총중량을 겨루는 '단체전', 그리고 고기의 중량과 길이를 다투는 개인전 등 이중적 경쟁이 이루어졌다. 또 공정한 경쟁을 위해서는 다양한 질서와 에티켓을 준수할 것이 동시에 제기되고 있는데, 1975년 조공회(釣公會) 안내 기사를 보면 '경기종료시간 엄수 및 계측 후 고기의 방류', '참가상 분배시의 질서 확립', '기타 단체생활에서 지켜야 할 제반 Etiquettes을 준수'할 것이 강조되고 있다. 종업원 친선바둑대회에서도 개인전과는 별도로 각 부실 대항의 단체전이 열리고 있다.

'경쟁'은 자본주의 시장경제의 이념이자, 기업차원의 인사노무관리의 중요한 이념이기도 하다.[10] 또 부서 대항 경쟁은 부서차원의 단합심과 조직에 대한 충성심을 고취시키는 작용을 할 수 있어서 위와 같은 기업차원의 다양한 여가활동은 노동자들로 하여금 '경쟁주의적 지향'과 부서 및 기업에 대한 충성심을 함께 습득하도록 하는 기제가 되었을 것으로 보인다.[11] 또, '직장산악인 등반대회'처럼 회사를 대표하여 다른 회사의 성원과 경쟁하게 되는 경우도 있었다. 1976년 11월 부산일보가 주최하는 직장산악인 등반대회의 경우를 보면, 심사 기준으로 '투지, 인내, 팀워크, 언동, 자세, 복장, 자연애호심, 타 팀협조, 장비, 식사칼로리' 등을 설정하

10) 당시 대한조선공사에서 진행된 공장새마을운동과 소집단활동, 성과급제도 등에 대해서는 신원철(2003) 참조.

11) 겔버(Gelber, 1983)는 19세기 후반에 미국에서 야구가 대중적 스포츠로 성장하게 된 배경에는 야구경기의 논리가 당시 미국의 근대적 기업조직 내에서 노동자들이 경험을 통해서 형성하게 된 협동과 경쟁이라는 가치와 일치했기 때문이라고 보았다. 1960-1970년대 한국에서 기업이 조직하는 여가는 경영자가 지향하는 가치와 논리를 더 반영했을 것이다.

여 포상을 하고 있다. 이 대회에 조공산악회 팀이 참가하여 장려상을 획득했는데, 여기에 참가한 한 노동자는 복잡한 감정을 드러내고 있다. 즉, '심사관들의 눈길을 끌기 위해 구호를 매단다는 것은 모순된 일이겠지만 애초에 등반대회 자체부터가 모순된 것이었기 때문에 그게 그것'이라며 '수많은 회사들을 꺾고… 조공의 깃발이 그들의 눈앞에 자랑스럽게 흔들(릴) 수 있었다'는 점에서 '기뻐 날뛰었던 것'이라고 토로하고 있다.

기업이 조직한 여가활동의 두 번째 특징은 그것이 국가의 이데올로기와 정책에 의해서 민감하게 영향을 받고 있다는 점이다. 조공산악회는 1977년 11월 20일 가을기념 등반으로 천성산에 갔는데, "이날 등반대회는 때마침 전국적으로 한창 전개되고 있는 자연보호운동 캠페인에 적극 호응, 등산로를 따라 '나무사랑 나라사랑'이란 경구가 적힌 팻말 등 80여 개를 설치하는 한편 정상에 올라서는 대대적인 쓰레기 청소를 실시, 자연을 아끼고 보호하는 조공산악인의 호연지기를 보였다." 또, 기계공장에서는 1978년 5월 21일 과원 150명이 부산 금정산에서 도보 행군대회를 하면서 '자연을 보호합시다'란 완장을 가슴에 두르고, 자연보호에 관한 구호가 적힌 팻말 200여 개를 등산로에 부착하는 활동을 벌이고 있다.[12] 1978년 10월 8-9일에 조공산악회 창립 제7주년 기념등반에서도 90여 명의 참가자들이 식사 후에 '자연보호운동'이란 어깨띠를 두르고 휴지, 깡통, 빈 병 등을 주우며 주위를 청소했다.

다른 한편 1979년에 정부가 소비절약운동을 범국민적 캠페인으로 전개하자, 기업의 여가활동이 위축되는 현상이 나타나기도 했다. 조공산악회는 "지난 3월 전국적인 소비절약운동에 호응, 자숙하는 뜻에서 덕암산 등반을 취소"했고, 또 소비절약운동에 호응하는 차원에서 각 부서별 춘계 단합대회가 취소되는 현상도 나타났다. 이는 국가의 '근검절약' 이데올로

12) 이 경우 대휴일도 노동자들의 자유시간에 해당됨에도 불구하고 기업에 의해서 조직됨으로써 '강제된 여가'의 성격을 한층 강하게 띠는 것으로 볼 수 있다.

기와 기업의 여가활동 사이에 논리적 긴장이 발생할 수 있으며, 기업의 여가활동이 국가의 지배이데올로기에 영향을 받고 있음을 동시에 보여주는 것이라고 할 수 있다.

4. 노동자의 소비 및 여가 생활과 계급정체성

노동자들의 소비지출에서 가장 큰 규모를 차지한 것은 식료품비와 주거비, 그리고 교육비 등이었고, 이 시기 기계산업 노동자들이 가장 중시한 여가활동은 퇴근 후의 술자리였다. 이 절에서는 먼저, 여가와 취미 생활, 그리고 주거생활 양식과 자녀 교육방식 등을 통해서 이 시기에 화이트칼라 및 생산직 노동자 계층 간에 차별적인 소비 및 여가 생활양식이 형성되고 있음을 주목하고, 이어서 퇴근 후 술자리가 노동자들의 생활에서 차지했던 의미를 살펴볼 것이다.

1) 여가와 취미 생활

1970년대에 서울 시내 근로자의 여가생활에 대한 설문조사 결과 가운데 기계류 및 철공 분야 근로자의 응답내용을 보면, 이들은 자신이 즐기는 레크리에이션 활동으로는 등산(19.1%), 스포츠(15.95), 바둑·장기(12.8%), TV·라디오(10.9%), 영화감상(7.3%) 등을 꼽고 있으며, 레크리에이션 활동을 하면 기분이 명랑해지고(30.9%), 피로가 풀리지만(30.5%), 시간이 없거나(45.5%), 경비가 없어서(23.6%) 곤란을 겪는다고 응답했다(윤희상, 1973). 대한조선공사의 사보 ≪조공≫의 기사에 의거하여 110명의 직급과 취미에 관한 정보를 정리하여 나타내면 아래의 표와 같다.

과장급 이상의 관리직(부장 이상, 차장, 과장)과 고졸 이하의 기능직(직장,

<표 9-1> 직급별 취미 분포

취미 \ 직급	부장 이상	차장	과장	계장	직장	사무직 사원	기능직 사원	소계
낚시	3	1	4	5	1	1	3	18
등산	2	0	3	1	0	1	0	7
음악감상 및 연주	2	0	2	1	3	3	0	11
독서	0	1	1	0	1	2	0	5
바둑	2	1	1	2	1	2	1	10
테니스	3	1	1	0	0	1	0	6
기타	6	0	3	3	2	5	2	21
없음	0	1	1	1	2	2	3	10
무응답	2	0	3	6	5	0	6	22
합계	20	5	19	19	15	17	15	110

출처: ≪조공≫지에 의거 필자가 분류, 계산함.

기능직 사원) 사이에 취미의 유형이 어느 정도 구분되는 것으로 보인다. 대체로 직장과 기능직 사원 가운데 등산과 테니스를 한다고 응답한 사람은 없어서, 대한조선공사에서는 등산과 테니스가 주로 대졸 관리직에 한정된 여가활동이었음을 보여준다. 기능직 사원의 경우에도 낚시, 바둑 등을 즐기는 경우는 있었고, 특히 낚시는 관리직과 기능직의 공통적인 취미활동 유형이었던 것으로 나타난다. 또, 취미가 없다고 응답하거나 기사 내용에 취미활동이 드러나지 않은 사람의 비율이 직장의 경우 46.7%(15명 가운데 7명), 기능직 사원의 경우 60%(15명 가운데 9명)로 높게 나타난 반면에 과장급 이상 관리직 사원의 경우 15.9%(44명 가운데 7명)에 불과하다. 이는 대졸 이상의 관리직 계층이 여가활동에 적극적인 반면에 직장과 기능직 사원의 경우 여가활동을 누리지 못하고 있음을 보여준다. 또, 위 표에서 기타로 분류된 내용을 보면 관리자 가운데는 이 시기에 이미 사냥, 골프, 요트, 당구, 그림, 정원가꾸기 등을 즐기기도 하는 것으로 나타났다.

한편, 한국기계 생산직 노동자들의 경우 사내에서 배구동호회 활동도 하고, 야구동호회를 결성해서 활동하기도 했다(이○○, 한○○). 한국기계의 경우, 배구동호회는 관리직과 생산직 사이의 거리를 좁히는 데 기여했던 것으로 보인다(이○○). 또 이들은 화이트칼라층의 여가 생활양식을 적극적으로 모방하고 있는데, 테니스가 그 대표적인 사례였다. 이들은 1980년대 초에 테니스를 치기 시작했고, 이는 현장에 빠르게 보급되었던 것으로 보인다.[13)]

"79년도에 주강공장 옆에, 큰 고철상 했던 곳에 고철장 이전하면서 큰 공터를 하나 만들었는데, 그때만 해도 테니스에, 테니스를 치면은, 뭐 귀족들이나 하는-걸로 알던 시절에 거기서 테니스 코트를 만들자 그래가지고, 그 운동장에다 그 자갈도 갖다 붙고, 마사토도 갖다 붙고, 준비를 하다가, 회사에서 '미친놈들, 미친짓 한다' 그래가지고… 회사에서는 못 치고, 그때는 80년도 초에, 테니스하는 사람이 없었고, 극소수 있다가 아마 80년대 중반 넘어서면서, 테니스 인구가 저변확대가 되면서, 저희 회사에서도 코트를 임대해줬었어요. 그래가지고 그담에 아주 기하급수적으로 테니스 동호인들이 많이 늘어나서…"(이○○ 구술).

"그 친구가 테니스, 배구 하다가 테니스로 돌려가지고 테니스를 하자고 그러더라구요. 날보고 '에이, 내가 무슨 테니스를 하느냐' 안 했어요… 그다보니까 '대우중공업'에 쉽게 말해서, 테니스 바람이 불었어요. 그래가지구 전부 다 치는데, 나만 거의 안 했거든요. 그래가지고 아 조회 때마다 그 얘길 하니까, 이거는 안 되겠어요… 아이 그냥 하겠다 그래가지고 나도 테니스 채를 하나 샀지…"(진○○ 구술).

---

13) 이러한 측면은 영국과 대조를 이루는 것으로 볼 수 있다. 즉, 19세기말 영국에서는 이미 노동운동과 고유한 노동자계급의 정체성이 형성되어 있었고, 이는 축구와 같은 스포츠 경기에도 계급간 문화적 대립이 재현되는 배경이 된 것으로 보인다. 예컨대, 1870년대와 80년대에 영국의 주요한 축구 클럽이 만들어졌는데 스토우크 시티, 맨체스터 유나이티드, 아스날, 웨스트햄 유나이티드 등은 모두 노동자계급과 관련된 클럽이었다(Baker, 1979).

결국, "테니스를 치면은, 뭐 귀족들이나 하는 걸로 알던 시절에" 이들은 테니스를 치려고 시도했고, 1980년대 중반 이후 회사에서 테니스 코트를 임대해주자 직장급 현장감독자들 가운데는 테니스를 즐기는 사람도 다수 나오게 되었던 것으로 보인다. 이들 가운데 진○○은 정년퇴직한 이후 지금까지도 테니스 모임을 계속하고 있다.

2) 주거생활 및 자녀교육

주택규모와 실내장식은 거주자의 사회적 지위를 상징적으로 드러내준다. 사보 ≪조공≫에 실린 '가정탐방기'에는 이 시기에 관리자계층과 생산직 노동자의 주거생활양식에 이미 상당한 격차가 발생하고 있음을 보여준다. 가정탐방기에 나타난 주택규모 및 실내장식, 가구 등에 대한 묘사를 중심으로 과장급 이상의 주거생활양식을 재구성해보면 다음과 같다.

먼저, 실내장식이나 가구 등에 대한 묘사 가운데는 '소파', '윤이 나는 까만 피아노', '응접 테이블 앞에 알맞은 크기의 서가와 책', '자개가 박힌 신발장', '피이삭뭉치가 꽂힌 대형 골동품 항아리', '커다란 어항' 등이 등장하고 있다. 주택 규모나 외형 등에 대한 묘사를 보면 '79평의 집안', '잔디가 고운 정원에 마련된 초미니 골프장', '뒤뜰에서 자라는 향나무 묘목들의 싱그러움', '붕어가 자라고 있는 작은 연못', '바위틈에 시푸런 사철나무들', '적당히 자란 잔디밭', '대지 47평에 건평 27평인 단층 양옥', '아이들 키만한 종려나무', '대지 57평에 건평 25평', '잔디가 깔려 있는 슬라브 2층집' 등 여유 있는 규모의 주택에서 정원을 가꾸고 있는 것으로 나타난다.[14] 또, 과장급 이상 관리자들의 경우 자녀들에게 피아노

14) 이상은 No.760604(선박영업부 부장), No.761202(조선설계부 부장), No.770203(기계사업부 관리과 과장), No.770301(경리부 차장), No.770602(지원부장), No.771102(주단과 과장), No.771201(검사실 과장), No.780302(기술기획실장 이사), No.780901

바이올린 등 예능교육을 시키고 있고, 이를 적극적으로 과시하고 있다(No.760201, No.771102, No.780302, No.781201, No.790901, No.791102). 또 집에 피아노를 갖고 있는 경우가 많은 것으로 보인다.[15) 중학교 1학년 자녀에게 진학을 위하여 과외공부를 시키는 경우도 발견되며(No.791102), 생활비의 80%를 자녀들 교육비로 쓴다고 하는 경우도 있었다(No.770602).

반면에 생산직 노동자들 가운데 최고의 직위에 있는 직장급 노동자들의 거주양식도 과장급 이상의 관리자와는 커다란 차이를 보인다.

'방 1칸, 다락 1칸, 부엌 1칸이 전부'(No.770503 운반과 직장), '40여평이 좀 못 됨직한 대지에 20평 여 남은 슬레이트 가옥… 이 댁의 방 2개에다가 하숙을 치고 있는데 지금은 5명의 당사 직원이 그 하숙인이라는 것'(No.780801 배관철의과 직장), '키 낮은 대문을 들어서니 수줍은 미소로 반기는 부인과 건평보다 넓어뵈는 마당… 가계부의 일부를 맡고 있다는 부인 경영의 평반 남짓한 구멍가게'(No.790501, 장비과 수송직 직장).

즉, 이들은 주택규모가 협소하거나, 여유가 있는 경우라 하더라도 세를 놓거나 하숙을 치고, 때로는 구멍가게 등을 함께하고 있다. 한 직장의 부인이 쓴 생활수기에 의하면 이들은 직접 자신들의 손으로 자기 집을 짓고 있다.[16)

"지금 살고 있는 집은 대지 30평의 자그마한 슬라브 집… 흙을 파고 땅을

(자재부 내자2과 과장), No.781101(특수선부 업무과 과장), 사례번호에서 앞의 네 자리는 사례가 소개된 사보조공의 발행연월을 뜻하고, 뒤의 두 자리는 같은 달에 여러 사례가 포함되어 있을 경우 이를 구분하기 위하여 필자가 부여한 번호이다.

15) 홉스봄(Hobsbawm, 1985)은 다음과 같이 지적한 바 있다. '부르주아풍의 실내란 피아노 없이는 제대로 갖추었다고 할 수 없었다. 피아노 없는 부르주아 집안의 따님이란 어불성설이었다.'

16) 사보 ≪조공≫ 1977년 5월호.

고르고 이 집을 마련하느라고 지나치게 동여맸던 가계부의 여유를 위해 옆방 하나를 터 세를 놓기로 하고, 부엌을 낸다 다락을 올린다… 여하튼 이때의 저는 어디서 그런 힘이 났는지 모르겠습니다. 제손으로 할 수 있는 일이 그 무엇인지 자꾸만 해냈습니다. 모래를 나르고 물을 길어오고 시멘트를 바르는 미장일까지도 가능했습니다. 돌담을 새로 쌓는 일과 계단을 만들 때의 며칠을 제외하고는 변소를 만든다 광을 만든다는 이런 일은 모두 남의 손을 빌리지 않았습니다. 그인 회사일을 마치고 퇴근하기가 무섭게 낮에 준비해둔 일거리를 목수가 하는 부문까지 척척 손수해 주셨읍니다."

한국기계 노동자들의 경우에도 노가다 다니는 형과 같이 작은 집을 짓기도 하고(조○○), 자신이 직접 블록을 사다가 벽 쌓고 아궁이도 들여서 신혼방을 만들기도 한다(진○○). 자신의 노동력을 이용하는 것이 경비를 줄이는 가장 간단한 방법이었던 것이다. 사보 ≪조공≫에서는 일반 생산직 노동자들은 '가정탐방기'의 대상이 거의 되지 못했고, 이들의 이야기는 저축 수기 등을 통해서 등장하고 있다. 이들의 주거는 전세나 월세 등이 많았고, 또 집을 마련하기까지의 눈물겨운 고생담이 수기의 중요한 주제였다.[17] 결국, 생산직 노동자들은 자기 집을 마련하기 위해서 필사적으로 노력하는 데 그쳤지만, 관리자층은 지위를 상징할 만한 다양한 요소를 주거양식 면에서 드러내고 있음을 볼 수 있다. 또, 생산직 노동자들의

17) 기관철의과에 근무하는 한 여성노동자는 시골에서 메주콩 50말을 팔아서 가지고 온 돈으로 전세 단칸방을 얻고, 월세방인 식당방으로 이사했다가, 시장에서 중국음식 장사까지 하면서 내집을 마련하기까지 열 번을 이사하고 있다(사보 ≪조공≫ 1979년 8월호). 서무부 경비과의 한 사원은 눈물겨운 저축을 통해서 입사한 지 3년 만에 서민용 아파트를 마련하고 있다. 그는 1975년 4월에 입사하여 첫 월급이 3만원이 못 될 때, 3년만기 100만 원짜리 적금을 들어놓고 삶은 고구마와 수제비만 먹고 버티다가 영양실조에 걸리기도 하고, 그의 아내는 '이쑤시개' 만드는 부업을 하기도 한다. 그들 부부는 '부부동반 극장구경이라든지 유원지 나들이는 물론 외출 한번 같이 해보질' 못한 끝에 결국 1978년에 서민용 아파트를 270만 원에 구입한다(사보 ≪조공≫ 1978년 11월호).

경우에도 자녀교육에는 엄청난 열성을 보였지만, 직장층에서도 자녀들에게 예능교육을 시킨 사례는 발견되지 않는다. 즉, 생산직 노동자들은 피아노나 바이올린 등의 예능교육을 시킬 수 있을 정도의 소득을 가지지 못했고, 이러한 점에서 이 시기에 이미 자녀들에 대한 예능교육은 차별적 소비의 주요한 형태로 부각되었던 것으로 보인다.

3) 퇴근 후 술자리

한국기계의 노동자들은 퇴근 후 화동 사거리의 '쌍우물집'에 모여서 막걸리를 마시는 것이 주요한 일과였는데, 이는 고된 노동으로 지친 심신을 달래주는 효과가 있었다.

"주강계통에는 일들이 다 힘들기 때문에 일 끝나고 나오면 허탈해져. 그러면 생각이 난다고. 가급적 한잔씩 들면 그날의 피로도 풀리고, 피로도 회복이 되고…"(장○○ 구술).

"여튼, 그 일하는 사람들이, 술 먹게 돼있더라고. 땀 흘리고, 고생하고… 보람이라는 게… 술집도 그 대포집이죠. 좋은 집이란 게… 횟집이고 이런데 아니고… 많이 먹었어요. 시간 달래고, 스트레스 푸는 거죠. 모"(전○○ 구술).

"근데 소주보담도, 막걸리하고, 약주가 많았어요. 근데, 그 지금 막걸리를, 무슨 사발로 먹는 게 아니라 약주잔 같은 공기에 스테인리스 있잖아요. 공기그릇에 떠주잖아요. 그걸로 먹는데, 돈 좀 있고 기분 좋으면 약주 먹고, 아니면 막걸리 먹는데…. 그 찌개류나 두부를 딱 떠서 먹으면서 막걸리 한잔 먹으면요, 진짜 뭐 여태 일했던 불만도 있고, 이런 것이, 쳐졌던 게 술 먹으면 아주 용기가 나는 거야. 기분이 좋은 거예요"(한○○ 구술).

퇴근 후 술자리가 일상화되어 있었기 때문에, 그 비용을 부담하기 위해서 다양한 제도가 등장했다. 같은 부서원들끼리 자주 가는 술집이 있을 때는 외상 전표를 떼어주고 외상술을 먹고 난 후에, 월급날 반원들 급여에서 공제하여 갚았는데, 이 일을 반장이 책임을 지기도 했다(한○○ 구술).

퇴근 후 술자리는 노동자들의 회사생활에 대한 불만이 공유되고, 저항의 동력이 형성되는 자리가 되기도 했던 것으로 보인다. 1970년대에 대우중공업에서 노동조합 대의원으로 활동하다가 이후 해고된 노동자는 막걸리 같이 먹던 동료들이 자신을 지지하는 힘이 되었다고 술회했다.

"그러니까 인제 회사가 그 저 무슨 저, 반장이라든지 이런 사람들이 대의원 선거 때 암만 압력을 넣어두, 안 넘어가는 거야. 왜냐. 아 그런 그 술 먹으면서 개인 얘기가 많이 나오자나. 가정 얘기, 모, 자기 개인 얘기, 회사에 대한 얘기, 회사에 대한 불평, 이런 것이. 자연히 나온다구. 반장에 대한 불만, 이런 게 막 나온다구. 그런 게 덩달아 불만을 숨어서 팍 그래서 '이번엔 니가 대의원 꼭 해야 된다'는 둥, '이번엔 씨발… 너를 꼭 찍는다'는 둥, 이런 분위기가 2년 3년 4년 5년 지나면서 자연 형성이 되더라구 그게. 소위 말하면, 의리의 사나이들이 생겨나게 되자너. 그러다 보니까, 내가 이제. 70년대 중반서부터 이제 대의원으로 당선이 되는 거야 이게"(오○○ 구술).

노동으로 지친 심신을 달래고, 생활의 불만과 애환을 나누던 퇴근 후 술자리 문화는 1990년대 이후 노동자들에게 승용차가 보급되면서 노동자들의 여가생활에서 차지하는 비중이 줄어들기 시작한 것으로 보인다.

5. 맺음말

1960-1970년대 산업화 초기 노동계급 형성과정의 특질을 해명하기

위하여 기계산업 노동자의 여가와 소비 생활을 살펴보았다. 이를 위해서 먼저, 근검절약과 금욕주의 및 노동을 강조하는 국가의 지배이데올로기의 내용과 그 효과를 검토해보았다. 국가는 경제성장에 노동자들을 동원하기 위하여 '노동지고' '근검절약'의 이데올로기를 이용했지만, 애국주의와 결합된 위의 논리는 노동자들의 내면적 윤리로 전화될 수는 없었다. 저임금과 생활고 자체가 노동자들로 하여금 '근검절약'을 실천하지 않을 수 없도록 만들었고, 노동에 대한 도구적인 의미 부여는 자본주의 사회에 본원적인 것이기는 하지만(Goldthorpe & Lockwood et al., 1968: 41), 1960, 1970년대 한국의 노동자들에게 있어서는 더더욱 그러했다.

대한조선공사 사례에서 보이듯이 1970년대에 기업차원의 여가활동이 활발하게 조직되었는데, 이는 노동자들로 하여금 '경쟁주의적 지향'과 부서 및 기업에 대한 충성심을 함께 습득하도록 하는 기제가 될 수 있었으며, 또 기업의 여가활동은 국가의 각종 이데올로기와 시책이 전달되는 통로의 역할을 하기도 했다. 1987년 노동자대투쟁 이후의 이른바 신경영 전략 하에서 경영이 후원 혹은 주도하는 다양한 문화활동이 도입되는데, 1970년대의 기업 여가활동은 그 선구적 형태로 해석될 수 있을 것이다.

1960-1970년대에 이미 화이트칼라 계층과 생산직 노동자계층의 여가와 소비생활의 차별화 기제가 작동되고 있음을 볼 수 있었다. 관리직 노동자들은 테니스, 등산 등 새로운 여가활동에 적극적이었던 반면에 생산직 노동자들은 소극적으로 남아 있었다. 또, 주택규모와 실내장식 등과 자녀교육 등의 면에서도 사무관리기술직 계층은 생산직 노동자에 비해서 차별화된 모습을 보여준다. 이와 함께 기계산업의 생산직 노동자들은 대졸 화이트칼라 계층과 구분되는 고유한 여가와 소비양식을 추구하기보다는 이를 모방하려는 경향을 드러내고 있다. 결국, 이 시기에 지배에 대한 저항의 색조를 드러내는 노동자 고유의 여가문화나 고유한 소비양식을 통해서 계급정체성을 확인하려는 시도는 찾아보기 어려웠다. 다만, 생산

직 노동자들의 불만과 울분은 퇴근 후 술자리에서의 대화에서 일부 드러날 뿐이었다.

결국, '장인 전통의 결여'로 인해서 한국의 노동계급은 긍정적인 계급 정체성을 확립하고, 개인주의적 경쟁성향을 억제할 수 있는 '연대의 윤리'를 확립하는 데 동원할 수 있는 역사적 자원을 결여하고 있었고, 이는 소비 및 여가 영역에서도 노동계급의 고유한 연대지향적이고 저항적인 가치와 정체성을 만들어내기 어렵게 만드는 배경이 되었던 것으로 보인다. 1980년대 민주화운동과 민중운동의 성장과 더불어 노동운동 내에서도 노동자계급의 고유한 정체성을 추구하려는 '운동문화'가 형성되기도 했지만(구해근, 2002), 1987년 노동자대투쟁 이후 소득수준을 향상시키는 데 성공한 생산직 노동자들 가운데 다수는 상위 계층의 여가와 소비양식을 추구하는 데 더 몰두하고 있는 것으로 보인다.

|참고문헌|

<논문 및 단행본>

구해근. 2002. 『한국 노동계급의 형성』. 창작과비평사.

김경동. 1992. 『한국인의 가치관과 사회의식: 변화의 경험적 추적』. 박영사.

김문겸. 1993. 『여가의 사회학-한국의 레저문화』. 한울.

김순옥·신효식. 1980. 「전도시 근로자 가계의 소비구조 변동에 대한 연구: 1970년부터 1978년까지를 중심으로-」. 대한가정학회. 『대한가정학회지』 Vol. 18, No. 4.

남기곤. 1991. 「한국 육체노동자의 소비구조 분석」. 한국사회연구소 『동향과 전망』, 제13호(가을호). 백산서당.

문영주. 2003. 「1938-45년 '국민저축조성운동'의 전개와 금융조합 예금의 성격」, 『한국사학보』 제14호(3월).

박영용. 2004. 「구술생애사를 통해본 근·현대 대구 섬유노동자들의 노동생활과 여가: 20세기 민중생활사 연구의 시론」. 향토문화연구소. 『향토문화』, 제19집.

박재환·김문겸. 1997. 『근대사회의 여가문화』. 서울대학교출판부.

박정희. 1963(1997). 『국가와 혁명과 나』. 지구촌.

백욱인. 1994. 「계급별 소비구조 변동과 생활양식」. 한국사회과학연구소. 『동향과 전망』, 여름호. 녹두.

신원철. 2003. 「경영혁신운동으로서의 공장새마을운동: 대한조선공사사례」. 한국산업노동학회. 『산업노동연구』, 제9권 제2호.

_____. 2004. 「경쟁양식과 노동자 정체성: 1960~70년대 기계산업 노동자를 중심으로」. 『경제와 사회』, 봄호(제61호).

양병이. 1979. 「우리나라 도시민의 여가이용행태」. 대한지방행정공제회. 『도시문제』.

윤희상. 1973. 「근로청소년의 여가와 그 이용실태에 관한 조사 연구」. 『춘천교육대학교 논문집』, 제13집.

이영석. 1997. 「'언어로의 전환'과 노동사의 위기」, 영국사학회. 『영국 연구』, Vol.1.

이재현. 1990. 「80년대 한국자본주의의 임노동과 여가양식」. 『인간, 커뮤니케이션, 사회구조』. 보성사.

이종구 외. 2004. 『1960-70년대 한국의 산업화와 노동자 정체성』. 한울.

정건화. 1994. 「노동력재생산 연구의 방법론에 대하여: 백욱인, 「계급별 소비구조 변동과 생활양식」. 한국사회과학연구소. 『동향과 전망』, 통권 제23호.

정의권·심차기. 1979. 「공단근로자의 여가활동실태 및 가치관에 관한 조사연구: 한국수출산업공단 남녀근로자를 중심으로」. 한국체육학회. 『한국체육학회지』, Vol.18.

채범석·신영무. 1972. 「우리나라의 식품소비변화에 대한 고찰: 1960~1970년을 중심으로」. 『한국영양학회지』, 제5권 제4호.

한국군사혁명사편찬위원회. 1963. 『한국군사혁명사제1집(상)』.

함인희·이동원·박선웅. 2001. 『중산층의 정체성과 소비문화』. 집문당.

황익주. 1997. 「공장 노동자들의 여가생활: 경기도 성남지역 노동자들의 사례연구」. 문옥표 편. 『한국인의 소비와 여가생활』. 한국정신문화연구원.

Baker, William J. 1979. "The Making of a Working-Class Football Culture in Victorian England." *Journal of Social History*, Winter, Vol. 13 Issue 2.

Bocock, Robert. 1993. *Consumption*, Routledge. 양건열 옮김. 2003. 『소비 나는 소비한다, 고로 존재한다』. 시공사.

Bourdieu, P. 1984. *Distinction : a Social Critique of the Judgment of Taste*. Routledge and Kegan Paul.

Burrows, Roger and Catherine Marsh(eds.). 1992. *Consumption and Class : Divisions and Change.* THE MACMILLAN PRESS LTD.

Clarke, John, Chas Critcher and Richard Johnson. 1979. *Working-Class Culture: Studies in history and theory.* Hutchison & Co. (Publishers) Ltd.

Engels, F. 1845. *The Condition of the Working Class in England.* 박준식·전병유·조효래 옮김. 1988. 『영국노동자계급의 상태』. 두리.

Gelber, Steven M. 1983. "Working at Playing : The Culture of the Workplace and the Rise of Baseball." *Journal of Social History*, Spring, Vol.16 Issue 3.

Goldthorpe, John H. & D. Lockwood et al. 1968. *The Affluent Worker : Industrial Attitudes and Behavior.* Cambridge University Press.

Hobsbawm, E. J. 1985. T*he Age of Capital 1848-1875*. 정도영 역. 1985. 『자본의 시대』. 한길사.

Rojek, Chris. 1985. *Capitalism and Leisure Theory*, Routledge Kegan & Paul. 김문겸 역. 2000. 『자본주의와 여가이론』. 일산사.

Stedman Jones, Gareth. 1983. *Language of class : Studies in English working class history 1832-1982*. Cambridge University Press.

Thompson, E. P. 1963. *The Making of the English Working Class*. 나종일 외 옮김. 2000. 『영국노동계급의 형성』(상, 하). 창작과비평사.

Warde, Alan. 1992. "Notes on the Relationship between Production and Consumption." in Burrows, Roger and Catherine Marsh(eds.).

<뉴스, 신문 등 정기간행물>

<대한뉴스>.

대한조선공사사보 ≪조공≫.

≪조선일보≫.

제10장

1960-70년대 탄광산업의 이중구조와 노동자 상태

남춘호(전북대 사회학과)

1. 머리말

1960-1970년대의 탄광노동자 상태는 '인생막장'이라는 말이 상징하는 것처럼, 높은 물리적 사회적 위험과 열악한 생활상태로 대변된다. 이처럼 열악한 생활상태는 가혹한 노동조건과 직결된 것이다. 탄광노동자들의 노동조건은 고열과 분진이 비산하는 작업조건, 빈발하는 산업재해와 만성적인 직업병의 위험, 장시간 노동과 높은 노동강도, 잦은 휴폐업과 도산에 따른 고용의 불안정성 등을 특징으로 한다. 이처럼 열악한 노동조건과 생활상태에도 불구하고 한국의 탄광노동자들은 국가와 자본의 억압에 맞서 체계적 조직적으로 대응하지 못하고, 1988년부터 시작된 '석탄산업합리화' 정책을 계기로 대부분의 탄광들이 폐광되고 탄광노동자의 수도 급격하게 축소되고 만다.

영국이나 일본의 사례에서 보듯이 석탄산업은 국가의 에너지 정책에 크게 좌우된다. 따라서 탄광노동자들의 존재근거 자체를 위협한 소위 '석탄산업합리화' 정책에 대해 1980년대 초의 영국 탄광노동자들이나 1960

년대 중반의 일본 탄광노동자들은 노동운동사에 유례가 드문 대투쟁을 보여주었던 것이다. 그러나 한국의 탄광노동자들은 영국이나 일본보다 훨씬 열악한 노동조건과 생활상태를 감내해왔으면서도 별다른 조직적 저항도 보여주지 못한 채로 2004년 10월 국내 최대 민영탄광이었던 동원탄좌의 폐광과 함께 역사속의 유물로 사라질 운명에 처하고 말았다.

필자는 한국 탄광노동자들의 조직적 저항이 크지 않았던 것은 탄광노동자들의 노동조건과 생활상태가 덜 가혹했기 때문이라기보다는 탄광노동자들이 모광의 노동자와 덕대 탄광 노동자로 분절되어 있었기 때문이라고 본다. 즉, 모광과 덕대 탄광이라는 한국 탄광산업 고유의 이중구조가 탄광노동시장의 이중구조를 낳고, 그것이 탄광노동자들의 분열과 미조직적 대응을 초래한 것이 아닌가 추정한다.

따라서 본 연구에서는 한국 탄광업 특유의 덕대제의 기원과 유형, 존립방식 등을 천착함으로써 탄광산업과 탄광노동시장의 구조를 살펴보고, 이것이 탄광노동자의 생활세계를 어떻게 규정해왔는지 분석해보고자 한다. 그리고 탄광노동자의 노동조건과 생활상태에 대한 분석을 통해서 향후 탄광노동자들의 계급행동이 나타난 방식을 이해하고, 나아가서 탄광노동자 계급구조화와 계급형성을 이해하기 위한 단초를 제공하고자 한다.

우리나라 석탄광업의 가장 두드러진 특징 중 하나는 중소영세 탄광의 난립이었으며, 이들 중소영세 탄광의 대부분은 덕대 탄광들이었다. 탄광산업의 특징은 대규모 탄광과 중소영세 탄광의 이중구조였으며, 중소영세 탄광의 존립은 덕대제를 통한 노동통제와 직결된 것이었다. 본 연구에서는 먼저 1960-1970년대 탄광업 덕대제 분석을 통해서 탄광산업의 고용관계와 노동통제방식을 이해하고자 한다. 이를 위해서는 해방 이후 광업법의 변화와 더불어 탄광업에서 덕대제가 나타나게 된 배경을 살펴보고자 한다.

다음으로는 1960-1970년대의 탄광업 덕대제를 조광/위장덕대/하청/모작/분덕대로 나누어서 그 유형과 특성을 살펴보고, 각각의 덕대제 유형하에서 노동자들의 고용관계와 노동통제방식을 천착해보고자 한다. 구체적으로는 모광과 덕대의 관계, 생산과 판매의 독립성, 탄층의 부존상태와 채탄방법, 굴진, 채탄, 선탄, 보갱 등의 작업별 노동조직 방식, 고용형태, 도급제와 수당제등의 임금지급방식, 작업배치와 작업량 검수방식, 교대제도와 노동시간, 노동강도 및 기타 노동조건 등을 살펴볼 예정이다.

해방 이후 독점 대탄광들은 광업법의 허점을 이용하여 수많은 광구를 독점한 후 이를 근대적 기술과 자본을 투입하여 경영하지 않고 덕대에게 임차개발토록 하면서 소작료를 거두듯이 분철료를 거두어들였다. 탄광산업의 기계화가 지체된 것은 탄층의 부존여건이 나쁜 탓도 있지만, 초기에 광구를 독점한 소수의 광업권자들이 덕대제를 통하여 장비나 시설투자의 위험성을 회피하면서 분철료를 거두어들이고 위험부담은 덕대에게 전가시켰던 사실과 무관하지 않은 것으로 추정된다.

본 연구에서는 탄광경영의 위험부담이 덕대제를 통하여 중소영세 탄광으로 전가되고, 이것이 다시 덕대 휘하의 노동자들에게 전가되어온 과정을 분석해봄으로써 영세 덕대 탄광의 기생적 존속을 가능케 한 메커니즘을 밝혀내고 탄광노동자의 열악한 노동조건과 생활상태를 규명해보고자 한다. 외부와 고립된 탄광촌에서 모광 노동자와 덕대 탄광 노동자들의 주거와 식생활, 의생활, 기타 소비 및 여가생활, 자녀교육, 가족생활 등이 이루어진 양상을 분석하고 나아가서 탄광노동자들의 생활세계와 의식구조를 고찰해보고자 한다. 이를 통해서 탄광산업의 구조와 노동시장구조, 그리고 탄광노동자들의 생활세계를 이어주는 연결고리를 탐색해보고자 한다.

2. 연구방법: 탄광노동자 심층면접

이 글에서는 1960-1970년대 탄광노동자들의 노동조건과 생활세계를 연구하기 위하여 대표적 탄광지역인 태백탄전지대에서 일했던 탄광노동자들에 대한 심층면접을 시도했다. 타산업과 달리 탄광산업의 경우에는 거의 모든 탄광이 이미 폐광되어 당시의 작업현장과 탄광촌의 모습을 살펴볼 수 있는 자료가 별로 남아 있지 않다. 그나마 탄광의 생산과정을 둘러싼 객관적 자료들은 다소나마 이곳저곳에 분산되어 남아 있지만 탄광노동자들의 의식이나 가치관 노자관계에 대한 해석 등 광부들의 주관적 세계를 엿볼 수 있는 자료는 전무하다시피 하다. 그런 점에서 본 연구는 탄광노동자들에 대한 심층면접을 활용하여 1960-1970년대의 탄광산업의 구조와 탄광노동자들의 상태를 분석해보고자 했다.

심층면접 대상자의 선정을 위해서는 평판접근법(reputational selection)에 따라 탄광지역의 사정을 잘 아는 지역노동운동가를 통해 1960-1970년대의 탄광생활에 관한 정보를 잘 제공해줄 수 있는 탄광노동자들을 추천받았다. 1960-1970년대의 탄광들이 거의 모두 폐광이 되었고, 또한 당시에 근무했던 탄광노동자들도 모두 퇴직한 상태이므로 면접대상자의 선정과정은 용이하지 않았다. 구체적으로는 1980년대 초에 사북지역의 탄광에서 일했던 지역노동운동가를 통해 2집단을 소개받았다. 한 집단은 진폐병원에 입원하여 요양중인 광부들이고, 또 다른 집단은 1980년 사북항쟁의 중심인물인 이원갑과 그의 동료 후배들이다.[1)] 진폐요양중인 탄광노동

1) 진폐병원요양 노동자집단과 이원갑의 동료 집단은 1960-1970년대 탄광생활에 대한 기억과 해석에서 다소 차이를 보이기도 했다. 특히 진폐 요양중인 노동자들은 현재 입원치료와 요양급여를 받고 있어 경제적으로는 상대적으로 재가진폐근로자가 많은 이원갑의 동료 집단에 비해 여유가 있는 편이나, 자신들의 처지와 관련하여 특히 진폐문제와 관련해서는 민감한 반응을 보였다. 진폐병원 입원자들은 현재 자신들이 국가로부터 일정한 수혜를 받고 있으므로 그러한 자신들의 처지에 부정적인 영향을

<표 10-1> 심층 면접대상자 주요 인적사항

이름	연령	성별	학력	주요 근무업체	주직종	비고
김창완	42	남	대학중퇴	동원탄광,삼마광업소	굴진후산부,채탄후산부	지역노동운동가 (최초소개자)
신기보	65	남	대학중퇴	동원탄광, 삼척탄광	굴진선산부	진폐병원요양중
김경문	60	남	초졸	강원산업, 석공 장성광업소,	채탄선산부	진폐병원요양중
고종규	62	남	고졸	동원탄광,동원하청	감독(하청업주경험)	진폐병원요양중
김덕희	53	남	중졸	장원광업소	채탄선산부	진폐병원요양중
이원갑	65	남	고졸	석공장성광업소,동원탄광	감독	사북항쟁 중심인물
지광청	53	남	초졸	어룡하청, 동고하청(동성광업), 태백광업소	채탄굴진선산부	이원갑의 이웃
박영봉	53	남	초졸	어룡하청,삼척탄광	선탄부,굴진후산부, 운전수	이원갑의 이웃
박노연	56	남	고졸	어룡광업소,동원탄광	검탄, 채탄굴진선산부	이원갑의 동원탄광 동료
진병두	63	남	초졸	동원탄광	채탄선산부	이원갑의 동료

자들의 경우에는 노동운동가를 통해 먼저 진폐병원에서 근무하는 목사를 소개받고 다시 이를 통해 요양중인 탄광근로자를 소개받았으며 인터뷰를 마친 노동자를 통해 다음 대상자를 소개받는 형식으로 진행했다.

심층면접지침은 대단위 질문(grand-tour question)과 소질문(mini-tour question)으로 나누어서 구성했다. 그리고 가능한 한 2회의 면접을 실시했으며, 1회 면접에서는 개방적 대단위질문을 통해 전반적인 흐름을 파악하는 비지시적 면접(indirective interview)을 했고, 2차 면접에서는 구체적인 소질문을 통하여 빠진 내용을 보충하거나 부정확한 내용을 확인하는 지시적 면접(directive interview)을 실시했다. 심층면접 대상자들의 주요 인적사항은 <표 10-1>과 같다.

미치지 않을까 우려하는 모습도 보였다. 이러한 차이는 이원갑의 동료 집단의 경우 자택에서 면접을 했고 진폐병원요양 노동자들은 병실이나 병원휴게실 등에서 면접했기 때문일 수도 있다.

3. 1960-1970년대 탄광 산업의 특징: 중소영세 탄광의 난립과 덕대제

1) 정부의 에너지 정책 변화와 탄광산업

석탄산업은 탄층의 자연적인 부존여건, 정부의 에너지 정책과 광업법 등에 의해 영향을 받는다. 먼저 해방 이후 정부의 에너지 정책 변화에 따른 탄광산업의 성쇠를 살펴보면 다음과 같다. 해방 이후 1950년대까지는 전통적인 연료였던 신탄(장작)에서 석탄으로 주 에너지원이 바뀌어 왔으며 1960년대 초에는 태백탄전지대의 석탄을 수송하기 위해 철도와 도로를 건설하기 시작했다. 그 결과 1960년대부터 본격적으로 탄광의 개발이 이루어지기 시작했다. 이후 1960년대 후반의 주유종탄정책에 따라 탄광산업은 잠시 주춤하기도 했지만 1973년 1차 석유파동 이후에는 국내 자급 에너지원으로 석탄의 중요성이 크게 부각되어 정부는 석탄증산 정책에 박차를 가하게 된다. 1979년 2차 석유파동이 일자 정부는 대탄광의 기계화를 독려하는 한편 1981년 광업법을 개정하여 덕대 탄광을 사실상 조광으로 합법화시키는 조치를 취한다. 그 결과 수많은 중소영세 덕대 탄광들이 난립하게 되며 이들의 이삭줍기식 채탄은 많은 문제를 내포한 가운데 석탄의 증산에는 일조하게 된다.

그러나 1980년대 중반 이후로는 가정용 연료가 연탄에서 석유나 가스로 바뀌면서 석탄의 국내소비는 크게 줄어든다. 그리고 채탄이 진행됨에 따라 탄층이 심부화하여 채탄의 경제성은 더욱 저하하게 되어 정부는 석탄산업합리화라는 명분으로 석탄산업에 대한 지원을 중단하기 시작한다. 1988년부터 1992년에 걸친 1차 석탄산업합리화의 결과 한때 7만에 육박했던 탄광노동자의 수는 1/3 이하로 격감하게 되며 중소영세 탄광들은 대부분 폐광하게 된다.[2] 그리고 1990년대 말 이후로는 남아 있던 대탄광들도 속속 폐광하기 시작하여 2004년 10월에는 국내 최대의 민영탄광이었던 동원탄광마저 문을 닫고 이제는 석탄공사 산하의 몇 개 광업소만이 명맥을 유지하고 있을 뿐이다.

한편 급속한 폐광과 인구격감으로 탄광지대는 지역사회의 총체적인 붕괴 위기에 직면하게 된다. 이에 따라 지역소상인을 중심으로 폐광대책 주민운동이 벌어져 카지노의 건설이라는 일정한 성과를 거두기도 하지만 폐광으로 실직한 노동자들이 취직할 일자리는 막막하기만 한 것이 탄광촌의 현실이다.

2) 석탄광업의 특징: 중소영세 탄광의 난립과 덕대제

우리나라의 석탄 광업은 1988년부터 시작된 '석탄산업합리화' 정책을 계기로 급격하게 사양화의 길을 걷고 있으며, 이 과정에서 우리나라 탄광 특유의 덕대제는 대부분 소멸되어버렸다. 그러나 적어도 1980년대 초까지는 우리나라 석탄광업의 가장 두드러진 특징의 하나는 중소영세 탄광의 난립이었으며, 이들 중소영세 탄광의 대부분은 덕대 탄광들이었다. 우리나라의 석탄광업은 생산의 정체성과 기술의 낙후성, 수송 및 저탄의 어려움, 수급의 불안정 등으로 3-4년을 주기로 호황과 불황을 반복해왔으며, 그러한 경기변동의 과정에서 중소영세 탄광들은 폐광과 재개발을 거듭하면서도 1987년까지는 꾸준히 증가해왔다. 이처럼 중소영세 탄광이 늘어난 결과는 대규모 탄광과 중소 탄광의 이중구조와 영세 탄광의 난립이라고 특징지을 수 있다. 1972년의 경우 전체 탄광수 136개 중 연산 10만 톤 미만의 중소탄광수는 106개(77.9%)였으며, 특히 연산 5만 톤 미만의

2) 1988년 347개에 이르던 탄광수는 1992년에는 석탄산업합리화의 결과 50개로 줄어들었다. 그리고 1995년에는 11개로 축소되었다. 그리고 석탄생산량은 1988년의 2,430만 톤에서 1995년에는 572만 톤으로 격감했으며, 탄광노동자의 수는 같은 기간 6만 8,500명에서 1만여 명으로 감소되었다(대한석탄공사, 2001).

영세탄광이 99개로서 전체 탄광수의 72.8%를 차지했다. 이런 경향은 1980년대 중반까지 지속되어 1987년의 경우 연산 50만 톤 이상의 탄광은 전체 탄광 수의 2.7%에 불과한 10개인데, 총생산에서 차지하는 비중은 46.0%이다. 반면에 연산 10만 톤 미만의 탄광수는 320개로 전체 탄광수의 88.2%인데, 총생산에서 차지하는 비중은 28.1%에 그치고 있다. 연산 10만 톤 미만의 중소영세 탄광 320개 중 175개가 조광 탄광으로 구성되어 있으며 그밖에도 하청이나 모작까지 포함하면 중소영세 탄광의 대부분이 덕대 탄광으로 이루어져 있음을 알 수 있다. 이들 중소영세 탄광들의 채탄 여건은 매우 열악했다. 중소영세 탄광들은 탄폭이나 탄질 등의 부존 여건이 나쁘고, 막장이 소규모로 여러 곳에 분산되어 기계화도 곤란하여 거의 전부가 재래식의 위경사승붕락채탄법(僞傾斜昇崩落採炭法 slant chute caving method)을 채택하고 있었으며, 그 결과 노동생산성도 아주 낮았다. 그러면 중소영세 탄광들은 이처럼 불리한 여건 속에서 어떻게 존립해왔는가? 이를 해명하기 위해서는 이들 중소영세 탄광의 대부분을 이루는 덕대 탄광에 대한 해명이 불가피하다.

3) 광업법의 변화와 덕대제도

광산 경영형태는 기본적으로 광업법에 의해서 규정되며, 덕대제 역시 광업법의 변화에 따라서 그 형태를 달리하면서 지속되어왔다. 해방 이후 광업법은 1951년 12월에 제정 공포되었다. 1951년의 광업법에서 주목되는 점은 광업 자영주의 원칙이다. 즉, 지하의 광물을 합리적으로 채굴하기 위하여 광업권자에게 광업법 상의 권리를 부여하는 반면에 광업 경영상의 전책임을 부과시키고 특히 광산 보안상의 전책임자로서 인명의 재해를 방지하고 자원의 난굴을 방지함으로써 지하자원의 합리적인 개발을 도모하고자 했다. 따라서 덕대에 의한 임대차 개발은 일체 불법화되었다. 그러나 해방 이후 1952-1953년에는 정부 스스로 이 원칙을 파기하기도 했으며, 이후로도 민영탄광에서는 광업대리인이나 공동광업권자로 위장한 불법적 덕대가 성행했다(김연승, 1974: 50-56). 어쨌든 광업의 경제구조상의 특수성에 따라서 덕대제는 성행했으며, 정부로서도 관습적으로 널리 시행되는 덕대제도를 묵인할 수밖에 없었다. 그 결과 광업법은 광업권자의 상급자적 지위를 보장하는 역할만 한 셈이 되었고 덕대는 아무런 법의 보호도 받지 못했다. ① 덕대는 채굴한 광물을 합법적으로 취득하고 처분할 수 없으며 법적으로는 광업권자에게 인도해야 한다. ② 덕대료가 일방적으로 너무 과다하며 광구대의 상각 등을 고려하더라도 광업권자의 불로소득이 심하다. ③ 덕대가 생산한 광물 생산량은 전적으로 광업권자의 생산량으로 간주되어 이를 기초로 하여 지급되는 적자 보조·융자 등은 실제 광산 운영에는 아무런 혜택이 되지 못하고 광업권자의 불로소득이 되고 말았다. ④ 광업권자는 덕대료·국가 보조 등의 수입에도 불구하고 자기 의무인 광해배상·광부부조·광산보안 등의 의무사항 등을 현실적으로 덕대의 책임으로 전가한다. ⑤ 결국 광업권자는 부재지주화했으며, 이에 따라 광물 증산을 위해서는 덕대에게도 광업권자와 같은 권리와 의무를 부여하라는 주장이 높아갔다.

이상과 같은 광업계의 현실로 보아 정부로서는 덕대 개발제를 언제까지나 위법화한다는 것은 광업 개발에 있어 위법행위를 잠행시킴으로써 광산개발의 분쟁, 광산재해, 광해보상에 대한 사회적 문제 등 광산개발의 지장을 초래할 뿐이라고 판단하고 1973년의 광업법 개정에서 덕대제를 조광권이라는 이름으로 법제화하기 이르렀다. 조광권이라 함은 광업권자가 아닌 자가 광업권자와의 계약에 의하여 타인의 광구에서 그 광업권의 목적으로 되어 있는 광물을 채굴하며 취득하는 권리를 말한다. 조광 계약은 당사자간의 합의에 의하고 존속기간은 최대 25년으로 하되 역시 당사자간의 합의에 의하게 했다. 그리고 조광권의 설정은 1광구 1조광으로

1회에 한하여 설정할 수 있게 했다.

그러나 광업권 전부에 대한 조광권 설정 없이 광구의 일부 혹은 특정 광상을 대상으로 한 덕대·분광 등 종래의 관례적인 덕대개발은 1973년 광업법 개정 이후에도 여전히 근절되지 않았다. 1973년 조광권 법제화 후의 석탄광의 덕대 현황을 보면 1979년 3월 말 기준으로 전국의 석탄 광산수 157개 중 조광 등록을 하지 않은 불법적 덕대광산수는 43개로 27%이며, 덕대업자수는 약 200명이었고, 덕대 탄광의 석탄 생산실적은 민영 광산 총생산량 1,388만 4,000톤 중 269만 9,000톤으로 20.1%에 해당했다(김연승, 1980: 22-32; 김기섭, 1979: 106-113).[3] 그리고 종업원수 5인 이상 300인 미만의 중소 광공업체를 표본 조사한 『중소기업 실태조사 보고서』에 의하면 1979년의 경우 중소 광산수의 45.5%가 덕대 탄광이고, 1980년에는 48.8%가 덕대 탄광으로 나와 있다(<표 10-2> 참조). 이는 1981년에 1광구 다조광의 허용으로 영세 덕대가 조광권으로 등록하기 이전에도 상당수의 불법 덕대가 존재했음을 알려준다.

광업개발에 있어 덕대개발이 끊이지 않는 것은 광업권자가 직접 경영하지 않더라도 덕대와 같은 소자본과 소규모로 잔탄이나 잔주 또는 특수 광상을 단기간에 경제적으로 개발하는 데 있다. 그리고 우리나라의 덕대는 사실상 대부분이 이 같은 영세 덕대였다. 그러나 1973년 광업법에서는 1광구 1조광만을 허용함으로써 이러한 영세 덕대는 전혀 조광권 등록을 할 수 없었고 따라서 여전히 불법적인 임대차 개발이 성행했던 것이다.

---

3) 1973년의 조광권 법제화 이후 1981년 사이에도 조광권을 등록하지 않은 덕대 탄광이 상당수 존재했다. 덕대 탄광은 광업법에 위배되는 불법적 탄광 경영형태이었으므로 덕대 탄광의 생산량도 공식통계에서는 모광의 생산량으로 집계되어 정확한 숫자는 파악하기 힘들지만 '덕대협회'에 의하면 총생산량 1,500만 톤 규모였던 1970년대 중반 당시 덕대 탄광 생산량은 300만 톤으로 전체의 20%를 차지했다(≪강원일보≫, 1986.2.5).

<표 10-2> 종업원 수 5-299인 규모 중소 탄광의 채굴권 형태

(단위: %, 개)

년	광업권 소유	조광권 소유	덕대 계약	계	전체 광산수
79	47.7	6.8	45.5	100	176
80	51.2		48.8	100	165
81	61.1	35.2	3.7	100	165
82	60.2	38.7	1.1	100	178
83	46.5	52.6	0.9	100	236
84	35.3	64.7		100	262
85	44.0	56.0		100	263
86	47.3	42.1	10.6	100	295
87	53.5	46.5		100	304

자료: 중소기업협동조합, 『중소기업실태조사보고서』, 각년도.

이러한 문제점을 극복하기 위해서 1981년의 광업법 개정에서는 조광권 제도를 수정하여, 조광권의 설정은 종전과 같이 1광구 1조광을 원칙으로 하되 특정 광상, 즉 잔주, 잔탄 처리 및 특수 광상 등의 경우에는 1광구당 7개 조광까지 가능하도록 했다. 그리고 조광료율, 지급 시기 및 방법은 광업권자와 조광권자의 계약에 의하여 임의로 정하나 석탄광의 조광료율은 광산물 생산액의 5%를 초과할 수 없게 했다.

1981년에 광업법이 개정되자 이전에 불법적으로 존재하던 덕대 탄광들은 대거 조광 등록을 했으며, 그 결과 1982년도 조광 탄광 특히 연산 10만 톤 미만 규모의 영세 조광 탄광수는 133개로 전체 탄광수 349개의 38.1%를 차지했으며, 생산량은 216만 톤으로 10.7%를 차지했다. 이러한 조광의 생산량은 1987년까지 계속 늘어나 1987년에는 조광 탄광 수는 183개로 전체의 50.4%, 생산량은 490만 톤으로 20.2%를 차지하고 있다.[4]

4) 1986년도 중소 탄광의 채굴권 형태를 보면 광업권을 소유하고 있는 광산 즉 모광은 47.5%이고, 조광은 42.1%이며, 나머지 10.6%는 여전히 덕대 계약을 통해서 채굴을 수행하고 있다(<표 10-2> 참조). 이들은 조광의 광구 중 일부에서 덕대 작업을 수행하는 탄광들로서 1981년에 개정된 광업법에서도 조광이 다시 조광을 설정하는 것은 금하고 있었으므로 불법적으로 지속되고 있는 것으로 보인다.

그런데 이러한 조광권의 법제화는 능력이 있는 사람에게 토지 소유권과 분리하여 광업권을 부여함으로써 국가적으로 중요한 자원 개발을 촉진코자 한 광업권주의의 기본 이념에 배치되는 것이며 광업 정책면에서도 광구의 대단위화에 의한 종합개발정책에 역행하는 제도이다. 조광권은 존속기간에 제한이 있고 언제 해약될지 모르기 때문에 조광권자는 타인의 광구에서 장기적이고 계획적인 광산 개발을 기도하기 곤란하며 무계획적인 난굴에 빠지기 쉬워서 광물 자원 보존책에 역행하고 시설의 미흡으로 광산 보안 방지 대책에 소홀해지기 쉽다.

4. 탄광업 덕대제의 유형과 특성: 조광/위장덕대/하청/모작/분덕대

1) 탄광 덕대제의 유형

탄광 덕대제의 유형은 조광, 위장덕대, 하청, 모작, 분덕대로 나눌 수 있다.[5] 광업권을 소유하고 있는 모광에 비해서 이들 덕대 탄광은 모두 광업권을 소유하고 있지 않은데, 이 중에서 조광은 광업권자와의 조광계약에 의해서 광업법상의 조광권을 소유하고 있는 탄광으로서 생산과 판매를 모두 독립적으로 수행한다. 위장덕대는 앞에서 살펴본 것처럼 일제하의 금광에서 존재하던 전래의 덕대제도가 해방 이후 광업법에서 덕대

5) 협의의 덕대는 법률적으로 조광권이 없는 1981년 광업법 개정 이전의 전통적인 (위장)덕대와 분덕대 및 모작 등을 말한다. 그러나 수차례에 걸친 광업법의 개정 이후에도 여전히 전래의 덕대제는 형태를 바꿔가면서 지속되었으며 광업법에서 허용하는 조광이나 사외도급(하청) 역시 광업권을 소유하지 않은 채 광물채굴권을 위임받아 모광의 지배하에 탄광경영을 한다는 점에서 본 연구에서는 이들 5가지 유형 모두를 광의의 덕대에 속하는 것으로 분류했다.

를 불법화하자 광업대리인이나 공동광업권자로 위장하여 석탄광업에서 지속된 형태이다. 분덕대는 조광과 다시 덕대 계약을 맺고 있는 불법적 덕대이지만 생산과 판매는 사실상 독립적으로 수행하고 있다. 하청(사외도급)은 모광의 광구 내에서 생산의 일부를 청부받아서 수행하는 덕대로서 판매는 모광에 의존한다. 마지막으로 모작은 극히 영세한 하청형태로서 생산의 일부만을 수행하며 임시적 노동자 집단의 성격이 강하다.

조광은 광업법에 따라서 조광권료(생산물의 5%)와 보증금(전기료, 시설임대료 등을 명목으로 함)을 광주에게 지불하고 채굴한다. 그런데 ① 조건이 좋은 광구는 모광이 직영하거나 장래 개발지역으로 묶어두고 불확실한 지역이나 재채굴 지역에 조광을 주고, 혹시 좋은 탄맥이 발견되면 조광권을 회수하여 모광이 직접 경영하며, ② 조광은 경영 내용에 관한 자료를 모광에게 제공해야 하는 등으로 모광에게 종속되어 있어서, 장기적 생산시설이나 보안시설에는 투자하지 않고 노동집약적 생산에 의존한다. 1981년 이전까지는 조광탄광들도 상당히 규모가 컸으나 광업법의 변화에 따라서 1광구 다조광이 허용되고 전래의 위장덕대의 상당수가 조광으로 등록하면서 영세한 조광이 난립하게 되었다. 한편 조광도 다시 하청 덕대나 모작 및 불법적 분덕대와 덕대계약을 맺기도 한다.

위장덕대는 1981년 이전에 주로 존재하던 전래의 덕대 탄광들을 말한다. 전래의 덕대 탄광들의 규모는 종업원수가 대체로 100명 이내로 영세했다. (위장)덕대 탄광들은 광업권자에게 보증금을 내고 매년 5-30%에 달하는 분철료를 납부했으며, 계약기간은 1년이었고 장기적인 계획하에 합리적으로 광산을 경영하기보다는 단기적으로 노동투입량을 극대화함으로써 탄광을 경영했다. 위장덕대 탄광들은 법적으로는 아무런 보호도 받지 못했으며, 무연탄 생산량에 기초하여 국가가 제공한 각종 지원금도 받을 수 없었다.

"70년대 말 80년대 이때까지 그 사람들이 하청하고[6] 모광하고 계약을 했습니다. 그니까 뭐 1년이면 1년 적립금(보증금)을 건다구. 적립금이라는 게 이제 만약 그 하청에서 부도를 낸다구. 그래서 파산됐을 때 모광에서 책임을 져. 과거에는 기업주들도 야반도주한 사람들이 많아. 처음에는 거기서 덕대라 그러거든요. 나중에는 뭐 쪼끔 뭐 규모가 약간 좀 크다 그러면 거의 다 조광으로 됐죠. (규모는) 동성광업소가 제일 큰데-동고 하청인데, 그때 한-200명 가까이 되는… 이 근방에선(정선군 고한읍 두문동일대) 제일 컸으니까. 뭐 그리구 쪼그만데는 몇십 명씩. (생산한 무연탄은) 그니까 광업소에 주는 게 아니고, 인제 개개인이 팔았는데 뭐 저 매탄 장사가 있었어요… 분철이라고 해가지고 싣고 나갈 때 전표를 줘요, 전표. 전표가 그 광업소 경비실을 통해서 나오는 거요. 그걸 확인해서 인제 뭐 톤당 얼마씩 해가지고 그걸 떠잖아요, 그기 분철료…"(지광청)

하청덕대는 흔히 '사외도급'으로 불리는데 모광에서 1차 채굴을 끝낸 지역을 하청받아서 생산 일부만 반독립적으로 수행하며, 판매는 모광에 의존한다. 하청덕대의 경우에는 ① 생산량과 작업구역은 모광 업체에서 지정하고 모광의 검수원이 검탄하며,[7] ② 생산·운반·노무관리 등을 정기적으로 모광에 보고해야 하고, ③ '인건비한 사외도급'에서는 생산수단은 전적으로 모광에 의존하고 사용료를 지급하며, '일괄 사외 도급'의 경우에는 고정 자재는 선대받고 임대료를 지불하나 유동 자재는 하청업자가

---

6) 태백탄전지대의 탄광노동자들은 심층면접과정에서 위장덕대 탄광을 사외도급(하청)과 구분하지 못하고 하청이라고 부르는 경우도 많았다. 그렇지만 모광과 독립적으로 판매를 한 것을 보면 1980년대 중반 이후에 성행한 생산하청(사외도급)과는 달리 위장덕대였던 것으로 판단된다.

7) 하청에서는 모광의 검수 검탄원이 석탄생산량을 검탄한다. 그러므로 하청업자들은 흔히 검수원들이 측정시에 부비끼를 해서 생산량을 깎는 것을 막기 위해 검수원에게 매달린다. "인제 그러면서 생긴 게 아까 검수 검탄 얘기했잖아요! 검수검탄하고 사외도급하고 유착 관계가 생겨요! 돈이 적어지니까… 그걸 이제 막기 위해서… 그니깐… 업자들이 검수한테 가가지고 봐달라…"(김창완).

부담한다. 하청덕대의 경우에는 독립적인 판매행위는 하지 않고 생산만 담당했으므로 광업법상의 광업자영주의 원칙에 위배되지 않는 유형이다. 특히 1980년대 중반 이후에 사외도급제도가 성행하게 된 것은 탄광지역에서 노동운동이 활성화되면서 대탄광들이 노무관리와 노동통제의 방편으로 사외도급제를 활용한 때문이기도 하다.[8)]

모작은 일제 때 금광 덕대제의 모작패에 기원을 둔 것으로 규모가 3-30인에 이르며, 모작주와 모작 노동자의 관계는 고용주와 피고용자라기보다는 동업자의 관계에 가깝고 임금도 도급 총액에서 경비를 제외하고 나머지를 일정한 비율에 따라서 나누는 이윤분배방식을 취하고 있다. 한편 영세 탄광에서는 노동강도를 강화하고 인건비를 절감하기 위해서 자신이 고용하고 있는 노동자들과 모작계약을 맺기도 하며, 이 경우 모작제는 고용형태라기보다는 일종의 임금형태라고도 볼 수 있다. 그리고 광업법에서는 조광권자가 다시 하위 덕대와 조광 계약을 체결하는 것은 금지하고 있으나, 여전히 불법적인 분덕대가 성행했다.

모광은 조광이나 하청 덕대에게 위험 부담을 전가시켜 왔으며, 조광이나 하청 덕대는 다시 모작에게 이를 전가시켜왔다. 영세 덕대로 갈수록 임금의 형태는 출근일수에 따라서 최저 기본급을 보장하도록 한 근로기준법을 무시한 채 철저한 포괄역산식의 막장도급제를 취했으며, 영세 덕대 휘하의 노동자들은 간혹 부광대를 만나면 노동시간과 노동강도를 극대화하여 수입을 올릴 수도 있지만, 탄층의 부존 여건이 나쁠 경우에는 반실업자의 상태에 빠지게 된다. 덕대 탄광들의 경우에는 퇴직금의 적립이나

8) "그게 87년도 노동운동 막 터지고 나서부터 회사측 정책이 어떻게 바뀌었냐면- 그전에는 한 회사에 4천 명 뭐 5천 명 이렇게 일했어요 직영 사람들이…. 근데 4천 명, 5천 명이 딱 단결해가지고 문제가 터지니깐 감당이 안 되잖아요! 그니깐 그 다음부터는 하청제를 뒀죠! 그니깐 쪼딱 구뎅이는, 이제 그거는 별도의 사업체잖아요. 사외도급, 사외 도급제를 적용해 가지고- 이렇게 분산시켜요. 그래서 직영은 한 2천 명 데리고 일하고… 나머지는 이제 하청으로 나눠서 사외 도급으로 나누어가지고… 그렇게 인제 노무관리한 거죠!"(김창완).

광해 보상금의 적립, 광산 보안 규칙 준수 등 제반 법적 규정은 무시되기 일쑤이며, 재해가 발생해도 재해보상금을 지불할 능력은 없다. 이처럼 탈법적 경영으로 일관하면서(이는 한편으로는 석탄의 증산을 위한 정부의 묵인이 있었으므로 가능한 것이기도 하다) '탄통'이 터지기를 꿈꾸면서 명맥을 유지해왔으나 이들의 경우에는 무엇보다도 광구를 안정적으로 확보할 수 없으므로 자본축적의 가능성은 구조적으로 제약되어 있었다.

2) 탄광 덕대제의 성격

우리나라의 탄광 덕대제는 해방 이후 광업법과 현실의 괴리 속에서 이루어진 소수에 의한 광구 독점 속에서 고식적인 탄광 개발 방식으로 정착되었으며, 그 후에도 대탄광에 종속된 채로 일정한 보완 관계를 가지고 지속되어왔다.

독점 대탄광과 영세 덕대 탄광의 관계를 보면 보완과 대립의 양면을 가지고 있는데 보완의 관계는 선행적 보완관계와 후행적 보완관계로 나누어 볼 수 있다. 석탄광업에서는 지하에 매장되어 있는 탄층의 부존 상황이 불명확하여 자본투자의 위험성이 크다. 특히 탐광 시추기술이 발전되지 않았을 때는 탄광산업은 대표적인 투기산업으로 인식되었다. 석탄광업이 가진 이러한 투기성 때문에 대탄광들은 시굴이나 초기 채굴이 가진 위험성을 전가시키기 위해서 덕대 탄광을 이용한다. 그러나 탐광 및 채광 기술이 발전하면서 점차 선행적 보완관계의 중요성이 작아지고, 오히려 대광구 주변에 대규모 채굴에 부적합한 열등 광구 혹은 1차 채굴한 다음의 재채굴 광구 등을 덕대 탄광으로 하여금 채탄케 하는 후행적 보완관계가 많아지고 있다. 이런 덕대 탄광은 생산규모 확대가 불가능하고 단기간에 작업 종료되지만 채진되면 다시 새로운 광구편이 또 배설되어 나오기 때문에 끊임없이 지속되어온 것이다. 한편 이러한 덕대 탄광의 보완작용이 독점 탄광의 정체를 가중시키기도 했다. 왜냐하면 대탄광들로서는 막대한 자본을 들여서 기계화와 신채탄법을 도입하여 채수율을 올리는 것보다는 재래식의 채탄법으로 채탄여건이 양호한 곳만 채탄하고 나머지는 덕대 탄광을 이용하여 재채굴 내지 3차 채굴을 수행하는 편이 더 유리했기 때문이다.

그리고 탄광의 투자는 대부분 갱도와 막장을 중심으로 한 구축물(시설)에 투자되는데, 이러한 시설들은 석탄 생산 이외에는 전용이 전혀 불가능하다. 그리고 조업을 일시 중지하더라도 이러한 구축물들을 유지하기 위해서는 많은 경비가 소요되며, 그렇지 않으면 기존 투하 자본이 파괴되고 만다. 이런 이유로 인하여 석탄광업에서는 공급의 탄력성이 매우 작으며, 대탄광들로서도 무작정 규모를 확대하면 불황기에는 커다란 곤란을 겪게 된다. 때문에 대탄광들은 경기변동의 안전판으로도 덕대 탄광들을 이용하고 있다. 반면에 덕대 탄광들은 그만큼 경기변동에 따라 휴·폐광과 재조업을 격심하게 되풀이할 수밖에 없다.

석탄광업에서는 생산의 진행에 따라서 노동대상인 탄층 자체가 빈약화·무내용화·형해화하므로 자본의 재생산을 위해서는 끊임없이 새로운 광구의 확보가 요구된다. 그러나 덕대 탄광의 경우에는 기존의 가행 구역에 대한 장기적 작업조차 보장되어 있지 않다. 또한 덕대 구역은 앞에서도 보았듯이 대부분 탄층의 부존여건이 불량하며, 양질의 탄층이 발견될 경우에는 모광에서 덕대료를 인상하거나 덕대계약을 해지하므로 덕대 탄광들의 자본축적 가능성은 구조적으로 제한되어 있다.

이러한 조건 속에서 덕대 탄광들의 존립전략은 앞에서도 보았듯이 하위 덕대로의 위험부담 전가, 그리고 결국은 노동자들에게로의 부담전가에 있었다. 석탄광업에서는 노두 근처에서 채굴하는 초기 단계에서는 노동수단이 거의 필요없고, 노동대상은 자연으로부터 주어지므로 인건비만 가지고 채탄할 수 있다. 영세 덕대 탄광의 존립조건은 막장이 얕고 갱구까지의 거리가 짧으며, 분업이 단순한 점 등, 생산수단과 노동력의 유치성에 의해서 뒷받침된다. 모든 악조건에도 불구하고 단순 재생산이 이루어지는 것은 이런 간이성 때문이며,9) 일정 한도 이상의 채굴이 발전하면 이런 생산체계의 전기적 자율성은 한계에 봉착한다.

또한 우리나라의 경우에는 국가가 광업법 상의 자영주의 원칙을 강력하게 집행하지 않음으로써 덕대제가 관행으로 정착할 수 있도록 방치했을 뿐만 아니라, 무연탄 가격제도의 불합리성으로 인하여 발전소나 연탄공장에서 저질탄을 사용하여 영세 덕대 탄광에서 생산하는 저열량탄에 대한 수요가 확보되어 있었다. 석탄광업에 대한 보조금 지원에 있어서도 1970년대 후반 이후로는 장기적인 생산성 증대보다는 당장의 증산 극대화를 목표로 지원을 실시했기 때문에 장기적 생산을 기약할 수 없는 '이삭줍기'식 채탄을 수행하는 영세 탄광들이 보조금 지원에 힘입어서 존속해올 수 있었고, 실제로도 1970년대 후반과 80년대 전반의 석탄 증산에 크게 기여했다. 영세 덕대 탄광들의 경우 국가의 지원에 의존해서 명맥을 유지해온 만큼 1988년 이후로 국가의 보조금 지원 정책이 대탄광 위주로 바뀌게 되자 급속하게 붕괴되고만 것이다.

결국 덕대 탄광들은 대탄광으로부터 배설되어 나온 광구 단편에서 맨손 노동을 이용하여 작업하면서 그 부담을 노동자들과 사회에 전가시켜왔

9) 덕대 탄광들의 경우에는 매우 영세한 곳도 많았다. 탄광노동자들은 "과거에는 쌀 한 가마니만 있어도 쫄딱구뎅이 사장을 했다"(김경문)고 회상했다. "이제 저… 꼭대기에 그… 뭐 동팔항 이러는데, 업주가 저… 뭐야, 쪼그만 양반 그… 그 별명이 있다고 베트공이라고. 그 갱에서 먹고 살고 그러니까 니아카 끌구 다니면 빵꾸날 거 아니요. 이제 말이 오야지, 빵꾸 수리하는 사람이야. 그때 거기 움막 같은 데서 자고 새카만데다가 또 욕을 또 많이 해. 그니까 이제 베트공이라고 했고 그 갱 이름도 베트공구뎅이라 했다구. 니아카로 (운반하고) 이렇게 여기 처음엔 많았아요. 그런데는 뭐… 한 가다에 두 명, 세 명씩 요렇게 하니까 그저 한 10명 정도. 처음에는 그 광업소 마구리, 마구리 하청은 전부다 그랬다구… 이거 거의 옛날에는 뭐 쪼그만 노보리보다도 그냥 수평으로 그냥…. 삽으로 하고 뭐 돌 나오면 돌 캐다보면 탄 나오고…"(지광청).

다. 증산 일변도의 단기적인 국가의 에너지 정책에 의한 보조금 지원과 덕대 탄광들의 제반 탈법적 행위에 대한 묵인, 그리고 덕대 탄광 노동자들의 미약한 저항 등이 덕대 탄광의 기생적 존속을 가능하게 해왔다고 볼 수 있다.

한편 우리나라의 덕대제도는 영국이나 일본에서 석탄산업 초기에 나타났던 채탄청부제와 유사한 측면이 있다. 영국이나 일본에서 석탄산업 초기에 나타났던 버티 제도(butty system)나 납옥제(納屋制)와 같은 채탄청부제도들은 맨손노동단계에서 노동력 모집과 노동통제, 그리고 노자간 모순의 은폐 기능을 수행했다(Dix, 1979; 萩野喜弘, 1979). 채탄청부제도들은 노동시장이 발달되지 않은 산업화 초기에 노동력을 공급하는 역할을 했다. 그리고 맨손노동단계에서 지하의 막장이 분산되어 작업장에서의 노동통제가 어려웠기 때문에 채탄청부업자를 이용해서 주거와 생활세계의 측면에서 노동자들을 감독 규율했던 것으로 보인다. 그리고 마지막으로 광부와 노동자 사이에 청부업자를 개재시켜 노동자들의 불만을 청부업자에게로 돌림으로써 노자간의 모순을 은폐하는 기능을 수행했다. 한국의 덕대제도 역시 기본적으로 노동력 공급, 노동통제, 노자간의 모순 은폐의 기능을 수행했다. 그러나 상대적으로 이미 노동시장이 발달하여 노동력 공급의 기능보다는 노동을 통제하고 위험부담을 전가시키는 기제로 작동했다. 그리고 노동통제에 있어서도 탄광촌에의 긴박[10]과 채무에 기초한

10) 노동력 공급이 힘들 경우 채탄청부제는 노동자들을 탄광촌에 묶어두는 역할을 한다. 덕대제에서는 이런 측면이 적었지만 우리나라에서도 1960년대에는 탄광촌에 노동자들을 강제로 묶어두고 외부로 이주하지 못하게 강제하기도 했던 것으로 보인다. "옥동광업소 같은 경우는 한번 들어가면 나오질 못한다고. 내가 근무하면서 살면서 일하면 되는데, 보따리 싸갖고 떠나야 되겠다 이거는 맞아죽어 나오잖아. 거기는 완전히 수용소처럼 해놨다고. 1970년대 이전 얘기라고. 1970년도 이전에는 일단 못 빠져 나가게 하는 거야. 나가면 사람 없으니까. 그 사람들 데리고 오면 또 가르치고 해야 되니까. 있던 사람들이 아무래도 삽질이고 능숙하고 숙련공이 될 거 아닙니까? 다른 사람이 자꾸 바뀌면 능률이 안 오르니까"(지광청).

경제외적 강제 등 봉건적인 노사관계의 측면보다는 경제적 강제가 더 두드러졌다.11)

5. 1960-1970년대 탄광노동자들의 노동조건과 생활세계

1) 입적유형

탄광산업에서의 노동력수요는 1988년부터 시행된 석탄산업합리화 이전까지는 계속적으로 증대되어 왔으며 증산을 위해서는 노동력 확보가 관건이었다. 석탄광업에서의 노동력 공급원은 주로 ① 탄광근처 농촌에 사는 사람들, ② 도시에서 자영업을 하거나 제조업에 종사하다가 불황기에 해고되거나 사업에 실패한 사람들, ③ 다른 직업경력이 전혀 없는 신규취업자로 크게 나누어 볼 수 있다. 1960년대에는 유형 ①이 많았고, 1972년 이후 탄광 경기가 좋아지자 유형 ②가 많아졌으며, 1980년대 이후로는 농촌인구의 감소로 유형 ①은 줄고 유형 ②와 ③이 대부분이다(백인미, 1984:29-31).

이들 광부들의 학력은 무학이나 초등학교 졸업으로 저학력자가 많았지만 때로는 고졸자도 있었다. 1960-1970년대 광부들 사이에서는 고졸이면

11) 한국의 덕대제하에서는 다른 나라의 채탄청부제에서 보이는 봉건적 노사관계의 측면, 예컨대 납옥(納屋)이나 탄광촌에의 긴박과 채무에 기초한 경제외적 강제 등은 보이지 않는다. 다만 덕대와 휘하 노동자들과의 관계에는 온정주의적 요소가 다분히 잔존하고 있으며, 모작의 경우에 모작주와 모작노동자의 관계는 근대적인 고용주와 피고용주의 관계라기보다는 동업자적 관계 내지는 후원자-피후원자(patron- client)의 관계로 볼 수도 있다. 그리고 현물급여나 전표제도 및 회사관할하의 독점적 생필품 판매점을 통하여 노동자의 소비생활도 자본이 규제했던 것으로 보인다. 이는 탄광촌의 입지와 건설과정이 산지에 고립되어 탄광자본의 주도하에 이루어졌던 점과도 무관하지 않아 보인다(남춘호, 1991a).

학력이 높은 편이었다. 고졸자들 중 일부는 1970년대 초에 광산의 직제가 합리화되면서 시험을 통해 2-3년 만에 하급관리자라 할 수 있는 감독으로 조기 승진하기도 했다.12)

2) 탄광 취직 이유와 취업경로 및 노동이동: 탄광노동시장의 이중구조

탄광에 취직한 이유를 보면 태백탄전지대에서 살던 사람들은 탄광 이외에 별다른 일자리가 없었고, 타지에서 온 사람은 생계 염려가 없고 돈을 번다는 소문을 듣고, 다른 일자리가 없어서, 혹은 취직하기 쉬워서라는 이유가 대부분이었다. 특히 영세한 덕대 탄광들의 경우에는 주민등록증과 도장만 있으면 언제든지 취업할 수 있었으며, 때로는 남의 이름을 빌려서 취업하기도 했다. 그러나 석탄공사나 민영 대탄광(삼척탄좌나 동원탄좌 등)에 취업하기 위해서는 추천서도 있어야 하고 돈을 주거나 연줄을 동원해야 했다. 그리고 1970년대 말로 가면 신체검사에 합격해야 했다. 시기에 따라 변동은 있지만 영세한 덕대 탄광에 비해서 대탄광에 취업하기는 상대적으로 어려웠던 것으로 보인다.

---

12) 1960년대만 하더라도 대부분의 탄광 감독은 저학력자로서 경험적 숙련의 축적을 통해 감독으로 승진한 경우가 대부분이었다. 그러나 1964년 보안자격증이나 발파자격증 등의 자격증제도가 도입되면서 고졸의 고학력자들이 시험을 통해 자격증을 취득한 후 입적한 지 2-3년 만에 감독으로 승진하게 된다. "내가 스물일곱 살 때부터 반장을 했어요. 석공은 반장이라고 그러고 개인기업체는 그 저 뭐야 감독이라고 그러거든요. 그러니까 1년 동안 경석부하다가 이때 왜 반장이 됐나 그러면 말이죠. 인제 옛날에는 자격증이 없이 당신 감독 하시오 하면 감독 하고 이랬단 말이래요. 그런데 요때 인제 64년도에 보안관리자격증이 생겼다고. 자격증이 없으면 인제 반장이나 감독을 못하게 되었다고. 그러니까 우리가 뭐 고등학교 나와 가지고 군대갔다 와서 뭐 얼마 안됐으니까, 시험 치면 우린 합격이 됐단 말이래요. 그러니까 합격된 사람으로서 다 교체를 해야 돼 법적으로. 그래가지고 반장이 빨리 돼버렸단 말이에요. 1년 만에"(이원갑).

> "고래 하다가 석공으로 왔죠. 그때 당시에는 내신서가 석공에 내신서가 있었어요. 내신서가 이거 한 장에 3만 원씩 했거든요. 그게 구하기가 힘이 들었어요. 그게 노무과 가가지고 노무과 가가지고 접수하면은 거서 올렸죠. 올려가지고 병원에 가 신체검사하고, 신체(검사) 합격됐다는 연락 오면은 출근하는 거죠" (김경문).

> "그 당시 석공이 서울대 들어가기보다 어렵다고 그랬는데"(권-5, 유범상외(2003:70-71)에서 재인용).

탄광에서는 노동자를 고용함에 있어서 공개채용과 연고모집을 하는데 영세한 덕대 탄광들의 경우 후자의 비율이 높았다. 영세탄광 노동자들은 모광에 지원했다가 탈락한 10-20대의 젊은 연령층과, 초기부터 덕대업체에 취업하여 조금이라도 조건이 좋은 곳을 찾아 여러 번 이동한 경험을 가진 30대 후반과 40대로 나누어지며, 이밖에 노령이나 재해로 대탄광에서 퇴직한 사람들도 있다. 10-20대의 젊은 층은 갱외의 선탄부나 채탄후산부 등으로 1-2년 탄광노동 경험을 쌓은 후에 대탄광으로 이동해가기도 하지만 30대 후반 이상은 대탄광에서 고용을 기피하므로 대탄광으로는 이동하지 못한다. 이들은 자녀의 교육비나 주택 문제 등으로 늘어난 생활비를 부담해야 하므로 쉽사리 탄광업계를 떠나지 못하고 조금이라도 임금이 높은 업체(실제로는 부도가 나지 않고 임금을 제대로 주는 업체)를 찾아서 빈번한 노동이동을 보인다. 덕대업체는 경기침체에 따라 수시로 조업을 중단하거나 또는 빈광대를 만나서 임금을 체불하는 경우가 잦아서 자연히 노동이동률이 높아질 수밖에 없다.[13)]

---

13) 이후 1988년에 석탄산업합리화가 시작되었을 때 노동자들을 감축하기 쉬웠던 요인 중의 하나는 지속적으로 연간 20% 정도의 노동자를 새로 충원해야 하는데, 이미 전국적으로 탄광이 사양화한다는 소문이 나서 신규 입적자가 급격히 줄어들자 자동적으로 탄광노동자의 감축이 이루어진 측면도 크다. 특히 중소영세 하청덕대 탄광노동자들의 노동이동이 매우 빈번했다.

"뭔 일을 하다가 참 누가 대우를 뭐 제대로 안해주고 쌀을 그나마도 쌀을 안 주는 데가 있거든. 그럼 옆에서 '야, 이리 와. 한 가마니 가불해줄게. 마이가리 해줄게' 그러면 때려치고 글루가. 뭐 서류가 필요한 게 있어 뭐가 필요 있어. 그래 하다 또 뭐 틀리면 또 때려치는 거야. 그때는 사람 안 받고 이런 게 없었거든"(지광청).

"(석공에서) 굴진 선산부를 하다가 신체검사 해가 폐가 나쁘다고 해가지고 그때 나가라 그러드라고요. 얼매 줄 테니까… 그래가지고 뭐 할일 없고 이래가지고 집에 놀라 그래도 밥은 먹고 살아야 되고 하니까 또 석공 하청, 하청 들어가가지고…"(김경문).

정부에서 경영하는 석탄공사나 민영대탄광은 취업하기가 어려웠다거나 혹은 한번 "쫄딱구뎅이(영세탄광)에 들어가면 계속 쫄딱구뎅이로만 다니게 된다"(지광청, 박영봉)는 광부들의 구술내용을 보면 당시의 탄광노동시장은 기업규모에 따라서 대탄광과 영세한 덕대 탄광으로 분절되어 있었던 것으로 판단된다.[14)]

14) 대탄광과 중소영세탄광 사이의 노동시장분절은 고용안정성의 차이를 통해서도 확인된다. 탄광노동자의 대부분을 차지하고 있는 생산직 남자의 규모별 노동이동율(이직률+입직률)을 살펴보면 1978년의 경우 종업원수 500인 이상의 대규모 탄광에서는 3.3%, 종업원수 100-499인의 중규모 탄광에서는 9.0%, 종업원수 10-99인의 소규모 탄광에서는 16.4%로 중소영세 탄광일수록 노동이동률이 높았다(남춘호, 1991b). 그리고 대탄광일수록 입직자 중에서 신규취업자의 비율이 높고 타탄광경력자의 비율이 낮았으며 평균근속년수도 길었다. 반면에 중소영세 탄광일수록 타탄광경력자의 비율이 높고 평균근속년수가 낮았다. 이러한 노동력이동의 양상과 고용안정성의 차이는 대탄광과 중소탄광 사이의 노동력 이동에 장벽이 있음을 시사해주는 것이다(정헌주, 2005).

3) 탄광의 노동과정과 작업환경

석탄광업의 생산과정은 탐탄, 굴진, 채탄, 운반, 선탄 및 보갱, 통기, 배수 등으로 이루어져 있다. 탐탄을 통해서 탄층이 확인되고 갱도를 굴진하여 탄층에 도달하면 그 다음에는 채탄과정이 시작된다. 채탄과정은 투굴, 붕락, 탄처리, 반출의 작업으로 이루어진다. 그리고 이러한 채탄과정은 운반과정과 함께 노동과정의 중심을 이룬다. 석탄생산의 완성된 체계에서는 채탄과 운반의 기본과정의 전후에 이것을 보완하는 과정으로서 굴진과 선탄이 부가된다. 채탄에 의하여 탄층은 소멸되기 때문에 석탄생산을 계속하기 위해서는 새로운 채탄면(막장)을 만들어내야 하고, 굴진은 그 역할을 한다. 한편 선탄과정을 통해서 시장에서 요구하는 상태로 상품화한다. 다음에 채탄과 운반의 기본과정을 가능하게 하는 보조과정으로서 이들과 나란히 배수, 통기 및 보갱의 과정이 존재한다.

채탄작업에는 처음에는 곡괭이를 사용한 수굴이 주를 이루었으며, 이후 화약을 이용한 발파채탄이 이루어졌다. 발파채탄에서도 초기에는 정(홈노미)을 이용하여 발파공을 천공했으나, 이후에는 압축공기를 이용한 착암기가 도입되었다. 이리하여 수굴 및 발파채탄이 행해졌으며, 막장에서 캔 탄을 주운반갱도까지 운반하는 데는 처음에는 인력을 이용한 지게나 질통을 사용했다. 해방 이후 행해진 대표적인 채탄법은 위경사승붕락채탄법으로 여기서는 곡괭이나 삽을 이용한 수굴과 발파를 이용한 케이빙채탄이 주를 이루었으며, 채굴한 탄은 위경사승갱도에 깔려 있는 석탄슈트를 통하여 하강시켜 주운반갱도에 있는 탄차에 실었다.

"그때는 나무광차였어. 레일도 12볼트라 해가지고 아주 가는 거 있어요. 가는 게 있는데 이게 게이지가 없어가지고, 그 달리다가 보면은 또 탈선할 수도 있고 뭐 그런… 광차하고, 그거하고 삽이구 그렇죠. 응, 곡괭이하구 뭐 도끼하고 톱도끼. 화약은 줬는데… 천공이라는 거는 진짜로 조금 나은 데는 착암기가 있겠지만, 그 저가 봐둔 그 당시 쪼그만데는 대부리를 (사용)했다구 대부리…. 착암기가 없어요. 그래갔구 굴진할 때 이제 대부리라고 이렇게 보면, 옛날에는 한 사람은 망치 때리고 한 사람은 잡아주고. 채탄할 때는 혼노미라고… 그러니 이게 전부다 뭐 손- 이게 기계라는 거는 자체가 없고, 심지어 내가 베트콩 구뎅이라고 거기서는 어떻게 했냐면, 발파를 해놓고 나오잖아, 이제 그럼 에어가 없단 말이야, 이게 콤프레셔가 없으니까. 그럼 그 앞에다가 주브 같은 거를 깔아놓고 연기 속에 앉아가지고 돌리고 앉았는데, 이걸 돌리면 이게 빠진다고, 연기가… 그러면 산에서 풀을 베어다가 세워놓으면 나무 울타리같이 거기 산소가 나오거든. 풀냄새 때문에 공기가 좀 맑아진다 말이야. 신선도 하고 향 때문에 호흡하기가 쉽고… 인제 그런 식으루 진짜 옛날에는"(지광청).

탄광노동과정의 기계화를 살펴보면 배수와 통기의 기계화 → 운반의 기계화 → 채탄의 기계화의 순서로 진행되어왔다. 그리고 이러한 기계화의 진행은 채탄의 진행에 따른 심부화와 그에 따른 개갱방식의 변화, 즉 수평갱에서 사갱으로 다시 수(직)갱으로의 변화와 밀접한 연관 속에서 일어났다. 노두 근처에서 채탄하는 수평갱 단계에서는 거의 모든 노동과정이 '손노동'에 의해서 수행되었으나,[15] 사갱으로 심부화가 시작되자

15) 대탄광들의 경우 채탄여건이나 시설, 장비 등이 상대적으로 낫고 고용의 안정성도 높았던 반면에 중소영세 탄광들의 경우에는 재채굴 등으로 채탄여건이 열악하고 기계화 수준도 낮았고, 빈번한 조업중단으로 고용이 극도로 불안정했으며, 주택이나 복지시설 등도 열악했다. 그렇지만 영세탄광이 모든 면에서 노동자들에게 불리했던 것만은 아니다. 채탄이나 굴진모작 등의 경우에는 소규모로 마음이 맞는 사람끼리 작업을 하므로 경우에 따라서는 단기적으로는 대탄광 노동자 못지않은 수입을 올리는 경우도 있었으며, 노두 근처에서 채탄을 할 경우에는 갱입구에서 막장까지의 거리가 짧아서 갱내의 공기가 좋은 장점도 있었다. "150명 요런데 댕겼다는 거지요. 왜 고런데 찾아 댕기느냐 하면은 수득도 비슷하고 굴이 낮으니까 공기가 좋다는 말이에요. 항내거리가 짧아서 점심 먹을 때도 밖에 나와서 먹고, 큰 광업소는 어디에 나와서 먹어요. 항내에서 다 먹지"(김-11, 유범상 외(2003:71-72)에서 재인용).

가장 먼저 배수가 기계화되어 양수펌프가 도입되었으며, 사갱이 연장되어 심부화가 더욱 진전되자 선풍기에 의한 통기의 기계화와 권양기 및 축전지차와 콘베이어에 의한 운반의 기계화가 본격적으로 이루어지고, 이는 결국 수갱으로 운반체계의 근본적 변화를 가져오게 되었다. 우리나라의 석탄광업에서는 기계화의 진전이 매우 더디다. 그 이유로는 탄층의 자연적 부존상태가 나쁘고, 탄광개발 초기에 국가에 의한 대규모의 정밀탐사와 통합개발이 이루어지지 못하고, 오히려 민영탄광에 개발을 위임해 왔으며, 또한 민영탄광에서는 덕대제가 관습화되어 대탄광의 기계화를 지연시켜왔기 때문이다. 이에 따라서 중소영세 탄광은 통기나 배수과정이 일부 기계화되었을 뿐이며, 대탄광의 경우에도 운반과정은 기계화되어 있으나 가장 중요한 생산과정이라고 볼 수 있는 채탄과정의 기계화는 거의 진전되지 않았다. 1980년대 이후에 정부의 보조금지원에 힘입어서 일부 대탄광에서 채탄기계화가 시도되었으나 대부분이 막장운반의 기계화에 치중했을 뿐이다.[16]

---

16) 우리나라의 탄층 부존상태는 상대적으로 기계화를 지연시키는 한 원인이다. 그리고 탄광에서의 대단위종합개발을 위해서는 초기 개발단계에서 막대한 자금이 소요되는데 개별탄광들로서는 이를 감당하기 힘들다. 투자의 회임기간도 7-10년으로 긴데 투기성이 커서 투자에 따른 위험부담이 크다. 또 막대한 투자로 생산량을 확대하더라도 시장독점이 원천적으로 봉쇄되어 있으므로 독점이윤의 획득을 기대할 수 없으며, 석탄산업 자체가 석유에 위협받으면서 국가의 보호 속에 유지되고 있으므로 국가의 에너지정책이 변하면 엄청난 타격을 면할 수 없다. 이런 요인들은 탄광에 대한 자본투자를 기피하게 했다. 또한 석탄광업은 탄층의 부존여건에 크게 영향을 받으므로 우량광구를 독점하고 있으면 별다른 투자 없이도 지속적으로 차액지대를 얻을 수 있다. 따라서 대부분의 대탄광들은 위험부담이 따르는 기계화를 추진하기 보다는 당장의 생산비가 적게 드는 재래식의 위경사승붕락식 채탄법으로 일관했다. 또한 덕대를 이용해서 2,3차 채굴까지 하면 덕대료 수입을 올릴 수 있는 점 또한 기계화를 지연시킨 요인이 되었다고 하겠다. 이에 따라서 영세 탄광들은 전혀 기계화가 되어 있지 않았고, 중소 탄광들은 배수나 통기과정이 기계화된 정도이고, 대탄광들도 운반의 기계화에 머물고 있으며, 1980년대 중반 이후 진행된 일부 채탄기계화도 사실은 막장운반의 기계화라고 할 수 있다. 결국 대탄광들도 핵심적 생산과정인

<그림 10-1> 탄광의 노동력 편성 체계

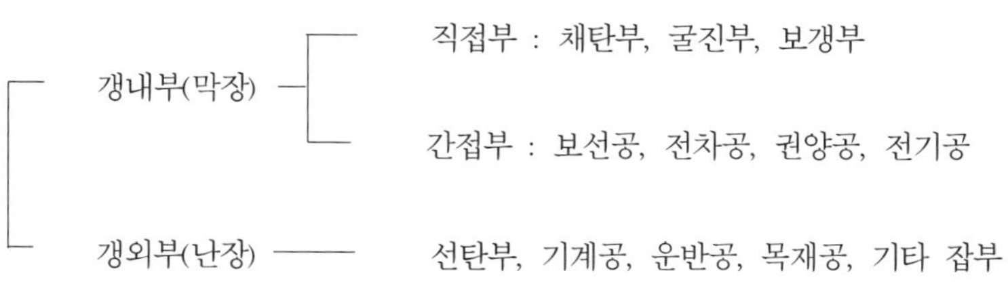

탄광노동과정의 기술적 발전에 따른 탄광의 노동력 편성을 살펴보면 <그림 10-1>과 같다. 광부는 우선 갱내부와 갱외부로 구분되며, 갱내부는 다시 직접부(채탄부, 굴진부, 보갱부)와 간접부(전차공, 권양공, 배수펌프공, 전기공, 보선공, 조차공 등)로 나뉘어지고, 갱외부는 기계운전공, 기계수리공과 운반공, 목재공, 선탄부, 기타 잡부 등으로 구성되어 있다.

초기에는 분업이 없고, 채탄부는 굴진, 보갱, 채탄, 운반의 모든 과정을 담당했는데, 채탄이 주를 이루었다. 다만 숙련수준에 따라서 선산부와 후산부의 구분이 있고 직무에도 다소간의 분화가 있었다. 채탄선산부는 탄리를 이용하여 곡괭이로 하반상에 투굴하고 다음에 정으로 발파공을 착공하여 장약하고 발파하여 붕락시킨다. 그리고 불충분한 곳은 곡괭이로 잘라내리면 채탄후산부가 이것을 용기에 싣고 손으로 밀거나 등에 지고 탄차까지 운반하며, 동력이 도입되기 전에는 탄차를 갱구까지 밀어서 운반했다. 이때 투굴과 천공 및 발파, 지주작업 등이 가장 중요한 작업으로서 숙련을 요하기 때문에 이는 숙련공인 채탄선산부가 담당했으며, 탄을 싣고 운반하는 작업은 채탄후산부가 담당했다. 중소영세 탄광에서는 직접부, 즉 채탄부와 굴진부 및 보갱부 사이에 구분이 없는 경우도 많았다.

"그니까 거의 뭐 한 사람이 다 한다고 봐야지. 그 갱도가 찌그러진다 그러면

채탄, 굴진, 보갱은 여전히 손노동에 크게 의존하고 있는 실정이며, 그동안의 생산확대는 인력투입의 증대에 기초해왔다고 볼 수 있다(남춘호, 1991b).

그것두 보수두 해야 되고. 그니까 뭐 1인 3역 정도는 해줘야 되고. 하청 뛰니까 그니까 거의 뭐 일처리 다 하는 거지"(지광청).

그리고 채탄작업이 중단 없이 지속되기 위해서는 채탄 막장이 채진되기 전에 다른 막장이 준비되어야 하는데, 이를 위해서는 계속적인 굴진작업이 필요하게 되고 이에 따라서 탄광이 대규모화함과 더불어 굴진작업이 채탄작업과 분리되게 된다. 또한 운반과정의 기계화가 진전되고 운반갱도가 연장되면서 연장된 갱도의 유지와 보수를 위한 노동, 즉 보갱작업이 증대되는데 보갱작업은 기계화가 진척되지 않아서 보갱부가 독립되어 그 수가 늘어나게 된다. 이에 따라서 굴진과 보갱작업이 채탄작업과 분화되면서 채탄부, 보갱부, 굴진부가 숙련직종으로서 확립되게 되며, 이들은 각각 견습공인 후산부를 거느리게 되는데 협의의 광부는 이들 직접부를 말한다.

갱외작업에는 운반작업, 관리보수작업, 선탄작업 등이 있는데, 1) 운반작업은 소수의 반숙련 기계운전부와 다수의 불숙련잡부가 담당하며, 2) 각종 기계나 장비의 관리보수작업은 기계공이 맡았으며, 3) 선탄작업은 미숙련 소년들이나 여성들이 담당했다. 10대의 소년들이 탄광에 처음 들어오면 주로 선탄이나 적재(스테바) 등의 일을 맡았는데, 이러한 갱외(난장)의 작업은 위험도는 낮았지만 임금이 적었다. 따라서 1-2년간 갱외부로 일한 후에는 대부분 채탄후산부로 바뀌게 되며 이때부터 본격적으로 광부의 생활이 시작되었다고 할 수 있다.17)

17) 광부의 자녀들은 흔히 난장의 선탄부나 적재부로 시작하여 결국 갱내 직접부가 되었으며, 이원갑은 이를 광부의 대물림방식이라고 설명했다. 그리고 이를 통해 진폐도 (사회적으로) 유전된다고 설명하기도 했다. "근데 여기 이제 광부들에 가장 큰 소원이 뭔가 그러면 말이죠. '어예해도 내가 열심히 해서 말이지 내 자식한테는 광부를 안 물려주는 게 소원이오.' (그런데) 그게 참… 이루어지질 못했어요. 왜 못 했냐? 그때만 해도 말이죠, 탄광촌에 여게 누가 선생으로 올라 그러는 사람이 없어…. 그러다보니까 여기서 고등학교 나와 가지고는 대학교 가도 안 붙네. 고등학

4) 높은 노동강도와 위험한 작업장

앞에서 살펴본 것처럼 우리나라의 탄광업계에서는 1960-1970년대까지만 하더라도 배수와 통기과정만 어느 정도 기계화되었을 뿐 채탄이나 굴진작업은 손노동에 의존했다. 1980년대 이후 대탄광을 중심으로 기계화가 진행되었지만 그 역시 대부분 운반과정에 제한된 것이었다. 따라서 탄광업주들은 생산을 극대화하기 위하여 인력투입에 의존했다.

대부분의 탄광들은 갑방, 을방, 병방의 3개조가 8시간씩 교대로 작업했는데 주말에 교대할 때는 하루에 16시간씩 일했으며 공휴는 월 1,2회에 그쳤다. 그러나 영세한 덕대 탄광의 경우에는 12시간 맞교대로 작업하기도 했으며 명절 때를 제외하고는 공휴가 없는 경우도 흔했다.[18)]

채탄막장의 심부화로 인한 고열과 높은 노동강도로 땀이 나서 옷을

교 나와서 삔둘삔둘 놀고 그러니까 '야, 니 군대라도 지원해서 빨리 갔다 온나' …군대갔다 오면 인제 담배 피우고 어울려서 그러고 있는 게 더 보기 싫은 거라요. 부모에 마음으로서는 응 이렇게 막장에 들어가라 소릴 모해. 그러니까 난장에, 난장이라고… 항외를, 항외를 얘기하는 거라. 그러면 '야, 니 노는 거보다도 거 가서 말이지, 응? 난장에서 이래저래 하면서 우물쭈물하면서 그래 그 좀 시간 보내고 그런 게 안 좋겠느냐…' 그런데 난장에 가서 이놈이 일을 해보니까, 어? 항내 굴 안에 드가는 놈은 100만 원 받으면, 지는 50만 원밖에 안 준다 말이야. 지놈들도 오기가 있을 거 아닙니까, 그죠? '아부지, 나두 내일부터 저 항내 드갈래요. 난장에 안해요.' 이왕 하루 채우기는 한가진데 그냥 항내 드갈 거다 이기지. 그게 제2에 2대에 이제 탄광생활을 다시 답습하는 거라. 여 많은 사람들요 2대, 3대, 4대까지 지금 여 탄광일 하는 사람이 있다니까요"(이원갑).

18) 영세덕대 탄광에서는 3교대 작업을 2교대나 1교대로 함으로써 노동시간의 연장을 꾀하기도 한다. 원래 대탄광에서는 통기와 배수 작업은 작업을 중단하더라도 계속해야 하며, 또한 시간이 지날수록 지압의 영향을 받아 갱도의 유지가 곤란해지고 보갱작업도 많이 해야 하므로, 3교대로 24시간 작업을 하고 있다. 그러나 영세 탄광들 중 수평갱으로 자연 배수와 자연 통기에 의존하는 경우에는 야간작업은 하지 않고 2교대 혹은 1교대로 작업을 하며 이런 경우에는 통상적으로 작업시간이 연장되기 쉽다.

짜서 입어야 했고, 신고 일하는 장화 안에 땀이 차서 철퍽철퍽할 정도였다. 그리고 어떤 노동자는 삽으로 탄을 퍼담는 동작이 밥 퍼먹는 것보다 더 잘해서 손이 안 보일 정도라고 묘사하기도 했다(김덕희).

"모든 것이 다 뭐 노동이니까… 굴 안에서 노동하니까 힘든기. 뭐 말도 못 해요. 지금 사람들은… 지금 젊은 사람 돈 천만 원 준다고 해도 못 할 것 같아. 굴속에 들어가게 되면, 옛날에는 이 개포가 없어요. 개뽀불이. 간드레라고 있어. 간드레. 간드레라고 있는데 불을키! 가스야 그게 맨 가스. 불을 키가지고 들고 댕긴다고. 일할 적에는 동발이 있으면, 나무 동발에다가 고걸 걸고 작업하고. 그래면 채탄 같은 거는 예를 들면, 나는 굴진을 많이 했는데, 채탄 같은 건 하게 되면 이 발파를 하게 되면 양 연기도 팍 차고, 탄먼지가 억수로 나지. 거 들어가가지고, 선산부가 이제 막장에서 하고 후산부는 삽으로 해가지고 고기 다 탄을 너두면 밑에서 광차로 탄을 받아가지고, 옛날에는 전차가 없었다고. 사람 힘으로 바깥에 까지 꺼내야 돼. 광차로 꺼내야 돼. 그렇게 일했다고. 그게 어렵지 뭐. 집에 와서 가래를 뱉으면 탄가루 이런 게 목에서 막 넘어와. 하도 마셔가지고… (그럼 일을 천천히 하면 되잖아요) 도급인데 뭐 이제 슬슬 할 수 있는가. 하여튼 뭐 얼마를 쉬게 한다고 그래. 광산에. 많이 캐면 돈 많고, 적게 캐면 돈이 적고"(강00. 유범상 외: 2003).[19]

고열과 분진 속에서 중노동에 시달리는 광부들은 항상적인 사고의 위험에 노출되어 있었지만 탄광업주들은 안전시설에 투자하는 것을 기피했으며, 출근시에 갱입구에서 '안전 안전 안전' 하고 세 번 외치게 하는 것으로 안전교육을 대신했다. 광부들 역시 도급제로 인하여 석탄생산과 직접적 연관이 덜한 보갱작업은 다음 조로 미루기 일쑤였고, 작업진도를 내기 위해 동발을 세울 때도 지주간 간격을 넓게 시공하여 재해 위험을

19) 유범상 외(2003)에서는 재가진폐환자 47명의 심층면접자료를 분석에 사용하고 있다. 강00의 구술문은 유범상 외(2003)의 심층면접 녹취문 원자료에서 발췌한 것이다. 귀중한 자료의 사용을 허락해준 유범상 박사에게 감사드린다.

배가시켰다. 정부 역시 석유파동을 겪으면서 석탄증산을 위해 기업에 대한 감독을 소홀히 하고 사고를 방치했다.

> "이게 뭐 70년대에 이게 에너지 파동 일어나고, 이러면서 이제 국가에서는 '석탄증산보국'이라 해가지고. 그러니까 석탄만 많이 캐면은 그저 기업에 대한 별다른 제제조치가 없었어요. 그러니까 오히려 기업을 옹호해주고, 그러니까 탄을 많이 캐게 되면은 결국 탄 캐다가 광부들 죽는 거는 뭐 그건 당연한 거고.
>
> 결국 광부들이 얘기하는 것은 뭐라고 얘기하냐 그러면은, 하늘을 두 개 덮어쓰고 일한다 그럽니다. 바로 땅 하늘 하나, 위에 참 저 하늘 하나 두 개씩 덮어쓰고 일을 하는데, 그런, 그런데 (안전시설에) 투잘하지 않고, 그 담에 보호장구라든가, 이런 걸 이제 하나도 안 하는 거예요. 그러니까 탄 캐다 죽으면, 전부다 또 죽은 사람이 다 덮어쓰고 가는 거라. 왜 그러냐면, 보상을 덜해줄라고"(이원갑).

> "낙반사고는 우리가 동발을 넣어도 나오는 게 있고 또 인제 우리 같은 경우는 굴진을 하니까 발파하고 나면 떼거든요. 이때 돌이 떨어지면 낙반사고예요. 근데 원칙으론 동발을 다 꽂아놓고 그 밑에다가 동발을 하는 게 원칙이지만, 그렇게 일하다보면 이게 하루에 한 번 더 할 수 없거든요. 굴진하는 사람들이 하루에 두어 번씩 빼고 나와야 되거든요. 그렇게 할 시간적 여유가 없어요. 때리고 동발 넣고 빨라야지. 꼼지락거리면 누가 그 좋아해요"(신기보).

중대사고로는 낙반사고와 운반사고, 그리고 발파사고가 빈번히 발생했다. 탄광에서 오래 일한 사람들은 얼굴이나 손에 거뭇거뭇한 상처를 선물처럼 달고 다녔다. 사고가 나더라도 웬만한 중상이 아니고는 하루이틀 마른공수(일종의 유급휴가)를 받고 집에서 쉬다가 다시 출근하는 것이 대부분이었다. 중상을 당한 경우에도 영세한 탄광에서는 병원치료는 해주었지만 산재처리는 기피했다.[20] 그리고 다친 노동자들이나 사망한 광부의 유족들이 억울한 사정을 법에 호소하더라도 회사가 동료 광부들을 협박하여 불리한 증언을 하게 했기 때문에 회사를 상대로 승소하기란 용이하지 않았다.

"60년대는, 다쳐갔고 그래봐야 개인 손해였죠. 손해였고. 그때는 뭐 그냥 출근비로 해서 쌀 그냥 한두 되씩 줬던 게 60년대고. 병원이라는 거 뭐 진짜 그 중상 아니믄 힘들었고. 그건 70년대 좀 달라져서 이제 그 뭐 공상을 한다던지 조금 생기고 해서 이제, 공상시켜주고. 60년대 같은 경우에는 다쳐봐바야, 어지간하면 집에서 그냥 끙끙 앓다 그냥 가봐야 되는 그런… 그리고 법(원)에 가서도 같은 동료라도 죽고 나면은, 그 회사에 밉보일까 봐 그런 좀 나서고 그런 사람이 없어요. 먹고 살기 바쁘니까. 그리고 회사에 밉보여서 쫓겨나면은"(박영봉).

"(하청다닐 때는)산재처리가 잘 안 되는 그게 좀. 산재처리 안 되는 것은 사장 돈 관계도 있어요. 돈이 많이 나가니까 산재처리 안해줄라 그러고… 어지간하면은 산재처리 안 하고 개인병원에 치료를 해주고 나으면 다행이고 그런

---

20) 덕대 탄광에서는 재해도 빈발하지만 재해발생시 보상을 제대로 받기 힘들다는 것이 더욱 커다란 문제였다. 재해시에 대탄광 노동자들이 받을 수 있는 보상금으로는 산재보험에서 지급되는 보험급부와 탄광 자체에 의해서 지급되는 자체급부가 있고, 그밖에 민사소송에 의한 재해보상금이 있다. 그런데 덕대 휘하 노동자들의 경우에는 자체급부가 없을 뿐 아니라 1987년 이전에는 민사소송에 의해서도 사실상 배상을 받기가 힘들었다. 뿐만 아니라 1987년 이전에는 덕대 탄광에서는 작업 중의 공상이라 하더라도 산재로 인정받기가 매우 힘들었다. 그리고 탄광에서 많은 직업병으로는 진폐증·규폐증과 디스크가 있는데 후자의 경우에는 과거에는 거의 공상으로 인정받지 못했다. 왜냐하면 직접적으로 증명할 것을 요구하는 것이 일반적이었는데 그러한 증명은 거의 불가능했기 때문이다. 광업권자들은 광업법상의 제반 규정, 예컨대 보안시설 규정이나 광해 복구 준비금 적립 등이나 퇴직금 적립 등의 노동관계법상의 제반 규정을 이행하면서 정상적으로 가행해서는 투자에 따른 위험부담이 커서 작업하기 곤란한 지역을 덕대를 이용함으로써 위험 부담을 덕대에게 전가시킨 것이며, 덕대들은 이러한 부담을 노동자들에게 전가시켰다. 결국 덕대는 광업권자와 노동자 사이의 모순을 은폐하는 기능을 수행했다고 볼 수 있다(남춘호, 1991b).

식으로 했죠"(김경문).

"그래서 죽게 되면은 이 사람이 전부다 잘못한 걸로. 주위에서 같이 일하는 동료들이 있는데, '니는 법정에 가서 요래요래 얘기해라' 하고 다 뒤집어 씌우는 거예요. 이 사람은 회사에서 시키는 대로 안 하면은, 그 당시는 해고라는 게 말이죠, 뭐 언제 예고하고 뭐 이런 게 없어. 이기 내일부터 나오지 마라, 그러면 해고래요, 그게, 탄광은. 노동조합도 가만 있죠. 뭐 이러니까 노동부에 얘기해도 안돼요"(이원갑).

이처럼 재해가 빈발하는 위험한 작업장에서 중노동에 시달리다 보니 광부의 아내들은 아침에 출근할 때 도시락을 싸주면서 오늘도 조심하고 일 잘하고 돌아오라고 하면서 죽지 말고 살아 돌아오라고 애처로운 눈길을 던지곤 했는데 이는 탄광이 아니면 보기 힘든 광경이었다.[21]

탄광에서 사고 못지않게 문제가 되는 것이 진규폐를 비롯한 직업병이다. 발파 연기와 채탄 먼지 속에서 방진 마스크도 없이 작업한 결과 2003년 현재 진폐환자는 모두 1만 6,709명이며, 이 중에서 현재 병원에 입원요양중인 진폐환자는 2,825명이다.[22] 그리고 1985년 진폐법이 시행된 이후

21) 당시 탄광에서는 재해가 빈발했으므로 많은 탄광노동자들이 살아 있는 것을 다행으로 회상했다. 그리고 입적시에 남의 이름을 빌려서 취업한 무연고자들의 경우에는 사망시에도 그대로 방치하는 경우도 있었다고 한다. "많았었죠. 다친 사람 많아. 당시에 죽어봐야, 연고자가 없으면은, 그냥 여 위에 여 뒷산에 올라가, 인부 한 두 사람 시켜갔고 그냥 데려가서 화장터에 그냥 갔다 버리고 그랬어요. 여기가 완전 무법지대였으니까"(박영봉).

22) 진폐병원 입원환자들은 치료방법이 없이 합병증으로 죽는 날만 기다리는 상황이고, 재가 진폐 근로자는 의료혜택과 휴업급여조차 받지 못하고 경제적 어려움 등으로 더 곤란한 처지에 있다. "집에 있는 사람(재가진폐환자)은 그것도 없고 죽어야 어떻게 되는지 하는 게 진규폐로 인해서 죽었다는 의사 판정이 내리게 되면 보상을 줘요. 근데 한 1억 5,000 정도 받는데, 잘못된 게 뭔가 하면은 지금 현재 그 직업병으로 인해 가지고 치료를 못 하고 집에 있는 사람은 진짜 그 진폐 병 자체의 강도에

2001년 7월까지 6,672명이 진폐증으로 사망하여 진폐증으로 인한 사망자 수가 광산재해로 인한 사망자수를 초과했다(유범상 외, 2003).

> "그 굴진하는데 원래가 착암기 같은 거 쓸 때 물을 써가지고 분진이 안 나게끔 해야 되거든요. (그런데) 그 물을 안 넣어주니까 그냥 맨 구멍을 뚫는 거야. 그러니까 먼지가 엄청나죠, 뭐. 거기다 인제 방진 마스크라도 주면은 되는데. 방진 마스크도 안 사주죠. 그니까 그대로 이게 먹고, 이러다 보니까 지금 진폐 환자들이 지금 많은 이유가 말이죠, 그 당시 그 연도별로 이렇게 쭉 보면 말이죠 가장 심했던 게 60년대, 70년대래요"(이원갑).

> "마스크를 가리면, 호흡이 가빠서 일하기가 불편해요. 노동일 하자면 호흡이 가빠가 쓰면. 그래서 대략 안 써. 주긴 주지. 마스크 주지만은, 마스크를 꽉 쓰고 일을 해봐. 아무래도 땀도 나고 하는데 호흡이 숨이 차지. 호흡이 가쁘다고… 벗어놓고 전부 일한다고. 우리도 마스크를 받았어. 받았는데 그걸 쓰고 일할 수가 있나. 딸꾹질이 나서. (다른 이들이나 회사에서는 진폐증이 걸릴 수 있다는 걸 알았을까요?) 몰랐지 뭐. 다 일하는 사람도 몰랐지. 회사 측에서 규폐가 걸린다는 이런 얘기 해주지도 않고. (만약 진폐증에 걸릴 수 있다는 걸 알았다면요?) 알아도 할 수 없지 뭐. 알아도 그 일을 해야 생활해 나가는데… 먹고 사는데. 그 뭐 알아도 해야 돼고, 몰라도 해야 돼고, 먹고 사는데"(양00, 유범상 외, 2003. 녹취문 원자료에서 인용).

진폐방지 마스크는 1980년대 이후에야 지급했으며, 그나마 초기에는 형식적이어서 필터의 성능도 나빴다. 그리고 광부들도 숨이 가빠서 착용을 기피했으며, 1960-1970년대까지만 하더라도 진폐의 위험을 올바로

따라가지고 살게 만들어야지. 죽어서 돈이 나오게 되면 말이지. 형제들끼리 싸우고 돈 서로 가지려고 말이지. 그래서 형제간에 우애도 말이지. 가족간의 우애가 참 못쓰는 관계가 이런 것을 보게 되면 진규폐법 자체도 바꿔어야 해. 내가 지금 당장 병에 걸려서 숨을 헐떡이면서 먹을 게 없어서 고생하고 있는데"(이원갑).

인식하지 못했다. 그리고 앞의 구술문에서도 나오듯이 설령 진규폐의 위험을 알고 있었다 하더라도 도급제하에서 먹고살기 위해서는 강도 높은 노동을 할 수밖에 없었고, 그런 상황에서 마스크를 착용하고 작업한다는 것은 용이하지 않았다. 그리고 국가와 석탄기업 역시 석탄증산에만 치중했을 뿐 진폐예방에는 소극적이었다. 결국 진폐는 산업전사라는 허울 속에서 1960-1970년대 당시의 개발모델하에서 사회구조적 압력이 만들어 낸 역사적 산물이라고 할 수 있겠다(유범상 외, 2003).

5) 광산의 임금제도: 도급제

탄광의 임금형태는 성과급의 일종인 광산도급제를 기본으로 한다. 광산도급제는 성과의 측정단위에 따라서 갱도급제, 방도급제(갑, 을, 병 교대조 기준), 막장도급제로 구분된다. 그리고 전체 임금에서 도급제 임금이 차지하는 도급률에 따라서 완전도급제와 반도급제, 준도급제로 나뉜다. 우리나라 탄광업에서는 기계화가 진척되지 않아서 생산원가 중 인건비가 차지하는 비율이 매우 높았다. 그리고 분산된 막장의 노동을 감독하기 어려워 노동통제방식의 하나로 도급제를 채택해왔다.

막장도급제에서는 특정 작업장(막장)에 배치된 10명 정도의 작업조가 이룩한 작업의 성적이 매겨지면, 작업에 대한 단가를 곱하여 총 본급을 산정하고, 이를 작업에 투입된 인원으로 나누어 1인당 본급을 계산하고 여기에 개인별 임률(賃率)을 곱하면 개인별 본급이 산출된다. 임률은 노동의 숙련도에 따라 반장이 미리 정한 것이다. 그런데 이 방식은 작업막장의 배치와 작업조의 소속에 따라 노동의 강도와 임금에 차이가 날 소지가 크다. 결과적으로 조간의 임금 격차, 작업 배치(방우리) 등에 따른 불만이 생겨나기 쉽다. 그리고 이 방식은 주로 영세 탄광이나 덕대 탄광에서 많이 채택하고 있는데, 생산량 위주의 작업이 이루어지는 만큼 재해율이 높은 단점이 있다. 이와 달리 교대조별 성과급(방도급제)은 작업막장의 배치에 관계없이 교대조 전체의 생산 실적에 따라 성과급이 매겨지기 때문에 임금의 변동 폭이 작고 좀더 안정적이다. 마지막으로 갱도급제는 특정 갱에서 월간 생산 실적을 집계하여 노동자의 작업공수에 따라 배분하는 방식인데, 위의 두 방식이 직접부에만 적용되는 것과 달리 갱내의 간접부를 포함하여 적용된다(김용환·김재동, 1996).

갱도급제는 타도급제에 비하여 개개인의 작업량이 많고 적음을 가리지 않고 그 갱에 소속된 3개방의 각 작업조가 성취한 생산량의 총량으로 나누기 때문에 굳이 무리하게 작업을 감행하지 않더라도 타 작업조의 작업수준만 유지하면 된다.[23] 이러한 연유로 갱도급제는 무리하게 채탄과 기타의 작업을 감행하지 않아도 운영될 수 있는 자원이 풍부하고 재무구조가 좋은 대규모 광산에서 적용되고 있으며, 중소규모 광산에서는 이를 기피하고 있다.

반면 영세한 덕대 탄광들은 재채굴지역이나 경제성이 없는 구역을 맡아서 한시적인 계약기간 내에 채탄을 완료해야 한다. 생산량의 일부를 분철료로 모광에 납부하면서 한정된 광량에서 최대의 이윤을 거두기 위해서 영세한 덕대 탄광들은 인건비 부담을 최소한도로 줄이고 적은 인력으로 생산의 극대화를 꾀하기 위하여 막장도급제를 운용한다. 대탄광일수록 갱도급제와 준도급제를 택하는 데 비하여 영세탄광일수록 막장도급제와 완전도급제를 채택했다.[24]

---

23) 만일 어떤 사람이 많은 생산량을 성취했다고 할지라도 그의 작업량은 갱 전체의 생산량에 흡수되어 전체적으로 고른 수준의 임금으로 배분되기 때문에 자신의 생산량=임금이라는 등식은 갱도급제하에서는 성립되지 않는다. 이를 보통 베이스 웨이지(Base Wage)라고 하는데 특히 갱도급제 하에서는 이러한 베이스 웨이지, 즉 비슷한 임금의 수준을 유지하는 데 주안점을 두고 있다(유재무·원응호, 1991).

24) 덕대업체의 임금체계는 도급제이지만 대규모 모광 업체에 비해서 좀더 철저한 도급제를 실시하고 있다는 점에서 차이가 난다. 대탄광들의 경우에는 도급제가 기본급에만 적용되고 나머지 제 수당은 기본급에 일정 비율로 부가되거나 혹은 일정액으

한편 작업성과의 측정은 검탄과 검수를 통해 이루어진다. 막장에서 노동자들이 캐낸 무연탄은 갱 입구에 있는 검탄소에서 검탄원이 측정하여 기록을 한다. 검탄원은 갱내로부터 나오는 무연탄을 막장별로 분리하여 함수를 기록하는데 무연탄을 적재한 광차 1함당 1톤으로 계산하여 무연탄의 질이나 양에 따라서 때로는 0.9톤 이하로도 기록한다. 이때 문제가 되는 것은 부비끼이다. 광산도급제하에서 부비끼는 무연탄을 측정하는 과정에서 특히 심하다. 무연탄을 실어나르는 광차의 실제 용적은 1톤을 초과하는 것이 상례이며, 갱내에서 무연탄을 적재할 때, 많은 양을 실어도 운반 도중에 침하되어서 갱 입구까지 다다랐을 때는 갱차 난간 밑으로 많이 떨어지게 되어 검탄원이 기록하기에 따라서는 노동자들이 생산해낸 실제 양보다 훨씬 적게 나타나기도 한다.[25)]

로 부가된다. 그리고 근로기준법상의 제한으로 인하여 도급제를 택하더라도 일당 최저 기본급은 보장해주도록 되어 있다. 그러나 영세한 덕대 탄광들의 경우에는 최저 기본급의 보장이 없으며, 도급제로 실제 임금 총액이 결정되고 법적 규제를 피하기 위해서 포괄역산식으로 기본급과 제 수당을 주는 것처럼 거꾸로 임금대장의 기록만 조작해놓고 있다. 따라서 탄층의 부존상태가 나쁜 구역에서 작업할 경우에는 임금의 하락을 면할 수 없게 된다. 탄광지역에서는 전자를 수당제, 후자를 도급제라 부르기도 한다. 이러한 도급제도에서는 (탄층의 부존여건에 따라 동일한 노동량이 투입되어도 생산량은 달라지므로) 노동의 양이 생산량으로 정확하게 반영되지 않는다는 점에서 근대적 의미의 성과급과는 구분되는 것이다. 일종의 이윤분배방식을 택하고 있는 모작제에서는 이러한 성격은 더욱 강화되며 덕대업자들은 이 같은 임금형태를 이용하여 노동강도를 강화시킬 뿐만 아니라 위험부담도 전가시키고 있다. 그러나 부광대에서 작업을 할 경우에는 덕대 휘하 노동자들의 임금이 대규모 모광업체 노동자들의 임금보다 항상 적지만은 않으며, 덕대 휘하 노동자들에게 문제되는 것은 생산량의 변화에 따른 임금의 극심한 변화와 고용안정성의 결여라고 하겠다(남춘호, 1991a).

25) 부비끼에 대한 불만은 처음에는 직영노동자들이 주로 제기했지만, 1980년대 중반이후 하청탄광이 늘어나면서 오히려 검수원이 사외도급업자와 유착하는 경우가 생겨나자 대탄광들에서는 CCTV를 설치하게 되고 이로써 부비끼는 줄어들게 된다. "김말용 의원이 노동부사무소장 불러갖고 '그게 뭐냐?' 그래서 거기서 노동부 사무소들하고 그 탄광에서 일하는 막장 노동자들하고 싸움이 붙었어요. 그러면서 제도 개선을

"또 부비끼라고 옛날에 또 검탄 활용해 갖고 그니깐 실제로 보면 착취한 거예요. 이 사람들이 석탄을 1톤을 했는데 검사한답시고 0.7톤만 인정해주고 0.3톤은 깎아먹는 건데 그게 착취가 아니고 뭡니까?"(김창완).

보갱이나 굴진에서의 검수는 보갱이나 굴진을 한 거리를 측정하고, 시공한 동발의 세트수와 경석처리함수 등을 재고, 시공된 동발의 안정성과 품위를 측정한다. 그리고 시공 품격에 의하여 A, B, C의 등급을 매긴 다음 그 등급에 근거하여 m당 단가를 결정한다. 그런데 이때에 복잡한 도급단가표에 의하여 갱도의 작업조건과 시공한 동발의 폭, 길이에 따라 각기 다른 단가를 적용시켜서 실제로 작업에 임했던 노동자들은 자신들이 성취한 작업성과는 알 수 있더라고 얼마의 임금이 도급단가 규정에 의하여 지급될지는 전혀 예측하지 못한다. 이처럼 검수나 검탄과정은 공정성을 잃고 기업주의 이윤추구를 위한 방편으로 이용되어 탄광노동자들의 불만의 대상이 되었다.

"그러니까 회사에서 앉아가지고 그런 거 연구하는 거죠. 일은 많이 시키면서 돈은 적게 주는 그런 거 연구하는 거지. 무조건 일 적게 했다고 하긴 뭐 하고 회사에서. 동발 같은 거 A단가 B단가 C단가 나누고, 안 그러면 탄의 질이 나쁘다고 이리 해가지고 뭐 하고. A급 B급 C급 이리 만들어가지고. A급이 별로 없지. 보통 B급 C급. A급이 8천원 B급이 6천원 C급이 4천원 이래 나가니까요. 노임을 까지는 못하니까 그거로 까는 거지. 광산 있을 때부터 임금인상된 것 제대로 했으면 (한 달에) 5백만 원 넘을 기야. A급이 한 2, 3개월 쓰다가

요구했고, 제도 개선을 요구하면서 회사에서 채택한 게 뭐냐면 CCTV였어요… 회사 입장에서는 (부비끼를 하면) 크게 이득이에요. 문제는 뭐냐면요 검수 검탄들이 그거를 자의적으로 적용을 하면요… 그거를 그니깐 뒷돈으로 받아먹는 게 문제였어요. 그렇게 (검수) 검탄하다 보면 하청업자들이 특히 인제 돈을 건네준다던가 뭐 이런 일이 있거든요. 회사 입장에서도 그게 반가운 일이 아니죠. 부담이 됐던 거죠. 그래서 검수 검탄하는 막장 안에 CCTV를 설치해가지고 (부비끼가 없어졌어요)"(김창완).

(A급 비율을 줄이면) 원위치죠. 자꾸 깎이니까는. 회사측에서는 뭐 처음에는 (임금인상) 해준다고 하지만 이리 하다보면 한 한두 달 있으면 없어져버리고. 그렇다고 안하면 '당신들 집에 가 쉬시오', 또 노동운동한다고 그러면 '집에서 쉬시오' 이런다고. 그러니 뭐 말을 하려고 참 서운하다고 말을 하려고 해도 이게 실제로 안 되니까 말을 못하는 거지"(진병두).

우리나라의 탄광에서는 이처럼 열악한 작업환경 속에서 도급제로 인하여 높은 노동강도의 무리한 노동을 감행함으로써 각종 재해와 직업병이 증가했고 타 산업에 비하여 많은 노동자들이 희생을 당했다. 그래서 1980년대 이후 탄광의 파업 때마다 '도급제 철폐'가 노동자들의 1차적 요구사항으로 대두되었던 것이다. 도급제는 탄광노동자들에게 '일한 대로 받는다'는 인식을 내면화시켜서 광부들 스스로 노동강도를 극대화하게 하는 효과가 있었다. 그러나 실제로는 작업여건에 따라서 동일한 노동을 투입하더라도 생산실적에는 차이가 컸으며, 도급제 임금이 노동량을 적절하게 반영한다고 보기는 힘들었다. 더욱이 복잡한 도급단가표와 임금계산방식 때문에 기업주의 자의적 판단이 개입될 여지가 많았다. 그리고 막장의 작업조건이 생산실적과 임금을 좌우하므로 작업배치(방우리)를 담당한 감독의 권한이 막강했으며, 노사분규시에도 감독들의 불공정한 작업배치가 흔히 광부들의 비난의 대상이 되곤 했다.

"이제 채탄 같은 데도 돈벌이나 되는 데가 있고 안 되는 데가 있고, 굴진 같은데 보면… 그럼 여기는 좀 돈벌이가 되고 여기는 돈벌이가 좀 안 되거든요. 그래 그걸 뭐라고 할까. 와이로라 할까. 이제 뭐 계장이나 감독들한테 술 한 잔 사주고 뭐 어디 놀러 가는데 뭐 이렇게 하면서 할 수 있지만, 그리고 좀 비기 싫은 놈한테 이제 여건이 좋지 않는데 밀어 넣고 이런 게 없다고 볼 수는 없어요. 있지요"(신기보).

6) 탄광노동자들의 생활세계

(1) 현물급여와 비싼 물가

탄광노동자들의 임금형태는 도급제도였으나 절대액에 있어서는 1980년대 이전까지는 제조업에 비해 적지는 않았다. 그렇지만 탄광의 임금지급은 1960-1970년대에는 대부분 현물급여의 형태를 띠었다. 탄광에서는 쌀을 지급했으며, 등록금이나 기타 생활비로 현금이 필요하면 쌀이나 혹은 쌀전표를 15-30% 할인(와리깡)하고 되팔아서 현금을 마련했다. 특히 덕대 탄광들의 경우 현금을 주는 것은 일 년에 추석과 설 두 번뿐이었으며, 그나마 그동안 미리 타서 쓴 쌀값을 제하고 나면 실제로 손에 쥐는 돈은 몇 푼 되지 않았다고 한다.

"제가 다닌 쫄닥구뎅이 이런 데는 뭐 어떤 임금 날짜보다는 매달 한번씩 배급 한번씩 준다… 뭐 추석이나 구정이나 뭐 이럴 때 인제 봐서 뭐 임금을 인제 공제 다 하고 난 뒤에 남은 기 있으면 주고. 그 명절 때도 할 때가 있고, 중간중간에 인제 탄광이 좀 돌아가면 줄 때도 있고 (그렇지만) 심지어는 명절 때도 돈 못 타가는 사람이 천지야, 그 당시에는. (그 중간에 갑자기 학비라도 필요하고 그러면 어떻해요?) 그니까 쌀, 전부 쌀로 다 한다구… 당시 중간에 아쉬우면 가서 쌀 전표 끊어달라 그러구. 쌀전표 끊으면 하리(할인)가 엄청 쎄다고… 쌀 장사 집에 가면 보통 뭐 그럼 뭐 20%, 30% 막 손해를 보는 거라. 그 당시 쌀장사하구 연탄집이 돈 많이 벌었어요. 그게, 그것두 이상한 게 뭐냐면은 쌀전표 팔잖아요. 아무한테가도 안 줘. 그게 인제 대략 어예 되냐 그러면은 사장 친척쯤 되는 게 하나 있어, 이게. 이 사람이 전표 사는 사람이여. 어떤 경우는 말이지 나쁜 사람은 고의적으로 월급 안 주고 전표처리만 하는 거라"(지광청).

지리적으로 고립된 지역에 건설된 태백 탄전지대에서는 물가가 가까운

영월에 비해 30%는 높았다고 한다. 타 산업의 노동자들에 비해서 탄광의 임금이 다소 높았다고는 하지만 높은 물가와 전표제도 등으로 저축을 한 광부들은 거의 없었다. 그나마 자기 집을 장만하고 자식교육을 시킨 사람이 가장 성공한 경우라고 한다.

"먹고사는 거는, 밥 먹는 거는 먹고사는데 돈은 못 모아요. 광산 오래 한 사람한테 물어봐요, 돈 번 사람 있나"(김경문).

(2) 주거생활

태백 탄전지대의 주거환경은 매우 열악했다. 경사도가 45도에 가까운 산간지대의 협곡에 갑자기 탄전이 개발되자 도로나 상하수도 등의 도시인프라를 전혀 갖추지 못한 채로 탄광촌이 형성되었다. 탄광노동자들의 증언에 따르면 개광 이후 1960년대 초까지도 산비탈에 움막을 짓고 사는 경우도 드물지 않았다.

"집이! 지금 뭐 집이 요새처럼 뻔듯합니까? 그 뭐 저 산에 나무 몇 개 비다가… 그래 산에 가가지고 억새풀, 억새 그걸 베어다가, 엮어갔고 그냥 지붕 해가지고 옛날에 살았어요… 그러니까 방을, 뭐 두 개 꾸리고 부엌 하나 이렇게 해놓고, 그냥 그 뭐 되는 대로 머심아는 머심아끼리 그냥 여자는 여자끼리 그렇게 하는 거죠 그냥"(박영봉).

그후 광산 근처에 불규칙하게 주택이 건설되다가 1970년대부터 대탄광을 중심으로 집단적으로 사택을 건설했다. 정선군 사북읍 동원탄좌의 경우를 보면 1973년 중앙사택을 시초로 새마을 사택과 지장산사택을 연이어 산중턱에 건설했다. 그러나 1970년대 말까지는 대탄광의 경우에도 사택의 절대수가 부족했으며,[26] 그나마 조광이나 하청 덕대업체 등 영세

26) 1980년도 한 조사에 따르면 동원, 정암, 함태, 그리고 장성 광업소의 사택보급률은

탄광들은 사택을 보유하지 못하여 많은 광부들이 월세나 하숙으로 살았다.[27]

탄광촌의 사택들은 좁은 면적에 대량 입주의 목적으로 1동 4세대부터 10세대의 연립형태로 건립했으며, 거주환경이나 미관을 고려치 않아 병영막사와 같은 느낌을 준다. 대부분 시멘트 블록에 평슬레이트 지붕을 얹었고, 천장은 베니어 합판을 이용했기 때문에 추위를 견디기 어려웠으며 같은 동 내에서는 방음이 전혀 안 되어 개인 사생활을 가질 수 없었다. 더구나 확대가족으로 가구원수가 많은 가정이 많아서 한방에 4-5명이 함께 생활해야 하는 경우도 많았다. 식구에 비해 턱없이 좁은 협소한 사택구조 때문에 대부분의 가구는 사택의 양옆으로 가건물을 달아내어 사용하기도 했다(정암, 1989).

> "보통 (식구가) 일곱 여덟 됐는데, 한 사택 가지고도 빳빳했어요. (기침) 그러니까 뭐 꼭꼭 끼어 자다시피 했죠. (웃음) 그래가지고 마 도저히 안 되가지고, 집이 옆에다 다락을 하나 달아가지고, 다락을 달아가지고 거서 생활했죠. 형님은 거다 자고"(김경문).

또한 화장실은 3-40세대마다 한곳씩 공동변소를 사용해야 했다. 베니어 합판으로 엉성하게 만든 문짝은 떨어져나가기 일수여서 가마니를 걸쳐 놓고 사용했으며, 그나마 겨울이면 대변이 얼어붙어 사용할 수도 없었다(박철한, 2001).[28] 탄광촌에서 물사정은 더욱 큰 문제였다. 산비탈의 일반

자가거주를 제외하면 58% 정도에 그쳤다(김남각·유승룡, 1980).

27) 실제로 정선군 고한읍 두문동 사람들의 경우 동원탄좌나 삼척탄좌와 같은 대탄광에 취직하려 해도 사택에 들어가지 못하여 두문동에서 다녀야 했다. 그런데 당시만 하더라도 걸어다니는 것 외의 교통수단이 없었는데 걷기에는 너무 멀어서 대부분 대탄광으로 옮기지 못하고 두문동 근처의 영세 탄광에서 일했다고 한다(박영봉, 지광청).

주택에 사는 사람들은 산 밑의 우물까지 물을 길러 다녀야 했고,[29] 사택에서도 대부분 공동우물을 사용했다.[30] 이처럼 지독한 물사정 때문에 겨울이면 눈을 녹여 취사에 사용하기도 했으며, 땀과 탄가루로 범벅이가 된 작업복을 씻지도 않고 걸어두었다가 다음날 그대로 입고 나가는 경우도 비일비재했다. 대탄광 일부에서 공동목욕탕이 있었던 경우에도 세숫대야에 물을 떠다가 빨래도 하고 몸도 닦는 정도에 불과했으며, 샤워가 가능해진 것은 1980년대 이후였다.

> "그때는 그런 시설(목욕탕)도 없고, 그때는 사실적으로 보면은, 일 갔다 와갔고 씻지도 못하고 그냥 자고, 그냥 일 나가고 그런 사람들이 허다했어요. 그때 이런 데는 그래도 물이 편하고 한데, 저쪽 위에는 물이 없어요. 그믄 물이 이만큼 빠지면은, 그 여자들이 그 물을 이고 동이를 여날라야 되는데, 여나르는 사람이 없잖아요. 그믄 남자가 지게 들고 하는 경우가 많은데, 남자들이 일 나갔다 오면 술 한잔 먹고 뭐 이래갔고 늦게 오잖아요. 그럼 자버려. 그렇게 하면은, 그냥 씻는 것 이런 것도 없었습니다. 그냥 집에서 그냥 술 한잔 먹고 자다가 그냥 다시 일 나가요. 새까매가꼬 일 나가요. 물이 없어가지고 그래요"(박영봉).

---

28) 갱내에서도 화장실 시설이 제대로 없어서 아무데나 대소변을 보고 탄 속에 파묻어 밖으로 내보내는 일이 허다했다고 한다. "(근무중에 화장실은 어떻게 하셨어요?) 아 그건 편한 대로 적당히. 그니까 그 광차 안에 인제 실려나가니까. 또 그것을 이렇게 해서 볼 일 보고 퍼서 실어내고 또 묻고. 머 그렇게 했죠. (광차 안에 실었다고요?) 탄하고 같이 이렇게 실어서 내보내야지 우리가 근무하는 데 놔둘 순 없지 않습니까. 그렇게 파고 묻고. 그게 당연한 거지 뭐. 짐승들이 산에서 뭐 뭘 먹고 살고 어따 배설하는가를 묻는 거랑 똑같죠 뭐"(김덕희).

29) 당시에는 물사정이 어려워 우물에서 물을 길어다 사용했으며, 어린 선탄부들에게는 감독이나 검탄(원)들이 물심부름을 시키기도 했다. "선탄부로 처음 일할 때 검탄이 집에 심부름시키고 물을 몇 지게 떠다주고 오면 일당 10원씩 더 주었다"(지광청).

30) 박철한(2001)은 공동우물터를 광부들이 즐겨 찾는 선술집과 함께 저항 담론의 장으로 해석하고 있다. 공동우물은 지독한 물사정으로 생겨난 광경이지만 다른 한편으로는 우물방송이라고 하여 커뮤니케이션의 장으로 활용되었던 것이다.

그리고 주거환경 역시 도로포장이 안 되어 비나 눈이 오면 시커먼 진창길로 바뀌어 "마누라 없이는 살아도 장화 없이는 못 산다"는 말이 있을 정도였다. 탄광촌 전체에 탄가루가 흩날리고 석탄먼지로 인한 공해가 심각하여 주택가의 어린아이들까지 진폐증에 걸리기도 했다(김세건, 2005).

(3) 사회적 고립과 편견(술과 폭력)

역전의 저탄장에 산더미처럼 쌓인 시커먼 탄더미와 먹물 같은 개천을 배경으로 일렬로 늘어선 사택을 보고 기차를 타고 지나가던 도시의 어린아이가 웬 개집이 저렇게 늘어서 있느냐고 했다는 일화가 탄광촌 주민들 사이에 널리 회자되고 있다는 사실은 탄광노동자들이 겪는 사회적 고립감과 상처를 상징적으로 표현해준다. 광부의 아내들은 그 때문에 친정식구들이 광산촌을 방문하려고 하면 반가운 마음을 감추고 오히려 오지 말라고 할 정도였다.

"이제 그 책에도 이제 나와 있는 데두 있어요. 애들이 열차를 타고 사북역을 지나가는데, 응 사북을 이렇게 내려다보고 막 이제, 그 이제 70년대 그때 얘긴데. 지나가면서 애가 뭐라 그러냐면, '엄마, 엄마! 여긴 왜 이런 개집이 이래 많아?' 도회지 애들이 봤을 적에 참 돼지우리처럼 보일 수밖에 없어요…

그래서 여자분들이 시집을 와가지고 말이죠, 친정 친척들이 어예 사는가 가볼라고 그러면 '오지 마라' 그래요. 그 모습이 보이기 싫어가지고. 우리가 갈 테니께네 오지 마라 그러구. 사실 그게, 여자들로 봤을 적엔 그게 하나에 큰, 참 애환서린 삶 아닙니까, 말이지. 친정 식구가 자기집에 찾아온다 그러면 얼마나 그 반가운 일이에요? (그런데) 오지 마라 그럴 정도면은…"(이원갑).

"광산근로자들을 대도시에서는 사람취급을 안합니다. 그래서 저도 결혼을 늦게 했는데, 결혼을 인제 서른여덟에 결혼을 했어요"(신기보).

비싼 물가와 열악한 주거환경보다 탄광노동자들을 더 힘들게 한 것은 광부들이라고 하면 으레 술 먹고 싸움질이나 하는 것으로 치부하고 인간 대접을 않으려는 사회적 편견이었다. 깊은 산골에 탄광이 개발되면 제일 먼저 생기는 것이 술집이라고 할 정도로 음주는 광부들에게는 매일의 일상이었다. 사실 광부들이 퇴근 후에 가장 많이 들른 곳은 술집이었다. 당시에는 큰 탄광이라고 해도 여가라고 해야 일 년에 한 번씩 막걸리와 돼지고기를 놓고 광업소 대항 체육대회를 열어주는 것이 고작이었으며, 광부들에게는 술 마시는 것 이외에 달리 여가를 즐길 만한 거리도 없고 여유도 없었다. 고열과 분진 속에서 중노동에 찌든 광부들이 지친 몸을 추스르고 휴식을 취할 수 있는 유일한 공간은 퇴근 후에 들르는 막걸리집 뿐이었다.

"'야 목 컬컬한데 한잔하자' 이래가지고 일 나간 날은 거의 한잔씩은 했을 거예요. 왜 그러냐면은, 그것도 친구가 있어야 술을 먹는 거고, 또 열 명 일하면 열 명, 다 몰려가서 한잔하고 그러니, 그래 뭐 그 매일 술 먹을 이유가 없겠습니까 그죠?"(김덕희).

"그러면서 그 사람들이 또 뭔가 그러면은, 사실 음, 그 이제 그렇게 탄을 캐고 그렇게 노동에 시달리다 나오게 되면은 우선 사람이 왜 그 저, 농촌에서 일을 해도 뭐, 막걸리 시원한 거 먹고 싶잖아요. 그럼 이제 그 사람들이 나오면서 우선 동료들 보고, '야, 오늘 막걸리 대포 한잔하세.' 인제 이런단 말이에요. 그럼 가서 술집에서 술 먹는 거라. 술을 마시는 거요. 그래 이제 한잔 먹고, 응 그러다 보니까 이, 중노동에 고단한데다가 속 비었는 데다가 술 마시고 말이죠. 이러다 보니까 가끔 가다 보면 길가에 쓰러져 있는 사람이 많았어. 그러면 그게 이제, 외지에서 보는 눈은 어떤나 그러면 만날 주정뱅이처럼 이래 보이는 거라. 그러나 그 사람에 내부적인 것은 그 그런 게 아니고, 실제로 뭐 그런 일부 중에 한두 사람은 있겠지. 또, 집에 가도 재밋거리라는 게 (없어요)

동료들끼리 인제 막걸리 마시는 그 순간이 참 자기로서는 그 시간이 가장 즐거운 시간이라, 그게"(이원갑).

태백시에 화려한 술집이 많았다지만 일반 광부들은 막걸리집에 들르는 것이 보통이었다. 체력의 소진으로 술에 취해 길에 쓰러져 있는 시커먼 광부들은 외부인의 눈에는 주정뱅이로도 보였겠지만, 탄광노동자들은 술 마시던 순간이 가장 행복했던 시간이라고 회상하고 있다. 지옥 같은 막장에서 방금 올라온 광부들에게 막걸리집은 휴식처이고 복지시설이었다. 그곳에서 눈만 빼놓고 온통 새까만 광부들이 둘러앉아서 서로의 문제를 고민하고 어용노조를 욕하고 회사의 부당한 처사에 공분을 나누면서 즐겁게 밤을 새워 술을 마셨던 것이다. 술집이야말로 사택촌의 빨래터(공동우물가)와 함께 국가와 자본의 지배이데올로기에 대항하는 저항담론의 장이었으며, 그 속에서 탄광노동자들은 노동계급의 연대성을 키워나갔다고도 볼 수 있다(박철한, 2001).

한편 일상적으로 술을 먹다 보면 으레 주먹질이 오가는 일도 잦았겠지만 탄광촌의 (조직적) 폭력은 이와는 다른 근원을 가지고 있다. 박정희 정권은 쿠데타로 집권한 후 깡패들을 모아서 '근로대'를 결성했으며, 이들을 초기에 태백 탄전지대의 도로건설에 동원했다. 이들 중 일부는 공사 완료 후에도 탄광지역에 눌러앉아 폭력배가 되었으며, 어용노조 간부들 중에도 폭력배 출신이 적지 않았다. 감정의 폭발에 따른 사소한 폭력과 조직폭력의 잔재는 구분해야 하며, 조직폭력에 대해서는 일반 광부들은 피해자인 셈이다(유범상 외, 2003: 116). 대부분의 구술자들은 오히려 위험한 작업현장에서 함께 일하는 탄광노동자들 사이에는 갈등과 폭력보다는 깊은 신뢰와 동료애가 자리잡고 있었다고 증언하고 있다.

"광부가 무식하다고 하는데 절대 싸움 한번 안 해요. 술 먹고 이러는 거는 솔직히 있고 말하다가 싸움도 하고 그러겠지만, 대다수 같은 동료끼리는 안 싸워요. 어디 사고 났다거나 하면 좇아가서 도와주고. (그러지 않고는 그 위험한 상황에서 작업이) 이루어질 수가 없죠"(진병두).

"(그럼 동료들하고는?) 친하지. 형제같지. (갈등은 없으셨구요?) 갈등 있는 사람들은 잘못되는 거예요. 왜 그러냐면은-, 집에 마누라보다는 내 동료가 더 중요하고 더 가까운 사람들인데. 내형제보다도 가깝고. 같이 일하는 사람들은, 음. 참 몸은 두 개래도 한마음 한몸으로 일을 해야만이 실적도 내고 안전하고 그래. 그 나는 뭐라고 생각하느냐면, 우리는 매일 전쟁을 하고 있었던 거야. 뭐냐면 자연과의 전쟁. 그 그러니까 그 아군이라고 같이 일하는 사람이 전투를 같이하는. 그렇게 생각하면 되지. 산업전사라고 말로만 산업전사가 아니라 자연과 싸우는 데 같이 일하는 사람은, 같은 편이고 인제 그 동료기 때문에. 그게 그 광부의 심리였지"(김덕희).

한편 광산지역의 지리적 고립과 외부사회로부터의 사회적 고립은 내부적 동질감을 가져왔다. 단지 동일한 직종과 동일한 직장에 종사한다는 점에서 한 발 더 나아가서 물리적이나 사회적으로 극한 상황에 처해 있다는 공통적 자각이 남달리 동료의식을 강하게 한 것으로 보인다. 탄광노동자들은 흔히 자신들을 '막장인생'이라고 부른다. 이는 사회로부터 적응에 실패하고 바닥까지 내몰린 자신들의 처지를 언제 죽을지 모르는 위험이 도사린 막장에 빗대어 자조적으로 이르는 말이다. 그렇지만 바로 그처럼 사회적 물리적으로 극한적 위험에 내몰렸다는 공통적 인식이 탄광노동자들 사이에 짙은 유대감과 동료애를 가져온 것이다(김용환, 김재동, 1996). 광산노동자들 사이의 이 같은 내부적 동질감과 유대감은 흔히 자연발생적인 폭력적 저항을 불러오는 토대가 되기도 했다(Allen, 1981).

6. 탄광 노동운동과 지역운동

1) 어용노조와 1980년 사북항쟁

국가는 에너지 위기 속에서 석탄증산을 위해 탄광기업을 비호하는 가운데, 탄광업주들은 작업시설이나 안전시설에는 투자하지 않고 도급제를 이용하여 노동자들의 임금을 착취하고, 탄광노동자들의 복지후생은 외면했다. 이런 상황 속에서 탄광노동자들이 의지할 노동조합은 철저하게 어용화되어 오히려 기업주의 이익을 대변할 뿐이었다.

"70년대 80년대 뭐 노동조합 전부다 어용노조잖아요. 전부다 회사편이지, 노동자 편이 어디 있습니까? 회사 편을 들어야 지들도 편하고 하니까, 맨날 그런 쪽으로 해갔고, 싸움이 나고 맨날 그랬죠… 깡패들을 데려다 놓고, 뭐 조직부장이다 뭐 해가지고는 그 당시에 보면은, 크게 그 노조 운영하는 사람들이 전부다 깡패였어"(박영봉).

"노동부에 가도 노동부도 회사측이지. 광산도 노조라는 게 있었는데, 광산에서 노조 있어봐야 뭐 빚진 거 얼마냐고 해서 (회사가) 다 갚아준대. 회사가 자기 사람 만드는 거지. 그러니까 사실 지부장이 누군지도 모르고 뭐 지부장이네 이러고 말죠. 뭐 지부장이 되기만 하면 뭐 몇천만 원 생긴다고 (지부장 되느라) 들어간 것 다 나오고도 남는다고… 그리고 (조합활동을) 악착같이 하다보면 '집에 가 쉬시오' 그런 거지. 그러니까 감히 말도 못 하고. 또 이것도 광부는 노동조합 몇 번 한 사람들은 딱딱 취직도 잘 안 돼. 그래서 감히 그런 소리도 하지도 못하고 우리는 관심 없었어요. 말 한마디도 못 하고"(진병두).

탄광기업은 대의원을 매수하여 회사가 미는 사람을 노동조합 지부장으로 선출하게 했다. 동원탄좌의 경우 대의원 선거 당일 당선된 대의원

전원을 관광버스에 싣고 속초 등지로 여행을 간 후 지부장 선거 날 오전에야 회사로 돌아옴으로써 회사가 지지하지 않는 지부장 후보는 대의원을 접촉할 수도 없었다. 심지어 투표시에도 기표하는 자리를 오른쪽 왼쪽 아래쪽 등으로 비밀리에 지정해줌으로써 사실상 공개투표화했으며, 회사가 미는 후보를 찍지 않으면 바로 블랙리스트에 올려 태백지역 탄광에는 취업할 수 없도록 만들었다.[31)]

"그 당시 선거 자체가 인제 간접선거해서 이름 가지고 선거 안했습니까. 오늘 대의원 선거를 하게 되면은, 이로부터 한 1주일 후가 지부장 선거하고 맞물려져 있는 거에요. 그래가지고선, 오늘 대의원이 선출되게 되면은 회사에서 환영파티를 연다고 오라 그래요. 딱 모아가지고 버스에 싣고 강릉이나 속초 뭐 이런데루, 설악산 뭐 이런데 가버려요. 갔다가 1주일 후에 선거날 딱 나타나니까. 그렇죠. 공수처리 하고 하니까 뭐 그 사람들이야 가서 실컷 잘 얻어먹고 뭐 돈 몇 푼 받아가지고 오고 하니까. 그러니 회사에 잘못 보이면은 지부장이 될 방법이 없는 거라, 또 그러니까 지부장은 회사에 잘 보여야 다음에 지부장이 되는 거지, 광부들한테 잘 보여 가지고는 지부장 될 일이 없어요. 그리고 또 그 다음에 선거하는 표에다 니는 요짝에다 찍어라, 니는 뭐 이쪽, 니는 뭐 이렇게 칸을 미리 정해줘요. 누가 찍었나, 안 찍었나 표가 또 나타나는 거야. 그니까 요거는 회사에서 만들어주는 지부장이지, 그니까 광부들이 선거하는 지부장이 되질 못했단 말이에요. 그러다 보니까 이건 뭐, 지부장 임기가 그때 3년일 때였는데, 지부장 3년 동안에 지부장 얼굴 모르는 사람은 무지하게 많아요"(이원갑).

뿐만 아니라 대탄광은 관련 정부기관과 밀착하여 어용노조와 회사 측,

31) "그러면 여서 싫으면 저짝으로 가버리면 될 게 아니냐, 이렇게들 생각을 하는데, 그게 아니고 한군데서 밉게 보여서, 회사에서 일단 해고가 되게 되면은, 다른 데 그니까 타 광산 기업주들끼리 사장들끼리 전부다가 묶계가 돼 있어가지고 절대 안 받아줘요. 그러니까 할 수 없이 회사가 시키는 대로 해야 돼. 붙어 있을라면 시키는 대로 해야 된단 말이에요"(이원갑).

그리고 지역경찰이나 도청, 군청, 심지어 사법부까지 긴밀하게 연계되어 있었다.[32] 이런 상황 속에서 배운 것 없고, 가진 것 없고, 빽 없는 가난한 탄광노동자들은 회사의 관리자들로부터도 비인간적인 대우를 받기 일쑤였고 부당한 처사에 이의를 제기하고 싶어도 언제 해고될지 몰라 말도 못 하고 가슴속에 응어리를 안은 채 살아갈 수밖에 없었다. 그러나 이러한 울분은 1980년 소위 '서울의 봄' 당시 국가권력의 억압과 통제가 이완되는 정치적 공백 속에서 폭발적으로 분출하여 사북항쟁을 가져오게 된다. 광부들의 가슴속에 맺힌 응어리는 동원탄광 어용노조 이재기 지부장에 대한 반대투쟁을 매개로 1년여를 지속되다가 마침내 1980년의 정치적 공백기에 폭발적으로 터져나왔던 것이다.

> "그게 결국은 어용노조 때문에 그렇게 된 거예요. 나쁜 놈이죠. 회사에서는 이재기를 감싸고 같이 움직였으니까, 노동자들이 일어난 거예요. 회사가 노동자들의 말을 10퍼센트라도 좀 들어줬으면은, 이런 일이 안 나타났죠"(박영봉).

> "차를 앞에 막았는데 차가 그냥 (밀고 갔어요). 안 그랬으면 그렇게 데모가

32) 사북항쟁은 계엄하에서 발생했으므로 군법회의에서 재판을 받게 된 것을 당시 관련자들은 행운으로 생각한다. 왜냐하면 보안사에서 고문으로 고생은 했지만 군법무관들은 탄광업주 측과 평소 연계가 없어서 오히려 공정한 재판을 받을 수 있었다고 한다. 이들은 경찰 사망자 1명, 노동자 사망자 1명 등 인명사고가 나고 지역을 점거하고 무기고까지 점거했으며, 당시 언론에 엄청난 폭동으로 묘사된 것에 비하면 주동자인 이원갑이 징역 2년 6월에 집행유예로 나오는 등 6명이 집유, 나머지 54명은 모두 재판에 회부되지 않고 석방된 것은 예상보다 가벼운 형량이었다고 회상한다(이원갑). 한편 이들의 희생으로 사북항쟁 이후 탄광노동자들의 상태는 다소 개선되었다. 목욕탕이나 아파트 등의 복지시설도 건립되고 무엇보다도 탄광노동자에 대한 대우가 어느 정도 개선되었다. "(사북사태 이후에) 예, 많이 달라졌죠. 노조나, 모든게 많이 달라지고, 기업들도 달라지고, (어떤 게 달라졌죠?) 대우도 달라졌고. 일단 말투가 하나 달라졌고, 여기 언어가 달라졌고. 또, 그 막장에 들어가면은 감독관들이 전에 하던 거하고도 달라졌고. 회사에서도, 임금이라던가 이런게 보면은, 조끔씩 다 달라졌죠"(진병두).

안 일어나지. 거의 지부장 나와서 얘기하고 뭐 그랬으면 그때 아마 사건은 그렇게 되지는 않았을 기야… 임금인상 때문에 지부에 가서 떠들고 이런 게 그 어용노조가 되다보니까, 이제 종업원들하고 대화를 하지 않았거든. 뭐 임금인상 할 때도 지부장 얼굴도 안 보이고 그리 돌아간 거지. 그 쌓였던 게 조금씩 쌓였던 게 그냥 모이니까 그렇게 된 거지"(진병두).

2) 1988-1992년 1차 석탄산업합리화와 1995년의 지역주민운동

우리나라의 석탄산업은 1988년부터 1992년 사이에 실시된 1차 석탄산업합리화 정책의 결과 중소영세 탄광의 대부분이 폐광되었다(대한석탄공사, 2001). 1998년 이후 실시된 대탄광의 폐광 때와는 달리 1차 석탄산업합리화 때에는 탄광의 노동자들은 밀린 임금도 제대로 받지 못하고 실직당한 채 각지로 흩어지고 말았다. 당시 석탄산업합리화 초안에서는 광부들은 정부로부터 아무런 지원도 받지 못하고 업주들만 투자시설에 대한 보상금을 받게 되어 있었을 정도로 광부들에 대한 대책은 미미했다. 그후 실시 단계에서는 최대 2개월의 체불임금과 약간의 위로금을 석탄산업합리화 기금에서 노동자에게 지급했다.[33] 그러나 합리화 사업을 둘러싼 논란이 수년간 진행되는 동안 영세 업주들은 대부분 1년 이상 장기 체불하는 것이 다반사였으므로, 폐광 당시 노동자들은 밀린 임금도 다 받지 못하고 광산을 떠나는 것이 대부분이었다(정헌주, 2005).

"늦게 합리화된 사람들은 그래도 뭐 몇 억씩 하는데, 처음에 합리화 된 사람들은 제일 못 받았잖아요. 근데 뭐 다 흩어져서 어디 뭐 하는지도 모르니까 못

33) 폐광대책비로서 노동자에게는 퇴직금의 75%, 2개월분의 임금, 1개월분의 실직위로금 그리고 약간의 생활안정금과 이사 및 구직활동비 등이 지급되었다. 그러나 폐광대상이었던 영세탄광들의 경우 실질적으로는 대부분 퇴직금을 지급하지 않았고 임금도 몇 개월씩 체불한 상태였기 때문에 임금 이외에 탄광노동자들이 받은 돈은 1개월분의 임금과 약간의 위로금이 전부였다(대한석탄공사, 2001).

찾는 거지. 처음에 합리화된 사람은 몇 푼 못 찾았어요"(진병두).

"그래서 처음에, 이 폐광될 때 보면 쫄딱구뎅이들이 다 폐광이 되잖아요… 큰 대가리는 제일 나중에 폐광이 됐어요. 그니깐 정부에서도 (88년경) 처음에는- 그 폐광 대책비 개념을 위로금 더하기 체불임금 보전 정도 그 정도로 책정해서 적게는 삼백, 뭐 많아야 뭐 천만 원 했죠-. (합리화 과정에서 나중에 보상비가 차이가 많이 납니까?) 엄청나게 달라졌죠-. 89-92년 사이에는 그때 거는 별게 없더라구요-. 아까 말씀드린 것처럼 그 체불임금 플러스 약간의 뭐하고 끝이더라구요. 그게 어떻게 된 거냐면요- 89년부터 합리화하던 시점이잖아요. 그리고 실제로 일정 규모 이상 연간 뭐 백만 톤 오십만 톤 이상 탄광들이 이십 개가 안 됐더라구요- 나머지 전부 쫄딱구뎅이였거든요. 그니깐 그 쫄딱구뎅이 정리하다 보니까, 그 쫄딱구뎅이 많아야 한 오십 명, 쪼끔 커봐야 백 명 이하거든요. 그 사람들은 그냥 보상비 받고 쫓겨날 수밖에 없었어요. 근데 제 기억으론 98년도 같은데, 98년도에 폐광이 쭉 진행이 되면서, 그때 남아 있는 탄광들은 대규모 탄광들이죠. 그때는 이게 문제가 딱 되면 그땐 모이거든요. 그니깐 그거를- 98년도에 그 광노에서 주도했어요. 그게 인제 98년 9월 9일 날 사북에서 궐기 대회를 하면서 정부하고 합의 본 게, 그렇다면 구조조정 과정에서 폐광되는 실직 노동자들에 대해서는- 폐광 대책들을 인정해주자. 그래서 13년 이상은 뭐 몇 개월분 해서 결정된 거예요. 그래서 거기에 적용받는 사람들은- 많으면 1억- 1억 한 오천 이렇게 받아요. 퇴직금까지 합하면- 보통 지금은 2억 이상 받고… 그니깐 그게 초기하고 99년도하고는 (많이 달라졌지요)… 쫄딱구뎅이 사람들은 상당히 고립 분산되어 있었기 때문에 그 사람들이 뭉칠 만한 계기나 이런 것들이 전혀 없었고-. 거의 대부분이 노조가 결성되어 있는 데가 거의 없었어요"(김창완).

사회적 지리적 고립에 따른 내부적 유대는 흔히 탄광노동자들의 단결력으로 연결되었으며, 이는 때로는 극한적 투쟁으로 이어졌다(Allen, 1981). 영국이나 일본의 경우 정부의 석탄산업합리화에 따른 폐광에 직면하여 탄광노동자들은 치열한 투쟁을 보여주었다. 그러나 우리나라의 경우 88년부터 실시된 1차 석탄산업합리화 과정에서 3년 만에 대부분의 중소 탄광들이 폐광되었음에도 불구하고 별다른 저항을 보여주지 못했다. 우리나라의 탄광노동자들도 앞에서 보았듯이 1980년에는 사북항쟁을 통해 폭발적 투쟁력을 보여주었다. 그러나 막상 폐광의 위기에 직면해서는 별다른 저항 없이 흩어져버리고 말았다. 이는 우리나라의 탄광노동시장이 대탄광과 중소영세 탄광으로 분절화 되어 있었던 점과 무관하지 않다. 탄광노동시장의 분절구조는 초기 석탄산업합리화에 대한 노동자들의 조직적 대응을 가로막은 배경이라고 보인다. 당시 하청덕대 탄광의 노동자들은 평소에도 빈번한 노동이동으로 조직화가 힘든 상황이었으며, 기껏해야 모광의 노동조합에 소속되어 대의원을 할당받는 것이 고작이었다. 그리고 대탄광 노동조합은 남의 일로 치부할 뿐이었다. 대탄광노동자 중에는 심지어 정부의 석탄산업 지원금이 '선택과 집중'의 원리에 따라서 대탄광에 집중되면 자신들에게는 더 유리할 것이라는 정부의 주장을 그대로 믿는 경우도 있었다. 그 결과 정부에서도 놀랄 정도로 3-4년 만에 아무런 저항 없이 중소영세 탄광의 대부분이 폐광되고 광부들의 수도 반이하로 격감했던 것이다.

1차 석탄산업합리화 이후 폐광탄광의 실직 노동자들은 대부분 탄광지역을 떠나갔으며, 그 결과 인구가 격감하고 지역경제가 피폐화되었다. 이에 따라 소상인들을 중심으로 한 주민들의 지역경제살리기와 폐광대책 주민운동이 활발하게 일어났다(조승현, 1999; 이선향, 2005; 원기준, 2005). 당시 고한, 사북 및 태백지역의 주된 세력은 남아 있는 대탄광 노동자들과 지역소상인들인데 폐광대책 지역주민운동에서는 오히려 지역소상인들이 주도권을 장악했다. 지역주민운동의 결과 폐광지역특별법이 입법화되어 대우, 현대, LG 등 대재벌기업들로부터 이 지역에 대한 투자제안서를 받기까지 했으나 1997년 말 외환위기로 수포로 돌아가고 2000년 카지노

(강원랜드)를 건설한 것이 뜻밖의 성공을 거두어 지역경제가 어느 정도 되살아났다. 그러나 민영 대탄광들이 2004년 말 동원탄광을 마지막으로 모두 폐광되자 강원랜드 하나만으로 지역경제를 부흥시킬 수 있을지는 의문시된다. 또한 늦게서야 대탄광에서 실직한 노동자들이 자신들의 일자리 대책을 요구하지만 강원랜드에는 45세 이상 된 탄광노동자들을 위한 일자리는 거의 없으며, 마땅한 대체산업 육성도 그리 용이하지는 않은 실정이다.

7. 맺음말

1960-1970년대 탄광산업의 특징은 중소영세 탄광과 대탄광이 양립하는 이중구조를 특징으로 한다. 이러한 탄광산업의 이중구조는 국가와 자본 및 노동의 상호작용을 통해 형성된 것이다. 국가는 광업법상의 광업자영주의 원칙에도 불구하고 조광권을 확대하고 나아가서 불법적인 덕대경영을 묵인해왔다. 또한 1973년과 1979년의 석유파동 이후로는 증산극대화 위주의 석탄산업 지원정책을 실시하고 저탄가정책으로 영세 탄광들이 생산하는 저열량탄에 대한 수요를 확보해줌으로써 사실상 영세 탄광들의 이삭줍기식 채탄을 독려하기도 했다. 한편 광구를 독점한 대탄광들도 기계화를 통해 생산성 향상을 적극적으로 시도하기 보다는 인력투입 위주의 재래식 위경사승붕락채탄법에 안주했다. 이는 탄층의 부존여건이 열악한 지역이나 재채굴지역을 덕대에게 임차경영케하여 위험부담을 전가하고 분철료를 거두어들일 수 있었기 때문이다.

탄광업의 덕대유형을 보면 생산과 판매 모두에서 독립성을 지니는 조광과 위장덕대, 그리고 판매권이 없는 생산하청, 즉 사외도급이 있고, 그 하부에 극히 영세한 노동자집단이라고 할 수 있는 모작이 있다. 그리고 조광이나 덕대로부터 다시 덕대계약을 맺고 경영하는 분덕대가 불법적으로 존재하기도 했다. 중소영세 탄광들 특히 그 대부분을 차지하는 덕대 탄광들은 탄층의 부존여부가 불확실한 지역이나 재채굴 지역을 모광으로부터 청부받아서 장기적으로 생산시설이나 보안시설에 투자하지 않고 인력 위주로 채탄하는 것이 일반적이었다. 덕대제도는 채탄 손노동단계의 독특한 노동통제기구라는 점과 자본가(광업주)와 노동자 사이에 개재하여 노자간의 모순을 은폐 완화한다는 점, 그리고 자본의 위험부담을 청부업자 휘하 노동자들에게 전가시킨다는 점에서 버티(butty)나 납옥제 등 외국의 채탄청부제도와 공통점을 지니고 있다. 그리고 포괄역산식의 철저한 완전도급제를 통해서 모광과 덕대업자로부터 이중으로 위험부담을 전가받은 덕대휘하 노동자들은 반실업자적 고용불안정과 재해의 위험에 방치되어 왔다.

이러한 탄광산업의 이중구조는 탄광노동시장의 분절을 초래했다. 대탄광에 취업하기 어려웠다거나 한번 영세덕대 탄광(쫄딱구뎅이)에 들어가면 계속 영세탄광으로만 다니게 된다는 탄광노동자들의 구술은 대탄광과 영세덕대 탄광 사이에 노동이동의 장벽이 있었음을 확인해준다.

탄광의 노동과정을 보면 영세탄광은 배수와 통기과정만 기계화되었고 대탄광들도 운반과정의 기계화에 머물렀을 뿐 핵심적인 채탄과정의 기계화에는 이르지 못했다. 그 결과 특히 초기의 중소탄광에서는 삽, 곡괭이, 톱, 도끼, 대부리, 홈노미 등을 이용한 손노동에 주로 의존했으며, 직무의 분화도 거의 이루어지지 않았다. 탄광의 노동조건은 고열과 분진 그리고 높은 노동강도를 특징으로 한다. 덕대 탄광일수록 안전시설이 미비하여 재해가 빈발하고 수많은 광부들이 진폐의 위험에 무방비로 노출되었다. 노동통제는 감독에 의한 강압적 통제방식을 취했으며 작업현장(막장)의 분산성으로 인한 감독의 곤란을 도급제라는 전기적 성과급 임금제로 보완하고 있었다. 도급제는 노동자들 스스로 노동강도를 극대화하게 만드는 장치였으나, 작업장의 여건에 따라 동일한 노동량을 투입하더라도 생산실적의 차이가 커서 도급제 임금이 노동량을 적절하게 반영한다고 보기는 곤란하다는 점에서 근대적 의미의 성과급제라고는 할 수 없다.

탄광노동자들의 생활세계를 보면 먼저 절대적 임금수준이 제조업에 비해 낮았다고 볼 수는 없지만 쌀이나 전표 등의 현물급여로 지급되어 현금이 필요하면 이를 할인하고 되팔아야 했으며, 탄광촌의 물가가 비싸 저축을 하기는 힘들었다. 그리고 험준한 산간지역에 급조된 탄광촌의 주거환경은 열악하기 그지없었다. 초기에는 움막에 거주하기도 했고 1970년대 들어와 대탄광에서 건설한 사택 역시 집단수용소와 다름없었다. 특히 지독한 물사정으로 광부들은 탄가루와 땀이 범벅이 된 채 제대로 씻지도 못하고 생활했던 것으로 보인다. 이러한 외양에 못지않게 탄광노동자들을 괴롭힌 것은 '무식한 광부들이 매일 술이나 먹고 싸움질만 한다'는 사회적 편견이었다. 이에 대해 탄광노동자들은 언제 죽을지 모르는 지옥 같은 막장에서 중노동을 하고 나오면 막걸리 한잔하지 않을 수 없었다고 항변한다. 여가나 복지시설이 따로 없던 상황에서 퇴근길의 선술집은 이들에게는 휴식처이고 복지시설이었던 것이다. 선술집에서 막걸리 잔을 기울이면서 사회의 멸시와 기업의 횡포를 비난하며 오히려 끈끈한 동료애를 확인하고 계급적 연대감을 키워갔다고도 볼 수 있다. 국가는 증산보국의 미명 하에 웬만한 기업주의 탈법은 눈감고 묵인하며, 기업주는 안전시설이나 복지시설에는 투자하지 않고 임금착취만 일삼는 상황에서 탄광노동자들이 의지할 노동조합마저 어용화 되어 있었다. 그 결과 광부들은 가슴에 응어리를 안고 살아왔으며, 이런 울분이 1980년 정치적 공백기에 동원탄좌의 어용노조 민주화투쟁을 계기로 폭발했던 것이다.

그런데 1980년의 사북항쟁에서는 동원탄좌를 중심으로 격렬한 투쟁을 통해 단결력을 과시했던 탄광노동자들은 1988-1992년 사이에 실시된 1차 석탄산업 합리화 과정에서는 조직적 저항을 보여주지 못했다. 그 결과 불과 2-3년 사이에 대부분의 중소탄광들이 폐광되고 덕대 휘하의 노동자들은 실직한 채 제대로 보상도 못 받고 뿔뿔이 흩어지고 말았다. 탄광노동시장의 분절구조는 대탄광노동자들과 중소영세 탄광노동자들의 분열을 가져와, 비교적 강력한 조직력을 갖춘 대탄광노동자들이 폐광과 실직의 운명을 맞이한 중소영세 탄광노동자들의 문제를 외면함으로써 다른 나라들과는 달리 한국에서는 1차 석탄산업합리화 과정에서 탄광노동자들의 조직적인 저항이 거의 보이지 않았던 것이다. 우리나라의 중소영세 탄광노동자들이 감내해왔던 가혹하리만치 열악한 노동조건과 생활상태를 감안할 때 이들이 정작 폐광과 실직의 위기에 당면해서 제대로 저항조차 못 했던 점은 노동시장의 분절구조가 노동운동이나 노자관계에서 가지는 의미를 함축적으로 보여주는 것이라고 하겠다.

|참고문헌|

광산선교위원회 태백지역인권위원회. 1988.『88광산민중현실』.

김기섭. 1979.「탄광마을의 덕대가 받는 억울한 대접」.『뿌리깊은나무』.

김남각·유승룡. 1980.「광산촌의 주거환경 조사연구」.『건설기술』7(11).

김두식·한성덕·김남선. 1991.「탄광지역사회의 구조적 변동과 개발 방향에 관한 경험적 연구」.『한국사회학』, 25.

김병관. 1987.『일제하 한국 석탄광업 노동에 대한 사적 연구』. 충남대학교 경제학과 석사학위논문.

김세건. 2005.「'찌들은 몸': 탄광개발과 환경문제」. 김세건 외 지음.『폐광촌과 카지노-강원폐광지역사회변동연구1』. 일신사.

김세건·박형신·연미영·원기준·이선향·이인혜·이태원·정성호·정헌주·채수홍·한건수·홍은화. 2005.『폐광촌과 카지노-강원폐광지역사회변동연구1』. 일신사.

김연승. 1974.「광업법 개정에 대한 고찰」.『탄협』제6호.

김연승. 1980.『조광권 제도에 대한 연구』. 자원개발연구소.

김용환·김재동. 1996.「석탄광업의 생태와 역사: 태백지역을 중심으로」.『한국문화인류학』, 29(1).

김창완. 2003.「90년대 사북 고한지역의 주민운동」.『범바위문화』 2:59-68.

남춘호. 1991a.「탄광업 덕대제에 관한 일 고찰」. 한국사회사연구회편.『한국 근현대의 사회조직과 변동』.

_____. 1991b.『석탄광업 노동시장분절에 관한 연구』. 서울대학교 대학원 사회학과 박사학위논문.

대한석탄공사. 2001.『대한석탄공사50년사』.

박정숙. 1993.「탄광노동의 생산·재생산과정에 관한 연구-태백시 도계읍을 중심으로」. 강원대학교 석사학위논문.

박철한. 2001.『사북항쟁 연구: 일상, 공간, 저항』. 서강대학교 정치외교학과 석사학위논문.

백인미. 1984.『탄광업 덕대제와 고용관계에 관한 연구』. 연세대학교 사회학과 석사학위논문.

사북청년회의소 편. 2001.『탄광촌의 삶과 애환』. 선인.

성희직. 1997.「탄광지역 노동운동의 시대적 변화」. 강원사회연구회엮음.『강원사회의 이해』. 한울.

안재성. 1988.『타오르는 광산-80년대 광산 노동운동사』. 돌베개.

원기준. 2005.「폐광지역개발지원특별법 제정과 주민운동」. 김세건외 지음.『폐광촌과 카지노-강원폐광지역사회변동연구1』. 일신사.

유범상·김영란·윤조덕·정호근·임영·박정란. 2003.『진폐근로자 재활프로그램 개발: 질병의 치료와 빈곤의 해결』. 서울: 한국노동연구원.

유재무·원웅호. 1991.『석탄 광업의 현실과 노동자의 상태』. 늘벗.

이선향. 2005.「폐광지역 지역엘리트 형성의 정치적 역동성」. 김세건외 지음.『폐광촌과 카지노-강원폐광지역사회변동연구1』. 일신사.

이선희. 1997.「폐광에 따른 지역위기와 지역운동의 성격연구: 태백 시민주식회사를 중심으로」. 서울대 인류학과 석사학위논문.

이영진. 1988.「한국 탄광산업의 노동실태에 관한 연구」. 고려대학교 대학원 사회학과 석사학위논문.

전국광산노동조합 편. 1974.『광노 25년사』.

정선지역발전연구소. 2000.『80년 봄 사북사건』

정암. 1989.「사북지역의 광산취락에 관한 연구」. 동국대학교 지리학과 석사학위논문.

정헌주. 2005.「탄광노동자계급의 성장과 쇠퇴」. 김세건외 지음.『폐광촌과 카지노-강원폐광지역사회변동연구1』. 일신사.

조승현. 1999.「지역개발정책의 형성과 지역주민의 역할: 폐광지역개발지원에 관한 특별법 제정사례를 중심으로」. 고려대 행정학과 박사학위논문.

홍준기. 1979.「석탄 그 개발 초기의 일화들」.『탄협』, 제11호.

萩野喜弘. 1979.「産業革命期に 於げる 筑豊炭鑛業の 勞資關係(I)」.『産業經濟研究』 20(2).

Allen, V. L. 1981. *The Militancy of British Miners*. Ilkley, West Yorkshire: The Moor Press.

Dix, Keith. 1979. "Work Relations in the Coal Industry: The Handloading era. 1880-1930." Andrew Zimbalist ed., *Case Studies on the Labor Precess*. New York and London: Monthly Review Press.

제11장

잃어버린 공동체?

울산 동구지역 노동자 주거공동체의 형성과 해체

김준(성공회대 연구교수, 사회학)

1. 노동자계급 내부의 응집력과 주거공동체

노사관계, 특히 산업갈등의 빈도와 관련하여 자주 인용되며, 논란이 많은 가설의 하나가 "커-시겔 가설(Kerr-Siegel Hypothesis)"이다. 커(C. Kerr)와 시겔(A. Siegel)은 광산, 부두, 선원 등 특정한 산업의 노동자들이 다른 산업 노동자들에 비하여 파업성향이 높다는 데 주목했다. 그들은 노동자들의 '사회 속에서의 위치'와 '일의 성격'이 파업성향에 영향을 미치는 요인이라는 가설을 세웠는데, 그 가운데서도 첫째 요인이 더 중요하다고 보았다. 이들 산업의 노동자들은 그 산업의 입지로 말미암아 사회의 다른 구성원들과는 떨어진 지역에서 그들만의 공동체를 이루고 사는 '고립된 대중(isolated mass)'이며, 이러한 상황이 그들 내부의 응집력을 높이고, 궁극적으로는 산업갈등의 정도를 높인다는 것이다(Kerr & Siegel, 1954: 191-3).[1]

1) 한편 이에 대해서는 노동자들의 전투성과 장소(place)의 관계를 지나치게 단순화하여 설명함으로써 "고립된 대중"의 전투성이라는 신화를 만들어냈다고 비판하는 사람들도 있다(Edwards, 1977; Church & Outram, 1998).

이처럼 상대적으로 고립되고 내부적으로 동질적인 노동자 주거공동체가 노동자 내부의 응집력을 강화시킨다는 것은 여러 사례연구에서 확인되고 있다. 예를 들어 미국 펜실베이니아 주 영스타운(Youngstown)의 철강노동자 공동체를 연구한 브루노(R. Bruno)는 냉전기 영스타운에서 노동계급의 단결력은 개인들의 관계가 안정되고 응집력 있는 직업적 공동체(occupational community) 안에 체현되어 있었기 때문에 가능했다고 쓰고 있다(Bruno, 1999, 145).

영국의 조선산업 노동관계의 변화를 연구한 로버츠(I. Roberts)도 노동자 거주 공동체의 형성 및 해체의 동학과 그것이 노동관계에 미치는 영향에 대해 다음과 같이 주장하고 있다. 19세기 이래 조선소 둘레에 노동자계급의 주거지가 형성되었는데, 이것이 수세대에 걸쳐 지속되면서 안정적인 공동체를 형성되었다. 이러한 노동자 주거공동체는 주변의 다른 지역과 보이는, 혹은 보이지 않는 경계선을 가지고 있었으며, 내부적으로는 독특한 지역성(locality)과 연결망(network), 공동체적 연대의식을 가지고 있었다. 그런데 제2차세계대전 이후 대대적인 주택재개발 사업으로 조선소 부근의 주민이 감소하고, 인구구성의 희석화(dilution)가 발생하면서 이러한 조선노동자 주거공동체가 점차로 해체되어갔다. 호황이 장기화되면서 점점 더 많은 노동자들이 기존의 거주지역 바깥에 주거를 가지게 된 점, 교통수단의 발달에 의해 이러한 경향이 가속화된 것, 주택가격이 상승하면서 노동자들 내부에서 자기재산을 가진 사람들과 그렇지 못해 인플레이션의 희생자가 된 사람들 사이의 구별이 심화된 것 등이 함께 작용하면서 공동체의 생태학적 구조 자체가 변화되어간 것이다. 결국 이러한 변화들은 더 이상 작업장 안과 작업장 밖의 삶의 영역들 사이의 자동적인 통합이 보장되지 않게 되었다는 것을 의미했으며, 노동에 기초한 정체성의 유지와 직업적 공동체의 지속에 부정적인 영향을 미쳤다(Roberts, 1993).[2)]

2) 이상에서 논의에서 사용된 '공동체(community)'라는 용어가 지역사회, 달리 말하자면

하이만(R. Hyman)도 마찬가지의 주장을 펴고 있다. 그는 전통적인 프롤레타리아가 공통적인 작업 상황, 통합되고 동질적인 지역 공동체, 상대적으로 폭이 좁고 공유되는 문화적 사회적 속성과 관심사들을 가지고 있었다고 하는 것은 일종의 과장된 스테레오 타입이지만, 근대적 대중적 노동운동이 가장 강력히 뿌리내렸던 곳이 단일한 산업 육체노동자들의 환경이었다는 역사적 사실의 핵심을 보여준다고 말한다. 그와 대조적으로 현재의 사회에서는 노동, 주거, 소비, 사교의 사회적 조직과 공간적 위치가 매우 분화되어 있다. 오늘날 전형적인 노동자들은 동료 노동자들과 상당히 떨어져 살며, 대체로 "배타적인(privatized)" 가정생활을 영유하고, 노동과 연관되지 않은 친구집단을 가지고 있고, 동일한 작업장의 다른 종업원들과 상당히 다른 여가생활과 문화적 관심을 추구한다. 이러한 노동과 공동체의 분리, 또는 전통적 의미에서의 공동체의 해체는 노동조합을 통한 연대를 강화시켜왔던 - 그리고 어떤 경우에는 지역의 노조를 거의 "총체적 기관"으로 만들었던 - 지역에 기반을 둔 네트워크의 많은 부분이 상실되었다는 것을 함의한다(Hyman, 1999: 3).

한편 "노동의 지리학"의 필요성을 주장하는 헤로드(A. Herod)는 노동자들이 자본주의의 지리적 변형작용의 수동적 대상일 뿐만 아니라, 능동적 행위자이기도 함을 주장한다. 즉 그는 노동자가 역사적 행위자일 뿐 아니

주민들이 사회생활을 함께 영유해가는 공간이라는 의미로 사용되었다면, 이와는 다르게 공간적 의미보다는 사회적인 관계를 보다 강조하는 의미로서의 '공동체' 개념이 사용되기도 한다. 노동사와 관련해볼 때 이러한 공동체 개념을 사용하는 대표적인 학자로 배영수가 있다. 배영수는 공동체와 공동체의 물적 토대, 그리고 공동체 문화를 구분해서 인식할 필요성을 제기하고 있다(배영수, 1997). 그에 의하면, 공동체는 중세유럽의 촌락을 움직이고, 그 구성원을 규제하던 구체적인 사회적 단체를 지칭하며, 공동체 문화는 그러한 촌락민이 가지고 있던 생활양식의 일부로서 인신적 상호의존과 자발적 사회통제를 그 핵심으로 한다. 그에 의하면 공동체의 물적 기반이 해체된 이후에도 공동체적 문화는 살아남았으며, 이민자들에 의해 신대륙의 정착지에도 옮겨졌다. 그는 이러한 공동체문화의 이전과 성쇠를 통해 19세기말 이래 최근에 이르는 미국노동운동의 성쇠를 설명하고 있다(배영수, 1996, 1997).

라 지리적 행위자라고 본다. 노동자들은 그들이 사는 어떤 풍경(landscape) 안에서 공간적으로 배태된(embedded) 채로 살아가며, 이러한 공간적 배태성은 그들의 사회적 실천을 가능하게 하거나 제약할 수 있고, 또한 노동자들은 그리하여 특정한 방식으로 자신들이 살아가는 구조와 관계들을 형성하려고 노력하게 된다는 것이다(Herod, 2003).

국내의 연구로는 원영미(2003)와 조주은(2004)의 연구가 있다. 원영미는 1987년 노동자대투쟁 이전 현대중공업 노동자들의 작업장 안과 밖의 생활세계를 분석한 논문에서 노동자 집단거주지역을 중심으로 일종의 공동체가 형성되었고, 그것이 1987년 이후 노동운동의 중요한 자원이 되었다고 쓰고 있다. 조주은은 최근의 현대자동차노동자 집단거주지역 주민, 특히 노동자 부인들의 경험을 다루고 있는데, 노동자 부인들이 집단거주지역을 중심으로 만남과 소통, 그리고 때로는 '공동어머니 역할'을 수행하기도 하는'전업주부 공동체'가 형성되고 있음을 보고하고 있다. 그러나 그는 이러한 주거공동체와 노동운동의 관계에 대해서는 이렇다 할 언급을 하지 않고 있다.

이러한 이론적 논의와 사례연구를 배경으로 이 연구는 현대중공업이라는 거대조선소가 위치한 울산광역시 동구지역을 대상으로 노동자 거주공동체의 형성과 해체의 경향을 살펴보고자 한다.[3] 이 연구의 질문은 다음과 같다. 첫째, 1970년대 이래 거대한 조선소의 건설과 이에 따른 대규모 인구유입을 배경으로 어떻게 이 지역에 노동자 거주공동체가 형성되었으며, 그 과정에서 노동자들이 어떠한 경험을 했는가? 둘째, 노동자 거주공동체의 형성이 노동자계급의 내부적 네트워크와 연대의 강화에는 어떠한 영향을 미쳤는가? 셋째, 1980년대 말 이래 급속히 진행된 이 지역에서의 주택재개발 사업과 그에 따른 대규모 사택단지의 해체경향, 그리고 회사

3) 1978년 2월 '현대조선주식회사'에서 '현대중공업주식회사'로 상호가 변경되었다. 이 글에서 1977년까지는 현대조선, 그 이후에 대해서는 현대중공업으로 표기한다.

가 주도하고 있는 대규모 지역문화사업 등이 노동자 거주공동체에 어떠한 영향을 주고 있는가?

2. 거대 공장의 건설과 지역사회의 변모

1960년대 초부터 시작된 울산지역에서의 공업건설은 "우리 세대의 지상과업이요 우리 민족의 시대적 욕구"라고 일컬어지던 "조국 근대화" 사업의 상징이었다.[4] 이에 따라 막대한 정부의 지원과 재벌기업들의 대대적인 투자에 힘입어 울산정유공장, 영남화학, 한국비료 유화학계열화 공장들이 속속 들어섰으며, 그 결과 1960년대 말에 울산은 '신흥공업도시'로서의 면모를 확실히 갖추게 되었다(도시문제 편집부, 1968). 울산의 공업도시로서의 급속한 변모는 인구의 급속한 팽창을 낳았다. 1960년대 초 8만여 명이던 인구는 1970년대 초에는 16만여 명으로 증가했다(<표 11-1>).

이러한 상황에서 수만 명을 고용하는 거대한 조선소의 출현은 도시의 성장에 거의 폭발적인 영향을 미쳤다. 현대조선이 착공되던 해인 1972년 현재 울산의 제조업 종업원 총수는 1만 851명에 불과했는데, 1974년 말 현재 현대조선이 직간접적으로 고용하고 있던 노동자의 수가 2만여 명에 달했다는 것은 현대조선의 출범이 울산이라는 공업도시에 미친 충격과 파장의 크기를 짐작하게 한다.[5] <표 11-1>에서 볼 수 있듯이, 1972년 1만여 명에 불과하던 울산시내 제조업 노동자의 수가 1980년에는 6만 7,000여 명에 달하게 된 데에는, 현대조선의 설립과 현대자동차의 확장이

4) 1962년 2월 3일 울산공업센터 기공식 석상에서 당시 박정희 국가최고회의의장의 치사.

5) <표 11-1>에 나오는 울산시의 제조업 종업원 수 통계는 종업원 숫자를 과소하게 잡고 있는 것으로 보인다.

<표 11-1> 울산의 경제사회지표(1962-1982)

연도	인구(명)	공산액(억원)	제조업종업원수(명)	학급수	식품업소	환경위생업소
1962	85,082	2		292	45	110
1965	96,701	110		344	172	188
1970	159,340	434		546	357	369
1972	165,346	1,414	10,851	688	521	429
1974	233,916	4,970	20,887	747	663	571
1976	269,635	11,579	34,715	1,018	875	667
1978	364,456	22,201	62,330	1,243	1,087	733
1980	418,415	43,298	67,567	1,478	1,828	959
1985	551,320	82,897		2,418	3,222	1,999
1990	682,978	122,763	109,283	3,404	5,182	2,810

주: 식품업소에는 대중음식점, 유흥음식점, 과자영업소, 다방, 휴게실 등이 포함되며, 환경위생업소에는 숙박업소, 이·미용원, 목욕탕, 유기장(오락실) 등이 포함된다.
자료: 울산상공회의소, 『울산경제현황』(1993); 울산시, 『울산통계연보』, 각년도.

<그림 11-1> 울산지역 공단과 울산 동구지역 개념도

결정적인 역할을 했다.

주목할 점은 현대조선이 울산시내의 기존 공업지역이 아닌 곳에, 다시 말하자면 울산시내에서 멀리(약 12km) 떨어진 동해안 바닷가에 건설되었다는 점이다(<그림 11-1>).[6] 조선소가 건설된 미포와 전하동 일대는 당시 불과 수백 가구가 반농반어 형태로 삶을 꾸려가고 있던 한적한 어촌지역이었다(진덕규, 1975). 또 전하동과 인접한 일산동 일대는 송림과 작지만 아름다운 백사장이 있는 해수욕장이 군데군데 있어서 1971년까지도 울산시의 도시계획상 '유원지'로 지정되어 있던 곳이었다. 특히 해발 200미터 내외의 만만치 않은 산줄기가 이 지역과 울산 시내를 가로막고 있어서, 1970년대 초까지만 해도 지리적으로 울산시내와 차단된 느낌이 들던 곳으로 최근까지도 울산의 동구지역은 울산에서도 '섬 아닌 섬' 같은 지역으로 불려지던 곳이다(이도학, 2004: 39).

따라서 이 지역은 현대조선이 들어서기 전까지는 일제시대에 항구도시로 번영을 누렸던 방어진읍을 중심으로 울산과는 상대적으로 독립적인 생활권역을 이루고 있었다(울산동구지편찬위원회, 1999: 175-214). 『울산통계연보』에 의하면, 조선소가 들어서기 직전인 1971년 10월 현재 울산시 '방어진출장소' 관할 내의 가구 수는 총 3,504가구였으며, 인구수는 1만 9,424명이었다. 이 가운데 현대자동차의 영향권이라고 할 수 있는 염포동을 제외하면, 가구 수는 약 3,000가구이고, 인구수는 약 1만 6,000여 명에 불과했다.

그러나 <표 11-2>에서 볼 수 있듯이, 현대조선 주변의 인구는 1972년 현대조선의 창립과 더불어 급격히 팽창하기 시작하여, 1976년에는 5만 5,000여 명에 이르렀고, 1981년에는 10만 8,000여 명으로 불과 10년 만에 약 8배나 되는 인구성장을 이루게 되었으며, 1995년에는 인구가 20만에

6) 『현대중공업사』에 의하면 현대조선은 원래 현재 현대자동차의 수출부두가 있는 염포항 근처에 건설될 예정이었으나 지반조사 결과 부적합한 것으로 판명이 되어, 미포에 건설되게 되었다.

<표 11-2> 현대조선 주변지역의 동별 인구변동(1971-1980)

(단위: 명)

	1971	1976	1981	1985	1990	1995
방어동	8487	10635	19116	20445	23209	23652
일산동	2168	6518	17614	15793	17968	12774
전하동	1242	14358	28153	50232	55199	43970
남목동	2329	23849	41813	42803	37471	66946
화정동				9099	33775	27000
대송동						16624
합계	14226	55360	108,677	138,372	167,622	190,966

주: 1985년 일산동이 일산동과 화정동으로, 1992년 화정동이 화정동과 대송동으로 각각 분동되었다.
자료: 『울산통계연보』 각년도.

육박하여 그 자체가 하나의 도시를 이룰 정도가 되었다. 또 1970년대 초까지는 방어진이 '읍'으로 지역의 중심이었지만, 현대조선이 전하동과 미포동 일대에 세워짐으로써 불과 수년 사이에 지역의 중심지로서의 위치가 현대조선 노동자들의 주거 밀집지역인 전하동과 남목동 일대로 변화했으며, 1980년대 중반 이후로는 화정동, 대송동 등이 새로운 주거지로 떠오르는 등 도시의 공간적 확장이 있었음을 알 수 있다.

3. '현대시 현대조선구' : 회사도시의 탄생

이러한 폭발에 가까운 인구증가와 지역사회 변모는 주택, 의료시설, 교육기관, 교통, 상업시설 등의 부족 문제를 낳았으며, 이는 다시 '현대조선'이라는 기업이 중심적인 동력이 되어 지역사회를 재편하고, 구조화하는 계기가 되었다.

현대조선은 조선소 건설 착수와 동시에 주택단지를 물색하여 1972년에 전하동에 택지를 조성하여 258개 호실의 독신자 기숙사를 건립하는 것을 시작으로, 1973년에는 기혼 사원들을 입주시킬 목적으로 1,171가구분의

<표 11-3> 울산 현대그룹 독신자 기숙사 및 사택 현황(1972-1986)

연도	독신기숙사		사택			
	호실수	입숙자수	임대	분양	계	비고
1972	258	774				
1973	673	2,019	1,171		1,171	명덕아파트
1974	149	2,466	450		1,621	가족아파트
1975		2,553	2,452		4,073	돌안아파트
1976	40	2,633	162		4,235	
1977	324	3,605		318	4,553	전하3단지
1978	197	4,196		1,370	5,923	염포아파트, 현대1단지
1979		4,354		90		
1980		4,765	90	610	6,623	일산1차, 현대1단지 18평
1981	1,764	7,293	108		6,731	
1982		7,327		1,540	8,271	일산2차, 3차
1983		7,379		420	8,691	일산4차
1984		7,403		790	9,481	일산 5~6차
1985		7,436		420	9,901	일산7~9차
1986		6,450				
계	3,405			5,558	9,901	

주: 독신기숙사 호실수는 신규 증설호실수, 입숙자수는 총입숙자수임. 사택의 "계"는 누적호수임.
자료: 현대주택편집부, 「생애직장의 요람 현대사원주택」, 『현대주택』, Vol. 122(1986), 166쪽.

연립주택을 지어 임대해주었으며, <표 11-3>에서 볼 수 있듯이 해마다 수백에서 수천 가구의 사원아파트를 새로 지어 임대해줌으로써 이 지역의 주택건설을 주도해갔다. 그리하여 1977년에 이르러서는 약 4,000세대를 수용할 수 있는 임대사택과 3,600여 명을 수용할 수 있는 독신자 기숙사를 보유하게 되었다.[7] 그럼에도 불구하고 이러한 숫자는 수요에 비하여 크게 모자라는 것이었다. 1977년 12월 말 현재 현대조선이 직·간접으로 고용하고 있는 사람의 수는 2만 6,647명(임원 37명, 일반직 사원 2,722명, 직영노동자 5,953명, 하도급 1만 7,500명, 고용원 435명)에 달하고 있었기 때문이다(현대중공업, 1992: 405). 따라서 이 시기까지는 임원, 일반직 사원, 그리고

7) 이 시기에 지어진 사택들로는 제1-3사원 사택, 1-6 사원숙소, 맨션아파트, 간부아파트, 훈련원 숙소, 가족아파트, 전하1-2단지, 5-11 개조아파트, 연립 2 사원사택, 명덕가족아파트 등이 있었으며, 이 아파트들은 대로 하나를 사이에 두고 조선소를 내려다보는 산언덕에 대규모 군락을 이루며 지어졌다(≪현대조선 사보≫, 1976년 9월호).

직영노동자 가운데 직장·반장급 이상의 감독노동자만이 사택을 배정받을 수 있었다. 따라서 사택을 배정받을 수 없었던 기층노동자나 하청노동자들은 조선소 설립과 더불어 급속히 늘어난 방어진과 전하동, 남목동, 미포동 일대의 셋방을 얻어서 살거나, 산비탈에 지어진 판잣집에 들어가 살아야 했다.

심각한 주택문제는 노동력의 안정적인 공급이라는 측면에서 회사에도 상당한 고민거리였다. 따라서 대략 1977년을 전후한 시점에 회사는 주택공급을 늘리는 방안으로 그동안 임대사택건립 대신에 분양아파트의 건립을 선택했다.

"회사에서는 연립 645세대, 아파트 3,353세대분을 보유하고 있으나 종업원

<그림 11-2> 현대중공업 사원아파트·독신자숙소 분포(1980년대 후반)

수의 급격한 증가 및 독신자의 결혼 등으로 수요에 절대수가 부족되고 있는 실정이다. 사택 부족난을 완화하기 위하여 그동안 염포아파트 395세대, 전하아파트 318세대를 분양했으나 근본적인 대책을 위하여 3,000세대분의 분양주택을 건립, 불원간 사우여러분에게 분양할 예정이다(≪현대조선 사보≫, 1977년 8월호).

회사가 임대사택 대신에 아파트 분양 쪽으로 주택공급정책을 바꾼 것과 관련하여 1986년 울산의 현대그룹사택을 취재했던 현대주택편집부(1986:165)는 그것을 "사원들은 임대아파트만으로도 일단 주거의 안정을 이루었지만, 주택이 자기 소유가 아닌 데서 오는 심리적인 불안정성을 제거하고 사원들로 하여금 보다 확고한 생활의 뿌리를 내리게 하기 위한 경영측의 배려"라고 설명하고 있다. 이는 회사측의 설명을 그대로 받아쓴 것으로 보인다. 그러나 실제로는 전적으로 회사가 토지매입 및 건설자금을 부담하기 때문에 막대한 자금이 들어가는 사택방식보다는 그것을 노동자들이 부담하는 분양방식이 회사의 입장에서 보다 유리했고, 동시에 단기간에 주택공급을 획기적으로 늘리는 데도 유리했기 때문인 것으로 보인다.[8]

한편 현대조선의 노동자들은 분양아파트보다는 임대사택을 더욱 선호했다. 그 이유는 몇 가지로 설명될 수 있다. 첫째, 이 시기에는 아직 노동자들의 정착성이 약했기 때문이다. 많은 노동자들이 일자리를 찾아 울산으로 이주했지만 울산에 정착하려 하기보다는 돈을 모으면 언젠가는 이곳을 떠나겠다는 생각을 품고 있는 경우가 많았기 때문이다.[9] 둘째, 아파트를

8) 분양정책으로 바뀌었음에도 불구하고 현대중공업은 1980년 한 해 동안 택지조성비용을 제외하고도 주택관리사업에서만 약 14억 원의 결손을 보았다(한국생산성본부, 1982: 142).

9) "울산에서 살면서 울산을 '삶의 터전'으로 생각하기보다는 '그냥 지나쳐가는 길목'쯤으로 생각하고 있는 사람들이 많다는 얘기이다. 울산에서 20년 가까이 살아온 한

분양받더라도 자유롭게 양도할 수 있는 것이 아니라, 회사의 사원에게만 양도할 수 있었으며, 퇴사할 경우에도 회사에 되팔아야만 했기 때문이었다. 양도시 회사는 정부의 도매물가지수를 적용하여 이를 되산다는 정책을 가지고 있었지만, 노동자들에게 이것은 "2-3년 후에도 입주당시의 가격으로 양도되는 것"으로 이해되었다(≪현대중공업사보≫, 1979년 6월호). 셋째, 1970년대 말 당시로서는 거금인 50만 원의 계약금과 200만 원의 은행융자금을 부담하면서 아파트를 분양받는 것이 노동자들에게는 경제적으로 큰 부담이었기 때문이다. 따라서 아파트 미분양이 발생하기도 했으며, 회사의 분양정책과 노동자들의 분양기피 현상 사이의 마찰은 1980년대 중반까지도 계속되었다(현대주택편집부, 1986).

그러나 회사는 분양아파트 건설정책을 밀어붙였다. 회사는 중간관리자들을 동원하여 직장·반장급 노동자들에게 압력을 넣어 아파트를 분양받기를 강요했으며, 자금력이 모자라는 노동자들에게는 퇴직금을 중간정산하여 아파트를 분양받도록 압력을 넣기도 했다. 그 결과 아래의 <표 11-4>에서 볼 수 있듯이 회사는 1978년에서 1996년까지 약 20여 년 남짓한 기간에 약 1만 2,439가구나 되는 사원아파트를 분양했다.

이들 아파트가 현대중공업 노동자들에게만 분양된 것은 아니다. 다른 현대계열사 노동자들에게도 분양되었던 것이다. 그럼에도 불구하고 이들 아파트 주민의 압도적인 다수는 현대중공업의 노동자들이었다.[10] 뿐만 아니라 현대중공업이 이들 사택과 아파트의 관리를 담당하고 있었다.[11]

조합원은 '몇 년 고생하여 돈 벌고 고향에 갈 생각이었다. 그런데 그 몇 년이 벌써 20년 흘렀다'고 말하면서 아직도 울산은 낯설다고 한다"(≪민주항해≫, 1997년 7월호, 51호). ≪현대중공업노보≫에 실린 이 글은 그 뒤로도 오랫동안 타지에서 이주해 온 노동자들 가운데 울산에 마음을 붙이지 못하는 사람들이 많았음을 보여주고 있다.

10) 1981년 6월 현재 임대사택 및 분양아파트 총 5,850세대 가운데 3,298세대(56.4%)에 조선사업부 노동자가 입주해있었다(한국생산성본부, 1982).

<표 11-4> 현대중공업의 사원아파트 분양(1978-1996)

구분		면적 (평)	동수 (동)	세대수 (세대)	분양가격 (만원)	은행융자 (만원)	월불입 (만원)	최초분양일 (입주일자)	비고
현대1단지		17,18	23	880	437-729	200-250	2.2-2.7	78.11/80.11	일명 "2천세대"
현대2단지		18	21	780	436-468	200	2.2	78.8	일명 "4천세대"
전하3단지		15	10	318	170-190	150	1.9	77.7	
일산아파트	1차	18	10	320	667-729	250	2.7	80.9	일명 "만세대"
	2차	15	13	560	595-693	250	2.7	82.2	
	3차	15,17,20	28	980	680-1021	400	4.4	82.10	
	4차	17, 20	12	420	771-1021	400-500	4.4-5.5	83.10	
	5차	17, 20	12	520	771-1021	400-500	4.4-5.5	84.3	
	6차	17, 20	5	170	798-1060	400-500	4.4-5.5	84.12	
	7차	17, 20	3	100	798-1060	400-500	3.3-4.1	85.2	
	8,9차	17, 20	10	320	798-1060	400-500	3.3-4.1	85.4	
	소계		93	3,390					
서부맨션		31	2	90	850-970			84.11	전세 아파트
현대3단지		22,27		480				(86.7-87.12)	
일산5단지		26, 29		170				(90.3)	
명덕1차		25,27		1206				(92.1-92.7)	구가족아파트 재개발
서부1차		20~31		3027				(92.6-92.12)	구중공업사택 재개발
동부아파트		20~28		2110				(94.12)	구돌안아파트 재개발
명덕2차		20, 24		484				(95.2)	구명덕아파트 재개발
서부2차		20~33		984				(95.10)	구중공업사택 재개발
전하아파트		24		498				96	구돌안아파트 재개발
계				12,439					

자료: 1978-1984년; 현대주택편집부, 「생애직장의 요람 현대사원주택」, ≪현대주택≫, Vol. 122 (1986), p.166.
1985-1996년; 「분양아파트 현황」, 현대중공업 주택관리부 제공 사내자료.

따라서 주거와 관련된 문제들에 있어서 작업장 안팎의 경계선이 모호했다. 1974년 9월 현대조선 파업 이후 노동조합을 대신하여 설립되었던 노사협의회의 안건 가운데 다수가 사택 및 아파트의 유지, 보수, 급수 문제 등과 관련된 노동자들의 고충토로와 처리였으며,[12] 공장새마을운동

11) 현대중공업은 사내의 복리후생과를 독립채산단위로 분리시켜 총무부 관할의 독립 방계기업('울산주택개발')을 설립하여 숙소·임대주택·분양주택의 건설, 분양, 관리를 담당케 했다(한국생산성본부, 1982).

의 내용 가운데서도 사택, 아파트 지역 화단 가꾸기, 청소, 쥐잡기 등이 중심적인 사업의 하나였다는 사실이 이를 잘 보여준다. 특히 아래의 인용문은 회사간부가 통반장회의를 주재하고, 이 자리에서 회사간부가 마치 부하직원들에게 지시하는 것처럼 문제점을 지적하고 개선방안을 지시할 수 있었다는 것을 보여준다. 회사의 지역사회에 대한 지배력의 적나라한 증거라고 할 수 있다.[13)]

"사택 및 아파트지역 통, 반장 회의가 지난 12일 심현영 상무 주재로 150여 명의 통, 반장과 관리인들이 참석한 가운데 개최되었다. 이 자리에서 심현영 상무는 아직도 사택지역의 새마을운동과 환경정리가 미흡하다고 지적하고 더 잘살기 위한 운동인 새마을 운동을 전개해 노사가 한뜻으로 긴밀한 대화를 통해 생산성 향상은 물론 자신의 소득증대를 위해 우리 모두가 노력해야 할 것이라고 강조했다"(≪현대조선사보≫, 1977년 8월호)

현대조선은 주택(임대사택, 독신자 숙소, 분양아파트)뿐만이 아니라, 의료시설(현대조선 부속병원, 1977년 종합병원 승격, 현재 울산대학부속병원), 교육기관(현대중학교, 현대공고), 상업시설(현대쇼핑센터, 이후 현대백화점), 지역 복지시설(초기에는 목욕탕, 경로당, 1980년대 후반 이후에는 복지회관, 예술관), 호텔 등만이 아니라, 수원지, 도로 등 사회간접자본에 이르기까지 지역사회의 기반시설의 대부분을 회사주도로 건설했다. 그 결과 1980년대 말에 이르러서는 이 지역이 "현대시 현대조선구"라고 불릴 정도로 기업의 권력이 작업장 안뿐만이 아니라 작업장 바깥의 지역사회 곳곳에 깊숙이 영향을 미치는"기업도시"가 되었다.

---

12) 예를 들어 1976년 9월의 제20차 노사협의회에서 통과된 23개 안건 가운데 11개 안건이 사택관련 안건이었다(≪현대조선사보≫, 1976년 9월호).

13) 회사는 1974년부터 사택과 독신자 숙소를 대상으로 매년 「사택지역 우수화단」을 심사 선정하여 시상했다(≪현대조선사보≫, 1976년 6월호).

4. 노동자 거주공동체의 형성

1) 이주와 정착의 경험: "뭐 이런 데가 있노 싶을 정도로"

조선소 건설이 시작되자마자 조선소 건설에 투입된 현대건설 인력을 필두로 외부로부터 노동자들이 밀물처럼 밀려들어왔다. 전하부락 등 종전의 자연부락들이 조선소 용지로 편입됨에 따라, 기존 주민들은 종전의 반농반어의 직업에서 상업, 또는 셋방에서 오는 수입에 의존하는 생활양식으로 변모했다. 1974년 말에서 1975년 초까지 이 지역을 실태조사한 진덕규(1975)는 그것을 다음과 같이 쓰고 있다.

> "(기존주민들의: 인용자) 대부분의 직업전환은 주로 셋방에서 오는 수입에 의해 생활하는 일종의 준실업자적 성격을 보여주고 있다. 지역사회 내에 거대한 공장이 있음에도 불구하고 이곳에 취업하는 인원수는 극히 제한적이며, 설혹 취업했다 해도 청소부와 같은 잡역부가 대부분이었다."

그는 기존 주민들이 "외래이주자들"에 대해 "마치 노무자적인 것으로 인식하여 자기들처럼 그 지역에 대한 강력한 고착성이나 애착심이 없음"을 너무 잘 알고 있으며, 그리하여 서로간에 "이질감"이 높다고 보고했다.

> "사회적 차원에서 특히 지적해야 할 사실은 현재 이곳 지역에는 서로간에 이질적인 3개의 사회가 한 지역에서 공존하고 있다는 점이다. 즉 150만여 평의 방대한 공장을 중심으로 하여 전하, 동부, 서부, 미포 등 3개 동에 걸친 이 일대에는 묘하게도 원주민 거주지역, 외래공원 거주지역, 조선공장 간부 또는 사무직 종사자 거주지역이 서로간에 별다른 접촉 없이 이질적인 존립양상을 보여주고 있다는 점이다"(진덕규, 1975: 129)

그러나 이주노동자가 기존의 지역사회 주민들의 숫자에 비하여 압도적으로 많았기 때문에, 이주민으로서의 상대적 차별이나 불이익을 받을 겨를도 없이 이들은 다양한 형태로 기존 주민들과 뒤섞여 살게 되었다. 이주해온 노동자들의 주거와 관련된 초기의 경험은 회사 내 직위, 결혼 여부, 출신지역 등에 따라 다양하고 차이가 심했다.

1970년대에 가장 일반적인 것은 결혼 여부에 관계없이 처음에는 노동자 혼자 울산에 와서 독신자 숙소에서 생활하거나 방을 얻어 자취를 하다가 몇 개월 혹은 몇 년 지나 결혼을 하거나 가족이 이주해오면 월세방을 얻어 생활하는 방식이었다.14)

독신자 숙소는 1976년 말 현재 1-6 사원숙소와 훈련원 숙소를 포함하여 총 7개에 약 1,100개의 호실을 가지고 있었다. 회사의 공식기록에 의하면 이 시기 독신자 숙소의 수용인원은 2,500여 명이었다. 한 방에 평균 2.5명이 수용되어 있었던 셈이다. 그러나 한 방에 최하 4명(한갑수), 최대 8-12명(강주영)까지 수용되었다는 구술증언에 기초해서 판단해볼 때 적어도 1970년대 중반까지는 실제로는 이보다 훨씬 더 많은 인원이 독신자 숙소에 수용되어 있었던 것으로 보인다. 여러 증언에 의하면 독신자 숙소는 현대조선의 직영사원에게만 배정되는 것이 아니라 하청업체의 노동자들도 입소할 수 있었다.15)

독신자숙소는 1980년대에서 1990년대에 걸쳐 개보수되거나 재건축되었으며, 명칭도 오좌불, 문현관, 곽전관, 삼전관, 녹수관, 전하관, 명덕관, 율전관 등으로 바뀌었다.16) 이들 독신자 숙소 가운데 대표격인 오좌불 숙소는 5층 건물 8개동으로 이루어져 있었으며, 이 가운데 두 동은 현대엔

---

14) 강신영, 강주영, 오영주, 윤석수, 한갑수의 구술.

15) 강주영, 오영주, 윤석수, 강신영씨의 구술증언.

16) 이 가운데 명덕관의 일부 층은 1982년부터 현대중공업과 현대계열사(병원, 호텔, 백화점 등)의 여사원 기숙사로 사용되었다.

진과 현대중전기에 임대를 주고 나머지 6개동에 현대중공업 노동자들이 거주했다. 각층은 복도를 사이에 두고 양쪽으로 방이 10개씩 있었으며, 방 하나에 3명씩 생활했다. 원영미(2003: 40)는 이 오좌불 숙소에 1980년대 중반 약 1,500명, 삼전관에 현대중공업과 현대목재 노동자 1,000여 명이, 곽전관에 현대중공업, 현대정공, 현대미포조선 노동자 약 600명이 함께 기숙하고 있었을 것으로 추정하고 있다. 한편 회사측 자료에 의하면, 1985년 현재 이들 기숙사에 총 7,436명의 노동자가 기숙하고 있는 것으로 나타나는바(현대주택편집부, 1986), 그 가운데 60%가 현대중공업 노동자였다고 가정하면 대략 4,500명가량의 현대중공업 노동자가 독신자 숙소에서 생활했다고 추정할 수 있다.

1970년대의 독신자 숙소의 상태는 매우 열악하여, 건설노동자들의 합숙소를 닮아 있었다. 난방이 불충분했을 뿐만 아니라, 목욕시설, 세탁시설 등도 변변히 갖추지 않고 있었다. 또 독신자 숙소 가운데 일부(2, 4, 6숙소 등)에는 식당이 없어서 독신자 숙소에 사는 노동자는 아침밥을 먹기 위해서 '약 10리나 되는 길'을 걸어가야 했다(오영주 증언). 따라서 숙소에 식당이 있는 제3사원숙소에 들어가기 위해서는 기숙사 관리인에게 뇌물을 주어야만 하기도 했다. 뿐만 아니라 숙소 내부의 위생상태도 열악했다.

> 강: 숙소가 그 침대가 이층침댄데 나무로 만든 건데. 그렇게 빈대가 많더라고 그게 매트리스가 빈대가 굉장히 많아요. (중략) 5층 건물인데, 한방에 침대가, 2층 침대가 4개 네 개씩 있어요. 그러니까 8명이 자고. 또 6개 있는 데도 있고 그러면 12명 자잖아요? 또 그랬는데 인제 그 나무, 그 침대 자체가 기둥이고 뭐고 전부 나무로 된, 소나무로 돼 있거든. 근데 이 나무가 틈이 생기잖아요? 옹이 있는데 이런데 그 사이에 빈대가 이렇게 많았어요(강주영 인터뷰).

독신자숙소의 이러한 상태는 1980년대 들어서는 다소 개선되었다. 원영미(2003: 42)에 의하면, 여전히 난방도 불충분하고 실내가 어두침침하고 눅눅해서 '수용소 같은 분위기를 자아냈다'고 하지만, 1980년대 중반에는 한방에 2-3명이 생활했으며, 각 층마다 샤워실이 있었고, 취사실도 있었다.[17]

기숙사비는 1981년에는 월 3,000원, 1985년에는 월 4,800원이었고, 아침 한 끼 식비도 1985년 현재 400원이어서 일반주택에 세를 얻어 자취를 하는 것에 비하여 훨씬 저렴하고 편리했다(한국생산성본부, 1982; 원영미, 2003).[18] 이처럼 숙식을 저렴하고, 편리하게 해결할 수 있다는 것 때문에 독신 남성노동자들은 기숙사의 환경이 열악했고, 개인적인 생활이 보장될 수 없는 집단적 생활에도 불구하고 기숙사 생활을 선호했다.

독신자 숙소에도 들어갈 수 없었던 사람들은 몇몇이서 어울려서 자취를 하기도 했고, 또 어떤 사람들은 방을 얻을 돈을 마련할 때까지 몇 달간 친구들과 함께 여관생활을 하기도 했다.[19]

오: 미포라고, 미포도 안미포, 바깥미포가 있는데 (중략) 집을 이래 얄궂게, 방세 놔 먹을라고 뭐 움막같이 지어가 방 세놓고 이랬어요. 거 참 보면 우리 자취생활을, 기숙사 들어가기 전에는 자취를 했는데 밥 굶듯이 굶고. 라면도 옳게 못 끓여먹고 늦게 일어나면 못 끓여먹고…

친구들이랑 같이?

오: 여럿이서 많이 했어요. 전부다 많이 그랬지요. 결혼한 사람은 방을 얻어서 살림을 하고, 우리 총각들은 대여섯이 어울려가 자취를 하고 그러니 노다지 아침 안 먹고, 굶을 때가 많았지요(오영주).

---

17) 노동조합이 생긴 이후에는 2인 1실로 바뀌었다.

18) 1985년 현재 도시근로자 2인가구의 월평균 식료품비는 7만 4,518원, 주거비는 1만 7,829원, 광열수도비는 1만 4,485원, 가구집기·가사용품비는 1만 3,918원으로 합계 12만 750원, 따라서 1인당 6만 375원이었다(경제기획원 조사통계국, 1985).

19) 이수영 씨의 구술증언.

가족들이 이주해오거나, 결혼을 하게 되면 노동자들은 이른바 '방하나 부엌하나' 있는 집을 얻어 살림을 차렸다. 필자는 1970년대 울산 현대조선에서의 노동자들의 삶에 관한 인터뷰를 진행하는 가운데, 거의 모든 사람으로부터 이 '방하나 부엌하나'라는 표현을 들었다. 그들에게 '방하나 부엌하나'는 1970년대에서 1980년대 중반 주택사정이 다소 호전될 때까지 기층노동자와 하청노동자들의 주거를 상징하는 표현이었다.

> 한갑수: 결혼했던 사람들은 부인이 와서 방 얻으면 나가서 살림 차리고… 방 얻으면 (김국진: 방 한 칸 부엌 한 칸) 살림 차리고 살고. 그러니까 방하나 얻으면 방하나 부엌하나 살림 차리고 살고.
>
> 들어갔다가 결혼하면 방하나 부엌 하나 얻어서 나오고…(중략)…방이 한정되어 있으니까. 옆에 터가지고, 돼지우리처럼 방하나 부엌하나 만들어놓고

> 강신영: 저 같은 경우는 인제 에에… 인천에서 집을 가지고 있던 사람이구요. 그래 인제 울산은 처음에(1974년 말에: 인용자) 전세로 왔었습니다. 전세. 처음에는 아까 말씀드렸듯이 혼자 와서 좀 있다가 에에… 76년도에 인제 애들하고 집사람하고 왔는데 집을 안 팔고 전세를 얻었는데, 그 당시에 뭐 방 하나 부엌하나. 말하자면 스레트 집이었죠.

셋방들은 이미 도시의 면모를 가지고 있던 방어진 일대와 전하, 미포, 남목 등지의 원주민 부락 및 이주부락을 중심으로 형성되었다. 이들은 초기에는 주로 토지를 가지고 있는 원주민들에 의해, 나중에는 외지에서 들어온 건축업자들에 의해 지어졌는데, 가구당 3-4개의 셋방에서 많게는 7-10개의 셋방을 가지고 있었다(진덕규, 1975). 1990년대 이후 급격히 진행된 재개발의 영향 등으로 현재는 셋방집들의 흔적을 찾기 어렵지만, 전하동 일대에 손으로 꼽을 수 있을 정도로 몇 개의 가옥이 남아 있어 그 구조를 어림짐작할 수 있게 해준다. 다음의 <그림 11-3>과 <그림

<그림 11-3> 셋집의 구조

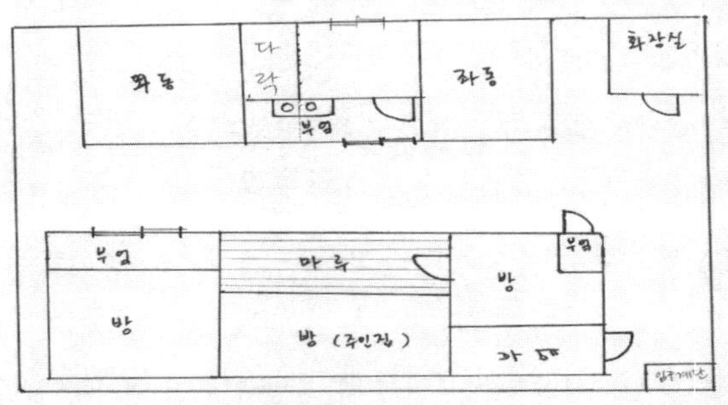

주: 전하동 3XX 번지(중공업 정문에서 약 450m 거리). 주인 할머니는 전하동 토박이다. 이 집은 1974년에 지어졌으며 오랫동안 현대조선 노동자들에게 세를 놓아왔다. 현재 본채는 주인 할머니가 살고 있으며, 건넌채 3칸은 모두 세를 놓고 있다. 셋방은 전형적인 "방 하나 부엌 하나" 의 구조이며, 방은 2평 남짓이었다. 다락은 부엌과 방의 천장 부분을 가로질러 놓여있다.

<그림 11-4> 셋집의 구조

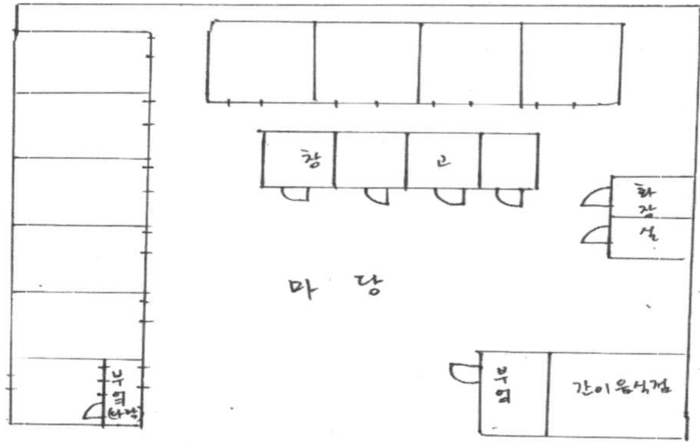

주: 전하동 4XX번지 전하시장 입구(중공업 정문에서 약 500m 거리). 이 집은 간이음식점을 제외하고는 사람이 거주하지 않는 폐가이다. 이웃에 의하면 주인은 부산에 거주하고 있다. 이 집에는 총 10개의 셋방이 있다. 모든 방들은 크기와 구조가 동일한데, 전형적인 "부엌 하나 방 하나"의 구조였다. 다락은 부엌의 천장 부위를 이용하고 있다.

11-4>는 그 몇 남지 않은 옛 셋방집의 일부를 필자가 직접 답사하고 그린 평면도이다. <그림 11-3>의 집은 최다 5개까지 셋방을 놓을 수 있는 구조였으며, <그림 11-4>의 집은 최대 10개까지 셋방을 놓을 수 있는 구조였다.

두 집의 방들의 크기나 구조는 거의 대동소이했다. 방들은 2평 내외의 크기였으며, 부엌을 통해 들어가며, 부엌쪽 문 반대편에 창문이 하나 있다(<그림 11-5>). 모든 셋방들은 조그만 다락이 있었는데, 부엌 위의 공간과 안방 천장 위 공간의 일부를 이용하는 것이었다. <그림 11-6>은 <그림 11-4>의 셋집의 일부분을 촬영한 것이다. 그림에서 볼 수 있듯이, 집들은 시멘트 블록을 쌓아올려 지어진 매우 허술한 구조로 되어 있으며, 지붕에는 슬레이트가 얹어져 있다.

<그림 11-5> 셋방집 골목

전하동 4xx번지 부근, 골목 사이로 현대중공업 담장과 건물들, 크레인 등이 보인다.

<그림 11-6>셋방집

전하동 4xx번지

강신영: 마 거의 90프로가 스레트 집이죠 뭐. 방 한 칸, 부엌 한 칸. 말이 부엌 한 칸이지. 밥 끓여먹고 겨우 그 정도이지. 부엌이라고 볼 수 없어요. 평수로 지금 얘기하면 한 평 반? 한 평이나 됐나 몰라요.

평면도와 그림들에서 볼 수 있듯이 이 셋방들은 1970년대에 광산촌에 지어진 사택들을 닮아 있었다. 구조적으로 볼 때, 이들 셋방은 최소한의 사생활만을 보장할 수 있었을 것으로 보인다. 이처럼 열악한 조건에도 불구하고 밀려오는 노동자들을 수용하기에는 그나마도 공급이 부족했다. 주택공급 부족 현상은 1970년대 내내 지속되었다. 따라서 셋방의 월세 가격은 노동자들의 월급에 비해 매우 높은 수준을 유지했다.

1970년대 초중반의 사정에 대하여 한갑수 씨는 "봉급 한 반은 갔을 거야 아마"라고 했고, 1978년에 처음 이곳에 월세방을 얻었던 이수영 씨는 "방세, 말도 못 하게 비쌌어요"라고 했다. 이러한 사정은 1980년대 전반기까지도 크게 개선되지 않았다. 1981년에서 1985년 사이에 노동자들은 셋방을 얻는 데 월 3-5만 원을 지불했는데, 이는 노동자 초임의 21-35%에 해당하는 금액이었다(원영미, 2003). 공급보다 수요가 많은 상황이었기 때문에 집주인은 세입자를 가려 받을 수 있었다. 따라서 어린 아이들을 가진 노동자 가족은 셋방이나마 얻기가 어려웠다.

이수영: 집들이 없는 가운데 이제, 많은 전국적으로 사람들이 모이다 보니까, 방 구하가 힘들어 갔고… 그 집, 슬레트 해갔고, 집을 하나 이렇게 짓는, 그 터만 닦어도, 보증금을 갔고 와갔고, 이케 저, 방을 얻는 상당히 방 얻기가 힘든 그런 때였죠.

이상복: (1977년도 11월에: 인용자) 혼자 6개월 먼저 와 있고, 그 다음에 집식구랑 애들 내려오고… 그때는 뭐 완전 저 가족이 내려와 갔고 가족끼리 한 방에 여섯 명…그래서 인제 방 얻기도 힘들었고, 또 애들 꼬마 애들 있으면은

그전에는 방도 안 줬거든요.

김순자: 우리 주인집(방어진 인근: 인용자)이 농사를 지데요, 그 농사짓는 방 한 칸을 달라고 하니 애들 많다고 안 주는기라, 그 다음에는 사정, 사정했지요 뭐.

따라서 그나마 자력이 없이 가족들과 함께 이곳에 온 사람들은 산 위 언덕에 지어진 무허가가 판자촌으로 들어가 살거나, 산 속에 천막을 치고 살기도 했다. 이러한 지역을 이곳에서는 '산동네'라 불렀으며, 남목동·전하동 등의 산기슭에 많은 낡은 재래식 가옥과 무허가 판자촌 집단취락을 이루고 있었다. 이러한 천막집이나 판잣집은 그 규모가 2-10평형으로 매우 영세하고 대지도 10평 이하가 대부분이었다(울산동구지편찬위원회, 1999: 109).

(1976년경: 인용자) 사람이라곤 흔적도 찾아볼 수 없는 깊은 산속에 천막을 치고 이사를 했다. (중략) 그후 어느 날 퇴근 후 집에 와보니 다 허물어져버린 천막 위에 비는 차겁게 내리고 있었고 천막쪼가리를 뒤집어쓰고 앉아 있는 아이들의 슬픈 눈들을 보니 복받쳐 오르는 슬픔과 절망에 어쩔 줄 몰랐다. (중략) 그러던 중에 우리와 같은 처지에 있던 사람이 있어 우리집 옆에다 천막을 치고 같이 살게 되어 우리 가족은 외로움과 무서움을 덜 수 있었고….[20]

이런 사람들에 비하면 처음부터 혹은 얼마 되지 않아 사택에 입주할 수 있었던 사람들의 처지는 한결 나은 것이었다. 사택은 입주신청서 제출 후 "입사년도, 회사에의 기여도 등이 참작된 서열순위"에 의해 입주가 결정되었기 때문에 1980년대 초까지도 일반직(사무직) 사원이나 대략 반장급 이상의 생산직 사원에게만 배정되었다. 또 생산직 노동자의 경우

---

20) 김순교, 「새마을 수기: 주택도 마련 이제 안정된 생활」, ≪현대중공업사보≫(1978). 6월호.

처음에는 반장급까지는 방 하나 부엌 하나짜리 4.5평짜리 연립사택이, 직장급 이상에게는 조그만 거실이 딸린 방 두 개짜리 연립사택이 배정되었다가, 1970년대 중반 무렵부터는 반장급 이상에게는 방 두 개짜리(12평대) 아파트가 배정되었다. 사택의 관리비는 1980년대 초 현재 평당 월평균 1,000원 정도로 저렴한 편이어서(한국생산성본부, 1982) 노동자들에게 매우 인기가 있었고, 입주를 위한 경쟁도 치열했다.[21)]

1970년대 후반으로 가서는 사택임대보다는 분양아파트의 공급으로 회사 정책이 바뀌었고, 동시에 공급되는 아파트의 평형도 15-18평(방 2개)으로 바뀌었다. 이와 더불어 주택입주 평가기준도 바뀌었다. 그동안은 직위가 가장 중요한 요소였는데, 1979년 하반기부터는 직종과 직위 두 가지 평가요소를 적용하되, 직종을 우선하는 것으로 바뀌었다.[22)]

사택에 입주한 사람들의 사정이 다소 나았다고 하지만, 초창기 사택은 날림으로 지어져 많은 하자를 발생했으며, 주변 사정도 무척 열악했다. 1974년경 이곳으로 이사를 온 한 사원 부인은 이곳을 '골짜기 골짜기 어찌나 산골이든지'라고 묘사했으며, 사택촌은 '닭장' 같았다고 기억하고 있다.[23)] 그리하여 이곳의 첫인상은 '뭐 이런 데도 있는가' 싶을 정도로, '무던히도 정이 붙지 않던 곳'이었다.[24)]

박미자: (1973년 초반: 인용자) 여기 여기는 뭐. 완전 뭐. 이런 데도 있는가

---

21) 따라서 12평 사택의 임대료는 1만 2,000원 정도였을 것이다. 참고로 1981년 당시 울산지역의 일반미 상품 40kg의 가격은 2만 6,500원이었다(울산상공회의소, 1993).

22) 직종 가운데 조선철공, 용접, 기계, 배관, 전기, 기관이 1순위, 도장, 검사, 선거, 목공, 미장공, 보온, 주단조가 2순위, 크레인, 비계, 배재, 반목, 도금, 산소, 가스제조가 3순위, 공구 및 장비수선이 4순위였다. 설명은 없지만 이것은 당시 노동력 수급상황을 반영했던 것이 아닌가 추측된다(≪현대중공업사보≫, 1979년 6월호).

23) http://blog.daum.net/dydnaje/3728882

24) 김청자, 「내조의 힘」, ≪현대조선사보≫(1975) 2월호.

싶은 생각이 들 정도로 산골짜기고예. 뭐뭐 아무 시설도 없고예. 무슨. 거 인자 사택을 짓는다고 연립을 사택을 죽 지었어예. 지었었는데 거는 전깃불이 다 들어오고 들어왔었는데. 저녁에 해만 지면은 나서면은 깜깜하니 뭐 어디 나갈 데도 없는 거라예.

정현수: 막상 여기 와서 보니까 당시에는 그러니까 A형 B형으로 있어가지고, 그 평수가 다섯 평 네 평인가 뭐 그럴 거예요. 그래가지고 방 하나, 방 하나고 부엌 겸 이래가지고, 아마 요정도도 채 아마 안 될 거야. 그래가지고 그런 것을 사택이라고 줬거든요. 완전히 그러니까 지금 생각하면 뭐 돼지우리라고 봐도 될까?

앞서 언급했듯이 임대주택 건설을 통해 사택을 공급하는 것이 자금상 부담이 가중되자 1977년부터 회사는 분양주택을 공급하는 방향으로 주택 공급정책을 바꾸었다. 그러나 앞서 언급했듯이 아파트 분양정책은 노동자들의 호응을 얻지 못했다. 따라서 회사는 분양아파트를 직장, 반장급 이상의 노동자들에게 반강제로 할당하기도 했다. 1981년 당시 18평 아파트를 분양받으면 총 분양가격 680만 원 중 250만 원은 주택은행융자로, 200만 원은 회사새마을금고 융자로 각각 충당하고, 퇴직금 중간정산액 100여만 원에 현금준비금 130만 원 내외를 지불해야 했다. 주택은행과 새마을금고 융자액의 이자율은 18.5-18.9%로 원리금 상환에 월 5만 5,000원 정도와 상여금 중 10만 원씩(1년 3회)을 납입해야 했기 때문에 이 금액은 반장급 이상의 생산직 노동자들에게도 적지 않은 부담이었다.

김국진: 어느 날, 부서장이… 부르더라고 (중략) 내 사는 집을 비우라 이거야. 그때가 바로 80년입니다. 아까 일산아파트 강제입주 사건이 그런 건데. 나보고 일산아파트 입주하라는 이거야. 내… 거기(임대사택: 인용자) 살았는데, 거기서… 부서장이 불러가지고 일산아파트 입주하라. 왜냐하면 회사정책이 일산아

파트를 1동에서 10동까지 지어놓고 안 가니까 강제로 중간퇴직시켜서 입주시킨 거야. 그때는. 중간 퇴직을 시켜가지고. (중략) 근데 나는 여기 공짜로 있는데, 12평짜리 사택아파트에 공짜로 있는데, 왜 가느냐 이거야. 애들이 둘 있고 학교 다니는데 도저히 갈 수도 없고, 중간퇴직하라니까, 야, 이거 중간퇴직을 해야 되는지 안 해야 되는지, 이거 진짜 나도 망설여지고. 나뿐만 아니고 거기 뭐 반장, 직장 뭐뭐 그 웬만한 쪼금 그 위에, 기능공 위에 있는 사람들은 다 불러다 일대일로 면담을 하는 거야. 내가 인제 그 자리에서 면담에 불려가가지고 두 번째 갔을 때, 가겠다! 그래서 내가 일산 아파트 최초로 갔다고.

이런 과정을 거쳐서 1970년대 말부터 1980년대 중반까지 수천 세대의 분양아파트가 사택으로서 공급되었다. 이 당시에 공급된 대표적인 대규모 아파트들이 가족아파트, 전하아파트 1-4단지, 일산아파트 등이었다. 특히 1980년부터 1986년경까지 10여 차례에 걸쳐 분양된 일산아파트는 100개 이상의 동과 약 4,000세대에 육박하는 대규모 아파트 단지였다. 1970년대 말에서 1980년대 중반까지 지어진 아파트들은 15평에서 20평 규모로 방2개와 욕실 하나, 그리고 거실을 가진 아파트들이었으며, 초기에는 15-18평이 주류를 이루다가 이후 점차 18-20평대로 규모가 커졌고, 당시의 주택가격 상승을 반영하여 분양가도 점차로 상승했다.

이러한 사택공급 상황의 변화를 반영하여, 필자가 수집한 대부분의 구술증언에서 1980년대 초중반을 경계로 대부분의 구술자가 사택, 또는 셋방에서 분양아파트로 주거를 옮겼다는 증언들이 나오고 있다.

김순자: 우리 아저씨가 인제 그때만 해도(80년대 초) 중공업에… 중공업에 아파트들 많이 나왔잖아요…, 아파트 나와 가지고, 저… 남목에 거기 아파트 하나 얻어가지고 주데요 회사에서 그… 주는 걸 거기서 있다가…. 여기 중공업에서도 아파트 짓는데 여기(전하동: 인용자)를 놓아가지고 또 이사했어요.

<그림 11-7> 일산아파트단지(일명 '만세대' 전경)

2) 노동자 거주공동체의 형성

하나의 회사를 중심으로 노동자들의 거주지가 지역적으로 집중됨에 따라 자연스럽게 울산 동구지역에는 일종의 노동자 거주공동체라고 할 수 있는 것이 형성되었다. 특히 회사의 주택공급에 따른 대규모 사택 및 단지의 조성은 동질적인 노동자들이 모여 사는 거주공동체의 형성을 더욱 쉽게 했다.

기숙사들은 비좁고 개인생활이 보장이 되지 않았지만, 그 대신 비슷한 연령대의 젊은 노동자들의 공동생활의 경험은 노동자들이 유대감을 강화하기에 좋은 환경이었다. 아파트의 경우에도 똑 같은 모양으로 막사처럼 지어진 집들이 수백, 수천 세대씩 함께 있는 환경은 노동자들과 그 가족들로 하여금 노동, 주거, 소비, 문화, 사교 등 일상생활의 전 영역에 걸쳐서 자신들의 동질성과 유대감을 확인할 수 있는 공간적 조건이 되었다. 또 기숙사나 아파트들은 현대중공업의 노동자들만이 아니라 다른 인접 계열사의 노동자들도 함께 살고 있었기 때문에 자연스럽게 단위 기업을 넘어선 동질감이 형성될 수 있었을 것이다. 셋방들도 남목동이나 전하동 등 회사 인근에 집중적으로 위치했으며, 사택단지와도 인접해 있었다.

노동자들의 거주공동체 형성을 쉽게 한 또 하나의 요인으로는 다수의 노동자들이 농촌출신으로서 농촌지역의 공동체적 문화를 어느 정도는 몸에 간직한 채 이곳으로 이주해왔다는 점이다. 구술증언에 의하면, 1970년대와 1980년대 초에 작업장 내에서 점심시간 등 휴식시간의 압도적인 여흥은 윷놀이였다. 노동자들은 산소나 아세틸렌 가스통의 호스를 잘라 윷을 만들어, 식권이나 10원짜리 동전을 건 내기를 했다. 윷놀이가 노동자들의 중심적 여흥이었다는 사실은 이들이 농민의 아들들이었다는 것과 관련이 깊은 것으로 보인다. 노동자들은 또 작업장 안에서 서로 나이를 따져서 나이가 한두 살이라도 많으면 '형님'으로 어리면 '동생'으로 부르는 문화를 가지고 있었다(강신영, 한갑수 구술증언). 농촌사회의 전통과의 연장선상에 있었던 또 하나의 요소로서는 계의 성행을 지적할 수 있다. 급속한 도시화에도 불구하고 이전부터 거주하던 주민들과 이주해온 노동자들도 농촌사회의 문화에서 비롯한 그러한 공동체적 문화 속에서 비교적 쉽게 서로 융화될 수 있었다. 윷놀이는 직장 안에서만 성행한 것이 아니라, 노동자들이 사는 동네에서도 성행했다. "쌈치기", 고스톱과 같은 가벼운 도박, 그리고 1980년대에는 특히 족구가 작업장 안팎에서 성행했다.

> 홍성률: 특근 안 할 때는… 집에서 이제 아는 사람들끼리 모여 가지고, 그때 집에서까지도 윷을 좀 한 것 같아요. 그거 아니면 뭐 고스톱… 아파트 단지(안에서: 인용자) 같은 부서에는 안 다니지만 (집밖에: 인용자) 나와 있으면 아! 뭐 술 한잔합시다. 이러면 윷 같이 만들어 가지고 막걸리 한잔하면서 아파트 같이 계시는 분들끼리 해가지고 윷놀이하고, 중간에 족구가 (유행하게: 인용자) 되면서 족구 같이 하면서 막걸리 내기하고 학교 운동장에 가가지고, 아파트 공터에서도 하고…(원영미, 2003으로부터 재인용).

> 이수영: 그때는 참, 그 그 동료간에, 정이 상~당히 좋았어요. 어! 그때. 그리고 이 울산 여기에, 거기 방어진, 뒤에 방어진이 있었는데, 방어진이 옛날 일제시대

때는 아주 큰 도시였다고 그러는데, 아주 시골 같아갔고, 그 그 동네 인심도 좋았고, 그랬어요.

특히 노동자들의 가정은 외부에 폐쇄된 것이 아니라 동료 노동자들 사이에 반쯤 개방된 공간이었다. 노동자들은 지금도 1970-1980년대에 동료 노동자의 집을 별다른 거리낌없이 찾아갈 수 있었던 것, 그래도 동료 노동자의 부인으로부터 박대는 받지 않았다는 것 등등을 즐거웠던 기억으로, 애잔한 향수(nostalgia)로서 기억하고 있다.

이수영: 70년대는, 서로 인제, 생일이라던가, 또는 뭐 결혼식, 이런 부분 저기하면, 저는 막, 그때는 배고픈 시절이었는지는 몰라도, 저는 와서 축하해 주고! 저도 좀 저 방 한 칸에 그 저기가 있었는데, 우리 신랑 달아먹는다고, 우리 집사람, 저거 저 다락방에서 나오지도 못 허고, 그대로 지금까지 저, 우리 그 친구들이 지금 지금까지 나를 만나면, (중략) 가끔씩 만나면 그 얘기를 허고 옛날에 참, 너 달아먹고 그럴 때, 그때가 좋았다고 그러면서…

신혼집 집들이 와서 말하는 겁니까?

이수영: 예, 예. 집들이 와서 인제 막 허믄 인제 아우, 안가고 막 죽치고 인제 막 술 먹고 인제, 여기서. 그때는 방 한 칸에 다락방에다가 부엌 있고 그렇게 되니까 우리 집사람이…

그러나 이러한 노동자 거주공동체의 형성의 적극적인 측면을 지나치게 강조하는 것은 사실과 거리가 있을 수 있다. 노동자 거주공동체 내에는 한편으로는 직영/하청, 직책 등에 따라서 균열선 또한 존재했으며, 노동자와 그 가족으로서의 집단적 유대감의 한계 또한 명확했기 때문이다. 1987년 이전 노조가 존재하지 않는 상황 속에서는 회사의 공장 안에 대한 전제적 지배력 바깥의 지역사회로까지 흘러넘쳤다. 공장 바깥에서 노동자들은 거주지역을 중심으로 자연발생적 공동체성과 연대의식을 발전시켜

나갔지만, 그것은 1987년까지는 노동자계급 연대의 기반으로서의 미약한 가능성만을 가지고 있었을 뿐이다.

이러한 사정은 1987년 이후 노동조합이 성립되면서 사정이 다소 바뀌었다. 노동자가족들이 파업에 동참하면서 1990년을 전후하여 '현대중공업노동자가족협의회' 등이 만들어졌다. '가족협의회'는 파업지원에 그치지 않고, 이후 정치활동(노동자후보 지원, 이후 민주노동당 활동), 시민운동 등에도 가담하기도 했다. 그러나 가족협의회는 소수의 열성적 회원들의 조직으로 그쳤을 뿐 대중적 조직으로 발전하지는 못했다. 현대중공업 노동조합도 파업 때만 지역주민들의 이해와 동참을 호소했을 뿐 사업장 바깥의 지역사회와의 다양한 일상적인 연결고리를 만들어내지 못했다.

5. 노동자투쟁과 거주공동체

1987년부터 1990년까지 울산은 한국노동운동의 메카로 불렸으며, 그 가운데서도 현대중공업은 매년 노동운동의 풍향을 좌우하는 핵심으로 여겨졌으며, 실제로도 그러한 역할을 했다. 그러나 노동자거주공동체가 노동자들의 투쟁에 어떠한 영향을 미쳤는지는 지금까지 연구자들의 관심사에서 다소 벗어나 있었다.[25] 따라서 이 절에서는 노동자들의 구술증언과 문헌자료들을 토대로 현대중공업 노동자들의 투쟁에 이 지역에 형성된 노동자 거주공동체가 어떠한 역할을 했는지 살펴보기로 한다.

노동자 거주공동체가 노동운동과 관련을 맺기 시작한 것은 노동자 대투쟁이 시작된 바로 그 무렵부터였다. "현중 민주노조개편대책위원회에

25) 예외적인 것으로 원영미(2003)를 들 수 있다. 아울러 그만큼 깊게 다루고 있지는 않지만, 사북을 비롯한 광산지역의 노동자공동체를 다루고 있는 사북청년회의소(2001), 현대자동차노동자 집단거주지를 배경으로 그 가족·'전업주부공동체'를 다루고 있는 조주은(2004) 등이 참고할 만하다.

서 현대중공업(주) 전근로자에게 드리는 글"(1987.8.1)에 의하면, 위 위원회에 금일봉으로 "도움을 주신 분들" 항목 가운데, "돌안아파트 △△동 일동", "돌안아파트 △△동 부녀회 일동" 일동, "2단지 아파트 주민 일동", "전하 일단지 △동 일동"을 비롯하여 15건의 금일봉이 지역단위에서 걷혀서 노조민주화를 추진하고 있는 세력에게 전달된 것으로 나타난다. 노동자 가족의 노동자대투쟁 참가는 금전적인 지원에 그치지 않고, 지역단위에서의 실제적인 참여로도 나타났다. 예컨대 1987년 8월 중순 남목에 위치한 '돌안아파트'에는 "현대중공업 경비대장이 중심이 되어 유인물을 뿌리다 아주머니들에게 발각되어 팔다리가 부러지도록 얻어맞고 시궁창에 처박히기까지 했다."[26]

또한 다음과 같은 기록도 있다.

> (1987년: 인용자) 9월 5일, 만세대에서 그후 전개될 17일에 걸친 대파업의 전기를 마련해준 감격적인 승리가 이루어졌다. 90여 명을 연행한 경찰은 여세를 몰아 방어진 일대와 만세대 주변에 수천 명의 병력을 깔고 위압감을 조성했다. 더구나 회사측에서는 휴업공고와 함께 숙소지역에 단전, 단수, 식당폐쇄까지 실시했다. 이때 기숙사에서 살고 있던 미혼노동자들 20여 명이 밥그릇을 숟가락으로 두들기며 한 줄로 시위를 벌이기 시작했다. (중략) 이들은 숙소 돌기를 끝내고 만세대 아파트를 돌기 시작했다. "우리에게 밥을 달라! 전기를 달라! 물을 달라!"며 만세대 아파트를 휘돌자 시위대는 5,000여 명으로 거대한 물결이 되었고, 전경들은 혼비백산해 철수해버렸다. 시위대가 다시 기숙사 앞길로 접어들어 중간쯤 오는 길에 숙소에 전깃불이 켜지기 시작했다. 무참한 패배 끝의 소중한 승리였다. 이때부터 기숙사에서 배식을 하지 않자 만세대의 노동자 가족들은 새벽마다 앞마당에 돗자리를 깔고 기숙사 노동자들과 공동취사, 공동식사를 했다. 뜨거운 신뢰와 믿음이 굳건히 형성된 것이다(『전노협백서』, 제3권).

26) 『전노협백서』 제3권 제2장.
(http://wbook.labordata.org/view.asp?menucode=read&book=3&number=187)

특히 독신자 숙소였던 오좌불 숙소는 1987년 노동자대투쟁 직후부터 '선진적 노동자'를 길러내는 요람이 되었다. 오좌불 숙소는 현대중공업 노동자들이 학습과 토론을 통해 스스로 의식을 고양시키고, 숙소를 함께 쓰고 있는 그룹 내 다른 사업장노동자와의 교류를 통해 연대의 필요성을 자각해가는 장이 되었다. 그 결과 오좌불 숙소를 중심으로 현대중공업 내 최초의 현장조직들인 '선봉', '현대민주노동자회' 등이 탄생했다(울산노동정책교육협회, 1995). 오좌불 숙소는 특히 조그만 공터를 사이에 두고 만세대 아파트 단지와 마주보고 있었기 때문에 더 큰 의미를 가지고 있었다. 오좌불 숙소는 128일 투쟁 때 파업지도부가 공권력이 투입된 현장을 빠져나와 장외투쟁을 위한 농성장으로 택하면서 현대중공업 노동자들의 장외투쟁의 상징이 되었다.[27] 또 오좌불 숙소와 만세대 사이의 공터는 이후 1989년의 이른바 '128일 투쟁'과 1990년의 골리앗 파업 당시에 '민주광장'으로 불리면서 노동자와 노동자 가족들의 사업장 바깥 집회와 투쟁의 중심지가 되었다. 현대중공업 노동자 가족 4,000여 세대가 모여 사는 만세대 아파트도 128일 투쟁 시기와 골리앗 파업 때 노동자들의 일종의 '해방공동체'를 연출해낸 장이 되었다.

128일 투쟁 때 노동조합은 이른바 '식칼테러'의 참상을 담은 사진들을 노동자 가족들이 밀집해 사는 지역에 게시함으로써 가족들의 동참을 유도했으며, 가족들은 오좌불 숙소 앞에서 빈대떡 장사를 하여 파업기금을 마련하기도 했다. 이러한 가족들의 적극적인 동참은 이후 공권력이 투입된 이후에 전개된 시가투쟁 때 가족과 주민들이 적극 나서 김밥·주먹밥을 만들고 이웃들의 성금을 모금하는가 하면 스스로 화염병을 만들어 노동자들에게 나누어주는 중요한 계기로 작용했다.[28]

---

27) 홍승일(1990). 1990년대 중반 이후 현대중공업 노동운동이 퇴조하자 한탄처럼 나와서 마치 상징처럼 쓰이던 표현에 "돌아갈 오좌불도 올라갈 골리앗도 없다"가 있다. 이 표현은 '오좌불'이 사내 공권력 투입시에 회사 밖에 장외투쟁의 근거지를 마련하고 싸우는 방식의 상징이었음을 잘 보여준다.

노동조합은 또 노동자들의 거주공동체를 파업대오의 유지와 무임승차자의 방지를 위해 적극적으로 활용하기도 했다. 예컨대 128일 투쟁 때는 지역별로 집단 출퇴근을 조직하기도 했으며, 이른바 '미꾸라지'(무임승차자)를 가려내기 위해 여러 방법들을 사용하고, "파업투쟁속보"를 지역에 배포하고, 의식적으로 지역주민, 노동자 가족이 참여하는 집회를 열어, 파업투쟁을 노동자들만이 아니라 가족과 지역주민까지 참여하는 투쟁으로 확산시키려 했다. 오좌불 숙소에 합숙소를 마련한 현민회와 선봉대원 등은 매일 아침 숙소를 출발하여 만세대 아파트를 한 바퀴 돌면서 구호를 외치고 노래를 부르며 파업분위기를 독려했다(홍승일, 1990: 127). 이 과정에서 전하동의 '민주광장'과 더불어 화정동의 '자유광장'은 노동자들이 진압경찰을 상대로 가두 바리케이드전을 수행하는 중심지가 되었다(울산노동정책교육협회, 1995: 30, 37). 만세대 아파트 오좌불 숙소의 아래쪽으로 현대중공업의 담장과 면하고 있는 한일은행 앞 도로, 동울산우체국 앞 도로, 중전기 앞 도로 등에서는 1만여 명의 노동자들과 1만 5,000의 경찰 간에 밀고 밀리는 공방전이 날마다 계속되었다. 밤이 되면 만세대 아파트 입구 공터에서 연일 5,000여 명이 모인 집회가 열렸다. 가두투쟁과 집회에는 엔진, 자동차, 중전기, 미포조선, 정공, 종합목재 등 현대계열사 노동자들 또한 다수 참가했다. 가두시위 현장에는 시간이 지나면서 나이어린 학생들의 모습도 보였고, 부상자가 속출하자 가족들이 전면에 나서기도 했다(≪울산노동자신문≫, 2001.3.26).

울산 동구 남목에 돌안아파트라는 사원아파트가 있었다. 6,7평 남짓한 곳에 온 가족이 오글오글 살아가는 아파트였다. 외국인들이 '닭장집이 왜 이리 많은가?'라고 말할 정도였다. '128일'이라는 남편들의 목숨을 건 파업을 곁에서 지켜보던 해, 가족들은 아침이면 아파트를 뛰쳐나와 밤이면 집으로 돌아가는

28) ≪울산노동자신문≫, 2001년 2월 19일.

생활을 시작했다(홍정련, 2002: 418).

> 이수영: 그때 당시, 참 갈등이 참 많고, 막, 그 회사뿐만 아니고, 인제 집에서도, 이렇게 좀 인제 뭐야, 회사 사택이니까 거기서 좀 인제 여러 사람이 하다보니까, 이게 참석을 하는 사람이 있고, 안 하는 사람이 있잖아요. …(파업노동자들이: 인용자) 막 몽둥이 들고 쫓아다니면서, '안 나오냐고' 그랬어요. 농 속에 있는 사람 끄집어내다, 막 뚜드려 패고. …이제 참석을 했다가, 며칠은 했다가 하루 좀 쉬고, 또 뭐 이럴 수, 매일 또 갈 순 없는 거 아닙니까? 그렇게 되면은 또 이 사람들이, 옷을, 이제 잠바 같은 것을 다 거꾸로 입어요. …참석 안 한사람은 모르고, 인제 막 회사 잠바 입고 막 이렇게 막 나오면서, 저 앞에서는 인제, 저 사택에서 막 데모도 했거든? …슬그머니, 데모하는 데로… 가잖아요. 막 가노면, 그 사람들이 딱 잡거든. 아, 나 참석한 사람이라고 그러거든. (함께 웃음) 잠바가 뒤집어져, 그게 일종의 암호거든. (A: 아, 암호) 게 그 그 저기한 사람들이. (함께 웃음) 뒤집어 입고… 뒤집어 입고 나왔던 거예요.

노동자 집단거주지를 중심으로 한 장외투쟁은 1990년 4월에서 5월에 걸친 이른바 '골리앗 투쟁'에서 절정에 달했다. 4월 28일 공권력 투입으로 현장이 경찰에 장악되자 파업지도부는 골리앗에 올라가 농성을 했고, 회사를 빠져나온 노동자들은 전하동의 '민주광장'과 화정동의 '자유광장' 등을 중심으로 노동자 가족, 노학투쟁에 나선 학생들과 함께 가두투쟁을 전개했다. 이 가두투쟁은 5월 6일까지 계속되었으며, 연일 수천 명에서 만 명에 이르는 노동자와 그 가족들이 집결하여 투쟁했다. 이 과정에서 만세대 아파트만이 아니라 인접한 4천 세대 아파트, 일산동 화정동 일대의 공터들도 노동자들의 집회장소로 사용되곤 했다[29].

매일 부서별로 출근체크를 마친 노동자들은 다시 부서별로 나뉘어 동구 전역

---

29) ≪한겨레신문≫, 1990.5.1.

에서 치열한 가투를 전개했다. 가투가 시작되기 전 동구 일대의 작은 골목마다 가족들이 합동으로 쓰레기를 모은 바리케이드를 설치하고, 최루탄을 씻어낼 고무호스를 준비했다. 특히 128일 파업의 경험을 살려 가족 스스로가 팀을 짜 물품보급조, 구급조를 편성, 조직적으로 투쟁에 동참했다. 29일 현대중장비 앞에서는 최루탄이 다 떨어진 전경들이 시위대열에 밀려 현대중장비로 쫓겨갔다가 점심도 못 먹고 하루 종일 갇혀 있기도 했다. 중학생들로 꾸려진 가투부대가 나타났고, 유치원에 다니는 아이들까지 돌을 나르고 있었다. 비록 끊임없이 밀리고는 있었지만 전선이 여기저기에서 형성되어 쫓고 쫓기는 투쟁이 쉴새없이 계속되고 있었던 것이다(『전노협백서』 제3권).

따라서 지역주민은 회사측과 파업노동자측이 각각 지지를 얻어내어야 할 대상이 되었다. 정부와 회사측은 반상회 등 주민조직을 이용하거나, 회사 간부들을 동원하여 노동자들을 설득하는 한편, 파업으로 인하여 불편을 겪고 있는 지역주민들의 여론을 파업반대로 돌아서게 하기 위해 노력했다(≪동아일보≫, 1990.4.26). 노동자들도 파업투쟁 속보 등을 통해서 자신들의 입장을 알리는 데 주력했다. 당시의 보도에 의하면 주민들의 반응은 양면적이었던 것으로 보이지만, 상대적으로 노동자측에 더 호의적이었다.

근로자들과 직간접적인 관계를 맺고 생활하는 탓인지 주민들은 시위근로자들 보다는 진압경찰에 대해 불만이 더 많다. "KBS 사태에는 19일간이나 기다려 경찰병력을 투입한 당국이 현대중공업에는 4일 만에 투입한 것은 불공평해요. 이것은 근로자들이 못 배우고 힘이 없다고 얕보기 때문에 나타난 처사지요." 현대중공업 앞에 있는 한 식당의 50대 여주인이 말하는 것처럼 상당수 주민들이 성급한 공권력 개입이 사태를 악화시켰다고 생각한다(≪동아일보≫, 1990.5.1).

동울산지역에서는 경찰병력 1만여 명이 울산지역에 1주일 이상 머물며 불심검문을 하는 등 시민들의 불편이 늘어나자 상가번영회가 중심이 되어 '공권력 철수'를 요구하는 서명운동을 벌일 예정인 것으로 알려지고 있다(≪한겨레신문≫, 1990.5.6).

6. 사라진 공동체?

그러나 울산 동구지역 노동자와 그 가족들의 공동체적 문화는 1990년대 들어서 급속히 해체되었다.

강주영: 초창기 때 인제 그 총각 때는 그 시간이, 시간이 그렇게 많이 없기 때문에 (중략) 같은 일은 하는 그 멤버들이 해가지고, 산에도 가고 또 집집마다 다니면서 먹기도 하고 놀기도 하고 이걸 했는데. 그때 그 형제계 했던 사람들 중에 네 사람은 삼성, 대우로 갔어요.

홍성률: 좀 야비하게 하는 이런 사람들… 욕도 하고 또 마음 맞는 사람끼리 또 계도하고, 근데 그런 계마저도 많이 깨져버리고

홍성률: 그때 참 그때가 회사 다니는 맛도 났고 동료들 간에도 대화도 나누고 야! 오늘 먼지도 마시고 이랬으니까 이따 퇴근 때 돼지삼겹살 됐나? 됐다. 뭐 이래가지고 하고 뭐 또 친구 집에 가서 동료 집에 가서 찾아가기도 했고 결혼하고 뭐 이라면 불시에 쳐들어가도 뭐 그 부인들이 별로 미운 내색도 안하고 이랬는데 요즘은 뭐 서로 핵가족화 이런 게 있어 가지고 손님 찾아오는 것도 싫어하고 또 찾아도 집에서 하는 것보다 간단간단 어디 식당에서 이렇게 해버리고

강신영: 지금은 그때하고 비교하면 비교가 안 될 정도로 참 뭐라고 할까요? 윗사람을 공경이라는 것은 해이해졌다. (중략) 옛날에는 그래도 다름대로 그런

것이 지켜지고 있었지요. 설사 자기가 직책이 높고, 어… 직급이 낮더라도 직급이 낮은 사람이 나이가 많으시면은 작업 오다는 할지언정 인간적으로 형님으로 대하고, 지금도 다는 아닙니다. 다는 아닌데 다수가 그렇다는 얘기입니다.

위의 구술증언에서 과거는 시간, 돈, 먹을 것, 놀러갈 장소 등 모든 것이 부족한 때였지만, 동시에 마음에 맞는 사람, 손님을 반기는 문화, 이웃의 정, 동료애가 살아 있던 시기로, 그리고 그것들이 모두 모여 '회사 다니는 맛'이 있었던 시기로 기억되고 있다. 그에 반하여 모든 것이 상대적으로 풍족한 지금은 그런 가치 있는 것들이 사라져버렸다는 사실이 씁쓸하게, 상실감으로 표현되고 있다.

이탈리아의 여성노동사가인 파세르니(Passerini, 1984)도 이와 유사한 변화와 그것에 대한 노동자들의 '향수'를 발견한 바 있다. 그녀에 의하면 노동계급의 즐기기와 소일거리 유형의 변화는 영국에서는 1910년대에, 그리고 이탈리아에서는 1930년대에 나타났는데, "그러한 변화는 '가난하고', '자연발생적인' 활동(선술집, 가족과 함께 거닐기, 오델로 게임)에서 대중적으로 조직된 활동(축구시합, 영화, 기차를 타고 가는 노동계급의 소풍)으로의 변화였다." 한편 현대중공업의 노동자들이 느낀 변화는 가난하고 자연발생적인 활동에서, 조금은 더 풍족하지만 개인주의적이고 핵가족주의적인 활동(예컨대 부인과 단둘이 등산)으로의 변화였다.[30]

이러한 변화를 가져온 요인들은 여러 가지를 들 수 있겠지만, 급속한 도시화의 진행과 가속화된 도시재개발로 인한 노동자 집단거주지역의 희석화(dilution), 가족 중심의 여가활동의 급속한 확산, 중간계급적 소비·

30) 부분적으로는 '조직적인 활동으로의 변화'의 모습도 있었다. 강주영 씨는 계와 윷놀이를 언급한 다음 요즈음에는 과거에 팀장을 함께 역임한 사람들끼리 모이는 '구팀장 모임'이 있다고 소개했는데, 이 모임은 회비를 모아 한 달에 1-2회씩 주변의 유명한 음식점을 찾아다니는 것이 주된 활동이다. "먹는 문화를 (중략) 중공업에서 한 뭐 한 20키로 30키로 근방에는 맛있고 좋은 음식은 소문만 나면 가는 거예요."

여가 문화의 확산 등과 같은 사회적·문화적 변동을 그 원인으로 들 수 있다.

먼저 도시화와 재개발의 영향에 대해 살펴보면, 1990년대 초부터 낡은 사택단지와 사원아파트들이 하나 둘씩 재건축되기 시작했다. 돌안아파트, 명덕아파트, 가족아파트 등과 같은 현대중공업 노동자 집단거주지를 상징하던 아파트들이 하나씩 둘씩 재개발로 사라지고, 연립주택이나 5층짜리 아파트들이 있던 그 자리에 15층 이상의 고층아파트들이 들어섰다. 또한 이에 앞서 1980년대 중반부터 남목동과 전하동 일대 산동네 판자촌들이 철거되고 고층아파트 지역으로 탈바꿈했다. 아파트 재개발은 울산 동구지역의 풍경을 노동자집단거주지로부터 전형적인 중산층 거주지와 같은 모습으로 탈바꿈시켰다. 아파트 재개발은 또한 노동자 내부의 부동산 보유여부에 따른 재산의 격차를 심화시켰고, 여러 직업군의 사람들과 섞이게 되면서 노동자들의 거주의 집단성을 약화시켰다. 사원아파트 주변 여기저기에 있던 공터들도 상가나 주택지로 바뀌면서 빠르게 사라져갔으며, 주차장과 그곳에 가득 찬 자동차로 채워진 새로운 아파트 단지의 마당공간은 더 이상 노동자들의 집단적 놀이공간이 될 수 없었다. 1990년대 중반 이후로는 기숙사의 시설과 용도에도 근본적인 변화가 생겼다. 그 이유는 현대중공업이 더 이상 대규모로 젊은 노동자를 고용하지 않게 되었고, 그에 따라 노동자들의 평균연령이 상승하여 독신자 숙소에 대한 수요가 급격히 감소했기 때문이다. 그 결과 현대중공업은 현재에도 4,000명 이상을 수용할 수 있는 기숙사시설을 가지고 있지만, 약 1,400명을 수용할 수 있는 시설은 국내·해외 기술연수생, 대학병원 의사·간호사, 계열사 여직원 기숙사로 사용되고 있으며, 나머지 독신남성용 기숙사의 경우에도 호실의 상당수가 출장자실, 가족실, 임원용, 운동선수용, 계열사 직원용 등으로 전용되고 있다. 남아 있는 기숙사들도 1990년대 이후 재개발되면서 깔끔한 외관과 다양한 복지시설, 그리고 프라이버시가 강조되는

주거공간으로 변모했다.[31]

1987년 이후 급격히 상승한 임금과 그에 따른 소비문화, 특히 자가용의 보유도 커다란 영향을 미쳤다. 노동자들의 개인주의와 가족중심주의가 확산되고, 소비성향이 중간층의 그것을 추종하는 경향을 보였던 것이다. 1996년말 현대자동차의 전투적 현장조직인 민투위의 사무실에 우리나라 굴지의 중공업대공장의 현장조직 대표자들이 모여 "현장조직운동의 미래"라는 제목을 내걸고 토론회를 벌였으며, 이 자리에는 현대중공업의 대표도 참가했다. 이 토론회의 마지막 순서인 '종합토론'에서 현대정공 현장조직의 대표자는 노동조합운동의 현장기반을 약화시키고 있는 조합원의 개인주의적 경향의 확산 현상을 다음과 같이 진단했다. 이러한 진단은 다소의 차이는 있지만, 현대중공업에도 마찬가지로 적용될 수 있는 것이었다.

> 조합원의 생활상의 변화를 보자. 예전에는 퇴근시간에 회사 앞 식당에 술 한 잔 걸치는 것이 보통인데, 지금은 회사 앞 식당이 장사가 안 되고 있다. 이것은 조합원들의 자가용 보유율이 70% 이상이기 때문에 나타난 현상이다. 주택보유율도 90%가 넘는다. 또한 격주 휴무제로 인해 생활상의 여유도 많이 생겼다. 이제 문제를 약간 더 깊이 들어가 보자. 87년에서 96년, 9년 동안 객관적으로 드러나고 있는 부분에서 변한 것이 무엇이 있는지 살펴보면 우선 임금은 5배 정도 올랐다. 복지시설도 많이 좋아졌다. 전반적으로 문화수준은 향상되었다.[32]

31) 회사는 "쾌적한 생활공간으로 신개념의 호텔형 기숙사"를 표방하고 있다. 현대중공업 주택운영부 홈페이지(http://housing.hhi.co.kr/hhas/homepage/dormitory/ introduction/d_intro_1.aspx) 참조.

32) 박준석 현대정공 부서동지회 연합 교육국장의 토론 요지 (http://member.jinbo.net/plus/files/ipo7.htm).

<표 11-5> 현대중공업이 건설한 지역 내 복지·문화시설

	개관일자	시설규모 (평)	이용자수 (일일평균)	강좌	
				강좌수	수강인원
한마음회관	1991.11	3,991	5,311	94	2,030
현대예술관	1998.06	9,265	3,110	63	624
동부회관	1994.07	965	1,385	55	1,310
서부회관	1995.11	1,200	851	47	995
미포회관	1991.06	1,557	1,238	50	990
대송문화교실	1997.09	246	155	16	375
계		17,224	12,050	325	6,324

자료: 현대중공업, "이웃과 함께 만드는 아름다운 세상: 한마음회관 개관 10주년"(2001).

특히 주목할 점은 현대중공업 노동자들의 경우 이러한 변화가 회사가 주도한 지역문화, 복지활동의 재조직화에 의해서 가속화되었다는 점이다. 현대중공업이 1991년부터 동구지역 여기저기에 건설하여 운영하기 시작한 지역 복지·문화시설은 한마음회관 등 6개(동부문화교실을 포함시키면 7개)에 이르며, <표 11-5>에서 볼 수 있듯이 전체 일일평균 이용자수가 1만 2,000명에 이른다.[33] 이들 복지회관에서는 수영·헬스·탁구·볼링·아이스 스케이팅 등 스포츠교실과 요리·붓글씨·꽃꽂이·합창 등 문화교실 등이 수백여 개가 운영되고 있다.

아래의 인용문은 회사가 주도한 지역문화사업이 노동자계급 가족 내에서 남성노동자와 그의 가족들 사이의 문화적 격차를 심화시키는 방향으로 작용했으며, 특히 그것은 중간계급적 소비, 여가, 문화생활의 헤게모니를 확산시키고 노동자계급의 문화와 공동체를 해체하는 작용을 했음을 시사해준다.

1993년부터 회사는 막대한 자본을 이용, 지역 곳곳에 복지회관을 건립해서

33) 현대중공업 자체 통계에 의하면 복지회관 이용자수를 복지회관 이용자수와 대비하면, 동구주민 전체가 연평균 178회 복지회관을 방문한 셈이라고 한다(현대중공업, 2001).

> 싼 값으로 수영과 볼링을 비롯한 다양한 취미거리를 제공했다. 주부대학을 열어 학력이 대체로 낮은 가족들에게 '대학'의 환상을 심어주고, 관광을 시켜준 후, 선거가 닥치면 회사가 지지하는 후보를 뽑는 일에 나서게 했다. 뜨거운 여름, 추운 겨울, 배에 매달려 용접봉에 불꽃을 피우며 남편들이 일할 때 가족들은 회사 복지회관에서 수영, 볼링을 하며 자가용을 굴리며 여가를 즐기게 했다. 실제로 있었던 일이다. 아내가 볼링 대회에 나가 상을 받게 되었다. 공장에서 급하게 외출을 나오느라 작업복을 갈아입지 못한 채 꽃을 사들고 온 남편을 부인이 모른 체하고 그냥 지나갔다고 한다. 노동자가 노동자의식을 갖지 못하게 하는 회사의 가족정책의 문제점에 대해 깊게 생각하게 하는 실화이다(홍정련, 2002: 419-420).

그런데 흥미로운 것은 많은 노동자들이 이러한 변화의 결정적인 경계로서 1987년을 꼽고 있다는 점이다. 1987년은 노동자들에게 '민주화가 되고', '노조가 들어서고' 등과 함께 사용되거나, 그 말들로 대체되어 사용되는데, 이 시점을 전후로 가난, 결핍, 공동체적 문화, 자발적·비타산적 헌신에서 풍족, 개인주의, 이기적·계산적 행위로의 결정적 변화가 있었던 것으로 형상화되고 있다.

그러나 앞서도 보았듯이 노동자들의 공동체적 문화는 1990년 무렵까지도 존재하고 있었다고 볼 수 있다. 그렇다면 문제는 왜 노동자들이 시기를 좀더 거슬러 올라가 '민주화가 된' 1987년 무렵을 이러한 변화가 시작된 시점이라고 말하고 있는 것일까? 일부의 구술증언은 이미 수년간 친회사적인 노동조합이 존재하고 있는 가운데 소수파로 전락하여 전투적 '민주노조운동'의 전통을 유지하기 위해 안간힘을 쓰고 있는 집단의, 혹은 그 집단에 속한 개인의 고단하고 우울한 정서가 과거의 공동체적 문화와 현재의 원자화한 인간관계 사이의 간극을 더욱 크게 느끼게 하고, 더 강한 향수를 불러일으키는 것으로 해석될 수도 있다.[34] 그러나 그들만이

34) 홍성률, 강신영의 증언이 이에 해당한다. 두 사람은 모두 현장조직인 전노회의

아니라 노동조합운동에 열성적이지 않았던 다른 많은 사람들의 증언에서도 1987년이 이기적·개인주의적 문화가 확산된 분기점으로 이야기된다는 사실은 또 다른 해석의 가능성을 제기한다. 그것은 노동자들의 생활상태가 눈에 띄게 개선되고, 본격적인 대중소비사회가 등장한 것이 노동자들 사이의 공동체적 유대감이 상실된 계기였다고 노동자들이 인식하고 있는데, 그것이 거슬러 올라가면 권위주의 체제의 붕괴와 자주적 노동운동의 성립에서 기인한 것이기 때문에 그들의 증언 속에서 '민주화'와 '공동체성의 상실'이 그렇게 관련지어지고 있는 것이다.

7. 맺는 말

1990년까지만 해도 집회를 하면 만 명 이상씩 모이고, 심지어는 128일 투쟁이나 골리앗 투쟁 때는 장외투쟁에서도 7-8,000명, 만 명씩 모여서 며칠씩 싸움을 끌어가던 현대중공업 노동자들은 1990년대 중반을 경과하면서 뚜렷하게 노동조합의 일상적 활동이나 투쟁에 대해 소극적인 태도를 보이기 시작했다. 그리하여 1997-1998년경에 이르면 집회에 불과 몇 백 명만이 참가하는 경우도 드물지 않게 되었으며, 조합간부들이 "목숨을 건 단식에 들어가도" 꿈쩍을 하지 않고 별 반응을 보이지 않았다. 당시 현대중공업의 노동조합은, 그리고 전투적 노선을 견지하고 있는 현장조직들은 그러한 현상을 주로 회사측의 교묘해지고 강화된 '현장장악 능력'의 탓으로 돌렸다. 그러나 "자본의 힘과 조합의 힘을 냉철하게 저울질"한다는 조합원들의 태도는 그것만으로는 설명되기 어려운 점들이 있다는 것을 보여준다.[35] 이러한 노동자들의 개인주의화, 원자화, 그리고 노동조합에

열성적인 구성원이다. 전노회는 노사협조주의적 노선을 걷고 있는 노조집행부에 반대하고 있는 노동조합 내 소수파 야당조직이다.

대한 타산적 태도 등의 원인이 따로 설명되어야 한다.

이 연구는 그것을 노동자들의 거주공동체와 그것에 기반을 둔 공동체적 문화의 해체, 상실에서 찾을 수 있다는 것을 보여주려고 하는 하나의 시도였다. 비록 입증의 수준까지 나아갈 수는 없었지만, 이 연구는 1970-1980년대에 노동자 집단거주지역을 기초로 현대조선(이후 현대중공업)의 노동자와 그 가족들이 일종의 거주공동체를 형성했으며, 그 공동체와 공동체적 문화가 1980년대 후반 노동자투쟁에서 노동자들이 사용할 수 있는 자원이 되었다는 것을 보여주었다. 아울러 이 연구는 1990년대 중반 이후 노동자 거주공동체가 해체·희석화 되었고, 그것은 노동자들 내부의 연대에도 부정적인 영향을 미쳤다는 것을 보여주었다.

이 연구는 아울러 1987년 이후 현대중공업의 노동조합이 사업장 내의 싸움을 치러나가는 데 급급한 나머지 지역의 노동자 거주공동체를 조직화하고, 그것과 일상적인 활동을 공유함으로써 계급적·민중적 연대의 지역적 기반을 조직하는 데 실패한 반면에,[36] 회사 측은 의도한 것이던 아니던 1990년대 중반 이후 지역의 문화적·사회적·지리적 재편을 통하여 노동자 거주공동체를 파편화하는 데 성공했음을 시사해준다. 이 연구에서 단지 시사하는 것으로 그쳤던 여러 주제들, 특히 1987년 이전 노동자 거주공동체의 저항적 잠재력과 한계의 문제, 그리고 1990년 이후 울산 동구지역에서 전개된 노동과 자본의 "노동의 지리학"을 둘러싼 정치와 그 결과 등을 보다 심도 있게 다루는 것은 앞으로의 연구과제가 될 것이다.

---

35) 이종호, 「울산 지역 노동 운동의 현주소: 96년 울산 지역 임투 평가」, ≪현장에서 미래를≫ 16호(1996.12).

36) 신광영(2000)은 일본 사에키(佐伯) 조선소 노동조합과 지역사회의 관계에 대한 사례 연구를 통해 노동조합의 지역시민운동, 그리고 노동자가족 및 가족을 매개로 한 지역사회 주민과의 일상적 접촉과 다양한 연대활동이 이 노조의 공장폐쇄 반대투쟁에서 노동조합에 큰 힘이 되었음을 보여주고 있다.

|참고문헌|

경제기획원 조사통계국. 1985.『도시가계연보』.

울산시.『울산통계연보』, 각년도.

현대조선. 1974-1977.≪현대조선사보≫.

현대중공업. ≪현대중공업사보≫, 1978-(현대조선사보에서 제호변경).

도시문제 편집부. 1968.「약진하는 공업도시 울산」. ≪도시문제≫, 3권 9호.

박양호. 1989.「기업도시: 창원과 울산」. ≪도시문제≫, 24권 8호.

배영수. 1996.「상조회, 공동체, 자본주의」. ≪미국사연구≫, 제4집.

_____. 1997.「노동운동의 운명과 공동체의 개념」. ≪서양사연구≫, 제21집.

사북청년회의소 편. 2001.『탄광촌의 삶과 애환: 사북·고한 역사연구』. 도서출판 선인.

신광영. 2000.「일본의 노동운동과 지역사회: 일본 사에키(佐伯) 造船所 勞組를 중심으로」.『翰林日本學硏究』, 제5집.

오효진. 1986.「포항과 울산의 풍속도: 포철시와 현대시」. ≪월간조선≫, 9월호.

울산상공회의소. 1993.『울산경제현황』.

울산동구지편찬위원회. 1999.『울산동구지』. 울산광역시 동구.

울산노동정책교육협회 편. 1995.『울산지역 노동운동의 역사(1987-1995)』. 울산노동정책교육협회.

원영미. 2003.「1987년 '노동자대투쟁' 이전 현대중공업 '노동자의 세계'」. 울산대학교 역사학과 석사논문.

유병진. 1997.「기업도시 '울산'에서의 현대그룹-주민 관계에 관한 연구」. 명지대학교 경제연구소.≪경제논총≫, 제16집.

이도학. 2004.「울산시 사택의 유형분류와 계획특성에 관한 연구」. 울산대학교 건축학과 석사학위 논문.

이문석. 1987.「우리나라 사택단지의 환경특성에 관한 연구: 전라남도 여천시 사택을 중심으로」. 서울대학교 환경조경학과 석사학위 논문.

이종호. 1996.「울산 지역 노동 운동의 현주소: 96년 울산 지역 임투 평가」. ≪현장에서 미래를≫, 16호.

진덕규. 1975.「산업화가 지역사회의 권력구조와 주민의 의식상황에 미치는 영향의 분석: 울산조선소지역사회를 중심으로」. ≪한국정치학회보≫, 제9집.

현대그룹노조협의회 청산위원회. 2002.『사라지는 깃발은 없다』. 시대와 사람.

현대주택 편집부. 1986.「생애직장의 요람 현대사원주택」. ≪현대주택≫, vol. 122.
현대중공업. 1992.『현대중공업사』.
_____. 2001. "이웃과 함께 만드는 아름다운 세상: 한마음회관 개관 10주년".
홍승일. 1990.『철의 기지』. 풀빛.
홍정련. 2002.「돌안아파트 가족들의 어제와 오늘」. 현대그룹노조협의회 청산위원회.『사라지는 깃발은 없다』. 시대와 사람.

Bruno, Robert. 1999. "Everyday Construction of Culture and Class: The Case of Youngstown Steelworkers." *Labor History*, Vol.40, No.2.
Church R. & Outram Q. 1998. *Strikes and Solidarity: Coalfield Conflict in Britain, 1889-1966*. New York; Cambridge University Press.
Gutman H. G. 1977. *Work, Culture & Society in Industrializing America: Essays in American Working-Class and Social History*. New York; Vintage Books.
Herod, Andrew. 2003. "Workers, Space, and Labor Geography." *International Labor and Working-Class History*, No. 64, Fall 2003, pp. 112-138.
Hyman, Richard. 1999. "An Emerging Agenda for Trade Union?." DP/98/1999, Labor and Society Programme, ILO.
Kerr C. & Siegel A. 1954. "The Inter-industry Propensity to Strike: An International Comparison." in Kornhauser A., Dubin R., and Ross A.M. (eds.) *Industrial Conflict*. pp.189-212.
Passerini, Luisa. 1984. Torino operaia e Fascismo, Gius. Laterza and Figli Spa, 1984(trans. by Robert Lumley and Jude Bloomfield, *Fascism in Popular Memory: The Cultural Experience of the Turin Working Class*. Cambridge: Cambridge University Press, 1987)
Roberts, Ian. 1993. *Craft, Class and Control: The Sociology of a Shipbuilding Community*. Edinburgh: Edinburgh University Press.

<부록> 구술자 명단

이름	출생년도	고향	학력	직업·직무이동	주거	퇴사	퇴사사유 직위
윤석수	1942	강원 속초	국졸	속초에서 어부, 선장(-71)→현중 하청용접공(74)→직영배관공(80)→	훈련소숙소(74)→사원아파트(75)→아파트구입(90경)	2000. 12	정년퇴직 조장
강신영	1945	충남 서산	중퇴	선원(61)→자영업→하청기능공(74)→직영기능공(75)→조장(80년대초)	월세(74)→전세(76)→이후 불명	2003. 12	정년퇴직 5급조원
정현수	1941	충남 홍성	고졸	기술군속(60-61)→신진자동차(61-68)→현대자동차(68-72)→현대중공업(73-): 반장(73), 직장(73), 기원, 기장	현대자동차사택(70-73)→현대중공업사택(73-)→현대중공업간부사택(70년대 중반)→단독주택(83-)	1998. 12	정년퇴직 기장
김기주	1937	부산	대퇴	조선공사(61-64)→중소조선소(64-66)→파월기술자(66-72)→현대중공업(73-), 반장(73), 직장(74), 기원	사택(73-80)→이천세대(80-?)→	1996. 12	정년퇴직 기원
이수영	1949	전북 고창	고졸	현대조선하청(76)→현대중공업 직영 편입(79)→조장(80)	방어진여관 자취(76)→개인자취(77-80)→결혼·셋방(80-81?)→돌안아파트(82-92)→남목분양아파트32평(92-?)→종교적 이유로 현재 북구에 거주(개척교회)	재직중 (조장)	
김국진	1941	충남 강경	고졸	영등포하동환자동차(66-68)→현대자동차(68-72)→현대중공업(73-98): 반장(73), 직장(75), 기원(80년대초), 기장(90년대)	결혼·현대자동차사택(70-72)→현대중공업사택·명덕(73-80)→일산아파트(80-91?)→화정동단독주택(91?-?)→전하동단독주택	1998. 12	정년퇴직 기장
한갑수	1944	경남 울산	중졸	현대자동차(68-72)→현대중공업(72-'01): 조장(74), 반장(80년대초)	양정동 자택(68-74)→양정동(74-85)→?→현재 중구 반구동 단독주택	2001. 12	정년퇴직 기장
강주영		전남 함평	국졸	목수→현대중공업 하청노동자(74-87)→현대중공업 직영노동자(88-현재)	독신자숙소(74-)→남목셋방(75)→방어진전세(75-84)→단독주택(85-96)→남목 현대파크아파트(97-)	재직중 기장	

오영주	1949	경남 울주	국졸	현대조선(74-74) 이후 건설플랜트 일용공	3사원숙소(74-) 구속·해고 현재 북구 천곡동 쌍용아파트 거주	1974. 9	현대조선 폭동사건으로 구속·해고
김순자	1942	강원 속초	국퇴	현대자동차 하청(78년경)→ 현대자동차 직영(87-) * 남편은 현대중공업 노동자	방어진 셋방(75-)→돌안아파트(70년대 말)→일산아파트(80년대 초)→전하동 단독주택(90?-)	1992	명예퇴직 도장부
박미자	1945	경북 청도	국퇴	부산 조선방직(60년중반)→김기주와 결혼·시집살이(67-72)→울산 이주(73-)	사택(73-80)→이천세대(80-?)→		

注: 구술은 2003년 7월부터 2005년 9월 사이에 행해졌다. 구술자들은 모두 조건 없이 공개에 동의했지만 사생활의 보호를 위하여 가명으로 처리했다.

제12장

1960-70년대 박정희 체제의 지배이데올로기와 철도노동자들의 의식

김영수(경상대 사회과학연구원)

1. 문제의식

1997년부터 IMF체제를 경험했던 한국사회에서는 '박정희 향수 신드롬'이 만연했다. 한편에서는 이 신드롬을 계기로 세계에서 유례없는 고속성장을 일구어낸 '박정희 신화'를 보편화하려 하고, 다른 한편에서는 자유민주주의의 제도적 기반조차 무너뜨리고 무시했던 박정희의 과거사를 청산하자는 주장이 쟁점화되기도 했었다. "5·16혁명으로 정치적 자유를 제한하는 대신 물질적 자유의 확보를 위해 초인적인 역량을 발휘하고 한국사회의 의식혁명을 완수하려 했던 탁월한 정치지도자"(한승조, 1999; 조갑제, 1998; 김정렴, 1994)로 재조명받아야 한다고 한 반면, "국가주의적 동원화와 권위주의적 통합화를 추진했던 박정희 체제를 신성시하는 것은 반공규율사회나 지배권력의 횡포를 용인하거나 그것에 편승하려는 탐욕의 산물로 보아야 한다"(임현진·송호근, 1994; 조희연, 1998; 최장집, 1996)고 했다.

그러나 지배이데올로기는 추상적인 담론으로 존재하지 않는다. 지배세력의 구체적인 정책으로 반영되고 그 정책을 집행하는 국가기구와 긴밀하게 융합되어 있는 것이다. 지배세력은 자신들의 이해를 관철시키기는 데 필요한 지배이데올로기를 형성하고, 그 이데올로기를 국가정책에 총제적으로 반영한다. 지배이데올로기가 유기적으로 융합될 수밖에 없는 이유이다.

지배이데올로기를 반영하는 국가정책은 무수하게 많이 존재하고, 그러한 정책을 국가기구가 집행한다. 이 과정에서 민중들의 저항을 최소화할 수 있는 이데올로기적 동원구조를 구축하지 않을 수 없다. 그런데 민중들은 지배이데올로기를 반영하고 있는 국가정책과 국가기구를 무조건적으로 배타시하지 않는다. 국가기구에 의해 집행되는 국가정책을 둘러싸고서 자신들의 계급적 이해를 고려하고 난 이후, 지배이데올로기에 순응하기도 하고 저항하기도 한다.

박정희 체제의 반공주의, 성장주의, 국가주의 이데올로기도 개별적인 시스템으로 작동된 것이 아니라, 각각의 이데올로기가 지향하는 지배세력의 이해를 총체적으로 담지하고 있는 다양한 정책으로 현실화되었던 것이다. 특히 유신체제는 박정희의 개인체제가 아니다. 5·16군부쿠데타 이후 유신헌법에 기초하여 만들어지는 다양한 정책으로 민중들을 동원하거나 억압하는 것을 구조화한 체제인 것이다. 박정희 체제의 지배이데올로기인 반공주의, 성장주의, 권위주의도 마찬가지이다. 이러한 지배이데올로기는 한국사회의 허위의식으로 존재했던 아니라 지배세력의 이해를 담지하고 있는 실체로 존재했다. 민중들 역시 이러한 지배이데올로기를 자신들의 의식으로 체화하면서 지배세력의 요구대로 동원되거나 그것에 저항하는 주체로 존재했다. 철도노동자들도 마찬가지였다. "일종의 궁정쿠데타에 의해 박정희 정권이 붕괴되었다는 점을 염두에 둔다면, 매우 불안정한 것이었지만 정권의 정당성이 어떤 방식으로든 유지되고 있었다는 점과 동시에 밑으로부터의 저항운동 역시 정권을 붕괴시키기에는 일정한 한계를 안고 있었다는 사실을 보여준다"(김동춘, 1994).

이는 박정희 체제의 지배이데올로기를 두 가지의 측면에서 분석하고 평가해야 할 필요성을 제기한다. 하나는 민중들이 박정희 체제를 유지시키는 동력이었는가라는 문제의식이다. 민중들이 박정희 체제의 개발독재 정책을 능동적·수동적으로 지지하는 의식상태에 머물러 있었다는 점이다. 다른 하나는 박정희 체제의 지배이데올로기를 지지하지 않는 민중들이라 할지라도, 그들이 박정희 체제를 붕괴시키는 주체로서의 의식상태를 보유하지 못했었다는 문제의식이다.

노동자·민중들이 박정희 체제의 지배이데올로기를 어느 정도 수용하고 있었는가를 규명한다는 것 자체가 쉽지 않는 과제이다. 시기적으로 30-40여 년 전의 의식상태를 현재의 의식으로 재단할 우려가 있고, 또한 공간적으로 존재기반의 차별성에 따른 다양한 의식을 일반화하기가 쉽지 않기 때문이다. 하지만 동일한 시·공간에서 노동을 했던 노동자들을 대상으로 하여 의식상태를 규명한다면, 그러한 한계를 극복해나가는 시발점이 될 것이다. 또한 박정희 체제의 지배이데올로기에 능동적으로 동원되었는가 혹은 수동적으로 동원되었는가를 규명할 수 있는 토대이기도 하다.

그래서 이 글은 1960-1970년대 철도산업에 종사했던 노동자들을 대상으로 한 인터뷰의 질문과 답변을 토대로, 지배이데올로기에 대한 그들의 의식상태를 규명하려 한다. 문제는 현업에 종사하는 공무원 신분의 노동자들이 정부의 지배이데올로기에 무조건 체화되거나 혹은 무조건 저항할 수 없었던 이중적 측면들을 보유하고 있었고, 인터뷰를 하는 과정에서 박정희 체제의 지배이데올로기를 자신들의 현실적 조건에 상응하는 수준에서 답변하는 한계들이 존재했었다는 점이다. 그래서 지난 2년 동안 약 50여 명의 인터뷰 대상을 선정하는 과정부터 이러한 한계들을 극복하고자 했다. 시기적으로는 일제하에서부터 1970년대 말까지 철도산업에서 근무했던 사람들을 골고루 선정했고, 공간적으로는 1960-1970년대 각

지방철도청 및 철도산업의 다양한 직종을 고려하여 선정했다. 그렇다고 해서 인터뷰 조사의 한계를 완전하게 극복할 수 있는 것은 아니지만, 박정희 체제의 지배이데올로기에 대한 철도노동자들의 의식상태를 보다 미시적으로 접근할 수 있는 실질적 계기로 작용할 것이다.

2. 기존 연구에 대한 검토 및 연구 목적

최근 제기었던 '박정희 향수 신드롬'은 박정희 체제의 지배이데올로기에 대한 분석에서 두 가지의 문제의식을 던져주고 있다. 하나는 박정희 체제의 지배이데올로기에 철도노동자들이 모순적으로 융합되어 있었다는 사실을 반증한다. 철도노동자들은 비록 노동자로서의 권리를 억압당하고 있었다 할지라도, 경제성장을 중심으로 하는 다양한 지배이데올로기의 효과를 적극적으로 수용하고 있었다는 점이다. 다른 하나는 철도노동자들을 지배이데올로기에 융합시킬 수 있는 박정희 체제의 정책적 기제(Mechanism)가 존재했을 것이라는 점이다. 철도노동자들이 지배이데올로기를 반영하고 있는 각종의 정책을 능동적으로 혹은 수동적으로 수용하는 과정에서 지배이데올로기의 효과는 극대화되었을 것이다.

박정희 체제의 지배이데올로기에 대한 그동안의 연구들은 대부분 자유민주주의조차 억압했던 박정희 체제의 성격을 규명하는 차원에서 이루어지거나, 혹은 지배이데올로기의 내용적 근거 및 지배이데올로기 간의 구조적 관계들을 규명했다(김세균, 1991; 유재일, 1992; 임현진·송호근, 1994; 김동춘, 1994; 최장집,1996; 조희연, 1998).

박정희 체제의 지배이데올로기가 급속한 자본축적을 위한 도구적 수단으로서 민중들을 억압하고 착취했던 측면을 규명함과 동시에 성장·반공·국가주의 이데올로기의 총체적인 융합구조 및 저항이데올로기와의 상관

관계 등을 밝히고 있다. 이에 한국정치연구회는 박정희 체제의 지배이데올로기와 미국과의 관계를 덧붙여 박정희 체제의 지배이데올로기의 성격과 구조를 다음과 같이 규명하고 있다. "① 반공반소+친미주의적 이데올로기(1945-1953) ② 반공+미국식 자유민주주의 이데올로기(1953-1960) ③ 반공+근대화(발전) 이데올로기(1961-1972) ④ 반공(안보)+발전 이데올로기+한국적 민주주의 이데올로기(1972-1979)" 등으로 구분하고 있다(한국정치연구회, 1989). 반면에 임영일은 지배이데올로기를 위계적으로 분석하고 있다. ① 반공이데올로기 ② 발전이데올로기 ③ 안정이데올로기 ④ 자유민주주의 이데올로기를 핵심적 지배이데올로기의 위계로 보고, 하위 이데올로기로 ① 자본주의의 일상적 사회의식 ② 전자본주의적 사회의식의 유제들 ③ 변형, 포섭된 민중이데올로기로 구성되어 있다고 했다(임영일, 1991).

이외에도 최장집은 한국사회의 정치이데올로기를 구조적 관계로 보면서, ① 반공주의 대 민족주의 ② 권위주의 대 민주주의 ③ 발전주의 대 민중주의의 이데올로기적 갈등구조를 제시하고 있다(최장집, 1987). 임현진·송호근도 박정희 체제의 반공주의·성장주의·권위주의가 시기별로 상호 구조적 융합관계를 형성하고 있고, 하위이념 및 정책으로는 국가안보, 반북이데올로기, 반노동주의, 조국근대화, 선성장 후분배, 수출체제 구축을 위한 국가주도 경제, 시민사회에 대한 국가의 우위, 개인적 자유에 대한 공동체 복지 우위, 유기체적 통합원리, 평등이념의 잠정적 유보원리였다는 것이다(임현진·송호근, 1994).

이러한 연구들은 박정희 체제의 성격을 규명하는 데 큰 역할을 담당했다. 각각의 지배이데올로기가 양산했던 정책적 효과, 사회적 효과, 의식적 효과 등을 중심으로 정권의 성격이 규명되었고, 보다 구체적으로 박정희 체제의 반공정책 및 근대화 정책 등을 평가할 수 있는 개념적 틀을 제공하기도 했다. 이 과정에서 민중들이 지배이데올로기에 어떻게 동원되었는가를 구조화하기도 했다.

그러나 이러한 연구들은 지배이데올로기를 반영하고 있는 구체적인 정책들을 미시적인 차원에서 분석·평가되지 않고 있기 때문에, 지배이데올로기가 민중들이나 철도노동자들을 어떻게 동원했는가 혹은 민중들이나 철도노동자들이 지배이데올로기를 어떠한 수준에서 수용했는가가 규명되지 않고 있다.

그런데 최근에는 지배이데올로기를 구체적으로 반영하고 있는 국정교과서정책(신혜숙, 2002), 새마을운동, 산하제한운동 등이 유신체제와 연관시켜 비판적으로 연구되기도 했다. 또한 이 과정에서 새마을운동과 유신체제에 대한 민중들의 의식상태를 규명하려는 시도도 있었다(박진도·한도현, 1999; 김홍순, 2000; 오유석, 2002; 김대영, 2004). 지배이데올로기가 민중들을 동원하고 포섭하는 정책적 기제와 정부부처 간의 구조적 메커니즘을 규명함과 동시에 지배이데올로기에 대한 민중들의 태도를 규명하려 했다는 점에서, 기존의 연구결과들을 바탕으로 지배이데올로기와 민중동원의 관계를 보다 미시적인 차원에서 접근하고 있다.

그렇지만 이러한 연구들도 박정희 체제의 지배이데올로기를 민중들이 어떠한 수준에서 체화하고 있는지, 수동적·능동적으로 동원되었던 민중들의 의식상태가 어떠했었는지를 보다 구체적으로 분석·평가하지 못하고 있다. 물론 이 글도 박정희 체제의 지배이데올로기에 대한 1960-1970년대 철도노동자들의 의식상태를 완전하게 일반화하는 데 적지 않은 한계들을 내포하고 있다. 하지만 박정희 체제의 지배이데올로기에 동원되어왔던 민중들의 의식상태에 대한 연구가 일천한 상태에서, 이 글은 구체적인 이데올로기적 정책들에 대한 철도노동자들의 의식적 반응을 중심으로 구성하려 한다.

박정희 체제의 지배이데올로기는 다양한 국가정책으로 전화되었다. 근대화 이데올로기를 예로 들면, 다음과 같은 정책들이 추진되었다. 새마을운동, 저축운동, 혼·분식 장려운동, 허리띠 조르기 운동, 수출 100억 달러 달성운동, 생산량 증대정책, 실업계 양성화 정책, 저임금 장시간 노동정책 등이다. 이러한 정책들은 국가기구를 통해 집행되고 동원되었다. 특히 반공이데올로기 정책을 추진하는 과정에서는 억압적 국가기구가 동원되었다. 이 과정에서 철도노동자들은 능동적 혹은 수동적으로 동원되었고, 오히려 지배이데올로기를 수동적·능동적으로 수용하고 집행하면서 박정희 지배체제의 사회적 하부구조(social-infrastructure)로 구축하는 주체로 나서기도 했다. 지배이데올로기에 대한 저항이 지식인을 중심으로 형성되었던 반면, 철도노동자들은 지배이데올로기에 저항하는 능동적 주체로 나서지 못했다. 철도노동자들은 현업에 종사하는 노동자이자 공무원으로서의 이중적 성격을 보유하고 있었기 때문이다. 이는 박정희 체제에 능동적 혹은 수동적으로 동원될 수밖에 없는 주요 요인으로 작용했던 것이다. 아래의 인터뷰 내용은 1960-1970년대 철도노동자들이 자신의 존재기반을 어떻게 인식하고 있었는가를 잘 드러내고 있다.

질문: 혹시… 권 선생님께서 공직생활을 하셨잖아요. 열심히 하셨기 때문에 '내가 노동자다'는 생각을 하는 게 쉽진 않았을 텐데 혹시 '나는 노동자다'라는 생각을 가져본 적이 있으신지?

답변: 그런데 그걸 안 갖췄다 소리는 안 하지만 공무원이라 그래 인정을 하지요. 공무원! 특수 공무원이라 이카면서도 우리는 회사에 다니는 사람하곤 다르게 자꾸 인정을 하기 땜에 그런 생각은 거의 안 가졌다고 봐야 되죠. 철도 공무원 이래- 아시로 딱 붙이면 모르지만 안 그라면 신분 자체가 공무원증 나오고 전부 뭐 공무원이니까 우리는 여서 해고된다. 이런 것도 생각도 안하고-- 예를 들면 개인회사 같은 경우는 사측에서 보고 안 되면 나가라 하면 나가야 되잖아요. 여는 그런 건 없잖아요. 신분 보장되니까 노동자다 생각은 안 해봤어요(권춘길).

그렇지만 1960-1970년대 철도노동자들이 모두 이러한 의식상태에 있었던 것은 아니다. 차량직 혹은 시설직에 근무했던 철도노동자들은 노동자로서의 의식도 동시에 보유하고 있었다.

질문: 그 그러시면, 그 이때까지 살아오시면서 신분은 공무원 신분인데, 일하시는 것은 노동자적인 그런 일을 하고 계시잖아요? 선생님께서는 그러면 '나는 노동자'다 이렇게 생각을 해오셨다기보다는 어떻게 보면 대부분의 사람들이 '나는 공무원이다' 이런 생각을 하고 계시리라고 저는 생각을 하거든요. 어, 선생님께서는 어떻게…

답변: 그거 이 저두 그거, 그 좀 마찬가집니다. 왜냐하면은, 여기서 일을 할 때 보면, '아유 내가, 내가 무슨 공무원이야', 여기 우리 직장동료들 하고는, '내가 무슨 공무원이야 어, 노가다, 노가다 저기지' 하면서도 바깥에 나가서 이율, 이율배반적이죠. 바깥에 나가서 우리 친구들이나 우리 그 집안 친척, 뭐 시골 같은데 가서는, 응 "어디 다니냐?", "철도청 다녀요" 그러면 철도청에는 전부 다 공무원으로 알고 있는 거 아닙니까? 전부 다 우리 신분은 뭐 공무원일 때두. 공무원, "야 공무원 그 저기하면 그게 뭐 많이 주고 괜찮지?", "그냥 먹고 살만 해요". 나 공무원 아닙니다를 못해봤어요, 바깥에 나가서는. 여기서 우리끼리는 내용을 다 아는 사람들이라, 뭐, 응, '아유 우리가 어떻게 공무원이냐고, 노가다, 노가다 판들이지 어떻게 공무원이냐'고 했지마는 나가서 솔직한 얘로, 이 저기할 때는 공무원이다고 행세를 하고 다녔습니다(남궁건영).

이처럼 철도노동자들은 노동현장을 모르는 사람들한테는 공무원으로서의 존재의식을 드러냈지만, 노동자들끼리는 노동자로서의 존재의식을 보유하고 있었다.

질문: 그게 결국은 사람 신체, 관절, 대부분에 하여간 관절에 그 골병이 든다는 거죠?

답변: 예. 그렇죠. 관절에. 왜냐면 우리 선로는 자기 힘으로 노동을 허기

때문에 무리한 노동을 많이 허거든요. 그러게 자기도 모르는 순간에 관절이 골병이 많이 들어요. 관절. 왜냐면 젤 무거워, 젤 개비(가벼운) 것이 삽인디, 그러 안 하면 꼭굉이제. 밤낮 여 인자 엎드려서 삽질 이런 거 했길래 노동이-노동도 중노동, 저 상노동 저 중노동이 아니고, 상노동이에요. 실지 알고 보면, 해보면. 그러했길래 골병이 많이 들죠(박석동).

철도노동자들이 보유하고 있는 의식의 이중성이다. 국가 공무원으로서의 관료적 의식과 현업에 종사하는 노동자의식의 모순적 융합현상이 존재했던 것이다. 이러한 모순적 현상은 박정희 체제의 지배이데올로기를 보다 용이하게 체화할 수 있는 요인이었다.

3. 박정희 체제의 지배이데올로기 형성과 철도노동자

지배이데올로기는 지배세력과 피지배세력 간의 힘의 관계를 반영하면서 형성된다. 피지배세력의 힘이 지배세력의 힘을 압도할 경우, 피지배세력이 형성해왔던 이데올로기는 사회적 지배이데올로기로 전화되는 경우가 허다하다. 해방정국에서 좌익 이데올로기의 사회적 정당성이 존재하다가, 분단정국에서는 우익 이데올로기가 사회적 정당성을 획득해왔다. 단지 계급적 힘의 관계에 따라 혹은 민중을 동원하는 방식에 따라 지배이데올로기를 반영하는 정책의 변화를 추구하는 것이다.

박정희 체제는 5·16군부쿠데타 이후에 각종의 법들을 정비했다. 국가보위법, 대통령의 긴급조치권한을 명시한 유신헌법, 그리고 자주적 민주적 노동조합운동을 원천적으로 봉쇄하는 노동관계법 등이 마련되었고, 그러한 억압적인 법·제도적 통제기구의 강화를 기반으로 반체제 반정부운동에 대한 탄압이 보편화되었다.

박정희 체제의 지배이데올로기를 '반공주의, 성장주의, 국가주의'라고 한다면, 이러한 이데올로기를 현실화하기 위한 다양한 정책들이 남한 단독정부가 수립되고 난 이후부터 형성되어왔다. 이승만 정권의 통치전략은 기본적으로 자본축적 수단의 구축과 반공정치권력의 토대를 안정화시키는 것이었다. 그래서 지배계급은 반개혁적 토지개혁,[1] 원조경제구조의 구축, 어용적 노동조합운동의 양성화 등으로 자본축적의 수단을 강화했으며, 기득권세력의 연속성 강화, 반공세력의 정치활동 양성화 및 정치적 영향력 강화, 반체제 반정부 운동에 대한 총체적 탄압구조의 구축 등으로 반공정치권력의 토대를 안정화했다. 유신체제의 지배이데올로기도 개별적으로 형성된 것이 아니라, 지배이데올로기 간의 혹은 지배세력 간의 융합체제를 토대로 하여 국가정책으로 현실화되었다.

박정희 체제는 이러한 지배이데올로기를 국정의 지표로 내세우면서 민중들을 동원하기 시작했다. 국가정책의 지표로 제시된 담론은 '국가안보, 반북한·반김일성, 조국근대화, 선성장 후분배, 수출입국, 한국적 민주주의' 등이었다. 이것은 지배이데올로기의 하위이념으로서 국가정책을 결정하는 데 최우선의 가치로 존재했다. 민중들은 이러한 가치에 저항할 수 있는 저항담론을 형성하지 못하면서, 지배세력의 자본축적의 구조에 수동적·능동적으로 동원되었다.

박정희 체제는 일제 식민지 체제와 미군정 체제를 계승하면서, 친일·친

1) 신병식은 「토지개혁을 통해 본 미군정의 국가성격」, 『역사비평』(역사비평사, 1988) 여름호에서 미군정이 주도했던 해방정국 당시의 토지개혁은 토지를 소유한 계층들의 정치적 저항을 억누를 수 있는 정치권력을 확보한 상태에서, 반혁명 반공의 정책수단이었다'라고 강조했고, 공제욱은 「1950년대 한국 자본가의 형성과정」(한국산업사회연구회, 『경제와 사회』, 1992)에서 "미군정은 무상몰수 무상분배를 안으로 제시하면서 혁명적 농지개혁을 요구하는 좌익세력을 지속적으로 탄압했고, 이승만 정권은 유상몰수 유상분배, 임야 뽕밭 과수원 등이 대상에서 제외, 3정보 이내에서 지주의 자영지와 토지임대 인정 등 불철저한 농지개혁을 실시하여 한국사회를 안정된 자본주의 사회로의 재편을 도모했다"라고 주장하고 있다.

미·반민주·반공 군부독재체제, 소위 '2친(親) 2반(反)' 군부독재체제를 구축했다. 과거의 반민족적이고 반민주적인 행위는 군사병영체제 아래에서 반공과 경제 근대화의 그늘에 가려졌고, 이 과정에서 그들의 기득권은 더욱 강고하게 구축되었다. 따라서 박정희 체제의 지배이데올로기는 한국의 역사적인 지배구조와 자본축적의 구조를 반영하고 있는 것이다.

첫째, 박정희 체제는 친미친일 지배구조가 청산되지 않은 상태에서 지배세력을 재편하는 과정이었다. 민중들은 4·19혁명으로 민간 권위주의 체제를 변화시킬 수 있는 계기를 맞이했지만, 미국과 군부세력은 군부쿠데타로 한국의 지배구조를 유지시켰다. 박정희는 국가재건최고회의 의장 취임사(1961.7.3)에서 '국가(민족)주의, 경제성장주의, 반공주의'를 지배이데올로기로 형성하겠다는 의지를 밝혔다. "국가재건최고회의는 국민 여러분과 더불어 다시 한번 5월 16일의 결의를 가다듬어, 조속히 구악일소(舊惡一掃)에 결말을 짓고 국가의 기강과 민족정기를 앙양하는 동시에 사회적·경제적 모든 면에 있어서 국민생활의 향상을 기하여 공산주의의 침략을 저지하고, 진정한 민주복지사회를 건설하는 데 총역량을 집중하여야 하겠습니다."

당시 국민들은 박정희의 이러한 선언에 상당 정도 공감하고 있었다는 사실을 아래에서 확인할 수 있다. 하지만 공감하는 초점은 쿠데타의 정당성에 있는 것이 아니라 권력투쟁의 과정에서 나타난 정치권의 부정과 부패의 문제였다. 군부쿠데타의 적법성 여부를 떠나 부정과 부패를 저지르는 사람들을 정치권에서 물러나게 할 수 있다는 기대감이 표출되고 있다.

질문: 61년 당시에는 군대에 계셨으니까.
답변: 예, 예.
질문: 잘 모르셨겠지만 서도, 그 군대 있을 당시에 그 군사 쿠데타에 대해서

느꼈던 생각하고 그 다음에 철도공무원으로서 군사쿠데타에 대해서 느꼈던 생각 그 두 부분을 말씀을 좀 해주시면.

답변: 저는 그 당시에는 뭐 크게 느끼지는 못했는데, 나중에 신문도 보고 또 저 뭐고 뉴스 나온 것도, 그때는 티브이도 없었고, 라디오 쪼만한 거 진공관 라디오 고거 내무반에 있고 듣고 이래 했는데, 내가 취미가 그거라요. 그 까만 라이방 딱 스고 모자 딱 소장 계급장 달고 쪼맨한 사람이 음성 하나 너무 콸콸하고 (XXX) 참 됐다. 이 민주당이 부정부패에 얽매이고 윤보선 씨하고 장면이 하고 싸우는 그 틈새에서 거 결과적으로 군사혁명이 일어났고, 그 이후에 과도정부 허정 씨가 이래 나와 과도정부하고 이래 했는데, 난 '군사정부 이거는 잘 일어났다'고 지금도 내 느끼고 있는 문제고요. 아 그 우리 한국에 그 어려운 시절에 우리는 마 참 아까도 말씀했습니다만, 밥 하루에 한 끼 먹는 사람이, 밥이 아니고 그건 개죽이지. 그거 한 끼 먹는 사람이 우리 어릴 때는 수두룩했고요. 주식이 뭐 호박도 이래 뭐 삶아 가지고 묵고, 뭐 전부 나물 그래 콩나물, 녹두나물, 뭐 예 팥 이파리 이런 거 마 뜯어 가지고 삶아가 먹고, 소나무 비끼 가지고 먹고 하는 이런 시절에 살았기 때문에요. 송진 그것도 두들여 가지고 다듬이돌 같은 데 두들여가 묵으면 발가이 팥죽 같습니다. 쌀 좀 집어 넣어놓면. 콩나물 죽도 많이 묵고요. 이런 시절에 살다가 그래도 뭐 길도 닦아주고, 리아카도 들어가고, 그래 논두렁이 무너져 가지고 발이 빠져 가지고 뭐 신발 다 버린 적도 있고 이런데…(하략)…(김대원).

그러나 가난해서 먹을 것조차 없었던 상황이 변화된 것에 대해서는 사후적으로 나타난 결과였다는 것을 보여준다. 경제성장이 노동자들을 탄압하는 대신 재벌들에게는 각종의 특혜를 부여한 것으로 바라본다.

질문: 좀 다른 문젠데요. 70년대 직장에 다니셨기 때문에 이런 질문을 드리는 건데, 그 또 80년에 어려운 조건들을 경험했기 때문에, 오히려 박정희 대통령이 군사쿠데타로 정권을 잡았다 할지라도, 노동자들에게는 먹고사는 문제를 해결해줬다라고 말들을 많이 하는데?

답변: 네. 그 소리를 저도 많이 들었습니다. 들었는데, 그때 물론 박정희 대통령이 노동자 탄압해가지고, 탄압해서 경제부흥을 일으킨 데 도움이 됐다고 말은 많이 들었지만, 지금 생각하니까 그렇잖아요. 어느 대통령이나 마찬가지만, 우리나라는 내가 보니까 그렇습니다. 우리나라는 노동조합도 잘하고 있지만, 대통령도 역시 마찬가지로 부정부패 일으키지 못하도록 초장부터 재벌가들이랄지 이런 사람들이 다루어졌어야 할 일인데, 못 다루고 풀어주다 보니까 노동자들이 불만이 더 커지지 않았는가, 나는 지금. 왜냐면 예전에는 그때 당시 박정희 대통령 노동자들한테 탄압을 했지만 수출정책 때문에, 그 재벌들하고 이렇게 해가지고 그런 데만 신경을 많이 썼지 않느냐, 그래가지고 나라 조금 부강하는 데 힘을 썼지 않느냐, 이런 생각이 들기 때문에, 거기에 대해서는 제가 뭐라고 어떻게 이야기를 못 하겠네요(정한종).

둘째, 5·16군부쿠데타나 유신체제의 수립은 헌법을 무시하는 반민주적인 행위였다. "긴장완화의 국제정세 및 남북대화가 이루어진 지금의 시점에서, 나에게 부여된 역사적 사명을 충실하기 위해 부득이 정상적 방법이 아닌 비상조치로써 남북대화의 적극적 전개와 주변정세의 급변하는 사태에 대처하기 위한 우리 실정에 가장 알맞은 체제개혁을 단행하여야 하겠다는 결심을 하기에 이르렀습니다. 새마을운동을 국가시책의 최우선과업으로 정하며 이 운동을 통해 모든 부조리를 자율적으로 시정하는 사회기풍을 함양하며 과감한 복지균점정책을 구현해나갈 것입니다"(유신체제 선포 대통령 특별선언, 1972.10.17). 박정희 체제는 '정상적 방법이 아닌 자신들의 행위'에 대한 정당성을 민중들로부터 획득하지 않는다면, 정치적 지배권력을 강화시키기 어려웠을 것이다. 그래서 유신체제의 정당성을 확보하기 위한 교육들을 국가적인 차원에서 진행하지 않을 수 없었다. 철도노동자들도 공무원의 신분상 이러한 교육을 적지 않게 받았다.

질문: 그러시면 예를 들어서 72년도 유신체제가 수립되고 난 이후에, 그럼

유신체제의 정당성과 관련된 교육들도 있었습니까?

답변: 그런 교육도 많이 했죠. 유신체제에 따른 교육을 했죠. 그때 당시는 그래야만이 산다고 하니까. 예를 들어서 그 새마을교육이랄지, 이거 뭐 대대적으로 했지 않습니까. 근데 새마을교육도 자체는 좋죠. 그런 거는. 인자 유신체제에 대해서 정식 이런 것에 대해서는, 공무원으로서는 고만둔다는 말은 못 하고. 제가 봤던 것은, 의식혁명이었습니다. 그런 건 저는 죽 봤었습니다. 그걸 봐야 그 정신이 살아 있는 거이고, 그런 비판도 하고 인자 그렇게 좀 그랬죠(임동락).

특히 시골에 살면서 철도에 근무하고 있는 노동자들은 유신체제의 정당성 문제를 떠나 정부에서 요구하는 내용을 수용하고 있었다고 할 수 있다.

질문: 좀 정치적인 문젠데요. 솔직하게 말씀을 좀 해주셨으면 고맙겠는데요. 여기 들어오시기 전에 소위 말하는 유신, 유신체제가 도입이 됐었는데, 그때 당시 들어오시기 전에 유신체제에 대한 생각이랄지, 아니면 들어오시고 난 이후에, 그런 유신체제에 대한 선생님의 생각이 어땠었는지 말씀을 해주시죠.

답변: 그런- 것은, 제가 뭐 촌에서 생활을 하다가 보고 그러기 때문에, 그런 건 별로 못 느꼈어요. 무슨 체제라든가, 무슨 정부가 어떻다든지, 뭐 그런 것은 잘 모르겠고. 에 유신이라는 그 자체를 잘 몰랐고. 시골에 뭐, 우리 마을 같은 경우는, 라디오 불과 한 몇 대 있을 정도고 그랬기 때문에, 그 뭐 정치라든가 이런 것은 별로, 생활에 급급하다보니까, 그런 것은 별로 못 느끼죠. 새마을 사업할 때만 열심히 했어(허성구).

셋째, 박정희 체제의 경제의 압축적 성장에 유리한 조건을 형성하지 않을 수 없었다. 1960년대부터 추진되어왔던 경제개발계획은 '작업장 수준에서 자본에 대한 노동의 복속'(조희연, 1998: 101)을 정착시키면서 추진되었다. 국가주도적인 경제성장정책은 자본관계의 재생에 필요한 인적·물적 자원을 총동원했다. "국가는 유치산업의 성장과 보호를 위한 전천후식 지원정책을 구사하고, 취약한 내부시장을 보호하고 지원하는 정책을 폭넓게 구사하게 된다"(조희연, 1998: 129). 국가는 이러한 국가주도적인 경제성장정책에 저항하는 세력에 대해서 극단적으로 억압했다. 저임금·장시간 노동이 정착되고, 이러한 노동조건에 저항하는 행위의 배후에 언제나 불온세력이 있는 것으로 선전되었다. 그러한 영향을 받았던 철도노동자들은 다른 사업장에서 파업이 발생되는 것조차 거의 알지 못했고, 알고 있었다 하더라도 박정희 체제의 억압적 통제에 대해 두려움을 느끼고 있었다.

질문: 그, 군사정부, 군사정권이나 아니면, 은 뭐, 임금인상, 아니 임금인상을 위해서 군사정권을 상대로 데모하는, 거 보신 적 있었나요?

답변: 그 당시에는 그, 데모라 카는 것도 없었어요. 임금인상 되면은 데모라 카는 게 없었어요. 몰랐지요. 그때. 그 당시에 했다 하면은 또, 뭐, 바로 거 잡아내 버리는께는. 못 했지요.

질문: 네. 그래도, 그러시면 이렇게 80년에 와가지고, 80년대에 와서 그, 인자 임금인상을 비롯한 많은 노동자들의 데모도 있었고, 대학생들의 데모도 있었는데, 그런, 그 데모를 보셨을 때에 선생님의 생각은 어떤, 어땠습니까?

답변: 찬성도 했고, 실제 너무 심하게 할 때는 허, 반대도 했고 했죠. 뭐.

질문: 대학생들의 데모는. 뭐, 보통 그러지 않습니까? "아, 이 자식들이! 그 부모들 힘들게 돈 벌어서 입학금 했는데.

답변: 그, 그런 소리 했죠(김종욱).

이러한 두려움은 70살에 가까운 철도노동자로 하여금 인터뷰 내용에 답변하는 두려움으로 되살아났다.

질문: 이번 그 그러시면 그 어려서부터 이렇게 북한에 대해서 교육을 받았지 않습니까? 교육을 받으시면서 북한의 이런 그 간첩들이나 하여간 빨갱이들

이야기들을 많이 들으셨을 텐데, 그런 그 빨갱이들이나 간첩들에 대해서는 뭐 선생님 생각이 어떠신지.

답변: 그런 보안적인 그런 것은 저는 잘 모르겄습니다! 말대답을 헐 줄도 모르고! 그런 보안적인 것은 저 잘 모르겄습니다. (질문자: 네.) 제가 오늘 요 선로에 대해서만 요렇게 내가 그전 경험담으로 해갖고 나 말할 수밖에 없제, 따른 것은 내가 말할 수가 없죠(박석동).

이처럼 지배이데올로기는 지배세력들만의 의지대로 형성되지 않는다. 철도노동자들도 호응했던 것이다. 철도노동자들은 박정희 체제의 지배이데올로기에 능동적·수동적으로 동원되었는데, 그 원인은 민중들의 의식에 영향을 미치는 요인에서 찾을 수 있다. 하지만 철도노동자들이 능동적 호응 혹은 수동적 호응을 구분했는가에 대해서는 보다 깊은 연구를 필요로 한다. 여기에서는 일반적인 수준에서 그 원인을 지적하면, 다음과 같을 것이다.

첫째, 식민지를 경험했던 민중들은 국가라는 공적 주체의 필요성을 인식하지 않을 수 없었을 것이다. 국가를 지배세력의 이해를 반영하는 주체로 인식하기보다는 구성원들에게 '존재기반'을 제공하는 공동체적 주체로 인식했을 것이다. 앞에서 제시했던 내용 중에, 철도노동자들이 공무원이라는 자부심만으로 노동현장의 고통을 극복할 수 있었다는 답변이 이를 대변한다고 할 수 있다.

둘째, 철도노동자들은 한국전쟁을 왜곡되게 인식하면서 공산주의에 대한 의식을 급격하게 변화시켰을 것이다. 해방정국에서 보편화되었던 좌익이데올로기의 사회적 정당성을 고려한다면, 반공주의는 한국전쟁 이후에 급속하게 사회화되었다고 할 수 있다. 물론 반공주의를 양성했던 1950년대 지배세력의 노력도 있었지만, 철도노동자들은 스스로 전쟁의 두려움에 중독되고, 그 두려움을 북한이 제공한다는 의식의 굴레에서 스스로 벗어나지 못했다고 할 수 있다. "내면화된 반공분단의식은 국민 대다수에게 노동운동을 포함하는 계급적 대중운동에 대한 부정적 견해를 만들어냄으로써 계급적 대중운동 성장의 조건을 불리하게 만들었다"(조희연, 1998: 103).

> 질문: 옛날 같은 경우에는 소위 민주노조운동을 하면 빨갱이들이 하는 운동이다 그런 얘기들이 많이 있었는데, 학교 다니시면서 반공교육이나 반공사상과 관련된 이야기나 교육을 받으신 적이 있습니까?
>
> 답변: 우리 그 전수부할 때 반공교육 한 6시간이나 받았어요. 반공교육 받고, 어 국민학교 때도 우리는 백운산이 가깝기 때문에, 그 빨치산이 몇 명, 빨갱이가 몇 명 있니 뭐, 학교 오후에 인자 교장선생님이 마이크로 그때 장치를 해가지고 운동장에다 모아놓고, 몇 이가 살아갖고 있다 어쨌다, 그런 교육도 받고, 많이 받았지요. 우리는. 또 직접 이북서 내려온 사람들도 보고, 그러면 그 사람도 똑같이 생겼다 그 말이에요. (웃음) 어렸을 때라도. 반란자, 아버지가 저 반란군이라고 하지만은, 그 사람이 안 가르쳐주면 반란군인지, 어디 뭐 남한 사람인지 누가 알게 뭐예요. 그래갖고 많이 받았죠. 근데 옛날에는 그렇잖아요. 저는 그렇게 생각합니다. 노동조합이 이랬든, 무엇이 됐든 가만히 생각해보면, 자꾸 참, 민주화가 되고 무엇이던가, 개선이 되고, 이렇게 해나가기 때문에 이런 노동조합도 인자 앞으로는 진짜로 더 발전이 돼갖고 좋은 우리 노동자들을 위해서 좋은 그런 방향으로 나가리라 이렇게 생각해요(문춘식).

1970년대 공장새마을운동의 주요한 목적 중에 하나가 노사간의 협동과 상호발전을 추구하는 것이었다. "1973년 에너지 파동 이후 근면, 자조, 협동의 새마을 정신을 행동지표로 삼아 기업인과 종업원이 공존공영 의식 아래 일치단결하여 경제난국을 극복하고 수출 100억 불의 목표를 달성해 나온 한국 특유의 공장새마을운동을 금년도에는 더욱 발전시켜 나가야 하겠다. 지금까지 주로 대기업이 중심이 되어 추진되어 나온 공장새마을운동을 금년에는 중소기업까지 확산하여 종업원을 가족처럼, 공장 일을 내 일처럼 돌보고 아끼는, 가정과 같은 기업풍토를 이 땅에 정착시켜 서구식 노사관계를 한국적 노사관계로, 이해적 대립관계를 인정적 가족관계로, 그리고 서구사회의 고질적 병폐인 투쟁적 해결방법으로부터 협동을 통하여 발전적인 결실을 맺는 노사문제 해결방법을 추구해나가도록 함으로써 한국적 노사윤리가 정착되도록 하여야겠다."2) 철도노동자들은 바로 이러한 노사관계를 형성하기 위한 직장새마을운동의 시범주체로서의 역할을 담당해야만 했다.

질문: 저기 직장새마을운동에 대해서 말씀 좀 해주시죠. 이렇게 그 어쨌든 일반직에서 국가시책에 따라서 새마을운동이야말로 70년대 유신체제와 관련해서.

답변: 전부했죠. 나는 개인적으로 그렇게 박정희 대통령이 정치를 어떻게 했건, 뭐 유신체제를 했건 무엇을 했건 그건 떼어놓고. 새마을운동을 했던 거 하나만은 박정희 대통령의 분명히 대단한 업적이라고 생각합니다. 우리나라이 경제발전이라든지 외국에서 봤을 때 어떤 그 농촌 뭐 길거리를 넓힌 작업도 있지마는, 정신적인 것에도 굉장히 큰 기여를 했어요. 진짜 나는 그렇게 봐요. 이 직장생활 역에서도 새마을운동 정신이 참 많이 작용을 했죠. 그 당시에 공무원들도 새마을교육을 일주일씩 다 시켰습니다. 전부다. 새마을교육을 가면은요. 근데 우리도 아까 얘기했듯이 지방청에 산하에 직원들 여기 자체에서도 시켰고, 지방공무원 교육에도 많이 또 보냈어요. 가면 전부다 입고 온 거 완전히 다 벗기고 새마을 복 다 주면 그놈 입고, 일주일을 하고 나면 힘들게 잘하고 나와요. 참 대단히 교육방법도 좋고. 그럼 인제 새로운 각오로 다 많이 하고 하는데, 사람들이 다 작심삼일이 돼버려서 그렇지. 받을 때는 전부다 뭔가 새로운 생각을 가진 분이 많아요, 거의다가. 근데 그게 콩나물시루에 물리그로 다 빠져버리고 안하는 놈이 있어요. 그래서 우리 여기에 환경을 개선을 하자. 풀을 뽑자. 어디부터 어디까지 너가 담당이다. 이건 네 담당이다. 이건 네가 환경을

2) 김덕영, 「1979새마을운동 추진방향」, 대한지방행정공제회, 『지방행정』(1979), vol 28, no.304, 72-79.

담당을 해라. 이렇게 하시오. 그러면 이게 당연히 가는 거예요. 당연히 할 줄 알아. 당연히. 당연히 할 줄 알아. 깨끗이 할 줄 알고. 보니까 여기 발전을 위해서 깨끗이 만들고. 그래서 새마을운동이 직장생활도 역에도 환경조성이라든지, 선로변 조성, 환경조성에 이런 게 여기에 굉장히 기여를 많이 했다고 나는 봅니다. 기여를 많이 했어요. 참 요즘에 와서는 뭐 또 청소 담당 구역을 정하고 객차구역을 정해주면, 뭐 시간외근무를 하면 돈 받아야 된다고 뭐 그러는데 근무 중에 와서 끄적끄적 좀 해주고 그러는데. 옛날에 내가 70년대 그 역장을 나가서 할 때만 해도 직원들이 딱 지정을 해주면요. 근무도 하고 집에 가서 쉬고, 오후에 비번날 와서 자기 담당구역을 깨끗이 풀 다 뽑고 깨끗이 정리 다 해놓고 가고 그래요. 불평 하나도 않고. 그게 새마을정신이 들어간 거예요. 그런 것이. 나는 그 상당히 기여를 했다고 봅니다(강갑구).

셋째, 1960년대 물질적 성장은 민중들을 지배이데올로기에 동원하는데 있어서 큰 성과를 내지 않을 수 없었다. 1950년대 한국전쟁의 경험, 미국의 원조에 의한 생존, 그리고 소위 '보릿고개'로 일컬어졌던 가난의 경험 등은 물질적 성장 이데올로기를 능동적으로 수용하는 기제로 작용했을 것이다.

질문: 저기, 많은 사람들이 박정희 대통령에 대해서 군사독재정권 쿠데타를 일으켰던, 군사독재 정권이라고 얘기를 하는데, 그러면서도 경제발전을 상당히 이루었던 대통령이라고 얘기하는데 안 선생님은 거기에 대해서 어떻게 생각하세요?

답변: 하여튼 독재를 했던 아무튼 제일 제일 존경하는 대통령인 것 같아요. 박정희 대통령을 제일 존경하고 제일 기억나는 분은 그분밖에 없어요. 제가 볼 때는 현재 뭐 그렇고. 좀 잘하셨습니까! 전 뭐 너무 정말 오래 좀 했다는 게 단점이지만, 그분이 많이 얼마나 우리나라를 발전시켜 놨어요. 저는 진짜 박정희 대통령을 진짜 그분, 제일 존경하는 분이에요.

질문: 그러시면 독재정부라 하더라도 사람들이 잘살게.

답변: 잘살게 됐으니까. 그러고 좀 제일 그래도 욕심이 없었던 거 같고. 지금 대통령들은 좀 말이 많습니까? 지금 뭐 지금 대통령은 모르겠지만, 그 김영삼 씨나 뭐 그 전두환 씨나 좀 저기 많아요. 김영삼 씨. 그러니 진짜 환멸을 느껴서 오죽하면 농담 삼아 대통령 좀 수입 차라리 하는 게 낫겠다고 그랬어요. 하! 저는 여자지만 진짜 환멸을 느껴요. 어떻게 정치를 그렇게 하는지. 요즘도 보세요 보면, 맨날 백억 백억을, 우리네 우리 만 원 말하듯 하는데, 그게 말이나 됩니까? 어떻게 백억씩 왔다갔다 하고. 아이구! 무서워, 무서워, 진짜 그러니 경제가 어렵지. 우리 서민들은 죽을 지경이고, 돈 많은 사람은 주체를 못 하고, 많은 사람 다 이민가고. 요즘 이민 가는 사람들 그렇게 많다고 그러대요. 오늘 아침에도 뉴스에 눈 뜨니까, 아휴! 대통령께서 힘들게 생겼어(안선금).

그러나 민중들은 물질적 성장의 토대를 제대로 인식하지 못한 상태에서 물질적 성장 이데올로기에 동원되다가, 그 성장의 토대가 바로 자신들이었다는 사실을 인식하면서부터 또 다른 저항의 주체로 나서기 시작했다. 1987년 이후 현재까지 보편화되고 있는 노동자·농민들의 저항이 바로 그것이다.

4. 반공(멸공)이데올로기와 철도노동자

박정희 체제의 반공이데올로기는 "미국 주도하의 세계 자본주의 체제를 이루고 있는 지배연합의 공통이익을 지키기 위한 합의를 내포하고 있다. 또한 반공을 민족해방운동이 활발하고 그를 통해 자주적 노선을 택할 가능성이 있는 제3세계 일반에 대한 세계 전략적 대응으로 나타난다"(임현진·송호근, 1994, 181). "유신 쿠데타 직후의 혹심한 인권탄압에도 불구하고, 미국은 침묵으로 일관했고, 1971년도에 들어와 무역조건의 개선이 두드러지고, 한국은 미국의 대아시아 무역에 있어서 세 번째 큰 상대국이라는 미국 행정부의 평가가 의미하듯이, 미국은 유신체제를 지지했다."[3]

그래서 미국으로부터 군부쿠데타의 정당성을 인정받은 박정희 체제는 반공이데올로기를 국민들에게 체화시키기 시작했다. "우리 한국 국민은 피의 희생을 감수할 만큼 자유 그것에 대해서 집착합니다. 이는 4천년의 역사를 통해 전원적인 평화를 추구해왔다는 사실(史實)이 입증합니다. 우리는 공산주의의 피해로 인하여 근 100만 명의 인명손해를 입은 나라이며, 모든 한국인은 피상적인 이론 분석이나 선전 책자를 통해서가 아니라 바로 자신의 피를 흘리며 체엄을 통해 공산주의의 폭압과 잔인성을 인식해 온 것이며, 본인은 이것을 언제든지 세계사 앞에 증언할 수 있습니다."[4] 대표적인 경우이지만, 1975년에 제작된 고등학교 일반사회·정치경제 교과서의 내용이다. "…우리 민족은 경애와 신의를 바탕으로 하는 상부상조의 전통을 이어왔으니 아랫사람을 사랑하는 정신이 그것이다. …북한 공산집단은 …부모와 자식을 이간시키고, 가족 사이에도 그들의 체제에 어긋나기만 하면 서로 고발을 하도록 강요하고 있다. …우린 민족에게는 국민을 위하는 민본적 전통이 연면히 이어져 내려오고 있다. 그러나 북한 공산집단은 인간을 도구화하여 주민의 생활은 아랑곳없이 공산체제의 구축에만 광분하고 있다. 우리의 전통적인 가족제도나 사회제도를 파괴하여 민족사의 정통성을 모독하고 있다"(75년판, 4-6쪽).

국정교과서의 내용들이 청소년들의 의식형성에 영향을 끼쳤다면, 새마을교육은 노동자·농민들의 의식에 영향을 끼쳤다. 철도노동자들도 예외가 될 수 없었다.

지배이데올로기를 국민의 의식에 내재화하기 위한 주요한 수단은 바로

---

3) 서중석, 「3선개헌반대, 민청학연투쟁, 반유신투쟁」, 역사문제연구소, 『역사비평』(1988년 여름), 79쪽.

4) 박정희, 「1965년 5월 18일, 방미 시 기자구락부에서의 연설」, 신범식 편, 『박정희대통령 연설집』(한림출판사, 1968), 211쪽.

교육 및 국가적 행사였다. 소위 국민들의 의식을 개조한다는 명분에서 추진되는 국민정신교육인 것이다. 유신체제는 주로 반공교육, 안보·통일교육, 새마을교육 등을 통해 국민들에게 반공이데올로기를 내면화시켰다. 반공교육과 안보·통일교육은 이미 유신체제 이전부터 존재하다가 유신체제에서 더욱 강화되었다.

> "교양교육은 과장시간이라든지 그런 시간이 두세 시간 다 여유가 있습니다. 그럼 그때 가서 다른 교양시간도 시켜주면 정부시책이라든지, 현재 흐름이라든지 그런 교육 그 시간에만 시키죠. 그러고 인제 내경험으로 봐서는 유신시대에는 아주 정식으로 막 교육 시키라고 공문이 내려오고, 공문 내려오고 교육시켰는지 안 시켰는지 교육도 시켜보고 그랬는데, 그때는 정부에서 강력하게 일을 시켜라 그런 건 없는데. 새마을교육 같은 거는 제대로 시켰습니다. 따질 것도 없는 것이고 한 일주일씩 무조건 다 시켰습니다. 지금은 뭐 정부시책은 없는데, 이것도 있어요. 그러나 그 이후에 7, 80년대 이후에도 경제교육 같은 건 주기적으로 시키고 있었어요. 우리 직원들한테도 시켰고 그 저 공무원 교육하는 하는 사람들도 주기적으로 경제교육은 시켰습니다"(강갑구).

"내면화된 반공분단의식은 국민 대다수에게 노동운동을 포함하는 계급적 대중운동에 대한 부정적 견해를 만들어냄으로써 계급적 대중운동 성장의 조건을 불리하게 만든다. 특히 공산주의에 대한 부정적 의식은 노동운동의 사상적·이념적 기반을 더욱 제약한다. 노동운동뿐만 아니라 여타 계층의 운동형태에 대해서도 똑같이 부정적 관념이 일반화되어 있어서 여러 사회운동의 발전을 질곡하는 요인으로 작용한다"(조희연, 1998: 103-106).

이러한 동원화는 지배세력을 동원하는 동력이 되었다. "국가를 중심으로 한 집권세력의 응집성을 강화시켜 주며, 특히 군부 내의 분파조성을 제한하는 역할을 한다. 즉, 지배층의 안정성 범위를 상대적으로 넓혀주는 역할도 한다. 저항은 곧 혼란이고 혼란은 분단위기의 고조로 이어져 스스로의 생존을 위협한다는 연쇄적 사고형태에 의해 저항이나 혼란을 제지하여 최소한의 생존 가능성을 확보하는 것 자체가 한 정권의 정당성의 근거가 된다는 것이다"(조희연, 1999: 107-108).

철도노동자들은 일반적으로 진보적인 사상이나 북한을 수용하기가 쉽지 않았을 것이다. 박정희 체제가 공무원들을 동원의 주요 대상으로 삼았고, 철도 노동자들 역시 그 동원의 대상에서 제외되지 않았기 때문이다.

질문: 진보적인 학생들이, 그, 진보적인 사상을 얘기하면서.

답변: 예.

질문: 그, 공산주의는 공정한 거다…

답변: 그거는 인자, 그, 거의 다가 우리 나이, 50세 이상, 이상은, 그걸 원하지 않을 겁니다. 다 그거는 잘못됐다고 생각할 겁니다.

질문: 예.

답변: 거의 다가. 왜 그러냐 하면은, 이걸 거시기, 아, 우리가 그걸 피부로, 눈으로 직접 봤기 때문에. 그라고 그, 그때 희생된 사람들이라던다, 또 우리가 되새겨 생각 안할 수도 없고…

질문: 네.

답변: 또, 아, 북한을 찬양한다 카는… 공산주의를 찬양한다는 카는 그 자체도, 지금 현재, 현실이 그대로, 우리가 보고 있듯이, 지금은 뭐 이제 세계화, 이제는 뭐, 국경이 없다 이겁니다. 북한의 모든 것이 전부, 우리가 다, 환하게 다 알고 있다 이겁니다. 그러면 우리나라 같은 경우는 선진국의 12위권, 세계 12권에 지금 어! 지금 들어선 그런 그 강, 그, 저 뭐, 경제강국인데, 경제강국으로서는 비교가 안 되죠. 북한하고는. 그러면은 그기, 옳다고는 볼 수 없잖습니까?

질문: 예.

답변: 절대 옳다고 볼 수 없죠.

질문: 네.

답변: 그래 그런 사람, 지금 젊은 세대는, 어, 그걸 못 느끼기 때문에, 과거에,

> 6·25도 못 느끼고, 응! 못 느끼기 때문에, 어, 전혀 그런 걸 듣도 보도 못하는 거. 뭐, 듣기야 들었겠지만은, 그건 뭐 사실 그대로, 그걸 그 사람들이 생각 못하고, 너무나 이, 안, 그, 좀, 그, 부모슬하에서, 그, 참, 그, 부모들한테 모든 그, 의지하면서 살아왔고, 또 이, 이렇게 또 우리가 그, 경제강국이 됐으니까 살기 좋고, 살기가 점점 좋으니까, 그것만 이렇게, 저, 저, 좋은 것만 보고 했기 때문에 이제, 그런 애들, 그런 그 저, 젊은 층에서는 그, 그, 실감도 못하는 거 아니겠습니까? 내가 볼 때는…(최경태).

박정희는 유신체제에 반대하는 대학생들과 야당 정치인들의 시위가 발생할 때마다 다음과 같은 '멸공구국, 국론통일'을 제창하고 나섰다. "지금 경향 각지에서는 총력안보와 멸공통일의 함성이 우뢰와도 같이 천지를 진동하고 있습니다. 이 외침은 멸공구국을 바라는 국민의 소리요, 국론통일과 총화단결을 다짐하는 국민의 결의입니다. 이 외침을 우리는 한낱 구호로 그치게 할 수는 없습니다. 왜냐하면, 공산주의와의 대결에 있어 국론의 분열은 패배를 뜻하며, 국론의 통일은 승리를 보장하기 때문입니다"(국가안전과 공공질서의 수호를 위한 대통령 긴급조치 선포에 즈음한 특별담화, 1975년 5월 13일).

박정희의 이러한 의지는 새마을교육으로 구체화되었다. 유신체제에서 새롭게 동원된 것이 새마을교육이었다. 새마을교육은 정신훈련을 통하여 정신자세를 확립하고 국가목표달성을 위한 사명감과 발전지향적 가치관을 기르고 유신과업수행에 앞장서게 하며 새마을운동을 지속적으로 발전시킬 역군을 양성한다는 목표를 가지고 있었다. 유신체제는 새마을교육의 이러한 목표를 달성하기 위해 교육과정에 유신과업과 우리의 좌표, 새마을운동, 한국의 경제발전과 개발계획, 안보업무, 비상계획 등의 과목을 공통적으로 배치했다(유진순, 1990: 22). 1977년 중앙공무원교육원에서 실시된 교육내용은 주로 안보훈련, 민방위문제, 승공론, 북한의 내남전략의 이론 등이었다.

질문: 저기 새마을교육 받아보신 적 있으시나요?

답변: 예, 새마을교육 받아봤어요.

질문: 기억나는 교육내용 있으면 좀 말씀 좀 해주실래요?

답변: 새마을교육 가갖고 뭐 받는 거 해봐야 성공사례 같은 기나, 그래 안하면 또 뭐 딴 거 있습니까, 귀순용사들 와가지고 뭐 북한에 그 뭐 이야기하는 거. 북한은 어떻게 산다 우리 대한민국은 어떻다 그런 이야기 뭐 조금 하는 기고. 뭐 교수들 와서 이야기 하는 거 그때만 해도 뭐 큰, 우리가 뭐 배운 게 없어노이 몰라도 그때 뭐 머리에 잘 들어오진 않고, 새마을사업에 대해서 그때만 해도 뭐 박정희 정권 때 뭐 새마을사업 한다 해서 그 뭐꼬 스테레오 라디오 그 뭐꼬 그런 거, 북한에서 선전하는 거 뭐. 새마을교육이라는 기 우리는 내 생각에는 그기 참 좋다고 생각했거든, 우리는 받아보니까 우리한테는(박선진).

철도노동자들의 의식은 대부분 이와 같이 답변을 한 박선진 씨와 크게 다를 바 없을 것이다. 철도노동자들은 직장새마을운동의 요람으로서의 역할을 담당했고, 그 과정에서 철도노동자들은 '멸공구국, 국론통일'의 의식들이 체화할 수 있었을 것이기 때문이다.

5. 성장(물질적·정신적)이데올로기와 철도노동자

1950년대 말, 1960년대 초반의 한국경제는 국가예산의 50%를 무상원조에 의존하는 상황이었다. 그리고 실업률은 노동인구의 25% 이상이었고 국민 1인당 소득은 80달러에 불과했다. 1960년대 초반 근대적인 산업화가 한국의 절실한 과제일 수밖에 없는 요인이자, 정치적인 힘 또는 국가에 의해 근대적 산업화를 위한 조건이 인위적으로 창출되어야 하는 요인이었다.

"경제적인 면에서 볼 때, 1962년에서 1977년까지의 15년 동안 경상가격으로 약 250배나 성장한 우리의 수출액은 우리 경제의 총규모를 실질적으로도 4배 이상 신장시켰다. 따라서 1인당 국민소득도 그동안의 높은 인구증가 추세에도 불구하고 실질적으로 3배 이상 증가되었다. 이와 같이 국내생산과 국민소득이 증가됨에 따라 국내 총생산에 대한 투자비율도 1962년의 13%에서 1977년에는 26%로 신장되었다. 또 총투자의 국내재원조달도 국내저축률 신장에 따라 1962년의 17%에서 1977년의 95%로 높아졌다. 그리고 무엇보다도 수출입국의 정책적 효과는 그간 늘어나는 국내생산을 통해 고용기회를 현저하게 높였다."[5)]

질문: 저기 그 6,70년대 같은 경우에, 에, 좀, 뭐랄까, 박정희 대통령이 당시 경제개발계획 추진하면서 이렇게, 좀, 그, 먹고 살기 좀 편하게 이렇게 하셨다라고 생각을 하는데요. 거기에 대해서는 좀 어떻게 생각하시는지…

답변: 그 저는, 지이기 박정희 대통령, 지금 제가 그 저길 해서, 제일 그래도, 이 역대 대통령 중에서 박정희 대통령을 제일 그, 참 고마우신 분이구, 좌우간 제일 대통령 중에서 제일 숭배하는 양반입니다. 왜그러냐면은, 이 우리나라에 그 저기에서, 그 당시에 증말로 배들이 고픈 거를 완전히 억압적으로 눌러서두 이 만치 경제를 살릴 수 있는 기틀을 맨들어주신 분이기 때문에. 왜저기냐면은, 일 예를 들어서, 물론 그 때하고 지금하고 세대가 틀렸으니까, 틀리고 다 뭐 세월이 흘러서 저기한다고 그러지마는, 물렁물렁하게 '너두 좋고, 나도 좋다' 이승만 대통령이나, 뭐 그때 장면 박사 이런 사람들이 저기 할 때 같이 그렇게 물렁물렁하게 됐다면 지금두 우리나라 경제는 발전하기가 더 힘들었지 않을까 이렇게 생각하고 있습니다. 이 박대통령 같이, 이렇게 뭐, 정말 그땐 뭐 워카발, 워카발 했지만 워카발 아네 아무 발로도 사람을 좀, 우리나라 실정에 맞는, 긍깨 대한민국에 맞는 민주주의를 실시해서 억압적으로 했기 때문에 이만침이라도 해놨고, 이, 이만침 된 걸로 난 생각하지, 전에 있던 사람들, 뭐 민주 어쨌고, 자유가 어쨌고 했다면 이렇게 안됐을 걸로 전 생각하고 있습니다 (남궁건영).

5) 재단법인 박정희 대통령 육영수 여사 기념사업회 편, 『겨레의 지도자』(재단법인 육영재단, 1990), 115쪽.

박정희는 5·16군부쿠데타 이후 적극적 산업정책의 집행을 통해 유치산업의 비교우위를 동태적으로 창출해내는 기능을 할 수 있는 발전국가모델[6]로 산업화체제를 구축하기 시작했다. "박정희 산업화체제의 형성은 단순히 수출지향적 정책의 채택이라는 정책적 차원의 변화를 넘어서서 권력구조, 국가관료제, 국가와 주요사회세력과의 관계 등 차원에서의 변화를 전제로 하여 형성된 것이다."[7] 철도청 역시 군부 출신의 인사들도 채워졌기 때문에, 박정희 체제가 지향하는 성장이데올로기가 철도노동자들에게 강요되었다.

질문: 근데 어떻게 보면 1960년 5·16쿠데타 이후에, 이런 군대문화가 계속 유지될 수 있었던 주요한, 그 다음에 이런 노조가 변하지 못 하게 된 주요한 원인 중에 하나가, 어떻게 보면 철도청장, 본청, 지방청, 내지는 중앙 관료들이 군부출신들이 많이, 내려왔지 않습니까?

답변: 많이, 응, 한창 많이 있지. 그때는 전부 영관급들이 다 와서 청장 하고 그랬었어.

질문: 영관? 그- 장군, 장군 못 다는, 예편하는 사람들이요?

답변: 인자 그런 사람들이겠지. 뭐, 주로 그러니깐 말하자면 소령, 중령 정도지. 지방청장은. 본부는, 인자 본 청장은 원 스타, 어, 투 스타 인자 그런 사람들이 하고. 이젠, 그 문화가, 그때는 밑으로 그냥 쫙 퍼져버렸지. 아! 그때만 해도 무슨 군대식으로 훈련도 하고, 군대식으로 조회하고, 그냥, 명령하면 그냥 승복밖에 없었어. 허허. 그러지 않으면 나가야 하고(최병엽).

박정희 산업화체제가 지향했던 경제개발의 명제를 다섯 가지로 정리하면, 다음과 같다. "첫째, 고용과 소득증대는 국민의 여망사항이므로 경제

6) 김일영, 「한국의 정치·경제적 발전 경험과 그 세계사적 위상」, 이우진·김성주 공편, 『현대한국정치론』(사회비평사, 1996), 461-464쪽

7) 김세중, 「박정희 산업화체제의 역사적 이해」, 김유남 엮음, 『한국정치연구의 쟁점과 과제』(한울, 2001), 223쪽.

성장은 절대적으로 필요한 과제이다. 둘째, 그 성장은 정부가 주도하여야 하며, 개발계획의 목표 달성은 우리 경제전략의 지상과제이다. 셋째, 한국은 소득수준도 낮고 절대인구가 적어서 국내시장이 협소하다. 따라서 목표달성을 이룩하기 위해서는 수출제일주의를 지향해야 한다. 넷째, 이를 뒷받침할 공업화의 실현을 위해 부족한 대로 국내 자본과 자원이 총동원되어야 하며, 부족한 자원은 어쩔 수 없이 외자로 충당을 해야 한다. 다섯째, 자본주의 경제질서 속에서의 공업화를 실현하는 주체는 민간기업이어야 한다. 따라서 정부는 민간기업의 창설에 각종 지원을 아끼지 않는다."[8] 철도노동자들은 박정희의 이러한 경제전략의 성공여부에 대해 의심조차 하지 못한 채 각종의 정부지침들을 강제적으로 습득해야만 했었다.

질문: 대통령 훈시 중에서도 중요한 게 있으면…

답변: 여 강령 안 있습니까? 복무지침 이런 거 다 외워야 했습니다. 지금도 안 외웁니까. 지금 다 외웁니다.

질문: 혹시 대통령 훈시나 기타 뭐 철도청장 훈시…

답변: 그런 거 회람제로 다 하거든요. 밑에 떠들어보고 읽어봤다 안 읽었다. 전부 사인 다 받는 거야. 그것도 교양 시험칠 때 한 문제씩 여 같고 안하면 위에서 감사 올 적에는 침투가 안 되어 있다고 막 뭐라 합니다. 지적되거든요. 어차피 대통령 지시 밑이 국무총리 지시입니까? 그것도 지시를 다 내놓으면 수첩에 다 적어야 되요. 글구 출근하면 뭐 적었냐 인사하고 사인하고 나면 (지금은 출근부 없지만) 지시 쭉 안 붙어 있습니까? 소 지시도 있고, 국무총리 지시, 청장 지시, 장관 지시 전부 다 적으란 소린 안치만 제목하고 중요한 건 적으라고 출무 인사할 적에 그거 다 여놓고 당 부하 계장 사인 받아 가고 그래 안갑니까! 또 분기별로 휴대품 검열을 하거든요. 규정 밝히는 거 규정이라 함은 '법률'이거든요. 차가 운전하는데 규정, 입하하는데 규정 그게 전부 바뀌면 회보

8) 재단법인 박정희 대통령 육영수 여사 기념사업회 편, 『겨레의 지도자』(재단법인 육영재단, 1990), 117쪽.

로 내려옵니다. 본청에서. 회보를 복사해서 몇 페이지 붙이라고 전부 뭐…. 그것도 붙이고 검열을 분기마다 안합니까! 그때 규정, 기술 주는 것도 많거든요 지금은 '공고'가 있어서 딱 부러지지만 그때는 이것저것 다 지급했거든. 호수 끊고 가는 거 지급하고, 신호 내 가는 거 차가 이상이 있는 거 뭐 이런 거 전부 검열 다 받습니다. 받고! 시험 치고!(권춘길).

이처럼 철도노동자들의 의식은 박정희 체제의 지배세력에 의해 동원될 수밖에 없었다. 이렇게 형성된 철도노동자들의 의식은 1970년대 유신체제의 정당성을 부여하는 과정에서도 드러났다. 철도노동자들은 그러한 성장의 토대가 자신들의 피와 땀으로 이루어진다고 간주하기보다 박정희 정권의 강력한 경제성장정책의 결과로 인식하는 경향성을 보유하고 있었다.

질문: 당시에 '유신체제'를 어떻게 생각을 하셨는지, 느낌 그대로 좀 말씀을 해주십시오.

답변: 그때 하면서 회사생활할 때 유신이 들어오면서 한마디로 하나의 혁명을 일으킨 거 아닙니까? 저는 그 당시 김종필 씨가 총무 아니 총리하시면서 제 머리 속에 남는 건 '우리 노동자나 농촌이나 할 거 없이 앞으로는 자가용을 타고 처갓집 갈 수가 있다' 이렇게 한번 말씀을 허시더라고요. 야, 그때는 우리는 그때 뭐 자전거도 못 살 주제에 그 높으신 뭐 사장급이나 돼야 응? 자가용이 있는 줄 알았는데, 전원이 참 자가용 타고 처갓집 갈 날이 멀지 않았다 하는 그 말에 감동을 했는데. 아마 지금으로 봐서 '유신체제'가 그렇게 나쁘다고 평가하고 싶진 않고, 아마 좋다고 지금 와서 생각해보니까 정말 지금은 뭐 자가용이 한 집에 한두 대, 두 대도 있는 집도 있고 대부분이 한 집에 하나씩 갖고 있고 '아, 그 말이 맞구나' 하는 걸 지금 느끼고 있어요(이천우).

그런데 "1970년대 본격적으로 추진된 중화학공업 추진정책은 국가자원 또는 정책과정이 권위주의적 절차에 의해 통제될 수 있었기 때문에 가능했다. 박정희는 중앙집권적 기획, 집행기관으로 중화학추진위원회를 구성하고 대통령을 중심으로 일원적 자원배분, 기업가 동원체제를 구축하여 이 계획을 현실화시킬 수 있었다. 중화학공업 추진당시 실무핵심 담당자는 당시 한국의 국가체제는 주식회사체제를 넘어서서 대통령을 사령관으로 하는 군대와 같은 체제로 회고했다. 이는 중화학공업 추진에 필요한 국가적 역량의 동원은 1960년대를 통해 정형화된 권위주의적 정치, 그리고 정책과정을 배경으로 해서 가능했었다는 것을 증언하는 것이다."[9]

문제는 중화학공업을 중심으로 한 산업화체제는 노동력을 보다 쉽게 확보하지 않으면 구축되기가 쉽지 않았을 텐데, 유신체제는 1973년 교육과정을 개정하는 과정에서 교육과정의 3대 원칙 중의 하나로 '지식·기술교육의 혁신(기본능력 배양, 산학협동교육의 강화)'을 설정했다. 이 원칙은 실업계 고등학교를 양성하는 정책, 각급 교육기관을 매개로 기능공을 양성하는 정책, 국내외 기능인 경진대회에 참여할 선수를 양성하는 정책 등으로 추진되었다. 1975년 이후 정부가 지정한 특정 실업계 고등학교에 입학하는 학생들은 군대면제, 학비면제. 기숙사 제공, 취업보장 등의 각종 혜택을 제공받을 수 있었다. 특히 지방의 중학생들은 이러한 혜택을 누리기 위해 특정 실업계 고등학교에 입학한 경우가 많았다. 이들은 실업계 고등학교에 입학하고 난 이후, 기업에서 요구하는 노동능력을 갖추기 위해 실습 중심의 교과과정을 마쳐야만 했다.

질문: 근데 얘기들이 비슷한 거지만, 철도에 시험 한번 봐라, 봐라 해서 철도에 들어온 경우들이 많더라구요. 당시 70년대 후반 같은 경우는 철도공무원이라고 하면은, 좀 그래도 선호할, 선호할 만한 직장 아니었나요?

답변: 그랬습니다. 예, 그 제가 중학교를 졸업할 때, 철도 고등학교 갈라고

9) 김세중, 앞의 글, 220쪽.

그러면 그 중학교에서 상당한 실력이 있는 사람들만 갔거든요. 저도 공부를 좀 잘하는 편이었는데도 철도 고등학교 갈 정도의 실력이 안 됐었어요, 사실은. 전교에서 뭐 몇 명 추천하는데 전교에서 뭐 거의 톱 클라스 안에, 10등 안에 들어야만 추천해주는 그런데 그 정도까지는 못 했어요. 중학교 가가지고는. 전교생이 한 360명 정도였는데 그 정도는 안됐어요, 그래가지고, 어 철도 고등학교 갈라고 생각도 안 했고.

질문: 제가 알기로도 한 70년대 중반부터 공고나 실업계 양성화 차원에서 중학교 엘리트들이, 그런데 많이 들어간 걸로 알고 있거든요. 근데 당시에 이렇게 뭐야, 그런 정책에 대해서 혹시 인식을 하고 계셨어요?

답변: 그 당시에는 몰랐죠. 지금 와서 보면은 그게 진짜 너무 허황된 정책이고, 요즘 그게 또, 그게 있어서 눈부신 발전을 했는지는 모르지만은, 그 적성 같은 거 이런 거 무시하고, 그 단지 뭐 어 집안 형편이 안돼 가지고 고등학교를 못 갈 형편 이런 사람들, 머리는 좋고 그런 사람들이 공고나 철도 고등학교 가게 됐거든요(신용길).

유신체제의 산업화 정책은 수출 100억 달러 달성정책(수출드라이브 정책)으로 집중되었다. 박정희는 100억 달러 수출의 날 치사에서 다음과 같이 강조했다. “이렇다 할 부존자원이 없는 우리 형편으로 볼 때, 여전히 계속되고 있는 세계적 자원난이라든가, 가거와는 달리 우리나라를 새로운 수출경쟁국으로 의식하면서 보호무역의 장벽을 쌓고 있는 세계경제의 현황 등에 비추어볼 때, 우리는 새로운 결의와 분발을 다짐하지 않을 수 없습니다. 생산과 건설에 종사하는 모든 사람들이 국가발전의 제일선에서 헌신하고 있다는 드높은 긍지와 자부심을 견지하고 맡은 바 직분에서 저축 창의를 발휘하고 최선을 다하는 일입니다. 모든 기업인과 종업원이 서로 돕고 아끼고 가족과 같은 따뜻한 분위기속에서 일체감을 북돋아 나가는 일이야말로 우리나라 공장새마을운동의 정신이며, 또한 우리의 수출산업이 난관을 뚫고 세계무대로 끝없이 뻗어나갈 수 있는 힘의 원천이라고 확신합니다"(1977년 12월 22일).

철도노동자들은 수출 100억 달러의 성과를 박정희 체제의 '절대선'으로 간주했다. 자신들이나 다른 노동자들이 수출을 위해 피와 땀을 흘린 것에 대해서는 거의 인식하지 못하고, 단지 자신들에게 돌아오는 '밀가루, 넓어진 도로, 개량된 지붕'이라는 성과에 안주하고 있었던 것이다.

질문: 예에. 아마 70년대 특히나 이 경제발전이 필요하다는 얘기들을 많이 들으셨을 텐데, 그 얘기를 들을 때마다 어떤 생각이 드셨나요?

답변: 그때 경제발전이라는 거는 참 뭐 새마을사업이나 5개년계획 할 때 참 박정희 대통령이 그런 거는 참 잘했다꼬 우린 생각했지. 잘했다. 그때만 해도 우리 어릴 때도 박정희가 새마을사업 할 적에 그때 시골 겉은 데를 근데 그 밀가리(밀가루) 그놈 주면서 새마을사업 할 적에, 그때 군대 가기 전에부터도 새마을사업 하는 거 보면은 '아, 이거는 괘안컸다' 이리 생각을 많이 했지. 밀가루 같은 거를 많이 주니까, 또 새마을사업 한다고 그러니까.

질문: 경제발전이 내 자신에게 이렇게 도움이 된다라고 생각을 했었습니까?

답변: 지금도 보면은 경제발전이라는 게 새마을사업이라 참 뭐 도로 같은 거를 작지만은, 참 뭐 도로망 같은 기나 뭐 그런 거는 참 잘 안 돼가 있는가, 그거 하나는 박정희가 새마을사업 하면서 잘했다꼬 생각해요(박선진).

6. 국가(민족)주의적 이데올로기와 철도노동자

"박정희는 개인보다 국가를 우선시하는 국가주의적 사고와 개인과 전체의 조화를 강조하는 유기체적 사회론을 국민에게 주입시켰다. 여기에는 안보와 능률, 질서와 국가발전에 대한 국가주의적 강조가 민족주의적 강조와 결합되어 있었다. 그리고 이 모두는 자신에 대한 국민의 충성을 강조하고 있었다."[10] 그 대표적인 것이 국민교육헌장의 제정이다. 이 헌장은 모든 학교 및 (준)공공기관의 각종 행사에서 방송되었고, 학생들에게는 이 헌장을 외우게 했다. 철도노동자들도 구두시험을 위해 이 헌장을 외어야만 했었다.

박정희는 국민교육헌장의 의의에 대해 다음과 같이 명시하고 있다. "국민교육헌장은 찬란한 새 역사 창조를 위한 우리 국민의 생활규범일 뿐 아니라 실천적 행동강령이며, 발전과 번영을 지향하는 우리 민족의 꿈과 희망이 담긴 의지의 표상이다"(1975년 12월 5일, 국민교육헌장 선포 제7주년 기념식 치사).

이처럼 국민들의 생활규범이자 실천적 행동강령으로 제정된 국민교육헌장의 핵심 내용은 다음과 같다. "우리는 민족중흥의 역사적 사명을 띠고 이 땅에 태어났다. 조상의 빛난 얼을 오늘에 되살려 안으로 자주독립의 자세를 확립하고 밖으로 인류공영에 이바지할 때다. …(중략)… 우리의 창의와 협력을 바탕으로 나라가 발전하며 나라의 융성이 나의 발전의 근본임을 깨달아 자유와 권리에 따르는 책임과 의무를 다하며 스스로 국가건설에 참여하고 봉사는 국민정신을 드높인다. 반공 민주정신에 투철한 애국애족이 우리의 삶의 길이며 자유세계의 이상을 실현하는 기반이다. 길이 후손에 물려줄 영광된 통일조국의 앞날을 내다보며 신념과 긍지를 지닌 근면한 국민으로서 민족의 슬기를 모아 줄기찬 노력으로 새 역사를 창조하자"(1968년 12월 5일 제정·선포된 국민교육헌장). 이 헌장은 주로 강령적 수준에 불과할지라도, 당시의 지배세력들이 국민들에게 시대적 상황을 어떻게 인식시키려 했는가를 추론하게 한다. 첫째, 조상의 훌륭한 전통과 유산이 계승·발전되지 못하고 있다. 둘째, 물량적 발전에 비해 정신적 가치관 사이의 조화로운 융합이 이루어지지 않고 있다. 셋째, 국민의 국가의식과 사회의식이 결여되어 민족주체성이 결핍되어 있다. 넷째, 국민교육의 지표가 불분명하여 학교교육에서 정신적·도덕적 교육이 소홀

---

10) 안청시, 『현대한국정치론』(법문사, 1992), 268-271쪽

히 취급되고 있다. 즉, 국가(민족)주의적 통합이라는 강령을 내세워, 국민들을 동원하거나 국민들에게 지배이데올로기를 체화시키려 했던 것이다. 철도 노동자들도 그 정책에 동원되지 않을 수 없었다.

질문: 구두시험, 그 저, 이렇게 뭐 근로교육헌장 같은 거 이걸 또 외운, 외우기도-, 외우고 있는가, 이런 걸 물어보는 경우도 있었다고 하던데…

답변: 아 그 경우, 저희 그거 저기 때도 그런 거, 그게 그, 저도 그 때 그 나름대로 그거, 국민교육헌장, 그 때 그 한참 그거 외구 다 왰었어, 외었어요. 왜냐하면 시험이라니까, 구두시험 준비를 했으니까. 근데 뭐 다행인지 불행인진 몰라도 들어가다가 얼굴 쳐다보더니 우리 그 관리과장님이 이 최종 시험관이신데, 얼굴 쳐다보더만 "응, 가" 그래서 그거 뭐 답변도 모, 시험공부한다고 한 거 답변도 못해보고 그냥 "응, 가" 했으니까 그냥 좋다고 나왔었어요.

질문: 그 시험공부로 국민교육헌장을 욀 수밖에 없었던 건, 그때 당시 구두시험에서 주로 물어봤던 내용 중에 바로 이 국민교육헌장을 외우고 있는가였기 때문인가.

답변: 예.

질문: 이걸 인제 대부분이 알고 있었기 때문에 시험공부 차원에서 이 국민교육헌장을 외우셨군요?

답변: 예, 그렇죠. 그때만 해도 그 저기해서 일차적으로 그건 물어볼 것이다, 그니까는 예상적으로도 인제 뭐, 뭐, 뭐, 물어볼 것이다 하기 때문에 고걸 또, 또 빠삭하게 외갔고 들어가야 되니까? 그래갖고 그거를 지긋 증말 공부한다고 했었는데, 막상 들어가서 하니까는 얼굴 쳐다보더니, 그게 그냥, 도로 나와서 그 당시에 그거 활용도 못해봤습니다(남궁건영).

박정희 체제의 국가(민족)주의 지배이데올로기는 개인을 지배하고 통제할 수 있는 '국가 중심의 의식'을 형성하려 했다. "국가가 있어야 학문이 있고, 민주주의와 자유가 보장되는 것이며, 공산주의에 나라를 빼앗기고 나서는 아무리 민주주의를 외쳐도 소용이 없다는 것을 역설하여 오늘날 우리의 민족교육은 국가의 안보교육면에서 확고한 가치간이 정립되어야 한다고 말했던 것이다"(기념사업회, 1990: 253).

> 질문: 국가를 위해서는 개인이 희생을 해도 좋다고 생각을 하십니까?
>
> 답변: 국가가 있어야 내 가족도 있을 수 있는 긴데 거 뭐, 국가에 꼭 충성을 해야 된다면 해야지요. (웃음)
>
> 질문: 예에.
>
> 답변: 국가가 있어야 내가 있는 기고, 내가 있어서 가족을 또 돌봐야 되는 기고 뭐.
>
> 질문: 아니, 국가가 선생님한테 이렇게 뭐 도와주는 게 뭐죠?
>
> 답변: 국가가 있기 때문에 내가 이렇게 공무원 생활 했고, 내가 이 뭐 생활해가면서 자식들 공부도 시켰고, 내가 노력을 했지만은 근데 국가가 없으면은 그런 기 안 되는 거 아닙니까(웃음)(박선진).

1962년 이후 한국의 국가엘리트들은 국가이익과 국가목표를 새롭게 규정했으며, 밀도 있게 그 계획을 통해서 국가자원은 최대한 효율적으로 동원될 것이었다. 그들은 국가안보를 자립경제라는 근대화 프로젝트에 연결 짓고 민족의 생존이 경제적 성과에 달려 있음을 분명히 했다. 또한 이는 세계체제적 작동원리에 일치하는 것이었다(최장집, 1987: 163).

1973년에 중앙정부 차원에서 내무부·농수산부·상공부·문교부 등이 새마을운동과 관련된 부서들을 신설했고, 전국의 시·도에도 그와 동일한 부서들이 만들어졌다. 이에 철도청도 1973년에 조직체계를 변경시키면서 새마을담당과에 계획담당과 지도담당을 설치했다. 계획담당과 지도담당은 다음과 같은 사무를 분장했다.

"1. 철도 새마을운동 계획의 종합조정 2. 새마을운동에 관한 타 부처와의 관련사항 3. 철도 새마을운동 추진협의회 운영 4. 다른 담임에 속하지 아니하는 사항 5. 철도 새마을운동 추진사항 분석 및 평가 6. 철도 새마을운동의 홍보 및 추진 지도 7. 물자 절약에 관한 사항”11) 등이었다.

박정희 체제는 정부부처간의 상호 융합체제를 구축하여 국민들을 국가(민족)주의 의식으로 동원하려 했다. “모든 국민이 한덩어리로 총화단결하고 국론을 통일하여 안전보장을 공고히 다지기 위해 모든 국력을 기민하고도 유효하게 총집결해야만 하는 것입니다. 이것이 바로 오늘의 난국을 극복하는 최선의 길입니다. 따라서 나는 국민총화를 공고히 다지고 국론을 통일하며, 국민 모두가 일사분란하게 총력안보태세를 갖추어 나갈 수 있도록 하기 위해 오늘 헌법 제53조의 규정에 따라 국무회의의 심의를 거쳐 ‘국가안전과 공공질서의 수호를 위한 대통령 긴급조치’를 선포하는 바입니다.”12)

이러한 국가(민족)주의 지배이데올로기는 반공주의 지배이데올로기와 긴밀하게 융합되었다. 한국전쟁을 경험했던 한 철도노동자의 말이 이를 대변한다고 해도 과언이 아니다.

> 질문: 그 혹시 이렇게 빨갱이들에 대한 얘기들을 많이 들으셨을 텐데, 빨갱이들에 대해 빨갱이들이나 북한에 대해서는 어떻게 생각해 오셨는지?
>
> 답변: 저희는 국민학교 그때부터 반공에 대해서 교육을 많이 받았죠. 뭐 그때는 간첩이라든가 뭐. 저도 어렸을 때 네 살 때, 네 살 정도에 아마 6·25가 났는데, 그때도 참 아버님이 산고랑에다가 나뭇가지 꺾어가지고 울타리를 만들어 주면서 ‘니들 꼼짝 말아라. 나가면 죽는다.’ 그때부터 참 아, 어렸을 때 그런 정신이 지금도 살아있기 때문에, 저희들 이번 종로에서 교육을 받으면서도 무서운 사람으로 생각을 허고 있었죠. 허나 참 지금에 나이도 먹고 뭐하다 보니까 아, 이것도 하나의 동폰데 한 민족이고 하나의 핏줄인데, 갈라놓은 건 우리가 아니고 민주주의 국가와 공산주의 국가 이념에서 잘사는 국가에 의해가지고

11) 철도청(본청), 『사무분장 규정』(1970.3.30).

12) 박정희, “국가안전과 공공질서의 수호를 위한 대통령 긴급조치 선포에 즈음한 특별담화”, 1975년 5월 13일.

남북이 갈라졌다. 그런 지금은 그런 느낌을 받고, 어렸을 때는 상당히 무섭게 정말 공산당 이북사람이라면 때려주고 죽이고 싶도록 미워했었죠(이천우).

이러한 국가(민족)주의 지배이데올로기는 한국적 민주주의라는 정치적 이데올로기로 구체화되었다. 박정희는 "우리의 정치풍토에서 서구식 민주주의의 실험은 변칙적이며 비민족인 요소가 많다. 어느 정도 교양과 재산을 가진 근대시민계급에게 조화와 균형을 가져왔던 서구식 민주주의가 엄청난 정치적 문맹대중과 경제적 빈곤을 토대로 하는 한국사회에서는 갖가지 부조리가 파생되고 주권의 자발적 내지 강제적 매매행위가 공공연히 자행되기도 했다. 더구나 남북의 분단이라고 하는 상황 속에서 국력배양, 조국근대화, 민족중흥이라고 하는 역사적 과제를 수행해야 하는 과정에서 서구의 제도나 방법만으로는 우리의 문제를 해결하는 데 적합하지 않다"(정재경 , 1991: 690).

그러나 "유신에서 추구하는 한국적 민주주의의 정당성을 주장하기 위해서는 서구 민주주의의가 한국사회에 부적합하며 남한은 북한과의 체제경쟁이라고 하는 특수한 맥락에 처해 있다는 것을 강조할 필요가 있었기 때문이다. 이와 동시에 베트남의 사회주의적 통일, 미·중의 화해, 그리고 자원민족주의화 등의 국제환경 변화도 반공주의를 강조하는 조건이 되었다고 할 수 있다. 그러나 장기집권에 따른 반발세력의 활동이 활발해짐에 따라 점차 권위주의가 궁극적인 사회안정의 목표가 되는 경향이 두드러진다. 따라서 반공주의는 권위주의의 정당성을 보장해주는 근거로서, 그리고 성장주의는 권위주의의 정당화를 위한 명분으로서 작용하게 된다"(임현진·송호근, 1994: 194).

7. 맺음말

이 글에서는 1960-1970년대의 철도노동자들은 박정희 체제의 지배이데올로기에 능동·수동적으로 동원되었다는 사실을 밝히고 있지만, 이 글에서 밝히고 있는 철도노동자들의 의식이 1960-1970년대 모든 철도노동자들의 의식을 대표한다고 할 수 없다. 그러나 철도노동자들은 공무원으로서의 의식과 노동자로서의 의식을 보유하고 있었음에도 불구하고, 박정희 체제가 지향했던 '반공이데올로기, 성장이데올로기, 국가(민족)이데올로기'를 능동·수동적으로 수용했다.

1960-1970년대 철도노동자들은 북한 및 공산주의에 대해 아주 비판적인 의식을 보유하고 있었다. 한국전쟁의 경험, 초등학교에서의 교육, 그리고 철도청에서 실시했던 각종의 교육을 이수하는 과정에서 그러한 의식이 형성되지 않을 수 없었다. 또한 철도노동자들은 성장이데올로기에 대해 적극적으로 지지하는 의식을 보유하고 있었다. '죽도록 일을 해서라도' 1950-1960년대에 경험했던 가난을 극복하고자 했던 것이다. 국가(민족)이데올로기에 대한 인식도 마찬가지였다. 아마도 이러한 의식은 공무원으로서의 존재조건에서 더욱 강화되었을 것이다. 철도노동자의 답변에서도 확인되었듯이, 노동자로서의 의식보다는 공무원으로서의 의식을 보다 많이 보유하고 있었기 때문이다.

물론 1960-1970년대 철도노동자들만이 이러한 의식을 보유했다고 주장할 수 없다. 민주노조운동을 전개했던 노동자들을 제외한다면, 당시 거의 모든 노동자들도 철도노동자들과 마찬가지였을 것이다. 하지만 이 글은 박정희 체제의 지배이데올로기를 반영하고 있는 철도노동자들의 의식상태를 보다 구체적으로 드러내려 한 것이다.

물론 1960-1970년대 철도산업에는 박정희 체제의 지배이데올로기를 거부하면서 철도노동조합의 민주화를 위해 투쟁했던 주체들도 존재했었다. 그러나 철도노동조합이 2000년에서야 민주노조로 변화되었다는 사실을 고려한다면, 1960-1970년대의 철도노동자들은 철도노조의 민주화를 위해 투쟁하는 주체들의 활동과 그들의 의식을 수용하기 힘들었을 것이다.

|참고문헌|

강갑구. 2004.4. 순천에서 인터뷰.

강준만·김교만·손석춘 외. 2000. 『레드콤플렉스 광기가 남긴 아홉 개의 초상』. 삼인.

공제욱. 1992.「1950년대 한국 자본가의 형성과정」. 한국산업사회연구회. 『경제와 사회』, 가을호.

구해근. 2002. 『한국노동계급의 형성』. 창작과 비평.

권춘길. 2003.2.7. 대구에서 인터뷰.

김경용. 1990.「학교교육을 통한 사회·문화적 재생산의 양태와 그 한계」. 연세대학교 대학원 교육학과.

김금수. 1986. 『한국노동문제의 상황과 인식』. 풀빛.

김기원. 1990. 『미군정기의 경제구조』. 푸른산.

김대환. 1981.「1950년대의 한국경제의 연구」. 진덕규 외. 『1950년대의 인식』. 한길사.

김동춘. 1994.「1960.70년대 민주화운동세력의 대항이데올로기」. 역사문제연구소 편. 『한국정치의 지배이데올로기와 대항이데올로기』. 역사비평사

김성진 편저. 1994. 『박정희 시대』. 조선일보사.

김세균. 1991.「한국에서의 민주주의 논의에 대한 비판적 검토」. 『사회비평』, 6. 나남.

김세중. 2001.「박정희 산업화체제의 역사적 이해」. 김유남 엮음. 『한국정치연구의 쟁점과 과제』. 한울.

김영만. 2003.7. 익산에서 인터뷰.

김윤환. 1981. 『한국경제의 전개과정』. 돌베게.

_____. 1982. 『한국노동운동사』. 청사.

김일영. 1996.「한국의 정치·경제적 발전 경험과 그 세계사적 위상」. 이우진·김성주 공편.『현대한국정치론』. 사회비평사.
김정렴. 1997.『정치 회고록, 아, 박정희』. 중앙 M&B. 한승조. 1999.『박정희 붐, 우연인가 필연인가』. 말과창조사. 83-102쪽.
김혜진. 1992.「박정희 정권기 반공이데올로기의 정치경제적 기능」.『역사비평』. 봄.
김홍순. 2000.「근대화 프로젝트로서의 새마을운동에 대한 비판적 고찰: 1970년대를 중심으로」.『한국지역개발학회지』, vol.12. No.2.
김희태. 2004.4. 순천에서 인터뷰.
남궁건영. 2003.10.16. 대전에서 인터뷰.
노동부. 1976.『노동통계연감』. 노동부.
노동청. 1973.『노동행정10년사』. 노동청.
동아일보사 편. 1990.『현대사를 어떻게 볼 것인가 4 : 박정희와 5·16』. 동아일보사.
문춘식. 2003.2.22. 광주에서 인터뷰.
박보기. 1996.「해방직후 반공주의 형성에 관한 연구」. 경희대학교 대학원 정치학과.
박석동. 2003.3.19. 목포에서 인터뷰.
박정희. 1968.「1965년 5월 18일, 방미 시 기자구락부에서의 연설」. 신범식 편.『박정희대통령 연설집』. 한림출판사.
박정희. 1975. 5.13. "국가안전과 공공질서의 수호를 위한 대통령 긴급조치 선포에 즈음한 특별담화".
박진도·한도현. 1999.「새마을운동과 유신체제」.『역사비평』, 여름호.
박형준 편저. 1992.『현대사회와 이데올로기』. 동아대 출판부
박희섭. 2003.7.29. 익산에서 인터뷰.
서울신문사. 1978.『민족과 함께 역사와 함께 박정희 대통령: 그 인간과 사상』. 서울신문사.
서중석. 1988.「3선개헌반대, 민청학연투쟁, 반유신투쟁」. 역사문제연구소.『역사비평』, 여름.
손우석. 2003.2.7. 부산에서 인터뷰.
신병식. 1988.「토지개혁을 통해 본 미군정의 국가성격」.『역사비평』. 역사비평사.
신용길. 2003.2.7. 부산에서 인터뷰.
신혜숙. 2002.「중학교 사회과목 국정교과서에 나타난 지배이데올로기의 변천에 관한 연구」. 한국교원대학교 대학원 일반사회교육.
안선금. 2003.10.27. 대전에서 인터뷰

안청시. 1992.『현대한국정치론』. 법문사
역사문제연구소. 1994.『한국정치의 지배이데올로기와 대항이데올로기』. 서울: 역사비평사.
유병화. 2003.2.16. 대구에서 인터뷰.
유재일. 1992.「한국전쟁과 반공이데올로기의 정착」.『역사비평』, 봄.
유진순. 1984.「국민정신 교육에 관한 연구-변천과정 및 개선방안을 중심으로」. 인천대교 교육대학원.
이곤익. 2004.4. 부산에서 인터뷰.
이영달. 2003.10.4. 부산에서 인터뷰.
이일재. 2003.2.16. 대구에서 인터뷰.
이종석. 1995.「남북한 독재체제의 성립과 분단구조: 남한 유신체제와 북한 유일체제의 비교」. 역사문제연구소『분단 50년과 통일시대의 과제』. 역사비평사.
이중우. 2003.2. 부산에서 인터뷰.
이천우. 2003.3.2. 대전에서 인터뷰.
이철의. 2003..3.24. 서울에서 인터뷰.
임동락. 200.4. 순천에서 인터뷰.
임명택. 2003.3.2. 대전에서 인터뷰.
임현진·송호근. 1994.「박정희 체제의 지배이데올로기」. 역사문제연구소 편.『한국정치의 지배이데올로기와 대항이데올로기』. 역사비평사
재건국민운동본부. 1963.『개건국민운동』. 재건국민운동본부.
재단법인 박정희 대통령 육영수 여사 기념사업회 편. 1990.『겨레의 지도자』. 재단법인 육영재단.
전경옥. 1997.『정치·문화·이데올로기』. 숙명여대 출판부.
전국노동조합협의 백서발간위원회. 1997.『전노협 백서 1권』. 전노협.
전국철도노동조합. 1997.『철도 50년사』. 사진으로 보는 50년사.
정석호. 2003.3.28. 서울에서 인터뷰.
정재경. 1991.『박정희사상서설: 휘호를 중심으로』. 집문당.
조갑제. 1998.『내 무덤에 침을 뱉어라』. 조선일보사. 한승조. 1999.『박정희 붐, 우연인가 필연인가』. 말과창조사. 124-160쪽.
조진형. 1999.「박정희 대통령의 경제업적 평가」. 금오공과대학교『박정희 대통령과 한국의 근대화』. 선주문화연구소.
조희연 편. 1990.『한국사회운동사: 한국변혁운동의 역사와 80년대의 전개과정』. 죽산.

조희연. 1998.『한국의 국가·민주주의·정치변동: 보수·자유·진보의 개방적 경쟁 구조를 위하여』. 당대.

지병문·김용철·안종철·김철홍. 1997.『현대 한국정치의 전개와 동학』. 박영사

진중권. 1998.『내 무덤에 침을 뱉으마』. 개마고원

철도청. 1999.『한국철도 100년사』. 철도청.

철도청. 공작창 직원규정 제42조 2항. 1963년.

철도청.「철도청 안전관리 규정 제12조, 제14조」. 철도청 훈령 제3563호. 1972년.

청사편집부. 1987.『70년대 한국일지』. 도서출판 청사

최경태. 2003.2.7. 대구에서 인터뷰.

최용현. 1999.「새마을운동을 통한 시민윤리 정립방향」. 금오공과대학교.『박정희 대통령과 한국의 근대화』. 선주문화연구소.

최장집. 1987.「한국사회의 정치이데올로기 구조」.『한국연대정치의 구조와 변화』. 까치.

_____. 1996.『한국 민주주의의 조건과 전망』. 나남출판

쿠진스키. 1989.『노동계급 등장의 역사』. 푸른산

하헌우. 1991.「한국의 정치변동에 따른 정치교육 내용 변화: 연구유신체제에서 6공화정까지」. 강원대학교 교육대학원.

한국경영자총협회. 1989.『노동경제40년사』. 한국경총.

한국기독교회협의회. 1984.『1970년대 노동현장과 증언』. 도서출판 풀빛.

한국노동조합총연맹.『사업보고』. 1970년-1980년.

한국민주노동자연합.『민주노동』. 제1호-35호.

한승조. 1999.『박정희 붐, 우연인가 필연인가』. 말과창조사.

허성구. 2003.2.22. 광주에서 인터뷰.

현대정치연구회. 1976.『유신정치의 지도이념』. 광명출판사.

제13장

1960-70년대 철도노동자의 여가활용

이승협(중앙대 사회과학연구소 전임연구원)

1. 문제제기

근대자본주의가 등장한 이후 한 사람의 일상은 노동의 영역과 노동으로부터 자유로운 생활의 영역으로 구분되었다. 임노동관계로 구성되는 노동의 영역에서 벗어나 휴식을 취하고 동시에 자유로운 의지에 기초해 창조력과 활동력을 발휘하는 개인의 생활영역은 다시 휴식과 여가로 구분해볼 수 있다. 즉, 다음의 노동을 준비하는 행위와 자유로운 의지에 기초한 행위가 생활세계를 구성한다.

1960, 1970년대 한국의 산업화시기에 형성된 노동세계적 특징은 저임금과 장시간 노동이다. 그렇다면 저임금과 장시간 노동은 작업장 밖에서 이루어지는 노동자들의 일상적 삶, 즉 노동자들의 생활세계에 어떠한 영향을 주었을까? 반대로 노동자들이 생활세계의 영역에서 경험하는 여가의 활용과 소비는 노동자들의 노동세계에 어떠한 영향을 주었을까라는 물음도 던져볼 수 있다.

이 글에서는 이러한 문제의식에 기초해 1960-1970년대 철도산업에 종사하는 노동자들의 생활세계를 여가생활이라는 측면에서 고찰한다. 노동자들의 여가활동을 고찰하기 위한 방법론적 틀로 일상의 시간적 구조화란 관점에서 접근을 시도한다. 일상의 시간적 구조화란 관점은 1960-1970년대 철도노동자들의 일상을 시간의 유형에 따라 구분한다. 일상시간은 노동시간과 자유시간으로, 자유시간은 다시 휴식과 여가로 구분된다. 동시에 여가활동의 다양한 내용, 범주 및 양태를 고려함으로써 철도노동자들이 1960-1970년대에 경험했던 여가활동의 주된 측면을 분석한다.

이러한 분석을 통해 자유의지에 기초한 창조적 행위로서의 여가가 노동력재생산에 대해 갖는 측면을 고찰함으로써 생활세계가 다시금 노동세계와 어떻게 연결되어 있는가를 살펴보고자 한다.

2. 연구방법과 구술자 소개

1) 연구방법

이 연구는 1960-1970년대라는 한국의 산업화시기에 철도산업 종사노동자들이 경험했던 여가의 구성과 활용을 구술사(oral history)방법[1)]이라는 질적 연구방법론을 사용하여 고찰한다. 구술사방법론은 구술자가 경험한 개인사로서의 과거를 통해 역사를 재구성한다. 주체로서의 개인에게 자신이 경험한 역사적 과거를 구술하도록 함으로써 과거라는 역사적 현실을 주체 스스로 기회를 제공한다고 볼 수 있다. 구술사방법은 제도, 규범 및 조직에 의한 역사라는 기존의 정태적 및 거대담론적 역사구성이라는 틀을 거부하고, 지극히 미시적이며 동태적인 개인사의 역사적 구성을 통

1) 구술사(oral history)는 구술자가 자신의 지난 삶의 궤적을 현재의 관점에서 주체적으로 재구성하는 구술생애사(oral life history)와는 달리 전 생애가 아닌 특정 시기 및 사건을 중심으로 구술자의 과거를 재구성한다.

해 과거를 새로운 관점에서 고찰하는 것이다.

따라서 구술사방법은 일상에 대한 분석으로 이어질 수밖에 없다. 일상에 대한 관점은 기존의 사건사 중심의 역사서술이 갖는 위로부터의 역사구성이 갖는 한계에 주목한다(뤼트케, 2002: 20). 일상이란 지극히 개인적인 것이다. 평범한 보통사람의 개인적 일상사로부터 반복되며 동시에 현실적 삶의 재생산과정에서 끊임없이 변해가는 역사적 일상을 살펴봄으로써 위로부터의 역사가 아닌 아래로부터의 역사를 구성해낼 수 있다.

이 연구를 위해 1960-1970년대에 철도노동자로 취업한 3인을 대상으로 구술면접을 실시했다.[2] 구술면접을 통해 살펴보고자 하는 바는 다음과 같다. 첫째, 1960-1970년대 철도노동자의 노동세계와 생활세계가 어떻게 구성되어 있었는가를 살펴본다. 둘째, 1960-1970년대 산업화시기에 형성된 산업노동자의 노동세계적 조건이 생활세계의 주요 측면인 여가에 어떠한 영향을 미쳤는가를 살펴본다. 셋째, 맞교대와 장시간 노동이라는 노동세계적 제약 하에서 철도노동자들의 경험했던 자유시간과 여가시간의 구성, 활용 및 소비의 다양한 측면이 일상에서 어떻게 나타나고 있는지를 철도노동자들의 구술을 통해 분석한다.

2) 구술방법 및 구술자

이 연구에 사용된 구술면접자료는 성공회대학 노동사연구소에서 한국학술진흥재단의 지원을 받아 수집한 자료의 일부이다.[3] 한 구술자의 선정은 최초 면접자로부터 추천을 받아 다음 면접자를 선정하는 스노볼링(snowbowling) 방식을 통해 이루어졌다.

이 연구는 1960-1970년대에 철도노동자가 된 3인을 분석대상으로 하

---

2) 구술자에 대한 정보는 이 글의 끝에 부표로 제시되어 있음.

3) 이 연구에 사용된 구술자료는 성공회대 노동사연구소 홈페이지에 공개되어 있다.

고 있다. 1970년대 한국사회는 본격적인 산업화의 길로 나아가기 시작한 시기이다. 철도와 산업화는 뗄 수 없는 관계이다. 근대란 바로 철도건설로 상징되어왔기 때문이다.[4] 인간의 힘을 빌지 않는 증기동력의 발명이 철도라는 운송혁명으로 이어지고, 지리적이고 공간적인 시공간의 압축을 통해 근대적 산업화가 이루어졌기 때문이다. 한국의 산업화 과정에서도 철도는 고속도로와 더불어 중요한 역할을 수행해왔다.

산업화 시기의 철도노동자들은 24시간 맞교대라는 고된 노동을 수행해야만 했다. 노동세계적 조건이 여가를 중심으로 한 철도노동자들의 생활세계에 어떠한 영향을 미쳤을까라는 것이 이 연구의 주요 관심의 하나이기 때문에 긴 노동시간과 열악한 노동조건에 처해 있던 철도노동자들의 여가생활을 구술을 통해 그들의 경험을 재구성해보고자 한다.

구술면접은 필자가 구술자를 방문하여 이루어졌다. 구술자에게 편한 분위기에서 충분한 시간을 갖고 이루어질 수 있도록 했다. 구술과정에서도 구조화된 질문지에 의거해 질문을 하지 않고, 어린시절부터 현재에 이르는 시간을 자신의 관점에서 자유롭게 구술하도록 했다. 구술자의 생애적 구술이 이루어진 후에, 구술된 사항에 대해 다양한 측면에서 다시 한 번 구술할 수 있도록 보충적인 질문을 제시하는 선으로 필자의 역할을 제한했다.

이 연구에서 분석하고 있는 구줄자 3인은 필자가 직접 면접한 사람들이다. 김민수, 허영호, 이정현 씨 등 3인은 모두 1960-1970년대에 철도산업에 최초 취업하여 동일산업에서 퇴직했거나 현재도 근무하고 있다. 그러나 철도산업 종사라는 점을 제외하고 3인은 상이한 환경과 생애경험을 한 것으로 나타나고 있다. 출생연도를 보면 1930년대, 1940년대, 1950년대로 각각 다르게 나타나고 있다. 출생지는 전북, 경기도, 경북이며, 학력

---

4) 조선 말기 철도건설과 함께 확산되어간 근대성과 식민성에 대해서는 박천홍(2003) 참조.

도 고졸, 대학 중퇴, 중졸로 자라온 환경과 과정이 상이했다. 현재 활동도 철도공사 현직, 철도관련 용역회사 사장, 퇴직 후 아이돌보기 등 상당히 다른 모습을 보이고 있다. 또한 노동세계와 관련하여 노조경험이 있거나 관리자로서 노조와 상대했던 경험을 갖고 있다.

3. 생활세계의 구조화: 이론적 접근

1) 노동자 일상의 구성

노동자 일상에 관한 연구는 노동자들이 지루하게 반복되는 개인적인 삶의 경험을 통해 '생활인'으로서의 노동자를 파악하고, 이러한 평범하고 사소한 개별적 내지 집단적 경험으로 구성되는 노동자들의 삶 속에서 미묘하게 나타나는 물적 조건, 의식, 행동양식, 상호작용 등에 보여지는 변화에 주목한다. 이러한 미시적 변화를 통해 노동자들이 어떤 계기와 어떠한 조건 하에서 어떠한 방식으로 자신의 일상을 해석하고, 나아가 주체적 행위자로서 자신의 정체성을 확립하고, 개인적 집단적 행위에 참여해왔는가를 조명한다.

노동자 일상 연구는 한편으로는 구조의 행위자(agent)로서의 노동자 또는 집단적 존재로서의 노동자계급이라는 구조중심적 계급연구의 한계를 극복하고, 다른 한편으로는 작업장 중심의 노동자상을 노동자의 구체적 일상성에 대한 고찰을 통해, 노동계급의 구체적 일상의 다양한 모습을 살펴볼 수 있다.

노동자 일상 연구의 주요 개념으로는 일상(Alltag) 또는 일상세계(Alltagswelt), 노동세계(Arbeitswelt), 생활세계(Lebenswelt)가 있다. 여기에서 보다 주요하게는 노동세계와 생활세계의 개념정의와 관련하여 양자의 범주적 구분과 영역이 주로 문제가 된다. 이를 위해선 자본주의적 산업화가 가져온 일상에서 노동의 분리에 초점을 맞출 필요가 있다. 전자본주의적 사회에서 삶은 노동과 분리되어 있지 않았다. 즉, 육체적 재생산을 위한 노동의 장소가 바로 삶의 장소였다. 작업장과 생활의 공간은 분리되지 않았다.

노동과 생활이 분리된 것은 임노동관계가 형성된 자본주의 하에서부터라고 볼 수 있다. 자본주의적 산업화를 통해 농업, 수산업, 축산업 중심의 전통적 1차산업은 매뉴팩처 단계를 거쳐 기계제대공업으로 재편되었다. 기계제대공업은 임노동관계를 중심으로 형성되었고, 팔려진 노동력은 자신의 삶의 현장으로부터 분리된 다른 장소에서 자신의 구체적 노동을 행사하게 만들었다. 즉, 노동하는 곳은 생활공간으로부터 분리되었고, 이러한 임노동관계에 편입된 개인의 일상적 경험은 이제 노동과 생활이라는 두 가지 범주로 분리되었다.

노동하는 곳과 생활하는 곳은 이제 서로 대립된 경험세계로 존재하게 된다. 또한 각 영역에 적용되는 지배적 행위의 준칙 역시 상이하다. 노동세계에서 개별노동자는 자본 및 경영에 의해 관리, 감독되는 통제의 대상으로 존재한다. 반면 생활세계에서는 일반적 부르주아 민주주의적 시민사회의 동일한 성원으로 자유의지에 기초해 시민적 자유를 행사하는 행위주체이다.

이러한 의미에서 "일상세계의 사회학"은 작업장에서의 일상인 노동세계를 제외한 시민사회의 성원으로서의 개인의 일상적 경험을 그 주요 연구대상으로 삼아왔으며, 노동세계에 대한 연구는 계급론, 산업사회학, 노동사회학을 중심으로 진행되어왔다. 이러한 "일상세계의 사회학"과 "산업노동사회학 및 계급론"이 만나는 접점이 톰슨의 영국 노동자계급의 형성이라고 할 수 있다.

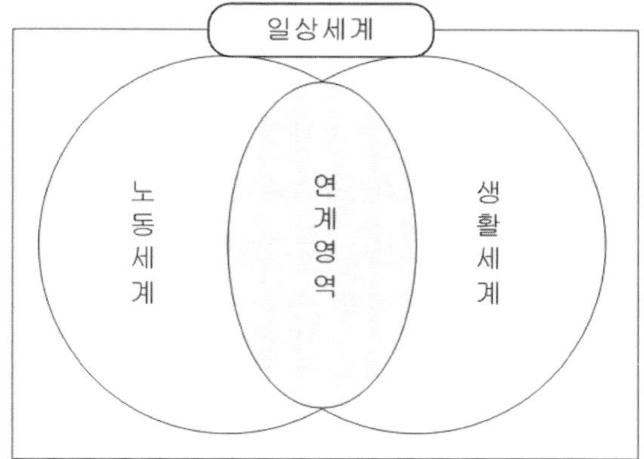

3) 생활세계의 의미구성

생활세계란 개념은 에드문트 훗설(Edmund Husserl)에 의해 처음 사용되었다. 훗설의 현상학에서 생활세계는 이중적 의미를 갖는다. 한편으로는 인간의 세계에 대한 관계를 규정하는 인류학적 토대로서의 자명한 것의 세계(Universum des Selbstverständlichen)이면서, 다른 한편으로는 실제적이고, 명료한 구체적 생활세계를 의미한다.

생활세계 개념은 인식론적으로 일정한 존재론적 의미를 함유하고 있지만 동시에 우리가 개별적으로 체험하는 세계, 자명한 일상적 행위영역의 세계를 의미한다. 또한 다른 한편으로는 역사적으로 주어진 포괄적인 사회문화적 환경을 지칭하기도 한다.

알프레트 슛츠(Alfred Schütz)는 훗설의 '생활세계' 개념을 받아들여 사회학적 분석에 사용한다. 훗설에 있어서 생활세계가 갖는 이중적 의미는 '일상'이라는 개념으로 변용되어 사용된다. 슛츠에게 있어서 "모든 사람"의 세계로서의 일상은 "특별한 현실"이다. "특별한 현실" 속에서 모든 사람은 생활하고, 사고하고, 행위하며 다른 사람과 소통한다(Schütz/Luckmann, 1975: 29-50).

이러한 일상세계는 모든 사람에게 그저 주어진 것이며 아무런 의심 없이 자명한 것으로 받아들여진다. 이러한 일상세계야말로 모든 현실에서 일어나는 일에 대한 의심되지 않는 토대인 것이다. 일상세계는 처음부터 간주관적으로 구조화된 문화세계(Kulturwelt)로 존재한다. 이러한 현실은 곧 일상적 세계에서 경험과 행위를 가능하게 해준다. 슛츠는 일상적 이해의 경험방식을 "상식", 즉 "자연적 상태"에서의 삶으로 파악한다.

일상 내지 생활세계는 마찬가지로 여기에서도 한편으로는 문화적으로 형성된 의미세계이며, 다른 한편으로는 사회문화적으로 주어진 환경에 대해 각자가 인지하고 이해하는 토대를 말한다. 일상은 따라서 탐구의 대상이면서 동시에 특별한 지식에 대한 비판의 존재론적 토대가 된다.

다른 한편으로 하버마스는 삶의 일상적 세계로서의 현실세계를 체계와 생활세계로 구분한다. 여기에서 체계란 목적합리성이 지배하는 영역이며, 자본과 권력으로 구성된다.[5] 반면 생활세계는 개인들이 생활하는 사적 영역으로 사회화, 통합, 문화 및 전통이 재생산되는 사회이다. 이러한 생활세계를 하버마스는 체계와의 대립구도 속에서 파악하면서 의사소통적 행위이론으로 끌어들인다(Habermas, 1982).

하버마스는 의사소통적 행위이론에서 생활세계의 개념을 인간상호간의 이해를 위해 중요한 세 가지 영역을 포괄하는 것으로 파악한다.

- 의사소통적 상호작용의 전제로서의 전체 문화적 지식의 존재하는 영역으로서의 생활세계.
- 사회적 통합이 이루어지는 영역으로서 생활세계(이러한 생활세계는 상호간 이해를 통해서만이 가능).
- 개인적 정체성 형성의 전제조건으로서의 사회적 분위기.

---

5) 예를 들면 경제체계, 행정체계 등을 들 수 있다.

생활세계는 이러한 맥락에서 볼 때 확정된 특정한 상태를 의미하는 게 아니라 항상적 진화의 과정에 있는 것으로 파악된다. 이러한 진화의 과정은 기존의 문화적 전통의 일부가 단절되는 결과를 가져오지만, 하버마스의 간주관적 과정을 통해 새로운 규범의 형성으로 이어지며, 이러한 방식으로 자율적이고 개인적인 삶의 형성이 가능해진다고 본다. 따라서 생활세계 내에서의 상호이해는 항상적으로 새로 형성되며, 의사 및 의지 형성의 수단 역시 일상적으로 확장되고 촉진되어야 한다.

하버마스는 이러한 생활세계의 사적 영역이 체계의 목적합리적 효율성 논리에 의해 '식민화'되고 있다고 보고 이러한 "생활세계의 식민화"를 극복하기 위한 "이상적 담화상황"이 이루어지는 의사소통적 공동체로서의 "공론장"을 설정한다. (경제 및 관료제와 같은) 기능체계로 인한 "의사소통적 이성"의 제한에 대해 점차 생활세계적 의사 및 의지의 형성이 이루어진다.[6)]

즉, 하버마스는 체계와 생활세계의 대당적 관계에서 체계와 공론장 및 생활세계라는 새로운 관계설정을 통해 자본주의적 합리성의 맹목적 확산을 억제하고 사적 영역으로서의 생활세계를 유지하고자 한다. 결국 하버마스에 있어서 생활세계는 단순히 인간의 삶의 환경을 서술하는 사회학적이고 중립적인 범주가 아니라 주요한 정치적 개념으로 설정되고 있다.

4. 구술을 통해 살펴본 1960-70년대 철도노동자의 여가활용

이 절에서는 1960-1970년대에 철도산업에 취업하여 철도노동자의 삶을 시작했던 사람들의 생활세계를 구술자료에 기초하여 재구성하고, 그

6) 자율적 공론장의 예로 시민단체나 비정부기구(NGO) 등을 들 수 있다.

의미를 살펴보기로 하겠다. 분석의 결과를 결론적으로 미리 언급하자면, 1970년대 산업화 시기 철도노동자들의 생활세계, 특히 여가와 관련하여 일반적으로 나타나는 특징은 노동세계와 생활세계가 명확히 구분되지 않는다는 점이다.

1) 노동세계의 연장으로서의 여가

여가란 생활세계의 주요 구성요소로서 노동세계와 대립되어 사용되는 개념이다. 파커에 따르면 여가는 ① 시간적 정의, ② 정신적 활동에 따른 정의, ③ 시간과 활동의 통합적 정의라는 세 가지 방식으로 정의된다(파커, 2002: 16-18). 그러나 이러한 세 가지 정의는 모두 노동세계의 시간적 공간적 바깥에서 행해지는 활동이라는 특징을 공통적으로 함유하고 있다. 따라서 여가란 노동 이후의 시간에 행해지는 정신적 육체적 활동이라고 볼 수 있다. 노동과 노동 사이에 주어지며, 다음의 노동을 준비하는 휴식으로서의 의미가 강하다.

라이놀드 폽프의 계산에 따르면 1900년대 이후 한 개인의 전체 생애시간은 44만여 시간에서 2020년에 이르면 약 70만 시간으로 증가한다. 이와 더불어 기본 재생산시간, 노동시간, 여가시간의 상대적 비중도 커다란 변화를 겪고 있다. 가장 큰 변화는 노동시간의 급격한 감소와 여가시간의 현격한 증가를 들 수 있다(<표 13-1>).

다음의 표에 따르면 1900년대 초 노동시간은 15만 시간에 이르지만, 여가시간 역시 11만 시간으로 무시 못 할 비중을 차지하고 있다. 그렇다면 1960-1970년대 한국 철도노동자들에 있어서 여가시간은 어떠한 비중과 의미를 갖고 있었을까? 구술을 통해서 살펴본 1960-1970년대 산업화 시기 한국 철도노동자들의 여가활용은 전혀 다른 현실을 보여주고 있다. 이들에게 있어서 노동세계와 별도로 구분되는 생활세계는 존재하지 않는

<표 13-1> 사회적 자본으로서의 시간분류

1900년대	1980년대	2000년대	2020년대
생애시간: 약 440.000 시간	약 610.000 시간	약 670.000 시간	약 700.000 시간
기본재생산시간 (식사, 수면 등)			
180.000 시간	255.000 시간	270.000 시간	300.000 시간
노동시간			
150.000 시간	75.000 시간	60.000 시간	40.000 시간
여가시간			
110.000 시간	280.000 시간	340.000 시간	360.000 시간

Reinhold Popp(2004).

것으로 보인다. 저임금과 장시간 노동이라는 현실이 주는 물리적 제약도 상당한 정도로 주어져 있지만, 더 중요한 것은 일상세계의 노동세계로의 포섭이 더 강한 영향력을 행사하고 있기 때문이다.

김민수는 취미생활은 축구와 등산 같은 단체운동을 젊었을 때부터 해왔다고 말한다. 그러나 이러한 취미생활로서의 운동은 직장동료들과의 또 다른 만남의 장소로 활용되고 있다. 김민수가 참여했던 축구회는 1기 지하철 노선별 대항이나 지역별 직장동료를 중심으로 조직되어진다. 개인운동이라고 볼 수 있는 등산도 직장동료들과의 단체운동으로 직장동료 사이의 유대와 연대의 활성화에 큰 기능을 하고 있다.

(김민수)

A: 그러면 그 건강 같은 거 취미활동 같은 거는 안하시나요?

B: 취미활동은 제가 축구를 좋아했거든요. 그래서 축구회 만들어가지고 많이 했죠.

A: 예전부터 젊었을 때부터?

B: 젊었을 때부터 축구를 좋아해서요. 동료들끼리 공무원 생활할 때도 제천으로 축구 시합하러 다니고, 그 사람들 불러다가 초청해다가 축구하고, 우리 1기

지하철 우리 회사 이 자리네. 이 자리가 개인택시 기사들이 축구하고 그랬거든요. 그때 3호선 사람들 데려다가 같이 축구회조직하고 같이 게임하고. 우리 회사 와서도 강북사람 모아가지고 토요일 날이면 모아서 같이 축구하고 같이 지내고.

허영호와 이정현의 진술에는 1960-1970년대 철도노동자의 여가란 기본적으로 노동세계의 영역에 포섭되어 있음이 잘 나타나고 있다. 허영호는 일이 바로 취미라고 말한다. 이정현도 취미생활에 대한 질문에 공직생활 37년에 제주도를 못 가봤음을 강조하는 것으로 대답을 대신하고 있다.

(허영호)

A: 그 70년 60년대 제일 열심히 하셨던 취미생활 같은 거 있으신가요?

B: 그때는 취미라는 게 일밖에 없었어요. 일밖에. 오로지 인제 배우려고 하는 욕심이고 그거밖에 없어요. 70년대 60년대 뭐 군대갔기 때문에, 70년대는 일밖에 몰랐고 솔직히 얘기해서 80년대는 일하는 사람은 일했고, 전 초창기에 들어왔기 때문에 뭐라 그럴까….

(이정현)

A: 뭐 취미생활이나 뭐 이렇게 좀. 그래도 자주 따로 하시던 활동이나 이런 거는 없으셨나요?

B: 지금, 지금 생각해보면 말이지요.

A: 예.

B: 내가 아직도 제주도를 못 가본 사람 중에 한 사람이에요.

A: 네.

B: 지금 세상 살면서 내가 공직생활 37년을 했는데.

A: 예.

B: 아직도 제주도를 아직도 못 가봤어요.

A: 음.

서구에서의 여가연구에 따르면 서구노동자의 경우 종사직업에 따라 여가의 유형이 달리 나타난다. 라이스맨(Reissmann)이나 그래햄(Graham)의 연구에 따르면 전문직 종사자나 정신노동에 종사하는 사람들이 육체노동자에 비해서 훨씬 더 활동적인 여가생활을 즐긴다(Reissman, 1954; Graham, 1959). 달리 말하면 여가의 유형에는 종사노동의 성격이 반영되는 것으로 볼 수 있다.

그러나 위의 구술에서 알 수 있듯이, 산업화 시기 한국 철도노동자의 경우에는 여가 자체가 존재하지 않거나 집단적 노동세계의 연장으로서의 성격을 갖는다. 제한적 여가 내지는 여가의 부재는 김민수의 또 다른 진술에서 확인해 볼 수 있다. 김민수는 30대에 철도청에서 지하철공사로 옮기고 서예학원에 다니면서 개인적 여가가 주는 자유를 느꼈다고 말하고 있다. 또한 이를 통해 자신이 속해 있던 조직이 갖는 폐쇄성에 대해서 비로소 느끼고 인지할 수 있음을 토로한다.

(김민수)

A: 예전에는 맞교대 하면 되게 힘드셨을 텐데?

B: 그 힘든 건 철도 때 굉장히 힘들었던 거 같아요. 근데 그때는 젊었을 때라요. 축구도 하지만 거의 집에 안가고 총각 때니까 다 그냥 산으로 놀러 다니고. 그래서 별다른 취미생활은 철도 때는 안했고, 어울려서 축구도 하고 산으로 다니고 강으로 다니고 이렇게 동기들끼리 어울려 지냈어요. 스무 살 때요. 그리고 30대 돼가지고 지하철에 옮기면서 아무래도 철도보다 편고 교대근무니까 여유가 있다보니까 서예학원 같은데 다녔죠. 글도 쓰고 그러면서 철도분야사람 아닌 사람하고 접촉도 할 수 있었고요. 철도사람들이 꼭 철도사람하고만 어울리거든요. 다른 분야하고 접촉을 안해요. 근무가 교대근무를 하다보니까. 저는 성당이나 서예학원 다니면서 다른 사람들하고 접촉하면서 우리 철도사람들이 너무나 폐쇄된 조직을 좀 느꼈죠. 하는 행동이나 이야기들 보면.

여기에서 개인적 여가란 사실은 노동세계의 연장으로서의 여가가 아닌 노동으로부터 벗어난 여가를 말한다고 할 수 있다. 집단적 관계가 중심이 된 노동세계의 위계와 다자간 관계가 그대로 반영된 채 구성된 여가는 작업장에서의 인간관계가 그대로 유지된 채 공간과 시간을 달리하면서 이루어질 수밖에 없다. 직장 내 상사 및 부하, 동료관계, 지역관계, 또한 기수별 위계 등과 같은 노동세계적 위계서열 관계가 주는 긴장 역시도 여가의 구성 및 활용에 그대로 반영되기 때문이다. 따라서 이러한 집단적 위계구조로부터의 긴장에서 벗어나는 순간 자신이 몸담고 있던 조직의 폐쇄성과 노동세계에 포섭된 제한적 여가의 한계를 비로소 인식하게 된 것이다.

2) 직장공동체의 확인으로서의 여가

노동세계의 연장으로서의 여가란 위에서 언급한 바처럼 직장공동체의 확인이라는 성격을 띠고 이루어진다. 직장공동체의 확인으로서의 여가는 철도노동자가 갖는 집단성에서부터 시작된다. 산업화 시기 철도노동자로서 이정현은 24시간 맞교대를 기본으로 하는 검수원 근무를 수행하는 과정에서 24시간 근무 후에 동료의 대리근무를 또 다시 해야만 했다고 말한다. 철도청에서 열차승무에 종사하고 있던 김민수도 열차운전일과가 끝난 후 종착역 사무소에 모인 동료 철도승무원들과 함께하는 활동이 자유시간과 여가의 대부분을 차지하고 있다고 말하고 있다.

(이정현)

A: 예 그 철도청에 있을 때하구, 지하철공사에 계실 때하구 어디 계실 때가 훨씬 더 힘드셨나요?

B: 아, 물론 철도청이 힘들었죠. 철도청은 아까도 말했지만, 검수원할 때에 24시간 일했잖아요.

A: 네.

B: 24시간 하는 아까 인자 24시간 하고 그 다음날 또 하라 그러면 또 해요. 대모

A: 네

B: 내가 오늘 아침에 끝났잖아요.

A: 네.

B: 아침에 끝나서 아침 9시에 또 나올 놈이 만약에 몸이 아파 안나오잖아요. 그러면 나보고 가서 대모할래? 그러면 한다 이기야 난 내일 아침에 나와야 되는데, 내가 그러다 아침 9시부터 저녁때까지 일근을 또한 대모를 내가 해준다니까 그게 인제 오바타임 때문에

(김민수)

A: 그럼 가는데도 다르고 언제 주로 같이 모이나요?

B: 거의 사무소가면 항상 사람들이 모여 있으니까. 끝나고 나고 들어오거나 나갈 사람들이 있으니까요. 합숙에 가도 있고요. 철도 같은 경우에, 어떤 행선지에 가서 종착역에 가면 있고.

이러한 철도노동자의 열악한 시간주권은 반대로 직장 내에서의 동료간 공동체의 형성을 강화시키는 계기로 작용하고 있다. 철도노동자들이 노동시간 이외의 자유시간에 행하는 유일한 여가활동은 직장에서 동료들과 행하는 체육행사이다. 철도노동자들은 여가를 개인적 정체성과 창조적 자아의 실현을 통한 육체적 정신적 재생산으로 활용하기보다는, 다른 지역근무자들과 벌이는 체육경기를 통해 집단적 정체성을 획득하는 계기로 활용하고 있다고 볼 수 있다.

(이정현)

B: 그러구 유독히 뭐 일단 쉽게 말해서 놀러를 갔다 하면은, 그 80년대 중반 들어서 내가 그 음 80년대 중반 넘어서면서부터

A: 네.

B: 직장에 그 체련대회라는 게 있었어요.

A: 네.

B: 가을 고 무렵…

A: 네.

B: 그때 직원들하고 이 서울 근교에 뭐 유원지에 가서 같이 노는데, 아시다시피 우리 기관사들은 한꺼번에 못 가니까, 인원 많은데 소장할 때는 한 1주일 따라 다녀야 돼요.

A: 네.

B: 근데 배구 같은 거는 꽤 잘한다 소리를 듣고, 또 직장 대항에 어 영주기관차 있을 때는 내가 거기선 영주지역 그 조그만 도시지만 거기서 우승도 많이 하고 그러다 보니까, 영주배구협회 내가 이사도 했구, 그 다음에 여와서 축구도

A: 네.

B: 그외에 딴 거 뭐 그 취미생활을 했다든가 하는 거는 아까 말씀하다시피에 일요일도 없이 나가, 나가, 나갔으니까

이상에서 살펴본 바와 같이 산업화 시기 철도노동자의 여가활동은 직장을 중심으로 이루어졌다. 직장동료와의 모임은 직장 내 관계가 여가시간에도 그대로 이어지는 공간이다. 따라서 직장공동체에서의 동료의식을 확인하는 확인받는 자리라고 볼 수 있다. 이렇듯 산업화 시기 철도노동자의 여가는 직장공동체가 강화되고, 생활세계가 노동세계로 포섭되는 중요한 지점으로 나타나고 있다.

3) 여가와 음주문화

철도노동자가 노동시간 이외의 자유시간을 집단적으로 사용해왔다면, 이들이 모인 자리에서 가장 일반적으로 행해지는 여가활동은 무엇이었을

까? 소규모의 노동자들이 일상적으로 자신들의 공동체성을 확인하기 위한 가장 손쉬운 여가활용방식은 음주였다. 산업화시기에 여가와 놀이문화라는 말은 그 자체가 생소한 용어였다. 일이 취미로 받아들여지던 당시에 유일하게 철도노동자들이 즐길 수 있던 여가활동은 음주가 유일한 것이었다.

김민수는 승무직에 종사하던 사람들이 대부분 업무시간이 끝나고 집에 가지 않고 모여서 술을 마시러 갔다고 말한다. 본인은 술을 안 좋아했기 때문에, 다른 구경을 하러 가기도 했지만, 밖에 나가봤자 딱히 다른 할 일이 없었기 때문에 술자리를 같이할 수밖에 없었다는 것이다. 20대 후반의 미혼 시절이었던 김민수는 집에 들어가기보다는 직장동료들과 어울림으로써 개인적 만족을 얻고 있다.

(김민수)

A: 그쪽 사람들하고 하고 또?

B: 네. 미리 가있는 사람이 있고 나올 사람이 있고 일부 사람이 있는 거죠. 사무소에 와도 또 그런 사람들이 많이 있으니까. 나갈 사람, 나보다 먼저 끝나는 사람, 좀 뒤에 끝나는 사람들이 어울려서 같이. 뭐 나가봤자 할일이 없지 않습니까. 예를 들어서 퇴근했는데 요즘처럼 사람들 다 집에 가지만 옛날에는 집에 안가요. 70년대 후반 이런 때는 가봤자 놀이문화가 별로 없으니까요. 가서 기껏해야 TV가 흑백 TV였고 낮에는 TV도 안했을 거예요. 유선방송도 있는 거 아니고 인터넷도 있는 거 아니요. 장기 같은 거 바둑 같은 거 훈수 두고, 장기바둑 같은 것도 그냥 두는 거 아니고 내기를 하거든요. 그럼 같이 가서 인제 막걸리 좋아하는 사람들 먹으러 가고, 막걸리 싫은 사람은 구경하러 가고, 그런 문화가 직장문화 놀이문화가 그런 문화였죠.

A: 술 안 좋아하신다면서 어떻게?

B: 저는 술 먹으러 안가고 구경하고, 또 밖에 나가봤자 다른 일이 없기 때문에

요. 20대 땐대요. 제가 20대 후반 20대 때인데요. 뭐 사회적인 눈보다는 직장생활 사람들하고 같이 어울려 지내고 그런 거로 만족을 한 거죠.

퇴근 후 귀가하지 않고 동료들과 음주가무에 빠져드는 것은 단지 미혼 남성에게 국한된 것은 아니었다. 허영호는 맞교대로 인해 구조적으로 집에 가기 힘들었던 상황을 지적한다. 24시간 힘든 근무가 끝나고 잠시 동료들과 술자리를 같이 하다보면 빠듯한 수면시간을 채우기 위해 귀가하지 않는 경우가 많았다는 것이다.

(허영호)

A: 그러면 그때 맞교대?

B: 맞교대 했죠. 지금도 철도 이런데 맞교대 했잖아요. 그런 식이에요.

A: 그럼 맞교대하고 술 드시고,

B: 그럼 집에 못가는 거죠.

A: 몇 시간 못 주무시고 다시 또 24시간?

B: 네, 또 다시 아침 9시에 나와야 되니까. 동대문 같은데서 돼지곱창 집에서 먹다보면, 아침에 먹다보면 퇴근해서 먹다보면 뭐 10시 11시가 된다고요. 밤. 그러다보면 또 못 가. 또 못 가. 그러다보면 집에 언제 가요. 인천 사는 사람들은 못 갈 거 아니에요. 차라리 거기서 술 계속 먹다가 자고 먹고 하다가 아침에 출근하는 경우 있었어요.

결국 산업화시기 철도노동자에게 있어서 집은 수면의 장소에 지나지 않았다. 맞교대 근무와 근무 후 술자리로 이어지는 여가활용은 생활세계의 중심이 가정이 아니라 여전히 직장과 작업장에 있음을 보여준다. 철도노동자의 일상은 노동과 음주, 수면이 연속되는 지극히 반복적이고 지루한 연속으로 구성되고 있다.

(이정현)

B: 집에 가면은, 계속 자야 돼요.

A: 네.

B: 그러니까, 뭐 요새같이 뭐 레저생활이고 뭐 이런 건 전혀 없고, 잘하면 퇴근 나가, 퇴근하다가 막걸리 집에 가서 뭐 이렇게 들이켜고 가가지구 집에 가서 잠자고.

A: 네.

B: 뭐 오후 늦게 인제 잠 깨면 인제 이렇게 세수하고 나와서 뭐 동네 한바퀴 바람이나 휘 씨구 그거지, 뭐 전혀 그런 거 없어요.

…

B: 그 다음 인제 개인적으로 뭐 했다면 인제 퇴근 퇴근을 보통 한 일고 여덟, 아홉 퇴근을 일고, 여덟시 정도 퇴근하면은

A: 네.

B: 배고프니까 나오다가 소주 한잔씩 하는데, 70년도에는 막걸리.

A: 네.

B: 막걸리 거의 막걸리 먹었죠. 막걸리를 많이 마셨는데, 그 뒤에 인제 뭐 소주집에서 소주먹고.

A: 네.

B: 그리고 집에 가고, 또 한 뭐 11시, 12시 돼서 집에 갔다가 또 아침 7시에 출근하고.

A: 네.

B: 이게 이게 그냥 개미 쳇바퀴 돌듯이 계속 하다보면 아무것도 못하는 거죠.

앞에서 이정현이 언급했듯이 가장 많이 소비된 술은 막걸리였다. 소주가 막걸리의 자리를 차지한 것은 1980년대 들어서이다. 허영호도 1970년대 주로 마셨던 술은 막걸리였다. 특히 가정을 이루고 있지 않은 미혼남의 경우 월급의 상당부분을 술값으로 사용하고 있다.

(허영호)

A: 그때 술 많이 드셨나요?

B: 술은 막걸리. 그때는 막걸리가 많았죠. …그 사람들은 그렇게 해서 먹고 살고, 총각들은 결혼안한 사람들은 충분하니까 술 먹고 흥청망청 썼고, …

A: 고스톱도 치시나요?

B: 그런 건 없어요. 고스톱은 그땐 그런 거 잘 안치더라고요. 근데 고스톱 치는 게 80년대부터 쳤죠. 그 안에는 없었어요. 장기 두고 바둑 두고 하는 사람이 있으면 지들끼리 나가서 야, 오늘 너가 사고 내가 사고 그런 거지. 봉급 타다보면 술먹다보면 술값이 다 나가는 거지. 결혼해가지고 애들 있는 사람들은 그렇게 안 해요. 인제 총각들 결혼해가지고 애들 없는 사람들 이런 사람들 술 많이 먹죠. 막걸리하고 주로 인제 예전엔 돼지고기도 귀했어요. 돼지고기도 없었고, 김치하고 뭐 마른오징어 뭐 북어 요런 거, 고런 거 먹었어요. 돼지곱창.

산업화시기 철도노동자의 여가문화는 음주를 중심으로 이루어졌다고 볼 수 있다. 체육대회와 같은 집단적 여가활동은 일상적인 것으로 볼 수 없다. 또한 집단적 여가활동은 항상 음주로 이어졌음은 이정현, 김민수, 허영호의 구술에서 공통된 경험으로 나타나고 있다. 술을 좋아하지 않지만 동료들과 어울리기 위해서 술자리를 같이해야 했던 김민수의 경우에서처럼 음주는 1960-1970년대 산업화시기 철도노동자의 여가문화를 특징짓는 코드였다.

5. 정리 및 의미

이상과 같이 철도노동자의 구술을 통해 1960-1970년대 철도노동자의 여가활용을 살펴보았다. 원래 산업화 이전 시기에 여가는 노동과 구분되어 존재하지 않았다. 즉, 노동세계와 생활세계는 개인의 일상에서 구분되지 않는 하나의 범주였다. 또한 창조적 일(work)과 고된 노동(labour)이라는 구분 역시 존재하지 않았다.

자본주의적 산업화는 노동세계와 생활세계의 분리를 가져왔다. 노동과 여가가 분리되었고, 다시 일과 노동으로 나뉘어지게 되었다. 창조적인 자기활동이자 유용한 생산물을 만들어내는 재생산활동으로서의 일은 산업화 이후에는 여가활동의 영역에서만 존재하게 되었다. 육체적 및 정신적 재생산을 위해 이루어지는 노동력의 판매는 노동세계에서의 일을 고된 노동으로 받아들이게 만들었다.

그렇다면 1960-1970년대 산업화 시기 한국의 철도노동자들에게 있어서 여가란 무엇인가, 그리고 어떠한 여가활동을 하고 있는가는 그들에게 있어서 노동이란 무엇인가를 파악하는 또 다른 방식이 될 수 있다.

철도노동자의 여가와 관련된 구술에 대한 분석을 통해 나타난 가장 핵심적인 특징은 산업화시기 철도노동자들에게 있어서 여가란 노동시간이 아닌 자유시간의 소비라는 부정적인 개념으로 나타난다는 사실이다. 서구에서 나타나고 있는 바와 같이 노동력의 판매로 인해 빼앗긴 시간주권과 창조적 노동주체로서의 정체성을 회복하는 계기로서 비노동시간이 활용되지 못하고 있다. 철도노동자에게 있어서 여가란 작업장 바깥에 형성된 또 다른 노동세계의 반영에 지나지 않는다. 동료, 선배, 후배, 상사, 부하직원과의 집단적 관계가 그대로 반영되고 재생산되는 공동체문화가 여가생활과 여가문화를 지배하고 있다.

이러한 노동세계의 생활세계의 지배 및 포섭은 생활세계로서의 가정의 위치를 지극히 주변화하고 있음을 의미한다. 집에 가면 자야 하고, 잠에서 깨면 세수하고 동네를 한 바퀴 돈다고 말하는 이정현의 구술에서 가정은 여관에 지나지 않는다. 24시간 맞교대를 끝내고 술을 마시다 다음날 출근을 위해서 집에 가지 않고 그냥 술집에서 자고 다시 출근한다는 허영호나 술을 좋아하지 않지만 동료들과 어울리기 위해 집에 가지 않고 술자리를 함께한다는 김민수의 구술에서 가정은 종족재생산을 위한 사회적 제도 이상의 의미를 갖지 않는다.

결국 철도노동자에게 있어서 여가는 개인적 주체로서 자신의 정체성을 확보하는 계기로 작용하지 못하고 있다. 여가는 노동세계의 영향권 내에 존재하고, 직장 내의 공동체성을 재확인해주는 기능적 역할을 수행할 뿐이다. 개인은 집단속에서 어울림으로써 자신의 정체성을 확인하고, 그 속에서 매몰되어간다. 서예학원에 다니게 되면서 새로운 부류의 사람들을 만나게 되고, 그로 인해 자기가 몸담고 있던 조직이 얼마나 폐쇄적이었는가를 깨닫게 되었다는 김민수의 진술은 1960-1970년대 철도노동자의 여가문화를 압축적으로 보여준다.

|참고문헌|

강수택. 1998. 『일상생활의 패러다임』. 서울: 민음사

_____. 1995. 「일의 세계로서의 일상생활세계의 의미구조: 알프레드 슈츠의 이론을 중심으로」. 『사회과학연구』, 제13집 1호.

강수택. 1994. 「일상생활이론의 비교연구」. 『한국사회학』, 제28집 여름호.

데이비드 체니. 2004. 『라이프스타일』. 서울: 일신사.

스탠리 파커. 2002. 『현대사회와 여가』. 서울: 일신사.

알프 뤼트케. 2002. 『일상사란 무엇인가』. 서울: 청년사.

미셸 마페졸리 외. 1994. 『일상생활의 사회학』. 서울: 한울.

박천홍. 2003. 『매혹의 질주, 근대의 횡단』 서울: 산처럼.

이영희. 1992. 『산업사회와 노동문제』. 서울: 비봉.

이해영. 2003. 「생활세계와 정치: 하버마스 정치이론」. 『이론』, 제17호.

크리스 로젝. 2002. 『포스트모더니즘과 여가』. 서울: 일신사.

토르스타인 베블렌. 2005. 『유한계급론』. 서울: 우물이 있는 집.

Schütz, Alfred. 1974. Der sinnhafte Aufbau der sozialen Welt. Eine Einleitung. in die verstehende Soziologie, Frankfurt/Main.

_____. 1975. Thomas Luckmann: Strukturen der Lebenswelt. Darmstadt und Neuwied.

Rössel, Jörg. 2004. Vom Lebensstil zu kulturellen Präferenzen Ein Vorschlag zur theoretischen Neuorientierung. in: Soziale Welt, Jg. 55, 2004, H. 1, pp. 95-114.

Reissman, L. 1954. "Class, Leisure and Social Participation". in: *American Sociological Review*, Feb.Structure and Analysis, N.Y.

Graham, S. 1956. "Social Correalates of Adult Leisure Time Behaviour." in M. B. Sussman (Eds.) *Community*.

Bächthold, A. 1990. Gemeindenahe Hilfe für Behinderte. Ein Spannungsfeld zwischen System und Lebenswelt. In: Handbuch der Sonderpädagogik. Band 10: Sonderpädagogik und Sozialarbeit. Berlin.

Habermas, Jürgen. 1981. Theorie des kommunikativen Handelns. Frankfurt/M.

Reinhold Popp. 2004. Sozialkapital Freizeit?, in: NOEO, No. 03, pp. 24-25.

<부표> 구술자의 인적 사항 및 가족관련 사항

구술자명	김민수	허영호	이정현
출생연도	1955	1944	1939
성별	남	남	남
출생 및 아동기 거주지역	전북 정읍	경기도 안성	경북 안동
혼인상태	결혼	결혼	결혼
자녀	2녀	1남1녀	1남
학력	고졸	대학 중퇴	중졸
현직	도시철도공사	지하철 용역회사	
형제관련사항	8남매 중 3남		
최초취업(만연령)	74년 철도청	74년 지하철공사	63년 철도청

구술자명은 모두 가명임.

■ 지은이들

이종구

성공회대학교 사회과학부 교수

주요 저서: 『세계화와 일본의 구조전환』(공저), 『정보사회의 이해』(공저) 외

신광영

중앙대학교 사회학과 교수

주요 저서: 『계급과 노동운동의 사회학』, 『현대 한국사회의 불평등』(공저) 외

박해광

전남대학교 사회학과 교수

주요 저서: 『계급, 문화, 언어』, 「정보사회와 재현의 정치」 외

권진관

성공회대학교 신학과 교수

주요 저서: 『성령과 민중』, 『성령·민중의 생명』 외

이희영

대구대학교 사회학과 교수

주요 저서: 「체험된 폭력과 세대간의 소통」, 「사회학 방법론으로서의 생애사 재구성」 외

김귀옥

한성대학교 교양학부 교수

주요 저서: 『남북한의 실질적 통합을 위한 여성정책 강화방안』(공저) 『북한여성들은 어떻게 살고 있을까』(공저) 외

김순영

부산대학교 사회학과 교수

주요 저서: 「파트타임 노동자의 기간노동력화(基幹勞動力化)와 기업의 젠더 정치」, 「여성비정규직 노동자에게 노동조합은 무엇인가」 외

장미경

전남대학교 사회학과 교수

주요 저서: 『페미니즘의 이론과 정치』, 『여성노동운동과 시민권의 정치』 외

정승국

중앙승가대학교 사회복지학과 교수

주요 저서: 『대안적 생산체제와 노사관계』(공저) 외

신원철

부산대학교 사회학과 교수

주요 저서: 『금속산업 사내하청 노동자 조직화를 위한 실태연구』(공저), 『산별노조의 과거,현재 그리고 미래』(공저) 외

남춘호

전북대학교 사회학과 교수

주요 저서: 『현대 한국사회의 불평등』(공저), 「IMF체제하의 실업문제와 직업훈련」 외

김준

국회입법조사처 경제사회조사실 팀장

주요 저서: 『1987년 이후의 한국의 노동운동』(공저), 『한국의 노사관계와 노동정치(I)』 외

김영수

경상대학교 연구교수

주요 저서: 『국가·노동조합·노동자정치』, 『남아프리카공화국 민주주의의 역사·현실·미래』 외

이승협

중앙대 사회과학연구소 전임연구원

주요 저서: 『경영참여의 실태와 현황』(공저), 「사회정보화와 노동세계의 변화」 외

한울아카데미 819

1960-70년대 한국 노동자의 계급문화와 정체성

지은이 | 이종구 외
펴낸이 | 김종수
펴낸곳 | 도서출판 한울

초판 1쇄 발행 | 2006년 1월 20일
초판 2쇄 발행 | 2008년 10월 15일

주소 | 413-832 파주시 교하읍 문발리 507-2(본사)
121-801 서울시 마포구 공덕동 105-90 서울빌딩 3층(서울 사무소)
전화 | 영업 02-326-0095, 편집 02-336-6183
팩스 | 02-333-7543
홈페이지 | www.hanulbooks.co.kr
등록 | 1980년 3월 13일, 제406-2003-051호

Printed in Korea.
ISBN 978-89-460-3489-1 93330

* 책값은 겉표지에 표시되어 있습니다.
* 이 책은 2002년도 학술진흥재단의 지원에 의하여 연구되었음
(KRF-2002-073-BM1012).